本成果受到中国人民大学

"中央高校建设世界一流大学（学科）和特色发展引导专项资金"支持

冯仕政 唐丽娜 主编

文集

（第四卷）

吴景超

中国人民大学出版社
·北京·

凡　例

1. 本文集按时间和文献类别共分四卷，文献类别包括公开发表的期刊文章和公开出版的著作。

2. 每卷大致按文献公开发表或出版的时间先后顺序排列。

3. 同一篇文章在不同时间发表在不同期刊上，以最早的发表时间为准，同时注明其他期刊及相应的发表时间。

4. 原文献为繁体竖排者，一律改为简体横排，基本采用现行标点符号。

5. 原文献中与现行文字规范不符，但属特定历史时期表达习惯的字词、语法等，多保留原貌。

6. 原文献中表格与现在通行的表格格式不尽相符，为尽量保留原貌，仅做出适当修改。

7. 原文献中文字、数字等凡可判断为明显讹误及印刷错误者，直接予以改正，不另加说明。

8. 原文献中文字、数字如有错漏且不可校补者，错误处保留原貌，文字缺漏用■标示，数字缺漏用▌标示。

9. 原文献中翻译名称，包括国名、人名、地名、著作名称、报刊名称、组织机构名称、货币名称等，多保留原貌。

10. 原文献中行政区划、地理位置、历史事件的名称多有与现在不同者，亦多保留原貌。

11. 原文献中各种计量单位，由于历史原因多次变动，与现在差异较大，且不易考订出与现行公制单位的换算关系，故均保留原貌。

12. 对于特别需要说明之处，以编者注的形式进行补充。

目　录

都市社会学

社会组织

社会的生物基础

第四种国家的出路（节选）

中国工业化的途径

中国经济建设之路（节选）

战时经济鳞爪

劫后灾黎

有计划按比例地发展国民经济

都市社会学①

（该书曾由上海书店出版社出版，署名"吴景超 著"，属于"民国丛书 第一编"。丛书中的其他作品为：孙本文所著《当代中国社会学》、崔载阳所著《近世六大家社会学》、杨开道所著《农村社会学》、潘菽所著《社会的心理基础》。）

---

① 原书出版时设有孙本文先生的序言。因本文集主要收录吴景超先生作品，故对序言未做保留。

自序

去年 9 月，我从美国归来的时候，孙本文先生适为社会学丛书的编辑。他嘱我写一本都市社会学，以为丛书之一种，当时匆匆地便答应了他。但我初次教书，暇时无多，一直到了新年假期，我才能抽出工夫来，答复孙先生的雅意。

我对于都市的兴味，是极浓厚的，但对于中国都市的研究，现在不过窥其门墙而已，还未升堂入室。所以这一本小册，不能算是研究中国都市的报告。我在这儿所要说的，只有两点。第一，是指示都市社会学的园地，让对于都市感到兴趣的人，可以同来工作。第二，我想介绍一点西方学者研究都市的方法，以作国内同志的参考。假如这本小册，对于上述两点，能够有些微薄的贡献，那么我的工夫，便算没有白费了。

国内先进，对于各处都市的研究，如有心得，请不吝赐教，以匡不逮。

第一章 都市的经济

一、都市离不开它的附庸

我们学生物学的时候，第一课就要讲到细胞。我们都知道，细胞的中心，是个"细胞核"，细胞核之外，还有一大块"细胞体"。先生讲细胞的时候，总要把细胞核与细胞体连着一起讲，所以我们对于细胞，便得到一个正确的观念。

现在有许多人谈都市，根本就没有把都市认识清楚。他们没有知道，都市离不开它的附庸，正如细胞核不能离开细胞体。"都市"与"附庸"，合成为一"都市区域"，正如细胞核与细胞体，合成为一细胞。我们现在谈都市，第一就要把眼光放大一点，不要只看到都市，应该还要看到都市以外的附庸。研究都市经济的人所用的单位，不是都市，乃是都市区域；正如研究生物学的人所用的单位，不是细胞核，乃是细胞。

都市区域，并不是政治区域，乃是一种经济区域。在这个区域之内的人民，分工合作，以其所有，易其所无。他们交易的中心点，便是都市。换句话说：都市区域中，有许多不同的生产者。他们有的务农，有的开矿，有的做工，有的采木；此外在他种职业服务的还多。中国人所谓的三十六行，在都市区域中都找得到。芝加哥的 100 万有职业的人，代表 509 种行业，即此可见近代都市区域中分工之细。因为分工细了，所以人人都不能独立生存，都要依赖别人，才能满足他们的生活；同时别人生活的满足，也要依赖他们。譬如在上海附近种菜的人，衣服要靠别人供给；食物除却菜蔬以外，要靠别人供给；建筑房子所用的材料，要靠别人供给。同时住在上海的人，有许多人要靠着他，才吃得到新鲜的菜蔬。举一反三，别种职业中人的彼此依赖，也正不减于那种菜的。因为有这种分工互助的现象，都市才有存在的必要。有了都市，那种菜的可以把他剩余的菜蔬卖却，以所得的报酬，去满足他衣食住以及其他各种欲望的要求。

有人或者要问：这样说来，都市与市镇，又有什么分别？从外面看来，都市与市镇不同之点，就是都市比市镇大；都市区域的面积，比市镇区域的面积广阔。但这种区别，是肤浅的。我们应进一步问：都市的作用，与市镇的作用，有何不同之点？我们如想把这一点说明，最好把都市、市镇与乡村三者相提并论。乡村与市镇不同之点，就是市镇中有店，而乡村中则只有集会，而无一年 365 天都开的店。市镇在最初时，也是一个乡村，后来因为地点适中、交通方便，附近的乡村，都到这儿来贸易，于是这个乡村，便一跃而为市镇了。在交通方法没有进步的时候，在货物的运输只靠人力或兽力的时期中，市镇与任何乡村间的距离，不能超过数十里。因为在乡村中居住的人，到市镇中去贸易，每喜朝出晚归。假如，甲市镇与乙村，相距太远，由乙村至甲市镇去贸易，当日不能来回，那么乙村的人，便会到距离较近的丙市镇中去贸易，非有特别事故，不赴甲市镇了。因为如此，所以市镇区域的面积，不会很大的；甲市镇与乙村的距离，不会很远的。市镇的附庸，只有数十里，所以市镇中的商店，只有零售，没有批发。都市不但有零售的商店，而且还有各种批发商，这是都市与市镇的不同作用中最显著的一点。我们如想买两三斤茶叶，可以到市镇中去；假如想买几万斤茶叶，就非到上海或汉口不可。在美国的人，如想买两三斤牛肉，到什么市镇中，都可买得到；但如想买几万斤牛肉，便非到像芝加哥那种大都市中去不可了。市镇的特点，在零售不在批发。即有批发，也不过因为特别原因才举行的。譬如景德镇可以批发瓷器，是因为地理上的特别原因。但景德镇终不是个都市，因为它只有瓷器批发，并无他种货物大批发售。在上海、汉口那种大都市中，便不然了。它们不但批发茶叶，也批发布匹，也批发棉花：批发一切的货物。

市镇与都市不同之点还多，我们在下面有机会还要指出。此处我们所要特别注意的，只是都市与附庸的关系。在附庸中居住的人民，剩余的生产，便往都市中送，送时或直接或间接由市镇转，此点暂不讨论。他们需要别的货物，也是向都市买。买时也许直接，也许间接。都市的作用，便是从它的附庸中，把剩余的货物收集起来，然后再分发到需要这种货物的地方去。假如这种剩余的货物，在本都市区域中销不完，便可送到别的都市中，由那儿再分送到那都市的附庸中去。假如某种货物，在本都市区域中没有出产，都市的商人，也可从别处贩来，转卖给本区域中的人民。譬如芝加哥区域中并不出桐油，但那儿有些工业，却需要桐油，芝加哥的商人，便可到汉口来把桐油买去，供给那儿工业的需要。

一个都市的繁盛与否，要看它的附庸富饶与否。都市中的商业，也视附庸中的出产品为转移。譬如大连的商业，集中于大豆，这是因为大连的经济附庸——东三省——出产豆类的缘故。又如中国的羊毛，4/5 由天津出口。天津所以能成为羊毛市场的中心，便是因为它的附庸畜牧业发达。甘肃、陕西的羊毛，由归化运至张家口，合外蒙古产，而荟萃于天津。内蒙古所产，自赤峰、锦州而入辽宁，其大宗由平奉路运津。河北、河南方面所产，由平汉路；山东方面，由津浦路，也是运到天津。所以天津能集中国羊毛之大成。我们现在离开羊毛来说桐油。中国的长江流域，都产桐油。但产量最丰富的地方，要算两湖及四川、贵州。在这个区域中的最大都市，便是汉口，所以桐油也集中于汉口。例如湖南所产，则经常德、岳州而达汉口；四川所产则经宜昌而达汉口；陕鄂所产，则由汉江而达汉口。桐油每年由汉口出口的，占全国桐油出口总额十之七八。不但桐油的大多数，是由汉口出口，就是每年由海关输出国外的漆，有 2/3 是由汉口或宜昌输出。理由是两湖四川，乃我国著名产漆之所。

都市中的商业，与附庸中出产品的关系，已如上述。都市中的工业，细察起来，也与附庸中的出产品，有密切的关系。譬如东三省出豆，所以东三省的大连，便为制油工业的中心。大连在民国十一年，有制油工场 85 家，产油 13 085 万斤，豆饼 2 557 万枚，豆渣 1 628 万斤，当东三省全产额 55% 而强。又如天津既为羊毛出口最多之地，所以毛织业也很发达，单以纺毛线为业的，就有 400 余家之多。天津还有一种有趣的工业，便是在羊毛上，做一番拣净分类的工夫，以便装运出口。因为这种工业，在天津发达，所以外国的羊毛，也有运到天津来，经过这道工夫，重复又运出口的。民国十一年，由西伯利亚及其他各国输入天津的羊毛及猪鬃等，经过拣净分类，又转运出口的，计达关平银 50 万两之巨。不但天津的毛织业，与它的附庸有关系；便是上海、汉口的织布业，广州的缫丝业，也是与它们的附庸有关系，因有丝布的原料故。不过工业发达的元素很多，原料是其一端。除却原料之外，市场与工人，也是很紧要的。大都市可以供给市场与工人，所以无论哪一国，大都市的工业，没有不发达的，英之伦敦，美之纽约、芝加哥，中国之上海、汉口，都是好例。

二、都市与附庸之沟通

我们上面说了很多都市与附庸之关系的话，但是一个都市的附庸，是如何定呢？

我们怎样知道，某地是某都市的附庸呢？一个最浅近的算法，便是拿距离的远近来说。譬如松江离上海近，离汉口远，所以松江是上海的附庸，而不能成为汉口的附庸。张家口的商人，眼光望着天津，非有特别的理由，决不会长途跋涉到上海或汉口去贸易。假如这个说法是可靠的，那么我们的工作真是容易极了。我们只要知道某地离甲都市与乙都市的远近，便可断定某地是甲都市的附庸或乙都市的附庸。然而在事实上，并非如此。譬如我们歙县，从距离上讲起来，当然是距芜湖近，距上海远。但是歙县的茶叶，现在由上海出口，并不由芜湖出口。理由是歙县与芜湖，在空间上虽然距离较近，但中间隔着一座大山，交通极不方便，所以货物不能运到芜湖。至于歙县与上海，虽然距离较远，但歙县的货物，由钱塘江可以运到杭州，由杭州可以从运河或沪杭路转运到上海，一路并无困难。因此歙县的商人，眼光并不北望芜湖，而东望上海。

所以我们定一个都市的附庸，不看它与某地的远近，而看它与某地的交通。上面我们已经拿细胞核来比都市，现在我们又可把蜘蛛来比都市。蜘蛛的网，等于都市的铁路、河流、运河以及汽车道。凡是某都市的铁路、河流、运河以及汽车道所能通达的地方，便有成为那都市的附庸的可能。假如在那范围之内，没有别的都市与它争雄。譬如辽河区域中的货物，可以运到辽河口的营口，也可以由南满铁路，运到大连。所以辽河区域，可以为营口的附庸，也可以为大连的附庸。但是因为种种的关系，营口的商业，一天一天地衰落；现在辽河区域，已在大连的经济势力范围之内了。大连所以能战胜营口之故，我们下面再说，现在我们只注意都市与附庸的交通，看看交通对于都市的影响如何。

一个国家，想去占领一块土地，是用兵力。一个都市，想去占领一块土地去做它的附庸，非赖交通之力不可。交通是沟通都市与附庸的唯一妙法。交通断绝了，都市与附庸便不能通声气。在战争的时候，交通断绝，没有一个都市的商务不受影响的。平汉路断了，汉口的商业，便受影响。民国十四年，汉口的芝麻出口，不及十三年的半数。原因是平汉路线时形中断，河南出产的芝麻，不易运到汉口之故。同年天津的皮货出口，也大减少。理由是铁路运输间断，交货极难，有以致之。

我们如细察中国各都市的交通，便可知道有许多地方，是不能令人满意的。譬如渭河流域是产麦的区域，每年都有剩余出售；但汉口的商人，还没有想法造条铁路到那儿去，收它为附庸。因为没有铁路，所以汉口与陕西之渭河区域，相隔虽只600英里，而磨粉的人，宁可出钱到美国去买麦，不能出运费去受渭河之馈麦。由此看来，渭河虽然富饶，距汉口虽然不远，然而在经济上，不能与汉口发生密切的关系，这真是汉口商人所应想法补救的。又如厦门是福建的一个小都市，它的附庸，本来不大，而在这范围很小的附庸中，交通又不便利，所以厦门的商业，终是不能发展。譬如龙岩矿地，煤产丰富，徒以转运艰难、运费繁重，终未开发。所以想发展厦门，非待漳厦铁路告竣及多筑支路不可。

都市与附庸，假如没有完善的交通工具做媒介，关系是不会永久的。常人谈论天津的附庸，总说它占河北、山西之全部，甘肃、陕西、河南之一部，山东之北部，以及满蒙各地。我们把外蒙古看作天津的附庸，是因那儿的皮毛，有许多由库伦运到张家口，由张家口再转到天津的缘故。但是外蒙古与天津的交通，是极不方便的；所以外蒙古与天津的贸易，也极不可靠的。近来外蒙古由天津运出之货，多改赴东三省，还有转至西伯利亚及海参崴的。即以羊毛一项而论，民国十五年天津之贸易，已减少4/5。一因那年天津的运输不便，费用加增；一因俄人竭力经营海参崴（符拉迪沃斯托克），想使以前取道张家口至天津之蒙古产品，改由中东路出口。他们的进行方法，便是在黑龙江境内的克鲁伦及乌尔顺两河之上建筑驾桥，让自海拉尔经桑贝子至库伦之马路，可以直通。现在蒙古的商品，可以用汽车由库伦运至海拉尔，由海拉尔取道中东路以至海参崴。外蒙古以前是天津的附庸，现在有变为海参崴的附庸的趋势了。

所以附庸是不固定的。假如甲都市想出法子，使乙都市的附庸中的货物，运往甲都市去行销，较之运往乙都市去行销为尤有利，那么素来是乙都市的附庸，现在便变成甲都市的附庸了。所以一个都市中的居民，应当养成一种自觉的都市观念，正如凡是中国的人民，都应养成一种国家观念一样。他们应当时时刻刻地去研究如何发展他们的都市，如何可以保有他们的附庸，如何可以发展他们的商业势力到别都市的附庸中去。这种努力的结果，便可开发中国各地的实业，于国于民，两有裨益的。

三、都市间的互助与竞争

在英吉利那个岛上，当得起都市这个名称的，不过一两个。中国与美国，地方广阔，有都市资格的，便要拿两只手来数了。美国的都市，据格拉斯（N. S. B. Gras）的说法，至少有 11 个。中国的都市，有许多还在雏形时期；即如上海一埠，是大家公认的中国大都市，在物质的设备上面，还有许多可以改良的。但是从大势上观察起来：辽宁的大连、河北的天津、江苏的上海、湖北的汉口、广东的广州，已经往都市的路上走，将来的地位，除非有特别的事故发生，也是极稳固的。至如别的地方，如镇江、九江、郑州、重庆、梧州等等，将来是否会发展成为大都市，现在颇难预料。

都市与都市间的关系，也是极密切的，我们上面已经提到。居住在松江的人，如想买四川的药材、广东的荔枝、吉林的人参、甘肃的羊毛，都可以到上海去买。上海并不出这些东西，上海的附庸中，也不出这些东西。但上海与别的都市，是有联络的。别的都市中的货物，如有剩余，便送到上海来。上海都市区域中的货物，如有剩余，也送到别的都市中去。所以都市与都市间，常通有无，彼此都感到货物流通、财源不尽的好处。

在这个地方，我们又可以看出都市经济比市镇经济好的地方来。在市镇经济之下，我们如想买大批的瓷器，得跑到景德镇；如想买大批的药材，也许要跑到河北的安国县；买大批的绸缎，也许要跑到南京或杭州；买大批的骡马，也许要到山西临汾的尧庙会。买得到骡马的地方，买不到药材；买得到药材的地方，又买不到绸缎。一个人如想买许多东西，得跑许多地方，也许去迟了还买不到。譬如安国县的药材市，是全国闻名的，但每年只有春冬两会：春会在清明节后，冬会在旧历十月望日以后，过时药材商便他徙了。临汾的骡马大会，每年也只从 7 月 15 日起，至 8 月 20 日止。这种做生意的方法，是最不经济的。都市经济发达以后，在松江的人，可以不必东跑西跑，因为他可以借上海与全国接触，与全世界接触，这是因为都市经济发达后之上海，不但与本都市区域的贸易，是很流通的，便是与其他都市的贸易，也是通行无阻、流畅自如的。

上海与汉口的贸易，可以说是都市间的贸易；不过它们都在一国之内，所以还是属于国内贸易的范围。至于上海与纽约的贸易，或汉口与伦敦的贸易，不但是都市间的贸易，而且也是国际贸易了。国际贸易的媒介，最要紧的是轮船。所以一个都市的港道，若是很深，容得下大轮船，那么它的国际贸易，便占优胜。无论哪个都市，如想发展它的国际贸易，没有不在港道上留意的。我们都知道，美国的第一大都市，当推纽约。纽约所以能超过波士顿及费城之上，原因固然很多，但它独有很深的港道，也是一因。美国在大西洋沿岸之都市，只有纽约，港道有 40 英尺深，大轮船不能到波士顿的，都可到纽约。中国的纽约，当然要推上海。上海的港道，在光绪三十一年，只有 11 英尺，民国十四年，已加深至 26 英尺。现在除却汇山码头一带之外，已有 30 英尺。假如浚浦的工作，依旧进行，将来吃水 30 英尺的轮船，可以直接驶入上海而无阻碍。中国沿海各口岸，除大连外，港道之深，没有一个能比得过上海的。

上海既有如此港道，又有富饶之附庸，所以在国际贸易上，独占优势。即以民国十二年而论，全国的进口贸易，上海独占 44％；次多数的天津，不过占 8％。出口贸易，上海占 36％；次多数的大连，不过占 15％。

天津与汉口，附庸虽然广大，但国际贸易，一部分还要假道上海，这是因为它们的港道不良，不能容纳大海轮的缘故。天津的海河，在夏季水大时，只能容吃水 16～16.5 尺之轮船；一至冬令，只有吃水 14 尺深之轮船，才能驶入港道。现在海河工程局以及顺直水利委员会，都在想法改良海河。假如他们的计划，能见诸实行，则吃水 26 尺之船只，可以驶至塘沽；吃水 20 尺之船只，可以驶至天津码头。到那一天，天津也许可以从上海手中，夺回一部分的国际贸易。

汉口的情形，与天津又有不同。汉口是在扬子江中流，离江口约 1 800 里。汉口港道之深浅，视江水之深浅以为定。江水春涨冬落，在水涨时，江中可行大海轮。民国十一年 10 月 16 日，挪威国海轮他拉薄，载重 5 912 吨，吃水 30 尺 6 寸，居然开到汉口。假如江水全年都是那样深，那么汉口一定可为深水港，与国外的贸易，也可与上海颉颃。可惜江水有时下落，现在就是吃水 15 尺深之轮船，也不能全年来往沪汉无阻。所以在国际贸易的地位上，汉口难与上海竞争，正如芝加哥难与纽约竞争一样。

都市与都市之间，不但争国际贸易，有时还要争附庸。即以河南一省而论，它的货物，可以北运至天津，也可南运至汉口，也可取道陇海、津浦而东至上海，所以河南一省，竟是三大都市争雄之地。洋货运往河南的，有时取道天津，有时取道汉口，有时取道上海，也有时取道镇江，这是看海关的子口税一项，便可了然的。可惜海关的报告，是以省为单位，假如以县为单位，我们从子口税的数字中，便可看出河南哪一部分，是在哪一都市经济势力范围之内了。

上海、汉口、天津等都市的竞争，无论如何不能摇动任何都市的地位。因为三个都市的距离很远，每一都市都有一大块附庸，是别的都市抢夺不去的。譬如海河流域，一定是天津的，上海无论如何抢不去；汉水流域，一定是汉口的，天津也抢不去。每个都市，如有固定的附庸做基础，商业是不会衰落的。最可怕的是一个区域之中，有两个或两个以上的商埠竞争，这种竞争的结果，每每使一个商埠，升到都市的地位，别的商埠，各业上便大受打击。最好的例子，是东三省各商埠的竞争。东三省只有辽宁有海岸，所以从地理上看起来，辽宁的商埠，当然在通商上，比较起吉林、黑龙江的商埠来，要占优势。辽宁沿海的口岸，有都市的资格的，要算安东、大连及营口。这三个口岸，都有铁路通到附庸中去。安东不但有安奉铁路的陆运，还有鸭绿江的水运；营口东有支路连南满铁路，西有支路连平奉路，中间还有一条可通民船 1 130 里的辽河。这是安东与营口胜过大连的地方，因为大连与满洲，只有铁路沟通，并无水路可用。不过大连有一点，是营口与安东望尘莫及的，而在这一点上，大连便战胜了其他二埠。原来大连是一个历冬不冻的深水港，而安东与营口则反是。大连之海水深度，历经浚渫，达 30 尺；轮船码头，也延长至 13 400 尺。所以航海的大轮，到大连来，是无困难的。安东的鸭绿江，一年有四五个月，是冻冰的。民国十三年，鸭绿江于 11 月 29 日，便结冰了；直到次年 4 月 2 日，第一次轮船，才开进鸭绿江。除了这一层缺点以外，鸭绿江的港道，也容不下大轮船。民国十四年，曾有轮船八艘，其吃水最深的，为 13 尺 6 寸，在潮涨之时，驶抵安东港内。此外到安东的轮船，大多数都不能驶逾距安东 18 里的三道浪头。那些装载较重的，且须在距江口不远的赵氏沟停泊地段，装卸货物。安东的地利只有这样，如何可以与大连竞争呢？营口的不振，原因与安东相仿佛。营口港内的水，并不浅的，但在辽河口上，有一沙滩，即在潮涨的时候，吃水 18 尺以上之轮船，亦难航走。而且一交冬令，辽河封冻，断绝交通，航运全然停止，正与鸭绿江同。因为有这些不利，所以满洲的商人，有货物出口的，多取道大连，而不走营口及安东。别处有货物运往东三省的，也多由大连转，所以大连的地位，在东三省已居第一。

现在与大连竞争的，还有一个海参崴；将来与大连竞争的，也许有一个葫芦岛。海参崴与大连争的，便是北满的附庸。现在北满的豆，运往海参崴的，较运往大连为便宜。譬如每 30 吨豆子，从哈尔滨运至海参崴，在民国十年，运费为日金 587 元 5 角 2 分；从哈尔滨至大连，为日金 659 元 9 角 8 分。仅就距离及运费率二者而论，海参崴在北满较占优势。但是海参崴在冬令不通航运，而且从输送稳妥及装卸迅速两方面观之，大连实强于海参崴。所以将来北满到底是在谁的经济势力范围之内，倒很值得注意及研究的。

葫芦岛现在还未开辟，但中国人如在此地经营，将来颇可与大连竞争。开辟葫芦岛的计划，在前清时便有人提议过了。此处水深，在潮落时，也有 25 尺以上，而且是经年不冻的。它距辽宁省会，只有 184 英里，较之距辽宁 246 英里之大连，尤属占有优势。中国如想夺去日本在大连之经济势力，对于开辟葫芦岛一计划，不可不留心。

中国北部的大都市，在日人掌握之中。南部的大都市广州，因受香港的影响，贸易上吃亏不小。但广州所以不为香港的缘故，半由人事，半亦由于天然。广州位于珠江三角洲之顶点，径口淤浅，大洋汽船不能进口，所以洋货由外洋径运进口及由通商口岸运来的，为数甚少。据海关民国十年之报告，广州之对外贸易，有九成归香港常行轮船所载。广州最大的附庸，当然要算西江流域，但西江流域的货物，想运往外洋或其他通商口岸的，每直接运往香港，而不取道广州。广州如想保有此附庸，与香港竞争，则沿珠江而上至黄沙，以及由省河至黄埔两处水道，均宜深浚，俾可至少容纳吃水 16 尺以至 20 尺之船只任便往来。黄埔附近，是否可以开深以容纳海轮，现在还是个问题。不过这一步如做不到，广州的对外贸易及沿海贸易，是无论如何敌不过香港的。

四、都市发展的过程

以上泛论都市与附庸的沟通，以及都市间的互助与竞争，特别注意于交通之一点。现在我们要把都市发展的过程，大略叙述一下，看看发展成功的都市，是个什么样子。

格拉斯教授根据他对于英美都市的研究，说是一个都市的发展，要经过四种步骤：第一是组织市场，第二是兴办工业，第三是发展交通，第四是整顿金融。但这四种步骤，并不能说是谁先谁后，因为它们是同时进行、互为因果的。我们与其把它们看作四种步骤，不如把它们看作四个方面。无论哪一个都市，总要把这四步都做到完备的地步，才可算是头等的都市。

都市中的市场，我们最须注意的，是它的批发市场，而非它的零卖市场。批发市场的种类繁多，都市的最大目的，是在收集各方货物，务使想买大批货物的人，到都市中去总都买得到。上海的各种交易所，便是批发市场。譬如在民国九年成立的上海证券物品交易所，所做的批发交易，有棉纱、棉花、证券、杂粮、金银、匹头、羊毛等七种。元芳、怡和等洋行的匹头拍卖，也是一种批发的方法。都市中因为批发贸易发达，所以货栈林立，我们到轮船码头或者火车站的左近去一看，便可看见各种各色的货栈，专为贮藏各种货物而设的。在市镇中，并无所谓专贮一种货物的货栈。杂货店的后进或是楼上，便是藏货的地方。他们做的是零售生意，销路不多，所以不必有货栈之设备。至于都市中的货物，每日买进卖出，是以千万计的，没有货栈的设备，生意便难进行。市镇的肉店，每天只杀一两只猪，所以用不着猪场及肉栈，但如芝加哥那种大都市，一个屠宰公司，每天可以杀牛 3 600 只，猪 10 800 只，羊 13 450 只，小牛 8 450 只，假如没有猪场及肉栈的设备，如何可能？所以组织都市中市场的人，不能忘记交易所及货栈。这两样东西，可以说是都市贸易的象征。

都市中的工业，可以说是应运而起的。原来都市附庸中的出产品，如五谷，如森林，如铜铁，等等，非经过一道制造手续，不能应用。工业的作用，便是在原料上下一番工夫，使不能用或不便用的东西，变为有用。都市既是百货聚集的中心点，所以把工厂开在都市中，在原料上不发生问题了。工业品的制造，是需人力的，都市中有的是年壮力富的男女，所以在人工上，都市也可以供给而不生困难。工业品制造成功之后，须觅市场销售，都市就是最大的市场。在都市中销不完，可以由都市运往他处，也极方便的。因为这几种缘故，工业多发展于都市中，在欧美如此，在中国也是如此。可是近年以来，细察欧美各都市的工业，颇有外移的趋势。工业之所以移出都市，也有几种理由：第一，都市中地租昂贵，在那儿开工厂，每年交给地主的房租，就很可观。第二，都市中的生活费高，所以工资也随着比别的地方加高。第三，都市中常发生工潮，移出都市，可以避免。第四，都市中的租税，总比他处繁重，移出都市，可以免去繁捐重税。但在都市中开工厂，也有它的好处，例如上述。由于这几种势力的交互影响，都市的工业，虽然外移了，但移转不远。细察各个大都市的附近，都有一些工业市镇，便是这些势力所造成的。

交通对于都市的发展有极大的关系，我们上面已经说过。但是上面所特别注意的，只是铁路及河流。除此以外，别的交通机关，如邮政电报，如新闻纸，如海底电报，如无线电报，也是发展都市经济所不可缺少的。邮政寄包裹的办法发达之后，都市不但可与附庸做批发的贸易，而且还可做零售的贸易。美国大都市中的邮售百货商店，便是供给这种需要而起的。这种百货商店，把货物编成一本好几磅重的目录，分发给内地的居民。内地的居民，想买什么货物，便写一封信到那百货商店中去，马上货物便可寄来，寄到时邮局代收货价，买货的并无汇款、挂号种种麻烦。现在欧美邮寄货物信件的方法更加便利了，除却由轮船寄，由铁路寄，还可由飞机寄。所以都市与附庸的交通，以前只有水陆两路，现在又加了空中一路了。

电报对于商业的最大贡献，就是传播商业上的消息。在没有电报的时代，甲地的供给与需要市况，不能立刻传到乙地，因之商人有时便吃大亏。譬如上海的橘子太多，销路停滞，同时汉口缺少此种果品，价格逐日上升。假如没有电报通声息，上海的商人，只有把橘子搁起，因为他们不知道什么地方需要这种货物。这搁起的橘子，也许不久就烂了。在现在这种情形之下，此种事实，便不会发生。因为各地的市况，在大都市中，每日都有电报报告。商人根据这种消息去通有无，获利便较有把握。现在世界上商情最灵通的地方，便是伦敦。伦敦不但与世界各处交通灵便，在那儿还有许多专家，精通各地的情形。所以伦敦虽在今日，还不失为国际贸易之中心。

都市发展的第四方面，便是整顿金融。中国都市中的金融机关，素来有票号、钱庄、典当等等。但这些金融机关，资本微小，又缺支行，以之发展市镇的经济，绰有余裕，以之发展都市经济，便不能胜任了。中国的钱庄，很少有分行的；即有分行的，也不过在大的商埠中，开设一两个，组织是极不完备的。所以都市中的大商家，如在中国各地都有贸易的，便须与若干钱庄同时往来：汇款至汉口时，与甲钱庄贸易；汇款至广州时，又须另觅一钱庄；汇款至四川或云南一小镇，也许连一家钱庄也找不到。这是从汇兑一方面立言，至如发展实业，想请钱庄老板投资，那更是困难了。为免除这些困难起见，银行便代钱庄而兴。银行业中的人才，如想帮助一个都市发展，应设总行于都市中，并在附庸及别的都市中，分设支行。它的最大的功用，在吸收市面上剩余的金银，流通到需要金银的事业中去。另外一个作用，便是通各地金融的有无。都市中用得着钱币，支行便把钱币送到都市中去；附庸中如需要钱币，都市又把钱币分散出来。银行如想把这步工夫做得圆转周到，便非在各地多设支行不可。中国最大的银行，当推中国银行，但它的支行，只有98；此外如交通银行，只有支行47；东三省银行，只有支行27；盐业银行，只有支行15；上海商业储蓄银行，只有支行11。此外的银行，支行最多不满10个。我们如以我国的银行情形，与外国相比较，便可看出我们的缺点来。我们试看法国：法国的法兰西银行，有支行582。又看德国：德国的帝国银行支行有488。英国有四五家大银行，最大的一家，有支行1 600。因为支行多，所以总行的财力富厚，因为财力富厚，所以各种事业都可以举行。因为支行多，所以国内或国外汇兑均可通行无阻，因为汇兑上不生阻碍，所以货物自然流通、贸易自然兴旺了。

　　总括起来，我们可以说，一个发达、成功的都市，至少要有下列的条件。它要有零售商场，满足都市中住民物质上的需要。它要有批发市场，有货栈，以便把附庸中及其他都市内的剩余货物，收集进来再分散出去。它要有工业的市镇包围着，以便原料收来之后，便可改为用品。它要有铁路、轮船、邮政、电报，以便与各地易货物、通消息。最后，它要有大银行，以及其他具有银行作用的信托公司、保险公司等等，以流通金融，并且供给开发各种实业的资本。一个商埠如能把以上各方面都发展满意，便不愧为一个大都市、一个经济生活的中心了。

第二章　都市的人口

一、都市人口的加增法

一个乡下佬初次进城，第一件事触他眼帘的，就是都市中人口之众多。一个都市能容纳好几百万居民，的确是 19 世纪科学发达后的一种奇迹。世界上最大的都市，当推伦敦，它现在有人口 774 万余人；次多数的纽约，也有 597 万余人。即以上海而论，据最近的统计，人口已加增到 2 717 423 口，在全世界上列第六位。我们都知道，上海在开放之前，不过黄浦江边一小镇，在数十年之内，居然加增了 200 多万人口。这些人口，到底是怎样来的?

一个都市的人口，其加增的方法，是与乡村中不同的。乡村人口的加增，最要紧的只有一条路，便是生产率高于死亡率。这种加增的方法，名为"自然加增"。假如一个都市，只靠这种方法加增，那么上海在今日，绝没有几百万人口。上海的人口，除了自然加增之外，还有两个加增的法子。第一便是客民的入境。我们现在没有户口统计，所以不知道中国的都市中，有百分之几是客民，有百分之几是土著。但是我们如跑到上海的市场去寻真正的上海人，是很难碰到的。我们在街上、在店里、在游戏场中所遇到的人，真是形形色色，五方八处的人都有。我们很容易遇到江北人，或广东人，或宁波人，或徽州人——这些人大多数都不是在上海生长的，他们将来也不一定都在上海终其天年。上海的轮船码头、火车站吸收外来客民，便如人的口腹吸收食物一般。这些吸收进来的客民，有的立刻便消化了，分散到市中的店铺、洋行或工厂中去服务，为都市创造新生命。有的一时消化不完，这些人便停滞在旅馆里、在客寓里、在同乡的家里。他们都希望不久便可加入都市的各种组织中去活动。这种希望如实现了，他们便可成为都市活动分子之一，像人身上的一个细胞一样。你看他占的地位虽小，但他有他的相当职务、相当工作。假如他们的希望不能达到，等来等去还等不到工作，结果不是冻饿以死，便是再搭轮船、火车回老家。一个都市，每年像这样排泄出去的无用人口，也不知道有多少。

不过一个正在发展期中的都市，需要工作的人甚多，专靠土著的力量，一定不够的。所以都市中每年入境的人口，常比土著出境的多，这是都市人口加增的一个重要原因。

都市人口加增的第三个法子，便是扩充市区。譬如现在的上海市，已经不是 100 年前的上海市了。从前的上海市，不过占有现在城厢附近的一带。现在的上海市，不但把公共租界法租界包括在内，而且还有吞并吴淞、浦东以及附近各乡村的趋势。以前凡是吴淞的人，将来也许在统计上，都要变成上海人了。别的都市，也有吞并附近小镇、小乡村的办法。譬如南京市，以前是只在江南的，现在把江北的浦口，也算在南京市的范围之内，从前的浦口人，以后在统计上，也要变成南京人了。

二、都市人口的质

上面所说的三种人口加增方法，除开第三种不与都市中人口的质发生重大关系外，其余两种，在在皆影响都市中人口的质。我们先论都市人口的自然加增与质的关系。

十七八世纪间的哲学家，很有许多主张人类平等的。这种人类平等的学说，在中国也很时髦。但据我们普通的观察，以及智力测验的结果，人类智慧的不平等，乃是很显然的事实。孔子以前分析人类，常列三等：一等是中人以上的，或称为上智；一等是中人；一等是中人以下的，或称为下愚。近来智力测量家分析人类的等级更细，就是我们平常所谓痴呆的人，智力测量家可以分为三类。他们测量人类智慧的方法，我们于今略而不谈。但他们研究人类智慧的结论，有一点是值得我们注意的。他们大多数的人说，人类的智慧，是先天的，后天的教育，只能加增人民的知识，不能提高他们的智慧。无论什么人，只能在他的智慧的可能之下，加增他的知识。他承受知识的能力，是有范围的。譬如一个痴呆，或者可以学会穿衣服，但他绝无能力，学会数学中的微积分。

这是智力测量家告诉我们的话，同时生物学者又发明了好些遗传的定律，指示我们子肖其父母，乃是生物界中普遍的现象。所以痴呆与痴呆结婚，子女皆为痴呆；聪明的父母，每每生出聪明的子女来。

因为人类的智慧不平等，而这种不平等的现象，又每每遗传下去，所以现在有一些学者，便注意到都市中各色人口的生产率。对于优生问题发生兴味的人，都希望一国中的优秀，多生子女；而下流社会中人，最好节制生育；再下至于痴呆或精神病的人，则以绝种为妙。但据他们研究的结果，事实竟与他们的希望相违背。受过高等教育的人，以及在上等职业中服务的人，平均所生的子女，总比工人所生的子女少。波特朗（Bertillon）尝把欧洲大城中的人民，按着他们的生活程度分为六等，每等中妇女自 15 岁至 50 岁每千人之生产率如下：

等级	都市			
	巴黎	柏林	维也纳	伦敦
极贫穷	108	157	200	147
贫穷	95	129	164	140
舒适	72	114	155	107
极舒适	65	96	153	107
富有	53	63	107	87
巨富	34	47	71	63

极贫穷阶级中人的生产率，与巨富的比较，在巴黎约高二倍，在柏林、维也纳亦然，在伦敦约高一倍有奇。司丹梅滋（Steinmetz）研究欧洲几个都市中的生产率，发现下等社会的家庭，每家平均有子女 4.30 个，但是大学的教授，每家平均只有子女 3.50 个。享有盛名的 23 个学者及美术家，平均每家只有子女 2.60 个。

这种生产率，照优生学者的眼光看来，是于社会将来的福利大有妨害的。他们以为这种现象如不改良，则将来的人种愈趋愈下，文化将有衰颓不振的危险。这种说法，似也有片面的真理。但社会学者与优生学者意见却有很不相同之点：优生学者把遗传看作万分重要，好像文化的命运只有遗传的势力可以左右之；社会学者固不否认遗传，但相信环境的影响尤为重要。所以社会学者对于上流社会中人生产率之降低，固然触目惊心；同时他们看见都市中不良的环境使多少青年堕落，多少可以有为的青年不得机会发展，也是痛心疾首的。

都市中各阶级的人生产率差异，将来会产生什么影响，非再加研究，难下断语。

但各阶级生产率不同之原因，也是值得我们注意的。上流社会中人的生产率降低，有两个大原因：第一是他们结婚的时期太迟。别人在 20 岁左右便结婚了，而这些上流社会中人，还在大学中受教育。大学毕业之后，该可结婚了，但他们怕结婚后负担太重，生活程度要受影响，所以在服务社会期中的前两年，还是守独身主义。他们要等办事数年之后，手边略有积蓄，才谈婚姻问题。结婚的时期既迟，所生的子女，自然减少，这是必然的趋势；他们能生的子女，既然不多，但是他们在这范围内，还要节制生育，这是上流社会中人生产率减少的第二个大原因。上流社会中人，每每不肯降低他们的生活程度，同时也不愿他们的子女将来所享受的生活程度，比较他们为低。他们抱定一种主义：与其生下子女来不能充分地教养，不如不生。他们既有这种信仰，同时又有方法得到生育制裁的知识，所以他们子女的数目，便减少了。这种现象，在各国都一致的。

都市中人口的生产率与质的关系，上面已述其大略。第二个问题我们要研究的，就是客民迁入都市，与都市中人口的质，有何关系。

第一点我们要注意的，便是客民入境，与都市中性的分配。一个国家或一个地方的人口，如完全受自然律支配，那么男女的数目，总会趋于相等的，便有差齐，也不很多。一个都市中的人口，因为不完全受自然律的支配，同时也受移民的支配，所以男女的数目，每不能一致。在美国的都市中，有女多于男的，也有男多于女的。但统计起来，在都市中男子超过女子的数目，不如在乡村中男子超过女子的数目之多。1920 年，美国城市中，男子与女子之比，为 100.4∶100；在乡村中，男子与女子之比，为 108.0∶100。所以照美国的情形讲起来，女子是城市中比乡村中多。此中的原因，非一言两语所能尽。我们在此处所要注意的，就是中国的情形与美国恰是相反。我们如走到美国的热闹街道上去，心目中总有一个印象，似乎所见的女子，较男子为多。但在中国都市的街道上，男子多于女子，尽人皆知。即以首都南京而论，据最近社会处调查的报告，男子有 309 621 口，女子只有 187 905 口，男超于女计 121 716口。又以广州而论，据民国十二年警察局调查所得，广州市厅管辖范围以内各地之居民，为 864 206 人，其中男子比女子约多 68 000 人。又以北平而论，据甘博的报告，男子占全市人口 63.5％，女子占全市人口 36.5％，所以中国的都市，无论南北，都有男超于女的现象。

这种中国的现象，须拿中国文化来解释。中国的旧式女子，服三从之教，其中出嫁从夫一条，其实并不十分确切。与其说是出嫁从夫，不如说是出嫁从公婆。已嫁的女子，与其把她看作丈夫的妻子，不如把她看作公婆的媳妇。丈夫外出经商或做工，妻子不能与他一同外出，因为她在家中，还有服侍公婆的责任。中国的男子，到都市中去寻生活的，每每把妻子留在家中，尽晨昏侍省之劳。他自己也许一年一次，也许三年一次，归家看看他的父母，顺便慰问他的妻子。中国的女子，视此为当然。如在美国，丈夫把妻子放在家中，三年不归，她早已在公堂中，提起离婚的诉讼了。

美国乡人到都市中谋生，每与妻子同行，中国乡人入城谋生的，每单身前往，这是中国都市中男浮于女的重要原因。此外中国人的生活程度，定得太低，商工二界的人，以孤身在外为当然，以有家室之乐为例外，也与都市中男浮于女一现象有关系的。他们不但把生活程度的标准，定得太低；就是他们每年的入款，真是给古人说的"蝇头微利"四字，形容尽致。一年在外奔波劳苦，所入不到百元，即有把妻子带入都市之心，事实上又如何做得到呢？

都市中人口的年龄分配，也受移民的影响，遂呈特别之观。一个地方的人口，如完全受自然律的支配，那么他们根据年龄堆积起来的模型，便如埃及的金字塔。一岁的婴孩最多，我们可以把他们看作金字塔的最下层。一岁的婴孩，有未满周岁便夭亡的，所以年满两岁的婴孩，数目一定比满一岁的婴孩少。人的年岁愈高，死亡率也愈大，正如金字塔愈高上去，面积愈小一样。假如金字塔的最下层，可以表象一岁的婴孩，金字塔的尖，便可表象年满百岁的老者了。都市中的人口金字塔，并不像埃及金字塔那样平整。它的侧面，看去并不是个三角形，而是一个葫芦。因为都市中需要年富力强的人，所以都市中壮年人的成分，较之乡村中壮年人的成分为多。都市中所以呈活泼之象，都市中人所以喜欢进取、喜欢冒险、喜欢创造，与人口的年龄成分，大有关系。

客民迁徙入都市，直接或间接地，便供给都市许多大人物。我们都知道，大人物对于一国文化的发展，是极重要的。大人物的数目，都市较乡村中为多。亨敦吞（Huntington）曾把美国俄亥俄、印第安纳、伊利诺伊、艾奥瓦、明尼苏达五州的人物，名入闻人录的，按着他们所住地方的大小，分析一下，得到下列的结果：

地方的大小	每 10 万人中入闻人录的数目
穷乡僻壤	3 人
乡村之人口在 2 500 以上 5 000 以下的	29 人
市镇之人口在 5 000 以上 10 000 以下的	28 人
城市之人口在 10 000 以上 25 000 以下的	25 人
城市之人口在 25 000 以上 100 000 以下的	28 人
城市之人口在 100 000 以上 300 000 以下的	30 人
城市之人口在 300 000 以上的	40 人

都市所以能吸引大人物的缘故，便是因为都市中百业发达，大人物有用武之地。一个只有几千人的乡村，养不起一个名闻全国的医生。即使这位医生，是生在乡下的，他壮年的事业，一定在都市的大医院里。乡村养不起好医生，也养不起大教授。学者是不肯在小学中与孩童周旋的，他希望到都市的大学中去，得天下英才而教育之。不但医生如此，教员如此，别种职业的人，也是如此，所以都市便成为人才的集中区域。以前的皇帝，要搜罗人才时，眼光要注在隐士身上。现在时势变易，人才不集于山林，而集于都市。假如一个人才离开都市，不与外界往来，不久便会变成时代的落伍者，不成其为人才了。

都市中的大人物，虽然比乡村中为多，但都市中的大奸巨滑，也不是乡村中遇得到的。中国的乡下人，对于都市中人，每目为滑头，不肯信任。他们到都市中来，因人地生疏之故，吃亏受骗的地方，的确是有的。他们在乡村中，并不是没有亏吃，但吃的是小亏。到都市来，他们会吃大亏，会受人骗，把生命都骗去了。乡村中不是没有强盗，但强盗是罕见的怪物，十几年也许遇不到一次。在都市中，抢劫的事，是时有所闻的。而且他们在抢劫的时候，计划之周到，来去之神速，远非乡下人所可及。乡村中不是没有坏人，但他们的坏，还坏在情理之中，我们可以谅解的。至于都市中的坏人，有时坏得令人神惊胆战，莫名其妙。都市中的坏人，何以如此之多？他们是因为坏，才到都市中来藏身呢，还是移入都市以后，受了恶环境的逼迫，才走入邪途呢？这是一个有趣味的问题，值得我们考虑的。

三、都市膨胀与中国之人口问题

中国的人口，有多少住在都市中的？有多少住在市镇中的？有多少住在乡村中的？关于这点，我们没有统计，不能下一断语。但据中外人士之观察，中国人民有 75% 以上，是以农为业的。我国素来以农立国，直至最近的二三十年，工业才有发展的趋势，所以说中国的人口，大多数集中于农业，大约是一个可靠的估计。因为中国人民，大多数以农为业，当然是乡村中的人民，较之都市及市镇的人民为多。中国人口满 10 万的都市，据《中国年鉴》第一回的"主要都市人口表"，共有 44 个。这个数目是否可靠，我们很怀疑。即使可靠，这个数目，也不算多。美国的人口，不过中国 1/4。但据 1920 年的统计，美国人口满 10 万的都市，共有 68 个。美国人口集中都市的趋势，在 19 世纪后叶才进行的。1820 年，美国人口还是以农为业的多，那时人口满 10 万的都市，只有纽约一个。现在号称美国第二都市的芝加哥，那时还没有人踪呢。美国现在统计人口的方法，凡是住在人口满 2 500 以上之地的，统称之为"市民"；住在人口不到 2 500 之处的，统称之为"乡民"。在 1880 年，乡民占全国人口 71.4％，市民占 28.6％。到 1920 年，乡民只占 48.6％，市民竟增至 51.4％了。

美国的人口，一方面集中都市，一方面也从农业中跑出来，分散在别的职业中去。我们即拿 20 世纪的美国来说：在 1910 年，美国有职业的人，有 33.2％在农业中；到 1902 年，竟减低至 26.3％了。同时别的职业，除却仆役等数项外，都有增加。譬如矿业，从 2.5％，加至 2.6％；工业由 27.8％，加至 30.8％；运输业由 6.9％，加至 7.4％；商业由 9.5％，加至 10.2％；官吏由 1.2％，加至 1.9％；专门业如教授、律师、医生等，由 4.4％，加至 5.2％；书记业由 4.6％，加至 7.5％。

这些数目字，初看似乎很干枯，但细察一下，是很有意味的，是研究中国都市问题及人口问题的人所应注意的。美国农业中人，虽然由 33.2％减到 26.3％，虽然由 1 200 万农夫减少至 1 000 万，但农场的价值，却从 409.91 亿美元，加增至 779.24 亿美元了。农场的出产品，在 1910 年，只值得 84.98 亿美元，到 1920 年，竟加增至 214.25 亿美元了。

以少数的人民，种植多量的农产品，不但可以供给本国的人用，而且还有剩余卖给外国，此之谓经济的生产法，此之谓进步的农业。研究中国民生问题的人，在此应当得到一个教训。

我们得到的教训，就是中国今日人口之大病，病在大多数的人民，皆集于耕种之一业。我在《中国移民之趋势》一文（见《新月》1 卷 10 期）中，曾有论到此点的一段：

> 因为大多数的人民，皆集于耕种之一业，所以中国人的农场，小得可怜。据孟禄博士的调查：中国北部，平均每农场只有 26 亩；南部农场，平均只有 9.5 亩。这样小的农场，无论耕者如何劳苦，一年之收获，总是有限的。一家人想靠 10 亩田来提高生活程度，是做不到的事。农夫想靠 10 亩田收获的盈余，去送子女入大学，也是一个梦想。为今之计，只有劝那只有 10 亩田的农夫，把那小得可怜的农场卖去，然后搬至城市中去工作。那留在乡下不动的人，便可把别人的田买下，扩充他的农场。这是自然的趋势，工业发达后，中国的农民自然会这样办的。我们如想此种状况速现，莫如提高中国的工业，以及与工业有关的矿业、商业、交通业。

换句话说，发展中国实业，创造中国的都市，使附庸中可怜的农民，以及一切游手好闲的人，到都市中去寻生活，乃是救济中国人口过剩问题的一个好方法。平常讨论中国人口问题的人，总以为中国人口每方里的密度太大。这句话应该修改一下，改为在今日中国生产方法之下，中国人口每方里的密度太大。中国本部及东三省的人，据民国八年的邮政局统计，平均密度为 279，这是一个很高的估计。假如我们根据清政府宣统二年的人口统计，平均密度只有 174。这种密度，比较起欧洲各工业国来，并不算高。譬如英国三岛，每方里有人 469。除开苏格兰、爱尔兰不算，英格兰与威尔士合起来，每方里有 649 人。荷兰每方里有 518 人，比利时有 635 人，德国有 328 人。

欧洲各国，每方里所以能容纳这许多人口的缘故，是因为它们的生产方法进步。据美国山波女士（E. C. Semple）的计算，一方里能容纳人口的多寡，每视住民的生产方法以为断。游猎的民族，每人需地 70 方里至 200 方里。游牧的民族，2～5 人可共同生活于 1 方里之中。农业发达的地方，如南欧，每方里可容 200 人。但农业的生产方法，并不算最经济的生产方法。最经济的生产方法，要算工业。工业发达的地方，每方里可容 500～800 人。

所以中国如能在 18 省中发达实业，过剩的人口问题，不难解决。都市膨胀，便是实业发达的象征。欧美的往事，可以为鉴。我们对于中国人口的集中都市，不必大惊小怪。这是势所必至，理有必然，可欢迎而不必畏惧的。

第三章　都市的区域

一、都市中的三大区域

　　这儿所说的"都市的区域"，与第一章中所谓"都市区域"不同。都市区域的面积是很大的，不但包括都市的本身，还包括都市以外的附庸。但如说到都市的区域，我们的目光已经缩小，放开附庸不谈，只谈都市本身的情形了。都市是占有空间的，大都市的面积，有时包括数百方里。在这数百方里之中，土地的作用，并不是一样的。有些地方，是做住宅用的，又有些地方，是做工厂用的，再有些地方，是为开商店用的。一个大都市中，小区域不算，大区域至少有三个：一是商业区域，一是住宅区域，一是工业区域。

　　各种区域，在都市中，有它们相当的位置，并不是杂乱无章的。一个都市有它的规模，正如一所房子有它的规模一样。一所房子所占的面积，有一部分可以做门房，有一部分可以做寝室，又有一部分可以做会客厅。门房一定要安置在门口。门房与会客厅之间，最好不要通过寝室，这是凡造房子的人，都记在心中的。都市的膨胀，虽然很多是无计划的，但无形中也有许多势力，使它走一定的轨道。蒲其史（E. W. Burgess）研究芝加哥的结果，说是芝加哥从中心点出来，共有五道圈。芝加哥的中心点，是第一道圈。在那儿，我们可以看见高入云霄的大建筑，看见铁路车站、百货商店、大银行、大旅馆、大戏园。这便是商业区域。在第一道圈之外，整靠着商业区域的，为第二道圈。在这里面，我们看见一些小工业，以及一些破旧的房子、污秽的街道。贫民、外侨以及作奸卖淫的，都在这一道圈中藏身。第三道圈，是中等住宅区域。住在这儿的，大半是商店中的伙计、工厂中的细工。他们不愿意离开他们的商店或工厂太远，所以都住在这一道圈之内。第四道圈，是高等住宅区域。第五道圈，便靠近乡下了，在这儿，有大工厂，并依工厂为生的人。据蒲其史说，美国各大都市的规模，与此相差不远。我们如把这五道圈再分析一下，可以把它归纳入三种区域。第一道圈，是商业区域；第二道圈，是工业区域与贫民住宅区域之混合；第三、四道圈，是住宅区域；第五道圈，是工业区域。

　　现在我们第一要解释的，便是：商业的热闹区域，为何总在都市之中心？也许有人要进一步问：都市的商业中心，果真便是都市的中心吗？上海的商业中心，可以说也是上海市的中心，但南京的商业中心，不是在城南吗？北平的商业中心，不是在正阳门外吗？它们又何尝在都市的中心呢？回答这个问题，我们第一句话要说的，就是北平之发展，处处受城墙的影响。正阳门以北，便是内城，以前是不许人开店的。在可以开店的区域中，正阳门外要算是最适中的。假如北平商业区域的中心，在宣武门外或崇文门外，那么北平的情形，才可以说是例外。至于南京的情形，我们如只看地图，似乎商业中心，应该在鼓楼一带，而不应在城南。但是我们如看一下南京市政府印行的南京各区住户比较图，就可知道南京的商业中心所以不在鼓楼左右的理由了。原来鼓楼虽然在地理上，是南京市的中心，而在人口的分布上，并不是南京市的中心。南京的北区，荒地极多，人口的中心，现在还在城南，所以商业中心在城南，不足为奇。将来城北一带，如大兴土木、招徕住民，使人口的中心点北移，那么南京的商业中心，也会北移的。据老住南京的人说，现在这种趋势，已经显见了。

　　商业的中心，是不固定的。住户移动，商业的中心也要移动。但它的趋势，总是往人口的中心走。纽约的商业中心北移，便是一个好例。即以上海而论，上海的居民，是往西发展的，所以商业也追随而西。从前所谓西区，最优之住居，今则几变为商业之中心。静安寺路跑马厅附近等处，从前是村居清静之地，现在已渐被商业侵蚀了。这种商业西趋的现象，不但在公共租界如此，在法租界亦莫不如此。霞飞路一带的住宅，有让给市肆的，其住户均已向西迁移，其推展之区域，似较公共租界为尤远。又如汉口的英租界江岸，从前颇多私人住宅。现在西人住宅，逐渐移至西商跑马场以西，而刻下江岸住宅基地，则将次第改筑货栈，以应往来长江各轮之需。这种发展的步骤，美国学者称之为"侵略"。意思是：都市发展之后，因人口的移动及商业的需要，住宅区域，常受商业区域的侵略，结果住宅的人，总敌不过开店的人，如是靠着商业区域的住宅区域，便一变而为商业区域。我们如懂得这一点，就可知道为什么美国大都市中的贫民窟，总在靠近商业区域的第二道圈之内了。原来在这一道圈之内，地皮很贵，然而房租很贱。为什么这儿的地皮贵呢？因为这儿靠近商业区域，不久便有商店开到此地，有地皮的都可得善价。地主抱着这种希望，所以不肯把地皮贱卖了。为什么这儿房租贱呢？因为没有人在这儿造新屋，怕造起来商店搬来又要改造，所以这儿的房屋，都是旧的，年久失修，只有贫人才肯住，也只能以极低的房租，才能引得进住客。于是这些房子，乃为贫民所独占。

我们现在再说转来，解释商业中心所以在都市之中的原理。我们不是说，都市除却中心点以外，便没有商业。我们的意思是，凡是重要的商业，都有集于中心的趋向，假如没有别的势力去阻碍它。重要商业为什么要往中心点去呢？简单的理由便是，都市的中心点，交通便利，对于东西南北，距离是一样的。假如把店开在中心，便可吸收各方面的顾客。假如只开在一隅，譬如说是城南罢，对于南方的住民，诚然是便利了，但对于东西北三方的人，便不便利了。所以大商店如想招徕各方面的主顾，都要开到都市的中心去。

都市的中心面积是有限的，但需要它的人却很多，所以市中的地价，便一日千丈地涨上去。我们很可以拿一个都市中的地价，做商业中心点的指数。一个都市中地价最高的地方，大约是都市适中的地方，也大约是商业区域的根据地。芝加哥的中心，就是商业最繁盛的地方，店面每尺（land value per front foot）售价 16 500 元；由那儿南行，到第二十二街，便是唐人街，地价竟跌至 1 250 元一尺了。上海的地价，据工部局 1927 年的报告，南京路由黄浦滩至河南路，地价每亩值银 143 900 两；从河南路至福建路，每亩 93 800 两；从福建路至西藏路，每亩 8 万两。南京路是上海商业最繁盛的地方，所以地价比别的路都高。上海市靠边的地方，现在还有 1 000 余两银子一亩的地，像南京路那种地价，住家是不可能的。即使地皮是自己的，会打算的人，也情愿搬到别处去住，而以地皮租给开店的人，每年可收重租。

都市商业区域最热闹的地方，总占好几条街道。在市镇或小城市中，有几条街道做商业区域，也就够了。可是在人口满数百万的大都市中，一个商业区域，每不能应付都市中住民以及附庸中商民的一切需要而能措置裕如。几百万居民的商业，如集中在几条街道上，那么到了日中的时候，街道上一定挤得不堪。有人在芝加哥最热闹的一个地方，便是麦迪逊与司突特二街相交之处，计算一点钟之内来往的行人。他的报告，是在二街相交的西南角，一点钟之内，有 31 000 人走过。这种挤法，有许多人是受不来的。不但在街上挤，便是在往市或离市的电车上、公共汽车内，以及其他市际特别快车、架空电车、地底电车里面，日间也是挤得不堪，尤其是在上工下工的时候。

为免除这种拥挤起见，大都市中的商业，便有发展"子区"的倾向。最重要的商业，如批发业、银行业，以及总行总公司的办公室，仍然设立于都市之中心。但如百货商店，如旅馆，如戏院，都有在离中心数里的地方，设立支店支行支馆的趋势。这些支店支行支馆，与其他独立的商店，合而又成一商业区域。这个区域，势力并不如都市的商业中心区域，有时并须受它的节制，所以我们可称之为子区。一个大都市中，这种子区总有好几个。

我们再细察美国都市中商业区域的布置，便可发现大区域中，又有小区域。这些小区域，是以商业的种类分的。譬如影戏院、戏馆、歌舞院等游艺场，集于一区，银行又集于一区，百货商店又集于一区，卖木器的、卖汽车的，又集于一区。此种商店的地位，每受各种势力的牵制，而趋于最合宜的场所。譬如卖汽车以及卖木器的店，每不能开在商业区的中心，因为汽车及木器的陈列占地太广，商业中心区地租昂贵，汽车商及木器商，决不能出此重租。又如街道转角的地方，多开烟店、汽水店，以及5 分 10 分货物店，因为这些商店生意的多寡，每视行人有多少走过它们的店门为转移。这些店开在路角，便可收罗两街上来往的行人。

此外还有一种心理上的理由，使商店以类聚的。原来人类的心理，如甲物与乙物，每同时并见，则将来想到甲时，便联想到乙。譬如我们走到上海棋盘街时，看见中华书局，又看见商务印书馆，又看到别的许多书铺。书铺与棋盘街两名词，在我们脑经中便联合起来了。以后我们如想在上海买书，便自然地走到棋盘街去。别人如想买书，问我们到什么地方买，我们也介绍棋盘街。假如在南京，我们想到书铺，便联想到花牌楼。假如在北平，我们想到书铺，便联想到琉璃厂。商人为利用此种心理起见，所以开店的时候，总想开到他的同业区域中去。

以上是解释商业区域的现象的。工业区域，何以要到都市的边际去，我们在第一章中已经提到。但都市中的工业，也有不外移的。这些不外移的工业，有的是占地甚少，地租在生产费中并不算一大宗出路，所以能够依然留在市内。有的工业，因为与时髦息息相关，不便离开都市的中心，离开后制造出来的货品，便不能满顾客之意的，譬如有钱女子所穿的衣服、所戴的帽便是。因为这个缘故，许多都市的中心，还留有裁缝女衣的工业。还有一种工业，起初原是设在都市之外的，后来都市膨胀了，把都市以外的土地，也圈入都市的范围中。于是这些原在都市以外的工厂，现在便在都市之中了。这些工业，有时因为开办费太大的缘故，想搬家也搬不了。譬如芝加哥的屠宰场，原在芝加哥市之外的，现在因为芝加哥变大了，所以它的位置，离芝加哥的中心便不远了。这屠宰场的搬移，不是一件容易的事，所以现在还是守着它的老地方。

因为如此，芝加哥南市的人，鼻孔便吃亏不少。每当天晴日暖、北风徐来的时候，在芝加哥大学以及附近的人，总闻得见牛羊的腥味！

最后我们要研究住宅区域。住宅区域，不在都市的中心，而在都市的四围，我们上面已经说过了。它与商业区域有一点相同的，便是大区域之中有小区域。我们从经济状况一方面看，有些住宅区域是贫民住的，有些区域是富翁住的。富翁总择风景幽雅、地势高爽的地方，建设他的大厦，贫家的子弟，很难在此插足。这儿的房屋，很少有招租的。假如想在此地买一块地皮，代价也是很贵。所以富翁住的地方，只有富翁才插得进去。至于贫民住的地方，街道污秽，屋宇颓败，不看见面黄衣敝的穷民，便可知道这是贫民的大本营了。纽约在别的地方，每餐非四五十美分，不能谋一饱。但我曾参观一个贫民的饭店，离唐人街不远。在这饭店内，5 美分便可吃一顿了。所吃的东西，共有三种：清汤一碗，黑咖啡一杯，黑粉面包，多寡随意所欲。这个饭店，是一个慈善家开的，所以食物能卖得这样贱。别的都市中，虽然没有这样便宜的饭馆，但贫民窟中的食物，卖得总比别处便宜些。在芝加哥别的地方，想吃三个煎鸡蛋，至少得 30 美分，但在西麦迪逊街的贫人窟中，三个煎鸡蛋，只需 15 美分便够了。贫人的住宅区域，无论什么机关，都带一点穷味。我们已经说过饭馆了。再以旅馆而论，在纽约芝加哥等大都市的上等旅馆中，十几美元住一晚，不算是最奢华。但贫人窟中的旅馆，有 25 美分，便可住一晚的。有些旅馆，连 25 美分都不必。这些地方，床是没有的，有的是地板；被是没有的，可以带报纸进去盖。

此外住民的团结，也有以文化或民族做根据的。因为都市中住民的文化或民族不同，所以住宅区域，也呈各种不同的现象。信仰回教的人，因为文化上的不同，所以在一都市内，每有聚回教而居的倾向。不但在北平如此，便在南京，据最近的人口调查，西区的人口，不过占全市人口 21.7％，但信仰回教的人，住于西区的，却占回民全数 53.2％。广东人因为语言与他处不同，所以在都市中，也易于团结在一处。据孙本文先生的调查，上海武昌路一带为广东人区域。别处的人，因为语言不相似，难有自觉的观念，所以不易聚于一区。他们的住宅，不以语言做根据，而以经济状况或其他原因做根据的。

根据语言及其他各种文化背景不同而团结的住民区域，在美国都市中最为显著。美国是世界各国人口的总会所，在大的都市中，各国的人口都遇得到。纽约的犹太人，比世界上任何地方的犹太人都多。在那儿，犹太人有 150 万，比现在南京全市的人口，约多两倍。纽约不但有犹太人的住宅区域，也有意大利人的住宅区域。在纽约的意大利人，比在罗马的意大利人还多。不但纽约有这种根据不同文化而团结的住民区域，便是别的大城市中，也有这种现象。华侨在美国，也是住在一起的。在旧金山，在芝加哥，在纽约，在西雅图，在其他各大城，都有"唐人街"。这儿的人都说广东话，穿广东装。美国是禁酒的，但在"中国城"里，可以喝到很好的五加皮酒。美国人是打扑克的，但这儿的住民，赌的是番摊。美国人看的是电影，但这儿却有广东戏。中国学生吃西餐吃厌了，便到这儿去吃中国菜。我们虽然身在美国，但到了"中国城"，便如到了中国一样。

二、都市问题与区域

我们看了上面的分析，便可知道都市并不是一个纯粹的个体。都市中的人品不同，都市中各种区域的性质，也不一致。这一点是研究都市问题的人所要注意的。我们因为看清了这一点，所以研究都市中的任何问题，应当有一种必不可少的工具，那工具便是暗射地图。研究上海的人，不可不有一上海暗射地图。研究南京的人，不可不有一南京暗射地图。我们如研究上海的离婚问题，便可把离婚者所住的地方，点在图上。又如研究上海的自杀问题，便可把自杀者所住的地方，也点在图上。这是一种初步的工作。我们的假设是：一个都市中，甲区域的离婚密度，不会与乙区域的相同。丙区域的自杀密度，也不会与丁区域的相同。因为一个人的行为，处处受他环境的影响。不同的环境，可以产生出不同的行为来。都市中各区域的环境不同，所以那儿住民的行为，也不相同。我们在暗射地图上，如已发现甲区域的离婚密度，较之乙区域为高，继着我们便可以问：这是什么道理？要解决这个问题，须亲自到甲乙区域中去调查，比较其环境上不同之点。我这儿所谓环境，系取广义而言，包括一个地方的风俗、信仰、习惯等等。这是研究都市社会问题的一个好方法，值得我们采择的。

用这个法子去研究社会问题的机关，据我所知，要算芝加哥大学的成绩最为优越。芝加哥社会学系中，有派克（R. E. Park）及蒲其史（E. W. Burgess）两教授，对于都市的研究兴趣，极为浓厚。他们又得了富人的捐助，设立了一个社会学实验室。在这实验室中，我们可以看见很多的芝加哥暗射地图，在这地图之上，满载了芝加哥的社会事实。譬如一年之内，芝加哥共有多少犯罪的人，犯罪者住家的地方以哪一区为多，在一张图上便可看见。又如一年之内，芝加哥有多少离婚的人，他们住在什么地方，在另外一张图上便可看见。此外各种不同的事实，都有不同的地图去表示。我们看了这些地图，对于芝加哥的社会情形，便了如指掌了。

除了这些有趣味的地图之外，实验室中，还有一间房，其中最宝贵的材料，便是芝加哥各区的发展史。我们要知道，芝加哥是一个很幼稚的都市。它的历史，统计起来，还不到一百年。要搜集这一百年来的历史，虽然不很容易，但比较搜集南京或北平的历史，不知要容易多少。派克与蒲其史两教授，把芝加哥的全市，分作约 72 区。每一区的历史，都派有学生去调查。这些报告的材料，有的是根据于历年来芝加哥的出版物，如报纸杂志之类；有的是根据于与每区中老者的谈话，以及与其他各色人的谈话。这种材料，对于研究都市问题的人，非常有用。譬如我们想要知道甲区中的犯罪率何以较他区中为高，我们在实地调查之先，便可到社会学实验室中，把甲区的历史，翻开来看一下。从这些历史的报告中，我们便可得到一点线索，再去实地调查，费时少而得益多。这些调查的结果，如发现了新的材料，与甲区有关的，可以作成报告，加入甲区的历史中。芝加哥大学的教授与学生，对于芝加哥，是不断地研究的，所以关于芝加哥的材料，也与年岁以俱增。

我们现在可以举出两种研究，来做以上述的方法去分析都市社会问题的代表。第一是麻流博士（E. R. Mowrer）对于芝加哥家庭现象的研究。平常我们心目中有一种印象，总以为都市中人，不如乡下人老实，所以都市中人的离婚率，总比乡村中的离婚率为高。这是一种肤浅之论。芝加哥是一个大都市，可以分作 72 区，每区中有它不同的离婚率。有些区域中，竟无离婚的现象。又有些区域中，离婚率之高，竟高至每 1 万人中，有 64 人离婚。照这样算法，每 10 万人中，便有 640 人离婚了。美国全国的离婚率，在 1922 年，每 10 万人中有 136 人。所以芝加哥各区域的离婚率，有的比全国平均的离婚率低，有的比全国平均的离婚率高，不可一概而论。

麻流博士根据他的研究，发现在芝加哥一市中，各处有各处的家庭制度。有些区域中，是无家庭的。譬如芝加哥的商业区域以及走江湖者居留的区域，便是代表。又有数区域中，只有家庭制度的形式，而无家庭制度的精神，此中的居民，多数是青年男女，解放到了极点的，他们相信实行同居之爱，但不必要经过结婚的仪式。爱存则同居，爱亡则分散。又有些区域中，还保存旧大陆的父权家庭。这些区域的住民，大半是外国的侨民，虽然住在美国，但还保存着他们本国的文化，对于男女平等的学说，还未领略，对于子女的放任，更做不到。在这种家庭中，父亲还有他的威权，但是子女如长大了，受了美国教育的影响，对于这种威权，是要反抗的。所以在都市的父权家庭中，家庭问题也容易发生。再有些区域中，还有母权家庭。这种家庭中的男家主，大约是工厂中的工人。他们早出晚归，外出的时候，子女还未起来；归来的时候，子女又要入睡了。家庭中的经济，以及子女的约束，父亲无暇顾及，一切皆由母亲支配，所以可称之为母权家庭。最后还有那平权的家庭。这种家庭中的夫妻，大约都受过中等以上的教育，经济都能独立的。对于家庭的管理，也是分工合作，绝无所谓男尊女卑的现象。

我们举出来的第二个代表，便是开凡夫人（Ruth S. Cavan）的自杀研究。都市中的自杀率，平均较乡村中为高，这是我们都知道的。譬如美国的伊利诺伊州，凡人口不满 1 万的市镇及乡村，在 1919 年至 1921 年之间，每 10 万人中，平均每年只有 11.7人自杀。人口自 1 万至 10 万的地方，自杀率便涨至十万分之 14.1。芝加哥是伊利诺伊州的第一大城，自杀率也最高，每 10 万人中，有 15.3 人。但是芝加哥各区域中，有不同的自杀率，竟如它们有不同的离婚率一样。在芝加哥的 72 区之中，有 9 区在开凡夫人研究的时期内，没有出过一次自杀的案件。另外还有 31 区，虽然出过自杀案件，但那儿的自杀率，比较小市镇及乡村中的平均自杀率还低。芝加哥的自杀区域，与商业区域以及靠近商业区域的那一道圈，约相符合。

这种现象，当然在我们脑经中引出一个问题：为什么在一个都市中，有些区域的自杀率，较之别种区域为高呢？开凡夫人第二步的研究，便是比较这些区域中的社会现象。自杀率很高的区域中，离婚率也高么？典当比别的区域中多么？因饮酒过度而死亡的人，比较别的区域多么？暗杀的案件多么？诸如此类的问题，都可以用数目字表现出来，与自杀率相比较。这种方法，是粗浅的统计方法。近来如研究芝加哥少年罪犯的萧先生（Clifford Shaw），所用的统计方法更精密，他用统计学中的求相互关系法，看每区中少年罪犯的多寡，与人口增加率的快慢、离婚率的高低等等，其关系之密切，至若何程度。他的研究，还未发表。不过他的方法，别人已有许多采用了。

用统计的方法，可以看出甲种社会现象，与乙种社会现象，其关系之深浅。但是它们为何发生关系，它们彼此相互影响的程序如何，专看几个数目字是不能明了的。譬如我们看见上海社会局发表的自杀统计，知道自杀与家庭不睦是有关系的。但家庭不睦，何以便能逼人自杀，此中相互的关系，只看社会局的统计数目，是不能明了的。所以我们无论研究什么问题，除开统计法外，还要用个案法、自传法，以补其不足。这是芝加哥大学各教授、学生，根据他们研究都市问题的经验，所昭示我们的。

三、都市设计

在过去的历史中，都市的膨胀，除去极少数外，都是完全自然的，没有人力去左右它。最近才有人觉得，自然发展的都市，有许多地方，是极笨拙的、不经济的、不能满足人类爱美的欲望的。他们想以人类的聪明才智，去范围都市，使都市各方面的发展，能满足人类各方面的要求。像这一类的努力，我们统称之为都市设计。

都市设计的第一步，便是规定都市的各种区域，使每一区域内的土地，有它相当的用途。我们上面已经说过，都市中有各种势力交互影响，结果遂使某种事业，集中于某区域。但这种纯任自然、全无计划的分区，每有它的流弊。譬如我们已经讨论过的"侵略"，便是流弊的一种。为提防这种流弊起见，欧美学者遂提倡有计划地分区。划作住宅的区域，工厂无许侵入；划作商业的区域，也无许建设工厂。我国办理市政的人，近来对于此种办法，也渐注意。譬如上海市政府，已经发表过它的分区计划。据十七年 10 月 10 日的《申报》所载，上海市工务局拟分上海为三区：（1）工业区，一在浙江路及派克路以西至梵王渡一带，一在高昌庙附近浦江以北铁道以南，一在杨树浦附近汇山码头以东。（2）商业区，在公共租界之中部，法租界之东部，与城厢附近一带。陆家浜以南，日晖路以东，沪杭路以北之地域，亦划为商业区，以资扩充。（3）居住区，在租界之西部及毗连之地，暨新西区一带。各区毗连之处，拟均以园林树木间隔之，庶界限显明，误会可免。又如南京的工务局，据十七年 10 月 6 日《申报》所载，也有分区的计划。这个计划，将南京分为行政、商业、工业、学校、住宅五个区域。行政区域，有主张在明故宫的，有主张在鼓楼的，因之尚未确定。其余的区域，如商业区，拟划在下关，沿长江上下游一带，因商业区须求交通便利之故。工业区拟划在神策门外，百花洲至燕子矶一带，因工业须求交通便利外，并须离城较远，以免扰害，更须测量风向避除烟灰。学校区拟划在雨花台一带，因学校区须求清静之故。住宅区拟划在鼓楼以北，清凉山一带，因住宅区须求地势高爽、风景幽雅，并须求与商业区稍近，以便贸易。这两种计划，在学理上还有讨论的余地，但它们代表一种设计的精神，是可取的。

都市设计的第二步，便是铺设或修理都市中的街道，使它们能够满足市民的需要。中国都市中的街道，有许多还是中古时代遗留下来的。那时没有马车，没有汽车，也没有电车，所以街道狭隘一点，行人还可往来自如。现在，街道的中心，给马车、汽车以及其他各种交通工具占据去了，于是行人便被挤到路旁，但路旁又并无为行人特设的路。中国的街道中，只有"马路"或"车路"，然而没有"人路"，这是办市政者所应注意的。街道的改良，除却添设"人路"之外，还要把车路或马路大加扩充。在商业区域中，车道的路身，应当有 86 尺或 100 尺广。100 尺广的车道，中间可以铺电车的双轨。双轨的两旁，还有余地，可以让四乘汽车，同时来去。车道靠近人道的两旁，每边还可停一行汽车。要这样广的车道，才可应付都市中商业的需要，中国都市中的街道，很少能够达到这种标准的，所以我们走到都市的商业区域中去，每每看到人与人碰、人与车碰及车与车碰的现象。南京号称中国首都，但有些街道上，如前面来了一辆汽车，路旁的洋车，便非拿入店中不可。行人因街道尽为车辆所占据，步行艰难，这是出门不坐汽车的人都知道的。

　　都市中物质方面的设计，除开街道以外，可以注意的还多，我们不能尽述，住在中国都市中的人，由早至晚，感觉到不便利方面的地方，难以枚举。譬如住在南京的人，早上起身，便感觉到无自来水的不便利。因为没有自来水，所以有时要洗面水都感困难，洗浴热水，更谈不到。早上出去，我们可以遇见挑粪的、刷马桶的，这都是受了都市中没有阴沟之赐。出门之后，如想访友，或入市，或到办公处，我们可以立刻感到交通不便的困难。南京不是没有代步的车辆，但索价的昂贵，在全世界上，除却中国别的都市以外，很难找得出一个地方，可以与它比拟的。我们从芝加哥大学到芝加哥的商业区，距离约有 21 华里。如坐电车，只需 7 分；如坐公共汽车或高架电车，只需 1 角。但中国有哪一个都市中，有这样便宜的代步工具呢？我们在南京，如觉访友时的车资太高，是否可以用电话代替呢？电话在南京是有的，但与朋友谈话，有时在电机之下，要等 20 分钟。电话是这样不灵通，电灯尤其是不光明。南京电灯的可怕，不在它的"一灯如豆"，而在它的有时"漆黑一团"。这种种物质上的不方便，都是留心都市设计的人，所应设法改良的。我举南京，不过以它为例。其实别的都市，与南京不过伯仲之间，比起欧美的都市来，相差还远；比起完善的理想都市来，更是望尘莫及了。

　　总括起来，都市设计，应该包括下列数点：（1）区域要规定，使工业区、商业区、住宅区，各得其所。（2）街道当改良，对于路身的宽度，应视区域之不同而差异。除却车路之外，应添设人道，那是极明显的。（3）市内的交通工具，须能满足市民的需要。市内应设电车、公共汽车、架空电车，以及地下电车。都市与附近各小镇，应有特别快车，隔 5 分钟或 10 分钟开一次，以利行旅。都市与其附庸，应有铁路、轮船、飞机及长途汽车，以资联络。（4）民以食为天，所以都市对于民食的来源，应开发并保障。市内应有一食物总批发所，大批出售米谷及菜蔬水果等等。由此地批发出去之食物，皆须检查，以重卫生。（5）都市中应有完备的公用组织。如自来水公司、电灯公司及煤气公司等等。（6）都市中人民生命财产的保障，除警察署的设备外，应有救火机关、红十字会、传染病医院等等。（7）娱乐事业的设备，应有公园、戏院、电影馆、体育场、音乐会等等。（8）文化事业的建设，应有公立学校、图书馆、博物院、美术院、演讲所及慈善机关等等。假如以上各点都能达到，那么都市的环境，可以说是优美的，不愧为文明人士居留之地了。

第四章　都市的控制

一、都市控制的薄弱

我们如以乡村社会，来比都市社会，就可立刻发现，乡村社会的物质生活，虽然不如都市社会，但在控制住民行为的一点上，力量每较都市社会为高。一个在乡村中不敢逾越规矩的人，一入都市，每会肆无忌惮、为非作恶。这种现象，是研究社会学的人，所应注意的。社会学的中心问题，便是人与社会的关系。我们要问：社会约束人类的力量，为什么在都市中，远不如在乡村中呢？

第一点我们可以看得到的，便是都市中舆论之废弛。在乡村中，彼此都是认识的，甲的行为，逃不出乙的眼光。假如甲做了一件坏事，想瞒全村人的耳目，那是做不到的。中国有一句俗语，"若要人不知，除非己莫为"，在乡村中是极适用的。乡村中的耳目，既如此的周密，所以村人的行为，假如略有不合轨道的，立刻便可成为茶余酒后谈话的资料。这种闲谈，是乡村约束居民最有力量的工具。"人之多言，亦可畏也"，许多人因为怕别人说闲话，所以在行为上，总是循规蹈矩、不敢放肆的。在都市中便不然了。都市中虽有邻里之形式，而无邻里之作用。不但在一条街上同居的人，彼此不相闻问，终岁不相往来，就是同在一屋中居住的人，彼此也不过问。在欧美各大都市中，有一种套房式的大厦。这种大厦，有三四层的，也有高至十几层的。在每一层上，有好几套房子，每套房子，都有一总门出入，与别套是完全隔绝的，租房的人，以套为单位，大约一家五口，租一套房子，便可住得下去。一层之内，既有好几套房子，所以也可住好几家人。这些住家的，虽然义■同屋同层，但一年 365 日，可以彼此不交谈的。至于不在同层居住的，有时连见面的机会都没有。"各人自扫门前雪，莫管他家瓦上霜"，都市中的住民，对于近在咫尺的，也取此种态度。在这种环境之下，闲谈的制裁，是完全消灭了。都市中报纸的制裁力，远不如乡村中的闲谈。因为事无巨细，都可做闲谈的资料，至于报纸，对于无关紧要的个人新闻，是一概不登载的。都市中的居民，因为知道在都市中的行为，即使放荡一点，也不会给别人拿去做谈话资料的，所以自制力，也随着放松下来。

中国都市中的房屋，除开上海等大都市外，还少有采用套房制的。而且都市中居民的迁徙，也不如欧美都市中的频繁，所以同街或同里的人，还保留着一点邻里的精神。这儿的制裁，虽然在效力上，远不如乡村中的邻里，然也可算具体而微。可是都市中的情形，不但不能加增这种制裁的效力，反而可以灭杀这种制裁的功用。这种道理，是显而易见的。上面已经提到，一个都市中，有很多小区域。甲区域的居民，如跑到乙区域中去，便如到了生地一样，没有人认识他，他也不认识别人。邻里控制住民的势力，每每不能随着住民跑，所以住民如跑开他的邻里，控制力遂等于零。我知道美国一位华侨对于子女，约束很严。他们住在中国城中，凡是华侨，都认识这位华侨的子女。后来这位华侨的姑娘，与一位少年很要好，但这位少年，不能得这位华侨的欢心，所以这位华侨，便不许那少年到家中来。这一对年青男女，如想在中国城中时常聚集，是不可能的。他们为避免这位华侨的约束及中国城中别人的耳目起见，每日都在离中国城很远的一个公园中会晤。在这儿，没有人认识他们，也没有人干涉他们，于是他们便可畅所欲为。我举这一个例子，以表明家庭邻里，以及其他各种亲密团体，在乡村中的约束力是极大的，但一到城中，便不能施行他们的制裁职务圆满周到了。

我们的行为，除却受舆论的制裁之外，还受所谓"良心"的制裁。以前我们对于良心，每有很多的误解。有人说良心是先天的；有人说良心是上帝给我们的，放在我们心中，以监督我们的行为。现在，我们知道良心并不是别的东西，便是我们平日所受的道德教育。各人所受的道德教育不同，所以良心的表现，也不一致。有人以男女授受为奇耻大辱，有人以社交公开为理之当然。有人信烈女不事二夫，有人信寡妇再嫁不发生道德问题。我们于今且不谈良心的内容，因为内容是不相同的。我们只谈良心的效用，因为效用是一致的。良心的效用，在约束人类，使他在别人不看见的时候，或远适异乡的时候，一举一动，都不敢违背父兄的遗训，以及师长的教诲。譬如我们受过道德教育的人，对于别人的财物不敢擅取，即使取了别人不知道，我们也不敢干，怕干了要受良心的谴责。良心约束人的力量，是很大的。

在乡村中，大家都采取共同的标准，所以什么事对得住良心，什么事对不住良心，如黑白分明，不生误会。我们在这种环境之下，每每觉得良心的律令，是绝对的，是非服从不可的。但在城市中，五方杂处，不同的文化，皆集于一区。于是行为的标准，由绝对的乃变为相对的。我们在乡村中，以为男女并肩而行，乃是一件极无道德的事。在城市里，我们不但可以看见男女并肩而行，而且在电影中，还可看见男女接吻、拥抱的举动。于是男女授受不亲这一信条，在我们的脑海中便动摇了。最初我们还不敢十分解放，以为男女谈话，是可行的，至于跳舞，则未免过甚。但是不久思想便可改变的，反对跳舞的人，也许不久要加入跳舞了。起初即与女子谈话，便觉得对不住良心；后来便抱着女子跳舞，良心上也觉泰然无事了。这是一个例子，但足以表示无论什么信仰，如欲使人深信，如欲使人信而不疑，如欲使人在违背它时，良心上便受谴责，则在此区域之内，必不能容纳有相反的信仰。在野蛮的部落中，文化纯一，别部落中的文化，很少有机会传入，大家的信仰，都是一样的，所以酋长约束部下的人，并不费事。自交通方便之后，各种文化，在通商大都中，都有接触的机会，于是固有的道德律，大家信为金言、不能更改的，至此因比较及批评的缘故，地位也动摇了。都市中的住民，良心上的制裁，所以衰弱之故，便是因为良心的根源——道德律令——受了外来文化的影响而动摇了。

舆论及良心，为约束人类行为最重要的工具，在都市的势力单薄，已如上述。至于宗教，则因科学发达、教育普及之故，其因果报应之说，久已失青年男女的信仰，所以如想恢复宗教在都市中的势力，是不可能的。除了宗教之外，约束人类的工具，还有法律。法律在约束人类的各种工具中，是最消极的，因为它只能在人民已经犯罪之后加以惩罚，极难防患于未然。所以法律虽然在都市中，还未失其功用，但专靠法律来制裁人民，是不够的。

二、都市控制与都市研究

都市控制之衰弱，至今已无可讳言。因为如此，所以社会的病态，在都市中遂格外显著。娼妓、暗杀、幼年积犯等等，在乡村中不成为大问题的，在都市中遂成为讨论的题目。此外都市中的病态，为乡村中所无或有而不甚显著的，在都市中日呈于我们的眼帘，刺于我们的耳鼓。平常人对于这种现象所取的态度，不外两种：一种是攻击，一种是禁止。譬如都市中的娼妓，是仁人君子所见而痛心的，所以历来攻击娼妓的文章，不知凡几。但是攻击自攻击，而娼妓之存在如故。另外一种约束娼妓的办法，便是出令禁止。娼妓是讨厌的，所以出道命令，使它不要存在。这两种对付社会问题的方法，都可称之为魔术。魔术家看见天雨，但是心中想它天晴。于是他对着天空痛骂，或者指出"玉皇"或"龙王"来骂，以为经他一骂，玉皇手下的雷公电母、风神雨师，龙王手下的虾兵蟹将，都会吓怕而停止工作了。这与以攻击娼妓为手段，想达到灭娼的目的，同其荒谬。那些出令禁止的，便如魔术家画符一样。他们都有一种奇怪的信仰，以为只要他们大笔一挥，口中念念有词，客观的事实，便可改变的。其实命令的禁娼，只能改明娼为暗娼而已，在实际上并不发生重大变化的。

我们都想改良都市，都想改良都市中的人品，都想解决都市中的问题，但我们相信，如欲达到这种目的，专靠攻击是不行的，专靠出命令是不行的。在制定政策之前，不可不有一番研究的工夫。科学中有一信条，就是世间没有无因的果。贫穷有贫穷的因，罪犯有罪犯的因，娼妓有娼妓的因，其他一切的社会现象，都有它们的原因。我们如把它们的原因找到了，才有解决它们的门路。但是社会现象的一切原因，不是空想便可发现的，也不是臆测便能得到的，非实地调查研究不为功。一个都市中的政府，要有研究都市的机关。一个都市中的大学，要有研究都市的工作。此外如都市的报纸、杂志，以及其他一切机关，都应当鼓励研究，并宣传研究出来后的成绩。有铁硬的、靠得住的事实做根据，然后我们才可以谈都市改良，谈都市控制。

我们最后的一句话便是：如想理想的都市实现，须从研究都市下手。

参考书举要并解释

凡是研究都市的人，有一本书是必备的，那便是派克与蒲其史两教授合编的《都市》（*The City*）。此书由芝加哥大学出版部出版，价 2 美元。书中最有价值的两篇文章，便是头尾二篇。头一篇是派克教授作的，文中具说派克对于都市的见解，以及研究时所应注意之现象。末尾一篇乃是维斯博士（Louis Wirth）作的，是一个书目——关于研究都市的书目。维斯把这些书目，分作 11 类 53 项。我们无论想研究都市的哪一方面，想找参考书，翻这个书目便得。他这书目的好处，在每一类之前，有个小引，重要书名之下，也有解释。我们观此，不但可以知道许多书名，而且还可知道这些书的内容呢。蒲其史教授还编了一本《都市社会》（*The Urban Community*），是集 1925 年美国社会学年会中论文而成的，也有参考的价值。芝加哥大学社会学丛书，如麻流博士的《家庭解体》（*Family Disorganization*）及《家庭失和》（*Domestic Discord*），开凡夫人的《自杀》（*Suicide*），安得孙的《走江湖的》（N. Anderson：*The Hobo*），司来修的《流氓党》（F. M. Thrasher：*The Gang*），可以代表芝加哥大学研究都市的方法及成绩，想研究中国都市的人，不得其门而入的，可取以上数书一阅。

关于都市与附庸之关系，有一书是非读不可的，那便是格拉斯教授的《经济史入门》（*An Introduction to Economic History*）。此书的作者，对于经济发展史，别有见地；对于都市经济的解释，尤为清晰周密。数年来所读的名著，令我反复数次而不厌的，这要算是一部。关于中国都市的经济，海关每年出版的华洋贸易报告统计册，有极有用的材料。白眉初的《中华民国省区全志》，现在还未出全，但中国人编的地理，要算这一部最详尽，也可用作参考。此外对于各省的县志及省志，我们也可以下一番披沙拣金的功夫，找出用得着的材料来。

中国的都市研究，还在幼稚的时期中，我们现在如只做书本上的研究，是不行的。除了书本研究之外，还应加以实地调查。不过在调查之先，我们应当学到一点方法及有用的概念。关于这一方面的功夫，可阅下列数书：

（1）Chaddock，R. E.，*Principles and Methods of Statistics*

（2）Elmer，M. C.，*The Technique of Social Surveys*

（3）Richmond，M.，*Social Diagnosis*

（4）Park and Burgess，*Introduction to the Sciences of Sociology*

（5）Davis and Barnes，*Introduction to Sociology*

（6）Cooley，C. H.，*Social Organization*

（7）Ogburn，W. F.，*Social Change*

（8）Sumner，W. G.，*Folkways*

（9）Thomas，W. I.，*The Polish Peasant in Europe and America*

社会组织①

（该书曾于中华民国十八年 8 月由上海世界书局出版发行，属于"社会学丛书"，署名为"美国芝加哥大学社会学博士 南京金陵大学社会学教授 吴景超 著"。）

---

① 原书出版时设有"社会学丛书"的丛书序言，作者为孙本文先生。因本文集主要收录吴景超先生作品，故对丛书序言未做保留。

自序

　　十七年的秋季及十八年的春季，我在金陵大学预科，教了一门功课，名为社会科学初阶，用的课本是 H. P. Fairchild 著的 *Elements of Social Science*。但我嫌它有的地方简略，所以在课本之外，还搜集了一些材料，拿来与学生讨论。这门功课，虽然是为初学社会科学的学生而设的，但其中所包括的东西却很多，因为它的范围，就是社会科学的范围。不过我教这门功课的时候，特别注重社会组织一方面，因为社会组织是具体的，是与任何人都有关系的，是容易使学生发生兴味的。

　　我教了两次之后，积的材料也不少了。今春孙本文先生，要我写一本三四万言的《社会组织》，做他所编辑的"社会学丛书"之一，我便于课余之暇，从这些材料中整理一些出来，以应他的要求。我谢谢他催促的好意，因为没有他的催促，我也不知到什么时候，才肯静下心来，整理这些材料。

　　我有一个私见，以为在今日教社会科学，传授知识给学生，是一件小事。最要紧的，是引起学生对于社会科学的兴趣，使他油然有研究之志，然后教给他一点科学的方法，使他可以满足这点志愿，这才是件大事。社会科学在中国非常幼稚，我们所需要的事实，可以做建筑社会科学的基础的，现在几等于零。在这种情形之下，我们极希望在大学受教育的学生，在他毕业之后，便要开始做社会科学的生产者，而不单是一个消费者。假如一个学了四年社会科学的学生，出了校门的时候，不过记得几部死书，毫无创作的能力，我们教社会科学的人，便算失败了。

　　我在这本小书中，提出来的问题很多。假如读这本书的人，觉得其中有一个或几个问题，打动他的兴趣，引他自动地去求答案，不问他答案的价值如何，我的目的便算达到了。

吴景超

十八年 6 月，金陵大学

第一章　导言

人类在 100 万年前的生活是什么样子，我们现在还没有查考出来。但人类自有历史以来的生活，以及现在各种野蛮部落的生活，有一点是很相似而且极重要的，就是他们都是在团体中过生活，都是在社会组织中过生活，虽然他们的团体有大小、组织有繁简，但他们都不能离群而独居，乃是古今中外如一的。

我们自出世来，便是生在一个团体里面，这个团体，便是家庭。假如没有家庭，婴儿绝无生存的可能。因为婴儿与别的禽兽不同，在出世后数年之内，假如没有父母的教养，他是会冻饿而死的。等到他长大成人，他还是需要别人与他合作，才可过一个圆满的生活。假如他不幸，像鲁滨孙那样漂流到一个海岛上去，他虽然不像婴儿那样地不能自立，但他的生命，可以说是天天在危险的时期中。即算他能够靠一人的努力，在海岛上苟延时日，但他的种，一定是传不下去了。

我们既然不能离开团体而生活，我们既然天天生活在团体之中，所以对于团体的研究，乃是一种极切身、极重要的研究。凡是在团体中生活的人，对于他所附属的团体，应当有清楚的认识。

我们的生活，不是一个团体所能满足的。在原始的时代，家庭可以满足我们大多数的欲望，但现在的社会，已非昔比了。我们不但是家庭中一分子，也是国家的一个公民，学校中的一个学生，或商店中的一个伙计，或教会中的一个会员。我们不只属于一个团体，我们属于许多团体。我们在每一团体中，只能做片面的活动，满足我们特种的要求。我们的生活，乃是各种团体生活的总体。一个社会之中，有许多团体的，我们如取许多团体的活动，合而观之，便是社会生活。社会与团体，乃是一件事的两方面：我们如看它的全相，便是社会；我们如看它的分相，便是团体。

社会组织或团体组织，数目是很多的。我们在此，只能选出几个极重要的来讨论。这几个重要的社会组织，便是家庭、经济组织，以及政府。

研究社会组织的方法很多，各人的注意点，也不一致。我们的意见，以为科学是解决困难的，是满足求知之欲的。我们对于无论什么社会组织，如发生一个问题，这个问题，便可做我们研究的起点。我们不必以哲学家的口吻，先问抽象的社会组织是什么。我们最好取一种平庸的态度，先看看我们对于社会组织有些什么具体的问题。假如一个人对于家庭，对于政治，对于一切的社会组织，都无问题发生，那么科学与他无缘，他也用不着研究社会组织了。假如他看见家庭两个字，便触发他许多问题，他想问这样，又问那样，这一问，便有希望产生科学了。社会学假如有一点成绩，都是因为有许多人在那儿发问，在那儿搜集事实，来回答他们的问题。一个问题得到答案了，社会学便进一尺；两个问题得到答案了，社会学便进两尺。我们研究社会组织，也只有不断地问，不断地求。在问与求的过程中，科学在那儿进步了。

我们在下面数章里，要提出很多的问题来。这些问题，与我们的日常生活，都是有关的，应当可以引起人们的好奇心，努力去求解答。至如我们自己偶尔也给一点答案，因为社会学还在幼稚的时期中，所以这些答案，并不一定准切。改正它，推翻它，或证明它，乃是耕耘社会学园地者的职务了。

第二章　家庭

一、婚姻的过程

我们讨论社会组织，要把家庭放在前面，是有道理的，因为家庭在我们的经验中是第一个团体。大多数的人，在认识别的团体以前，一定要认识家庭。

在现代的社会中，组织新家庭，一定要经过婚姻的步骤。婚姻是一男一女的结合，其所采取的方法，为社会所承认、所允许的。社会对于家庭，视为最重要的一种组织，所以对于婚姻的干涉，也特别严重。在婚姻的过程中，差不多没有一步是个人可以完全自由的。社会上传下来许多关于婚姻的风俗习惯，凡在那个社会中生长的人，都须遵守。我们且看这些风俗习惯是什么。

第一是关于人选问题的风俗。无论男女，如想结婚，第一步当然是选一对手。社会上对于此点，也有相当的限制。这种限制，可以分为两种：一种是内婚的限制（endogamy），一种是外婚的限制（exogamy）。所谓内婚的限制，就是禁止一个团体的人，与别个团体的人结婚。外婚的限制，与此相反，就是禁止一个团体的人，与本团体的人结婚。关于内婚的限制，例子很多。有的以种族团体为单位，不同种的人不结婚，譬如美国禁止黑白通婚，加利福尼亚等州禁止中国人与白种人结婚等类。有的以宗教团体为单位，如信犹太教的人，不肯与信耶稣教的人结婚，回民不与汉人通婚之类。有的以阶级为单位，如贵族不与平民结婚。有的以门第为单位，如富贵人家的子女，或书香人家的子女，不肯与贫贱的人家以及不识字的人家联姻之类。这些限制，有的当然是由于团体的偏见，以为在团体以内的人，才有做亲戚的资格，团体以外的人，不足与伍。但有些限制，是根据于文化及生活程度上之差异的，对于婚姻生活的和睦，也有帮助。把两个不同种、不同教育的男女，使其朝夕聚于一室，冲突的发生，一定是很容易的。所以为维持夫妻的感情起见，有些内婚的限制，是无可非议的。这些限制，当然不是都用法律来执行，有许多地方，风俗的力量，便可使社会上的人不去犯它。

外婚的限制，每以血缘的远近为标准。譬如母子不婚、父女不婚，几乎是普遍的。别的限制，因各地的风俗不同而有差异。譬如兄弟与姊妹不婚，在中国已成为当然的风俗，但在古代的埃及，以及近代檀香山的土人，兄弟可与姊妹通婚。又如有些国家，不许男女与舅父的子女或姑夫的子女通婚，但在中国是不禁止的。外婚的限制，除却以血缘的远近为标准外，还以亲戚的关系为标准。譬如英国在 1907 年以前，禁止男子与其亡妻之妹结婚；有些野蛮部落，禁止甲家的兄弟，同时与乙家的姊妹结婚。叔叔娶寡嫂或伯伯娶弟媳的事，在文明的国家，悬为禁例；但有些野蛮部落中，不但不加禁止，反而加以奖励。关于外婚限制的理由，言人人殊。研究人类婚姻史的韦司托马克（E. Westermarck）以为在一个团体中生长的人，天天相见，男女彼此看厌了，不易发生爱情，因之，他们便不彼此结婚。斯宾塞尔（Herbert Spencer）的见解，以为在原始时代，部落之间，时相斗争。假如甲部落中的人，能够去打乙部落，把他们的女子抢来做妻子，社会便目之为英雄。人类都有好名的心理，因而他们不愿娶本团体中之人为妻，都要到别的部落中去求配偶，久之便成为习尚了。这两种说法，只可解释人类何以要到别团体中去求配偶，但没有解释社会上何以禁止人们与本团体以内之人通婚姻。关于这点，有好几家的意见可供参考，因为它们都有片面的真理。一派学者，从遗传方面着眼，以为与血族不同的人通婚，隐品（recessive character）不易出现，在种族的生存竞争上，颇有帮助，古代的人民，由经验中也许看到这一层，中国古时，有同姓为婚、其生不繁的传说，便是一证。还有一派，以为古代生产的技艺，多在女子手中。假如甲部落从乙部落中娶一个女子来，便可把乙部落的技艺也学到了。他们经济的生活，便因婚姻而进化。这种部落假如与那不与他族通婚姻的部落竞争，一定占胜利的。结果只有那些与他族通婚的存在，而那不通婚的，便淘汰了。最后还有一派，以为婚姻最可联络感情，在生存竞争很剧烈的社会中，甲乙两部落，每每以婚姻为手段，把两部落的感情联络起来，而与第三部落对抗，所以与血族以外的人结婚，也可说是有政治上的作用的。

社会对于人选的问题，虽加以限制，但它并不完全用专制的手段。在某种范围之内，还有选择的可能。譬如中国的社会，不许我们与同姓的人结婚，也不赞成我们与门第不相当的人家结婚，但在门第相当的范围内，以及异姓的范围内，结婚者还是有选择的余地。

在此处，我们可以连带地讨论与人选问题有关系的两点：一是选择的标准，二是选择的主权。关于选择的标准，各个社会中不同，但每一社会中，总有它的标准。有些社会中，女子选择男子，或岳父选择女婿，每以男子的体魄及勇敢为标准。譬如马达加斯加（Madagascar）的男子，如想得一女子为妻，须经过一种标枪试验。这个男子，可以站在一个空场之上，另外有一个会掷标枪的，便取枪向那男子掷来，此时这个被试验的男子，须不露畏惧之色，等那标枪近身时，便须把它夹住，如此才有娶亲的希望，否则人笑以为怯，没有女子肯嫁给他。又如有些吃人的部落，男子以猎取人头为勇敢。假如一个男子拿不出几个人头来，他是得不到妻子的。至如男子选择女子，每以她能否做工或生子为标准。有些部落中，男子在交聘金的时候，其所取的态度，正如一个农人去买一匹耕牛一样。他花了那许多钱财，希望妻子在过门之后，可以替他生利的。至于生子的标准，在同居之前，是看不出的，所以有些部落，允许愿组织家庭的同居。假如女人受孕了，便举行婚礼，他们方算正式的夫妇。假如经过一定的时候，女人还未受孕，男女间的关系，可以解散的。苏格兰及爱尔兰，在中古时代，都有这种试婚的制度。苏格兰那儿的风俗，允许两个酋长替他们的子女结合。这个酋长的儿子，可以与那个酋长的女儿，同居一年零一日。假如在此时期内，女子已为母亲或受孕，婚姻便算成立，否则可以解散，男婚女嫁，各从其便。

我们从这种讨论上，便可看出婚姻选择的标准，是无一定的，每随时地为转移。在现代的社会里，个人因为地位、兴趣及环境的不同，所以标准也不一致。美国的体育杂志，曾举行一种试验，结果是女子选择男子的标准，第一是健康，第二是经济能力，第三是父性。男子选择女子的标准，第一是健康，第二是容貌，第三是治家能力。中国近来研究这个问题的人，也有几位，结果与此大同小异。不过笔下所表示的态度是一事，实际的选择又是一事。男女实际选择对手时，是否遵照他们预定下的标准呢？这是一个很有趣味的问题，但研究的结果，还不多见。

选择的主权，大略说起来，可以分为自择与人择两种。中国在受西洋文化的影响之前，婚姻重人择而轻自择。男女的结合，应当由父母之命、媒妁之言。父母也把其子女完婚，视为自己的权利与义务。这种制度，不独中国如此，在别处也有的。而且代择的人，不一定是父母，有时是族长行使这种职权，有时是舅父行使这种职权。还有一些部落中，这个权柄，乃在姑母的手中。中国的风俗，对于选择的主权上，似有自人择而至自择的趋势。西方文化的影响，当然是一个原因。还有一个原因，就是中国的社会状况，近来起了很大的变动，如重男轻女观念的逐渐打破，社交之逐渐公开，都给青年男女以自择的机会。在这种过渡的时代中，有父子以人择、自择的意见不同而冲突的；有青年男女，已得自择的主权，而无自择的机会，因而发生烦闷的；亦有青年男女，既得自择之权，又有自择之机，但因缺乏指导，又无风俗可以因循，因而堕入苦恼的。现在中国婚姻问题之发生，很可以用这种眼光去分析它。

人选问题已经决定了，第二步便是手续问题。换句话说：我们有什么方法，可以与我们所选择的人结合呢？我们都知道，婚姻是二人的结合，单方面的中意，还是无补于事。所以在婚姻之前，有必须经过的一道手续，便是征求对方的同意。

在古代及野蛮的部落中，也有不必征求同意的结婚法，那便是抢掠的婚姻。在此种情形之下，甲部落的男人，如想娶乙部落的女子，无须取得女子的同意，也无须求得女子家属的同意，他只须邀集一班人，把乙部落的女子抢来就是了。不过这种办法，每每引起乙部落的恶感，因而发生争斗，以及杀人流血的惨剧。所以这种娶亲的办法，是不经济的办法，人类从它的经验中得到教训，每舍此法而不用了。

从历史上看去，征求同意的办法，共有两种。一是征求对方家属的同意，一是征求本人的同意，也有两种并用的。这两种办法，与上面所说的对手选择权，有密切的关系。假如对手是自己选择的，征求同意，也每由双方男女，自由进行。假如对手是人择的，征求同意，每由双方家长，代表执行。

征求同意的办法，既不相同，所以婚姻进行的手续，也不一致。假如所征求的，是对方家属的同意，征求的人，乃是本方的家属，那么他们所讨论的，每每是结婚的条件。有时这些条件，是关于聘金的。这些聘金，也许是钱，也许是牛马。总之，男家须有相当的代价，才能得到对方的允许。有时讨论的，不是聘金，而是与聘金性质相同的服务年月。一个想娶亲的男子，须在女家做工若干日或若干年。等到年月满期之后，便可得到一个妻子。这种婚姻，可以统称为买卖式的婚姻。婚姻取这种形式的社会中，家长的权威很大，家长所说的话，子女不敢不从。而且家庭的生活，包括个人生活的大部分。不但感情生活，要靠家庭来满足，便是经济生活，也以家庭为根据。个人生命的安全，靠家庭来保护；个人在社会上的地位，靠家庭的势力来增进。家庭既然如此重要，所以子女即有反对家长婚姻专制之心，也无脱离束缚之力，所以只好屈服了。

近代男女，何以能够由婚姻专制而达到婚姻自由的地步，是值得研究的。我们的观察，以为促成婚姻自由的主要原因，是子女的经济能够独立。因为他们能够经济独立，所以家庭的压迫，如到不能忍受时，他们便可离开家庭，独立生活。到这个时候，父母或其他亲长，如欲加以压迫，亦不可能，只好让步了。第二个原因，是由于家庭职务的缩小。关于此点，我们在下面还有详细讨论。现在我们只需随便观察一下，就可知道家庭以前的职务，如教育、生产等等，现在都被别的组织取去了。子女受家庭的影响，不如以前的深刻，依赖家庭的程度，不如以前的密切，所以子女对于自己的解放，也不如以前那样困苦、艰难了。

现在的青年，既然取得婚姻的自由，所以进行婚姻的手续，也因之而异。以前可以用聘金及服务等方法，达到婚姻的目的，现在这些法子，都已经不适用了。新的方法，因为中国从来没有的，所以代表那个方法的名词都没有。西方称这个方法为courtship，可以译为造爱及求婚。

中国家庭中的教育，对于处世及待人之道，是很讲究的。不过以前的社会中，没有与异性朋友接触的机会，所以如何对待异性的朋友，是旧家庭中所不讲究的。现在的社会变了，所以家庭教育，也应随之而改变，在今日的家庭教育中，如何对待异性的朋友一问题，应当有相当的注意。

以造爱及求婚，达到男女结合的目的，苟行之得当，是于婚姻的幸福，很有关系的。在造爱的过程中，男女两方面，都有机会观察对方的行为、对方的人品，以视其是否适合各人心目中的标准。假如经过长期的观察、慎重的考虑，然后由朋友而进为伉俪，这种婚姻，幸福是有把握的。

手续问题已解决了，第三个问题，便是时间问题。那就是，结婚应当在什么时期呢？社会上每每规定一个最低限度的年龄，在这个年龄之下，男女无许结婚。这种规定，每每因气候不同而有差异。在热带的地方，如印度等处，男女的发育较早，所以结婚的年龄也低。在寒带的地方，如瑞典、挪威等处，男女的发育较迟，所以结婚的年龄也迟些。欧美各国的法律，除却一种最低年龄的限制而外，还有一个年龄的限制，比最低的年龄较为高些。在那个年龄以下结婚的，须得父母的允许。这种限制，目的在减少青年男女受一时的冲动，而盲目地结婚。此外，在一个社会之内，对于最低年龄的规定，女的每较男的为低，理由当然是因为女子的发育，较男子为速。美国1920年的统计，15～19岁的男子，只有1.8%结婚的；而在同年龄内的女子，却有11.5%结婚了。这种差异，生理上的原因，要负一部分的责任。

现代的社会，与原始的社会所不同的，就是原始社会中的男女，到可以结婚的年龄都结婚了，而现代社会中的男女，每有过了可以结婚的年龄很久而不结婚的。根据韦司托马克的统计，意大利男子的平均结婚年龄为27.2岁，女子的平均结婚年龄为

23.6 岁；德国男的在 27.4 岁，女的在 24 岁；英国男的在 27.4 岁，女的在 25.7 岁；法国男的在 28 岁，女的在 23.7 岁；瑞典男的在 28.8 岁，女的在 26.4 岁。平均结婚年龄，由上列统计看起来，比较男女成熟的年龄，要迟 10 岁左右。这种情形，当然与近代经济状况及生活程度有关的。在近代的社会里，维持一个家庭在一种过得去的生活程度之下，颇非易事，为维持个人之生活程度，使勿下落起见，只有迟婚。这种情形，在受过高深教育的团体中，尤为显著。大学毕业生的结婚年龄，平均每较普通人为迟。在平常工人娶妻的时候，大学生还未毕业。等他们毕业时，工人已生子了。但大学生毕业后，平均要隔四年半或五年才结婚。这时，与他们同辈而结婚较早的人，已经儿女成行了。

结婚年龄的展迟，与别种社会问题，当然有直接的或间接的关系的。马尔萨斯（Thomas Robert Malthus）已经讲过，迟婚可以解决人口过剩的问题。但后来新马尔萨斯论者又指点出来，迟婚害多而利少。社会上的娼妓问题，以及其他各种性的不道德问题，皆与迟婚有关系的。总之，结婚的年龄，不但是个人的问题，也是全社会的问题；不但与家庭有关系，与别种社会组织，特别是经济组织，也是有关系的。

婚姻的第四个问题，便是地点问题。结婚的地点，应当是在男家呢，还是在女家呢？我们中国，现在还有入赘的风俗，但这是例外，普通的人家，总是把女儿嫁到男家去的。但据人类学者的研究，在许多部落中，入赘的办法，极其普遍，在有些地方，竟是唯一的办法。有一派学者，以为入赘与母系家庭是有直接关系的，在人类演化史中，母系家庭每在父系家庭之前。因为母子的关系，是很容易看得出来的，而父子的关系，非懂生理的人不能道，所以野蛮部落中人，每知有母而不知有父。总之，在入赘的部落中，男子如欲娶妻，须到女子那儿去。他在那儿，便像做客一样，没有权利的。妻家的事，由妻子管理，妻子的兄弟，对于约束子女一层，比丈夫的权柄还要大些。所以男子不以妻子的家为家，而以母亲之家为家。他去看妻子，便如现代中国男子到岳家去一样，大家都把他当作客人看待。在这种部落中，男子的财产，乃是传给外甥或外甥女，因为他自己的子女，乃在别人的部落中。

母系家庭，何以会演化为父系家庭，这是值得研究的。有人说，母系家庭之打破，与抢掠的婚姻有关，因为男子如把女子抢来，自然无入赘之必要了。又有人从生存竞争方面着眼，解释父系家庭出现之缘由，其理由似较充足。据这派人的意见，母系家庭，在生存竞争的过程中，会被自然淘汰的。因为男子的体力，总比女子坚强，从战斗方面看起来，男子总胜于女子。但在母系的家庭中，男子每每外出不在家。因为这种家庭中的主人，是一妇人。她的兄弟，也许到别部落入赘去了。她自己的丈夫，平日在她身边的，此时也许归母家了。在这个时候，假如有别个部落来侵略，她一定要被征服的。在父系的家庭中，壮年的男子，并不他出，所以有别人来欺负，他总会出来保护的。所以为保护家庭的平安起见，父系家庭似优于母系家庭，结果是父系家庭，遂有意无意地为大多数人类所采用了。

男子入赘，生活每受女子的牵制；假如女子出嫁，感觉不便的，不是男子而是女子了。在现在男女平等的社会中，遂有一种新的办法出现，既不是男子到岳家去住，也不是女子到婆家来住，乃是由一男一女，各人离开各人的家庭，而在一两人合意的地方，创立一新的组织。虽然现在的社会中，还是采用父系，因为子女是从父姓而不从母姓，但男子的父母，对于媳妇的管辖，却因鞭长莫及之故，而一落千丈了。现在欧美行小家庭制度之国家，年老的父母，也有与子女同居的，但他们去乃是做客，而非做主人。虽然在形式上同居，但精神上与中国的大家庭制度迥然不同。

以上所提到的四种问题——人选问题、手续问题、时间问题、地点问题——假如都解决了，婚姻的筹备，便算告一段落了。筹备完结，便可正式结婚。正式结婚的典礼，各种社会中不同，但典礼的作用，却有相似之点。第一，这种典礼，总在公众面前执行的，别人看了这种典礼之后，便可知道这对男女的新关系，对于他们的称呼及态度，都要改变一下了。第二，仪节可以使当事者感觉此事之重要，既有相当之权利，亦有相当之义务，不得以儿戏的态度视之。社会上既视婚姻为人生大事、社会大事，所以对于婚姻的礼节，总有规定的。那些苟且完婚、不遵婚礼的，每为社会人士所批评及鄙薄。

二、婚姻与家庭

婚姻成功，是否便是家庭的起点呢？

普通的人，每把婚姻与家庭的制度，混为一谈。在他们的心目中，以为婚姻是家庭的初步，男女如经过法定的手续，结为夫妻，同居在一起，便算有家庭生活了。其实严格地说起来，这种一夫一妻同居的生活，只可目为婚姻的生活，而非家庭的生活。家庭的生活与婚姻的生活不同之点，就是一个家庭之中，除却夫妻，还有子女。组织新家庭，虽然要经过婚姻的步骤，但行过婚礼的人，不一定会有新家庭。美国现在有一种新的结婚法，名为"伴婚"（companionate marriage）。在结婚之前，男女便打定主意，他们只做夫妻，不做父母。生育节制的方法，可以使他们实现他们的理想。这种办法，所以出现，乃是因为有一些女子，一方面愿有婚姻的生活，一方面又不肯放弃她们的事业，所以她们便与丈夫约定，不为他生男育女。也有一些青年男女，因为经济的能力薄弱，不能教养子女，但一方面又不肯遏制他们性的要求，所以采取伴婚为过渡的办法，等到他们入款加增之后，还是要有子女的。总之婚姻制度，其主要目的，在使男女以合法的手续，满足他们性的生活；而家庭的主要目的，则在教养子女。以前的人，每以婚姻为手段，而以家庭为目的。但现在却有一部分人，以为婚姻的本身，便可成为目的，不必一定要走到家庭的路上去。

根据这一点立论，我们便不可说现在的家庭制度，乃是一夫一妻制。因为一夫一妻，乃是一种婚姻的制度，而非家庭的制度。婚姻的制度，从历史上看来，共有四种：第一种是团体婚姻，第二种是一妻多夫，第三种是一夫多妻，第四种是一夫一妻。团体婚姻，澳大利亚的土人尝行之。在这种制度之下，一个男子除却他自己的正妻以外，还有若干副妻。这些副妻，都是别人的正妻；同时他自己的正妻，也是别人的副妻。一妻多夫制，在中国西藏及印度有之。这种制度，共分两种：一是兄弟同妻制，如兄娶一妻，弟亦可与同宿；后来如弟再娶，兄亦有要求同宿之权。所以兄弟同妻制，也可变为多夫多妻制，与团体婚姻的性质相仿佛。一妻多夫制的第二种，便是非兄弟同妻制，一个妻子的丈夫，不一定是一家出来的。一夫多妻制，在中国的社会中还有，但也不过少数人行之。最普遍的制度，不但是中国，便是在世界各国，乃是一夫一妻制。

一夫一妻制所以普遍地为各社会所采用，乃是因为它有它的特点，较优于他种制度的。第一，社会上成年男女的数目，常有平衡之趋势。一夫一妻制，能使大多数人都有满足性生活的可能，不致有向隅之叹。第二，一夫一妻制，使夫妻两造，可以独占对方的爱情及体贴，因而可以免除许多的冲突及嫉妒。第三，一夫一妻制，可使男女的性欲，得到有节的及适度的满足，不致有泛滥及无处发泄之弊。此外一夫一妻制，对于家庭的好处也很多，此处不必枚举。

上面说婚姻制度，其主要目的，在使男女以合法的手续，满足他们性的生活，这种目的，是无论哪种婚姻都有的。婚姻还有别的作用，但这些作用，并不一定普遍，每为这个社会所有而为那个社会所无的，或者这对男女视为重要，而那对男女视为不足介意的。譬如有许多人，想娶妻生子，但行伴婚制的人，并不要求子女。又如欧美社会中，夫妻同时还做朋友。他们的学问相同、嗜好相同、兴趣相同，所以除却性的生活之外，还有友谊的生活。但这种友谊的生活，中国人便不注重。中国许多地方，还有一种习惯，就是不赞成夫妻在稠人广众之中，有谈话或同行的举动。他们在别人面前，越是相视如路人，越为社会所赞许。假如他们表示一点亲爱的态度，别人就要讥为不知羞耻了。中国社会中，还有娶妻以侍父母的见解，假如一个女子，不知侍奉翁姑，就要受别人的批评，但在欧美的社会中，这种见解，却极薄弱了。古今中外的社会中，还有把经济生活，加入婚姻生活中的。古时的男子出外打猎，得到动物之后，便令他的女人，驮回家中，剥皮烧肉，献给男子享受。就是近代的社会中，也常是男子出外谋利，女子在家中替他烧饭，替他缝衣服，替他管理家政。这种分工合作的经济生活，在夫妻中是很普遍的，但把经济生活除开，婚姻的生活依旧可以存在的。现在美国有许多女子，自己有进款，并不靠丈夫的银钱度日，白天各到各人的地方去做工，晚上一起到饭馆中去吃饭，夜间是住在很漂亮的旅馆中。这种经济各自独立的夫妇，婚姻生活的满足，并不减于他人。

这种分析，或易使人误解，以为婚姻便是满足性生活，别的可以不顾。我的目的，并非如此。上面的分析，目的在使人认清婚姻主要的职务及次要的职务，而此处所用以定主要、次要的标准，乃是看这种职务的普遍性如何。

婚姻的制度及婚姻的职务已略如上述，此外还有一个问题，颇受社会人士注意的，便是婚姻的解散。许多人以为婚姻的解散，便是家庭的解散，但这两件事的范围并不相同。许多离婚的人，并无子女。根据美国 1924 年的统计，那年在美国离婚的人，有半数以上是说清楚无子女的。另外还有 10％，并没有说明他们有无子女。现在假定这 10％ 也是无子女的，那么美国在 1924 年离婚的人，有 64.3％ 是无子女的。像这种离婚，只可说是婚姻的解散，而不能说是家庭的解散。社会上还有一种现象，就是许多未成年的子女，因与父母发生冲突，愤而脱离家庭的。像这种现象，家庭是解散了，但婚姻并未解散。不过假使离婚的人，也有子女，那么他们离婚，不但是解散婚姻，也是解散家庭，对于社会上发生的影响，比较要重大些。

美国离婚的统计，比较的完备，照这些统计看来，美国的离婚率，大有日长年高之势。譬如 1870 年，美国只有 10 962 个离婚的案件；但在 1926 年，离婚案竟增至 180 868 个了。中国的离婚案件，素无统计，但据各地报章所载及我们的耳闻目见，离婚率似乎也在那儿年年地增高。一个很重要的原因，当然是由于近代青年对于父母代办婚姻之不满。现代的青年，夫对妻或妻对夫的要求，与老辈的人大不相同。譬如夫妻间友谊的生活，在老辈的人，视为无足轻重的，而青年的人，因受西洋文化的影响，每特别注意。所以一个青年的丈夫，对于一个只知做饭、只知缝衣、只能为他做仆役的妻子，当然不能满意了。反是，譬如一个受过高等教育的女子，对于一个不懂风雅的男子，也是不能满意的。这种不满意，如到了一个不能忍受的地步，每出于离婚的一途。

所以现在有一部分的离婚，其大错是由父母代铸的。但我们断不能说，将来的婚姻如能自由，离婚案子便可减少了。美国是一个婚姻最自由的国家，但离婚的风气也是盛，便可证明婚姻自由与不自由，对于离婚率的高低，并无直接的关系了。

离婚乃是一对已结婚的男女，对于婚姻生活不满意的一种表示。所以我们如想知道离婚的真正原因，须知道夫妻何以对于婚姻发生不满意的态度。对于婚姻不满意的人，不一定离婚，但有趋于离婚一途的可能。

根据欧美社会学者研究的成绩，我们以为下列数种原因，是可以造成不满意之婚姻生活的。第一便是性生活的不和谐。不和谐的原因，一部分由于双方性欲之强弱不同，但大部分由于社会上性教育的缺乏。因为男女都缺少性教育，所以彼此对于性欲的性质，都莫名其妙。男子不知鼓兴，女子不解合作，结果是双方都感觉不快。救济这种弊病，只有指导舆论，使他们觉得性教育，与其他的道德教育、智识教育、职业教育，有同等的重要才行。

婚姻失败的第二个重要原因，是由于双方见解的差异。在以前的社会中，风俗习惯比较固定，夫妻二人对于本身之地位、权利及义务，都受社会文化的支配，所以很少有见解的差异。现在的社会，内部起了巨大的变动，同时又受外来文化的影响，于是人类的思想信仰，遂参差而不统一。有时丈夫以为妻子是治内的，不当与闻外事，而妻子则以为男女平权，男子可以在外面活动，女子亦当如是。有时丈夫以为妻子不当与婚前的男友通信，而妻子则不肯放弃这通信自由之权。此外如治家、教子、理财、宗教、生育制裁、社交等等问题，夫妻的意见，都可发生冲突。所以有一派社会学者，以为离婚之增加，乃是过渡时代所难免的事实。将来新的信仰、新的风俗成立之后，男女的行动，有共同承认之标准可遵循，离婚的数目，可以减少的。在这种过渡时代中，治标的办法，应当在婚前友谊的时期中，把夫妻共同生活中的各种问题，提出讨论，视二人之意见是否有冲突的危险。假如婚前把这些问题都郑重思虑过，婚后的争吵，应当可以少些。

婚姻失败的第三个重要原因，是由于经济生活的压迫。古人有牛衣对泣而夫妻感情依旧浓厚的佳话，但这种事终是例外。一对夫妻，假如到了家徒四壁、饥寒交迫的地步，很少有不出怨言的。假如夫妻都是贫贱出身，没有尝过奢华生活的滋味，那么双方感情破裂的危险还少些。不过自都市经济发达以来，贫富阶级的相差日巨。贫家妻子，日受富人生活的刺激，由刺激而生比较，由比较而自顾不如，由不如而感觉不满，由不满而怀怨良人的事，也是常有的。但是经济生活的压迫，因而摇动婚姻基础的，以在经济场中失败的人所受为尤甚。他们因为经济场中的失败，不得不降低生活程度，但我们的生活程度，与我们的日常习惯，有密切关系的。生活降低，许多欲望便得不到满足。在这种情形之下，夫妻最易反目，最易失和，最易绝裾而去。

婚姻失败的第四个重要原因，由于男女缺乏共同生活的训练。与我们营共同生活的人很多，如父母，如兄弟，如工友，如同事，如商店中的伙计，等等，都是我们生活剧中的角色。在这些角色之中，最容易对付的，是那接触很少、接触时间很短、接触时不起感情作用的人。譬如商店中的伙计、送信的邮差等等，属于此类。最难对付的人，是那接触的机会很多、接触的时间很长、接触时易起感情作用的人。像父子、兄弟、朋友、夫妻等等，便属于此类。其中夫妻一伦，因为双方朝夕相见，彼此的权利义务关系，至为复杂，所以也最难应付。在这种情形之下，只有小心谨慎、察言观色、细心体贴、宽大为怀，才可使双方的生活和好无怨言。但有许多人，完全不知道取这种态度。每有结婚许久，还不知道对方的心理的。他们自私、疏忽、急慢、任性而行，以致在婚姻的长途中，每每遇到风险，没有到目的地，便完全覆没的。

这四种重要原因，造成不满意的婚姻生活。但对于婚姻不满意的人，其离婚与否每受当时当地环境的支配。环境中的现象，如个人主义之发达，工商业之发展，离婚法律之宽泛，离婚手续之简便，亲长权威之下落，宗教观念之薄弱，浪漫潮流之澎湃，男女结识之便利，等等，都可使社会人士，群趋于离婚一途，以脱离不良婚姻生活之束缚及苦痛。

三、家庭的职务

家庭生活与婚姻生活不同之点，就是家庭生活中，除却夫妻，还有子女。家庭从这一点看去，可以说是社会上传种的组织。它的最重要的职务，是在教养子女。

家庭所以在社会上占一个重要位置的缘故，因为初生之婴儿，是一种不能自立的小动物。别的动物，有不必靠父母的养育便可长大的，但婴儿便做不到这一步。他的生命能保存与否，完全看他父母养育的能力如何。这种养育婴儿的职务，社会上还没有别的组织可以替代家庭。现在虽然有人提倡儿童公育，但社会上多数的人，还不赞成这种办法。这也有几层理由的：第一，做父母的，不肯把子女送给别人管，特别是做母亲的，喜欢天天与她自己生的婴儿见面，爱护他，照顾他，视此为一种乐趣。虽然世上也有例外的事，但从大体上看来，慈母总是爱子的多，不肯轻易交给别人去养，交给别人她便不放心。第二，儿童公育，现在还没有好成绩拿出来给社会看。譬如育婴院，总算是一个儿童公育的机关了，但婴儿送进育婴院去的，死亡率每较外间为高。譬如欧美的私生子，自己的母亲不愿养他，每每送给公家的机关去养。这种私生子的死亡率，每高于普通婴儿死亡率两三倍。在英国，私生的婴儿，1 000 个中有 208 个死亡的，但普通的婴儿，1 000 个中只死 104 个。根据 1914 年波士顿的统计，私生婴儿千人中死 261 人，普通婴儿千人中只死 95 人。从这一点，很可以看出儿童私育与儿童公育的优劣来。赞成儿童公育的人，每谓机关中的看护妇，有医学的训练，其养育小孩之技艺，每较一般的母亲为高，这一点我们是承认的。不过养育小孩，不但要有科学的知识，还要有耐心，有牺牲的精神，有时时刻刻照顾婴儿的志愿，有舍己为人的爱情。这些特点，只有慈母才能具备，雇来的看护妇是做不到的。所以改良婴儿的生活，应当从教育母亲下手。现在欧美有许多医院主办的慈善事业，每以灌输育儿的知识于母亲为其活动之一。

以上所说的，只偏于"养"的一方面。但家庭的职务，不只是"养"子女，还要"教"子女。养的目的，在维持子女的生命。教的目的，在发达子女的能力，使他们将来在社会上，可以做一个有用的分子。教育的范围很广，如智识教育、道德教育、职业教育、公民教育等等，皆可包括在内。从教育一方面看去，家庭的责任，比以前缩小得多了。以前无论是智识方面、道德方面、职业方面，家庭总是最重要的教育机关。现在家庭对于子女的教育，只在最初的三四年负完全责任。等到子女到了入学的年龄时，便有别的机关，如学校、报馆、图书馆等等，与家庭分担责任了。虽然如此，家庭对于子女教育的责任，还是很重大的；父母影响子女的力量，每为他种势力所不及。因为家庭是第一个教育机关，父母是第一个教师，他们在子女身上所留下的影响，是根深蒂固的，是可以左右他们前途的发展的。我们平常以为一个小孩子，在最初的四五年，并没有学什么东西，所以这时的环境，与他们将来的生活，无大关系。但据行为派心理学的研究，以及精神分析学派的解释，小孩子的最初数年，乃是一生生活的关键。他在六岁以前所受的影响，便可形成他将来的品格。所以做父母的责任，是极重大的，而做父母的人，不可不有一种儿童心理学的训练，乃是显然了。

养育子女，乃是家庭的最要职务，除此以外，还有别的职务。侍奉父母，便是这些别的职务中之一。在中国受欧化之前，侍奉老年父母，乃是家庭最重要的职务，现在还有许多人，把侍奉父母的职务放在养育子女之前的。这种观念，欧美人便很薄弱。他们成婚以后，便不与父母同居。做父母的，没有生子防老的观念。有远虑的人，在年富力强的时候，便积蓄金钱，以为防老之计。他们非到不得已时，不去依赖他们的子女。当然也有老年夫妇，与他们的子女同居的。但他们的地位，绝无中国公婆的威严。所以论中外家庭之异同的，应该注意这一点。中国的家庭，是子女受父母的恩惠，到父母老时，还要报答的。同时他们与其子女以恩惠，将来再受其子女之报答。外国的家庭，可以说是子女受父母之恩而不必报，将来他们施恩于子女亦不望报。两种办法的优劣，言人人殊。这种讨论，便是大家庭与小家庭优劣的讨论。不过不问两种制度的优劣如何，家庭演化的趋势，似是离开大家庭，而走向小家庭。

大家庭所以破裂而小家庭所以勃兴之故，第一由于生产方法的改变。以前的中国，是农业的中国。农业的根据，乃是土地，而土地是搬不动的。父子既然同在一块土地上耕耘，所以他们的住宅也在一处。所以农业社会，乃是造成大家庭的主因。不但农业，便是工业，以前也是以家庭为单位。这种工业，我们称之为家庭工业，因为工作的地点，在家庭中，而工作的人，也都是家人父子。现在的中国，已走入工业革命的路上去了。自 19 世纪的末叶以后，工厂勃兴，都市崛起，这种变动，与大家庭以一大打击。以前的兄弟父子，因为同在一处生产，所以住在一起。现在的兄弟父子，有因谋生而分散四方的，所以住家也不能在一处了。将来工商业及交通业发达之后，人民的移徙便利、生活程度提高，大家庭破裂的速度，还要快些。

大家庭破裂的第二个原因，由于妇女的解放。在大家庭中，有一种根本的信仰，就是媳妇须孝顺翁姑。不过做媳妇的，对于翁姑，并无自然的感情。她去侍奉他们，完全是受礼教的指示，并非心之所甘。所以在旧制度之下，婆媳不和的事，是常常听到的。不过她们虽然心里不情愿，也不敢公然反抗，因为一旦反抗了，社会上便会非难她们的。现在受过教育的女子，一方面已经看出这种旧礼教之不自然，一方面又受西方家庭的暗示，所以对于这种侍奉翁姑的要求，每不能忍受。同时对于妇女解放表同情的男子，觉得他既不肯亲到女家去侍奉岳父母，似乎也不能以己所不欲，施之于人，因此对于新式女子不肯侍奉翁姑的态度，也加以容忍。假如青年男女，对于侍奉长上的态度变了，大家庭的基础，便随着动摇了。

此外大家庭破裂的原因还多，不过我以为生产方法的改变及近代女子之解放，乃是最根本的。在这种新旧过渡的时代，父子因为同居问题的冲突，当然是难免的。于是有人主张分居应该由我们本身起实行，不应强迫不脱旧思想的父母执行。又有人主张我们应当侍奉老年的父母，但不必让其长期住于我们家中。他们可以在各个子女的家中，轮流做客。如此既可保存天伦之乐，复可免除婆媳、妯娌之争。这些办法，都各有见解，应用时当视各个家庭的特别情形而定。

家庭还有一种重要的职务，便是做人类消费的单位。现在虽然有许多家庭，在生产上已不是单位，但在消费上，仍然是一单位。一个结婚而有子女的人，他在社会上所获得的金钱，不只是养活他一个人，还要养活他的一家。所以现在研究生活程度的人，不以个人为单位，而以家庭为单位。关于此点，我们在讨论经济组织时，再细加申述。

中国的家庭，以前还有一种宗教的职务。外国人说我们的宗教，是祖先崇拜，这是有所见而云然的。中国现在还有一部分人，相信人死后还有衣食的需要，所以对于子孙，有祭祀的要求。因为有这种信仰，所以生前无有子息，便以为大戚，因为死后要做饿鬼了。为子孙的，既然有祭祀祖宗的义务，同时也享受祖宗保佑的权利。所以在这种宗教之下，父子的互助，不但行之于生前，而且延长于死后。与祖先崇拜的信仰有关的，还有一种信仰，便是风水。做子孙的，在先人死后，要寻一块佳地，安置先人的遗体。他尽了这种义务之后，便可享财运亨通、子孙发达的权利。这种种信仰，自科学发达之后，便逐渐消灭了。虽然各个家庭，对于送死一事，依旧执行，但在新家庭中，这种行为，已不带宗教的气味了。

家庭在历史上，还有政治的职务及娱乐的职务。现在中国有好些地方还有械斗之风，族中的一人，受了别族的欺侮，全族的人，都要起来替他报仇，这便是政治的行为了。不但对外于此，便在一族之内，有犯家规族例的，可以提到祠堂中去审判，触犯众怒较重的，还可处以活埋之罪，这又是一种政治行为了。自从国家的权威及职务膨胀以来，家庭的政治职务，已渐为政府所取去。至如娱乐的职务，起初也是集中于家庭的，自从娱乐商业化之后，家庭对于娱乐的供给，已居次要的地位了。

总括以上的讨论，我们可以说，家庭是以子女为中心，教养子女的职务是家庭的中心职务。一个家庭，是否已克尽厥职，应看从那个家庭出来的子女如何。我们如以此为标准，便可发现许多家庭，没有尽他们的职分。从这些未能尽职的家庭中出来的子女，有一些是"靠家的子女"。我们称他们为靠家的子女，因为这些人只有在家庭中、在父母庇荫之下，才可以过日子，一离开家庭，便不能自立，便感觉困难。他们所以到此地步，有好几层原因的。第一由于父母的溺爱。他们在家庭中，无论有什么要求，父母都应许。他们任性而行，父母也容忍。所以他们在家庭中，便不大用他们的脑经，去征服困难；不大用他们的耳目，去观察他人的心思。这种毫无共同生活训练的子女，如加入社会中，一定觉得不舒服，觉得家庭以外的人不称心，所以他们想家，想归来株守到老家里。这种人虽然长大了，仍与小孩子相仿佛，人格实在是没有完成的。还有一种父母，因为家私已有了，深恐子女出外，与恶人结交，走入嫖赌一途，因而破家荡产。所以他们早早就替儿子结婚，又教给他一个吃鸦片的习惯，以为这样，便可把儿子禁在家中，不致在外面去胡闹了。等到他们的希望达到时，儿子便成为废物，只能消费、不能生产了。还有一种家庭中出来的子女，对于社会上的祸害，比起靠家的子女来要大许多，这便是"犯罪的子女"。一个在十七八岁以下的青年，假如犯罪了，家庭要负很大的责任。根据美国的研究，这种犯罪的青年，以从下列各种家庭中出来的为最多。第一种是侨民的家庭。这些侨民，从欧亚来的，带了一些故国的思想，可是他们的子女，受美国风俗及教育的影响，信仰及观念，与他们的父母大不相同。因此在家庭中，常起冲突。父母目子女为不孝；子女称父母为顽固，为专制，为不懂世事。在这种冲突之下，子女每离开家庭，自己到外面去寻生活。假如在这种血气未定、世故不深的时期中，误与匪人为伍，便易趋于犯罪一途了。第二种是下流的家庭。在这种家庭中，父亲或者是做强盗的，母亲或者是做娼妓的，或者二人的道德观念，并不高明，对于子女的非礼非法举动，不知矫正的。子女在这种环境之下，也易犯罪。第三种是破裂的家庭。在这种家庭中，父母或者有一人早死了，或者二人之中，有一人离弃家庭了，或者他们已经离婚了，或者他们有一人因犯罪而入监狱、因疯癫而被拘留了。因为家庭破裂，所以教育不能完善。因教育不完善，而子女遂易犯罪。最后还有一种家庭，是赤贫的家庭。贫困每易陷于法网，这是研究犯罪学的人都知道的。

在中国的社会中，小家庭制度还未得大多数人的承认，所以老年人的失养，普通每视为家庭未尽厥职之一证。假如我们以中国固有的风俗为根据，这种结论，是完全合理的。在西洋的社会中，老年失养问题，也是社会问题之一。研究这个问题的人，也提出了许多解决的办法来，如鼓励人民的积蓄习惯，便是一种，此之谓自助。其次，他们也主张子女如有能力，应该设法使其父母温饱，此之谓家助。另外还有国助，便是以国家的力量，来解决这个问题，养老院及老年补助金，便是最普通的两种办法。

四、研究中国家庭的一个方法

中国的家庭问题，已引起许多人的注意，我们观察社会上对于家庭问题所发表的言论，觉得它们的最大缺点，便是缺少事实。因为没有事实做根据，所以发出来的议论，每犯空洞与肤浅之弊。我在金陵大学时，曾以下列的问题，向预科的学生，征求家庭的材料。十八年的春季，我又曾托中央大学的教授游嘉德先生，在他的班上做同样的征求，结果还很满意，所以现在我把这些问题写在下面，以为同志者的参考。问题共分九节，前面还有一段小引，今录如下：

下面这些问题，是给你写家庭历史时做参考的。请你先把全文看过一遍，然后一节一节地看。每一节中，包含几个问题，你不必以回答大考题目那种态度来回答。你所要做的，便是把问题看过以后，知道问的是什么，便拿起笔来写，像你写信给你最要好的朋友那样自由、那样随便。写时要多叙述事实，少发挥议论。

你写家庭历史的时候，如不愿用真的地名及人名，可以随意改易一下。但省名及县名，请勿改易，以便比较。

写这篇文章，有两种用处：第一，你可以利用这个机会，练习观察社会、搜集材料、整理材料的方法。第二，你的结果可以供研究中国社会问题者的参考，间接地，你对于中国社会科学的进步，便有贡献。

（一）家庭的背景：你的家在何省何县？在都市里，还是在乡村中？什么时候搬去的，为什么搬去？请把你的家乡中的经济情形、教育情形，以及宗教情形等等，大略叙述一下。你们家乡的交通便利否？通轮船火车否？通邮政电报否？从你们家乡那儿外出经商、做工及读书的有多少？他们在你家乡中的地位如何？

（二）与大家庭及宗族的关系：你们是否聚族而居？在你家乡中同姓的有多少？有祠堂否？有族谱否？如有，几年修一次？族谱的内容如何？除祠堂外，有别的组织否？三代以上祖宗的坟墓，春秋两季，你们还去祭扫否？请把你们祭祖先的仪节，描写出来。祭祖先的时候，女子亦参与否？除却祭祀之外，同族的人，时常聚集否？聚集时有何举动？你们的族人受别族欺侮时，同族者有何办法？族长有何权力？他在一族中的职务如何？

（三）家庭组织：你的家中有多少人？与叔伯同居否？如系同居，已有几代？将来拟分家否？分家时之办法如何？须族人做见证否？伯仲所得的家私，是否相等？试描写家中各人的年岁、性情及其职业。父子的关系如何？夫妻之关系如何？兄弟姊妹之关系如何？伯叔与子侄的关系如何？姑嫂及婆媳之关系如何？妯娌之关系如何？此处所谓关系，系指彼此间的权利、义务、感情等等而言。

（四）家庭仪节：家庭中所用的各种仪节及规矩，关于生子、婚嫁及丧葬等等的，请就记忆所及而述之。

（五）家庭经济：你的家中有多少人是生利的？他们入款的来源如何？各人的收入，是否交家长管持？家庭每年的支出共若干？试将每年之家用，分为房租、衣服、食品、燃料、教育、杂项六款，并估计每项之百分数。你们的家用，出入相敷否？如有余或不足时，如何办理？你家中的人，因职业的缘故，而离开家乡的，有否？他们把家眷带出去否？如不然，他们隔多少时，回家一次？家中的事务，如何分工？家庭的用款，由谁做主？

（六）家庭教育：你的父母、兄弟、姊妹，曾教你读书过否？家中有藏书否？购杂志及报纸否？家中有谁，对于你智识上的发展，最有帮助？关于待人接物，以及日常处世之道，你的长辈，常与你谈论否？他们对于你的道德教育，是用什么法子？你的人生观，受家中何人的影响最大？你离开家庭以后，时常记及你父母对于你的教训么？他们希望你做哪一种人？你现在的志愿，与他们的希望，有无因果的关系？你何时便得到性的知识？是你的父母告诉你的，抑是你的朋友告诉你的？

（七）家庭冲突：你的家庭中，父子间、夫妇间、兄弟间、姊妹间、叔侄间、婆媳间、姑嫂间，曾有意见不合或争吵等事故否？如有此种冲突，请细述冲突之原因及冲突时之情形。此种冲突，如何解决？解决后彼此间的感情，能和好如初否？

（八）你将来的家庭：你的婚姻是自主的，还是父母代定的？如系父母代定的，你现在觉得满意否？如不满意，其故安在？你预备用什么法子，处置那个问题？如你的婚姻系自主的，你选择对手时，有什么标准？你所处的社会中，男女社交的机会多么？如你已自由订婚，请你叙述你与你的未婚妻或未婚夫，是如何相识的。从相识至订婚，共经过若干岁月？在此若干岁月中，讨论过什么问题？有无冲突事情发生？你们订婚的仪节如何？如你已结婚，请你述结婚时之礼节及结婚后之生活。你预备与你父母同居否？如不愿，试言其故。你愿意有若干子女？你愿意与你的子女同居否？如你可自由选择，你愿意有小家庭抑大家庭？

（九）余论：假如你的家庭中，有特种的情形可供研究，而上面的问题中，并未论及的，请补述于此。根据你自己的经验并观察，请细论中国家庭之优劣。

第三章　经济组织

一、经济生活的变迁

　　研究经济史的人，每把人类的进化史，分作数期。最普通的一种，是以生产方法为标准，把人类的经济史分为五期：第一是采集时期，第二是渔猎时期，第三是畜牧时期，第四是农业时期，第五是工业时期。这种分期的办法，现在有许多学者批评，以为不很完善。第一，根据人类学者的研究，许多部落的演化次序，并不一定与此合符。第二，以一种生产方法，来代表一个时期，每易引人误解，因为在一个时期中，虽然有一种生产方法独占上风，但别的生产方法，并不是完全取消了。譬如英国是一个工业国，但还有许多人以农为业，农民在英国的经济组织中，还是占有重要的位置。

　　哈佛大学的经济教授格拉斯（N. S. B. Gras）在他的名著《经济史入门》（*An Introduction to Economic History*）中，有一种新的分期法，我以为是比较最完善的。他也把人类的经济史，分为五期。第一期是采集经济。包括旧有分类中的采集时期及渔猎时期。在这个时期中，人类完全依赖自然为生活，他的需要，完全靠自然供给。虽然各地方各时代的采集方法，有笨巧之不同，但他们只知依赖自然，而不能改进自然则一。在这个时期中，人类是常常移徙的。一个地方自然的供给告乏了，他们便移到一个别的地方去。分工合作的机会虽然也有，如男女分工的事，在最野蛮的部落中，便可见到；但共同生活的人数，比较的并不很多。第二期是游培经济。在这个时期中，人类依旧是迁徙的。不过他们有一大进步，就是他们除却依赖自然之外，还改进自然。

他们除却采集之外，还培养禽兽，或培养植物。培养禽兽，以供给衣食，是畜牧业。培养植物，以供给衣食，谓之农业。普通人的见解，以为畜牧业在农业之前，但也有些部落，离开了采集时期，便入于农业时期的，如加拿大东部的红印度人便是。平常人又以为培养植物，便不能移徙，但在历史上，例外的事也有。如上面所说的红印度人，种了玉蜀黍之后，便离开他们的田地去捉鱼，有时捉鱼的地方，离开他们种植的地方很远的。总之在游培经济之下，人类衣食的来源，比较可靠多了。第三期是乡村经济。这个时期中的人类，与游培时期中不同的，就是他们离开了迁徙的生活，在一个地方长久住下了。从迁徙生活到固定生活的过渡时期，当然很长的。最初他们在一个地方住了三四年，也许要换一个地方。不过到了后来，他们在一个地方住下，便有终老是乡之志。到这个时候，乡村经济才算出现。在乡村经济之下生活的人，其生产方法，依然是畜牧和种植，不过在这个时候，种植比较畜牧为尤重要，因为这两种方法，种植比较畜牧是要经济些。社会的人口加增，生产方法当然要选那最经济的。不然，一部分人，便有冻饿之危险了。在游培经济中，贸易的机会，并不可靠。甲游培民族，一定要遇到乙游培民族，才有贸易的可能。但在乡村经济之下，贸易的机会，便非常可靠，贸易的日期，便逐渐固定了。每每到一定的时期，各地的乡民，都到一个适中的地点去，以其所有，易其所无。这种交易的办法，中国各地还有的。譬如贵州大定的城市和村市，都是定期举行。城市每四日一次，村市每六日一次。农民等各就近处市集，以物卖钱，更以钱买所需之物。北方诸省，每年亦有贸易集中之地，名曰庙会。其会期多者一月左右，少亦数日或半日不等。盖北方交通不便，各项货物，不能常聚于一处，不得不借庙会为各业贸易集中之点。假如一个地方，只有庙会，而无店铺，那么那个地方，只可说是还在乡村经济之下。假如一个地方，已有店铺，庙会不过是附属品，为遗留之古制，那么这个地方，便算脱离了乡村经济，而入于市镇经济了。市镇经济的特色，在于商人阶级及商店之出现。以前贸易是有时间的限制的，庙会及市集，总在固定的时期举行，过了这些日期，贸易便停止了。而且那时贸易的人，都是一些直接生产者，他们只在这几天做生意，其余的时间，他们依旧做生产的事业。但在市镇经济之下，贸易并不受时间的限制了。自朝至暮，自元旦以至岁腊，店铺总是开着，预备做生意的。店铺中的人，以贸易为正业，他们只做通有无的事，别事概不过问。自这种市镇经济出现之后，市镇与附近数十里的乡村，便发生一种经济的组织。这种组织，包括那区域中的生产者及消费者。生产者的眼光，此时不只看到本人及本家的需要了，他把那区域中的情形，都放在眼内。他知道有了市镇，他自己生产的剩余，一定卖得出去，同时他自己没有生产的东西，在市镇中也买得回来。

有了这种认识之后，他便可以用他的全力，生产那些最适宜、最合算的货物，不必像以前那样以一人之力，生产他所需要的一切货物了。所以自有市镇经济之后，地可尽地力，不必消耗于其土之所不宜；人能尽其才，不必费神于其性之所不近。这种分工的办法，愈到后来愈细密。起初市镇不过是商业的中心，其后工业也集中于市镇了，因为市镇中得原料易，货物制造成功后，便有顾客，销售上亦毫不费事的。

市镇经济再进步，便到了都市经济了。现在的英国、美国，都已到了都市经济的地步。中国大多数的地方，可以说是还在市镇经济之下，但受西洋文化的影响之后已经往都市经济的路上发展了。都市经济与市镇经济在表面上看起来，只是一个的范围广些，一个的范围小些。譬如都市区域，包括数百里，而市镇区域，只包括数十里。在市镇中买东西的，不过附近数十里的农民。但在都市中，每有不远数百里或千里而来办货的水客。

这种表面上的差别，是很明显的。但我们如仔细研究一下，就可发现在组织上，还有更紧要的差别。第一，都市中批发机关的组织，是市镇中所望尘莫及的。市镇中有时也批发，但所批发的数量，是有限制的；所批发的货物，也不过数种，绝不是百货俱全的。而且在市镇中，一个商店，同时每兼批发与零售两种职务。在都市中，这两种职务，每有分开的趋势，批发的只管批发，不做零星的买卖。而且批发者也有分工的趋势，卖棉花的只卖棉花，卖证券的只卖证券。在他们的范围之内，他们可以供给大量的需要，即使当时交不出，过了一定的期限之后，总可以交货的。第二，都市中因为有批发，所以需要货栈。从乡间、从外国运来的货物，都可存在货栈里，如有要求，便可交出。都市中的货栈，不但是多而大，即在种类上，也有各种分别。肉有肉栈，蛋有蛋栈，茶有茶栈，烟有烟栈，其建筑及管理，都不相同的。这与市镇中的商店，以一间楼房，堆置各种货物的，其组织之繁简，不可同言而语了。第三，都市的交通便利，远过于市镇。一个都市的商业发达与否，要看它与其附庸之交通组织如何。都市所以成为都市，因为它与其附庸，有汽车、铁路、轮船、飞机等为联络。都市需要的原料，可以由附庸中送进来；附庸中需要的制造品，可以由都市送出去。都市不但与其附庸，有此联络，它与别的都市区域，也是连成一气的。因为都市间有联络，所以甲都市区域中的剩余，为乙都市中所无的，便可送到乙都市中去，由那儿再分散到乙都市区域。甲之所无而为乙之所有的，也可以同样的方法分散到甲都市区域中去。电报、邮政及国际之商情报告，都与达到此种目的以利便。都市因为有此种交通机关之设备，所以不但可以做都市区域中的贸易，还可做都市区域间的贸易。第四，都市中的金融组织，其规模较市镇中的为伟大。市镇的钱庄或当铺，其可以通融的资本，不过数万或数十万元。都市中的银行，资本有在数百万或数千万元以上的。所以如欲办大规模的事业，需要大规模资本的，不可不到都市中去设法。而且都市中的银行，在各地的分行极多，以都市中的银行为根据，便可与许多地方贸易，不感汇兑之困难。市镇中之钱庄、当铺，每不能胜此重任。第五，都市中的工业，或都市区域中的工业，因市场辽广，可以做大规模的生产，容纳多数的工人，与市镇经济中的工业，只可做小规模的生产，容纳三四个徒弟的，迥然不同。第六，都市中的专门人才，如大医生、大律师、大教授等，都有用武之地。他们的分工，是很细的，一个人只专攻一件小小的事。即以医生一项而论，在市镇中的医生，每以一人而兼内外二科。但都市中的医生，不但内科与外科分得清楚，便在一科之中，还有许多专门家。我们在都市中所得到的服事，乃是专门家的服事，不但可靠，而且便宜，因为在市镇中，如出同样的代价，绝请不到那样好的专门家来满足你的需要的。

人类从采集经济到都市经济，乃是一大进步。经济组织，原是要满足人类物质生活的需要的。我们对于物质生活的要求，是要充足、要优美、要多花样。都市经济，最能满足这种要求。所以都市经济发达的国家，如美如英，其人民的生活程度，远非那些尚在市镇经济或乡村经济之下谋生活的国家所可及。

二、经济组织之研究

中国今日无论什么社会科学，最感困难的，便是材料的缺乏。中国的经济组织，是个什么样子，没有几个人可以回答得出来。我们以后研究经济生活，应当注重于实地调查。在最近的数十年内，搜集材料，整理材料，是最要紧的工作。搜集材料的下手方法很多，我们要提出三种办法来。

第一，我们可以都市区域或市镇区域为单位，研究那个区域之内的一切实业。由这种研究的结果，我们便可以知道这个区域内，有些什么地方，可以改良，有些什么实业，还未发达。这种研究，对于一个区域内的居民物质上的享受，都有密切关系的，所以它们都应当注意。研究的时候，可以外国的情形为参考。譬如研究上海、汉口的，很可以纽约、芝加哥为参考。

第二，我们可以一种实业为单位，研究它在一个地方的情形，推而至于全国，以及于全世界。实业的种类颇多，如农、林、渔、矿、畜牧等等，是供给原料的。原料不经过一番制造的手续，不能满足人类消费上的需要，所以我们还有工业。原料与制造品，在甲地生产的，也许要送到乙地去消费，所以我们还有交通业。某甲生产的货物，除了自己的消费之外，还有剩余，同时别人有剩余的，某甲也许需要。所以社会上还要通有无的机关，这便是商业。我们把一种实业研究清楚了，再研究第二种实业，假如把全国或全世界的各种实业，都一一研究到了，那么我们对于全国或全世界的经济组织，便了如指掌。

第三，我们可以家庭为单位，研究它们的生活程度。以上两种研究，其目的在认识经济组织的客观状况，并不一定要顾到在这种组织下的人民生活其苦乐如何。不过经济组织既是为满足人类物质上的需要而设的，所以我们很想知道，某种经济组织，是否尽了它的职务。第三种研究，便可回答这个问题。我们不以个人为单位，而以家庭为单位，因为社会上的单位，不是个人，乃是家庭。一个人的进款，不但是自己用，还要给家人用。我们如想知道一家人的物质生活是否舒适，只要把他们的家用账拿来研究一下便行。研究家用账的人，每把家庭的出款，分为五类：一食品，二衣服，三房租，四燃料，五杂项。凡出款的百分数，在食品一项中颇高，而在杂项中颇低的，便是生活程度低的表现。生活程度愈高的人，杂项中的消费，所占的百分数，也愈加高。陶鸽纳斯（Dorothy W. Douglas）曾把美国工人的生活分为四等：一为贫穷等，过这种生活程度的人，月入拿来维持物质生活还不够，他的特征，便是饮食不饱，面有菜色，衣不蔽体，家徒四壁，朝不保夕；二为糊口等；三为小康等；四为安乐等。除却第一等外，其余的三等，在生活费上所花的百分数略如下表：

生活项目	生活等级		
	糊口等	小康等	安乐等
食品	40%	35%	29%
衣服	18%	18%	17%
房租	19%	20%	20%
燃料	6%	5%	6%
杂项	17%	22%	28%

安乐等之所以安乐，就因为它的进款中，有 1/4 以上，可以用在衣食住及燃料等各种用费之外。衣食住等用款，是为减除痛苦的，而杂项的用款，乃是为寻快乐的。一种生活，如只能做到免除痛苦那一步，并没有什么意味，假如连这一步还做不到，那就更不必说了。

研究家用账的方法，共有两种。一是问答式，便是由调查者先制成表格，到人家中去问，问他们一年之内，要花多少钱在衣服上面，在食品上面，在其他上面。这种方法其长处在简便，但不甚可靠。二是记账式，便是由调查的人，先把账簿印好，每天到人家中去替他们记家用账，如此者数月或一年，然后把账目来分析，看各种用款的百分数。这种方法其长处在可靠，但甚费时日与精神。中国人的生活程度，近来也颇有人研究过，两种方法也都有人用。我们现在且提出两种来代表。一种是金陵大学卜凯教授（J. L. Buck）用问答式研究的结果，包括 2 370 个家庭，分散于大江南北 13 个地方。一种是陶履恭教授用记账式研究的结果，包括北平工人的 48 个家庭。两种结果，有其相同之点，就是中国人在食品上所花的百分数，较之美国的糊口等还高，在杂项上所花的百分数，较他们为低。详情如下表：

	卜凯的研究	陶履恭的研究
食品	58.9%	71.2%
衣服	7.3%	6.8%
房租	5.3%	7.5%
燃料	12.3%	11.3%
杂项	16.2%	3.1%

这种研究，在中国不过开始，而且所包括的人，以经济生活中的下层阶级为多。假如把各种阶级的人的家用账都研究出来，那么我们对于社会上各种人品的认识一定要格外清楚些。

三、贫穷与经济组织

经济组织，既是为满足人类物质生活的需要而设的，所以一个社会之中，如有许多贫穷的人，生活不很稳固，我们便不能承认那经济组织是完善的。无论在哪一个国家中，我们如提到贫穷两字，便要联想到农工阶级。这两种职业中的人，最容易被贫穷的旋涡卷去。我们现在要问：这是什么道理？有补救的方法没有？

中国各种职业中人，以农民为最多，所以农民的贫穷问题，乃是中国经济问题中的最大问题。农民贫穷的根本原因，由于他们农场之细小。据华洋义赈会书记麦罗来（Walter H. Mallory）的报告，中国的农场，有 33% 在 1 英亩（等于华亩 6.5 亩）以下，有 55% 在 1.5 英亩以下。这种统计，是根据于河北、江苏、山东、安徽、浙江 5 省中 7 097 个家庭的情形而言的。这样小的农场，维持一家五口的生活，是不够的。因为根据近代食品专家的估计，一家五口，每年对于米或麦粉的消费，须 2 372 磅。

中国的北部，每 1 英亩田地，可产麦 1 200 磅，磨之成粉，约 500 磅，所以只种麦的农家，须有地 4.7 英亩，才可维持生活。中国的南部，每 1 英亩田地可产米 1 400～2 100 磅，所以只种稻的农家，也须有地 1.7 英亩，方可维持生活。上面已经说过，中国人的农场大多数都没有这样大，他们所以能苟延残喘的，因为一年要种数期，而且除农业外，还兼一点家庭工业等缘故。

所以扩大中国农民的农场，乃是救贫的第一方法。扩大农场的法子，第一是垦荒。因为据美国农业专家白克耳（O. E. Baker）的估计，中国可耕之地，现在还未开垦的，约占 74％，已耕的不过 26％。白克耳说是中国已耕之地，有 1.8 亿英亩，但据刘大钧先生之估计，中国已耕之地，有 18.2 亿华亩，等于 2.81 亿英亩。假如我们对于可耕地取白克耳说，已耕地取刘大钧说，那么中国可耕而未耕之地，还有 60％。中国政府，如能兴治水利、修筑铁路，把这些空地都开垦起来，则中国农民的农场，至少可加大一倍。同时再发达中国农业以外的各种实业，使农民有别种生活可图，那么有一部分农民，也许要把他们的小农场卖去，而加入别种职业阶级。现在假定中国之以农为业的，占 80％。我们并不要做到英国那种地步，只有 6％的人务农；也不必做到美国那样，全国只有 26％的人在农业中寻生活。我们只希望做到意大利那种地步，以35％的人务农，或做到法兰西的地步，以 40％的人务农，也就可以满意了。假如中国以农为业的人，由 80％可以减到 40％，中国人的农场，又可加增一倍。

中国农民贫穷的第二个原因，乃是各种灾祸的压迫。中国农民的灾祸，最大的共有五种：一曰旱灾，二曰水灾，三曰虫灾，四曰兵祸，五曰匪祸。农民在丰年的收入，已是不够维持生活了。可是这点小小的收入，还没有保险。上说的五种灾祸，可以逼得他们穷无立锥之地，逼得他们卖妻子、典产业、吃人、流为草寇。如想除去这五种灾祸，只有提倡科学、改良政治才行。提倡科学，包括介绍西方的农业知识、造林、治河、灭虫、筑路等等事业。中国的旱灾、水灾、虫灾，经不起科学知识、科学事业的攻击，都要消灭的。即消灭不了，科学也有方法做亡羊补牢之计，决不会听天由命的。政治昌明之后，土匪可以灭绝，兵队也可减少，不必像现在这样，年费巨款于军事之上。中国政府每年支出的军费所占的百分数，超过一切的文明国家。民国元年，军费只占 34％；到民国十二年，便增至 64％；到民国十七年，竟增至 87％了。中国财政的负担，间接地差不多都放在农民身上。他们每年负此重担，但得不到一点利益，焉得而不穷困。

中国农民贫穷的第三个原因，在于家庭人口之繁密。中国每个家庭的人口，据麦罗来的报告，那些田地在 1 英亩以下的，平均有 5.7 口。卜凯所研究的 2 370 个家庭中，平均有 5.94 口。中国的农民，以其收入，并不够养活三四个儿女。但普通的农民家庭，平均都有三四个儿女。他们虽然生这许多儿女，但没有能力养活他们，这真是一大罪孽。为他们计，为全社会计，非实行生育制裁不可。

中国素来以农立国，所以贫农问题，是有长久之历史的。但是工业革命之后，贫工问题也发生了。在英美各国，贫工问题比贫农问题还难解决。将来中国工业化之后，一定也要遇到它们现在的困难。所以它们的情形，很可做我们的参考；它们的解决方法，我们也可斟酌采用的。

讨论欧美各国贫工问题的人，以为一个工人之所以贫，其原因甚多，如工人本身有坏习惯、技艺低下，以及自然界中的灾患，经济界中的商业循环，政府的苛捐重税，等等，皆足致工人于贫困之地。但最大的缘由，由于分配不均。财富集中于少数人的手中，大多数的人，分他们的余沥，所以即使没有外界的影响、本身的错失，所得也是有限，非走到贫穷的路上不可的。譬如 1906 年，英国入款的分配，是极不均的。有 3％的人，其入款占全数 35％；又有 9％的人，其入款占全数 14％；其余的 88％的人，入款只占全数 51％。美国 1918 年入款之分配，其最富之 1％的人，占入款全数 14％。他们的收入，自 8 000 元至 100 万元以上。那些入款不到千元的，占人数 39％，所得入款的总数，不到 18％。换一个说法，美国有 1/5 的人，分全国入款之一半，其余一半，由其余的那 4/5 的人分去。

救济这种贫富不均的办法，共有两种：一种是革命的方法，便是各种信仰社会主义的人所提出来的。社会主义的派别甚多，但他们的共同信仰，共有两点：第一，废除私有财产制度，消灭国内大地主、大资本家等阶级，使全国的人，只有做工的，才可有报酬收入；第二，铲除不劳而食的阶级，使社会上没有只吃饭而不做事的人。这两种信仰，都是理想，现在世界各国，连苏联在内，没有一国已经做到这个地步。

另外一种救济的方法，可以说是改良的方法，因为它并不推翻经济组织中的根本制度，只是在这种制度之下，改进一点就是了。这种办法，共有数种。第一是分红，就是公司中或工厂中，每年所余的净利，不可由资本家独得，应当提出一部分来，分给工人。中国的商店中，素来有这种办法。譬如中国在清季最著名之百川通票号，本银共 10 万元，作为 10 股。各省分庄经理伙友，作为人股 20 股。资本家出钱，劳动者出力，均作股份。一经获利，按股分配。外国工厂中分红的办法，有以资本及薪水相加，视每项所占的百分数为标准的。譬如一个工厂中，有资本 10 000 元，每年付给工人的劳资共 5 000 元。在分红的时候，资本家得 2/3，工人得 1/3。又有工厂中，分红时以资本家所得官利的数目与薪水相加，视每项所占之百分数为标准。这种办法，对于工人的好处，特别多些。譬如上面所举的例子，资本家共出资本 10 000 元，如官利 8 厘，共得官利 800 元。以 800 元与工人的劳资 5 000 元相加，共为 5 800 元。在此总数中，800 元只占 13.8%，所以分红时资本家也只得 13.8%。

第二种方法是合伙。合伙的目的，在使工人也有成资本家的可能。譬如美国的钢铁公司，在 1903 年，便提出 200 万的优先股来，照票面的价值，卖给公司中的工人。这种股票，在市场上，已超过票面的价值，现在以原价出售，便可以引起工人购买的欲望。而且付款时，又有分期付给的办法，所以工人也有购买的能力。这种办法，使工人的收入可以加增，以前工人只得薪金，现在他们除却薪金之外，还可拿股票上的官利及红利。即使数目低微，也不无小补。

第三种方法是消费合作。消费合作的组织，发源于英国。在 1844 年，有 28 个工人组织、1 个合作社，到 1850 年，会员增至 600。1920 年，消费合作社分布全国，会员达 600 余万人。如把这些会员的家属也算进去，便占英国人口之一半。这种组织的最大目的，在减少商人的从中渔利。消费合作社售物的定价，与别的商店是一样的。但到年底的时候，买物的人，可以去分红利。譬如社中某年的红利是 1 分，而某顾主在店中共买货洋 100 元，到年底的时候，可以去拿 10 元归来。假如没有这种组织，这 10 元便给别人赚去了。

第四种办法是工会。现在经济界中的分肥，谁的力量大些，谁就可以多得些。以前工人没有组织，所以在分配的时候，一任资本家的宰割，结果是资本家所得的很丰厚，而工人所得的却很微薄。工会便是为矫正这种缺点而生的。一个工人去与资本家争论，资本家可以不去理会他。但是全体的工人，如以团体的名义，向资本家有所要求，资本家就不能不顾虑了。工会以罢工、怠工等方法，去争他们的权利，结果总可以从资本家的手中，多占一点利益过来。

第五种办法是工法。便是由国家制定法律，谋工人的利益。最与均贫富有关系的，是最低工资律、工人恤金律、各种保险律。最低工资律，是由政府规定，在某区域中或某职业中，工人所得的薪资，不得低过规定的数目以下。有了这种规定，十分刻薄的资本家，便无所施其技，去剥夺工人了。工人恤金律，目的在使各个工厂的资本家，负赔偿受伤工人及抚恤已故工人家属之职务。假如没有这种法律，那么受伤的工人，不但因不能做工而无进款，反而每天要花一些医药费，不是贫穷的人格外贫穷了么？有了这种法律，则工人受伤时或伤亡时，工人的家庭，不必支出巨款，而资本家方面，倒要略为受点损失。保险律包括疾病保险、老年保险、失业保险等等保险金，由国家、资本家及工人三方面负担。这种保险，都是为应付不幸的境遇而设的。假如没有这种保险，工人遇到这种不幸的境遇时，便容易借债度日，容易日趋穷困。有了这种保险，那么遇到不幸时，国家及资本家，也在那儿出钱帮助他，使他的生活，不致跌到水平线以下。

第六种方法，便是抽税，这是一种节制资本的办法。在各种税则之中，以所得税及遗产税最能达到这种目的。各国所得税的抽法，是入款愈高的，纳税愈重。入款非以自己劳力换来的，纳税也比那以自己劳力换来的要多些。譬如美国 1926 年的所得税法，一人的入款，如超过那不必纳税的规定数目以上（这种规定，已结婚的与未结婚的不同，有子女的与无子女的又不同），第一个 4 000 元，须纳税 1.5％；第二个 4 000 元，须纳税 3％；第三个 4 000 元以上的入款，须纳税 5％。这是正税，此外还有附加税，从 1％到 20％，视进款之多少而定。我们现在举一个例子，来证明不劳而获的入款，纳所得税较重。譬如有一个人，有 10 万元股票，年利 5 厘，每年可收入 5 000 元。另外有一个人，家无恒产，但是在公司中任职，年薪亦有 5 000 元。他们两个人所纳的所得税，是否一样呢？依照美国的法律，是不一样的。那个资本家，当他的官利没有到手的时候，政府就在公司中扣去 13.5％，一共是 675 元。因为公司的所得税，比个人的所得税要高些。另外这位在公司中任职的人，收入虽然也有 5 000 元，但政府因为他已娶妻，所以除开 3 500 元不算，又因为他有两个未成年的子女，所以又除去 800 元，余下来，只有 700 元，是必须纳税的。这 700 元，我们在上面已经讲过，只须纳税 1.5％，共洋 10.5 元。假如他的入款只有 4 300 元，他可以不必纳所得税。但是这 4 300 元，如是从股票上来的，政府在公司中便要扣去 580.5 元了。这种办法，当然是做工的人占便宜，资本家吃亏。美国中央政府近年的收入，大部分靠所得税。譬如 1925 年，由所得税项下收来的入款，占全数 46.6％。可见美国政府的担负，大部分在资本家的肩上。至如遗产税的办法，更可以防止社会上财富的私传。美国各州的遗产税，凡接受的人是直接亲属，政府征收税率，自 3％至 14％；如接受的人非直接亲属，税率之高，有至 40％的。

第七种方法，便是由国家办社会事业，如教育、医院、公园、音乐会等等。社会事业的目的，在使贫穷的人家减少出款，而不致降低生活程度。国家这种事业，可以说是从富人那儿拿钱来，替贫人谋幸福。

此外社会上均贫富的办法还有，我们也不必详述。此处我们最要注意的一点，就是经济组织是为全人类谋物质生活之安全的。假如少数人享福，而多数人吃苦，这种制度，便有缺点。想矫正这种缺点的人，不可不研究贫穷问题，不可不注意贫富不均的问题。

第四章　政府

一、国家的起源

我们如想懂得政府的性质，一定要知道国家的性质及起源，因为这两样事是有关系的。关于国家起源的学说，派别很多，但比较理由最充足的，要算战争说。代表这一派的书籍，我们可举德国社会学者倭品海默（Franz Oppenheimer）所著的《国家论》（*The State*）。

据这一派人的见解，以为人类最初的团体当然是家庭，扩充而为部落。在这个部落中的人，都有血族关系的。部落中的人口，逐渐加增，于是再设法扩充。不久，甲部落与乙部落一定要遇着，它们因为争土地、争粮食，便要发生冲突，结果总有一个部落被另一部落征服的。起初的人，在征服一个部落之后，便大加杀戮。不过后来他们觉得杀戮不是一个好办法。比较经济一点的办法，就是降被征服者为奴隶，利用他们去生产，然后把他们所生产的东西，取来享用。这样征服别人的人，便可不劳而食了。他们发明奴隶的制度以后，社会组织便大有变更。以前在一个区域之内，大家都有血统上的关系，并无阶级之可言。现在一个区域之内，有两种血统上不同的人共营生活：一种是战胜者，他们是治人的；一种是战败者，他们是被治的。这两种人谋生的办法不同，战败者须以自己的劳力，去谋他们的衣食；战胜者以武力为护符，便可坐享其成、不劳而食。第一种谋生方法，倭品海默称为经济的方法；第二种谋生方法，他称为政治的方法。第二种谋生方法出现的时候，部落已一变而为国家了。所以国家所用的方法是武力，它的目的在侵夺，它的结果是社会分为数阶级。

国家也有以和平的方法建设的，如美国在白人殖民以前，红印度人的联邦，便是一例。但这种例子，是比较少的。战争说可以解释很多国家的起源，为别种学说所解释不了的。

国家的起源是这个样子。以后阶级如何消灭，小国如何变成大国，政治的权柄如何从多数人的手中移到少数人的手中，各国的情形都不同的，我们现在也不必详说。不过有一点我们要注意的，就是代表国家行使最高职权的政府，无论在古代、在今日，总是在少数人的手中。而且政府行使职权的最后根据，无论在古代、在今日，还是一种武力。有人说现在的政府，不靠武力而靠舆论，我以为这种观察还不彻底，因为舆论的本身，假如没有武力做后盾，还是没有用的。假如违背舆论的人，有武力可以制裁他，舆论的权威，才可以受野心家的尊敬。

国家的性质，从历史上看来，已经变更了许多。以前的国家，包括许多阶级，现在的发达国家，无不设法消灭这种差异，使一国之内，只有一种阶级。美国的《独立宣言》，说是天之生人，是平等的，便可代表这种趋向。国家的性质变了，所以代表国家行使职权的政府，其性质也随之而变。以前的政府，可以开明地为一阶级谋利益。现在文明国家的政府，没有一个敢公然做此种宣言的。无论政府是一党专制或数党分权，它的宣言，总是为全社会谋幸福或为大多数人谋幸福的。

二、政府与社会

政府既然是在少数人的手中，而政府的后面，又有武力，所以现在就发生一个问题，就是：社会有什么法子，可以使政府中少数的人，不利用他们的地位及势力，为自己谋利益，而为全社会谋利益呢？假如政府只为少数人谋利益，政府便变成社会的主人。反过来说，假如政府是为多数人谋利益的，政府便成为社会的公仆。我们用什么法子，使政府不做我们的主人，而做我们的公仆呢？

根据各国的经验，解决这个问题的法子倒也很多。第一便是提高教育，特别是公民教育。公民教育的目的，在使大家知道政府的性质，政府与人民间的权利、义务关系。现在中国的大多数人，是不识字的。他只知道他的家族、他的邻里，因为这些组织，在他的经验中，是具体的，是有密切的利害关系的。至于国家，在他们的心目中，完全是一种抽象的东西，他们没有看见地图过，所以最浅近的知识，如中国有多少大、在地球上占一个什么位置，他们都不知道，更不必说别的高深知识了。至如政府的组织、政府的职务，完全不是他们所能了解的。他们也许知道有个县官，是来收钱粮的；也许知道一些军队，军队是来骚扰地方的。此外，顽固一点的乡民，还知道有皇帝；开通一点的乡民，知道皇帝已改为大总统，其余的便茫然了。只具这种常识的公民，是被鱼肉、被宰割的好材料，因为他们不知监督政府，不能监督政府。提高他们的教育，便是给他们一种监督的力量。而且公民教育普及的时候，凡是将来当兵的、入政界服务的，都要受公民教育。假如全国的军队，都有公民教育的训练，他们也决不肯受私人的利用，为私人的利益，来牺牲生命，与社会反抗了。做官的如受过公民教育，便知道做官不是一个发财的机会，更不是一个引用私人的机会。教育须使他们即无别人监督时，受贿营私，亦觉自愧，再加以舆论的监督、法律的制裁，他们更不敢往作恶那条路上着想了。所以公民教育的作用是多方面的，一方面可使政府中人，自动地上轨道走；一方面可使民众，监督政府中人，逼他上轨道走。所以世界上各国，教育愈普及的，政治也愈昌明。只有愚昧无识的国民，才产生营私舞弊的政府。

第二个方法，便是实行选举制度。欧美各国现在人民所享受的选举权，是经过长时期的宣传及奋斗方得来的。英国 1918 年的选举法，凡男子年在 21 岁以上，并在选举区居住六个月以上的，均有选举权，不过女子须在 30 岁以上，才有选举权。到 1928 年 3 月，女子过 21 岁的，也有选举权了。美国女子的选举权，到 1920 年 8 月才有宪法上的保障。所以这些先进的国家，可以说是已经做到普选的地步，成年的男女，都有监督政府之权利。英美的立法议员，以及行政首领，都是由民选的，而且隔数年便要改选一次。在选举之先，他们一定要对民众宣言，假如他们当权之后，一定要替民众办些什么事务、为民众谋些什么利益。候选的人，普通总不止一个的。所以民众在选举的时候，可以随意选择，看谁能够代表他们，便投谁的票。被选的人，一到大权在握的时候，绝不敢食言而肥。因为隔了几年，民众要审查他们一次。假如成绩不佳，或者没有把民意代达出来，一定要被别人点破。一经点破，而且证实了，民众便可不再举他，换一个别人去试试看。因为有这种办法，所以那些想在政府中有所作为的，都很爱惜他们的令名，不敢做一点违背舆情的事。社会上公众的旨意，便可以选举为手段，达到实现的目的了。

第三个方法，便是考试制度。政府中的职员很多，假如都要选举，人民将不胜其烦。假如都由私人择派，又易流于引用私人之弊。所以民众只选那几个政府中定政策的人。至于实行这种政策的人，需要特殊知识或技艺的，便用考试的法子，使那任职的人，都能才尽其事，不致滥竽充数。政府的下职人员，如是这样产生的，政府便不会成为分赃的政府，而成为服务的政府了。总之，考试制度实行之后，凡是在职的人，其所以在职，并非因为他与长官有亲戚的关系，或有家族的关系，或有朋友的关系，或有同乡的关系，或有师生的关系，乃是因为他的才能与经验，够得上做他所要做的事。他与长官，并不必要有上列各种关系之一，即有，也是偶然的，而非必需的。

第四个方法，便是审查制度。审查员对于上下官吏，所应注意的事很多，但他所要特别注意的，便是账目。他要看政府各机关所用的钱，是否遵照预算；账目中是否有虚造假报；公家的款项，是否有一部分流入私囊。如想做到这种地步，政府须有预算及决算，须有科学的簿记法，须有负责任、有训练的查账员。假如一个政府，能把账目清楚地交出来，能够经得起专门家的审查，那么这个政府，至少是一个清廉的政府。清廉的政府，乃是社会上所最需的。除却账目以外，官吏滥用职权、侵犯人民自由的地方，也要有负责的人检举及弹劾。美国的上院，以及中国以前的御史，都是负这种责任的。有了这种专门的人替人民监督政府，政府便不敢违法及营私，以触人民之怒。

第五个方法，便是直接行使民权。现在的国家，因为土地辽广、人民众多，所以不得不采用代表制度。但在小国之中，或地方政府之下，除开代议制度之外，还可直接行使民权。这种民权，共分三种，便是创制权（initiative）、复决权（referendum）及罢免权（recall）。三权中的复决权，便是在大国中，也可施行。譬如有些国家中，如修改宪法，便非经过民众的复决不可。

以上所提出的五种方法，第一种从教育下手，其余的都是从法制下手，目的只是一个，便是要使政府的少数人，为社会上的多数人谋幸福。

三、政府的职务

政府的目的，既是为大多数人谋幸福，那么应当尽哪些职务，才可达到这个目的呢？

关于这个问题，意见极不一致，那些主张放任主义的人，以为政府是一种除不了的厌物，给它的职务，愈少愈好。另外一派主张干涉主义的人，以为民间有多少不公平的情形，要政府出来铲除；人民有多少欲望，要政府出来满足他们。所以政府的职务，应该是无限制的。假如我们要举两个代表来代表这两派，那么斯宾塞尔可以代表前一派，华德（Lester F. Ward）可以代表后一派。不过多数的社会学者，以为社会是时刻变换的，所以政府的职务，也很难固定。有些职务，如人民之宗教信仰，以前是归政府管理的，现在有许多政府，已经不管这件事了。又如人民的习惯，如饮酒之类，以前是政府不管的，现在如美国，居然把禁酒列在宪法中，以法律来禁止人民饮酒自由了。照这派的主张，政府的职务，似难固定。不过我们比较各国的情形，还是可以看得出来，哪些职务，是最要的，是非办不可的，哪些职务，是次要的，是可办可不办的。在这些可办可不办的职务之中，政府可以斟酌社会需要的程度、国库的能力，以为去取之标准。

政府的第一种职务，非办不可的，便是维持国内的秩序与和平。假如没有秩序与和平，那么人民救死还不暇，更谈不到优美地生活了。政府要做到这一步，第一要消平内乱，第二要肃清土匪，第三要使凡是违背法律的人，都要受法律的制裁。如是则人民的生命、财产及自由，才有保障。消平内乱与肃清土匪，非中央政府有强盛之军队不可。不过等内乱与土匪发生之后，再派军队去消灭，乃是治标的办法，治本的办法，还是要从人民的生计及教育下手。至如犯法的人，是无论政府昌明到什么地步，都免不了的。不过在昏庸的政府之下，犯法的人，每逃脱法网；而在贤明的政府之下，犯法的人，总可把他弄到法庭里来，看他罪的轻重及罪人之历史，而予以相当的处置。

政府的第二种职务，也非办不可的，便是抵御外侮。一个政府，如与别个政府相见时，须受别个政府的压迫及侮辱，便不算一个独立的政府。在现在的世界之上，一个国家，如想免除外国来侵犯主权，固然要以正义为行为的标准，但最要紧的，还在有武力为后盾。没有武力，便是有正义，也不见得能够维持它。因为甲国有甲国的正义，乙国有乙国的正义，等到两个正义相冲突时，哪个正义有武力为后盾，便得胜了。即以移民一事为喻，中国及日本的人，都以为美国的法律禁止亚洲的工人入境，是不对的、是违反正义的。同时美国的政府，以为美国现在白人势力之下，假如让亚洲的工人进来，对于美国白人的生活程度，便有威胁，所以禁止亚洲的工人入境，是对的、是合乎正义的。国际如有这种辩论，总是强国占优胜，因为强国可以实行它们的正义，而弱国的正义，只能放在口中、写在纸上，没有实行的可能。这还是假定国际的争执，含有一个正义的问题。有时国际的冲突，完全与正义问题无关。譬如英国占领印度，当然没有正义在后面做护符。美国干涉墨西哥的内政，当然也没有正义在后面做护符。这些强国与弱国间的交涉，弱国的正义是小事，强国的利益是大事。遇到这种冲突时，弱国因为没有武力做后盾，只有让他人宰割了。所以一个政府，如想保护它所代表那个国家的利益，在现在这种情形之下，非有强有力的海陆空军不为功。

维持国内的和平，抵抗外来的欺侮，乃是一个政府所必尽的职务。假如这两件事都做不到，就不成其为政府了。除却这两件事以外，还有许多职务，从时间上看来，并非各个时期的政府都担任的，从空间上看来，并非各个地方的政府都主持的，所以我们称之为次要。不过社会日趋复杂，将来这些次要的职务，都变成最要的职务，也未可知。

这些次要的职务之中，第一种便是经济事业。政府来办经济事业，其目的也很多，如增加收入、节制资本、预防垄断、收纳难民等等皆是。其中节制资本一点，尤为近代主张国家社会主义的人所赞同，政府来办经济事业，如用得其人、行得其法，结果也很完美。如邮政电报等等，在各国归公家办理，都有成效可言。但办理不完善，便易蹈因循及浪费之弊。

第二种次要的职务，便是教育。在专制政体之下，人民可以不必受教育，所以古代的政府，对于义务教育，不大注意。现在的政府，既实行政为民政、政以为民、政由民出之训，所以便觉得非给人人以普通的知识不可。现在文明国家中的义务教育，有延长至 16 岁的，在小学、中学读书，不必出学费，即在国立或省立的大学中读书，学费也很低廉。除了这些学校教育之外，政府还注重社会教育，如刊行不取费的印刷物、公开演讲、设立图书馆等等，其目的在使各个公民，出了学校以后，还有受教育的机会。

第三种次要的职务，便是卫生事业。社会上的卫生，与社会上各色人民的快乐及经济能力，大有关系的。一个人得了疾病，不但是失却赚钱的能力，同时还要引起家属及亲戚朋友的忧虑，不但物质上受损失，精神上也受打击。政府提倡卫生的事业有两种：第一种是宣传卫生知识，减少人民生病的机会。第二种是多设医院及防疫的机关，使疾病发生后，一方面不致蔓延，一方面得到治疗。这种事业，自交通发达、人民彼此接触的机会加多后，愈形重要。

第四种次要的职务，便是慈善事业。社会上有三种人，非有别人扶助他，不能自立的。这三种人，一是贫穷无告的，二是身心有欠缺的，三是犯罪的。社会上对于第三种人，一向是取惩罚的态度。但现在已有一部分人，觉得这种办法的不经济了。一个偷窃的人，如送到公堂上，证明他犯罪后，审判官每判他一个有期徒刑。这个偷窃的人，在狱中不但是未受感化，也许从狱中的"同志"那儿，学会了别种偷窃的方法，出狱之后，依旧行他的故技以贻害社会。所以对待犯人，至少是那些罪轻的犯人，应该改变一种态度。社会应该把他的行为，看作一种病态。所以断定他犯罪之后，不是送到监狱中去惩罚他，乃是送到一种行为感化院中，交给行为学的专家去矫正他。这些专家，应该包括心理学者、社会学者、医生、教育家等等。等他的行为矫正之后，便放他出院，正如病人身体复原后，便可离开医院一样。政府对待贫穷无告及身心有欠缺的人，以前注重救济，现在注重预防，所以救济的机关中，总带着做一点研究的事业。因为只有用科学的方法，把这些不幸者所以到这个地步的原因找出来，预防的工作，才有下手的可能。

以上所说的四种次要职务，固然不能包括政府的各种建设事业，但彰明较著的，已条举无遗了。这四种次要职务，所以别于上说两种最要职务的，还有一点，就是这些次要的职务，也可以由私人举办，而最要的职务，政府决不可假手于他人的。

四、政府与科学

2 000 余年以前，柏拉图（Plato）在他的《理想国》（*The Republic*）一书中，提出一种哲人政治的办法来。据他的意见，政治不是多数人所能办的事，只有少数的哲人才可胜任。这些哲人，也是从民众中，用教育及考试的方法选出来的。在他的理想共和国中，小孩子在 10 岁以前，应该受音乐及锻炼身体的教育，以养成温和的性情及勇敢的胆量。10 岁以后，才让他们读书。到 20 岁时，应该举行甄别考试一次，那些才力薄弱的，便不必再受教育了。考试及格的人，还可继续再受 10 年的教育。等到 30 岁时，再举行考试一次，只选那出类拔萃的人，让他们专攻哲学 5 年。到了 35 岁的时候，这些哲学家对于书本上的知识，应该是渊博的了。不过只靠书本上的知识，还是无济于事的，所以应该让他们到社会上办事 15 年。到了 50 岁的时候，这些哲学家，既有学问，又有经验，社会上应该怎样利用他们呢？柏拉图说，让他们去做官，让他们做行政的事业去。所以从柏拉图看来，政治不是一件容易的事，非有长期的训练不为功。

16、17 世纪之交，英国出了一位大哲学家，便是大家都知道的培根（Francis Bacon）。他在老年的时候，作了一本书，描写他理想中的社会，名为《新岛》（*New Atlantis*）。在这个新岛中，有一种新奇的组织，名为贤人院（The House of Salomon）。这个贤人院中的贤人，共分许多阶级，从资格最高、学问最深的学者，到初出茅庐的学生，他们在这个机关里面，研究各种情形，办理各种试验，以他们的结果，来帮助人民谋幸福、求快乐。这个贤人院，每隔 12 年，还派一批学者到外国去考察别国在科学上，有什么新的发明、新的贡献，并研究它们国内的一切情形。12 年后，他们归国，贤人院中再派一批出去。于是他们不但国内时常有新发明，对于民众有益的；便是别国的新发明，他们也学得回来，传授给本国的人。这个贤人院，在培根的新岛中，占一个极重要的位置，社会的进步与否，这个贤人院中的贤人，负一个很重大的责任。

这两个哲学家，认清学识与社会幸福两事的密切关系。他们都以为要为民众谋幸福，非有学识做根据不可。

不过历史上的大思想家虽然这样说法，而在事实上他们这种见解并未被采用。政府是为社会谋幸福的，但普通政府为人民谋幸福的方法，据美国社会学者汤姆斯（W. I. Thomas）的观察，不外两种。第一种是魔术。在迷信的国家里，人民遇到疫疠的时候，每有请菩萨赶鬼的举动。他们相信疫疠是有害于社会的事，同时又相信这是瘟鬼在那儿作怪，只要把菩萨请来，把鬼赶走，疫疠便可消灭了。又如天公久旱不雨，迷信的人，可以把道士、和尚等请来，请他们作法、诵经、念咒，以为这样一来，天便油然作云、沛然下雨了。现在许多受过教育的人，都不相信这种把戏了。他们知道对于自然界的现象，举行这种魔术，是于事无补的。但是他们对于社会上的现象，每用这种魔术的态度去对待。譬如他们觉得娼妓是可恶的，正如瘟疫的可恶一样。那么有什么法子可以废除娼妓呢？他们所采用的法子，便是通过一条法律，或发一道命令，说是从某月某日起，实行禁娼，以后娼妓便无许存在了。我们仔细研究一下，就可知道这种法律，其力量与菩萨相等。只靠一道命令去禁娼，娼妓是禁不了的，正如菩萨赶不了疫疠一样。政府举行魔术的时候很多，不单是中国如此，别国的政府，也有同样的行为。譬如美国的禁酒法律，便是一种魔术心理的表现。一部分人觉得饮酒在社会上发生许多坏影响，所以便运动、宣传，通过一条宪法，说是从某月某日之后，美国人无许饮酒了。不过一个人的习惯，不是一道命令所赶得走的，所以美国吃酒醉犯事的人，现在还是迭出不穷。我这儿并不是说一切的法律都无用，我只说改良社会，专取制定法律的形式，是无效果的。在制定法律之外，有许多更重要的事要做。

第二种改良社会或为社会谋幸福的法子，许多政府常用的，便是依靠常识。这个法子比起魔术来，效力要大得多，不过还不是完美的，还不能保证可得好结果。即以救灾一事而论，以前的政府，有用魔术的，譬如遇到天灾流行的时候，由皇帝出一张上谕，引咎自责，说一套万方有罪、罪在朕躬的话，以为如此便可上感彼苍、天灾可息了。后来人类的智慧进步一点，知道至少在救灾上，这种态度，是完全不发生效果的。于是他们依靠常识，做他们行政的方针。譬如他们从经验中，知道灾民是没有积蓄的，于是他们便除去一切赋税，减轻灾民的负担。他们又知道灾民是没有东西吃的，于是他们派人去施粮米，让灾民不致饿毙。诸如此类的行为，虽然可以治标，虽然可以偷安于一时，但天灾终是免不了。譬如中国西北部前几年闹灾荒，政府已做过一番救济的事业；现在灾荒又来了，前几年的工作，又要重演一次。假如救灾的方法不改，以后灾荒还是要来的。所以这种专靠常识的办法，不是经济的办法，不是根本的办法。

根本的办法，只有一种，便是科学的方法。科学的方法，原是应付困难问题的方法，所以凡有困难、问题在手的人，都可以用。不但在实验室中做实验的人要用它，便是政府在行政的时候，遇着困难，也可以用它，也应当用它。

譬如我们在上面已经说过，政府有一种最重要的职务，便是维持国内的和平及秩序。但中国近数年来，和平与秩序，常为土匪所破坏。政府也觉得这些土匪可恶，所以一方面出告示禁止良民做土匪，一方面捉着土匪之后，便处以极刑，枪毙不算，还要斩首示众。政府的意思，以为取这种手段，土匪该可绝迹了。但实在的情形并不然。政府虽然枪毙了许多土匪，而土匪之猖獗如故。而且根据各地的报告，土匪不但没有减少，反有增加之势。这是什么道理？

我们的答案是：土匪问题，所以解决不了，乃因政府没有用科学的方法，去对付这个问题。他们并没有来研究：为什么一个好好的人，会做土匪？我们看到各地的政府，把土匪捉着后，没有把他的一生历史研究出来，便拿去枪毙了，真是觉得可惜。试看心理学者对待老鼠，便没有这样疏忽。他弄到许多老鼠之后，要想在老鼠身上，解决许多心理学上的问题。我们也应该利用这些土匪，解决社会科学上许多问题。我们应当聚集一些心理学家、社会学家、医生等等专门家，来研究这个捉到的土匪，为什么有这一日。我们要努力去发现一个人去做土匪之原因。把这些原因找到了，我们才可规定计划，去消灭这些原因，使土匪在社会中，无产生的可能。

政府不但在做消灭社会病态的工作时，要用科学的方法，便是积极做点建设事业的时候，也要用科学的方法。譬如发展工业，该是一种建设的工作了。在着手之前，也应该有一种预备，看看国内有什么工业可以发展，用什么方法去发展它，结果最为完满。想回答这个问题，应当去调查：国内有什么工业，现在的情形如何？别国有什么相似的工业？与这种工业竞争的，别人用了什么法子，发展他们的工业，可以供我们学法的？只有用科学的方法，去搜集事实，才能回答这些问题。

科学的方法，所以可贵，不是因为它本身有什么神圣的特质，乃是因为它可以给我们以较好的结果。我们都有欲望，想借政府的力量来满足它。科学可以使我们在满足的过程中，少受些痛苦，早达到目的。

所以开明的政府，不应该把科学看作奢侈品，看作一种装门面的东西。政府应当把科学看作必需品，看作一切行政的前驱。行政的目的虽然在行，但在行之前，还有两步必需的步骤。第一步便是研究，第二步便是根据研究得来的事实，规定计划。有了计划之后，才谈实行。这样，实行才不是盲目的，不是瞎碰的。科学与政治像这样打成一片之后，政治才有昌明的可能，社会才有进步的希望。

参考书举要

Barnes，H. E. ，Sociology and Political Theory，1924.

Bowman，I. ，The New World，1926.

Douglas，P. H. ，Hitchcock，C. N. and Atkins，W. E. ，The Worker in Modern Economic Society，1923.

Fairchild，F. R. ，Furniss，E. S. and Buck，N. S. ，Elementary Economics，1926.

Fairchild，F. R. and Compton，R. T. ，Economic Problems，1928.

Fairchild，H. P. ，Elements of Social Science，1925.

Gillin，J. E. ，Criminology and Penology，1926.

Goodsell，W. ，The Family as a Social and Educational Institution，1926.

Goodsell，W. ，Problems of the Family，1928.

Groves，E. R. and Ogburn，W. F. ，American Marriage and Family Relationships，1928.

Gras，N. S. B. ，An Introduction to Economic History，1922.

Lowie，R. H. ，The Origin of the State，1927.

Mallory，W. H. ，China：Land of Famine，1926.

Mowrer，E. R. ，Family Disorganization，1927.

Mowrer，E. R. ，Domestic Discord，1928.

Oppenheimer，F. ，The State，1922.

Park，R. E. and Burgess，E. W. ，Introduction to the Science of Sociology，1921.

Sumner，W. G. ，Folkways，1906.

Sumner，W. G. and Keller，A. G. ，The Science of Society，1927.

Tao，L. K. ，Livelihood in Peking，1929.

Thomas，W. I. and Znaniecki，F. ，The Polish Peasant in Europe and America，1918 – 1920.

Westermarck，E. ，A Short History of Marriage，1926.

社会的生物基础

（该书曾于中华民国十九年 4 月由上海世界书局出版发行，
署名为"美国芝加哥大学社会学博士
南京金陵大学社会学系主任 吴景超 著"。）

自序

这本书虽名为《社会的生物基础》，但也可以把它当作一本讨论人口问题的书看。除却第一章导言不算，第二章是讨论人口问题中的两性分配问题的，第三章讨论量的问题，其余的讨论质的问题。

我到美国学社会学，初受业于白纳德教授（L. L. Pernard）之门。他最初指示我人口中量的问题的重要性。他在美国，又是一个最先反对本能论的，所以讨论遗传与环境时，特别注重环境。同时吾友潘光旦先生，在美专攻优生学，特别注重遗传。我因受了白纳德教授的影响，不以潘先生的主张为然，曾与他通信辩论这个问题约半年。我的意见，因为这半年的辩论，略为有点修改，不复趋于极端。后来在芝加哥大学念了几门生物学，又听见一些教授，为遗传做说客。记得牛门教授（H. H. Nowman）有一次对我们说，我故意注重遗传，理由是你们受环境说的影响太深，不如是，不能把你们的偏见矫正过来。我受了这两种不同学说的影响，所以在朋辈中，对于环境与遗传的论调，比较是不走极端的。孙本文先生《在社会学刊》第 1 卷第 2 期里，与潘光旦先生又有遗传与环境之讨论，说我是折中派，所以我把我所以折中的历史，在这儿叙述一下。其实做学问的态度，不一定要折中，惟见解须随事实为转移。假如事实告诉我们遗传的力量大，我们便信遗传的力量大。事实告诉我们环境的力量大，我们便信环境的力量大。不问事实如何，惟知各走极端或折中而不变，都是不足为法的。

此书所参考的书籍，其重要的，今附于卷尾。此外还有论文多种，因为篇幅的关系，未得列入。海内同志，如有抉其错误，通信指教的，无任欢迎。

十九年 1 月，吴景超

南京，金陵大学

第一章　导言

社会的生物基础，从我的眼光中看去，乃是一种学问，研究人类的生物现象与社会行为的关系。人类是一种生物，所以他有他的生物现象。这些现象是很多的，我这儿只提出四种来讨论：一是两性（sex），二是生殖（reproduction and fecundity），三是差异（variation），四是遗传（heredity）。

这四种生物现象，并非一种抽象的概念，乃是一种具体的事实，只要我们开下眼睛来观察，便可观察得到的。这四种现象之中，性别是最显明的，世上的人，大约只要不是痴子，谁都看得出两性的分别来，所以我们便从两性与社会的关系讨论起。不过两性的事实，虽然易见，而它与社会的关系，有时却很奥妙的。因其如此，所以才有人把它当作科学去研究。别种生物现象与社会之关系，其复杂的地方，亦正相同。

人类的生物现象，虽可以影响社会行为；但社会行为，有时亦可影响人类的生物现象。这种交互的影响，是我们所最注意的。下面分五章讨论：第二章是讨论两性的，但也谈到两性的差异一点。第三章是讨论生殖的，便是普通人所谓人口上量的问题。第四章与第五章，举差异与遗传并论。第六章论社会科学家研究遗传与环境之法，同时对于优境与优生两问题，略有讨论。别家著作中，论社会的生物基础时，还提到生存竞争（struggle for existence）及天然淘汰（natural selection）两观念。我以为这两种是生物界中的程序（biological process），与我这儿提到的四种生物界中的元素（biological factor）略有不同，所以在书中虽然也提到一点，但未立专章来讨论。

第二章　性与社会

一、性别在遗传上的根据

在遗传学发达之前，男女性别之由来，乃是一个神秘的问题。但是在今日，这个问题，可以说是得到相当的答案了。我们凡是学过生物学的，都知道人类的细胞，共有两种：一种是躯体细胞，一种是生殖细胞。这种生殖细胞，是很微细的，但在显微镜之下，也可以看得到。假如我们有了相当的生物学训练，就可发现生殖细胞中，有一些染色体（chromosomes）。染色体的数目，各种动物都不同的。人类的生殖细胞中，到底有多少染色体，以前素无定论。有人说是 22，也有人说是 33。据 1921 年宾透（Painter）仔细研究的结果，才确定人类生殖细胞中的染色体，共有 48 个。这 48 个染色体，可以说是人类遗传的负荷者。我们得之于父母的特质，都藏在这些染色体里面。

生殖细胞增加的方法，与别的细胞一样，是由一裂为二、二裂为四、四裂为八那样增加起来的。不过生殖细胞的分裂，有两个时期，这两个时期的分裂方法，在外表上看来，似乎没有分别，但细研究其内容，便大有不同。第一时期的分裂，可以说是生殖细胞繁衍的分裂（multiplication division）。其特点，便是在母细胞分裂的时候，每一个染色体，也要分裂为二，让两个子细胞，可各得其一，所以分裂之后，子细胞中染色体的数目，与母细胞中染色体的数目，丝毫无异。换句话说，母细胞中有染色体 48 个，分裂之后，每一个子细胞中，还有染色体 48 个。这种分裂的方法，可以继续下去，使生殖细胞的数目增加起来，而不变更其染色体之数目。第二个时期的分裂，可以说是生殖细胞成熟的分裂（maturation division）。其特点，便是在母细胞分裂的时候，染色体本身并不分裂，不过它们原来是成对的，现在却拆散了，每个子细胞，得到每对染色体之一个，所以分裂之后，子细胞中染色体的数目，适等于母细胞中染色体数目之半。换句话说，母细胞中，原有染色体48个，但在这次分裂之后，每一个子细胞中，只有染色体24个了。这种已成熟的细胞，不能再分。假如它不与异性的成熟生殖细胞相遇，不久便会死去。假如相遇，便发展成一胚胎。这个胚胎，因为是两种各含染色体24个的细胞结合而成的，所以它的染色体数目，又恢复原状了。

我们的性别，既得自遗传，所以在这些染色体中，便可寻得到性的根据。据生物学家的报告，在生殖细胞的24对染色体中，有一对是管理人类的性别的。这一对染色体，在女子的生殖细胞中，外观并无分别，所以我们只给它们一个名字，称之为X染色体。但在男子的生殖细胞中，这一对染色体的形式，是有分别的，所以我们给它们两个名字，一个名Y染色体，一个名X染色体。女子的生殖细胞，到了成熟分裂的时期，管性的那对染色体也拆散，每个子细胞都有一个X染色体。男子的生殖细胞，到了成熟分裂的时期，管性的那对染色体，也是同样地拆散，不过因为这对染色体是不一样的，所以两个子细胞中，有一个得到Y染色体，另一个子细胞则得到X染色体。

现在我们可以谈到性别在遗传上的根据了。男女配合，便有受胎作用。所谓受胎作用，便是两性成熟的生殖细胞相结合。假如男的生殖细胞中，含有Y染色体的那一个，与女的任何生殖细胞相结合，结果便成为男。假如男的生殖细胞中，含有X染色体的那一个，与女的任何生殖细胞相结合，结果便成为女。从理论上讲起来，男子的两种细胞，与女子生殖细胞结合的机会，是相等的，所以婴孩中男女的数目，应该是相等的。这并不是说，每一对夫妻所生的婴孩，应该一半是男，一半是女。不过把全世界的婴孩统计起来，应该一半是男的，一半是女的。然而在事实上，男孩出生的数目，每较女孩为多。在英国，男孩与女孩之比例，为103.6∶100，法国为104.6∶100，德国为105.2∶100，西班牙为108.3∶100，美国为106∶100。这种差异的原理，我们现在还没有得到可靠的解释。

二、两性的平衡与婚姻制度

男孩出生的数目，虽然比较女孩为多，但男孩比较女孩易死，所以在初生时两性的不平衡，到了成年的时候，常有达于平衡的趋势。据美国 1900—1921 年的生死统计，一岁以内男孩的死亡率与一岁以内女孩的死亡率为 128.3 与 100 之比。换句话说，假如出生的 1 000 个女孩中，死了 100 个，出生的 1 000 个男孩中，便要死去 128 个。别国的情形，与此相仿佛，譬如英格兰与威尔士，男女孩死亡率的比例为 128∶100，瑞典为 123.7∶100，澳大利亚为 131∶100，新西兰为 134.7∶100。

不过上面已经说过，男孩出生的数目，比女孩为多，所以在第一岁虽然多死几个，到第二岁时，还是男孩占多数。但从生理学方面看去，男子的体质，比较女子为弱，所以无论在什么年龄，除却在女子生产的年龄之外，男子因病死的，总较女子为多。根据欧洲几个国家的报告，在 15 岁以下，男子略多于女子。在 15～20 岁之间，两性渐趋于平衡，自此以后，女子的数目，反超过男子了。总算起来，欧洲大多数的国家，还是女子较男子为多。在欧战以前，据纳特（Wright）的估计，欧洲的女子，比男子多 800 万。即以英国一国而论，欧战之前，女子超过男子 130 万。欧战之后，男女相差的数目更巨了。在 1921 年，英国的人口统计显示，女子的数目，超过男子凡 190 万。

这种男女数目相差的现象，当然不能以生理上男子劣于女子为唯一的原因来解释。凡有常识的人，都会知道欧洲这种现象，一半是战争及移民所造成的。当兵是男子的天职，所以战争起来，男子比女子死得多。男子又富于冒险性，所以弃乡井适异国的人，也是男子多于女子。除这两个原因之外，当然还有别的原因，使欧洲男女的数目，相差如是之巨的。然而无论原因为何，这个男女不平衡的问题，当然是欧洲社会上一个大问题。在一夫一妻的婚姻制度之下，欧洲有几百万女子，到什么地方去找丈夫？

中国的情形，与欧洲正是相反。在欧洲是女子比男子多，在中国却是男子比女子多。在中国的都市中，男多于女，这是大家都知道的。但即以县或省为单位，也是男子比女子多。据立法院发表之最近人口统计，浙江省男子占 56.22%，女子占 43.77%；安徽省男子占 56%，女子占 44%。又试分析浙江、江苏、安徽各县之男女比例，没有一县不是男子的数目超过女子的。

这种不平衡的现象，到底是什么原因造成的呢？我们因为没有精确的统计，所以只能在此处提出几种假设。我们的第一个假设，就是中国人口中男女的不平衡，与中国人的早婚有关。据生物学家的报告，年青的女子生育，男多于女。在英国的曼彻斯特（Manchester）医院中，15 岁的母亲所生下的婴孩，有 100 个女的，便有 163 个男的。21 岁的母亲所生的子女，有 100 个女的，便有 120 个男的。30 岁左右的母亲所生的子女，有 100 个女的，便有 112 个男的。40 岁左右的母亲所生的子女，有 100 个女的，才有 91 个男的。年青的女子，为什么会多生男孩，我们并不知道。我们在上面已经说过，从性别的眼光看去，女子的生殖细胞是一样的。唯有男子，才有两种生殖细胞，一种定男性，一种定女性。所以我们要问年青的女子为什么会多生男孩，须求答案于她的丈夫身上。我们只知道，年青的女子常与年青的男子结婚，大约年青的丈夫容易得子。但这不过是叙述一件事实，并没有能够解释它。

我们的第二个假设，就是中国人口中男女的不平衡，与历来重男轻女的习惯有关。从生理学上看去，男孩应该比女孩死得多。但这是假设他们的环境是一样的；他们所受的待遇，是平等的；生起病来，父母为他们请医生，为他们照料，是一样热心的。假如为父母的，有重男轻女的观念，那么女孩的死亡率，不见得会比男孩低。中国人素来有重男轻女的观念，这是大家都知道的。我现在再举一个例子，来表示这种观念与男女孩死亡率的关系。在安徽的一个乡村里，我曾遇到一个医生，与我谈到他乡中天花的情形。他说最初他为小孩种痘，无论男女，都收费一元。后来他把价钱改变一下，男孩收洋一元，女孩只收洋五角。我问他为什么有这种不平等的待遇。他说假如为女孩种痘，也收洋一元，便有许多父母，不为他们的女儿种痘了。他的减价，虽然是为招来生意，但我觉得这一件事情，表现父母的重男轻女的观念，最为透彻。女子所受的待遇，既然不如男子那样优良，所以她的死亡的机会，也比男子多些。可惜中国没有完备的生死统计，来坐实或反证这种假设。

我们的第三个假设，就是中国人口中男女的不平衡，与各地溺女的习惯有关。中国溺女的习惯，在报章上及私人的著述中，皆有记载。余治所著的《得一录》中载各地溺女的故事甚详。溺女的原因很多，各地不同的。"江右素有溺女恶习，或因家计贫乏，抚养维艰。即家计稍丰，亦虞将来遭嫁滋累。或急望生男，恐为乳哺所误，迟其再孕，往往甫经产育，旋即溺毙。"大约这儿所提到的三种原因，是溺女的主要动机。我们虽然不知道一年内中国女孩因被淹而丧命的确数，但这种现象，足使女子的数目减少，是无疑义的。

中国的男子，既多于女子，这种现象，自然与婚姻制度有关的。本来一夫一妻制的一个主要条件，便是男女数目的平衡。现在中国行的，是一夫一妻制，但男女的数目，并不平衡，结果便有许多人娶不到妻子。在中国受西洋文化影响之前，乡间的老处女，是不多见的，但男子老而未婚的，我们随地都可以遇到。又据各地的僧尼统计，和尚的数目，总是比尼姑多，这也是男子不易得妻的一种证据。又据《京报》十八年 5 月 21 日的绥远特约通讯："来绥买妻者，以山西人最多，因山西溺女成风，娶妻不易，往往中等人家，娶一妇则倾其家，故手头积有数百元之人，无论如何娶不得妻，组不成家。尤其是忻、崞县一带，娶妻较山西全省为不易，故自去岁至今，来绥买妻之人，以山西忻、崞县为最多。"山西人到客地去买妻这种现象，便是男女数目不平衡所造成的。

世界上行一妻多夫制的地方，是很少的。西藏有这种风俗，一个原因，便是男多女少。中国本部，也是男多女少的，是否也有些地方，行一妻多夫那种制度？这个问题，很难答复，因为没有人对于这个问题，做一种有统系的研究。但据在中国多年的威廉姆斯（E. T. Williams）所著之《中国的昨日与今日》一书，则福建有两县，行一妻多夫那种制度。在这种制度之下，兄弟同娶一妻，妻子在家中管理家务，兄弟轮流与她住宿，不在家住宿的兄弟，便出洋谋生，以维持家务。这种记载是否错误，我们因为得不到反证，所以不敢下结论。《申报》十八年 6 月 4 日，登载了一段故事，颇足为威廉姆斯之说张目。该报载福建之连城乡，有娶小丈夫的怪俗："……既而彩舆迎至，舆中忽出一俊俏少年，与年近四十之主妇交拜如仪。妇之夫，则于其双双入洞房时，支手向门立，少年与主妇俱俯首过其胁下而入，此即所谓讨小丈夫也。惟此一乡为然，与男之讨小老婆者适相反对。盖男之娶妾，或以无子而为嗣续计，此则正为有子女而使然，名曰帮夫，意盖赞助其夫处理家事也。房事月得一夜以为律。"又《清稗类钞》载："甘肃多男少女，故男女之事颇阔略。兄死妻嫂，弟死娶妇，比比皆是。同姓者，惟同祖以下不婚，过此不计也。有兄弟数人合娶一妻者，轮夕而宿，或在白昼，辄悬一裙于房门，即知回避。生子，则长者与兄，以次及诸弟。"以上这些现象，原因当然很复杂的，但男女数目的不平衡，大约是各种原因中重要者之一。

在中国有救济这种男女数目不平衡的一个办法，便是由年长的男子，与年轻的女子结婚。中国素来有"男子三十而娶，女子二十而嫁"之说，所以男子比女子大十岁，在中国的礼教上，并不以为非。所以中国的男子，如在年岁相等的女子中，找不到妻子，还可以在年龄比他低的女子中去寻配偶。但在欧洲，便不能用这个法子来救济，因为那儿是女多于男，女子如在年岁相等或年岁比她较高的男子中，求不到配偶，便有做老处女的危险，因为无论科学或习俗，都不赞成一个男子与一个比他大的女子结婚。在实际上，也没有许多男人，愿意娶一个比他大的女子。所以欧洲的男女不平衡问题，似乎比较中国的问题为难解决。

我们都知道一夫一妻制的许多基础之中，一个重要的基础，便是男女数目的平衡。社会上如欲维持这个制度，当设法维持这个平衡。所以在中国讲男女平等待遇及禁止早婚，都有相当的生物学根据。

三、两性的差异与成就

1903 年，美国有一位客笛耳博士（J. M. Cattell），想要解决一个问题，那就是：历史上 1 000 个最大的人物是谁？他想用一个客观的方法，来回答这个问题，所以他便从欧美六种名人列传大辞典中，看哪 1 000 个人，在辞典中所占的页数最多。谁占的页数最多，谁便是大人物。结果这 1 000 人是谁，现在我们暂且不问。我们觉得最有趣味的一点，就是这 1 000 人中，只有 32 个是女的。后来哥伦比亚大学的客索女士（Cora Castle），想开一个名单，包括历史上最有名的女子 1 000 人。她搜来搜去，只搜到 868 个人，再也继续不下去了，所以这个名单，最终没有完成。由这两件事看去，历史上男子的成就，较多于女子，大约没有问题了。

为什么女子的成就，不如男子呢？

也许有人要说，这是因为女子的体力，不如男子。诚然，女子的体力，是比男子为弱。运动会的纪录，男子的成绩，女子是望尘莫及。所以打网球而论，似乎是一件不十分费力的运动，但是数年前，号称女界中的第一网球名手，据《纽约时报》的估计，如与男界中的网球名手比较，名次当降至第五十。女子在平日，体力已不如男子，而在月经或生育期中，更相差远甚。假如我们承认这种差异，在大体上是不可磨灭的，那么女子中不出拿破仑或哥伦布，似乎得到一种生理上的根据。不过世界上有许多事业，其成功并不靠特别坚强的体魄，如在艺术界中的成功便是。作乐谱并不需要体力，为什么历史上的大音乐家，作乐谱传之后世的，多属于男子？作小说、作诗歌，也并不需要特别的体力，为什么没有一位女作家，比得上莎士比亚、歌德、李白、杜甫？欲解答这个问题，有些人便说，这是女子的智慧，不如男子的缘故。不过这种说法，根据是很薄弱的。从脑经的构造上看去，男女并无分别，不过男子因为骨骼大些，身躯长些，体量重些，所以脑经的重量，也要高些。研究这个问题的人，说是男子的脑经，平均重 1 376 格兰姆；女子的脑经，平均重 1 237 格兰姆。比较起来，女的要轻 139 格兰姆。不过脑经的轻重，在人类中，与成就的高低，并无一定的关系。有许多文化很低的民族，倒有很大的脑，而世间的名人，也有脑子很小的。又看近日学校中男女学生的成绩，自小学以至大学，男女如受同等的教育，女子的成绩，并不弱于男子，有时反较男子为优。近日的智慧测量，也说女子的分数，与男子相仿佛。所以说女子的智慧根本劣于男子，并无充分的根据。

　　华特生（J. B. Watson）研究这个问题，说是女子的成就，所以不及男子，是因为她们有后路可退的缘故。女子在大学毕业后，未尝不想做点事业，但在事业中偶受挫折，她们便去结婚，让男子来养活她们。结婚之后，因为家务的缘故，便不能尽心于事业，以前的工作，只好半途而废。这点观察，很有至理。从女子一方面看去，事业与结婚，的确有点冲突。因为结婚之后，便有家务，不久又有子女，来分她的精神。假如做母亲的，想好好地教养子女，便不得不牺牲职业。如想努力于事业，便不得不牺牲子女。英美有一部分的女子，因为舍不得她们的事业，所以就决定不结婚。大学中毕业的女子，有一半不结婚的，大半是因为这个缘故。另外有一部分的女子觉得独身不能满足感情上的生活，所以丈夫是要的，但子女却不愿要。这样，一方面有了婚姻生活，一方面又可以有职业生活。但这种解决，不是根本的办法，因为假如大家都那样办，女子固然可以不必抛开职业，可是不久种族也要灭绝了。但多数的女子，还是安心于家庭生活。她们因为把全副精力，用在家庭上面，所以在事业上，便不能与男子媲美。历史上大人物所以男多于女，这大约是一个最大的原因。

　　历史上总是男子治外、女子治内的。在家庭中，女子自有她们的伟大，其贡献也非男子所可及。自今以后，女子是否安于这种地位呢，还是要出来与男子争雄呢？从男子方面看去，一个已结婚的女子，为着职业而不顾家庭，是可以非议的。但克耳瑟教授（C. Kelsey）已经说过：女子将来愿意怎样做，只有女子自己可以决定，而女子将如何决定，现在还没有一个男人知道。

第三章　生殖力及其约束

一、人口增加的趋势

人类的生殖力，是很可惊的。一对夫妻生十几个子女，在中国不算稀奇的了。美国的佐治亚州，在 1926 年，发现了一位父亲，他共有子女 28 人。在另外一州里，有一位先生，前后娶妻两次，共生子女 34 人。据滕更（J. M. Duncan）的研究，在 60 年前，英国的女子，如在 15 岁出嫁，持续生育至 45 岁止，可以生 15 个小孩。在无论哪个社会里，并不是每个人都充分利用这种生殖力的。不过就照现在的情形看来，人类虽然没有充分利用他们的生殖力，结果已经可观。有人计算，像 19 世纪那种人口每年增加 1% 的速率，一对夫妻，在 2 000 年内，可以生 17 亿人。换句话说，假如在耶稣出世的时候，只有一对夫妇，他们及他们子孙增加的速率，如与 19 世纪人口增加的速率相等，那么他们的子孙，与今日全世界上人类的数目，大略相等。

到底在 19 世纪中，人类增加了若干呢？据奥司丁（Austin）的估计，各洲人口在过去 125 年中增加的数目如下：

单位：百万

洲名	年岁			
	1800 年	1850 年	1900 年	1925 年
欧洲	175	269	408	516
北美洲	12	33	119	140
南美洲	9	19	48	61

续表

洲名	年岁			
	1800 年	1850 年	1900 年	1925 年
亚洲	335	619	802	840
非洲	95	107	120	137
大洋洲	15	28	40	47
全球	640	1 075	1 543	1 829

照此公的说法，人口在过去 125 年中，一共增加了近两倍。不过奥司丁对于 1800 年的人口估计，似乎少了一点。据哈佛大学易司特教授（East）的估计，在 19 世纪初叶，人口已有 8.5 亿。即采此说，在过去 125 年之中，人口也加了一倍有余了。

假如我们依照现在人口增加的速率，来估计将来人口的数目，我们便要得到一个惊人的结论。今姑定全世界之人口为 17 亿，又假设每年的增加率为 1%，则每隔 50 年，全人类的数目，将如下表：

年数	人口数（百万）	年数	人口数（百万）	年数	人口数（百万）
0	1 700	200	12 437	400	90 991
50	2 796	250	20 455	450	149 647
100	4 598	300	33 640	500	246 114
150	7 562	350	55 326		

现在的人口，每方哩不过 33 人。如每年人口增加 1%，则 500 年后，每方哩须容纳人口近 5 000 人。现在人口最庶的国家，如比利时，每方哩也只有人口 635 人。但照现在人口的增加率继续下去，500 年后，全世界无论什么地方，人口的密度，比现在的比利时，要加近 7 倍。

二、世界上能容纳多少人口

现在人口的增加率，是否能继续下去呢？500 年后，世界上的人口，是否可以加到 2 400 亿呢？欲回答这两个问题，我们要先研究一下，世界上到底能够容纳多少人口。

欲解决这个问题，第一便须知道，世界上到底有多少土地。因为土地是一切生命之源，离开土地，人类的生命，便不能维持。地球上的面积，除去冰带不算，共有土地 330 亿英亩。但在这个数目之中，只有 40％是可以耕种的，那便是 132 亿英亩。这种减法，并不是没有根据的。即以美国而论，美国膏腴之地，总算很多了。但全国的土地，有 1/3 的面积太干，又有些地方太湿，又有些地方土壤不良，又有些地方太热，不宜于卫生，所以照司密士教授（J. R. Smith）算起来，美国也不过 40％多的面积，是可耕种的。说得清楚一点，美国的面积，约 18.5 亿英亩，但只有 8.5 亿英亩是可用的。又如加拿大的九省，共有地 10.41 亿英亩，然而可耕种之地，不过 4.4 亿英亩，那便是说，加拿大的土地，只有 1/3 多，是可用的。又如日本，有地 17.6 万方哩，但现在已耕种的，不过 1/6。其余的地方，或太冷，或山脉太多，都不能耕种。又如我们的中国全部，据拉佛留（La Fleur）等的估计，共 24.41 亿英亩，其中可耕种之地，不过 7 亿英亩，也不到全数的 1/3。所以取全世界而论，说是它的面积只有 40％可用，并非估计过少。

知道全世界上可用的土地有多少了，还要看我们用什么生产方法去用它。用笨一点的生产方法，需要很多的土地，才可以养活一个人，而用巧一点的生产方法，则以很少的土地，便可养活很多人。生产的方法，从古至今，不外五种。第一种便是采集。在这种生产方法之下，人类食物的来源，是采集于自然界。假如自然界的供给告竭，靠它为生的人，便有死亡的危险。第二种方法便是渔猎。渔猎也可以算是采集之一种，不过用的方法好些，所以食物来源的范围，也推广一点。以前只靠地上的食物，现在空中及水底的食物，也可取用了。第三种方法便是畜牧。在这种生产方法之下，人类不但是依赖自然，还要改进自然，因之食物的来源更加可靠，便在冬令，也无竭粮之虞。第四种方法便是农业。务农的人，不但豢养家畜，还要树艺五谷，利用土地的方法，又更加经济了。第五种方法便是工业。从事工业的人，自己并不生产食物。他们只是以制造品向别人换取食品，所以前四种是直接的生产方法，而末一种乃是间接的生产方法。各种生产方法养活人口的能力，是不同的。据卡山头（Carr-Saunders）说，大洋洲在经白人发现之前，每 15 方哩，只能养活一人。大约生产方法没有到农业期的时候，一方哩养活一个人，就算成绩很好了。在农业的国家里，假如技术不高明，每方哩可养活 10 人或 20 人。技术好一点，可以养活 30 人或 40 人，也许比 40 人还多。卡山头说农业的国家，每方哩可养活 40 人，大约他的心目中，只记着美国或加拿大那种生活程度很好的农民。其实如把生活程度降低一点，农业的国家，容纳人口的力量，是极大的。山波女士（Semple）说中欧的农业，每方哩可容 100 人；南欧的农业，每方哩可容 200 人。再下至于爪哇，在 1920 年，每方哩有 689 人。中国有好些地方的农业，其容纳人口的力量，也不下于爪哇。

工业国容纳人口的力量，比农业国还强。它们可以维持人口的密度与爪哇相仿佛，同时还能提高他们的生活程度，为爪哇所万不能及。欧洲的工业国家，便可以为例。英国中除开苏格兰与爱尔兰不算，只把英格兰与威尔士合起来，每方哩有 649 人；荷兰每方哩有 518 人；比利时每方哩有 635 人。不过我们在此要注意的，便是我们不能用工业国的人口密度，来推测地球容纳人口的可能性。因为工业国的食料，须依赖他人。譬如英国，根据 1910—1914 年的统计，发现它的食品，只有 41％ 是自己供给的。英国可以供给自己菜类的全部，肉类 60％，蛋类 68％，果类 36％，麦类及脂肪 20％。这个统计，包括爱尔兰在内，假如把爱尔兰除开，恐怕还不到 41％。别的工业发达的国家，也有相似的情形。据拉喜（Lahee）的统计，在大战之前，比利时输入的食品平均每人 18 元，瑞士 21 元，德国 7 元。工业国食物之不足维持本身，于此可见一斑。它们不但需要自己的土地，还需要别人的土地，来养活它们。所以我们讨论全球容纳人口的力量，不能以工业生产方法为标准。我们只能以农业的生产方法为标准。

以农业的生产方法，应用到地球的土地上去，可以养活多少人呢？我们觉得在回答这个问题之先，还有一个先决问题，那便是：我们愿意要哪种生活程度？我们愿意要美国人那种生活程度呢，还是以中国人或爪哇人那种生活程度为已足？生活程度的高低，与需要土地的多寡，是有关系的。即以生活程度中的食物一端而论，我们大约都会承认，吃肉的生活程度，比吃番薯的生活程度要高些。但吃肉的所需要的土地，比那只吃番薯的，要多几十倍。据英国某专家的统计，以 100 英亩来种番薯，可以养活 420 人。但以 100 英亩的草来养牛，然后以牛肉给人吃，只可养活 15 个人。这是一个极端的例子。就普通的情形而言，4 亩草场所能生产的食料，还不如 1 亩耕地。中国人民需要的土地，不如美国人需要之多，一个原因，便是美国人皆肉食，而中国有许多贫民，终年不吃肉的。据 1922 年的统计，美国平均每人每年吃牛肉 68 磅、羊肉 5 磅，猪肉 76 磅，共计 149 磅。生活程度很低的北平郊外农民，据李景汉的统计，百家中吃得起肉者不过 13 家。而这 13 家中，大多数的家庭只在新年、端阳与中秋三节购用肉食，亦有全年中只在新年吃一次肉者。又以生活程度中的衣服一项而论，穿皮与绸缎的，当然比那穿棉穿布的要高些，而这些穿棉穿布的，又比那衣不蔽体的要高些。衣不蔽体的人，所需要的土地最少；穿棉穿布的，又比穿皮穿绸的所需的土地少些。因为一块土地，可以种棉花来供给那穿棉的所需之原料，如拿来牧羊，绝不够供给那穿皮的所需之原料；又如拿来养桑，也绝不够那穿绸的所需之原料。又以生活程度中的住宅一项而论，生活程度低的人，需要的土地并不多。据陶履恭先生之调查，北平的工人，一家四五口，有只居于一间房中的。这间房子的大小，平均是 8～12 尺长，7～9 尺宽，7～9 尺高。最大的房子，只有 100 方尺，最小的房子，小至 40 方尺，平均只有 66 方尺。在这 66 方尺之中，便要解决一个家庭的住宅问题！生活程度高的人，所需要的住宅，比此宽敞得多。他们需要一所屋子，起码要有 40 尺宽、60 尺长。这所屋子里面，要有大小六间房子：一间客厅，一间厨房，一间饭堂，两间卧房，一间浴室。假如屋子的两旁，还有草地或游戏场，那就更好。不过这种设备，需要的土地又更多了。

美国的生活程度，平均起来，比中国高，我想大家都承认的。美国人在现在的生产方法之下，如想维持他们的生活程度，据易司特教授的估计，每人需要土地 2.5 英亩。又据刘大钧先生的估计："中国在北方，须有农田二亩，方能供一人之食料，南方中等田一亩，可供一人之食料。中国每人应需食料之外，其燃料、饲料、油、盐、菜蔬，以及衣服、祭祀、应酬等之所费，亦甚不赀。此等费用，固视其人之地位、习惯等而多寡不同。然而最少之限度，亦必比其人食料之所费，多出一倍。今假定其与食费为相等，则连食料及各种费用计算，在北方需用农田四亩、在南方需用农田二亩之生产，方能养一人，即平均每人需用农田三亩。"我们都知道，1 英亩等于中国亩约 6.5 亩，所以比较易司特与刘大钧二先生之说，美国每人所需要之土地，5 倍于中国人。这是生活程度高的人需要土地多的一个实例。

现在我们可以估计地球上容纳人口的可能性了。假如我们以美国为例，定每人所需要的土地为 2.5 英亩，那么地球上的可耕地 130 亿英亩，只能容纳 52 亿人。如以中国为例，定每人所需要之土地为 3 亩或 0.5 英亩，那么地球上也只可容纳 260 亿人。

上面已经说过，地球上的人类，如照 19 世纪的速率那样增加，150 年后，便有 75.62 亿人；300 年后，便有 336.4 亿人。所以如用美国人的需要为标准，地球上 150 年之内，便人满之患；如用中国人的需要为标准，在 300 年之内，也便人满之患了。

所以我们得到一个结论：过去的人口增加率，无论如何，不能继续下去，如继续下去，地球上会发生大难的。

三、人口政策

人口的增加，是遵照一种自然的法则的，我们称这种自然法则为人口律。最初发现这种法则的人，是英国的一个经济学者，名马尔萨斯（Thomas Robert Malthus,

1766—1834）。他在 1798 年，发表他的《人口论》，在 1803 年，又加以修正。在修正后的《人口论》里，他说人口增加的趋势，较食物增加的趋势为速。人口的增加，是按着几何级数，其加法为 1、2、4、8、16、32、64、128、256。食物的增加，是按着算术级数，其加法为 1、2、3、4、5、6、7、8、9。假如现在人口与食物是平衡的，而人口之增加，为 25 年一倍，那么 200 年后，人口与食物之比例，为 256：9；300 年后，为 4 096：13。人口超过食物所能供给之数目，不知道若干倍了。

但是人口的增加，无论如何，是要受食物或生活资料之限制的。节制人口，使其与食物平衡的办法，不外两种。一是积极的节制，它的作用，在增加死亡率，如战争、疫疠、饥馑、贫困、罪恶之类皆是。一是预防的节制，其作用，在减少生产率，即道德的节制是。马尔萨斯所谓道德的节制，便是迟婚或独身。各人要度量他能够养子女的时候，才可以结婚。他不主张在未婚时冶游，也不主张既婚后用生育制裁的方法，或在婚期内男女不同房。

马尔萨斯常常提到"趋势"一词。他不是说人口的增加，在实际上是几何级数，不过增加的趋势如是。那便是说，假如没有力量去阻止它，它的增加，会照几何级数的。在这一点，他并没有过甚其词。他的错处，在说食物增加的趋势，是照算术级数。实则人的食物，包含植物、动物两种，它们增加的趋势，还不止依照几何级数呢。在实际上它们的增加，不能如此之速，也是因为有别的力量去阻止它们的缘故。

不过马尔萨斯《人口论》的主要点，不在这些数字上。他的要点，在说明人口与食物须保持平衡，并说明保持平衡的两种方法。我想人口与食物须保持平衡，这是大家都承认的。我们在"世界上能容纳多少人口"那一节里，便是想求出一个数目，以为讨论保持平衡的一个根据。假如我们想运用我们的智力，使人口的增加，不要超过在某种生产方法、某种生活程度之下，一块土地所能供给的范围之外，这便是人口政策。马尔萨斯所提出的两种节制方法，第一种方法，乃是没有人口政策的结果。因为没有人口政策，以致人口的增加超过范围之外，结果只好任其天然淘汰。他提出的第二种办法，乃是一种人口政策。不过他这种办法，最易受人攻击。白山夫人（Mrs. Annie Besant）批评道德节制有两件不妥的地方：（一）迟婚与娼妓有因果的关系，婚姻愈迟，娼妓愈多。（二）独身与人性相违背。人有色欲，与别种欲望相等，有欲望即当满足，窒欲违反自然。

于是便有所谓新马尔萨斯主义出现。这一派觉得人口孳生过庶，是社会上一切贫困及罪恶之根源，这一点他们与马尔萨斯同意。但他们不赞成马尔萨斯的道德节制的办法。他们另外提出一个办法来，一方面可以减少人口，同时又可以满足人类的色欲，那便是生育制裁。讲到生育制裁的方法到底是谁发明的，我们也不知道。但在马尔萨斯《人口论》的时候，已经有人知道生育制裁的方法，我们可以断言。英国最初注意这个问题的人，便是欧文（Robert Owen，1771—1858）。他是一个社会主义者，眼见当时人民之贫困，想法救济他们。他提议一种新村的办法，每新村中，约有 1 200 人。少可至 500，多可至 3 000。他们应有田地 1 000～1 800 英亩。住在这个村里的人，大家一齐工作，各尽所能，各取所需，儿童由全村公育，交专家负责。新村的目的，在能自给，在不流于贫困。

欧文提议这种计划时，便有人非难他说：假如新村中的人口加增，食物不敷分配，又将如何？欧文觉得此言问得有理，所以对于人口问题，便加注意。他当时听见人说，法国家庭中的小孩子，比英国家庭的小孩子少。他又听见人说，法国南部的农民，是自动地节制子女的数目的。所以他便到法国去，打听此事的真相。果然名不虚传，法国人应用生育制裁的方法。他把法子学会了，而且把生育制裁所用的东西，买了一些回来送给朋友。他从此觉得新村中的人口问题不成问题，极易解决的。

据说欧文曾把生育制裁的方法，写成传单，发给贫人。但在英国，并未发生很大的影响。生育制裁的方法，在英国轰动一时，是在 1876 年之后。原来在 1833 年，有一位郎通博士（Dr. Knowlton），著了一本《哲学之果》（*Fruits of Philosophy*），讲到生育制裁的方法，在波士顿发行。此书后来由白山夫人等翻印，在英国出售。政府以此书违反公德，出令禁止，而且审问白山夫人等。此案延长两年，各报纸争先登载此事，于是把生育制裁的方法，便宣传出去了。

英吉利与威尔士的生产率，从 1875 年之后，显然下降。生育制裁，当然与此有因果之关系。看下表：

时期	生产率（以千人计算）	时期	生产率（以千人计算）
1861—1865 年	35.1	1891—1895 年	30.5
1866—1870 年	35.3	1896—1900 年	29.3
1871—1875 年	35.5	1901—1905 年	28.2
1876—1880 年	35.3	1906—1910 年	26.3
1881—1885 年	33.5	1911—1915 年	23.6
1886—1890 年	31.4	1927 年	16.7

现在英国的生产率，不过 19 世纪中叶之一半，但英国的人口，还是在增加的，因为 1927 年的死亡率，只有 12.3‰，所以自然增加率，还有 4.4‰。英国以外，别国的

生产率，也是有同样降低之趋势，这也是生育制裁的知识传播以后的结果。

生育制裁，是一个使人口与食物平衡的最有效、最经济的办法。不过世界各国，采取生育制裁的人，都是自动的。现在还没有一个国家，采取生育制裁为它的人口政策的。譬如意大利、日本等国的人口，显然已经超过本国土地所能供给的数目了，可是还在那儿鼓励人口的增加。这种政策的结果，只有趋于马尔萨斯所谓积极的节制那一途。

现在不明生育制裁的作用，盲目反对的，或知道生育制裁的作用，故意反对的，不知道有多少。譬如资本家想增加工人的数目，所以反对生育节制，宗教家想扩充教徒，所以反对生育节制，这都是有作用的，不必置辩。有一派人，以为生育制裁的结果，可以亡族灭种。不知生育制裁与不育，是有分别的。生育制裁，只是主张儿童的数目，要有节制。譬如一个工人，他的能力，只能养得起三个子女，那么有了三个子女之后，便可不生了。主张生育制裁者，并不是劝那能够教养三个子女的人，一个也不生。又有一派的人，以为在目下这种弱肉强食的时代，假如人口不多，便有被别的国家吞灭的危险。不知在现在这种时代，数目的多少，与国的强弱，并无直接的关系。英国能够吞灭印度，便是一证。还有一派的人，以为生育制裁的知识，给青年男女知道了，易流于淫荡之行，所以生育制裁的知识，是不道德的，为保障青年男女的道德起见，当设法禁止生育制裁知识之流行。不知道德的基础，假如是建在无识的上面，根本是不稳固的。如想青年男女的道德高尚，当从家庭教育、公民教育、道德教育等上面着手。有了这些教育，那么青年男女，便有了生育制裁的知识，也不会去私通，正如一个有道德的人，虽然知道刀子可以杀人，但他决不拿刀子到别人头颈上去尝试。反是，假如青年男女，没有受到相当的道德训练，那么他们即无生育制裁的知识，也难免要私通的。另有一派的人，以为生育制裁的知识，只有上流社会的人用了，而下流社会的人却没有用。结果是上流社会的种，慢慢地消灭，而下流社会的种，慢慢地增加。他们因为这种结果，是有悖优生之原理的，所以反对生育制裁。其实这种反对，不是反对生育制裁的本身，而是反对它用错了。正如反对以刀子杀人的，不是反对刀，而是反对以刀杀人。假如我们以刀子去切菜或砍柴，他也不会反对了。再有一派的人，以为生育制裁者的主张，未免是杞人忧天。科学的进步，是无限的。将来人口增加之后，安知科学不能发明新的经济方法，来供给人类的食料？这种乐观，主张生育制裁者，也不反对。科学将来也许能用新的生产方法，供给人类的食物，源源不绝；但科学也许办不到这一步。未来之事，现难断言。不过在科学还没有做到这一步的时候，还是要节制生育；等到科学有了办法以后，再放胆生育不迟。正如一个买了一张发财票的人，在没有中彩的时候，最好还是保持他原有的生活程度；等到头彩已中、钱已领来的时候，再提高他的生活程度不迟。

总之，生育制裁，乃是对付具体问题的一个方法。这个具体问题，便是上面所说的 19 世纪那种人口增加率。那种人口增加率，自采用生育制裁的办法以后，似有减少的趋势。这种现象，是很好的，因为不如此，便有大难在前。也许有人要问：假如这种生育制裁的方法在世界之上普及了，人类是否比现在要减少呢？我们如想回答这个问题，最好以法国的情形来做例子。法国是采用生育制裁最早的国家，生育制裁的知识也比较普遍，不过法国的人口，还在那儿增加，只是加得比较慢一点就是了。今将法国近年来之人口生死统计及自然增加率，表示如下：

时期	生产率（以千人计算）	死亡率（以千人计算）	自然增加率（以千人计算）
1908—1913 年	19.5	18.6	0.9
1920—1923 年	20.1	17.3	2.8
1924 年	18.7	16.9	1.8
1925 年	18.9	17.5	1.4
1926 年	18.8	17.4	1.4
1927 年	18.1	16.5	1.6

欧美各国，没有一个国家，其自然增加率，还比法国为低的。所以我们可以下一个结论，就是在历史上，没有一个国家，是因为用了生育制裁，而使本国人口的总数减少的。不过在历史上虽然没有这种事实，然而在将来的社会，难保没有这种事体发生。譬如瑞典在 1927 年的生产率，便是 16.1‰。假如法国的生产率降到瑞典那种数目，而死亡率不减，不是人口便要减少吗？又如西班牙在 1927 年的死亡率，便是 18.9‰，假如法国的死亡率，忽然提高到那个数目，而生产率不增，不是人口也要减少吗？

这诚然是一个有趣味的问题，但我们可以分作几方面讨论。第一，假如法国的人口真的减少了，是否便是法国的不幸？我们素来有一种迷信，以为无论在什么环境之下，人口增加，总是好的；人口减少，总是坏的。其实这种说法，是错误的。人口增加，在阿根廷，在加拿大，自然是好的，因为那儿还有空地没有人住。但在中国，在日本，在意大利，便不一定是好现象。人口减少，在一个人烟稀少的国家，自然是坏的，但在一个人烟稠密的国家，并不一定是坏现象。法国现在的生活程度，不算最高的，假如人口减少一点，是否便因食之者寡而把生活程度提高一点呢？假如我们的答案是肯定的，那么法国的人口，如真的减少，未始非法人之福。别的国家，如能在减少人口之后，便可提高生活程度，都不必以人口减少为可忧。也许有人要说：法国人口减少了，意大利人便会搬进去住，不是法国人吃亏了么？解决这个问题，不必要提高生产，只把移民律修正一下便是了。又有人问：假如法国的生产率降低，而德国的生产率增加，将来法德如再相见于战场之上，不是法国人要一败涂地么？关于这个问题，易司特教授已有答复。他说：法德如有战争，法国如有同盟，那么法国人口虽少，也不见得就败。假如法德两方面都无帮助，那么法国即使人口增加了，也是要败的，因为德国的可耕地，比法国要多些，可以不靠外面的力量，多养活 1 000 万人。所以小国只是在生产率上努力，并不见得就不打败仗。

第二，假如法国的人，无论如何，不愿人口的总数减少，那么它的生产率如降低到瑞典的地位，或死亡率升高到西班牙的地位，是否便要采取鼓励生育的办法，使法国的人民，充分地利用他们的生殖力呢？我们的答案是不一定要。我们以为增加生产，不如减少死亡。生下子女来让他们去死，是一个最无人道、最不经济的办法。假如法国的生产率，真的降到 16.1‰，同时他们如不愿意人口减少，最好在减少死亡率上努力。法国的死亡率，在欧洲是比较高的。因为有这种高的死亡率，所以它的生产率，虽然在 1927 年比瑞典还高，但它的自然增加率，要比瑞典少 1.8‰。所以我们如取法国与瑞典相比，便可发见法国的生人办法，是比较不经济的。最经济的办法，是以最低的生产率，达到种族连绵的目的。中国素少人口的生死统计，但据乔启明先生调查 2 927 农家的结果，估定中国的生产率为 42.2‰，死亡率为 27.9‰，自然增加率为 14.3‰。加拿大在 1920—1924 年数年内的自然增加率，与中国相仿佛，为 14.4‰，但加拿大系以 25.3‰的生产率及 10.9‰的死亡率得到这种结果。中国人生育的不经济，于此可见一斑。所以现在如定中国的人口政策之人，愿意中国的人口还要加多，也不必反对生育制裁。因为中国的生产率，即使减到法国的地步，同时如死亡率也减到英美那种地步，中国的人口，还是在那儿增加的。不过增加之后，于中国是否有利，乃是另一问题。

还有第三点，就是一个国家，譬如法国，真的肯在死亡率的减少上努力，使它降到最低的程度了，而生产率还在那儿下落，一般人以为便会降到零点，无可挽救了。诚然，生产率降到零点，是理论上可能的事，但在事实上，未必真能实现。假如人性没有根本的改过，愿有子女的欲望，是常人皆具的。这种欲望存在一天，人类便没有灭绝的危险。而且这种欲望，社会如设法鼓励，便可更加兴旺起来。所以现在的人口太庶，可以用生育制裁的方法减少它；将来的人口如真有太少的一天，也可以用鼓励生育的方法去增加它。总括以上所讨论的三点：第一，有些人口过庶的国家，人口假如因生育制裁而减少了，并不一定是一件不幸的事。第二，即使承认这是一件不幸的事，而想维持其不致减少，可以不必反对生育制裁，最好是在减少死亡率上多用点工夫。第三，假如死亡率减到无可再减了，而生产率还在下降，可以用鼓励生产的方法，使它复升起来。我们以法国为例，但这种原则，在无论哪一个国家里，都是适用的。

总之，人口的增加，如任其自然，前途之危险殊多。所以现在世界上，有多数的国家，有采用生育制裁为人口政策之必要。假如生育制裁将来会有流弊，这种流弊，是不难矫正的。

第四章　种族的差异与文化

一、种族起源

关于种族起源的问题，现在还没有一定的答案。不过多数学者所承认的，乃是人种起于亚洲中部的一说。它的证据是：第一，最古人类的遗留，系在爪哇发现，而爪哇在古代乃与亚洲大陆相连的。最近纽约的自然历史博物院，在蒙古一带开掘，也发现了许多古人类的遗物。虽然这一类的东西，在亚洲发现的，还没有欧洲那样多，不过考古学这门学问，在欧洲特别发达，在亚洲还没有多少学者从事于此。将来如考古学在亚洲发达，那么在亚洲一定还可以发现许多很古的遗物。第二，人类的家畜，差不多都是从亚洲的中部来的，马便是很显著的一例。此外如羊、牛、狗、骆驼、鸡、鸭等类，均可溯源到亚洲的中部去。第三，人类所种植的植物，除却少数的例外，如玉蜀黍、番薯、烟叶等，其余差不多都是从亚洲中部来的。第四，现在我们所发现的原始民族，文化最低的，都在亚洲或大洋洲的边际。他们从亚洲中部移到这些地方后，因为与外界交通断绝了，文化便停滞而无进步。第五，据研究天文的告诉我们，亚洲的中部，在上古的时候，气候颇宜于人类之居留。根据这五种理由，我们暂且承认，人类的始祖，发源于亚洲。将来如有新的证据发现，这种学说还可以修改的。

人类在亚洲发祥，大约是 25 万年以前的事，也许是 400 万年以前的事，的确的时期，现在还没有人断定。我们现在的假设，就是在这个很古的时候，人类的外观是相仿佛的，并无特异的分别。后来因为中亚的气候变换了，人类为谋生存起见，不得不迁徙。有一支迁到亚洲，一支迁到欧洲，一支迁到非洲。迁到亚洲的一支，另有一派，分到美洲去了，便成为今日的红印度人。这种迁徙的方法，当然是一种假设，过去的历史，已成陈迹，现已不可覆按。不过迁徙之后，各地的人类，因山河隔绝，不能通婚，又在数十万年之内，经过变异、适应、选择种种步骤，所以现在的人类，便显然划分为数大种族。

二、种族差异

现在的世界上，共有多少种族呢？这个问题，各人有各人的答案，因为各人所用的标准不同。

有人以头脑指数，来分别人类的种族。头脑指数之求法，系以头的宽度来乘 100，然后以头的长度除之所得的数目。世界上各种人类的头脑指数，有低至 65 的，有高至 100 或 100 以上的。我们称指数在 75 以下的为长头（dolichocephalic），指数在 75～80 的为中头（mesocephalic），指数在 80 以上的为圆头（brachycephalic）。所以从头脑指数一方面看去，人类可以分为三种。像中国人便可称为圆头种，而英国人则可称为长头种。不过只以头形来分别人种，缺点很多。譬如中国人是圆头种，法国也有一部分是圆头种，把中国人与法国人放在一起，说他们是同种，似乎与常人的观察太相违背了。

肤色也是分别种族的一个标准。赫胥黎（Huxley）曾分人类为红黄棕黑白五种，便是以肤色为根据的。不过肤色最易受环境的影响，而且在一种之内，各人的肤色，很有差异，所以用它做标准，最不可靠。

用头发的颜色来分别种族，结果也有把两组在别方面不同的人放在一起之弊。头发的颜色，总是黑的多，如亚洲人及非洲人都是。欧洲人头发的颜色，最为复杂，有淡黄的，有深黄的，有金红的，有棕色的，有麻色的，但也是以黑的居多数，像西班牙、意大利的人，便都是黑头发的。所以用头发的颜色来分类，还不如以头发的形状来分类。头发的形状，如切断置于显微镜之下观察，可分三种：一种是扁平形，其发卷曲如羊毛，非洲的黑人，属于此类；一种是蛋圆形，其发微曲如波浪，欧洲的白人，属于此类；一种是圆形，其发直而粗，中国人便属于此类。

人种还有高矮的不同。不过高种中人，也有矮子，矮种之中，也有长人，平均的相差，是有限的。假如我们以 66 英寸为人类的平均高度，那么人类的相差，总不出这个平均数的四五寸上下。总平均在五尺以下的人种，并不多见，惟非洲、菲律宾及印度洋中，有少数未开化的人类，属于此种。

此外在眼睛上，在鼻子上，在嘴唇上，在骨骼上，我们还可以看得出人类的种种分别来。看不出的分别，在人的身体以内的，还不知有多少。

根据一种特质来分类，其结果是大而无当。根据许多特质来分类，结果又太琐碎了。所以人种分类是一件困难的事，不如常人所悬想的那样容易。我们在这许多分类之中，觉得哥罗伯（Kroeber）的分类，最简单而扼要，所以现在采用它。它把人类分为三大种族：第一是蒙古种，第二是高加索种，第三是黑种。蒙古种（Mongoloids）中，又分三部：一是亚洲蒙古人种（Asian Mongoloids），二是美洲印第安种（American Indians），三是海洋蒙古人种（Oceanic Mongoloids）。此外还有太平洋群岛上的人类（Polynesians），一半可以说是属于蒙古种，一半是无所隶属。高加索种（Caucasians）中，又分四部：一是诺尔的克种（Nordic），一是阿尔卑种（Alpine），一是地中海种（Mediterranean），一是印度种（Hindu）。黑种（Ethiopians）中亦分四部：一为非洲黑种（African Negroes），一为海洋黑种（Oceanic Negroes），一为菲律宾群岛中之矮小黑种（Negritos），一为南非洲布西门种（Bushmen）。蒙古种可以中国人来做代表，高加索种可以欧洲人来做代表，黑种可以非洲黑人来做代表。在别的分类中，有所谓红种，此处已包括在蒙古种内；又有所谓棕种，此种已包括在蒙古种及黑种内。大约世界上的国家或部落，有 9/10 是包括在这三大种族之内。如以人数而言，则此三大种，占全人类的 99%。只有虾夷人（Ainu）及文化最低的澳大利亚种（Indo-Australians and Australiane），不在此三大种族范围之内。

这三大种族的差异点，是很多的。第一，在外表上，蒙古种的大部分肤色是黄的，发是黑而直的，头是圆形的，身材平均在五尺半左右。高加索种的大部分肤色是白的，发是曲而呈杂色的，头形长圆及中等都有，身材平均较蒙古种为高。黑种的大部分肤色是黑的，发黑而卷曲如羊毛，头形长狭，身材有高矮两种。第二，从地理的分布看去，蒙古种的大本营在亚洲，高加索种的大本营在欧洲，黑种的大本营在非洲。第三，从文化的成就看去，这三大种族的成绩，显然不同。在历史上，蒙古种与高加索种，都有伟大的成绩可言，惟黑种似较逊色。假如把各种族的文化特质取来分析，也可以看出，他们各有特异之点，不相混杂的。

三、种族与文化

上面所说种族差异的三点，第三点最易引起人家的讨论。因为各种族在文化上的成绩各有不同，所以便引起种族与文化之关系一问题来。欧美有一些学者，以为文化是有种族上之根据的，欧美的文化最高，是因为代表这种文化的高加索种，特别是高加索种中的诺尔的克种，智慧超于他种的缘故。

这些学者的心目中，最看不起的是黑种，其次便是蒙古种。不过他们提到蒙古种时，说话比较小心些，因为他们还没有得到什么真凭实据，来证明蒙古种劣于高加索种。以言文化，则代表蒙古种的中国，有世界上最古的文化，而且将来也还未可限量。以言智慧，则根据智慧测量，中国人如与欧美人比较，并不示弱。那些说是中国人的智慧不如欧美人的，并无根据，因为现在由智慧测量所得来的结果中，有的虽表示中国人的智慧较差于白人，有的也表示中国人的智慧较胜于白人，而多数的结果，表示这两种人根本并无分别。但美国有一位作瑟教授（C. C. Josey）却不相信这种结论。他说，现在总是看见亚洲人到欧洲去留学，而没有看见欧洲人到亚洲去留学，这便是亚洲人根本不如欧洲人的一个证据。他所说的事实，是很对的，但他的推论，却是错的。留学并不是智慧低下的一种表示。以前美国的人，在本国大学院未发达的时候，也常到德国、英国去留学，难道美国人的智慧，便不如德国人、英国人吗？我们又须注意：欧美有使人留学的资格，也不过最近一二百年的事。退回去 500 年，欧洲的文明，并无特别可取之处。退回去 200 年，欧洲文化中最重要的特质，还没有存在。退回去 100 年，欧洲还没有汽车、飞艇、无线电、电灯、电报、电话；火车与轮船，是刚发明而未盛行；科学的农业，是没有人注意；化学的工业，也没有人想到；天演论还没有发明；社会学也没有基础；没有人创设心理实验室；也没有人窥探遗传的神秘。这一切的进步，乃是最近的事。假如人类的历史有数十万年，那么一二百年，不过人类历史中的一刹那。在这一二百年中，文化进步得快一点，并不足为种族优越的证据。

论黑人不如白人的，其最大理由，便是黑人没有创造高深的文化。不过黑人现在虽然没有创造高深的文化，将来不见得就不能。以前希腊人最看不起别处的人，总说他们自己是文明的，而别人是野蛮的。在这些野蛮人之中，罗马人当然也算在内。不过罗马人在希腊兴盛的时候，虽然无所表现，其后也产生庄严灿烂的文化，为希腊人所预料不到的。罗马人在最盛的时候，也如希腊人一样，看不起别种的人。英国人的祖宗，那时的文化，大约与现在的非洲黑人不相上下，所以也为罗马人所看不起的。但 1、2 世纪的罗马人，安知在 19 世纪的时候，英国人会称雄全球呢？以前希腊人看不起罗马人，罗马人看不起英人，正如现在的白人看不起黑人一样。

还有一派人，提出以智慧测量的结果，来证明黑人的智慧较白人为低。智慧测量的结果，的确表示白人的平均分数，高于黑人的平均分数。不过这种结果，是表示环境的不同呢，还是遗传的优劣？在大战的时候，英国曾把入伍的黑白新兵测量一下，结果有一点是极可注意的，便是美国北部的黑人，有好些人的智慧，比美国南部的白人，还要高些。原来美国北部的教育，比美国南部为发达，而且种族的偏见，比南方也要温和些，黑人在这种环境之下，其所表示的成绩，不但比南部的黑人高，而且比南部的白人还要高些。今将美国北部的黑人所得的分数，与美国南部的白人所得的分数，比较如下：

南部州名	白人的平均分数	北部州名	黑人的平均分数
密西西比	41.25	宾夕法尼亚	42.00
肯塔基	41.50	纽约	45.02
阿肯色	41.55	伊利诺伊	47.35
佐治亚	42.12	俄亥俄	49.50

不过还有些人，说是黑白智慧的差异，是有生理上之根据的。他们的证据，便是黑人的头脑，平均比白人小。白人的脑，平均有 1 341 格兰姆，而黑人的脑，平均只有 1 292 格兰姆。这是一种平均的说法，意思并不是白人的脑，个个比黑人大，而黑人的脑，个个比白人小。其实黑、白人的脑袋，大多数是差不多大小的。只有少数的黑人，其脑袋比任何白人为小；也有少数的白人，其脑袋比任何黑人为大。所以黑人的平均数，便低下去了。但是脑袋的大小，与智慧的高下，在人类的范围内，并无直接的关系，我们在讨论男女的差异时，已经讲到了。人类中的痴呆，也有大脑袋的。而在大人物中，虽然有些大人物的脑袋，如克林威尔（Crom-well），有 2 231 格兰姆，如拜伦（Byron），有 2 238 格兰姆，但如法国之政治家甘必大（Gambetta），其脑袋只有 1 294 格兰姆，比白人的平均脑袋要小 47 格兰姆。小脑袋亦可成大事，于此可见一斑。而且我们如把黑人脑经的平均重量，与白种的女子相比较，黑人的脑经要重许多。但是主张白种优越的人，是否承认黑人的智慧，平均要比白种女子为高呢？

总括起来，现在主张种族有优劣的，并没有拿出充分的证据来。种族间外表上之差异，是很明显的，但这些差异，与文化并无关系。种族间也许有心理上的差异及性情上的差异，不过这些差异，我们还没有研究出来，更谈不上这些差异的优劣及其与文化之关系了。

四、种族的前途

在这种时代，文明的人，因为与外界接触的机会太多，所以都有点种族的自觉心。

我们对于自己的种族的前途，总是很担心的。照现在的趋势看来，将来的世界，是哪一种族称雄呢？这个问题，是我们大家都想知道的。

现在世界上的人口，无论照哪一专家的估计，都是白色人种占多数。据斯托得（Stoddard）的估计，每种人口之数目及每年之增加率如下[①]：

种族	人口数目（百万）	每千人中之增加率	每年增加数目
白种	550	8.7	4 780 000
黄种	500	11.6	5 800 000
棕种	450	11.6	5 230 000
黑种	150	17.5	1 625 000
共计	1 650		17 435 000

但是据易司特教授的批评，斯托得估计白种人口的数目太少，其假定的增加率也太低。同时他把别种的增加率又定得太高了。易司特教授自己在1916年的估计，是参考许多统计书而成的，所以比较可靠，表如下：

种族	人口数目（百万）	每千人中之增加率	每年增加数目（百万）	人口加倍所需之年数
源出欧洲的白种	650	12.0	7.80	58
源非出欧洲的白种	60	8.0	0.48	87
棕种	420	2.5	1.05	278
黄种	510	3.0	1.53	233
黑种	110	5.0	0.55	139
共计	1 750			11.41

在这个表中我们想批评的一点，就是黄种的增加率。据易司特教授说，估计黄种每年之增加率为3.0‰，还是太高一点。据他的意见及美国户口调查处的意见，黄种中的中国人，每年之增加率，千人中还不到1.5。这种估计，我们因为没有人口统计，所以不能反证它。但据金陵大学农科诸教授之调查及他们的估计，中国人口的增加率，实在不止此数。日本人口的增加率，是有统计可靠的。据1925年的统计，日本人口的自然增加率，为14.6‰；1926年的增加率，为15.6‰。所以把黄种的增加率，定为3.0‰，似乎少了一点。

不过人口的增加率，在讨论种族的前途时，还是次要的问题。主要的问题，是人

---

① 数据疑有误，原书如此。——编者注

口增加之后，各种的人，能养活自己不能。在这一点上，白种人实在是太占优胜了。地球上的土地，有 9/10，是在白人的掌握之中，其余的种族，并无许多的土地，来做过剩人口的出路。譬如黄种，等到他们把亚洲的东南部填满了之后，又将如何？

假如世界上人民的迁徙，是很自由的，那么将来的世界，到底哪一种人的子孙最多，现在还未可知。因为假如黄种人把亚洲东南的大本营填满了，还可以把子孙繁殖到别的地方去。将来谁的生产率高，谁的死亡率低，谁便是胜利者。不过现在的情形，并不许国际或种族间的迁徙的自由。即以中国人而论，世界虽大，但让中国人迁徙过去的地方，却是很少的。北美及中美，可以说是完全拒绝中国人迁徙过去。南美靠太平洋的几个国家，也是不准中国人去。澳大利亚与新西兰，也是只准白人去。非洲的南部，在温带之内的，早给白人占去住家了，也不许中国人去。欧洲的人口已经稠密，中国人便去也插足不入。现在中国人可以去而无问题的，只有热带中的一些岛屿。但这些岛屿，也在白人的政治势力之下，中国人如想迁徙到那些地方而不发生问题，也须与欧洲的政府，有相当的了解。

日本的问题，较中国还难解决。因为拒绝中国人的地方，也都拒绝日本人。但是日本人口的密度，较中国还要稠密。日本的土地，只有 15％是已耕的，可耕地无论如何加不到 20％以上。他们的粮食，是不够本国人吃的，每年平均要在外国买进粮食，值洋 7 500 万元。但是日本的人口，还在那儿增加，平均自 1920 年至 1925 年，每年要加 75 万人。

除却黄种人外，别种人的人口问题，在世界的和平上，大约不会起什么波澜。世界上有许多文化很低的民族，自与别的种族接触之后，有日趋于淘汰的趋势。最显著的一个例子，便是已经灭种的塔斯马尼亚人（Tasmanian Race）。塔斯马尼亚，是在大洋洲的南部。当白人移殖到那儿的时候，塔斯马尼亚人的数目，约有 7 000。到 1832 年，只余 120 人。到 1847 年，只余 14 个男子，22 个女子，10 个小孩。到 1869 年只余 3 个老太婆，最后的 1 位，到 1876 年便逝世了。7 000 人的种子，现在不留一个。塔斯马尼亚人之所以灭种，一半是因为白人的残杀，一半也是因为他们本身对于疾病缺少抵抗力。原来文化越高的民族，病的种类也越多。文化越低的民族，因为与外界交通不方便的缘故，所以得到的病也愈少。文明人因为与病菌为伍的年代已经悠久，那些对于病菌的抵抗力极微的人，都经过天然的淘汰。现在生存的，都是抵抗力比较强的人。但是文明人的病，有好些是野蛮人从来没有听见过、没有经验过的，譬如花柳病，便是一端。这些野蛮人，一与文明人接触，便得到文明人的病，结果是死亡率倍增。有的已经灭种，有的离灭种之期，为时不远。据罗伯次（Roberts）的统计，太平洋群岛中的人口有 25％，是在那儿一天一天地减少，另外还有 39％，已经好久没有增加，这些人种，前途是很可悲观的。总之，在以前交通不便的时代，孤处一隅的民族，还有生存的希望。在交通发达、接触日增的今日，假如身体经不起病菌攻击的民族，迟早是会被淘汰的。

也许是因为不能抵抗热带中许多疾病的缘故，白种人虽然拥有热带中的土地，但还不能在热带中住家传种。黑人从来是在热带中过生活的，所以到冷一点的地方去，死亡率便增加起来，但在热带中却可繁殖。譬如热带中的疟疾，白人最怕它，但在黑人的身体上，并不发生多大影响。在锡兰各种族每千人中死于疟疾的，略如下表：

黑人	1.1
印度土人	4.5
马来人	6.7
锡兰土人	7
欧洲白人	24.6

有一些学者，以为现在欧洲的白人，虽然不能在热带中住家传种，但将来如在热带中，实行各种卫生设施，欧洲人未尝不可在热带中，长久居住下去。譬如黄热病，是热带中一种可怕的病，白人死于此病的，不知凡几，后来经医生研究出来，这种病是由一种蚊子传染的，于是便在灭蚊上做工夫，现在这种病在美洲的热带，几乎可以说是绝迹了。黄热病既可征服，别种病也未尝不能，所以白种人将来在热带中，是可以成家立百世之业的。另外一派学者，对此有点怀疑。他们以为即使病菌可以征服，而热带中的太阳及湿气，是白人所不能忍受的，所以热带只可以交给有色人种，白种人只可居于温带之中。对于白人是否能服热带的水土问题，可以说是至今还无定论。

中国人服水土的本领，是很大的，所以冷的地方如西伯利亚，热的地方如南洋群岛，中国人都能繁殖，所以天气并不能阻止中国人到热带里去殖民，只有政治的阻碍，是中国人到热带去的唯一阻碍。

总括上面的讨论，温带中除亚洲一部分外，其余均在白种的范围中，别种的人，在最近的将来，大约难在白种人的手中，夺一点土地过来，但这也不是绝对不能的事。热带的土地，虽然也在白人的手中，但因为种种关系，白人是否能在那儿殖民，尚未可知。黄种中的中日两国的人，将来在热带中的命运如何，此时也难决定。黑种人的大本营，原在热带之中，往他处发展的机会，是极少的。

这是就最近的将来而说，但是我们如把眼光看远一点，将来世界上的各种族，是否有混合而成为一大族的可能呢？这个问题，固然不易决定，但我们也可根据已有事实来推测。我们的心目中，觉得这一种与那一种的分别，不但是在外观上，便是在行为上、思想上，也是有分别的。譬如拿一个生长在中国的中国人，与一个生长在美国的美国人来比较，中国人不但在皮肤上、头发上、眼色上，与美国人不同，便是他所穿的衣服、所吃的东西、所说的言语，也与美国人有别。前一种我们说是种族在外貌上的差异，后一种我们说是种族在文化上的差异，这两种根本的差异，是造成一切种族问题的原因。但是种族在文化上的差异，因交通发达、接触增加、彼此互相模仿的缘故，有渐趋于一律之势。在美国居住的黑人及中国人，在文化上，并看不出什么特别的差异来。便是在中国住久的传教士，其思想及行为，有许多在不知不觉中，已与中国人同化的。又如中国的留学生，在外国住过四五年的，其思想及行为，每每可以看得出外国文化的影响。这种互相影响的程序，如继续下去，也许将来有一种世界的文化出现。世界上的各个国家、各个种族，其表现之文化，虽然不一定能够一律，但大体上也许会相仿佛的。到那个时候，种族偏见的一个基础，算是打破了。

比较难以泯灭的，要算各种族外观上的特质。这些特质，是经过几十万年的隔绝演化而出的，只有种际通婚，能够消灭它。种际通婚，在两三百年前，是罕见的事，但自交通的工具进化、接触增加之后，这种事实，也层出不穷。研究过中国移民问题的人，都知道中国的侨民，对于通婚一事，素来是愿意的。他们在非洲与黑人结婚；在南洋群岛与那儿的土人结婚；在南美洲，与红印度人结婚；在北美及欧洲，与白人结婚。白种人对于种际通婚，素来是不赞成的，尤以白种人中之诺尔的克种为尤甚。但是白种人如与别种人住在一起，通婚的事，也难免的。美国有许多州，禁止白人与黑人通婚，但据劳透（Reuter）的估计，美国每年至少有一百对白人与黑人的结婚。即以波士顿一城而论，自 1900 年至 1904 年，白人与黑人结婚的事，共有 143 件。此外白人与黑人私通的事，更不知凡几。所以有人估计，美国的黑人，从 1/4 到 1/2，都是杂种（mulattoes）。

在美国的大城中，四方八处的人，杂居一起，所以各色各样的人，都有通婚的事。派克教授（Park）所搜集的材料中，有一位女士，杂得非常厉害。她的父亲，是法人与红印度人的结晶，她的母亲，是一白人与黑人生的，所以她自己的血脉中，已有三大种族的成分了。现在她又嫁给一个中国厨子，生了一个小孩。虽然看见这个小孩的人，都说他像父亲，但这小孩乃是 20 世纪的新产物，也许是将来人类的象征呢。

在美国菲纳得尔菲亚（Philadelphia）的附镇中，克耳瑟教授也发现了一对夫妇，夫生于南美，而妻生于美国。这位丈夫的祖父母，都是中国人，但他的外祖父虽然是中国人，而其外祖母则为西班牙人。这位妻子的祖父母，都是爱尔兰人，而其外祖父则为法人，外祖母为红印度人。现在这一对夫妇，已经有了一个儿子了。我想无论哪一位人类学专家，也不能断定这个小孩属于哪一种罢？

　　在数十万年前，人类出于一源。数万年或数十万年之后，种际的差异，是否也如数十万年前那样看不见、分不出呢？我们只能提出这个问题来，但不敢回答它。

第五章 个性的差异与遗传

一、生理的差异与遗传

我们生理上的各种特质，都有遗传上之根据的，但这些特质的遗传律，我们却知道得很少，最大的原因，便是人与别的动物不同，不能拿进实验室来研究，像摩根（Morgan）研究他的果蝇（drosophila）一样。我们研究人类遗传时所能做的，只是去搜集人家的历史，看看在某特质上，其祖先与子孙，有无相似之点。不过常人对于祖先的某种生理特质，大多数都没有记得，而祖宗已没，所以子孙们如想回答关于祖宗的问题，是很困难的。因此之故，我们所得到的家庭历史，每每不能完备。即使完备了，还有一种新的困难，是研究人类遗传者所常感到的，那便是：某种特质的存在，是由于遗传的影响呢，还是由于环境的力量？不过第二种困难，在研究生理遗传时，还比较容易解决，而在研究心理遗传时，便不容易分析清楚了。

人类有许多生理的特点，其遗传之方法，现在还未得到满意的解释。譬如人的身材、肥瘦、皮肤的颜色、头形的长圆，在遗传上的根据，到底有多少？不过这些问题，完全是生理学中的问题，与社会问题，并不发生若何重大的关系。因为人的身材之长短及体量之轻重，并不能断定一个人的智愚及贤否。成功人之中，有瘦的，也有胖的；犯罪者之中，有高的，也有矮的。所以我们对于这些特质，并不十分注意。

但有些生理上的特质，与我们的生活，甚至与寿命的长短，都有关系的，所以我们不得不注意它们。在这些特质之中，最值得注意的，便是医家所谓的血友病（hemophilia）。得到这种毛病的人，血出时不能凝固，所以如受刀伤，每因流血过多而死。有一个家庭中，夫妻二人，共生七子七女，这七个儿子，都是得血友病而死的。我们现在知道这种毛病的因子，是藏在定性的那个 X 染色体中，所以这个毛病，每从母系中传来。说得清楚一点：假如一个有血友病的男子，能够延长生命到结婚的年龄，与一个没有血友病的女子结婚，那么他的儿子，都无血友病的危险；他的女儿，有血友病的隐品，但不表现出来，那便是说，在表面上与常人无异的。但如这个含有血友病的隐品的女子，与一平常的男子结婚，他们的儿子，平均便有一半是有血友病的，女儿也有一半含有血友病的隐品。假如这个含有血友病的隐品的女子，与一个有血友病的男子结婚，那么他们的儿子，平均也是一半有血友病；女儿一半有血友病，一半含有血友病的隐品。所以总括起来，父亲有血友病，子女均无危险，但外孙有危险；母亲有血友病，儿子便有危险，女儿虽无危险，但外孙亦有危险；父母都有血友病，儿女便都有危险，外孙亦有危险。

　　生理上的病态，其遗传的方法，与血友病相同的，还有色盲（color blindness）及夜盲（night blindness）。患色盲的人，每每不能分别红绿，所以这种人是万万不能开火车或电车的。患夜盲的人，在晚上一点东西都看不到，所以夜间不能外出，这种人绝不能在夜里做站岗的警察或巡逻的更夫。

　　像以上这三种特质，其遗传的方法，可以说是性连（sexlinked）的遗传。另外还有一些生理特质，其遗传的方法，似乎依照孟德耳（Mendel）的显性律（law of dominance）。孟德耳的显性律到底是什么东西，凡习过生物学的人都知道，假如还有人不知道，可以参考一些普通生物学的书籍，便能了然，此处不必细述。

　　在社会中，我们有时看见一种皮肤苍白的人（albinos），头发及眼珠，都缺乏色素。眼睛是红的，因为血色呈现的缘故。这种特质，是一种隐品。反是，如手指上的各种毛病，却都是显品。在这些毛病之中，最普通的，共有两种：一种是多指（polydactylism），譬如常人只有五指，这种人却有六指。一种是少节（brachydactylism），譬如常人的大拇指共有两节，这种人却只有一节；常人的别种指头共有三节，这种人却只有两节。关于少节手指的遗传，我们可以举一个例子。有一个女子，手指是少节的，生了一个儿子，也有这种特质。这个儿子，后来生了十三个小孩，有九个小孩的情形，我们不知道，其余四个，三个人有这种特质，一个人没有。那三个有这种特质的，有一个结婚，生了六个小孩。这六个小孩之中，有两个小孩，其性别我们不知道，但手指与常人无异。其余的四个，三男一女，都有这种少节的特质。由这种及类似的报告，我们假定手指上的毛病，其遗传是依照显性遗传之法则的，但因为事实有限，所以还不能定论。

小孩中之盲目的，大半由于疾病或传染，壮年人之盲目的，大半由于意外，遗传的盲目，是很少的。但眼疾中有一种毛病，名为白瞳眼（cataract），似有遗传上的根据。这种毛病的特点，便是眼体水晶球生病，每于中年时发作，经过一定的时期，便会目盲。有一个患白瞳眼的男子，与一个平常的女子结婚，生了八个子女，其中有六个也有这个毛病。这六个之中，有一个女子，与一常人结婚，生了五个子女，其中有两个也犯这个毛病。这个女子的丈夫，后来与一个没有这种毛病的女子结婚，生了八个子女，八个都无病如常人。陆布（Clarence Loeb）于1909年，曾研究过304个有这种遗传眼病的家庭。在这些家庭内，共有1 012个子女，其中有58％，眼睛是有毛病的。由此看来，白瞳眼颇似一种显品。

关于聋哑（deafmutism）遗传的研究，也有一些结果发表，不过遗传的方法，现在还不能断言。大多数的生理学者，都承认这是一种隐品。不过有些聋哑，是由于疾病或意外的灾难得来的，这种特质，当然是不遗传的。

有些遗传学者，以为长寿也有相当的遗传根据。在海得的家族里（Hyde family），假如父母的年龄在60岁以下，他们子女的平均年龄，只有32.8岁；父母的年龄有80岁，子女的平均年龄，便有52.7岁。据皮耳生（Pearson）的研究，假如父亲在29岁以前死的，女儿便有70％，死于21岁以前；假如父亲活到90岁，女儿死于21岁以前的，便不到35％。倍尔（Alexander G. Bell）也研究过1 594个人，他的结果是，假如双亲的年龄是在80岁以下，他们的子女，只有5％活到80岁的。假如双亲之中，有一个活到80岁，他们的子女，便有10％活到80岁的。假如双亲都活到80岁，子女中便有20％活到80岁的。这些研究，有其共同之缺点，便是没有顾到环境的势力。那些长寿的人，是由于他们的父母长寿呢，还是由于他们环境的安适？环境与长寿是有关系的，只看欧美自讲卫生以后，人民的平均年龄，便增加不少。在1880年，纽约城的人，平均可活到40岁，现在可活到55或56岁。1901年，生在美国的小孩，平均可以希望活到49.24岁，现在可以希望活到57.32岁。在印度，因为不讲卫生的缘故，男的平均只可活到23岁，女的只可活到24岁。由此看来，研究长寿的问题，只顾遗传，而忽略环境，是错误的。不过走到另一极端，说是人的寿年与遗传无关，也不见得。我们大约都承认，生于皇家或贵族家中的婴儿，其所受的照料，应该是再好没有了。假如环境优良，便可以使无论什么人都长寿，那么皇家或贵族的婴儿，至少都要活到一岁以上。但是有人研究过欧洲皇家及贵族，在1890年至1909年之间结婚的，截至1923年底为止，共生婴儿881个。这些婴儿的死亡率，是26‰。这样低的婴儿死亡率，我们不得不归功于环境。但千人中还要死 26 个，这便非环境所能完全解释了。

　　比长寿一问题还难解决的，便是常人所谓病的遗传一问题。病是可以遗传的么？要回答这个问题，须先说一下现在专家对于病的解释。这些专家，可分两派：一派注重环境，以为病的来源，由于细菌，而细菌乃是在环境中的。一派注重遗传，以为各人抵抗力的强弱，是得病与否的最大关键。我们的环境中，常有细菌的。但抵抗力强的，便不为所犯；抵抗力弱的，便容易屈服了。抵抗力这样东西，固然可以获得，但也有得之于先天的。譬如白喉一症，是由细菌传染的，但有些人因为有先天的抵抗力，便不易为白喉的细菌所犯，那些没有这种抵抗力的，不打血清，便有得白喉的危险。我们各人的身体中，对于白喉，是否有这种天生的抵抗力，只需经过一种锡克试验（Schick Test）便知。又如黑人对于肺病的抵抗力，比较白人便弱些。据美国 1920 年的生死统计，在伊利诺伊州，白人的肺痨病死亡率，是十万分之 82.1；黑人的肺痨病死亡率，便是十万分之 324.1。白人的肺炎病死亡率，是十万分之 128.5；黑人的肺炎病死亡率，是十万分之 307.7。黑人在肺病上的先天抵抗力不如白人，于此可见一斑。但也许有人说，黑人在肺病上的死亡率高，是由于环境的不良。这种说法，是有片面之真理的，但不能完全解释这种差异。因为假如我们承认环境不良，便易致病，那么黑人对于各种病症的死亡率，都要比白人高才行。在事实上，并非如此。再看 1920 年的美国生死统计，白人在麻疹上的死亡率，要比黑人高两倍；在猩红热上的死亡率，要比黑人高六倍。可见黑人的环境虽坏，但对于麻疹及猩红热的先天抵抗力，却比白人为强，所以在这两种病上，死亡率反而要低些。抵抗力有一部分是先天的，我们于研究野蛮民族时，又得一证。这些野蛮民族，从来没有经过许多疾病的淘汰，所以对于许多病的抵抗力非常薄弱，我们在上一章已经提到了。譬如麻疹一症，在文明民族中，并不能算是一种危险病症，但这种病于 1876 年传至斐济群岛（Fiji Islands）时，那儿的 15 万土人，便死去 4 万。总括以上的讨论，我们对于病的遗传一问题，便可得到相当的了解。病的本身，不是遗传的；但抵抗力的强弱，却有遗传的根据。

二、心理的差异与遗传

　　人类中的智慧，是不平等的。关于这点，古代的哲学家已经谈到了。譬如孔子，曾说惟上智与下愚不移；又有中人以上、中人以下之分。所以在他的心目中，人类至少有三等，那便是上智、中人及下愚。柏拉图在他的《理想国》中，也说人类共有三等，上等是金子做的，中等是银子做的，下等是铜铁做的。近来的心理学者，以智慧测量的方法，把人类在智慧的等第，分得更细。据他们的说法，人类从天才至白痴，至少可分九等。天才的智力商数（intelligence quotient）在 140 分以上；低能的分数，在 70 以下。低能之中，又分三等：一种叫作笨子（moron），其智力商数自 50 至 70；另外一个说法，便是笨子的智力，无论他的年龄怎样大，只与 8～12 岁的小孩子一样。低能中的第二种，叫作呆子（imbecile），其智力商数在 25 至 50 之间，或说其智力等于 3～7 岁的小孩。低能中的第三种，叫作痴子（idiot），其智力商数自 0 至 25，或说其智力等于 1～2 岁之小孩。

人类的智慧，有这种种不同的等级，我想谁都承认的。不过这些差异，是什么影响造成的？是遗传呢，还是环境？现在学术界中遗传与环境之争，要算在这一点上为最烈。

我们现在先问低能是否遗传，然后再问天才是否遗传。主张低能是遗传的，可以哥台德（Goddard）来代表。他于 1914 年曾出了一本专书，来讨论这个问题。据他的研究，低能遗传的方法，有似孟德耳所说的隐品。在他所搜集的材料之中，有 144 对夫妻，都是低能的。他们的子女，共有 482 人，其中 476 个是低能的，6 个平常。这 6 个平常的子女，似乎难于解释，因为假如低能的遗传，是依照孟德耳的遗传律，那么这 482 个子女，应该个个是低能的。替哥台德辩护的人，便疑心这种平常的子女，是私生的。萧耳（Shull）曾举一个这样的例子，很有趣的。某地有一对白种夫妇，都是低能的，生了 12 个子女，除却两个，个个都低能。这两个平常的子女，却带了一点黑人的血，一看便看得出的。所以这位低能的妻子，如不与别人私通，生下的子女，应当个个是低能。

低能既是隐品，所以低能者，如与常人结婚，其所生的子女，应当个个如常人，但是哥台德所搜集的材料中，有 122 对夫妻，虽然两造中只有一造是低能的，然其所生的子女 371 人，只有 178 是平常的，另外那 193 个，却是低能的。欲使这种结果合于孟德耳的遗传律，哥台德便假设这些夫妻中，那些外面与常人无异的，实则含有低能的隐品。如以符号来代表，那么他们并不是 DD，而是 DR（D 代表显品，R 代表隐品）。以 DR（常人之含有低能的隐品者）与 RR（低能者）相配合，其子女应当一半是低能，一半与常人无异。哥台德的结果，与此似相吻合。他又用同样的假设，来解释常人与常人相配合，为什么会生低能的子女。他的材料中，有 33 对夫妻，都是平常的，生了 146 个子女，其中 39 个，是低能的。假如这些夫妻，都是 DR，而非 DD，那么 DR 与 DR 相配合时，应当有 3/4 的子女是平常的，1/4 是低能的。哥台德的结果，又与此相吻合。

哥台德的研究，受人批评的，大约不外三点。第一，他所用的标准，来判断一个人的智慧，是否可靠？第二，低能是一件极复杂的东西，与生理上的脑经及内分泌腺，都有关系的，哥台德把它看作一种隐品，好像是由一个因素来决定的，是否合理？第三，低能也有由于环境的关系的，哥台德在他的材料中，是否已经把这一类的低能者剔开不算？以上这三点，第一点在心理学的范围里，第二点在生物学的范围里，于今都略而不谈。惟有第三点，是论环境与低能之关系的，最为社会学者所注目。很多的社会学学者，以为父子都是低能，并不能证明低能便是遗传。我们如欲证明这个儿子的低能，是由遗传得来的，第一须搜集证据，证明他的低能，不是由于患病或跌伤或在胎中受毒所致。多少医家告诉我们，婴孩在胎中如受梅毒或酒毒，长大后易成为低能。又如在发育期内，脑袋跌伤或甲状腺（thyroid gland）有病，智力的发展，便趋于停顿。又如美国之南部，有许多小孩，因为生钩虫病，精力不足，注意不能集中，因而学习迟缓，成为低能的，亦不一而足。此外还有因为视觉与听觉有毛病，对于外界，不能为相当之适应，而成为低能的。像这一些例子，至少可以证明，有些低能，是与遗传毫无关系的。所以特勒各（Tredgold）虽然相信低能的主要原因是遗传，也说低能中只有80%是由于遗传造成的。所以我们在断定一个人的低能的原因之前，必须研究那个人的历史，看看他的经验中，有无某项原因，是使他低能的。

第二，在我们说某人的低能是由于遗传之前，还要看看这个人的环境，与常人是否相等。一个人的智慧，虽然一半要靠由遗传得来的好脑经，一半也要靠环境的刺激及启发。把一个毫无心理上缺点的小孩，送给人猿去抚养。假如这个小孩能够长大到16岁，再被领回到人的社会中，他是否有人的智慧呢？据我的推测，他一定不会穿衣服，不会说话，不会知道年月日的算法，不会知道两个三角合起来便等于一个方块。总之，他的行为，与我们心目中的痴子，是没有什么分别的。这虽然是一个极端的例子，但可以表明环境与智慧的关系。那些父母都是低能的子女，幼时所得到的教育，一定没有常人那样完善，这是我们可断言的。在那种不良的环境中，如何能够希望一个小孩，能充分发展他的智慧。所以低能者的子女成为低能，不能说是与环境无关。

关于此点，芝加哥大学的傅里门教授（Freeman），最近有一研究，很可拿来讨论。有26个小孩，父母的智慧，经智慧测量之后，断定是低能无疑。假如我们信哥台德之说，这26个小孩，应当都是低能的。但傅里门把这26个小孩，放在平常人的家庭，教育了数年，然后再来测量他们。结果只有4个小孩的智力商数，是在70以下。换句话说，低能者的26个子女之中，只有4个是低能。其余的小孩，平均的智力商数，是 81。这个数目，虽然比平常的小孩所得的智力商数要低些，但已不是低能者所能做到的了。

傅里门的研究，证明低能与环境有关。但这些低能者的子女，平均的智力商数，比普通小孩的平均智力商数要低许多，可见遗传也有关系。所以现在我们应当说低能的原因，共有两种：一种是环境，一种是遗传。这两种原因，在某特别案件中，也许这一种的原因多些，而那一种的原因少些，但我们决不能只看到这一方面，而忽略那一方面。

除却低能以外，社会上还有许多心理上有病态的人，如疯癫的（insanity）及患痫症的（epilepsy）是否遗传，也是一个值得讨论的问题。主张疯癫是遗传的，也说疯癫是一种隐品。诺生朗夫及欧尔（Romanoff and Orr）研究了 206 对夫妻，他们的血统中，多少有点疯癫的成分。这些夫妻，共生了 1 097 个子女，有 146 个，在幼年便夭殇了。其余的，有 586 个是好的，有 351 个也患疯癫。赫洛（Heron）根据苏格兰某疯人院的报告，得到下列的统计：

父母的心理状态	子女的心理状态		
	疯癫的	平常的	疯癫的百分数
父母俱平常	314	1 179	21%
父母中有一个疯癫	93	299	24%
父母俱疯癫	4	4	50%

我们对于这些统计，有一个根本批评，就是疯癫的种类甚多，有许多是环境造成的，而这些统计，并没有把它们分别出来。梅毒、饮酒过度及忧郁，均足使人发疯，而这些疯癫，当然不是由于遗传。没有一种脑经，能够经得起梅毒的攻击，而不失其常态。至于饮酒过度及忧郁，有人经得起，有人便经不起，所以遗传在这儿似乎有点关系。不过我们即使承认此点，我们还不能说，这些人的疯癫，是遗传的。因为他们得之于先天的，最多是一个衰弱的脑经。这个脑经虽坏，但如环境中不起波澜，它也不致使人发疯。他们的疯癫，乃是坏脑经与坏环境相遇的结果，并不是单独由遗传造成的。除却那些疯癫环境确负全部分或大部分的责任外，其余还有许多种类，其原因我们还不明了，所以不必即下断语。至于痫症，到底有多少是遗传的，更难断定。有人说 11% 是遗传的，又有人说 56% 是遗传的。有人说痫症与低能有关系，所以低能者相配合，可以生出有痫症的子女来；而有痫症的人，与一个疯癫的人相配合，也可生出低能的子女来。又有人说父母生杨梅疮的或饮酒过量的，子女有患痫症的可能。这一切假说，都得等将来证据收足后始能证明。

现在我们可以讨论心理遗传的另一方面，那便是天才是否遗传的问题。主张天才是遗传的，其提出来的证据，最要的共有两种。

一种证据，是从研究大人物的来源得来的。爱利斯（H. Ellis）曾研究英国自有史以来的大人物，发现智识职业阶级（professional class）在人口中，只占 4.46%，而所产生的大人物，倒占全体的 63%。而工匠等等，在人口中，占 84%，其所产生的大人物，只占全体的 11.7%。高尔敦（F. Galton）曾研究英国 19 世纪 107 个大科学家，发现 9 个出自贵族，52 个出自智识职业阶级，43 个出自大银行家、大商家及大实业家之家庭，2 个出身田间，1 个出自劳动阶级。又据法国得肯多（de Candolle）的研究，法国的大科学家，35% 出自贵族阶级；42% 出自智识职业阶级；工人及下流社会，虽占人口总数 2/3 或 3/4，而对于科学家之贡献，只有 23%。德国的马斯（Fritz Maas）曾选择德国生于 1700 年之后而死于 1910 年之前的大人物，共得 4 421 个。其中有 83.2%，出自只占人口总数 20% 的上流阶级（指贵族、智识职业阶级及大实业家、大商家而言）；而下流的劳动阶级，虽占人口总数的 80%，而其产生之大人物，只占全体的 16.8%。美国的客笛耳博士（J. M. Cattell），根据他的研究，断定美国的科学家在各职业阶级中的分配如下表：

职业	产生科学家的百分数	在美国人口中的百分数
智识职业	43.1%	3.1%
制造业及商业	35.7%	34.1%
农业	21.2%	44.1%

菲塞博士（S. S. Visher）曾把美国名人录中的 18 400 人，按着他们父亲的职业加以分析，得着下面的结果：

名人父亲之职业	每若干人中有一名人	每一万人中有若干名人
粗工	75 000	0.013
细工及半细工	2 470	4
农人	1 100	9
商人	124	80
智识职业（牧师除外）	70	142
牧师	32	315

根据上列各种统计，我们知道在事实上，智识职业中的人，在人口总数上所占的百分数极少，而产生的大人物特多；工人阶级，在人口总数上所占的百分数极多，而

产生的大人物特别少。

　　另外一种证据，主张天才是遗传的，乃是由智慧测量中得来。这一派的心理学者，以为在各职业中的人，智慧是有差异的，而这种差异，会遗传下去。关于各职业中智慧不同之说甚多，现在采取推孟（Terman）的测量，以示一斑。

职业	智力商数之范围	平均智力商数
粗工	63～89	75.5
半细工	74～96	85.2
细工及细工以上	84～112	98.3

　　此外如美国大战时新兵的智慧测量，也表示职业愈高的，智慧愈高。不但此也，父亲的职业愈高，子女的智慧亦愈高。推孟所研究的优异儿童，智力商数平均为151.33 的，出自下列各种家庭：

优异儿童之父亲的职业	占有优异儿童的百分数	占洛杉矶及旧金山人口之百分数
智识职业	29.1%	2.9%
政界	4.5%	3.3%
商界	46.2%	36.1%
工界	20.2%	57.7%

　　推孟的调查，是在洛杉矶及旧金山两地举行的。此外类似的研究甚多，譬如海格推与兰煦（Haggerty and Nash）调查小学及中学的儿童 8 121 人的智力，得到下面的结果。

父亲之职业	儿童之平均智力商数	得 140 分以上的百分数	得 50～59 分的百分数
智识职业	116	11.75%	0.00%
商界	107	6.04%	0.01%
细工	98	1.94%	0.58%
半细工	95	1.15%	0.95%
农界	91	0.87%	1.93%
粗工	89	0.04%	3.36%

　　以上两种证据，乃是注重遗传的人提出来证明他们的主张的。智识职业中，多出大人物，他们的子弟，也比常人优秀；劳动阶级中，大人物甚少，他们的子弟，也较常人笨拙：这不是智慧遗传的证据吗？他们这种主张，应当批评的，便是他们过于忽视环境的影响了。智识职业阶级中人，所得的机会，是否较常人为多？他们的子女，所受的教育，是否较常人为完善？把智识职业阶级中的人的子女，送到粗工的家庭中

去教育，长大成人时，也只给他们粗工所能给予的教育，他们的智慧，还能超于常人吗？还能成大人物吗？反是，把粗工所生的子女，送到智识职业阶级的家庭中去教养，长大成人时，也给他们以高等教育，他们的智慧，难道不会与上流阶级中人的子女媲美吗？他们就没有成为大人物的可能吗？

这些问题，是想问环境对于人的成就、人的智慧，是否重要。上面所说的客笛耳博士，有一种研究，颇足证明一个人的环境，对于成就是很重要的。他把美国著名的917个科学家，求其在地理上之分布，然后根据 1860 年的美国人口统计，求每个州每百万人中，产生若干大人物，其结果如下：

州名	每百万人中有若干大人物
马萨诸塞	108.8
康涅狄格	86.9
缅因	46.1
新罕布什尔	46
怀俄明	57.1
纽约	47.2
宾夕法尼亚	22.7
弗吉尼亚	8.8
北卡罗来纳	5
佐治亚	2.8
亚拉巴马	2.1
明尼苏达	1.3
路易斯安那	1.4
俄亥俄	32.1
密歇根	36
威斯康星	45.1
伊利诺伊	24.5
密苏里	11.8
肯塔基	6.9

马萨诸塞一州所出的科学家，比南部各州，要多几十倍。换句话说，1860 年左右生在马萨诸塞的小孩子，成为大科学家的可能性，要比生在佐治亚或亚拉巴马几州的小孩，约高四五十倍。这是因为马萨诸塞州人的智慧，天生成要比佐治亚等州的人高些吗？不然！这种差异，可以用环境的差异来解释。美国的北部，工商业发达，教育

兴盛，大学校及出版物众多，人民与外界的接触频繁，所以文化的环境，万非南部诸州所可及。在这种环境中陶冶出来的小孩，长大后自易致力于科学。所以他们能成科学家及科学家所以出得多，乃是环境使然，并非因为他们有卓异的智慧。我们既不能以遗传来解释马萨诸塞所以多出大人物之故，也不能以遗传来解释智识职业阶级中何以多出大人物。

我们不承认智识职业阶级中多出大人物，是因为他们有卓异的遗传，并不是否认遗传与成就毫无关系。假如那样说法，便是走到另一极端了。我们承认遗传与成就有关系，但不承认这种卓异的遗传，是世袭的。遗传与遗传世袭，完全是两件事，不可混为一谈。我们说遗传与成就有关系，意思是，假如一个人想成为大人物，不但要有好的环境，也要有好的脑经。与达尔文有相似之环境的，不知有多少，但不是个个人都能成达尔文。与美国之爱迪生有相似或较好之环境的，不知有多少，但不是个个人都能成发明家如爱迪生。反过来说，一个天生有欠缺的，像科令罕教授（Cunningham）所研究的卓先生（Joe），虽然身高五尺九寸，而脑经的重量，只有560格兰姆，这类的人，便给他最好的环境、最良的训练，结果还是一个痴子。这样地说遗传与成就有关，我想谁都不能否认。但是世界上有这么多的人，有这么多的不同职业，到底谁的子孙，有好遗传呢？优生家说是职业高的人，子孙便有好的遗传，这便是承认好遗传世袭了，我们不大敢信。

我们的假设是：好遗传不是一个阶级所能包办的。只看下流社会中，有时也出卓异的人才，而上流社会中，有时也生痴呆的子女，便是一证。索罗金（Sorokin）曾举出许多例子，证明有好些大人物，是出身低微的。最著名的，有莎士比亚（Shakespeare）、贝多芬（Beethoven）、舒伯特（Schubert）、法拉第（Faraday）、巴斯德（Pasteur）及林肯（Lincoln）。这几个人，有的是大文学家，有的是大音乐家，有的是大科学家，有的是大政治家，总之，谁都会承认他们是大人物。但他们的祖宗，并无可以称述者。反是，有些大人物的后人，完全可以说是不肖。如希腊的科学家希波克拉底（Hippocrates），儿子是很笨的。又如查理五世（Charles V）、彼得大帝（Peter the Great）、拿破仑（Napoléon I）等，虽然本人都是英雄，而其后人都无足取。由此看来，好遗传世袭之说，是万难成立的。

三、遗传世袭说的批评

上面泛论遗传世袭说的不能成立，现在我们再用遗传学的眼光，来看看这种学说，是否合于我们知道的遗传律。在讨论这个问题之先，我们把世袭这个名词再解释清楚一点。平常我们所谓世袭，大约是父亲传给儿女的意思。譬如父亲是贵族，儿子也是贵族，我们说这是爵位世袭。又如父亲有百万财产，死后把这百万财产交给儿子，我们说这是财产世袭。又如中国古时，士之子恒为士，农之子恒为农，这便是职业世袭了。像上面许多优生学者及心理学者所举的例子，以为父亲的智慧很高，儿子的智慧也高，是由遗传之故，这便等于说是遗传世袭了。

我们觉得这种说法，无论以高尔敦的二律或孟德耳的三律来批评它，都难成立。高尔敦的二律，第一律（law of ancestral inheritance）是说：平均起来，一个儿子的特质，得于父亲的，只 1/4；得于母亲的，亦 1/4；得于祖父母及外祖父母的，各 1/16。由此上溯，血统的关系愈远，则其对于遗传的贡献亦愈少。后来皮耳生等改正此律，以为父母之贡献，每人不是 1/4，而为 1/3。这种统计的说法，由生物学的眼光看去，是可以批评的，但它有一点，是极的确的，便是我们的遗传，不只得之于父亲。那些研究父子智慧上之关系的，把母亲撇开不算，那些研究大人物之来源的，也只研究大人物的父亲，而忽略大人物的母亲，便是把这一点最浅近的原理，都忘记了。高尔敦的第二律（law of regression）是量英国 900 个人的身材得来的。他的意思是，一个种族中对于某种特质，是有一种范式的。假如一个人在某种特质上，离开了这种范式，那么他的子女，便有还到这种范式的倾向。譬如某种族中，身材的平均是五尺四寸，这个数目，便是这个种族中的身材范式。假如有一个人，身材倒有六尺，娶了一个妻子，身材也有六尺，那么他的子女，是否也都有六尺呢？高尔敦说是不然。他们的子女，虽然比五尺四寸要高些，但到不了六尺，不过五尺九寸左右而已。假如这个定律，也可用到脑力的遗传上去，那么父亲是天才，儿子便要比天才差些，天才不是世袭的。

孟德耳的显性律（law of dominance），证明一种特质至少是由两种因素（gene）所造成，而这两种因素，有时均为显品，有时均为隐品，有时只有一为显品，而一为隐品。现在假设一个人的染色体只有两对，因素亦只有两对，一对为 Aa，一对为 Bb。依照孟德耳的分离律（law of segregation）及自由分配律（law of in-dependent assortment），那么在生殖细胞成熟分裂之后，便有四种不同的细胞，一为 AB，一为 Ab，一为 aB，一为 ab。人类的染色体，共有 24 对，假如每对染色体均无互相交换（crossing over）的事，那么一个人所产生的生殖细胞，也不下 16 777 216 种。男女每方生殖细胞的种类，既如是之多，那么由它们结合而产生的胚胎，其可能之种类，真是无限的了。一对夫妻所生的子女，没有一个相同的，就是这个缘故。现在回到原题，看看孟德耳的遗传律，是否告诉我们遗传可以世袭。我们的答案是：照孟德耳的遗传律，遗传是不能世袭的。现在可以用上面已经用过的例子来证明这一点。譬如一个人的父亲是患白瞳眼的，因为他的生殖细胞的种类非常之多，所以有些生殖细胞，是不带白瞳眼的因素的。这种细胞，如与这个人的母亲带多指的因素那种细胞相结合，那么这个人成人的时候，是不患白瞳眼而多指。白瞳眼是他父亲所有的，而他却无；多指是他父亲所无的，而他却有。所以遗传世袭之说，在高尔敦及孟德耳遗传律的批评之下，不攻自破了。

第六章　环境与遗传

一、研究的途径

环境与遗传的辩论，起源很早，到现在还没有完息。同是一种特质，注重遗传的人，说这是遗传的影响；注重环境的人，说这是环境的影响。两方面各有各的理由，令听的人真是不知从哪一方面是好。

我们现在举一个有名的例，来解释上说的一点。一百多年以前，在美国独立战争的时候，有一个当兵的，我们姑称他为马丁·开理开克（Martin Kallikak）。在一个饭店里，他与一个低能的女子私通，生下了一个孩子。后来开理开克正式地与一个好人家的女儿结婚，生下了好几个子女。这两脉的后裔，经卡娣女士（E. S. Kite）调查出来，结果如下：

特质	私生的后裔	正出的后裔
后裔数目	480	496
的确知道是低能的	143	1
心理状态可疑或不明	291	0
私生	36	0
性的不道德，如娼妓之类	33	0
酒豪	24	2
有痫症的	3	0

续表

特质	私生的后裔	正出的后裔
夭殇	82	15
罪犯	3	0
妓寮老板	8	0
心理状态平常的人	46	495

关于这一个案件，环境论者与遗传论者，不知打了多少笔墨官司。开理开克私生子的后裔，为什么出那么多的败类？环境论者归罪于环境，遗传论者归罪于遗传。

我们觉得在这种案件上，来讨论遗传与环境的问题，永远得不着好结果。因为上面所举的特质，遗传的根据固有，环境的影响也在，我们很难把它们分得清楚。想根本解决这个问题，看环境或遗传对于某种特质是否有影响，其影响至若何程度，只有两个办法。第一，便是不变遗传，而改变环境，看看某种特质，有无变动。第二，便是不变环境，而变动遗传，看看某种特质，有无变动。这样，环境与遗传的势力，都可以看得出来。假如两样都在那儿变动，我们便不能说某特质的变动，是由于环境，或由于遗传。上面比较开理开克两脉后裔的特质时，并没有做到不变遗传变环境那一步，也没有做到不变环境变遗传那一步。这两脉后裔，遗传固然不同，环境也不同的，所以我们决不能说他们行为上之差异，是只由于遗传，或只由于环境。

在上一章里，我们已经提到傅里门教授对于低能的研究。这个研究，不过是他在1928年教育研究会年刊里发表的一部分。他的全部研究，包括的问题很多，我们现在看他研究遗传与环境在智慧上之影响的方法。以前有许多心理学者，相信由智慧测量所测量出来的智慧，是得之于遗传的，经过傅里门教授研究之后，我们相信智慧与环境，也是有很大之关系的。他研究遗传与环境在智慧上之影响的第一个方法，便是我上面所说的，不变遗传而改变环境。有一群小孩，因为父母的家庭不良，所以被从原有的家庭中拿出来，放到好的家庭中去教养。在放进好的家庭之先，曾给他们一种智慧测量，数年之后，又给他们一种智慧测量。现在比较两个时期这群小孩所得的智力商数，则后一时期比前一时期的要高些。遗传未变，但环境变了，智力商数也随之而变，可见环境与智力的关系。最有趣的，便是同胞兄弟姊妹（siblings），遗传虽然相似，但如放在不同的环境内，成绩便大不同。傅里门曾把每对兄弟姊妹拆开，一个放在好一点的家庭里，一个放在次一点的家庭里。这儿所谓好一点、次一点，并不是视主观的好恶为转移，乃是有客观之根据的。在评定家庭的优劣之时，对于物质环境、养父之职业及教育、家庭用具之多寡、书籍杂志报章之数目及种类等等，皆计算在内。

结果分数多的，便算好家庭；分数少的，便算次一点的家庭。这些兄弟姊妹，在不同的家庭中，过了几年之后，便给他们一种智慧测量，结果是在好家庭中长大的，平均的智力商数是 95，在次一点的家庭中长大的，平均的智力商数为 86。两组的相差，共有 9 分之多。也许有人要疑心：在这些同胞分拆时，是否曾经过一种选择，是否聪明一点的，便选入好的家庭中，而差一点的，便选入次一点的家庭中？但据傅里门的研究，养子加入新家庭时，并未经过这种选择作用，所以这点差异，应当归功于环境。

另外一个方法，便是上面所说的，不变环境，而变动遗传。傅里门用统计的方法，得到一种结论，就是血统不同的小孩，如在同一家庭中长大起来，其智慧的相关系数，为 0.25～0.37。反是血统相同的小孩，如在显然有高下的家庭中教养起来，其智慧的相关系数只有 0.19。这个数目，比皮耳生所得的 0.50 要小得多。可见兄弟之相似，皮耳生等归功于遗传的，有一部分应归功于环境。

据傅里门等的研究，现在还不能说在智慧上，环境与遗传两种势力的数量比较是如何，但继续研究下去，将来也许有人能回答这个问题。像皮耳生几年前所说的，环境对于个人发展之势力，不及遗传 1/7，又如卡山头所说的，人类智慧的差异，环境只负责 10%，而遗传须负责 90%，未免都是结论下得太快了。

这儿所举的一个例，只是就遗传与环境在智慧上之影响而言。其实研究别的特质，都可用同种的方法。譬如有人相信犯罪是遗传的，在辩护他这种主张之前，最好做一种研究，把罪人的子女，生下来后，便放到好的家庭中去教养，看看他们长大成人后，还一样地犯罪否。让事业来证明他们的主张，比空口说白话要好得多。

还有一种研究的方法，也可帮助我们了解环境与遗传两种势力对于某种特质影响之大小的，便是双生子的比较。生物学家告诉我们，双生子共有两种：一种是同样的双生子（identical twins），一种是相殊的双生子（non-identical twins）。同样的双生子，是由一个胎变化为二而成的。他们同性，同出于一胞衣中（chorionic coat），所以遗传是一样的。相殊的双生子，虽然是同时出世，但是由两个胚胎发展而成的，不一定同性，遗传自然也是两样的。他们相似的程度，至多与兄弟姊妹相似之程度无异。据克鲁（Crew）的估计，在 80 次生产之中，有一次是双生。在双生子之中，有 1/4 是同样的双生子。所以平均起来，在 300 多次生产之中，总有一对同样的双生子出世。

关于双生子相似的问题，研究最早的人，要算高尔敦。他于 1875 年，发表了他研究 80 对双生子的成绩。不过他的材料，多以通信问答法采集而来，其精确的程度，自可批评。1905 年，哥伦比亚大学的桑戴克教授（Thorndike），发表了他对于 50 对双生子研究之成绩。他的结论是：双生子之相似，二倍于普通兄弟姊妹间之相似。可惜他在研究时，没有把两种双生子分开。1919 年，美国的《遗传学杂志》（*Journal of Heredity*），曾以第 10 卷第 9 期，为双生子专号。这个杂志的编辑者，曾调查到 300 对双生子，收到 175 张双生子的照片。在这一期的杂志中，曾发表了许多双生子的照片，但还没有几篇长的文章，报告研究这 300 对双生子研究的结果。

双生子在智慧上的相似，我们大家都承认的。但这种现象，是否可以由环境解释？双生子的环境，不比普通的兄弟姊妹要格外相似点吗？关于这点，滔曼女士（G. G. Tallman）最近有一种研究，很可以帮助我们了解。她设法把纽约城中的双生子，在校中读书的都找出来，给他们一种智力测量。他们的姊妹兄弟，也选出一些来，给以同类的测量。结果，有 72 个家庭中的 199 个小孩及 158 对双生子，受过她的测量。测量的成绩，可以分作几组报告。第一组包括好些对兄弟姊妹。他们智力商数的相差，平均有 13.14。第二组包括双生子的全体，他们智力商数的相差，平均有 7.07。这个结果，与桑戴克的结果差不多。也许有人要问：兄弟在年龄上有差异的，环境所以不能相同；双生子在年龄上并无差异，环境自然相似。欲比较这两组，应当把年龄的差异一点，设法除去方行。不过兄弟姊妹在年龄上的差异，无论如何，是免除不了的。为减少这点差异在智力上之影响至最低限度起见，滔曼选出那些兄弟姊妹在年龄上相差不到两岁的出来，看看他们智力的相差，至若何程度。结果他们的相差，平均还有 11.96。

在第二组的双生子中，包括两种不同的双生子。滔曼又把他们分作两组：一组是不同性的双生子，当然是相殊的双生子。另一组双生子，是同性的，其中当然有同样的双生子，但也有相殊的双生子。第一组智力商数的相差，平均为 8.48；第二组智力商数的相差，平均为 6.42。第二组的相差，比第一组少些，据滔曼说，是因为有同样的双生子在内。

滔曼最后又从同性的双生子中，选出 63 对来。这 63 对，外观非常相似，很难分别出来，滔曼便假定他们为同样的双生子。另外又有 39 对，外观大有分别，所以虽为同性，滔曼还是假定他们为相殊的双生子。在 63 对同样的双生子中，有 29 对是女的，其智力商数之相差，平均为 4.22；另外 34 对是男的，其智力商数之相差，平均为 5.82。男女 63 对总合起来，其智力商数之相差，平均为 5.08。那 39 对相殊的双生子，其智力商数之相差，平均为 7.37。其中有 22 对女的，相差为 7.14；17 对男的，相差为 7.56。

兄弟姊妹的智力商数之相差，较大于双生子智力商数之相差，还可以用环境解释。但在双生子之中，相殊的双生子，其智力商数之相差，较大于同样的双生子智力商数之相差，便非环境所能解释了。从这种研究上，我们可以看得出遗传在双生子智慧相似上的影响。

同样的双生子，总是在同样的环境中长大起来的占最大多数，所以研究他们，很难做到上面所说的，不变遗传而变环境那一点。假如有些做父母的，生下一对同样的双生子来，肯把一个送给别人去养，养大之后，再比较他们两个人的性情及行为，一定是很有趣味的一件事。

米勒（Muller）在《遗传学杂志》第 16 卷中，曾发表了一个报告，与上面所说的那一点有关的。他研究了一对年 30 岁的同样的双生子。他们出世之后两个星期，便分开了，到了 18 岁时，才第一次会面。这两个人的教育程度，是不同的，一个只受了四年的正式学校教育，此外还在一个商业学校中念了九个月。另外一个，曾在中学毕业，毕业后曾任教书之职，直到他 21 岁结婚那一年为止。这两个女子，曾受遇陆军甲种智慧测量（Army Alpha Test），一个得 156 分，一个得 153 分。又受一种俄替司测量（Otis Self-Administering Test），一个得 64 分，一个得 62 分。差异是极少的。在别种试验上，不是测量智慧的，她们并无惊人的相似之处。

二、社会改革与优生政策

总括上面的讨论，我们可以说是遗传与环境，在个人的发展上，都是重要的，虽然在某特质上，两种势力之重要的程度如何，我们还不十分明了。在我们对于这些问题，还未得到解决的时候，最好虚怀研究，不可为先入之见所惑，而发出武断的言论。

已故的顾勒教授（Cooley），在他的名著《人性与社会秩序》（*Human Nature and the Social Order*）中，曾表示他对于环境与遗传一种稳当的见地。在好或坏的遗传与好或坏的环境四种可能的结合之中，有三种是可以使人到下流的路上去的，那便是：（一）好遗传与坏环境结合；（二）坏遗传与坏环境结合；（三）坏遗传与好环境结合。只有好遗传与好环境结合起来，才可以使一个人上进。

假如我们希望好遗传与好环境结合，那么我们对于优境运动，应当是热心赞助的。譬如中国，只因教育不普及，便有多少人才，都永远埋没了。据美国大战时的研究，入伍的土著白人，每 100 个进小学的，有 98 个继续到小学二年级，97 个到三年级，94 个到四年级，90.5 个到五年级，83 个到六年级，73.5 个到七年级，63 个到八年级，48 个毕业于小学。在这个 48 个中，有 23 个进中学并继续到二年级，17 个到三年级，12 个到四年级，9.5 个毕业于中学。在这些中学毕业生中，有 5 个进大学并继续到二年级，4 个到三年级，2 个到四年级，1 个毕业于大学。假如中国的教育，也发达到美国那种地步，100 人中有 1 个大学毕业生，那么中国应有 400 万大学毕业生，请问中国现在有吗？又据高尔敦研究英国大人物而得到的结论，是每 100 万人中，便有250 个出类拔萃之士，其中一人是天才。假如每 100 万人中，便有一个天才，那么中国今日，应当有 400 个天才，请问这些天才在什么地方？那 10 万出类拔萃之士，又在什么地方？这些天才，这些出类拔萃之士，不在中国出现，乃是因为中国没有给他们机会。所以无论什么运动，其目的在给平民以相当机会，发展他们的才能，都是可取的。

优生政策，据塞利卑（Saleeby）的说法，不外三种：一种是预防的优生（preventive eugenics），一种是消极的优生（negative eugenics），一种是积极的优生（positive eugenics）。所谓预防的优生，其目的在除梅毒、酒毒及铅毒。这种运动，与其谓为优生，不如谓之优境，因为把这些毒都除去了，人类的遗传，不见得就会好起来，不过不变坏就是了。消极的优生，其目的在使社会上的下等人物，少生子女。但是从遗传的眼光看去，谁是下等人物？这个问题，极难回答。劳佛林（Laughlin）曾举出十种下等人物来：（一）低能的；（二）疯癫的；（三）犯罪的；（四）有痫症的；（五）有酒癖的；（六）有痼疾的，如肺痨、梅毒之类；（七）瞎子；（八）聋子；（九）有残疾的；（十）依赖人的。这十种人，是否都从坏种中出来的，是否不能生出有好遗传的子孙来呢？这一点大可讨论，并不能由人武断的。但优生政策的主张者，不待事实的证明，便贸然通过一些法律，施诸一些无辜的人以类似腐刑的刑罚，这是不当的。美国在1921 年以前，共有男女 3 233 人，受过这种刑罚，其中有 2/3，是在加利福尼亚举行的。这 3 233 人之中，有 403 人是因为低能，2 700 人因为疯癫，130 人因为犯罪。低能与疯癫，有一些是环境造成的，我们上面已经说过，这些人的遗传，与常人无异。至于犯罪的重要原因，是由于环境不良，这是大家都知道的。罪犯中有许多聪明的人，如在另一环境中，也许便成为大人物。现在不分黑白，强说他们的遗传不佳，施以重刑，实在是不对的。

我们也愿意下流人物少生子女，但我们的理由，不是因为他们的遗传不良，因为在这一点上，事实还未大明。我们的理由是，这些人的环境，大多数是不良的，假如子女在这种环境中长大，成人后将为社会之累。不过只希望他们少生子女，同时不在改良环境上用力，那么这种人还是会时时出现的。我们的理由既不同，所以在社会上努力的方向也自异了。

积极的优生，其目的在使社会上的上等人物，多生子女。这儿的困难，与消极的优生相似的，便是从遗传的眼光看去，谁是上等人物，不易知道。在 1911 年，德国有一位豪收教授（Otto Hauser），曾建议于德皇，请其鼓励一种人的生育。这种人的品格，有下列数点：男的须有五尺七寸长，女的须有五尺六寸长。男的与女的，都无须有黑头发。他们的眼睛，须是纯碧的，不可带一点褐色。鼻孔要狭，下腭要方，头脑之后部须发达。男女都要有德意志的名字，父母都是德意志人，并且说德国话。合以上这几种资格的人，假如结婚了，便由德皇送他 120 元的礼物，以后每生一个子女，还可以再得礼物。豪收所选的人，从意大利的优生学者看去，是否上等人物呢？从中国的优生学者看去，是否上等人物呢？从他们不同的答案中，我们可以知道，决定谁在遗传上是上等人物，乃是困难的。好在世界各国，还没有以法律来制定积极的优生政策，所以还无流弊。

总之，无论是环境论者或遗传论者，在事实上，都愿意社会中优秀的分子加多，而恶劣的分子减少。不过遗传学在今日还未十分发达，所以想用优生政策来改良社会，其根据是很薄弱的。反是，世界有多少天才，因为得不到机会，而与野草同腐，或本可有为的青年，因受不良环境的陶冶，因而堕落的，不可胜数。所以改良社会，使天才得到机会，得脱颖而出，或使可以有为之青年，得向上发展，其理论上之根据，是很巩固的。我们批评改良社会的计划及优生政策时，应当记得此点。

附录　参考书举要

（我所认为最要的，上面加 * 为记。）

Bushee，F. A. ，Principles of Sociology，1923.

* Carr-Saunders，A. M. ，The Population Problem，1922.

Carr-Saunders，A. M. ，Eugenics，1926.

Castle，W. E. ，Genetics and Eugenics，1925.

Conklin，E. G. ，Heredity and Environment，1923.

Cox，H. ，The Problem of Population，1923.

Crew，F. A. E. ，Organic Inheritance in Man，1927.

Davis，Barnes and Others，Introduction to Sociology，1927.

Davis，Barnes and Others，Readings in Sociology，1927.

Dublin，L. I. （Editor），Population Problems in the United States and Canada，1926.

* East，E. M. ，Mankind at the Crossroads，1923.

Fairchild，H. P. ，The Foundations of Social Life，1927.

* Freeman，F. N. ，Mental Tests，1926.

Gates，R. R. ，Heredity and Eugenics，1923.

* Gault，R. H. ，Social Psychology，1923.

Gillin，J. L. ，Dittmer，C. G. and Colbert，R. J. ，Social Problems，1928.

Goodsell，W. ，Problems of the Family，1928.

* Hankins，F. H. ，An Introduction to the Study of Society，1928.

Hertzler，J. O. ，Social Progress，1928.

* Holmes，S. J. ，The Trend of the Race，1921.

Huntington，E. ，The Character of Races，1924.

Keith，A. ，Man：A History of the Human Body.

* Kelsey，C. ，The Physical Basis of Society，1928.

Kroeber，A. L. ，Anthropology，1923.

* Newman，H. H. ，Readings in Evolution：Genetics and Eugenics，1921.

Popenoe，P. and Johnson，R. H. ，Applied Eugenics，1923.

Queen，S. A. and Mann，D. M. ，Social Pathology，1925.

Reuter，E. B. ，Population Problems，1923.

Reuter，E. B. ，The American Race Problem，1927.

Ross，E. A. ，Standing Room Only?，1927.

Semple，E. C. ，Influence of Geographic Environment，1911.

Shull，A. F. ，Heredity，1926.

* Sorokin，P. ，Social Mobility，1927.

Sorokin，P. ，Contemporary Sociological Theories，1928.

The Second International Congress of Eugenics：Eugenics in Race and State，1923.

* Thompson，W. S. ，Danger Spots in World Population，1929.

Watson，J. B. ，Psychology from the Standpoint of a Behaviorist，1924.

* Whipple，G. M. （Editor），The 27th Yearbook of the National Society for the Study of Education：Nature and Nurture，Their Influence upon Intelligence，1928.

Wright，H. ，Population，1923.

第四种国家的出路（节选）

（该书曾于中华民国二十六年2月由商务印书馆出版，

署名为"吴景超 著"。）

自序

本书收集了 16 篇文章，都是我于过去数年内，在《新月》《清华学报》《社会科学》《大公报》及《独立评论》中发表过的。

书名似乎有点新奇，但也无需解释，因为在本书第一篇文章里，已经把第四种国家的意义，讲得很清楚了，中国不幸，就是第四种国家，如何改变这种不幸的境遇，就是本书所要讨论的。全书共分四章，第一章是导言，全书的要义，已在于此，以后三章，不过发挥这些要义，但每章都有一个中心主张。第二章提倡机械化的生产方法，第三章提倡节制人口，第四章提倡公平的分配，这几件事都做到了，是否中国便有出路，还请读者指正。

这些文章是在不同的时期写的，所以文中所用的统计，前后偶不能一致，因为与书中的主旨无关，所以未加修改。

吴景超　二十五年 11 月 4 日

第一章 导言

一、世界上的四种国家

国家分类的方法很多，我们可以从政治的观点去分类，也可以从经济组织的观点去分类；可以从宗教的观点去分类，也可以从教育的观点去分类。但这些分类，都不是我这篇文章中所要讨论的。我这儿所说的世界上四种国家，乃是根据人口密度及职业分派两点所分析的结果。

先概括地说一下这四种国家的特点：

第一种国家，人口密度颇高，但在农业中谋生的人，其百分数比较低。

第二种国家，人口密度颇低，但在农业中谋生的人，其百分数也比较低。

第三种国家，人口密度颇低，但在农业中谋生的人，其百分数比较高。

第四种国家，人口密度颇高，但在农业中谋生的人，其百分数也比较高。

这四种国家的生活程度，以及它们在生活中所遇到的问题，都不相同的。我们愿意把每种国家举一两个例子来讨论一下，同时也要看看中国在这四种国家中，是属于哪一种。

第一种的国家，可以拿英、德两国来做代表。英国的人口密度，每一方公里是181.2，世界各国，除却比利时、荷兰两国外，就要算英国的人口密度最高了。德国的人口密度，每一方公里是133.1。我们如知道世界各国的人口密度，每一方公里在100以上的，只有七个国家（除却上面提到的四个国家以外，还有日本、意大利、捷克斯洛伐克），就可知道英、德两国的人口密度，是比较高的了。英国人在农业中谋生的，比较最低，只占有职业的人 6.8％。德国人在农业中谋生的，也不到有职业的人 1/3，只占 30.5％。概括地说，这一类的国家，本国的农产物，大都不能维持本国人的生活，所以不得不于农业之外，发展别的实业，特别是工业。它们便以工业的制造品，卖给别国，以赚来的钱，再从他国买进粮食，来维持本国过剩人口的生活。据哈佛大学易司特教授的估计，英国的农产，只能维持本国人口 41％ 的生活。其他各国的农产物，如德国，只能维持本国人口 72％，意大利只能维持本国人口 64％，比利时只能维持本国人口 37％。又如日本，人口总计有 6 000 余万人，但本国的粮食，只能养活 4 000 余万人。所以这些人口密度过高的国家，许多都靠别国土地的生产，来维持其生活。这些农业不能自给的国家，既然要靠自己的工业品，去换别人的农业品，所以它们在国际贸易上的商场，如给别人占去了，本国人的生活，便要起很大的恐慌。我们可以拿英国近年来的情形，做一个例子。英国的纺绩工业，在各种工业中是最发达的。它纺绩出来的货物，有 4/5 要运到外国去，本国的市场，只能销去 1/5。这些运往外国的纺绩品，在英国的出口货上，占一个极重要的位置，它的价值，要占出口货全体价值 20％，有时或达 30％。这些纺绩品，假如在国外的市场上，销得出去，以所赚来的钱，换得粮食归来，那自然是很好的。不过英国的海外市场，并不是颠扑不破的。在 1890 年，英国的纺绩品，有 40％销在印度，近来只能销 30％了。以前有 11％销在中国，近来只能销 8％了。东方的市场，在 1910 年，要销英国出口的纺绩品 56.4％，1920 年，便降低至 43.6％。在 1913 年，英国出口的布匹，长达 70 亿码，近来只有 45 亿码。英国在东方的纺绩品市场，所以衰落的重要原因，一因印度与中国的纺绩业日有进步，二因有日本与之竞争。这两种势力，不是英国工业的能力所能打破的。所以英国纺绩品商场在东方的丧失，不是暂时的现象，而带有永久的性质。英国的失业问题，有一部分未始不是由于这个重要的原因造成，所以专靠国外的商场，来维持国内的工业，乃是很危险的。

不过这些农业不能自给的国家，其危险还不只此。我们还是以英国来做例子。英国现在粮食不能自给，所以要向外国买进粮食。现在供给英国粮食的主要国家，有澳大利亚，有加拿大，有印度，有阿根廷。印度的人口密度，比较是高的，所生产的粮食，大部分自己消耗，只有一小部分运出。这一小部分能够运出，乃是因为印度人的生活程度太低，正如中国近年有鸡蛋输出，并非因为中国人自己吃了还有得多，乃是因为中国大多数的人民，还没有达到吃鸡蛋的生活程度所致。假如印度的生活程度，略为提高一点，便没有余多的粮食运出的。其余的国家，所以有食物运出，乃是因为本国的人口稀少，农产品用之有余所致。但是这些国家的人口，还在那儿膨胀的。有一个学者估计，以为加拿大与澳大利亚，在 30 年之后，便不能有食物输出，因为在这 30 年内加增的人口，要把余下来的食品都消耗了。这个估计，也许是不对的，不过这些国家，将来或无食品输出，并不是不可能的事，只看美国在 19 世纪输出的食物，数量甚巨，近来因为本国的人口加增，输出的数量，便减少了。假如现在有食物输出的国家，将来停止或减少食物的输出，那么这些农业不能自给的国家，又要遇到一个严重的问题。由此看来，本国的农业不能自给，想靠别种实业来维持过剩的人口，虽然是一个普通的方法，虽然是一个为许多强国所采用的方法，却也是一个带有危险性的方法。

　　第二种的国家，可以北美的加拿大、美国，南美的阿根廷，大洋洲的澳大利亚、新西兰等国为例，这一些国家，除去美国之外，其余四国的人口密度，每方公里都不到 5 人，美国的人口密度，每方公里也只有 15.6 人。除开加拿大不算，其余的国家，从事农业的人口，都不到 30％；从事工业的人，都比从事农业的人还多。加拿大国中从事农业的人，也不过 35％。它们从事于农业的人甚少，乃是与第一种的国家如英、德等相仿佛的。但有一点与它们却大不相同，便是这些人口密度较低的国家，从事于农业的人虽少，但农产品却可自给。不但是可以自给，还有余多，可以出售。这些国家的生活方法，是最可羡慕的。它们国中从事农业的人，大都用机器生产，所以每家的农场很大，每人的效率极高。美国从事于农业的人，不过 1 000 万左右，但美国在 1926 年所产的小麦，要占全世界所产的 22.8％，所产的玉米，要占全世界的 60.9％，所产的棉花，要占全世界的 62.2％。它们以少数的人，在农场上工作，便可供给全国人民的衣食而有余。其余人口的时间与精力，便可用在别的上面，来加增国内人口的福利。那些在工业中谋生的，也是用机器来制造物品，所以他们的效率，也较别国的工人为高。1927 年，李德教授曾在《大西洋月刊》中发表了一篇文章，比较各国的工人效率，以中国为最低，美国为最高，如下表：

国名	工作效率	国名	工作效率
中国	1	印度	1.25
苏联	2.5	意大利	2.75
日本	3.5	波兰	6
荷兰	7	法国	8.25
澳大利亚	8.5	捷克斯洛伐克	9.5
德国	12	比利时	16

续表

国名	工作效率	国名	工作效率
英国	18	加拿大	20
美国	30		

　　换句话说，美国 1 个工人的生产力，能抵得过 30 个中国工人，这并不是因为美国的工人，有天生的神力，为中国人所不及，乃是因为他们有机器帮助的缘故。他们工作的效率既高，所以工资也高；工资既高，购买力便大；购买力大，生活程度自然便提高了。现在世界上的国家，没有一国人民的生活程度，可与美国相颉颃的。美国所以能做到这一步，从我们的观点看来，一因人口与土地的比例，保持得很适当，既不过多，也不太少。二因他们在各职业中的分派，甚为得法，所以能够做到农业既足自给，工业也很发达。各业中的人民，彼此交易货品及服务，因而可使全国人的生活程度，得到平均的提高。我们于此又须注意的一点，便是美国工业品的出路，与英国不同。英国的海外贸易，极其重要。美国本国有一亿以上的人口，所以国内商场，较之海外商场，尤为重要。这种建筑在国内商场上的工业，其基础自较稳固，其危险自然较低。加拿大与阿根廷等国，现在是向美国那条路上走，将来人口加增一些，能够充分地利用本国的富源时，也许可以步美国的后尘，与美国人享受类似的生活程度。不过我们虽然赞美这些国家的人口密度及职业分派，并不就说这些国家中的人民，生活已无问题。近年美国各业的衰落，以及失业人数的众多，表示他们的生活里，还有很严重而亟待解决的问题。但是解决他们的问题，须从经济制度上着手，不是改良人口密度及职业分派所能救济的，所以不在本题讨论之内。

　　第三种的国家，可以苏联为代表。苏联的人口密度，每方公里不过 6.9，与第二种的国家相仿佛。但苏联的职业分派，根据 1926 年的统计，却与第二种的国家大异。它在农业中谋生的，占有职业的人 86.7%，在工业中谋生的，只占 7.7%。由此可见苏联在实行五年计划以前，还是一个农业的国家，一个人口密度很低的农业国家。与苏联的情形相仿佛的，世界上大约还有，不过这一种的国家，文化比较落后，统计每不完全，我们很难引证来做参考就是了。苏联的问题，不在人口与土地的比例，而在职业上的分派。他们从事于农业的很多，但它的农业，在五年计划以前，与美国有一点是大不同的，便是用机械的地方很少。现在他们的计划，一方面想法使农业机械化，一方面设法发展农业以外的实业，如工业、交通业之类。假如有一天，苏联能使在农业中的人民，降低到 30% 以下，同时在农业以外谋生的人，也能加增到相当的程度，那么苏联人的生活程度，一定比现在要提高许多，远非欧亚诸国所可及了。不过那一天如果来到，苏联便不是我这儿所说的第三种国家，而成为第二种国家了。它在人口密度上，将与美国相仿，在职业分派上，也将与美国相仿。这两个国家，都有一亿以上的人口，都有伟大的富源，所不同的只在经济制度一点。那时我们比较两国的生活程度，便可发现到底资本主义的国家中人民的享受，是否比得上社会主义的国家。

除却上面所说的三种国家之外，还有第四种的国家，其特点有二。第一，它们的人口密度比较高，每一方公里，人口在 50 以上。第二，它们的谋生方法，以农业为主体，在农业中的人口，要占 70％以上。换句话说，它们的人口密度，有点像第一种的国家，但职业分派，却像第三种的国家。它们与第二种的国家，刚处相反的地位，毫无相同之点。这一种的国家，可以亚洲的印度，欧洲的保加利亚、罗马尼亚为例。我们中国，也属于这个团体。这些国家的人口，有一共同之点，便是贫穷。他们主要的谋生方法，既然是农业，但以国内人口繁密的缘故，所以每家分得的农场，平均便不很大。他们辛辛苦苦，靠自己的劳力，在农场上做工，一年的收入，最多只有做到温饱两字，一遇凶年及灾乱，便有冻馁之忧。他们的收入既然不多，所以除却衣食住的消费之外，便没有别种享用可言。他们终年碌碌，所为何来，无非为自己要吃饭，一家人要吃饭而已。吃饭这一件事，在生活程度高的国家，虽然也占一个重要的位置，但他们除去吃饭之外，还有别种享乐。据 1913 年的调查，澳大利亚工人的费用，平均花在食物上面的，只占 34.8％。又据 1918 年的调查，美国 12 096 个劳工家庭，平均用在食物上的款项，占全体用款 38.2％。1922—1924 年之间，美国劳工局调查了 2 886 个农民家庭，发现他们用在食物上的款项，占全体用款 41.2％。他们余多的金钱，便用在别的上面，以满足他们生活上的欲望。但是像印度、中国这些国家，情形便大不同。根据 1913—1914 年的调查，印度孟买的工人，全年的消费，用在食物上的，要占 81.7％。中国各地人民的生活程度不一，但大多数的农工阶级，全年金钱消耗在食物上面的，要在 60％以上，高的要达 80％以上。他们在食物上面所花的钱，其百分数虽如此之高，但从营养方面看去，还远不如欧美的工人。别的享受，更不能比较了。这种悲惨的现象，一方面表示这些国家里人口过多的压迫，一方面也表示人力的未尽，不知在农业以外，去开生财之源。为提高这些国家中的人民生活程度起见，人口密度与职业分派两点都需要改良的。

总括起来，我们可以说，从我们的观点看去，第一种的国家，人口密度需要改良。第二种的国家，人口密度与职业分派皆颇合式，可为模范。第三种的国家，职业分派需要改良。第四种的国家，人口密度与职业分派，都有改良的余地。中国既然属于第四种的国家，所以中国人的问题最为艰难，而中国人对于改良的工作，也应当特别努力。

二、提高生活程度的途径

生活程度这个名词，在普通人的口中，每每是用错的。譬如在谈话的时候，我们常听见人说，今年的日子真难过，生活程度一天比一天高了。其实他所指的，乃是生活费用，并非生活程度。生活程度，是指我们所享受的东西，而生活费用，乃是这些享受的代价。譬如去年我们每月吃一次肉，今年每月要吃四次，这是生活程度提高了，乃是一件可以庆贺的事情。假如今年每月还只吃一次肉，而去年一斤肉只值二角五分，今年的一斤肉却卖到三角，这便是生活费用提高了，生活程度却依然如旧。明白了这两个名词的意义，就可知道提高生活程度，乃是大家心中愿意的事。我们整天整月地忙，目的虽然不只一端，但有一点是大多数人的心中所共有的，便是提高生活程度，便是想法使我们现在所享受的，比以前要丰富一点。

我现在要讨论的，不是任何个人的生活，如何可以提高。我的对象，乃是社会上的大众。我们要问这许多人的生活，有何法子可以提高。中国大众人民的生活，如与欧美各国人民比较起来，其程度的低下，乃是有目共睹的。近来社会上已经有好些人看清楚这一点，都在那儿设法，来改良这种现象。不过他们的眼光，似乎还嫌狭窄一点，没有从多方面去努力。我们只要把近人努力的途径分析一下，便可看出这点。

影响一国人民生活程度最要的元素，自然是一国的富源。中国人对于本国的富源，没有充分利用，我们只要听一下经济地理家的报告，就可了然。譬如中国的可耕地，已经利用的，据中外专家的估计，还不到一半。中国的煤藏，不管你采取哪一家的估计，它在世界上的位置，列在前五名，乃是毫无疑义的。中国人有如此丰富的煤藏，可是平均每年每人用煤，不过 140 磅。美国人在 1926 年，平均每人要用煤 12 000 磅。在这两个数目字的背后，我们可以看到中国人冬天挨冻，而美国人享受汽炉，中国人坐人力车、坐轿，而美国人坐轮船、火车的情形来。别的富源，我们也不必细数，归根一句话：中国人并没有充分利用本国的富源。这一点是大家都见到的，也是大家都在那儿设法矫正的，所以我们不必多说。

影响生活程度的第二种元素，便是生产的技术。中国人在这一方面的落后，也是很显然的。就拿农业来说，我们虽然已有 4 000 余年的经验，但生产的成绩，如与欧洲各国比较起来，还是相差很多。就拿小麦来说，中国各地的平均产量，每一英亩只有 10.8 蒲式耳（每一蒲式耳，等于 60 磅左右）。英国的平均产量，每英亩有 32.9 蒲式耳。所以中国每英亩的产量，还不到英国的 1/3。虽然中国也有些地方，其出产可与英国相颉颃，但平均的情形比英国落后许多，是已经被专家证明的。更拿稻米来说，中国也比不上日本。日本平均每英亩产量，可达 2 350 磅；中国只能产 1 750 磅。农业中的情形，已然如此，别种实业中的情形，更比不上。譬如煤矿，新式、旧式的，在中国已有不少。我们拿用最新方法的开滦煤矿来说，那儿的工人，每天只能采煤 800 余磅，而美国的矿工，平均每日可采煤 9 000 余磅。美国工人的效率，比中国的工人要超过 10 倍。这还是拿新式的煤矿来与美国相比，如拿旧式煤矿来较量一下，美国工人的效率，要比中国工人超过 20 倍。技术的差异如此，难怪美国的矿工，要拿八角一点钟，而中国的矿工，只能拿四角一天了。中国人对于技术落后的觉悟，现在似乎已经普遍。所以在农业方面，近来有许多改良的运动，在中国各地发起。而政府里面的人，现在也有不少在那儿注意工业，想法使中国工业化的。我个人对于发展中国的实业，改良生产的技术，是主张各方面同时并进的。农业固然重要，工业也不可忽视。乡村固然要复兴，都市也应当发展。但近来舆论界中似乎有一种空气，喜欢注重农业而忽视工业，赞美乡村而诅咒都市。假如这种观察是对的，我认为这是一种危险的倾向。我们要知道都市与工业的畸形发展，固然是不足取，但是这种情形，只在英美等国中，才遇得到，至于中国，情形刚与英美相反。我们的都市与工业太幼稚了，以致大家都挤在乡下，使乡村与农业，呈一畸形发展的现象。为救济这种现象，我们应当欢迎有志人士来创造新工业、创造新都市，为乡下的过剩农民，另辟一条生路。所以关于改良技术一点，我们主张不但农业的技术要改良，别种实业的技术也要改良。不但农业的生产，要赶上欧美；就是工业、矿业、商业、交通运输等等实业，都要设法去赶上欧美。要各方面的生产技术都有进步，然后中国各界人民的生活，才可平均地提高。

影响生活程度的第三种元素，便是分配的方式。现在各国分配的方式，大多数是不公平的，中国也不例外。中国对于这方面的统计还没有，我们可以拿英美两国来做例子。英国全国的进款，有 14％为 1％的人所占有。在另一方面，62％的民众，只能分享全国进款 22％。美国的情形，与此相仿。在富的方面，有 1％的人，享受全国进款 15％；在穷的方面，有 61％的人，分享全国进款 34％。假如这种分配的方式，可以改良一下，使有钱的人少享受一点，而贫穷的人多享受一点，那么全国人民的生活程度，一定可以平均地提高。我们并不主张把全国的收入，平均地分配。因为那是行不通的事。就是现在的苏联，各人的所得，也还是极不平均的。工程师可以拿五六百或 1 000 卢布一个月，而粗工有只拿几十个卢布一个月的。所以我们现在不提倡平均的分配，但要鼓吹公平的分配。公平的分配，承认各人的收入可以有差异，但不能差异得太大。现在的中国，有衣食无着的穷民，也有在银行中存款几百万或几千万的富翁，这便是公平的分配没有实现的表示。我们如想提高大众的生活程度，决不可逃避这个问题，而应提倡用政府的力量，来实现公平的分配。政府应当实行各种税则，如所得税、遗产税之类，使富翁的一部分财富，可以转移到政府的手中。这样，富人的奢侈生活，当然要受一点损失。但是政府把收来的金钱，兴办各种社会事业，如教育、卫生、娱乐等等，那么大众的生活程度，便可以平均地提高，所以这种办法，对于少数人有损，而对于大多数人是有利的。关于此点，注意的人很少，不过政府如想为大多数人谋福利，这一点是不可忽略的。假如这一点有一天做到了，不但人民的生活程度可以提高，革命的暗潮也可无形地消灭了。

影响生活程度的第四种元素，便是人口的数量。世界各国人口的问题，是不一样的。像加拿大、阿根廷等国，人口似乎嫌少一点，它们如想发展各种事业，国内的人口，还不够用。但如中国及印度，则人口的数量，无疑是太多。这太多的人口，便是人民往上挣扎的一个大阻碍。我们可以拿一个家庭来比一个国家。假如一个家庭的生产，每年只有 1 000 元，同时家庭中的人口，却有 10 个之多。以 10 个人来分 1 000 块钱，每人只得 100 块钱。这 100 块钱，除却衣食住等必需的生活费外，所余是有限的。在这种情形之下，这 10 个人的生活，很难提高，因为生产有限，而分利者太多。假如这个家庭里面，只有 2 个人，情形便大不同了。因为 2 个人分 1 000 块钱，每人所得的，不是 100 元，而是 500 元。500 元的生活，比 100 元的生活，是要丰富得多的。以小喻大，中国的情形，便是如此。假如中国的人口不是 4 亿而是 3 亿或者 2 亿，那么中国人的生活，比现在一定要舒服得多。这 2 亿人，再来利用中国的富源，改良生产的技术，实行公平的分配，那么使中国人的生活赶上美国人，亦非难事。可是人口数量与生活程度的关系，虽然如此显明，而政府及社会上的人士，从这一方面努力，去提高人民生活程度的，实不多见。减少人口压迫的方法，消极的有移民，积极的有节育。但这两种事业，还没有得到政府与社会上的充分的同情。有时我们在报纸及杂志上，还看见一些人发表文章，鼓励中国人的生育。这种态度，实际等于看见人家跌下井，还从上面摔块石头下去一样。结果只有使中国人的生活，格外走入悲惨的境界。真心为大众谋福利的人，决不可做此种无益而有大害的主张。

总括起来，提高中国人民的生活，第一要充分利用国内的富源，第二要改良生产的技术，第三要实行公平的分配，第四要节制人口的数量。前两点已为多数人所认识，后两点也是同样重要，但还没有得到社会人士深刻的注意，所以我们愿意大家多来讨论一下。

第二章　经济建设

三、农民生计与农村运动

中国农民生计困难的原因，据我的分析，最要的不外下列数种。第一，他们的农场太小，平均不过 24 亩左右，还有许多农场，不到这个数目。第二，生产方法落伍，这可从农作物的收获上面看得出来，无论是小麦、米、玉米或棉花，中国农民的成绩，都远不如他国农民。第三，交通不便，以致农民的出产品，在市场上得不到善价。假如农民要把他们的农产物，运到价格较高的市场中去贩卖，结果因为旧式交通工具运费的昂贵，恐怕也得不偿失。第四，是副业的衰落，以前这些副业，是农民收入的一个重要来源，现在因为许多副业的出产品，与外国工厂中的出产品或外国农场上的出产品相竞争，受优胜劣败原理的支配而被淘汰，以致农民丧失了一笔重要的收入。这些副业，有的大约是不可挽救，如纺纱、织布；有的还可以想法复兴，如丝、茶。以上这些元素，都是使农民的收入缩小的。假如这点小小的收入，农民可以完全用在自己的身上，那么他们的生活，也不致如现在那样穷困。他们所以走到现在这种地步，就是在农民的四周，还有许多剥削他们的人及机关。这些剥削的势力，使农民的生活更加困难的，不外下列数种。第一是地主，中国土地分配的不平均，是研究这个问题的人所公认的事实。一方面有穷无立锥之地的佃户，另一方面有拥田数万亩的地主。如最近农村复兴委员会的调查，便发现江苏的邳县、阜宁、灌云等县，有五六万亩以上的地主。这些人能够不劳而食，便是因为另一方面，有许多苦耕而还免不了冻馁的佃农。第二种剥削的人，便是高利贷者。据中央农业实验所的估计，全国借债的农家，约占 56％，年利平均为三分四厘，最高的地方，如陕西，年利平均竟至五分一厘以上。这还是指平均数而言，特别的例子，比平均利率高几倍的，也是常见的事。第三种剥削所表示的形式，便是苛捐杂税，这种情形，各地不一。最坏的地方，农民以一年的辛苦所得拿来纳税，还是不够，结果非售田产、卖什物、质房屋不可。不过苛捐杂税的剥削，还是有限制的，还有那第四种无限制的剥削，便是股匪与劣兵的骚扰，它可以使原来是小康的农民，不走到倾家荡产的境域不止，等到这些农民倾家荡产之后，他们自己也从农民转变为匪，来剥削那些还是靠耕田过日子的农民。第五种剥削农民的人，便是奸商，他们在售卖日常用品于农民的时候，故意高抬价格，以致农民花了十块钱，还享受不到八块钱的货物。最后一种剥削农民的人，便是农民的子女。有许多农民，假如只有子女一二人，生活也还勉强维持，但因缺乏生育节制的知识，以致在 40 岁左右的时候，不但子女有五六人或八九人，而且因为早婚的习惯，孙儿已有数人绕膝了。中国人每把子孙众多当作一种幸福，其实在农民的家庭中，这是苦恼的一个最大的来源。

以上这十种原因，造成中国今日的普遍农村破产。于是有一些志士仁人，出来提倡农村运动。现在各地的农村运动，风起云涌，数得出来的，总在数十以上。它们的目标，自然不专为改进农民经济状况，但无论如何，救穷总是它们主要目标之一。经这许多人在各地的努力，对于农民的生计问题，不能说是全无影响。在现在这种农村运动已经成为一种时髦的时候，我愿意诚恳地指出，中国农民的生计问题，不是现在各地的农村运动所能解决的。假如现在还有人迷信农村运动可以解决中国农民的生计问题，将来一定会失望、会悲观。

理由是很简单的，中国的农民，占全人口 80％ 左右，农村运动的力量所能达到的农民，在全体农民中，不过九牛之一毛，即使这些农民得救，对于大局还是无补。这一点还不算重要。最重要的，就是这个问题的性质过于复杂，牵涉的方面太多，不是几个私人的团体所能解决。譬如我上面所说的兵匪问题、地权问题、交通问题、苛捐杂税问题等等，从事农村运动的人，对着它们有什么办法？

中国现在的问题，最急切的一个，无疑是统一问题，假如统一完成——我们希望它在最近的将来可以完成——之后，那么接着来的主要问题，据我看来，便是国防建设与经济建设。在最近的二三十年之内，全国的聪明才智，应当都集中在这几个大问题上，各人就他的能力所及，在一个或几个问题上，贡献他的所能。所谓农民的生计问题，应当是经济建设这个大问题的一部分。它不能单独地解决，它只能与工业、矿业、运输业、交通业、商业等问题一同解决。因为如此，所以我们应当把农村问题，放在经济建设的大问题之下。同时再把经济建设这个大问题，看作最近的将来，中国政治活动的一个主要目标。我们只能靠政治的力量，集中全国的人才，集中全国的力量，定下一个经济建设的远大计划来，然后大家都朝这个方面去努力，中国各界的生计问题，才可得到一个根本的解决，到那个时候，农民的生计问题，自然也连带地解决了。

四、中国农民的生活程度与农场

（一）中美农民生活程度之差异

近来研究生活程度的人，每以家庭的零用账为原料。每个家庭的零用，都可归纳作五项：一食品，二衣服，三房租，四燃料，五杂项。我们如参考许多生活程度的研究，可以发现一条原则，就是凡入款愈多的，其出款的百分数，花在前四项上面的亦愈低。换句话说，入款愈多的人，其出款的百分数，花在末一项上面的亦愈高。我们根据这一条原则，便可来判定一个家庭的生活程度之高低。假如有一个家庭，以一年的辛苦所得，不过能解决衣食住的问题，而别种生活，如教育、旅行、娱乐等等，都不能享受，这种家庭的生活程度，一定是很低的。这种生活，都是我们所不愿过的，因为它的状况，与下等动物差不多。假如我们以一年的劳力所得，除却应付全家人口衣食住等必需的款项而外，还有储蓄，还有余资去购买书报、办置优美的家具、听音乐、看电影、坐汽车出外旅行、邀集朋友宴饮、捐助资财于公益事业，那么这种生活，便非下等动物所能比拟了。这才是我们所愿意过的生活，因为这是人的生活、有趣味的生活。

中国农民的生活程度，是属于上面的哪一类呢？他们的生活程度，是低呢还是高呢？欲解决这个问题，最好拿别一国的情形来比较，因为不比较很难看出高低来。我们现在就拿美国农民的情形，来与中国比较罢。

这儿所举的中国农民生活程度的两个研究，一个是金陵大学农科的，包括中国 7 省 13 处 2 370 个农家的生活情形；一个是李景汉的，包括北平郊外挂甲屯农户 100 家的情形。美国农民生活程度的两个研究，一个包括美国东部 402 家的情形，一个包括美国南部 861 家的情形。现在我们把这四个研究的答案，列表于下：

生活项目	研究地点			
	美国东部	美国南部	中国 7 省	北平郊外
食品	39.5％	44.0％	58.9％	64.3％
衣服	13.7％	17.7％	7.3％	7.7％
房租	11.6％	9.7％	5.3％	4.4％
燃料	7.4％	3.7％	12.3％	7.9％
杂项	27.8％	24.9％	16.2％	15.7％

我们对于上表所要注意的一点，便是美国的农民，每年出款用在杂项上面的，占25％左右；而中国农民，出款用在杂项上面的，只占15％左右。假如用钱来计算，这种差异格外明显。美国东部的农民，出款用在杂项上面的，计559.33美元；美国南部的农民，出款用在杂项上面的，计357.56美元。中国 7 省 13 处的农户，每年平均只有38.08元用在杂项上面；北平郊外的农户，用在杂项上面的钱更少，每年平均只有25.72元。从这些数目字上面，我们便可看出中美两国农民生活程度的高低了。

假如一家农民，每年只有二三十元，用在生活的必需品之外，如教育、娱乐、交际、旅行等等上面，这一家人的生活，不舒服到什么样子，可以不言而喻了。

但是每年有四五百美元用在杂项上面的农家，其生活与中国之农民，便有天渊之隔。上面我所举的统计，也许太抽象了。我们最好跑到美国农民的家中去参观一下，看看他们家中的布置，与我国农民家中的布置，有何不同之点。

我们先看美国东部 402 家农户的家庭罢。这 402 家，有 295 家是自耕农，有 107 家是佃户。我们看看这些家庭中有些什么东西罢。

家庭设备	自耕农 295 家有此种设备的	百分数（％）	佃户 107 家有此种设备的	百分数（％）
自来水	42	14.2	10	9.3
浴室	48	16.3	13	12.1
屋内便室	47	15.9	18	16.8
电灯	27	9.2	11	10.3
煤气灯	55	18.6	8	7.5
洗衣机	50	16.9	19	17.8
电或煤气熨斗	39	13.2	14	13.1
吸灰机	74	25.1	27	25.2
温暖设备	123	41.7	30	28.0
电话	199	67.5	73	68.2

续表

家庭设备	自耕农 295 家有此种设备的	百分数（%）	佃户 107 家有此种设备的	百分数（%）
钢琴	166	56.3	50	46.7
汽车	228	77.3	76	71.0
家中的房屋（平均数）	8.9		8.5	
书籍（平均数）	72.8		64.4	
报纸（平均数）	1.0		1.0	
杂志（平均数）	2.4		2.2	

上面所列的这些设备，不但中国的农民办不起，就是中国的上流阶级，也没有多少能与美国的农民比拟的。美国的佃户，照这个表上所列的，有 68.2% 的家庭有电话，46.7% 的家庭有钢琴，71.0% 的家庭有汽车，而且平均每家订报一份、杂志两份以上！这个研究，是 1921 年举行的，近来有人研究艾奥瓦州（在美国的西部）212 家自耕农、239 家佃户，发现自耕农有 92.9% 有汽车，而佃户之有汽车的，亦达 89.1%。这个研究，还举了两种新的设备，为上表中所无的。一样是留声机器，自耕农有此的，约 50.5%，佃户有此的，约 35.6%。一样是照相机，自耕农有此的，达 45.3%，佃户有此的，达 38.9%。

（二）差异之主要原因

中美两国农民生活程度之差异，从上面的统计中，我们可以得到一个大概的观念了。现在我们要研究的，就是中美两国农民的生活程度，何以有此差异。关于这点，原因当然是复杂的。譬如中国的教育不发达，美国的教育则很普遍；中国的交通不方便，美国的交通则极便利；中国的农业只知墨守成法，美国的农业已受过科学的洗礼；中国农产品的销售方法未改良，农民处处受中间人的剥削，美国的农民多采用贩卖合作，使商人不得从中渔利；中国的农民，日受苛捐杂税的压迫，美国的农民，便没有这种重担。凡此种种，以及我还没有举出来的许多原因，都与中美农民生活程度的差异有关系的。不过在这许多原因之中，我认为最要紧的一个原因，乃是两国农场面积的差异。我们都知道，农民入款的主要来源，便是农作物，而农作物的多少，每视农场大小为转移。农场小的农户，即使在每亩上的收获加到最高的限度，总收入还是有限。农场大的农户，即使在每亩上的收获不如别人，但他的总收入，绝非他人所可及。我们如比较每亩的收入，中国农户并不亚于美国人，但如比较两国农民的总收入，中国农民便望尘莫及了。主要的原因，便是中国人的农场小，而美国人的农场大。所以中国人的农场，如不设法扩大，那么别的地方，无论如何改良，中国农民的生活程度，也不能加增许多，因为在小的农场上，挤不出大的进款来。进款既不能加增，生活程度自难提高了。

我们现在且把中美的农场来比较一下。

关于中国农场的统计，现在自然还没有，但是估计却有几个。据民国十六年武汉土地委员会之报告：有土地农民拥有 1～10 亩的，占人数 44％；拥有 10～30 亩的，占人数 24％；拥有 30～50 亩的，占人数 16％；拥有 50～100 亩的，占人数 9％；拥有 100 亩以上的，占人数 5％。别种估计，与此差不多。美国 1925 年的统计，农场面积在 10 英亩（每英亩约合华亩 6.5 亩）以下的，只占全国所有农场 5.9％；10～19 英亩的，占 9.2％；20～49 英亩的，占 22.8％；50～99 英亩的，占 22.3％；100～499 英亩的，占 36.5％；500～999 英亩的，占 2.3％；1 000 英亩以上的，占全国所有农场 1％。由此以观，中国最普通的农场，在美国占极少数。中国农场，在 10 英亩以下的，至少有 84％，而美国农场，在 10 英亩以下的，还不到 6％。两国农场面积的差异，于此可见。

我们再换一种统计看看。中国农场的平均面积，各省是不同的，但据刘大钧先生的估计，全国农场的平均面积，为 24 华亩。金陵大学农科的统计，是根据中国 7 省 13 处的情形立言的，发现中国农场的平均面积，为 5 英亩左右，约合 32 华亩。这两个统计，相差不远。此外我们如取麦乐来先生之说，假定中国现有农户 6 000 万家，又取刘大钧先生之说，假定中国已耕之地为 2 亿 8 000 万英亩，平均每户所得之耕地，约 4.6 英亩，合 30 华亩左右。根据这些数目，我们可以假定中国的农场，平均在 30 亩左右。美国农场的平均面积，在 1900 年，为 146.2 英亩；1910 年，为 138.1 英亩；1920 年，为 148.2 英亩。换句话说，1920 年的美国农场，平均为 963.3 华亩；所以美国的农场，平均要比中国的农场大 31 倍。不过美国的农场，有一大部分是没有种植的。我们如以美国播种面积的总数，以所有的农场除之，那么在 1909 年，美国农场，平均有播种面积 50 英亩；在 1919 年，平均有 57 英亩。57 英亩，约合 370.5 华亩。所以我们即假定中国农场的平均播种面积，有 30 华亩，美国农场的平均播种面积，有 370.5 华亩，那么美国的农场，也比中国农场平均要大 11 倍。

假如有人要问，美国的农夫，何以能耕种那么大的农场，我们的答语便是，因为他们利用机器的缘故。中国的农场上，很少用机器的。我们看海关的报告，民国十四年，农业机器的入口价值，只 161 288 两；民国十五年为 511 540 两；民国十六年为 665 976 两。历年的价值，虽有加增，但是总数还是有限。美国在 1850 年以前，农业机器还不甚发达。在 1850 年，农业机器的出品，值 6 842 611 美元，到了 1927 年，出品的价值，竟达 202 732 000 美元了。这两个数目的差异，便可表示美国利用农业机器者的加多，以及美国农场上农业机器的普遍了。他们利用机器之后，工作的效率便大大增加。譬如在 1829 年左右，用人工去种麦并割麦，在一英亩地的上面，需费时 61 点 5 分。1895 年左右，因为利用机器，所以同样的工作，只需 3 点 19 分了。1870 年左右，用人工去种稻并割稻，在一英亩地的上面，需费时 62 点 5 分。1895 年左右，因为利用机器，同样的工作，只需 17 点 2 分了。易司特教授曾说过，美国的工人，工时比别人短，工资比别人高，就是因为美国人能利用机器的缘故。这句话不但是为工人说的，也可以说是为美国的农民说的。他们做工的时间比别人短，而收获比别人多，就是他们能利用机器的缘故。我国的农民，做工的时间比别人长，而收获比别人少，就是我们不能利用机器的缘故。别人在那儿用机械的奴隶，而我们却在这儿役使我们自己。我们以一个血肉之身，去与几十个机械的奴隶（利得先生说是美国每一个人有 35 个机械的奴隶服侍他）竞争，成绩当然要落后。那么我们中国的农民，为什么不利用机器呢？话说转来，还是由于我国农场太小的缘故。用农业机器去耕种 30 亩田，是不经济的工作。只有在大农场上，用机器才合算。历年来从各海关进口的农业机器，以由大连进口的为最多，便是因为东三省的农场较大，可以利用机器的缘故。所以我国的农民，如想步美国农民的后尘，享受他们那种愉快的生活，非扩大农场、利用机器以生产不可。

（三）中国的农场还可扩大吗

现在我们讨论到一个最根本的问题了，就是中国的农场，有无扩大的可能。我以为这是农民生活问题的中心点，假如这个问题解决不了，那么农民的生活程度，即使能够加高，也是极有限的。

解决这个问题的第一步，便是看看中国的可耕地共有多少，以这些土地来分配于中国的农户，每户可得多少。关于中国农户的数目，我们在上面已提到了，可以假定它是 6 000 万户。这个数目，与我们别种的估计，是相吻合的。我们常说中国人口约 4 亿，其中 3/4 是农民，便是 3 亿。假如农户平均一家 5 人，以 5 乘 6 000 万户，亦得 3 亿。所以 6 000 万农户这个数目，我们可以暂时采用它。关于中国可耕地的数目，雨量足的，只有 13 亿英亩。其中还有温度不足的，须减去 5%，只余 12 亿 3 500 万英亩。在此数的中间，还有 40%，因为地形的缘故，不适宜于种植，所以结果只有 7 亿 4 100 万英亩。其中又须除去 5%，是由于土壤不良的。所以雨量足、温度宜、地形合、土壤良的土地，中国只有 7 亿英亩，以较美国之 9 亿 7 500 万英亩，反而少 2 亿

7 500 万英亩了。

7 亿英亩，是中国可耕之地。中国已耕之地，照贝克耳先生的估计，只 1 亿 8 000 万英亩，未免太低。刘大钧先生估计中国已耕之地为 2 亿 8 000 万英亩。以中国已耕之地，分配于 6 000 万农户，每户只有 4.6 英亩。但如以可耕之地，分配于各农户，每户便有 11.6 英亩，较现在的农场，要大一倍有半。

所以扩大中国农场的第一个方法，便是开垦荒地。

不过 11.6 亩的农场，较现在虽然大些，比起美国来，还是太小。所以我们得想第二个办法。第二个方法，便是发展农业以外的实业，如工业、矿业、商业、交通业等等，疏导拥挤在农业中的人口到别的实业中去。中国的人口，现在大约有 75%，在农业中谋生活。意大利人口在农业中谋生活的，只有 59.4%，德国只有 35.2%，英国只有 11.9%，法国只有 42.7%，捷克斯洛伐克只有 41.6%，澳大利亚只有 30%，美国只有 23%。澳与美不但在农业上可以自给，而且还有余多以济他人。澳大利亚一人耕可供 3 人之食，美国一人耕可供 5 人之食，即在法国，一人耕亦可供 2.5 人之食。英国在农业中谋生的人最少，但英国的农业并不能自给，所以不足为法。我们最好能做到美国那一步，至少也要做到法国那一步。假如我们有一天工商业发达了，只有 40% 的人民在农间，那么现在的 6 000 万农户，可以减至 3 200 万农户；假如工商业的发达再进一步，只留 25% 的人民在农间，那么现在的 6 000 万农户，可以减至 2 000 万农户（照全国 4 亿人 8 000 万户算）。假如务农的只有 3 200 万户，那么以 7 亿英亩来分配，每户可得地约 21.8 英亩。假如务农的只有 2 000 万户，每户可得 35 英亩。35 英亩的农场，比现在中国的农场，平均只有 5 英亩的，要大 6 倍。

所以扩大中国农场的第二个法子，便是发展农业以外的实业，吸收农场上的过剩人口。

以上这两点，假如都做到了，中国农民的生活程度，比现在要提高许多。虽然比美国还比不上，但是比现在的情形，总要高得多了。不过在实现以上两点的时期中，农民须实行生育制裁，否则人口从 4 亿加至 6 亿，以上所期望的，将来终成泡影。可是生育制裁这个题目，又是复杂的，我们只好等到将来再讨论了。

五、从佃户到自耕农

（一）

关于中国佃户的数目，近来屡被人征引的一个估计，便是张心一先生等在 1930 年所发表的。[1]根据那个估计，中国佃户的数目，在各地大有不同。在扬子江流域，自耕农约占所有农户 32%，半自耕农约占 28%，佃户约占 40%。东北的情形，比扬子江流域好些，计自耕农占 50%，半自耕农占 19%，佃户占 30%。黄河流域的状况，又比东北好些，因为自耕农占 69%，半自耕农占 18%，而佃户只占 13%。假如我们把各流域、各省的报告平均起来，便可发现中国的自耕农，约占农户全体 51.7%，半自耕农占 22.1%，佃户占 26.2%。这个估计，与美国农部在 1923 年对于中国佃户所下的估计相差无几。[2]但别的估计，有比这个大的，也有比这个小的。[3]在有比较更完善的报告以前，我们只好假定中国的佃户，约占全国农户 1/4。佃户与半自耕农的总和，约占全国农户 1/2。纯粹的自耕农，只有 1/2。

佃户的估计，固然是难，可是比较还算容易解决的题目。比这个问题还要难于回答的，便是佃户与地主的关系。关于此点，各地的情形，相差得太多了。第一，关于纳租的方法，各地是不同的，有分租，有谷租，有钱租，还有其他不同的制度。第二，租期的长短，也是各地不同的，从一年以至永佃的都有。第三，纳租的数量，也有多少的差异，虽然土地法中规定最高的租额，不得超过 375‰，但这条法律，在实际上恐怕是不发生效力的。据许多研究，证明纳租的数量，普通的情形，起码在 40% 以上。2 000 年前董仲舒说佃户耕豪民的田地，要以所得的 1/2 纳租[4]，这种情形，在现在还是普遍的。此外如佃户为地主服务，可以不给值，甚至所用仆妇亦由佃农中征调的办法，在欧洲已为过去的历史，但在中国的内地，还可以遇到这类的事实。[5]在这种复杂的情形之下，如没有做过一种详细的调查，便著书立说，来讲中国佃户与地主的关系，乃是一件不可能的事。

不过我在这篇文章中所要讨论的，并非中国佃户的实在数目，也非佃户与地主的各种关系。我们以为即使对于上列的两个问题，不能做详细的描写与解释，但是对于下列数点，我们大约是可以同意的。第一，在农村各种被压迫的阶级中，佃户无疑是一个主要的阶级。第二，压迫佃户的人虽然很多，如放高利贷的债主，如征收苛捐杂税的污吏，如在乡间为奸作恶的土劣等都是，但主要的压迫者，还是地主，因为佃户一年的勤劳所得，有一半或一半以上，要贡献给那不劳而食、不织而衣的地主。第三，假如我们觉得这种压迫是应当解除的，假如我们愿为那劳苦的佃户谋福利，那么把他从地主的手中解放出来，应当是目前一种急迫的工作。我们当然不能说佃户如变成自耕农，他所受的压迫，便完全取消了；但我们敢说，如果这一层做得到，他所受的压迫，要减轻许多。

由于上列三点的认识，所以我们要来讨论佃户如何可以变成自耕农。

（二）

佃户如何可以变成自耕农？

回答这个问题的一个方法，便是看看在别个国家里面的佃户，是用什么方法变成自耕农的，然后再斟酌国内的情形，决定哪一国或哪几国的办法，最有采用的价值。

我们先看美国的情形。

美国有许多学者，喜欢谈"农业阶梯"（agricultural ladder）这个名词。这个农业阶梯，普通可以分为四段。第一段是雇工，第二段是佃户，第三段是欠债的地主，第四段是无债的地主。[6]他们以为一个毫无凭借的农民，只要自己努力，经过相当的时期，便可变成地主。他初入农业的时候，可以替人家当雇工，把工资积一部分下来，经过数年之后，便可买农具，买籽种，买牲口，租别人的田，自己耕种了。在佃户的时期内，自己也可有点积蓄，到了相当的时期，便可从亲友处，或从国立的金融机关，借一部分的资本，加上自己的积蓄，便可自置田业了。这时虽然由佃户变成地主，但还欠别人的债。所以田地在名目上虽然是自己的，而实际则有一部分是别人的。再经数年的努力，把一切的债还清了，他才算是真正的地主了。到了这时候，他可以说是爬到农业阶梯的顶端，在乡村社会中，便算是身份最高的人。

一个家徒四壁、毫无凭借的人，可以白手成家，从雇工升到地主，在中国是少见的，但在美国，却是数见不鲜的事。格雷教授（L. C. Gray）等根据 1920 年的统计，证明美国的自耕农，有 1/4 是从佃户出身的，又有 1/5 是经过雇工与佃户两个阶段的，所以总计起来，有 45% 的自耕农，曾在佃户的阶段中挣扎过。那些从雇工升到佃户、从佃户再升到地主的自耕农，平均在雇工的阶段里，要工作 5.8 年，在佃户的阶段里，要工作 8.9 年，合起来共需约 15 年。[7]我们如再把美国在各阶段中的农民年龄分析一下，那么他们那种在农业阶梯上往上爬的情形，便历历如在目前。美国在 25 岁以下的农民，各种各色的佃户，约占 75.8%，而无债的地主，只占 10.2%。但是 65 岁以上的农民，佃户只占 16.5%，而无债的地主，却占 64.1%。[8]他们那种生于忧患而死于安乐的情形，从这些数目字中，便可以想见了。另外还有一个研究，是根据美国中部 2 112 个自耕农的经验而成的。这些自耕农中，有 20% 是经过雇工与佃户两阶段的。他们平均在 19 岁时当雇工，7 年之后，升为佃户，又 10 年之后，便是在 36 岁时，升为地主。另有 13%，是由雇工而升到地主的，他们平均在 19 岁时当雇工，当了 10 年，于 29 岁时便成地主。又有 32%，只经过佃户一阶段。他们平均于 23 岁时当佃户，9 年之后，于 32 岁时便当了地主。最后还有 34%，没有经过雇工或佃户的阶段，便成地主，这些都是因为有亲友帮助的缘故。但可注意的，便是这 2 000 多个自耕农，有 2/3 是由于自己的努力，由无产者而变成自耕农的。[9]

美国的农民，所以能够靠自己的努力便往上升的理由，是很多的。第一，美国的工资高，如 1923 年在收获的季节中，美国农村中的雇工如是包饭的，可以得 2 元 4 角 5 分 1 日，不包饭的，可以得 3 元 3 分 1 日。在普通的时候，包饭的工人，可得 1 元 9 角 3 分 1 日，不包饭的，可得 2 元 4 角 7 分 1 日。这是指平均的数目而言，有些地方，雇工在收获的季节中，每日所得的工资，可以超过 4 元 5 角。[10]中国的雇工，在秋忙时每日大约可得 4 角，平时每日只得 2 角。[11]所以美国的雇工，可以积资而为佃户，中国的雇工，想升为佃户便很难。第二，我们再拿佃户来说，中国佃户所耕的农场很小，而美国佃户所耕的农场很大。美国佃户的农场，在南部较自耕农的农场要小点，但在北部与西部，平均比自耕农的农场还要大些。就全国而论，他们的农场，平均相差无几。所以我们可以把全国农场平均的亩数，来代表佃户农场的亩数。美国农场的平均亩数，数十年来，颇有扩大的趋势。如 1910 年，平均每一农场，只占地 138.1 英亩。1930 年，每一农场，便有 156.9 英亩。[12]在这样大的农场上，一年的收获，自然是很多的。经营这种农场，在很短的时期内，便可积资购产，乃是自然的事。据格雷教授的估计，在 1923 年左右，美国佃户的家财，平均每家值 4 315 元；半自耕农的家财，平均每家值 12 829 元；自耕农的家财，平均每家值 13 476 元。同时更可注意的，就是每家佃户，平均在粮食上，每年可收 1 187 元。[13]佃户的收入，既然可观，而美国的地价，又不过昂。如 1910 年，每英亩只值 32.4 元；1930 年，每英亩只值 35.4 元。[14]我们只把这些数目字对照一下，便可知道在美国，从佃户升为地主，乃是极可能的。中国的情形，便不然了。中国每农户平均的耕地，只有 21 亩。[15]在这样小的农场上，只求于开销之外图一家的饱暖，已非易事，哪能积钱来置田业。因为各种情形的不同，所以美国人可以高谈农业阶梯，而中国人则不能。美国的佃户，可以靠自己的力量，升为地主，中国的佃户，想改变他们的身份，是不易的。所以在中国各地，我们可以听到佃户要求永佃权。这种权利，他们还想传给子孙。可见大多数的中国佃户，本人固然不敢做脱离佃户阶段的打算，而且还觉得他们的子孙，也无力爬上一梯，这是一件极可痛心的事，美国的农民，无论如何是猜想不到的。

中美的情形，既然有很大的差异，所以美国的佃户，那种靠自己的力量变为自耕农的方法，在中国很少有参考的价值。

（三）

中国的佃户，既难靠自己的力量，变成自耕农，那么我们如想使他变成自耕农，一定要政府设法从旁帮忙，这是很显然的。丹麦的政府，便曾这样做过，所以我们可以研究一下丹麦的故事。

丹麦在 1850 年的时候，农户中有 42％是佃户，可是到了 20 世纪初年，农民中有 89.9％是自耕农，只有 10.1％是佃户了。如以耕种的面积来比较，在 1901 年的时候，丹麦的 900 万英亩可耕地，只有 8％左右，是由佃农耕种的。丹麦在半世纪之内，把佃农的百分数，降低那么许多，是一件极可注意的事。[16]

丹麦所以能做到这一点，便是因为政府实行一种政策，给佃户以金融上的便利，使他们可以把所耕的土地，由地主的手中买来。这种政策的开始，是在 1875 年，其后在 1899 年、1904 年、1909 年，对于原来所定的办法，略有修改，其目标无非要给佃农以更大的方便。一个具有下列资格的农民，便可请求丹麦政府帮他购置田业。

（1）他是丹麦的公民。

（2）年龄在 25 岁以上 50 岁以下。

（3）未曾犯罪。

（4）未因贫困而受公家的救济。

（5）在 17 岁之后，曾从事于农业 4 年。

（6）能得在社会上有名望者 2 人，证明其勤俭可靠。

（7）须有相当的财产，得政府帮助后，便能购置产业。

（8）但无政府的帮助，只凭自己的力量，是不能购置产业的。[17]

有上列资格的人，在请求帮助之后，政府派人调查，证明与事实相符，便可向政府借款。农民所购置的田业，其价值的 1/10，须由自己筹备，所以有上列第 7 条的规定。其余的 9/10，便可由政府借给。政府所借的款，起初规定最多不得超过的数额，约 1 100 美元，后来加到 4 500 美元。农民所购的田地，起初规定不得超过 20 英亩，后来加到 30 英亩，最后把这一条完全取消了。[18]农民对于所借的款，在前 5 年只付四厘五的利息。从第 6 年起，才开始将本息分期还给政府，约 98 年还清，所以每年的担负是很轻的。在这种制度之下，许多的佃户，便都变成了自耕农。[19]近来丹麦的政府，对于所定的办法还有修改，但大体上是没有什么差异的。

丹麦这种由政府帮助农夫购田的办法，在原则上是可赞同的，中国大可采用。但在实行之先，有三点还要考虑。

第一，丹麦的法律，并没有规定，说是地主非出售土地不可。我们都知道，佃户所愿买的土地，除却一部分官地之外，大部分都在地主的手中。假如佃户愿意买地，政府又愿意帮助他买地，但是地主却不肯把地出售，这便形成一种困难的问题了。像这一类的事，在历史上并非没有。如英国的政府，在 1892 年，曾通过一种小农场法，命令各县的行政机关，帮助农民购田，以 50 英亩为限。购田的人，自己须筹备 1/5 的款项，其余的数目，可向政府告借，分年将本利筹还。但在 1908 年以前，受这个法律的好处的人，为数有限，最要紧的原因，便是大地主不肯把他的土地分裂，在市场上出售，所以这个法律虽然实行了十余年，而在其下转手的土地，不过 800 英亩左右。[20] 由此可见国家于实行帮助农民购田之外，还要设法使地主售田。

第二，假定地主肯把土地出售了，我们要防备地主故意提高土地的价格。因为政府如肯出钱帮助农民购地，那么土地在市场上的需要，便会突然加增起来，这时如没有别的法律规定，土地的价格，一定会增涨起来的。佃户如以高价购进土地，便是加重了自己的担负，因为钱虽然由政府借给，但迟早是要还的。如果地价太高，佃户虽然变为自耕农，而负债的年限，一定会要加长的。我们这种顾虑，是有事实可以证明的。即以丹麦的经验而论，自从 1878 年之后，地价涨了 53.8％。[21] 此外还有人估计，农民受国家帮助所购进的农场，地价比平常要高 80％。[22] 又如俄国曾于 1883 年设立农民银行，借款给农民购田，结果便使地价上涨。根据一个估计，1896—1900 年间的地价，要比 1883—1885 年间的地价，平均高 36.5％。又据另一估计，1888—1897 年间的平均地价，要比前十年高 60.4％；如与 1868—1877 年间的地价相比，便要高 122.5％。[23] 在这种情形之下，得到实惠的，还是地主。所以国家于设法使地主售田之外，还得限制价格。

第三，便要谈到财政问题了。政府已经设法使地主售田了，同时又限制他的价格了，这时佃户如想买田，政府便要拿钱出来了。这个数目，是不小的。丹麦是一个小国，它在这个上面，历年来也花了 1.4 亿左右的克朗（Crown）。[24] 中国的佃户比丹麦多，政府如要使佃户变为自耕农，所需的款项，当然要比丹麦多。在罗掘俱穷的中国，政府是否有此能力，这是我们要考虑的第三点。

（四）

我们先考虑第一点，便是政府如何可使地主售田。

关于这一点的办法，是很多的。最普通的办法，在中外都实行过的，便是限制地主最多可以有多少地。超过这个数目的田地，须由地主自行售出，或由国家给价收回，再售予佃户及其他农民。中国自汉朝起，历代都有限田的议论，但行之而有成绩的实不多觏。[25] 不过欧战以后，东欧各国，多实行限田的政策[26]，我们可以罗马尼亚为例。罗马尼亚在欧战以前，土地多集中在少数的地主手中，有 5 385 个地主，几占有全国土地之一半。同时有 95％的农民，其所有土地，合起来只占全国土地 40％，所以土地的分配，是极不公平的。[27] 欧战之后，政府实行限田的政策，凡有地在 100 公顷（hectare，每一公顷，等于 2.47 英亩）以下的，可以保留原来的数目。假如超过 100 公顷，其可以保留的数目，如下表[28]：

地主原有的田地（公顷）	地主可以保留的田地（公顷）
100	100.0
200	165.7
500	241.2
1 000	284.9
2 000	324.6
5 000	396.0
10 000 以上	500.0

凡是超过限制的田地，都由政府给价收回，售给农民。结果大地主的田地，为政府所收回的，约有 600 万公顷，受这种政策影响的地主，约有 2 万人。[29] 罗马尼亚的土地，自从这次重新分配之后，大地主的数目，减少了许多，小农与中农的数目，自然有相当的增加。[30] 假如政府没有限田的政策，只是给佃户或小农以经济上的帮助，那么在很短的时间内，一定不能有 600 余万公顷的土地转换了主人。

但是限田的政策，实行时有很多困难，在一个土地没有登记的国家，我们如何能够知道某人有若干土地？即使我们制定法律，强迫登记，地主不会以多报少吗？他不会用几个人的名字，来登记他一个人的田地吗？如欲登记准确，政府须添多少官吏，民间要生出多少纷扰？诸如此类的困难，是中国过去限田失败的原因，将来如欲再行此种政策，恐怕还免不了失败。大约东欧各国，限田政策所以成功，都是因为国家的幅员有限，官吏的耳目易周，在幅员辽广的中国，大约是不易实行的，所以我们应于限田的方法之外，来使地主售田。[31]

第二种使地主售田的方法，便是征收累进税。凡拥有土地愈多的人，所纳的税愈重，新西兰便实行过这种政策。[32] 不过征收累进税所遇到的困难，与限田是一样的，在我们不知道某人有若干土地之先，累进税是无法施行的。

最经济的办法，政府不必费很多的气力，便可使地主售田，莫如实行减租。这是在爱尔兰实行而有功效的方法。19 世纪爱尔兰的土地问题，是爱尔兰一个最大的问题，那时的地主，大多数都是英国人，而爱尔兰的人，差不多都是英国人的佃户。这是爱尔兰人最以为痛心而时刻想反抗的。为解决这种冲突起见，自 1870 年以后，英政府便通过许多法律，想用各种方法，帮助爱尔兰的佃户变成自耕农。其中最要紧的，便是 1881 年通过的土地法。在这次通过的法律中，承认爱尔兰的佃户，有要求减租之权。无论是哪一个佃户，假如他觉得地主所征收的地租太高，便可以把这件事提到土地委员会或当地的法庭，请求公平裁判。假如上述的机关，认为地租过高，便可将它减低若干成，佃户便照新定的规矩纳租。此种判决，有效期限为 15 年。15 年以后，佃户还可把这件事提付仲裁。这个法律，是爱尔兰农民的一种福音。自 1881 年起至 1896 年止，爱尔兰的 50 万佃户中，有 38 万多佃户，要求减租。结果他们所纳的租，平均减低了 20.7％。其余的佃户，有因地主自动减租的，所以并没有把他们的要求提出。自 1896 年起，又有 14.3 万多佃户，提出减租的要求。他们所纳的租，原来共值 320 余万镑，已经减至 254 万镑了，再减租的结果，他们只给地主 210 万镑。自从 1881 年以后，他们的租，一共减低了 34.4％。这种法律，刺激了地主，使他们都愿意把田出售。所以在 19 世纪的中叶，爱尔兰约有 50 万佃户，在欧战开始时，其中的 75％，便是 37.9 万余人，已经变为自耕农了。这种趋势，欧战后继续进行。[33] 所以爱尔兰在土地改革上的成功，实可与丹麦相提并论。成功的各种元素之一，便是减租。中国近来也有减租的运动，如果政府照着法律做去，使佃户所纳的租，不要超过 375‰，那么很多的地主，一定愿意把地出售。因为在现在这种高的地租之下，地主投资买地，所得的利息，每年还只有 6.6％～7.9％。[34] 如把租再减轻一些，地主觉得投资土地无利可图，一定要出售土地、另谋生计了。

　　我们再考虑第二点，便是地主肯把土地出售了，我们有什么方法，可以防止地主提高土地的价格。关于此点，东欧各国在欧战以后实行的办法，有许多可以参考的。他们的办法，有的颇不利于地主。如爱沙尼亚，如拉脱维亚，从地主那儿征收来的土地，便算没收了，并不给价。[35] 有的国家所定的办法，虽然是给地主一点钱，但地主还是吃亏的。如波兰向大地主征收的土地，只给半价。[36] 捷克斯洛伐克对于大地主的报酬，有时还不如波兰。如市价值 25 镑至 30 镑一英亩的土地，政府收回时，定价是 5 镑左右，卖给佃户或小农时，却收 7 镑至 17 镑。[37] 还有，地主的土地愈多，吃亏也更大。因为一个地主被征收的土地，如超过 1 000 公顷，那么政府对于这个地主应付的款项，还要扣除 5％。假如超过 5 万公顷，政府便要从应付的款项中，扣除 40％。[38] 更有一些国家所定的办法，对于地主的报酬，比以上诸国都要好些，但地主还要吃点小亏。这种办法，便是对于征收土地所付的代价，不照当时的市价，而照战前的价格。如保加利亚付给地主的代价，是按 1905—1915 年的平均地价而定的。希腊所定土地的价目，也是照战前的情形而定的。[39] 最后还有一些国家，对于地主并不苛待，但是地主也不能高抬土地的价格。如芬兰，如匈牙利，征收土地时，均照市价付款。[40] 还有罗马尼亚规定地价的办法，最为特别。政府于事前研究 1917—1922 年的平均租额，然后规定耕地的价格，不得超过租额 40 倍，牧场的价格，不得超过租额 20 倍。但是应付地主的钱，并不要完全由农民拿出。农民只付一半，另一半由政府津贴，所以农民对于耕地实付的代价，只等于租额的 20 倍。[41] 以上这些办法，后面的几种都可参考。我们以为最适宜的办法，是把过去五年的土地价格，平均一下，作为地主应得的赔偿。这种办法，当然要由各县的土地委员会调查后再规定，不能由中央政府代定的。此外罗马尼亚的办法，亦有参考的价值。假如过去五年的租额，等于土地价值 6%，那么我们规定土地的价格，不得超过租额 17 倍亦可。

第三个要考虑的问题，就是财政问题。关于这个问题，我们可以分作两点来讨论。第一点要讨论的，就是佃户购地所需的款，是由政府全部借给他呢，还是只借一部分给他呢？我们根据爱尔兰的经验，以为政府应借给佃户全部购地所需的款。英国在 1870 年通过的法律，规定爱尔兰的佃户，如向地主购地，可以自筹款项 1/3，其余的 2/3，由政府借给，利息是五厘，本利分期于 35 年之内还清。这种法律的意思虽好，可是很少的佃户能够利用，因为他们便没有能力，筹 1/3 的款。1881 年修改原来的法律，规定佃户只要自筹款项 1/4，但结果也不见佳。1885 年，新定的法律，才决定佃户不必自己筹款，全部由政府借给。借款的利息是四厘，本息可以分 49 年摊还。譬如佃户租某地主田地一块，年纳地租 10 镑。照爱尔兰普通的办法，地价约等于地租 18 倍，便是 180 镑。佃户如与地主商定地价后，这 180 镑的总数，当时便由政府付给地主 4/5，其余 1/5，于 5 年后付清。自此以后，这位佃户，便不必再向地主纳租了。他只需把 180 镑的本利，分 49 年付清，每年实付的数目，算起来只有 7 镑 4 先令，比平时纳租的担负，还要轻些。但纳租无论纳多少年，地还是别人的。而在这种办法之下，49 年之后，地便归佃户所有。这个法律，在 1903 年还有更改，把利息减至三厘零四分之三，摊还的期限，延至 68 年。佃户的负担，格外减轻了。[42] 假如中国不采这种办法，而令佃户自筹款项的一部分，那么佃户势必向他人借款，结果他虽然脱离了地主的压迫，一定又要走到高利贷者的网罗中，对于他还是没有好处。所以我们主张政府如帮助佃户买地，便应借给他全部的款项。

这便引到我们所谓财政问题的第二点了，那便是这一笔款子，从何而来。我们觉得解决这个问题，只有两个办法。一个便是由政府举债，把举债所得的款，借给农民。政府的信用，比私人的信用好些，它举债所负的利息，可以很低。假如中国也采用爱尔兰的办法，农民一方面可以减轻担负，一方面于数十年之后，还可以变成无债的自耕农。另外一个办法，便是由政府出面，代替佃户购地，购地所付之款，不是现金，而是债券。这种债券有一定的利息，分年由政府备款收回。东欧有许多国家，便采这种办法。譬如罗马尼亚付给地主的，便是土地债券，年息五厘，政府答应于 50 年内，分期收回。[43]别国的债券，年息有定为三厘或四厘的。此外如捷克斯洛伐克，对于地主应付的赔偿，不付现金，也不付债券，只在账上记下，算是国家对于地主的负债，国家对于这种债务，只负年付利息三厘的义务。[44]我们觉得中国的政府，如对内对外，不能借到一笔大的款子，那么对于地主付款时，无妨发给土地债券。这种债券的利息，可以定得很低，如在四厘左右。债券的本息，可以由佃户分作数十年筹还，政府不过利用它的信用及权威，做一个中间人而已。这种办法，假如给佃户的负担，不比纳租加重，反比纳租减轻，那么在我们这种穷的国家，倒是值得采用的。

（五）

总括起来，我们可以得到下列的结论：

（1）佃户是乡村中一个被压迫的阶级，我们如要为他们谋福利，当设法使他们成为自耕农。

（2）美国的佃户，有许多靠自己的力量便升为自耕农的，但中美的情形，相差太远，中国的佃户，如无外力的帮助，很难改变他们的身份。

（3）丹麦以政府的力量，帮助农民购地，结果使国内佃户的百分数，从 42％ 降低到 10％，此举中国颇可效法。

（4）中国如实行丹麦的政策，有三点仍须注意。第一，政府应效法爱尔兰减租的方法，使地主肯将土地出售。第二，应以东欧各国的成例为鉴，由政府以公平的方法，规定土地的价格，俾地主不致居奇。第三，购买土地所需之款，应由政府全部借给农民。至于此种款项之来源，或由政府举债，或发给地主以土地债券均可。政府借给佃户购地之款，利息应低，可由佃户将本息于若干年内摊还，其数目之多少，以不加重佃户担负为原则。

六、地方财政与地方新政（略）

七、近代都市化的背景

近代社会与中古或上古社会的差异，当然是很多的，其中最可注意的一点，便是人口的都市化。所谓人口的都市化，至少包含两种意义。第一，从人口的地理分配上看去，以前的人口，除了极少数之外，都是住于乡村中的，但从 19 世纪以后，住于乡村中的人口，其百分数有下降的趋势，而住于都市中的，却逐渐加增。第二，从人口的职业分配上看去，以前的人口，除了极少数之外，都是在农业中谋生，但从 19 世纪之后，从事于农业的人，逐渐减少，同时在别种实业中谋生的人，却逐渐加多。这种现象，给它一个简单的名词，便是"都市化"。

虽然都市在古代便已有了，但数目并不很多。就拿人口满十万以上的都市来说，在 16 世纪初叶，欧洲只有 7 个，到 19 世纪初叶，也不过 22 个。但在 19 世纪的末年，便有 146 个了。1920 年，便加至 202 个。[45]中国同样的都市，在 16 世纪到底有几个，惜无统计可考。在 1873 年，根据海关的报告，有 9 个商埠，人口在十万以上。1930 年的报告，表示这样的商埠，便有 24 个。实际中国的都市，人口在十万以上的，当然不止此数。托格雪夫（Boris P. Torgasheff）在 1930 年 4 月 3 日出版的《中国评论周报》上发表了一篇文章，估计中国都市，人口在十万以上的，有 112 个。[46]哲佛生（Mark Jefferson）曾在美国的《地理》杂志上发表了一篇论文，讨论全世界都市人口的分布。据他说，世界上的都市，人口在十万以上的，共有 537 个，其中有 112 个在中国。他的材料，不知是怎样得来的，但与托格雪夫之说相吻合。[47]无论这个数目是否可靠，有一点大约是真的，便是中国近来也慢慢走上都市化的路了。

我们假如分析百万以上人口的都市，更可看出都市化的趋势。世界各国，在 19 世纪以前，是否有百万以上人口的都市，很是一个问题。埃及及巴比伦的都市，其人口数目，今已不详。希腊的都市，人口在十万以上的，屈指可数，但没有一个达到百万的。关于罗马的人口，在它最盛的时代，是否达到百万，各家的估计并不一致。有人说它在 1 世纪时，人口不过 75 万，也有说它已有 125 万的。[48]汤姆森（W. S. Thompson）以为在汽机发明之先，因为运输不便的缘故，人口集中到百万以上，是不可能的。所以他很怀疑罗马在它最盛的时候，是否有百万人口。[49]维白（Adna F. Weber）也说当年的罗马，大约有 60 万或 80 万人，绝不能超过百万。[50]但是罗马后来衰微了，在 14 世纪中叶，人口还不到两万人。假如把罗马除开，我们可以说是在 19 世纪以前，历史上没有满百万人口的都市。中国历史上的都市，如两汉之长安洛阳，如六朝之金陵，如隋唐之扬州，如南宋之苏杭，其人口是否超过百万，我们不得而知。虽然诗人与史家，对于中国古代的都市，有铺张很盛的，如唐人咏金陵，便有"金陵百万户"之句，但这种数目字，我们绝不能把它当统计看的。

在 1800 年，世界上最大的都市是伦敦，那时它的人口，只有 95 万余。巴黎人口当时还不到 55 万。1850 年，伦敦与巴黎人口都超过百万了。1900 年，世界上百万以上人口的都市，约有 11 个。近来世界上满百万人口的都市，有 30 个左右，其中有 3 个在中国，便是北平、天津、上海。[51]

近代都市发展的情形，已如上述。现在我们要讨论的，便是最近一百余年，都市发展的原因。换句话说，我们要寻求都市化的背景。关于这个问题的材料，自然是欧美的历史中最丰富，因为欧洲有好些国家，其都市化的程度，比较他国为深。中国虽有 3 个百万以上人口的都市，112 个十万以上人口的都市，但这些都市中的人口，合起来不过全体人口 6.4％。如与英国相比，英国十万以上人口的都市，虽然只有 42 个，但这些都市中的人口，却占全体人口 44.2％。美国十万以上人口的都市，虽然只有 93 个，但这些都市的人口，却占全体人口 29.6％。[52] 由此可见，中国不过刚走上都市化的路，比较英美等国，相差的程度很远。因为如此，所以这些国家的经验，很可以做我们的参考。

（一）

普通的人，谈到都市化问题，都知道它与工业革命的关系，其实都市的发展，与农业革命也很有关。农业革命这个名词，在各国的历史中，意义并不完全一致，但其结果却都相仿，便是农业革命之后，农业中容纳不下以前那样多的人口，于是很多的人，便都离开了乡村，到都市中去谋生了。这种现象，是使都市膨胀的最大原因，因为都市的生育率，较之乡村中为低，假如它们只靠自然的人口加增，不借助于外来的移民，它们绝不会膨胀到现在这一步。纽约在 1790 年，有 49 401 人，到了 1920 年，便有 5 620 048 人。假如纽约在过去 130 年中，其自然加增率，与 1920 年一样，那么原来的 49 401 人，在 1920 年，只有 190 000 个子孙，所以纽约之成为美国第一个大都市，得利于移民的力量不少。这些移民，一部分是从美国的乡村中去的，一部分是从他国的乡村中去的。[53] 别个都市的历史，如加以分析，其结果一定与纽约相仿佛。

所以我们可以说农业革命，是近代都市化的主要原因。农业革命的方面很多，最可注意的一点，便是生产技术的改变，机器代替了人工。泰娄（Carl C. Taylor）对于此点，曾举数例如下：

> 1830 年，在美国如欲生产一蒲式耳的麦，需人工 3 点 3 分钟。在 1894 年，只要 10 分钟就够了。……1855 年，如生产一蒲式耳的玉米，需时 4 点 34 分钟。但在 1894 年，只要 41 分钟就够了。1860 年，生产并收割一吨干草，需要 35.5 点钟。可是在 1894 年只要 11.5 点钟。1844 年，生产一磅籽棉，需时 13 分钟有奇，1895 年，便减至 4 分钟有奇了。[54]

昆亭史（H. W. Quaintance）曾以美国新英格兰数州为例，证明在这些地方，因为采用农业机器的缘故，生产品的价值虽然增加，可是农人的数目却减少了。他说：

> 在 1880 年，新英格兰数州，十岁以上的人，从事农业的，计有 304 679 人；1900 年，只有 287 829 人。农业人数的减少，并非因为这些地方农业的衰败，而因为新英格兰在 1900 年所出的农产品价值，较 1880 年，约高超 50%（1880 年的农产品价值，为 103 343 566 元；1900 年，为 169 523 435 元）。这种情形，一定是农业机器的采用所造成的，只看新英格兰的农业机器，在 1880 年，每英亩只分得 1.68 元，1900 年，加至 4.49 元，便可了然了。[55]

其实美国不但是新英格兰数州，农业机器的采用，减少了对农民的需要，别的地方，凡利用农业机器的，都有同样的情形。美国的农业人口，自 1910 年以后，便没有加增过，但美国全国的人口，却年年加增，美国的农产品，也在那儿年年加增，近来且受了生产过剩的痛苦。以逐渐减少的农民，能够满足逐渐加增的需要，便是因为美国的农民，充分利用机器的缘故。[56]

这种农民减少、农产加增的现象，在以前的历史上是没有的。以前农业技术不良，绝不能以少数人的力量，来解决大多数人的衣食问题。所以多数的人，非从事于农业不可。假如多数人抛弃农业，一定会造成田野荒芜、五谷不登的危险。所以古代的思想家，都提倡农业，而鄙弃其他的职业。此点在中国的思想史中，表现得最明显。他们都怕"一夫不耕，或受之饥"，他们都提倡"驱民而归之农，皆著于本"。这种思想深入于人心，所以农业的技术变了，许多人的重农思想还未改变。便在欧美，现在也还有人提倡归农运动。他们以为人口集中于都市，是一件危险的事，最好一部分人，还是回去种田。他们不知由于农业机器的采用，乡间已没有一些农民的地位了，只有都市中还有谋生的机会，所以这些农民到都市中来。解决这些农民的问题，不是劝他们回去，而是在都市中，替他们找一条生路。

农业革命的第二方面，便是科学知识的利用，最显著的，便是利用化学知识以改良土壤，利用生物学知识以选种。中国农夫所采用的，虽然是集约耕种方法，但每亩的出产量，远不如人，便是因为中国的农夫，没有经过科学洗礼的缘故。今以小麦及玉米的生产量为例。小麦在英国，每英亩可产 32.9 蒲式耳，在德国可产 27.3 蒲式耳，在丹麦可产 41.0 蒲式耳，但在中国只能产 10.8 蒲式耳，比起生产量最多的丹麦来，只有 1/4。玉米在美国每英亩可产 27.8 蒲式耳，在西班牙可产 24.0 蒲式耳，而在中国只能产 11.7 蒲式耳，比较美国，还不到 1/2。[57] 所以耕种及选种的方法改良，可以不加增耕地而加增生产。以前如想加增农业的生产，非多辟耕地不可，多辟耕地，便是对于农民的需要加增，所以古代农产品的加增，与农民的加增成正比例。现在一个利用科学知识的农民，可以不扩充他的农场，不加增他的雇工，便可加增他的生产，所以生产的加增，并不与农民的加增成正比例。不但在耕种方面加增生产不必多添工人，就在畜牧方面，也有同样的情形。美国近年来育种学的进步，真是一日千里。他们改良畜种，可以做到不增加家畜数目而加增家畜产品的地步。如以1917—1921年的五年，与1922—1926年的五年相比，美国的乳牛，在后五年比前五年只加增了4％，但牛乳的产量却加增了22％。食用牛在后五年比前五年减少了8％，但牛肉却加增了9％。猪的数目，前后两期，相差无几，但猪肉及猪油，在后期却加增了25％。[58]这种统计，表示从事畜牧的人，可以不变或减少，但畜产品还可加增。所以农业（畜牧业包括在内）的科学化，可以使乡村中容纳人口的力量停滞或减少，但农村中的人口，依旧是猛烈地加增，这些过剩的人口，只有向都市去。

美国农业的机器化、科学化，不但使本国的农民减少，都市的人口加增，它的势力伸张出去，使别的地方，特别是欧洲东部的国家，受其影响，也走到都市化的路上去。这种变动，我们须从美国的农产品生产过剩说起。美国从事于农业的人，近来虽然不到全体有业的人1/4，但他们的出产品，在本国还消费不完。这些过剩的农产品，只有往国外的市场推销。美国的农业专家贝克耳（O. E. Baker）曾说过：

> 美国与加拿大的700万农民（9/10在美国，1/10在加拿大）靠比他们的数目要少得多的雇工帮助——总数不过占全世界农夫及农工的4％——生产了世界上70％的玉米，60％的棉花，50％的烟草，40％的雀麦及干草，30％的糖（假如把古巴、檀香山、波多黎各的生产也算入），25％的小麦及亚麻子，10％的番薯，6％的裸麦，但是不到1％的米。假如把美国所生产的谷类总和起来，大约有全世界所生产的谷类总量1/4，如把加拿大所产的也加入，便占全世界产量30％了。[59]

但是美国与加拿大的人口，只占世界上人口的1/15，当然消费不了世界上农产物的1/3，所以这些剩余的农产物，便销售于外国。同时南美及澳大利亚等处，也因农业机器化及科学化的缘故，有过剩的农产品出售。这些农产品的最大市场，便是欧洲。欧洲的农民，特别是东部的，因为生产方法落后的缘故，其出产品便不能与美国等相竞争。结果只好放弃农业，加入都市。那些站得住的农夫，竞争而仍能生存的农夫，对于生产方法，都经过一番改造。改造的结果，当然是对于农民的需要减少，利用机器及科学知识的地方加多。因此在乡村中失业的人民，只好往都市中去。所以新大陆的农业革命，不但使新大陆的国家都市化，同时也使欧洲好些国家，不得不走上都市化之路。[60]

以上所述，偏重于美国的情形。英国的农业革命，在美国之前。从我们的眼光看来，英国的农业革命，最可注意之点，不在它的生产方法的改良，而在田制的改变。此种田制的改变，在英国史中，称为圈地运动（enclosures）。英国的圈地运动，最重要的共有两次，一次起于15世纪，一次起于18世纪。[61]在18世纪以前，英国的可耕地，有一半已经圈起。从1700年至1845年，被圈之地，约有1 400万英亩。第二次的圈地，影响于农村人口最大，所以我们格外对它注意。圈地的职务，在将一村的土地重行分配。圈地的目的，在集合小农场而成为一大农场。英国一个村中的土地，在圈起之前，共分数种。第一种是耕地，其大小不等，但一个农夫或佃户的耕地，每每分散在各处，并非集于一起的，所以耕种的时候很不方便。第二种是草地，第三种是牧场，第四种是林地。后三种的土地是公有的。凡是村中的人，都可利用它。假如一个村子的人，认为农场的分散，是一件不经济的事，便可请求国会，通过一个特许他们圈地的法律，他们便可将村中的土地，重行分配。譬如一个农夫，在圈地之前，有三块分散在各处的耕地，圈地之后，便可得一整块的耕地，面积与三块分散的相等。在那整块的耕地四围，他可筑起篱笆来，因此大家都称这种运动为圈地。不但耕地可圈，便是草地与牧场，也可经多数之同意而分派，而由各人圈起。

在圈地的过程中，大地主每得到很多的利益，而小地主却处处吃亏。在分派土地的时候，有时小地主得不到土地，只得到一些金钱作为赔偿。有时在分派之后，小地主以生计艰难，只好将土地出卖。他的生计艰难的原因，就是在圈地之前，他可充分地利用公地，养猪养羊，以畜牧的所得，来补充他的收入。圈地之后，这点好处，他是得不到了，所以他的进款便见减少。同时因为都市中工业发达的缘故，他的家庭工业，也不能维持，所以这些在乡村中站不住的人，只好加入都市。我们应当记得，英国第二次的圈地运动，与工业革命是同时的。圈地的结果产生出一批无产农民，同时工业革命的结果，工厂勃兴，需要许多的劳动者。于是乡村中的农民，便入都市为劳工了。这些无产的农民，既然加入都市，留在乡村中的，比较都是一些大地主，他们的农场大，资本充足，改良的计划，易于举行，以后英国的农业进步，可以说是圈地运动间接造成的。

美国在农业革命的过程中，并无圈地的必要。一因美国是新辟的土地，占据一个大农场是很容易的事，二因各州及联邦政府的法律，都给农夫以获得大农场的方便。

只有在大农场上，才可用最经济的生产方法，便是用人少而收获多的方法。中国的农业，已有数千年的历史，因为人口繁殖的缘故，每个农场是很小的，平均只在 25 亩左右，比 25 亩还小的农场也很多。在这种农场上，绝不能采用机器的方法生产，而且农民因为进款低下，无受教育的机会，所以也不能利用科学知识去加增生产。在这种情形之下，扩大农场，乃是最要的办法。农场扩大之后，农业的技术可以改良，以少数人的生产，就可解决多数人的衣食问题，如美国一样。同时因为农业已经改良，所以农村中过剩的人口加入都市，也绝不会有古人所谓"一夫不耕，或受之饥"的恐慌。但是如何可以扩大农场呢？吾国的历史与英国不同，当然不能直接抄他们的圈地办法。但是他们的经验，也有可给我们参考之处。如吾国人的农场，有从他的祖宗遗传而来的，有由自己购置的，农场虽小，还是分散各处，圈地的办法，不是集合小农场成为一个较大农场的一条可行之路吗？此外如苏联之集合农场制度，也有可以采取之处。苏联近年的农业革命，不但是生产技术的革命，也是田制的革命。[62] 中国在这两方面，也是需要改良的。只有这两点都做到了，然后都市化才有好的结果，否则都市化无新式农业做基础，一定要发生饥荒的问题。我们认清楚这一点，所以敢说近代欧美的都市化，农业革命是一个主要的原因。

（二）

都市化的第二个重要原因，便是工业革命。我们如想知道工业革命何以促成都市化，不可不知工业革命以前的工业状况。英国在工业革命以前，工业的组织，经过两个时期。第一个时期，可称为手工工业时期，第二个时期，可称为家庭工业时期。在手工工业制度之下，工业的单位是很简单的，一个老板，一个或数个伙计，一个或几个徒弟，合拢起来，便可从事于制造的工作。制造品的原料，制造的工具及地点，制造时所需的劳力及管理，制造品成功后的出售，一切都由这个小单位负责经营。老板与伙计，共同操作，感情是很好的，并没有近来资本家与劳动者中间所有的隔膜。手工工业如何转变为家庭工业，我们暂不必管。所要注意的，就是在家庭工业制度之下，制造的步骤，不完全在生产者的手中了。起初有一些商人，对于市场很有研究的，出来担任销售的工作。家庭工业的产品，不必由生产者自己去找市场，制成后便有商人来收，从商人那儿，便可得到售价。后来商人不但收买已经制成的货品，还要在各家庭中订货，在订货的时候，他可以供给原料。工业演化到这个阶级，生产者对于制造所必需的手续，已经不能完全担任了。他所担任的，只是制造的工具及地点，以及制造时所需的劳力及管理。[63]

中国今日，正在工业革命的初期，大都市中已可以看到工厂工业，但乡村及市镇中，还留着手工工业及家庭工业的痕迹。中国各市镇中的手艺店，便是手工工业的代表。这种手艺店，在都市中也还找得到。譬如：

> 南京铜匠店、铁匠店、锡匠店、盆桶店、竹货店、棕床店等业本地皆谓手艺店。此等店之老板，即为各该店之主要工人。其店之生意少者，店中或仅有店主及学徒一二人。生意甚盛稍有资本之手艺店，则有伙友三四人至八九人。此种伙友在做工上为完全工人，不过手艺店之伙友，须兼代店主卖货。[64]

家庭工业，在吾国各地也很发达，今以江苏省常熟之放机制为例：

> 所谓放机者，乃将布机放与工人之家。例如布厂以布机一百架，招女工一百人，具保将厂中之布机领去，而置之自己家中，随时织布，随时交货。故当地之布厂有采放机制者，仅一小事务所，已足办理，并无厂屋亦不见布机。如工人停止工作、不愿继续时，该项布机，须交还原主。在工人请领布机时，一切原料，均由布厂供给，并由厂家发给凭折一扣，借此可以取原料、计工资焉。是项收支，月给一次。厂内支取之纱，重量须与交还之布匹相符合，如有短少，须在工资内扣除。[65]

家庭工业，当然不限于织布。别的例子我们再举一个：

> 家庭工业，普通系由一家家属，制作一种商品，有时家主受雇于工厂或工场，其妻室子女则在家中工作，如织制花边发网及编织物之类。家庭工业之做工人数，当然不多，但戚友时或加入，而使家庭不啻成为一小工场。家庭工业之工作，有由承揽而得者，有自行办理者。承揽之工作，系由工厂或经纪商，将原料发给工人，令在家中依式制造，造成时向该厂或该商领取工资。例如装储火柴之盒，通常由火柴厂将材料发给工人，在家糊制，制成后交厂换领工资。此种办法，于无须监视之工作，颇为相宜。自行办理之工作，由工人自备资本及材料，从事制造，物品出产后，自赴市场或沿街出售，或售与批发商人。沿街叫卖之玩物及其他简单物品，即属此类。[66]

这些都是中国现在的情形，但是我们读到这些记载，便如读英国 18 世纪以前的历史一样。这些手工工业及家庭工业，在英国 18 世纪以前，也曾盛极一时，但现在却都消灭了。中国这些手工工业及家庭工业将来恐也难免步英国历史的后尘。我们现在所要讨论的，便是工业革命之后，为何手工工业及家庭工业便难于立足。手工工业、家庭工业的衰微，以及工厂工业的勃兴，又与都市化有何关系。

工业革命，所以能打倒手工工业及家庭工业的缘故，乃是因为工厂的出品，较旧式工业的出品，价钱要便宜得多。陈令（E. P. Cheyney）告诉我们，机器纺出来的纱，比手工纺出来的纱价廉物美。在 1786 年，某种重量的棉纱，售价要 38 先令的，十年之后，到 1796 年，只售 19 先令，1806 年，便跌至 7 先令 2 便士，一直到 1832 年，价钱只有 3 先令了。跌价的原因，一部分因为棉花价钱下降，但最要的原因，是因为机器纺纱，花费较少了。织布方面，情形与此相似。手工织布的人，在 1800 年，要拿 25 先令一星期的，1810 年，只拿 19 先令 6 便士，1830 年，只能拿 5 先令 6 便士了。别种手工业的人，遭遇到同样的结果。对于这种减少工资的抵抗，完全是无用的。手工与机器不能竞争，旧式工业中人的出路，只有放弃旧的，加入新的工业中去。[67] 新式工业的出品，所以便宜，因为新式工业的生产方法，是大规模的生产方法，所以也是最经济的生产方法。大规模生产的经济，据维白所说，共有五点。第一是动力及工厂设备的经济。建筑一个大工厂，比建筑两个小工厂要便宜得多。第二是机器的经济。近代的工业，可以说是机器的生产，但是机器越来越复杂、越花费。机器的改良及发明，是日日常有的事，只有大规模的生产者，资本雄厚，可以利用这些改良及发明，在竞争上立于不败之地。第三是工资的经济。大规模的生产，分工可以分得很细，粗工细工，都用得着。只有在这种大工厂里，才用得着有特别才干的人，小工厂中的工作，不够维持一个出类拔萃的人才。而且也只有在大工厂里，方可以请一些专家，研究工业的各方面，以为改良的预备。第四是副产物利用的经济。副产物有好些须有大量才可利用，小量的副产物，只有抛弃。中国的屠场中，遗弃的东西甚多，但在芝加哥的大屠场中，据它们的经理说，所有猪牛羊身上的东西，只有它们在宰割前的一声哀鸣，是用不着的，其余的一切，都可以利用。这便是大规模的工业充分利用副产物的一个好例。第五是买卖的经济。大规模的生产者，有雄厚的资本为其后盾，所以购买原料，可以在最便宜的市场中举行，而且因为他们是大宗地进货，价钱比别人还要上算。制造成功的货物，也可堆存起来，等待善价而沽。简单的一句话，他们大规模地生产，每件货物的成本已较轻，而且他们还取薄利多卖主义，小规模的手工业者，自然不能与之竞争而淘汰了。[68]

我们已经明了工厂工业何以战胜旧式工业，便可进而讨论工厂工业与都市化的关系。新式的工业，为什么要集中于都市呢？这是由好几种原因造成的。第一，都市的交通方便，所以一种工业如需要各色的原料，而这种原料，不是一个地方所能供给的，那么在都市收集这种原料，最为方便。第二，近代的工业，是大规模的生产，已如上述。大规模的生产，便要大规模的市场。都市人口众多，便是消费制造品的好市场，而且都市与他处，都有运输上的联络，制造品由都市运至各处，可以畅行无阻。第三，工厂需要各色的工人甚多，乡村中只能供给少数的工人，如需要很多的工人，便须求之于都市，因为都市是各地过剩人口的集中点。第四，都市的金融组织较为完备，制造者建筑工厂，收买原料，购办机器，发给工资，处处都要金钱，在都市中举办工业，金钱的通融，较为顺便。有此四利，所以设立工厂的人，多选地点于都市。不过最近一部分的工业，又有由都市外移的趋势，其原因大约也有四项。第一，都市的生活费高，所以工资也较高。第二，都市中工人组织严密，工潮难于驾驭。第三，都市中的公共事业发达，所以租税较重。第四，都市中地皮的需要甚大，故地租甚昂。这四种因素，都可以使制造的成本加高，因而制造家每想将工业由都市外移。[69]可是那些已经移出的工业，其新选的地点，每每离都市甚近，以便可以利用都市所能给与的好处，同时还可避免在都市中所受的害处。这些工厂的所在地，每每成为工业小镇，环绕于都市的四围，像许多行星，环绕着一颗恒星一样。虽然如此，有许多工业，还是离不开都市，像英之伦敦、美之纽约，至今还是工业的中心。这些都市之所以膨胀，工业要负一大部分责任。

在各种工业之中，哪种工业，离不开都市，又有哪种工业，可由都市外移或者从来未入都市呢？关于这个问题，我们只能加以简单讨论。[70]先说那不能在都市中建设的工业。第一是原料的重量与产造品的重量相差甚大的。这种工业，如设立于都市中，势必花很大的运费，把原料运至都市。但这些原料，大部分是废物，运往都市，不但花钱，而且处置这些废物，在都市中也是一个难问题。炼铜工业，便属于这一类，一百吨的矿石，只能炼出一吨纯铜，所以炼铜工作，每在铜矿附近举行，没有将矿石运往都市中的。第二种不能在都市中建设的工业便是原料容易败坏的货物。譬如制造粗糖，它所需的原料，便是甘蔗。但是甘蔗割下来之后，如在 24 小时以内，不将糖汁榨出，便容易腐败。所以制造粗糖，非在原料出产地点举行不可。粗糖是不容易坏的，所以从粗糖炼成精糖的工作，便可在都市中举行，所以纽约虽然不制粗糖，但今日还是提炼精糖工业的中心。

再谈那从都市外移的工业。这种工业，有好几种特点。第一，它需要大块的土地，在都市中占据大块土地极不经济。第二，在制造的过程中，它需要大量的燃料及水，都市中对于此两物的供给，取价较昂。第三，它的废物处置，是一个严重的问题，在都市中比较难于解决。第四，制造品无时间性，搁置几天或几个月，不成问题。第五，这种工业，每具令人讨厌的特征，如大声、怪味，或富于危险性，设立于都市人口众多的地方，每易引起他人的非议。

　　但是我们最要注意的，还是那些离不开都市的工业，因为只有这些工业，是使都市的人口加增的。这些工业也有好几种特点。第一，这种制造品是有时间性的，过了一定的时间便失其效用。最好的例子，便是新闻纸的印刷。新闻纸假如移到市外去印刷，送回都市来销售，所有的新闻，便都成为明日黄花了。第二，这种制造品的重量或所占的面积，因为在制造的过程中，加了许多的水或空气，每比原料的重量加增，或占面积较广。这种制造品，当然要在消费最大的都市中制造，以节运费。最好的例子，便是面包、箱盒，以及化学品中的硫酸等。第三，这种制造品，带有时髦性质，在市外制造也许不合时式，如妇女的衣服，便是一个好例。第四，这种制造品，需要技术高深的工人，在都市中，这种工人的供给，可以不成问题，移出市外，便招集不到相当的工人了。如制造仪器、制造珠宝等工业，属于此项。第五，凡是节季性的工业，在某一季需要工人甚多，而在另一季则不需许多工人的，只有在都市中设立，才可以解决它的工人问题。如印刷贺年片、制造冰激凌等工业，属于此类。最后还有一些工业，并无设立于都市中的必要，当初也许是设立在都市的边际，但是后来都市膨胀，以前的边际成为都市的中心，原来设立在此的工业本想搬家，可是搬动的花费太大，因而逗留于都市中的。芝加哥的屠宰工业，便是一例。以上这些工业的总和，在工业的全体中，便占一个重要的位置。这些工业既然非在都市中不可，于是便为都市加上很多的引诱力了。所以乡村中的旧式工业衰败，都市中的新式工业崛起，乃是造成人口离开乡村加入都市的第二个重大原因。

　　这些经过工业革命的国家，不但摧残了本国的旧式工业，使本国的人口都市化，它们的影响，远达到别的国家，使别的国家，也起重大的变化。新式的工业，既是大规模的工业，所以它的市场，并不限于本国，连别国也包括在内。它们用机器制造出来的货，送到别国的国境内，于是别国的土货，也经不起压迫而衰落了。中国土布的消沉便是一例。别种土货，只要是用旧法制造出来的，迟早都要遭遇同样的命运。旧式的制造品，既不能行销，于是靠此为生的人，非改行不可。乡间既无他们的机会，只有往都市去。所以美国、英国的工业革命，间接也促成中国的都市化，正如新大陆的农业革命，间接促成东欧各国的都市化一样。但是英美各国，因为有新工业代替旧工业而兴，所以在旧工业中绝了生路的人，可以投入都市的新工业中谋生。可是摧残中国旧工业的势力，并非来自上海，也非来自天津，乃是来自伦敦，来自纽约，或来自横滨与大阪。所以中国在旧工业中失了位置的人，虽然跑到都市中去，但是都市中的新兴工业，还在幼稚时期，不能收纳乡村中投往都市的人口，因此造成中国今日乡村与都市的普遍失业现象。假如工业的先进国，肯容纳中国的过剩人口，未非是中国人民的一条出路。可是这些国家，早就不肯容纳华工了[71]，解决这种困难的方法，只有努力工业化，使中国的新兴工业，来吸收以前靠旧式工业谋生的人，然后以新工业的出产品，来抵制外国制造品的侵略。所以中国的都市化，如建筑在新工业的基础之上，真是解决中国经济破产问题的一剂起死回生的妙药。

（三）

都市化的第三个重要原因，便是商业的发展。商业的出现，是很早的，它是分工合作的自然结果，但是世界贸易的总值，如用金钱表示出来，近代要比以前加增许多倍。便拿最近几十年的变迁来说。在 1874 年至 1875 年，全世界贸易的总值，不过 27 亿镑，1895 年，加至 25 亿镑①，1913 年，加至 83 亿镑，1927 年，便有 129 亿镑了。[72]商业的发展，又可从商人阶级的膨胀看出。在原始时代，虽然也有交易发生，但当时的交易，都是生产者与生产者直接交易，并不假手于中间人。商人阶级，据格拉斯教授告诉我们，是到市镇经济出现时才发生。由市镇经济转变为都市经济，商人的需要加增，所以商人的数目也比以前加多了。[73]美国当 1820 年，在商业与交通业中谋生的人，合起来不过占全体有职业者 2.5%，可是一百年之后，便是 1920 年，已由 2.5%加至 24.9%了。英国在商业与交通业中谋生的人，有 22.4%，澳大利亚有 24.5%，德国有 16.5%，法国有 15.8%。那些都市化程度较低的国家，国人在这种职业中谋生的便较少，如印度人在商业与交通业中的只有 6.9%，保加利亚只有 4%，苏联只有 3.7%。[74]商人的地位，在都市中尤为重要。试以纽约 1920 年的统计为例。1920 年，纽约有职业的人，在 253 万左右。其中以在工业中谋生的为最多，占全体 37.6%，商业次之，占全体 31.4%。假如商业加上交通业，便占全体 40.9%了。[75]

我们现在先要问为什么近代的商业，较以前为发达，然后再问为什么商业要集中于都市。近代商业的发达，其最要紧的关键，便是交通业的进步。近代的交通，如与以前的比较，有两点是大不同的。第一，近代的交通，速度比以前为快。关于此点，哈特教授（Hornell Hart）曾给我们一些很好的统计。他说，在新石器时代以前，人类还没有知道利用马的时候，交通最速的工具，还是人类自己的两条腿。世界上一英里赛跑最快的纪录，是 4 分钟零 1 秒。依照这种速度，人类每点钟可跑 14.6 英里。但步行最速的纪录，一点钟不过 9.4 英里。所以在新石器时代以前，交通的速度，每点钟

---

① 数据有误，原书如此。——编者注

不过 5～15 英里。自从马类成为家畜之后，交通大有进步。根据 1922 年的记录，马在疾驰的时候，一点钟可行 30.9 英里，但如飞奔，一点钟便可行 37.8 英里。自从新石器时代起，至 1825 年火车的发明为止，马的速度，没有一样东西可以超过。1825 年，火车初用的时候，一点钟不过行 15 英里，但是四年之后，火车的速度，已经达到一点钟 44 英里，超过骏马的速度了。此后火车的速度还有进步，20 世纪开始的时候已经达到一点钟走 120 英里的成绩了。这个纪录，后来又给汽车所打破。汽车在 1895 年初发明的时候，不过走 14.7 英里一点钟，与 1825 年的火车速度相仿佛。但是它的进步很快，1910 年，便已超过火车的速度，走 131 英里一点钟。1931 年的速度，是 245 英里一点钟。但是最快的汽车，还不如最快的飞机。飞机是 20 世纪的产品，在 1905 年，速度只有 33 英里一点钟。1929 年，已能行 358 英里一点钟。它的前程，还是未可限量。据专家的估计，将来飞机的速度，也许一点钟可行 500 至 1 000 英里呢。[76]

交通速度的加增，使商业也起了革命。以前的交易，只限于易于保存的货物，现在交通便利，所以那些容易腐败的货物，如菜蔬，如水果，如鲜花，如兽肉，也可以做交易的对象了。贮藏方法的改良，使这些容易腐败的货物，更可以从容地流入市场。近代商业的发展，这些货物的加入，要负一部分责任。

近代的交通，还有一个特点，便是运价较以前为廉。关于此点，我们也可以举一些统计来证明。从前中国铁道部的顾问贝克耳（J. F. Balcer）曾替我们算过：

> 中国的铁路在军人干涉路政之前，取价是很廉的，每运 1 吨货物行 1 公里，只要 1 分 5 厘钱。当然，如运比较贵重的东西，价目是要高些，但运不很值钱的东西，价目还要便宜。在有些路线上，运某种货物，只要 5 厘钱，便可运 1 吨，行 1 公里。假如用担夫运，或者用大车运，价目每看天气的好坏、路的平坦与否及路上危险性之大小，而有高下之不同。大约运 1 吨货物，行 1 公里，运价总在一角 5 分至 5 角之间。平均起来，我们敢说大车的运费，高于火车约 10 倍；担夫的运费，高于火车约 20 倍至 30 倍。[77]

瓦克（G. M. Walker）对于这个问题，也有类似的见解，他说：

> 中国一个挑担的，挑 80 磅的东西，一天可走 25 英里，工资是 1 角大洋。照这种价目计算，运 1 吨货物行 1 英里，要 1 角 1 分钱，两个人用一架江北车，可以载重 350～400 磅，一天走 18～20 英里。他们的工资，是 2 角 6 分。计算起来，运 1 吨货物行 1 英里，需洋 8 分。骆驼或者别种驮货的兽，运价也许要便宜一点。我们可以拿这种情形，来与美国的运价比较一下。美国的大铁路公司，譬如圣保

罗铁路，运货 1 吨行 1 英里，平均只取费 6.5 厘。纽约线与宾夕法尼亚线，运货 1 吨行 1 英里，只要 6 厘钱。美国铁路的平均运费，运 1 吨货物行 1 英里，约在 1 分以下，有些铁路，运价还不到 3 厘。[78]

筋肉运输与机械运输，代价的一贵一贱，于此可见。在筋肉运输的时代，因为运价太昂，所以交易的商品，特别是要运往远地的商品，一定具有一种特性，便是占的面积小，物轻而价昂。笨重的东西，不能运往别处出售，因为这种货物，加上运费，没有人可以买得起。在现在这种机械运输的时代便不同了，运价既然这样便宜，所以笨重的货物，如五谷，如煤铁，也都成为国际贸易的商品了。近代商业的发展，这些货物的大量加入，也要负一大部分责任。

交通的速度加增及运费减低，不但使以前不大成为商品的东西，现在也成为商品了，同时它还使这些交通方便的地方，分工合作的程度加增。在许多农业的社会里，因为通行的是筋肉运输，所以一个村子的人，对于日用的一切货物，大部分都由自己供给，小部分才由市场中购买。譬如一个农夫，他所种植的东西，样色是很多的，以满足他各方面的需要。他种玉米，同时也种小麦；他种豆，同时也种菜籽。他不能只种玉米，同时向他人购进小麦。因为他的玉米，假如挑到四五十英里以外出售，运价加到货价上面，便没有人买得起那样贵的玉米。同时他与其向几十英里以外的人买小麦，不如还是自己种较为便宜。在这种情形之下，大部分的分工，都是由于地理环境不同而起的分工。分工合作的范围也很狭窄，只有住在几十里之内的人，才可收分工合作之效。在机械运输之下，情形便大不然了。因为交通的方便，所以分工的程度越趋越细。种小米的人，可以不种小麦；种菜蔬的人，可以不种豆子。他可以把自己的盈余售出，以所得的钱，来买别人的盈余。这样，他可以专攻一业，在精力上最为经济。可是货物流通的数量，也因分工细密而加增了。近代商业的发展，这又是一个原因。[79]

我们已经知道近代商业发展的原因了。但是我们还要进一步再问：为什么这些商业，要集中于都市？在都市发达之前，无论哪一个国家，不是都有许多市镇么？这些商业，为什么不分散于许多市镇中，而要集中于少数都市呢？市镇经济，为什么要转变为都市经济呢？理由是很多的，但我们可以提出下列数点。第一，商业集中于都市，从堆存货物的立场看去，是很经济的。现在的人，对于货物有三种需要，便是质要好，量要多，样色要有变化。把这些货物分存于各个市镇中，需要堆栈是很多的，堆栈的建筑费及保存费，加起来一定大有可观。但是把这些货物堆存于都市中，便不必建筑许多小堆栈，只要建筑少数的大堆栈，雇用少数的看管人便行了，这是第一层经济。

第二，假如各项商业都分在市镇中举行，那么，铁路、汽车路、运河等等交通的组织，一定要采取棋盘式。反是，假如集中于都市，交通的组织，便可采蛛网式。从工程一方面看来，自然是蛛网式较为经济。第三，假如商业分散于市镇中，那么剩余的资本，也一定是分散于各市镇中。这些资本，分开便没有什么很大的用处，但如聚于一大都市中，成一巨数，便有很多的用处了。这是从经济方面着想，论商业何以要集中于都市。[80]此外我们从地理方面着想，我们便可看出近代商业的举行，一定要在一个环境适宜的地点，而这种环境适宜的地点，并不很多。譬如近代的国际贸易，多以轮船为媒介。大轮船的行驶，有时需要 40 尺深的港道，而这种港道，并非沿海岸都可找到。在美国的东部，只有纽约够得上这个资格。所以欧洲与美国的贸易，不得不假道纽约。又如美国中部的货物，运往国外出售，在铁路发明之先，水运自然较陆运为廉。只有纽约，有一天然的哈德逊河，与人工造成的伊利运河相连，由伊利运河通大湖，再由大湖通美国的中部，有一条不断的水道。别个沿大西洋的都市，未尝不想造一条运河，使内地与它们自己的海港相连，但是中间有一座大山为阻，沿山找不到一个适当的溪谷，把运河穿过去。因此美国内地的货物，多由纽约出口。商业的集中纽约，真是环境逼之使然。[81]中国的上海，处境与纽约相似。外国来的轮船，所运的货物，如行销于扬子江流域，非在上海卸货不可，因为中国的中部海岸，只有上海的港道，可以容得下较大的轮船，别处都没有 30 尺深的港道。而且在上海卸货，便可换长江轮船，运往扬子江各埠。假如在宁波、杭州等处卸货，便没有这样的方便了。所以上海的繁盛，是有它的地理背景的。扬子江流域的国际贸易，真有非集中于上海不可之势。别处即使有与上海争雄的志愿，但因天生没有适当的地理环境，只好对上海甘拜下风了。

我们既已知道近代商业的发展，使商人加多，而商人及商业，又多集中于都市，我们便可以说，近代的商业发展，是都市化的第三个重要原因了。

（四）

以上提到的三种原因——农业的改良、工业的革命、商业的发展——乃是近代都市化的主要原因。此外次要的原因还多，如政治的原因、文化的原因、娱乐的原因等。我们只需把它们提出来，不必细细讨论。

最后，假如我们由这次讨论，得到一个教训，那便是：一个国家里面，乡村与都市的人口分配，一定要有一个适当的比例，然后国家可以富强，人民的生活程度可以提高。这个适当的比例，是不容易定的，我们都要承认。但如以中国与欧洲各国相比较，中国乡村的人口太多，而都市的人口太少，乃是不能否认的事。中国的穷，中国人的贫与弱，这种不合适的人口分配，要负一大部分的责任。中国今日需要更深的都市化，乃是想提高中国生活程度的人所一致承认的。如欲达到此点，并无别条新奇的路，只有步先进国的后尘，改良我国的农业，提倡新式的工业，发展机械的运输，供给贸易的便利，行之数十年，中国自然也有像德国或美国那样都市化的一日。

八、发展都市以救济农村

农村破产，在中国已经成为有目共睹的事实，社会上已有许多热心的人士，在那儿做救济农村的工作，有的从政治入手，有的从教育入手，有的从自卫入手，还有许多走别的途径，去帮助农民的。可是在这种救济农村的潮流之下，很少有人从发展都市着眼，去救济农村的。不但如此，社会上还有许多人，误认都市为农村的仇敌。他们以为都市对于农村，不但没有贡献，反可使农村的破产加深。这种误解，是应当矫正的。

我们应当首先明了发展都市的意义。中国的都市，人口在十万以上的，据专家的估计，虽然有112个，但是我们如仔细分析这些都市的组织，就可知道它们是不完备的，绝不能充分行使都市应尽的职务。比较发展完备一点的都市，如天津、上海、汉口、广州等等，虽然在国内已经可以称雄，但如与外国的都市，如伦敦、纽约等比较一下，就可知道中国的都市，还是幼稚，离"成年"还远得很呢。我们应当努力去发展它们，使它们对于附近的农村，有更大的贡献。

发展都市的第一种事业，便是兴办工业，美国在1927年，全国的工业，共有335种，其中在纽约可以找到305种，在芝加哥可以找到275种。中国的新式工业，据实业部的调查，共有98种，其中在天津只可找到39种，在汉口只可找到20种。我们只把这些数目字比较一下，就可知道中国的都市中，可以发展的工业还多。假如天津能多添39种工业，河北省农村中的农民，便可添许多出路。中国农村中人口太多，嗷嗷待哺者众，是农村中最难解决的一个问题。农业中已经无路可走了。我们只有希望全国的都市，从发展工业上努力，那么一部分的农民，迁入都市，固然可以有立足之地，就是那些留在乡下的农民，因争食者减少，生活也可略为舒适一点了。

发展都市的第二种事业，便是发展交通。每一个都市里面的领袖，都要设法认清，哪一部分的内地，是他的势力范围，是他的基本市场。在这个广大的市场里，应开设铁路、公路、航路以及空路，使这些散布各处的乡村，与都市有交通上的联络。我们都知道从芝加哥出发的铁路，共有 33 条，这 33 条铁路，把芝加哥与附近数百英里的农村与市镇，造成一种"如胶似漆"的关系。乡村中农民的货物，往都市中流去，比较地可以得到善价，这些农民的购买力加增，都市中的制造品便多一条销路。

所以交通的发达，是对于都市与乡村两便的事。我们再举一个例子来证明此点。天津的商人，现在到山西的黄河东岸一带收集鸡蛋，是一种费精神而且吃苦的工作，同时黄河东岸的鸡蛋，也只值七八文一枚，因为运输不便，蛋价如果提高，津商便不肯要。假如有一日天津与山西的黄河东岸，有直通的铁路，天津的商人，与黄河东岸的农民，便都互受其利了。都市与它的内地，交通固然要便利，都市与都市间的交通，也应当发展，如此，在本市销不完的货物，才可很方便地运到别的都市中去。各地的农民，假如都有这种便利，他们的农产品，便不致受当地市价的限制，奸商对于他们剥削的能力，便要渐渐消灭了。

发展都市的第三种事业，便是扩充金融机关。中国的都市中，新式的金融机关，如银行、信托公司之类，未尝没有，可惜它们的事业，只限于都市中，以致不能充分尽职。合理的组织，应当把总行设于都市里面，而把支行或代理处分布于内地各处。这样，一方面可以吸收内地的现金，来做生产的事业；一方面又可放款于内地，使农民减轻利息上的负担。现在中国的银行，在内地有支行的颇少，所以有些地方的农民，略为有点积蓄，因为无处存放，只好埋在地下，或锁在箱里，这些搁置起来的资本，合起来一定很有可观。假如银行在这种地方有支行，那么现在埋藏起来的资本，都可以流动起来了。另外一些地方，农民需款很急，可是无处可借，即使借得到，每月的利息，也常在二三分以上。假如都市能扩充金融机关，设立支行于这种地方，那么高利贷者便无所施其技，岂非农民的一种福音么？

发展一个都市，应当努力的方向还多，以上提出的三点，不过举例以见一斑，假如都做到了，对于农民的贡献，是很显然的。都市与乡村的关系，不是敌对的，而是互助的，于此可见。

最后，我还愿意提出一点意见，以供都市中领袖的采择。中国的领袖，与别国的领袖一样，无疑地都集中在都市里面。但中国的领袖，似乎缺少了一种"都市意识"。譬如天津工商业的领袖，有几个人知道天津的势力范围，包括一些什么地方？他们有几个人知道东南到什么地方，便侵入济南、南京或上海的势力范围？西南到什么地方，便侵入郑州或汉口的势力范围？晓得哪些地方，是他的都市的势力范围，因而出全力去经营这些地方，使这些地方与他的都市共存共荣，便是我所谓的都市意识。假如每个都市中的领袖，都有这种都市意识，然后根据此种意识去努力，那么中国现在虽然经济萧条、农村破产，将来总有繁荣的一日。

九、再论发展都市以救济农村

我在去年 9 月 9 日的《大公报》上，曾发表一篇短文，论发展都市以救济农村。这篇文章发表之后，赞同的人固然很多，但反对的人也不少。赞成我那篇文章的人，有许多是补充我的意见的，这儿暂且不提。反对的文章，我见到的有三篇。一是李炳寰先生的《评吴景超之〈发展都市以救济农村〉》（《众志》月刊 2 卷 1 期），一是刘子华先生的《评吴景超的〈发展都市以救济农村〉》（《锄声》月刊 1 卷第 4、5 期合刊），一是万钟庆先生的《发展都市必先救济农村》（《民间》半月刊 1 卷 17 期）。他们的论点有许多是相同的，所以我在这儿，做一个总略的答复。

在我写那篇短文的时候，早就料到那篇文章，会引起一部分从事农运的人的误会，所以我在篇首便先声明，我所要说的，只是救济农村的一条途径。在这条途径之外，还有别的工作可做而且应当做的，如从政治、教育、自卫等方面着手去救济农村都是。想不到虽然这样小心地声明，而有一部分人仍旧误解，以为我要提倡一种新的观点，来抹杀其余的观点，其实我决没有这种意思。反对我的观点的人，一定要提出证据来，说明发展都市，于救济农村无益处，或不但无益，反而有害，才可推翻我的主张。关于此点，我相信至今还没有人做到，所以我的主张，还是可以成立的。

发展都市的事业，我以为至少三点是要做的。第一种事业，便是兴办工业。关于这点，李先生在他的文章里，说"工业是万分急需……用新兴的民族资本工业，来代替帝国主义的榨取，抵制舶来品的倾销，削减原料的输出，挽救巨额的入超"。看了这段文章，好像李先生是赞成兴办工业的。可是几行之后，李先生忽然改变了口调，他说："试问把 98 种工业，全设在都市，那么谁敢担保便减少了中国的无业者？恐怕适得其反，都市无立足之地者更多，农村破产益烈呢！"新兴工业，既可"抵制舶来品的倾销"，又可"挽救巨额的入超"，而其结果，乃使"农村破产益烈"，这种理论，未免前后矛盾。李先生的文章中还有一段，论在中国振兴工业之难，是由于"帝国主义的压迫"，由于"关税未能完全自主"。这一点刘先生与他完全同意。刘先生于承认"兴办工业是发展都市的急务"之后，便顾虑到"不平等条约未尽废除，帝国主义侵略无法抵御之时，中国工业能不能日趋发达，尚是极大问题"。当然在今日的中国，振兴工业，是有相当困难的，但我们要问，这种困难，是否无法克服？假如无法克服，那么我们只好束手待毙。假如有法克服，那么我们岂可畏难而退？发展中国工业的困难在什么地方，以及这些困难如何克服，是我国民族的一个大问题，不能在这短短的篇幅内讨论。但是我们敢断言的，就是这些困难，绝不是"帝国主义"几个字便可包括的。我们的困难，一方面固然由于外来压迫的剧烈，一方面也由于我们自己的不争气。假如从事工业的人，都能深刻地反省，都能尽其在我，都能把一切营私舞弊、因循懒散等等恶习惯、恶心理都改良了，我们的困难便要减少许多。这是我们可以努力之点，比空喊打倒帝国主义要切实得多。即如李先生所提到的中国丝业的衰退，在二十年度输出的不及十八年度的 1/4，在李先生虽然要归罪于"帝国主义的压迫"及"关税未能完全自主"，实则全不相干。中国生丝输出的衰退，最要的原因，在于美国丝织工业中人，近来都愿用日本丝而不愿用中国丝。以前，美国的市场，是中国人所垄断的，后来美国丝织工业中人，以中国生丝不适宜于机器的运用，提出几点来请中国缫丝的人改良，中国人置若罔闻，日本人便利用这个机会，把本国的丝产，改良得适合美国人的需要，于是美国的市场，便为日本所夺了。这段故事，哈佛大学的陶适教授，在他的大著《几个关税中的问题》里面，说得很详细。我们听了这个故事，应该得到一个什么教训？

万先生对于在都市中兴办工业一点，提出三点意见：（1）农业中并非无路可走；（2）兴办工业，不一定须在都市；（3）工业的发达，必有赖于粮食及原料，假如不先改进与维护农业，民族工业便难发展。我们先从第三点说起。万先生说工业的发达，非有农业做基础不可，这是醉心农业的人一种夸大的态度。最近章伯雨先生在他的《经济上的复古论辨》（《农林新报》第 372 期，是驳我在《独立评论》125 期中《我们没有歧路》那篇文章的，所以附带也在这儿讨论一下）一文里，也犯了同样的毛病。我们无论采用哪一种或一国的工业分类，就可知道有许多工业，其原料的来源，并不靠农业。美国清查局所用的工业分类表，把全国的工业，分为 16 大类，其中有 11 类，如钢铁业、化学工业、印刷工业、金属工业、机器工业、音乐器具业、交通工业等等，都是无农业根据的。而且在生产的各种元素之中，原料不过是一种，有了原料，假如别的条件不合，那么根据于此种原料的工业便不能发展。没有原料，而别的生产条件却都完备，工业也未尝不可发展。纱布业在英国与日本都很发达的，但英国与日本出棉花么？丝织业在美国是最发达的，可是美国却不出产生丝。这种例子很多，万先生既然是专治经济的人，自然也都知道，不必我来细举。即使退一步说，发展工业，非农业供给原料不可，那么我在那篇短文里，又没有反对"改进与维护"农业，为什么万先生要提出这一点来对我宣传？

关于万先生所说的第二点，"兴办工业，不一定须在都市"，只含片面的真理。工业的位置，有的不必设在都市，有的非在都市不可，关于此点，我在《清华学报》8卷2期中，有一篇《近代都市化的背景》，详细讨论，不必赘述。万先生提倡那些不必设在都市的工业，我在那篇短文中提倡要设在都市中的工业，彼此是不相冲突的。

关于万先生所说的第一点，我以为最有讨论的余地。我说农村中已无路可走，是根据一些简单的数字而下的结论。中国的可耕地，虽无统计，但中外各专家的估计，如我们的翁文灏先生及美国农部的贝克耳先生所发表的，相差不远。这个数目，如与美国的可耕地相比较，要比美国的为小。但美国人在农业中谋生的，只有1 000万人左右。以1 000万人的努力，便可使1亿以上的人衣食有着，还有盈余可以运销外国，这是使我最为惊异的。中国在农业中谋生的人，据估计，在全人口70%～80%之间，这点数目字，便可十足地表示中国农业生产方法的落后。我总希望政府与一切从事农运的人，设法改进中国农民的生产技术。假如这是应该做而且是可以做到的，那么中国农业吸收人口的力量，将逐渐减少，这是生产技术改良后必然的结果。欧美各国的历史，昭示我们是千真万确的。在这种时候，兴办工业，便是为全国的农民，多辟了一条生利之道。但万先生却不愿意人走这条路，他指出现在每村还有200元之储蓄，可以为农民另辟生路。我们愿问：中国的农民，是停留在乡村中分这200元的储蓄好呢，还是在工业中去寻比这200元要多的进款好呢？

李、刘、万三先生，对于我所说的发展都市的第二种事业——发展交通——都抱同样的疑惧。李先生说："即遍设铁路，也不过助长外货的畅销，促进农村之破产而已。"刘先生说："交通发展到哪里，帝国主义者经济侵略的巨爪也就伸张到哪里。"万先生也说："在此交通动脉为外人所把持之情形下，铁路与航运，只不过为推销舶来品的运输机关，所以中国今日交通最便利的地方，洋货的侵入更为敏捷，农村的破产更为厉害。"这三种说法证明了我在《我们没有歧路》一篇文章里所提到的"因噎废食派"在国内大有其人。他们应当知道，中国的交通工具，除运舶来品外，还要运国货的。假如中国没有交通工具，各地的有无，如何调剂？陕西的棉花，如何运往上海？山西的煤，如何运往天津？四川的桐油，如何运往汉口？难道我们用铁路、航路来运棉花、运煤、运桐油，不是事实么？铁路与航运，岂真如万先生所说"只不过为推销舶来品的运输机关"么？我还愿意在这儿提出一些事实，证明这三位先生所痛恨的舶来品，其所以能畅销中国，有一部分是由于中国交通事业的不发达所造成的。美国的安诺德先生，前几年写了一本极有趣味的书，名为《中国问题里的几个根本问题》，其中有一段话，极可注意：

达科他人之去西雅图埠，犹陕西农人之去上海。由达州运麦至西埠，计程1 000英里，铁道运价每吨约华币23元。自西埠至上海，计海程6 000英里，轮船运价约计13元。自达科他至上海，总计运费为36元。再益以自乡间至车站，平均25里，若之汽车运载，故总计运费每吨为40元。即使提高之，假定为45元，计亦不过每担费3元而已。回顾自渭河流域运一担麦抵车站，需费7元之巨，加以300里之火车抵汉口，600里之江运抵上海，两相比较，即可知其贵贱矣。……汉口距陕西只600里，然磨粉业人与其付运费而受渭河之馈麦，毋宁出价购买美国之麦，较为便宜也。

安诺德先生的话，告诉了我们美国的麦，所以畅销于汉口，不是长江的航运太发达了，而是渭河流域至汉口的交通太不发达了。孙中山先生在他的民生主义第三讲内，也提到一个富有意义的故事。他说：

像前几年我遇着了一位云南土司，他是有很多土地的，每年收入很多租谷。他告诉我说，每年总要烧去几千担谷。我说谷是很重要的粮食，为什么把它来烧去呢？他说每年收入的谷太多，自己吃不完，在附近的人民都是足食，又无商贩来买，转运的方法，只能够挑几十里路远，又不能运到远方去卖。……因为没有用处，所以每年到收新谷的时候，只好烧去旧谷，腾出空仓来储新谷。这种烧谷的理由，就是由于生产过剩、运输不灵的缘故。

孙先生对于这个故事所下的结论，是值得我们玩味的。因为运输不灵，所以有谷多的地方，也运不出去。我们不在发展交通上注意，只怪外国粮食进口，有什么用处呢？从这两个例子，我们便可格外明了发展交通对于农民的贡献了。至于交通发展之后，都市的制造品运销于内地，对于农民的手工业，自然要予以打击。但这是在经济进步的过程中所不能免的结果，农民只可适应潮流，在新局面下谋新发展，假如因此而反对新式交通、新式工业，那便是抱残守缺，结果一定是要受淘汰的。

关于我所说的发展都市的第三种事业——扩充金融机关——李先生以为"银行家对于农村的放款投资全存了戒心"，若想叫他们放款于农村，他们是"不肯"的。万先生也说："在今日的农村破产情形之下，期望都市的金融机关负起放款于内地的责任，又谈何容易。"但隔了几行之后，万先生忽然提到"中国、金城、大陆等银行肯假手华洋义赈会，参加农赈放款"。所以万先生提出的事实，打破了自己的理论，同时也替我们回答了李先生：银行家并不是"不肯"放款于农村的。刘先生倒是看得到"银行界今日因将内地现金集中得太多，诚然想多设分行，以便贷款农民，使手中现金出路"，但他却为诛心之论，说"他们的目的，决不是要救济农村的破产，乃是要救济自身的损失"。我并没有说银行家放款于农村，是抱办慈善事业的目标而来的，这种动机的讨论，不在本题范围之内，可以不谈。我只愿意指出这种行为的结果，不管它的动机怎样，对于农民是有利益的，也便是可以救济农民的。这件事不必强辩，我们只要比较农民向银行借款——直接或间接由合作社——所负的利息，与向地主、店户、绅士、高利贷者借款时所负的利息，其轻重为何，便可了然。

最后，我愿意谢谢李、刘、万三先生，因为他们的辩难，我才得到一个重新申说我的观点的机会。我们的看法虽然不同，但是我们对于中国大众生活的关心，以及对于中国经济发展的重视，大家都是一样的。

十、都市教育与乡村教育

旭生先生在《独立评论》所发表的《教育罪言》，前后共有六篇。前五篇是批评的，指出现有教育制度的缺点；最后一篇才是建设的，提出他的改革教育的方案。我在这篇文章里，所要与旭生先生讨论的，只是他的方案。

我觉得旭生先生的方案，其最新颖的一点，便是注重农业教育。六岁以下所受的幼稚教育，我们姑且不谈。他的国民教育，与现在的小学不同的，便是"先生学生，尽属农夫。农忙力田，农闲治学"。国民学校中的教职员，虽然是师范学校出身的，但是这些师范学校，"位置是在乡野的，……师范学校附近有两个大规模的农场，第一农场为就我国旧法稍加改良者，第二农场为新式工业化者。……师范学校学生，前一半入第一农场，习我国固有农事；后几年入第二农场，习新法农事"。换句话说，从这些师范学校出身的，只能教授农业，对于别种职业是外行的。旭生先生在高等教育中，还是一贯地注重农业，所以商科各种学校、工科各种学校，都要"附设农场，亦如师范学校。……工商业的学校，如前二三年不需实习者，仍当附设第一农场，资其练习"。"大学教育前有预备学校，预备学校……亦有附设农场，练习农事，而无年限。"

旭生先生为什么要使全国的教育农业化呢？因为他觉得这种教育，才合于中国的需要。他对于中国社会的组织，以及变迁的趋势，有下列一句重要的论断。他说：

> 中国是以农立国的，我们相信不惟今日如是，即将来亦仍如是。

因为他有这样一个前提，所以才有他的全国教育农业化的方案。这是他的主张中最新颖的一点，也是我认为最可商榷的一点。

主张以农立国的人，近来真是不可胜数，但是什么算是以农立国，可惜没有人给它下一个详细的解释。假如说中国以农立国，只是要表明中国的多数人，是依靠农业为生，那诚然是一件事实，但我却认为是一件可怜的事实。因为这一件事实，只是证明中国的农业生产方法落后，要多数人在农业中劳碌，才可维持全国人的衣食。生产方法进步的国家，只要有少数人在农业中努力，全国衣食的资料，便有着落。如美国在1930年，只有22％的人在农业中谋生，不但生产可以维持本国人的衣食，还有余剩可以运往外国，便是一个好例。中国在农业中谋生的人数，现在虽无统计，但许多估计，都把它放在70％以上。文化先进的国家，生活程度高的国家，没有一国的农民，其百分数是在70％以上的。根据1932年的国际年鉴，农民百分数在70％以上的国家，可考的有南非洲联邦的黑人（75.0％）、印度（72.3％）、保加利亚（82.4％）、立陶宛（79.4％）、波兰（75.9％）、罗马尼亚（79.5％）及苏联（86.7％）。苏联的统计，是1926年的，那时五年计划还未开始。现在我们敢说苏联农民的百分数，要降低很多了。以上这些国家，如把苏联除外，试问有哪一个国家，不是比较贫穷的、生活低下的、文化落后的？所以如说中国以农立国，便是多数人依农为生的意思，那么我们最好努力改良农业的技术，使少数人耕之，多数人便可食之。如此便可使很多的人，从农业中解放出来，从事于别种实业，努力于他种生产，使中国的财富，除农业外，还有别种来源。

旭生先生又以为不但现在的中国，是以农立国，即将来亦仍如是。这便等于说是，中国的经济组织，是固定的，是不变的。但是旭生先生有什么根据，下这种奇异的推测？在旭生先生所提倡的新式师范教育中，不是要学生习新式农事么？不是设备一种新式工业化的农场么？我相信中国的农业，如不开倒车，总有一天会采纳新的生产方法，如旭生先生所希望的。假如有那一天，中国农民的百分数，一定要减少的，这可以外国的经济史为证。我们试看各国的历史，凡是农业进步的国家，没有一国农民的百分数，不是下降的。今列表如下：

国名	第一时期（年）	农民百分数（％）	第二时期（年）	农民百分数（％）
美国	1880	44.1	1930	22
比利时	1846	44.0	1920	19.1
英国与威尔士	1881	12.0	1921	6.8
德国	1882	42.5	1925	30.5
瑞典	1870	51.6	1920	40.7

续表

国名	第一时期（年）	农民百分数（%）	第二时期（年）	农民百分数（%）
瑞士	1900	31.2	1920	25.5
挪威	1910	39.5	1920	36.8
法国	1906	42.7	1926	38.3
丹麦	1901	46.2	1921	34.8
荷兰	1909	28.4	1920	23.6
奥地利	1870	62.6	1920	31.9
匈牙利	1890	70.5	1920	58.2
加拿大	1911	34.2	1921	32.8
澳大利亚	1871	44.0	1921	22.9
新西兰	1881	29.0	1921	27.1

以上这些国家，第二时期的农民，百分数都比第一时期为低。这些国家里面的农民，有的只是百分数的降低，如表中所示的。有的不但是百分数的降低，而且是实际数目的降低。如美国在 1910 年，在农业中谋生的人，有 1 265 万，1930 年，只有 1 075 万。德国在 1907 年，农业中有 988 万人，1925 年，只有 976 万人。丹麦在 1911 年，农民有 51 万人，1921 年，只有 47 万人。法国在 1906 年，农民有 885 万人，1926 年，只有 819 万人。但是这些国家的农民，虽然减少，而农产品却在增加。以少数的农民，产多量的农品，这是最经济的生产方法。假如中国采用这种最经济的生产方法，当然无须 70% 以上的人在农村中。所以假如中国的农业有进步，中国人依赖农业为生的人，是要减少的。

以上这些讨论，只是要说明我与旭生先生对于中国情形的观察不同之点。我们的见解有一点是相同的，就是都认中国的国民，大多数以农为生。但他以为这是一件好事，所以要把教育制度去迁就它。而我却认为这是一件可怜的事，能早日脱离最佳。脱离这种畸形的状态，使中国除农业之外，还要发展工业、商业、交通业、运输业、金融业、矿业，乃是我们所希望的。此外，旭生先生认为将来的中国，还是以农立国，而我以为农业技术进步的结果，农村中可以不必容纳 70% 以上的人口，这些剩余的人，将来一定是在别种职业中找生活。结果，中国人口的职业分配，一定要与现在不同，那便是说，将来大多数的人，不一定要靠农业为生。我们即使学不到美国，学不到澳大利亚，也应当学到法国。英国当然不足学，因为它诚如旭生先生所说，工商业畸形发展了，弄得不到 10% 的人在农业中。不过我们要记得，工商业的畸形发展，固不足取，然而农业的畸形发展，如中国与印度，又何足为法。

　　我对于旭生先生的前提，既然不能完全同意，所以对于他的教育方案，也不能完全赞同。他提倡农业教育的精神，我是很表同情的，但是他要使全国的教育农业化，就未免"矫枉过正"。我们先不谈将来中国的情形如何，就拿现在的情形来说，中国人口的分布，并不完全在农村中。中国人的职业，也不完全是耕田种地。中国百万以上人口的都市，据我所知的，至少便有 3 个，十万以上人口的都市，据托格雪夫（Boris P. Torgasheff）在《中国评论周报》3 卷 14 期中所说，至少有 112 个。此外五万以上人口的都市，我们还不知道有多少。陶内先生在《中国的农工》一书中，估计中国的市民，占全国人口 20％左右，请问这些人的子弟，也都应当习农业吗？假如他们都习农业，那么中国的商业、工业、运输业等等，应当交谁执行？总之，"驱天下之民，归之于农"，乃是中国以前的顽固思想，由于不明他种职业的生产价值而发生的。自从经济学发达以后，谁都知道一国的经济组织，不是靠一种实业所能维持的，一定要各种实业平衡地发展，才可以收国富民荣之效。所以我们如想建设繁荣的中国，不但在农业上要努力，在别的实业上，也要有相当的努力。旭生先生似乎也想到这一点，所以他也"希望我们的工商业有相当的发展，不再受帝国主义的压榨"。可是他只希望而已，在他的教育方案中，实在看不出实现此种希望的教育。他的国民学校中，先生学生尽属农夫，一切的学校，都附设农场。从这种学校出身的学生，耕田种地，固然是拿手好戏。但是要他们从事于别种职业，试问有无此种能力？

　　所以我的意思，以为在都市中的国民学校与师范学校，与其附设农场，不如附设工厂。与其教他们种地，不如教他们织布。与其教他们拿耙，不如教他们开火车。与其教他们割麦，不如教他们打电报。与其教他们研究土壤，不如教他们研究都市交通。与其使法官耕田，不如让他利用那些时间，去研究中国的司法制度。与其使医生种地，不如让他利用那些时间，去设法减低中国人的死亡率。总之，中国社会中的生产事业，不只农业一项；中国社会中所需要的人才，也不止农业人才。教育制度，要造成各色各样的人才，要满足各方面的需要，所以国民学校中的学生，旭生先生要他们尽属农夫，乃是我所不敢赞同的。

　　不但在都市中的学校，不必教授农业，就是农村中的学校，也不必专教农业。我是因为看清楚中国农村中的人口过剩，所以有此种主张。农村中的人口过剩，何廉先生在《独立评论》第 6 号中已有说明，我们徽州人，尤其深刻地感到这一点。在我们那儿，农场是很小的，一个农场的经营，有时交给家庭中的女子便够了。这种小农场的生产，不能维持一家人的生计，同时农场的经营，也用不完一家人的劳力。于是这些过剩的劳工，只好向外发展，向农业以外的职业去发展。中国南部有一句土话，说是"无徽不成镇"，这是表示徽州人在外路谋生者之多，但这种情形，实有经济地理之背景的。中国有好些地方的情形，一定与徽州相仿佛，如宁波，如广东的许多部分都是。在这些乡村地方，如只给他们以农业教育，一定不能满足他们的要求。办教育的，一定要斟酌当地情形，除农业教育外，还要办商业教育、工业教育，以解决他们的生计问题。此外中国还有许多地方，有其特殊的富源，如山西之煤、河北之铁、湖南之钨、云南之锡，为充分利用这些富源起见，那么在这些省里，岂可忽略矿业教育？

至如中国将来的情形，恐怕对于农业以外的教育，需要更有甚于今日。这是将来的话，现在也不必多谈。

最后，我愿意对于这篇文章的题目，加一解释。"都市教育"与"乡村教育"二词据旭生先生说，是采用梁漱溟先生的。他们都反对都市教育，而主张乡村教育。假如目前的中国教育是都市教育，那么都市教育，诚然是可反对。但是与其称目前中国的教育为都市教育，不如称它为游民教育。因为现在的学校，特别是中学，只制造出来一批一批的游民。他们当然不会耕田种地，在农村中做生产的事业。但都市的事业中，又岂有他们的地位？他们固然不能从事于农业，又岂能从事于工商业？所以把中国的教育叫作都市教育，真是冤枉了都市教育这个名词。假如我们说都市教育是工商教育，以别于乡村中的农业教育，那么都市教育在中国应当提倡，正如乡村教育应当提倡一样。在创造新中国的过程中，我们要发展农业，同时也要发展其他的实业。假如我们承认这一点，那么旭生先生的教育方案，就应加以修正，使都市教育与乡村教育，在他的方案中，都占有相当的地位。

十一、我们没有歧路

中国的工业化，在国际中比较是落后的。工业革命的工作，有的早已完成，如英美；有的正在进行，如苏联。中国在若干年前，也曾听到工业化的呼声，但工业化的成绩，还没有表现出来，便有人在那儿反对工业化了。就在这一两星期之内，我便看见许多文章，有的提倡农本政治，有的主张以农立国，还有人来告诉我们，"除农民外无所谓民"。这些见解，我们可以给它们一个名称，便是"经济上的复古论"。我们对于一切的复古运动，都不能表示同情，对于这种经济上的复古论，尤其反对。我们以为筋肉的生产方法，对于人民福利上的贡献，无论从哪一方面着眼，都不如机械的生产方法。在这一点上，美国与中国，正站在两个极端。美国平均每人可以驱使的生产力量，等于 13.38 马力，中国平均每人可以驱使的生产力量，只有 0.45 马力。这是使美国人富而中国人穷的主要元素。我们认为中国人现在应当积极地努力，用机械的生产方法，去代替筋肉的生产方法。朝这一条路走下去，自然是工业化，自然是商业发达，自然是农业方面的人口减少，而别种实业方面的人口加增。假如在这些成绩之外，还采用一种公平的分配制度，使贫富的距离不致相差过甚，那么工业化的结果一定是大家的生活程度都能平均地加增。这是我们所看得清楚而且愿其早日在中国实现的。

但是现在还有许多人不愿朝这条路上走，他们所以不愿朝这条路上走的原因，据我的观察，至少也有四种。

提出第一种原因来的，我们可以称之为夸大派。这一派的人，以为中国的文化，无论哪一方面都比外国人高。他们知道中国大多数的人，是从事于农业的，与英美等国大多数的人从事于别种实业不同。但他们既以中国一切的文化，都是好的，都是应当保守的，所以在这一方面，也不必学别人，还是以农立国为佳。同时他们还常用一些笼统的名词，来描写农国的优点及工商国的缺点，以自圆其说，以满足其夸大的欲望。但是事实胜于雄辩，对于这些赞美农国的人，我们可以问他们几个问题，看他们如何回答：

第一，这儿有两条路，一条使人富有，一条使人贫穷，我们应走哪一条？

第二，这儿有两条路，一条使人聪明，一条使人愚笨，我们应走哪一条？

第三，这儿有两条路，一条使人长寿，一条使人短命，我们应走哪一条？

我这儿所说的两条路，一条是以农立国，也就是以筋肉方法生产的路，一条是以各种实业立国，也就是以机械方法生产的路。从这两条路上走，可以得什么样的结果，我们最好不必空谈，拿点事实出来给人看看。

先回答第一个问题，这可以各国人民的平均入款来说明。根据 1930 年的估计，各国人民平均入款最高的前五名是美国（749 元）、加拿大（579 元）、澳大利亚（477 元）、英国（409 元）及瑞士（389 元）。最低的五名，比较难说，因为有许多文化落后的国家，统计不齐，难于估计。但就有统计的国家而说，我们发现人民平均入款较低的，有印度（37 元），有立陶宛（54 元），有波兰（74 元），有拉脱维亚（94 元），有希腊（98 元）。前五国农民的百分数，没有在 35% 以上的；后五国农民的百分数，没有在 50% 以下的。换句话说，前五国是以各种实业立国的，而后五国是以农立国的。

再回答第二个问题，这可以各国文盲的百分数来说明。世界各国，文盲的人在 5‰ 以下的，有丹麦（1‰），有瑞典（2‰），有英国（3‰），有荷兰（3‰），有瑞士（4‰）。这五国中，除瑞典的农民，占有 40% 以外，其余各国的农民，都在 35% 以下。

丹麦这个国家，许多人总以为它是以农立国的，其实丹麦人口，在农业中谋生的，不过 1/3。再看那些文盲的百分数，在 90％以上的国家，如埃及（92.0％），如南非联邦（90.3％），如印度（90.5％），务农的人，都在 70％以上。换句话说，以各种实业立国的国家，人民因为大多数受教育，所以是聪明的；以农立国的国家，人民因为大多数未受教育，所以是愚笨的。

最后回答第三个问题，我们可以平均寿年及婴儿死亡率两种统计来说明。1920 年左右，男子的平均寿年在 50 岁以上的，有新西兰（62.7）、丹麦（60.3）、澳大利亚（59.1）、英国（55.6）、挪威（55.6）、瑞典（55.6）、美国（55.3）、荷兰（55.1）、瑞士（54.4）。这些国家的农民，没有在 40％以上的。假如把挪威与瑞典除开，其余国家的农民，没有在 35％以上的。农业国家的人口登记，多不完备，所以关于这类的材料很少。但印度是农业国，而印度的男子，在 1910 年左右，平均寿年只有 22.5 岁。再拿婴儿死亡率来说：婴儿死亡率最低的国家，在 1931 年，为新西兰（每千婴儿死32 人）、澳大利亚（42‰）、荷兰（50‰）、美国（62‰）、英国（66‰）。婴儿死亡率最高的国家，多无职业统计。如只看有婴儿死亡率的统计及职业统计的国家，我们也可得到一个结论，便是以各种实业立国的国家，婴儿死亡率没有在 150‰以上的。其在 150‰以上的国家，如保加利亚（154‰），如匈牙利（162‰），如印度（180‰），人民以农为业的，都在 50％以上，换句话说，便都是以农立国的。

这些统计所表现的事实，绝不是偶然的巧合，而是有集合的必然性的，利用筋肉的生产方法的国家，人民一定集中于农业（也有还不如农业的，如畜牧及渔猎），一定没有大量的剩余财富，因而人民大多数过穷苦的日子。穷人受不起教育，因而愚笨，无力讲究卫生，因而短命，也是必然的结果。中国素来是以农立国的，所以比较的穷，比较的愚，比较的人民多短命。穷、愚及短命，绝不是可以夸大的事，所以我们对于这些夸大派，只有请他们认清事实，要知道以农立国，是一件可怜的事，没有什么可以自夸的。

提出第二种原因来反对工业化的人，我们可以称之为禁欲派。这一派的理论，可以下面所引的几句话为代表：

> 盖物质文明与日俱进，换言之，即日趋奢侈。生活以此为鹄，即纵欲之衣食住行。纵欲之背景，即为工商，以工商发达，促成消费者之不规律，激增日新月异之滥费也。合理之衣食住行，要在节欲。其资料之获得，备置之法度，使用之珍持，皆有应循之程序，应合之分际。生息于何种政治之下，始足语此？以果求因，其维农本。

作者的意思，大约以为农业的生产，虽然不能满足我们衣食住行各方面的欲望，但是解决这个问题的方法，不在加增生产，而在节制欲望。这种懒人的态度，我们根本不能赞同。我们以为人类对于物质享受的欲望，要量多，要质好，要花样新鲜，乃是使人类上进的主要动力。假如在采集经济时代生长的人，相信禁欲主义，他们决不会产生渔猎或畜牧的经济。在渔猎或畜牧经济时代生长的人，如信禁欲主义，也决不会产生农业的经济。人类在生产方法上能够改良，能够使现在一个平民，其享受超过中世纪的一个诸侯，便是因为人类有满足欲望的要求，有不满意现状，要求改良现状的勇气。假如大家都禁欲，大家都随遇而安，人类的社会，绝无进步可言。

而且在这个时候来提倡禁欲，来反对发展工商，未免太忽视了大众的福利。中国的大众，并不是纵欲的。他们终日孜孜，并非在那儿想过奢侈的生活，想得逾分的享受，乃是在那儿设法，满足生活上的基本需要，还时刻地感到力不能济，时刻地受冻饿的苦痛。我们对于这些面有菜色的大众、衣不蔽体的大众、茅棚草舍不足以避风雨的大众，不能使他们的生活改善一点，反去劝他们禁欲，这是"深悉民间疾苦"的人所忍发的言论吗？

我们以为中国的劳苦大众，在衣食住行四方面的欲望，要求满足，乃是做人应有的权利。而且在衣食住行之外，对于教育、娱乐、交际、卫生、旅行等方面，想享受一点他们现在没有享受到的快乐，也决不能视为逾分的。但在现在这种生产方法之下，上面所说的欲望，是不能充分满足的。所以我们要提倡改良生产方法，要提倡走工业化的路。

提出第三种原因来反对工业化的人，我们可以称之为因噎废食派。这一派的人，对于工业化的好处，是有相当认识的。他们对于英美工业化的文明，也有相当的鉴赏。可是他们看到这几年欧美各国种种不景气的现象，便吓倒了。他们看到近年这些所谓工业化的国家，都发生了大规模的失业问题，劳资间发生了尖锐化的冲突，社会上充满了不安的空气，因而对于工业化的本身，起了怀疑。他们以为与其把中国工业化之后，要遇到这些难解决的问题，不如还是不走上工业化的路为妙。

对于这些因噎废食的人，我要他们看看农业社会中的问题。农业社会中有一个问题，其性质的严重，比之工业社会中失业问题，有过之无不及的，便是灾荒问题。世界上还没有一个以农立国的国家，已经解决了它的灾荒问题。在这些国家中，灾荒问题每隔若干年必来光顾一次。光顾的结果，历史上记载得很明白，是农民暴动，是内乱发生，是死于饥馑者若干万人或数十万人，是人相食。工业社会中的失业问题，从来不会发生这样严重的结果。即以 1929 年以后的情形而论，自那年开始的商业萧条，至今还未见显著的转机，各国的失业者人数，自数百万以至 1 000 余万不等。但在这种不幸的状况之下，有一件事值得注意的，就是这些国家的死亡率，年来并未因商业萧条、工人失业而提高。美国的死亡率，在 1928 年为 12.1‰（每千人中，死 12.1人），1929 年为 11.9‰，1930 年为 11.3‰，1931 年为 11.1‰。英国的死亡率，在 1928 年为 11.9‰，1929 年为 13.6‰，1930 年为 11.7‰，1931 年为 12.5‰。德国的死亡率，1928 年为 11.6‰，1929 年为 12.6‰，1930 年为 11.1‰，1931 年为 11.2‰。我们要知道死亡率是人民生活程度最好的指数，假如一个国家的人民，在生活程度上有突然的下降，死亡率没有不上升的。但这三个国家，在 1931 年，还能维持它们的死亡率，与 1928 年相仿佛，可见它们对于失业者的生计，也有相当的解决方法。这些方法，据我们所知的，在英德以社会保险为重要，在美国以公家救济为重要。有了这些解决的方法，所以在工业社会中的工人，遇到失业，绝不像农业社会中的农民，遇到灾荒，便有生命的危险一样。

还有一点，我们要请这些因噎废食的人注意的，就是工业化与失业，不一定有因果的关系。假如我们能够把制度变更一下，工业化也不一定就发生劳资的冲突问题。欧洲已有一个国家，根据这种信仰去试验了。看看别人的勇气，我们还好意思说怕发生失业及劳资冲突问题，而不进行工业化吗？

提出第四种原因来反对工业化的人，我们可以称之为畏难退缩派。这一派的人，天天在那儿大呼，说是工业化的路走不通。问他们为什么走不通，他们便抬出一个魔鬼来，这个魔鬼，他们称之为帝国主义。他们以为工业已经给帝国主义包办，市场已为帝国主义垄断，关税已受帝国主义支配，在这种种的压迫之下，本国的工业，实无发展的余地。假如要走这一条路，前途真是艰险万状，不如回转头来，整理我们的农村，过我们固有的农民生活罢。我们对于这一派人所指出来的困难，自然也要承认。但是遇到困难，便逃避下乡，等于坐以待毙。假如我们努力去征服困难，也许有出头之一日。譬如我国的土布业，受外国工厂制造出来的洋布所打击，几无立足之地，我们新兴的工厂布业，与英日的洋布相竞争，也有岌岌不可终日之势，这是大家都见到的。我们在这个时候，如见难而退，把所有的布厂关门，那么我们永远要受别人的宰割。如努力去设法改良工厂中的生产方法，改良管理，虚心采纳他人的优点，金融家与政府，又都能与实业家合作，那么前途终是光明的。因为英日等国，以工厂的出产品来侵夺我们的市场，我们只能以工厂的出产品——实际便是以机械的生产方法所制造出来的货物——去夺回来，除此以外，别无他路。同时我们还要认识清楚，新兴的工业，没有不受老工业国的压迫的，这不单是我们今日才遇到的问题，在别国也曾遇到同类的事。但别国并不因受压迫而退缩。我们都知道，英国的工业化，是最早的，它有一时曾霸占全世界的市场。但美国与德国，并不因为有英国的劲敌，便放弃了工业化的企图。日本的工业化，比较它们还后，但它也不因市场上已有英美各国的货物而退缩。最近我们可以看看苏联，苏联并不因为它的四周已有了许多工业国，便取消了五年计划。别人在帝国主义的压迫之下，依然是要工业化，"有为者亦若是"，我们为什么要自己丧气？

总之，生存在今日的世界中，我们只有努力走上工业化的路，才可以图存，我们只有一条路是活路，虽然这条活路上的困难是很多的。大家不要再在歧路上徘徊了。

注释

[1] 张心一先生的文章，名 "A Statistical Study of Farm Tenancy in China"，见《中国评论周报》1930 年 9 月 25 日出版的三卷三十九期。英国经济学者 R. H. Tawney 在他的 *Land and Labor in China* 一书中所引用的，以及国联农业专家 C. Dragoni 给国联的报告书中所征引的都是张先生所发表的材料。

[2] Gray, L. C., Stewart, C. L., Turner, H. A., Sanders, J. T., and Spillman, W. J., "Farm Ownership and Tenancy", *Agriculture Yearbook*, 1923, p. 508, 该文中关于各国佃户百分数的估计，今亦录下以供参考。美国，38.1；英国，88.9；阿根廷，38.5；爱尔兰，36；法国，26.1；德国，25.4；加拿大，7.9；日本，28.5；丹麦，8。各国的情形，大约根据 1914 年至 1920 年间的报告为多。Ferd R. Yoder 在 1929 年发行的 *Introduction to Agricultural Economics* 一书中，引用各国佃户的比率，即根据此文。但美国另一农业经济学者 Wilson Gee 在 1932 年发行的 *The Social Economics of Agriculture* 一书中，关于各国佃户百分数的估计，虽然所采取的时期，与上文相差无几，但数目字却不相同，有的相差得很多，今亦录于下面。英格兰，88.4；威尔士，90.3；苏格兰，92.3；爱尔兰，36.0；瑞典，14.2；丹麦，10.1；荷兰，49.1；法国，29.3；德国，25.4；意大利，22.4；奥地利，22.4；匈牙利，2.7；日本，9.7。此种估计，见该书第 164 页。由上以观，中国佃户的百分数，在国际中，站在一个中间的地位。参阅拙著《中国佃户问题的焦点》，见《旁观》十期。

[3]《经济半月刊》二卷十一期中，有《我国之租佃制度》一文，作者说是"全国租种农之百分率，或在 50% 以上。即以 50% 计，而假定全国农民之数，为 3 亿 6 300

万人，则受租佃制度之影响者，已约 1 亿 8 150 万人，即约当全国人口的 1/3 矣"。又国联与中国的技术合作委员会，于 1934 年 4 月 1 日给国联的报告书中，引用 C. K. Ping 在德国发表的论文，其中所用的材料，虽然都是根据张心一先生所发表的，但其结论，说中国扬子江流域及珠江流域，佃户占 43%，与张说略有不同。总之，现在如假定中国的佃户与半自耕农合计在 50% 左右，并不算高，如说佃户一类，便占 40% 或 50%，未免略高。此外也有一些零星的统计或估计，论中国各地佃户的百分数还不到 1/4 的。如金陵大学的卜凯教授，根据 2 866 家农户的报告，谓中国北部，自耕农占 76.5%，半自耕农占 13.4%，佃户占 10.1%。中国东南部，自耕农占 48.2%，半自耕农占 21.3%，佃户占 30.5%。各地平均的结果，自耕农占 63.2%，半自耕农占 17.1%，佃户占 19.7%。此种统计，见其所著 *Chinese Farm Economy* 第 146 页。又如李景汉先生，调查定县农户 790 家，谓自耕农占 70.8%，半自耕农占 27.8%，佃户占 1.4%。佃户的百分数，要算这个报告所表示的最低。

[4]《前汉书》二四上《食货志》。

[5] 1932 年 12 月 2 日，《大公报》所发表的《赤区视察记》，其中有一段记河南商城县的土地制度云："昔日地主所收之租谷为 1/2，且仅限于水田中所生产之稻，其无水之地中之产物及柴草悉归佃农。押金亦甚微。演至近日，人口日繁，佃农增多，地主乃大事压迫，租期由五年而缩为四年，继复缩为三年。其押金则增加，几与购买之地价相等。且须于押金之外，缴纳随礼一份。押金增多，将来退租时，佃农尚可收回，随礼则由地主没收。故佃农每三年必馨其积蓄献之地主，以求保留其佃地之权。同时，地主所收之租稞，亦复加重。稻稞之外，复有所谓麦稞（地中之麦）、鱼稞（塘中之鱼）、鸭稞、油稞、棉稞、柴稞（山中之柴）、草稞等。总之，凡田中所产，家中所畜饲，无一不按五五均分。外此并有所谓人工稞，即地主修房盖屋及一切苦力所用之人工，均出之佃农，而不给值，如地主外出，以轿代步，轿夫即由佃农充之，甚至所用之仆妇，亦由佃农征调。吾人于此，当以为地主对待佃农，已过于苛刻矣。不谓于上述租稞之外，又有所谓白供者，即佃农于春夏秋冬四节及地主举家之婚嫁生丧以及寿日所送之礼，年有定额，有增无减。如今年春节所送礼物中，鱼之一物，重凡三斤，则明年必相等，或多于三斤，否则遭收田之祸。以故农民终日孜孜，勤苦所获之代价，悉献之于地主，尚有不足。"地主压迫佃户之烈，于此可见一斑。

[6] 农业阶梯共分若干段，每段的内容何如，各家的说法不同。此处采用 G. S. Wehrwein 之说，见其所著论文 "Place of Tenancy in a System of Farm Land Tenure"，*Journal of Land and Public Utility Economics*，Vol. Ⅰ，No. 1（Jan.，1925），

pp. 74 - 75。参看 Gray L. C. and others, *op*, *cit*. , pp. 547 - 548；Spillman, W. J. , "The Agricultural Ladder", *The American Economic Review*, Vol. IX, No. 1, Supplement (March, 1919), p. 170。

［7］ Gray L. C. and others, *op. cit*. , pp. 554 - 556.

［8］ Ibid. , pp. 549 - 550.

［9］ Spillman, W. J. , *op. cit*. , pp. 170 - 172.

［10］ *Agriculture Yearbook*, 1923, p. 1149.

［11］ 社会调查所出版,《第二次中国劳动年鉴》第 171 页至 174 页。

［12］ *Statistical Abstract of the U. S*. , 1933, p. 537.

［13］ Gray, L. C. , "Accumulation of Wealth by Farmers", *The American Economic Review*, Vol. XIII, No. 1, Supplement (March, 1923), pp. 170 - 171.

［14］ *Statistical Abstract of the U. S*. , 1933, p. 541.

［15］ 根据国府主计处统计局的估计, 见 1932 年 4 月 11 日《大公报》。

［16］ Howe, F. C. , *Denmark*, *a Co-operative Commonwealth*, pp. 67 - 68.

［17］ Kristensen, K. J. , "Public Guidance in Rural Land Utilization in Denmark", *Annals*, Vol. 150 (July, 1930), p. 233.

［18］ Mead, E. , "Land Settlemam", *Encyclopaedia of the Social Sciences*, Vol. IX, p. 55.

［19］ Ibid. , pp. 55 - 56. 参看 Yoder, F. R. , *op. cit*. , p. 181；Howe, F. C. , *op. cit*. , pp. 144 - 146。

［20］ Levy, H. , *Large and Small Holdings*, p. 126；Venn, J. A. , *The Foundations of Agricultural Economics*, pp. 130 - 131.

［21］ Howe, F. C. , *op. cit*. , pp. 147 - 148.

［22］ Kristensen, K. J. , *op. cit*. , pp. 233 - 234.

［23］ Robinson, G. T. , *Rural Russia under the Old Regime*, p. 101.

［24］ Mead, E. , *op. cit*. , pp. 55 - 56. 1 克朗等于美金 2 角 6 分 8 厘。

［25］ 参看陈登元著《中国土地制度》。

［26］ Schiff, W. , "The Legislative Agrarian Reforms in European Countries before and after the World War", quoted in P. A. Sorokin, C. C. Zimmerman and C. J. Galpin, *A Systematic Source Book in Rural Sociology*, Vol. I , pp. 424 - 444；"New Agrarian Legislation in Central Europe, a Comparative Study", *International Labor Review*,

Vol. Ⅵ，No. 3（Sept.，1922），pp. 345 - 363；Rose，A.，"Agricultural Workers and Agrarian Reform in Central Europe"，*International Labor Review*，Vol. ⅩⅧ，No. 3（Sept.，1928），pp. 307 - 338.

［27］Evans，I. L.，*The Agrarian Revolution in Roumania*，p. 76.

［28］Ibid.，pp. 107 - 108.

［29］Frundianescu，A. and Ionescu-Sisesti，G.，"Aspects of Rumanian Agriculture"，in O. S. Morgan（Editor），*Agricultural Systems of Middle Europe*，p. 322.

［30］Ibid.，p. 323. 在限田政策实行之前，罗马尼亚的农场，在 100 公顷以下的，合起来共有 4 593 148 公顷；在 100 公顷以上的，合起来有 3 397 851 公顷。限田政策实行以后，100 公顷以下的农场，合起来共占地 7 369 549 公顷；但 100 公顷以上的农场，只占地 621 450 公顷。

［31］中国在 300 亩或 500 亩以上的农场，数目是极少的，所以即使实行限田政策，大多数的地主，还不受这种法律的影响。

［32］Taylor，C. C.，*Rural Sociology*，p. 263.

［33］Shiff，W.，*op. cit.*，pp. 429 - 430.

［34］根据张心一先生等调查句容县情形的报告。

［35］Shiff，W.，*op. cit.*，p. 441.

［36］Ibid.

［37］Turnor，C.，"Land Reform in Czecho-Slovakia"，*The Contemporary Review*，Vol. 130（Dec.，1926），pp. 720 - 721.

［38］"New Agrarian Legislation in Central Europe"，*International Labor Review*，Vol. Ⅵ，No. 3（Sept.，1922），p. 349.

［39］Shiff，W.，*op. cit.*，p. 441.

［40］Ibid.，pp. 440 - 441.

［41］Gorni，O.，"Land Reform in Rumania"，*International Labor Review*，Vol. ⅩⅩⅡ，No. 4（Oct.，1930），p. 466；I. L. Evans，*op. cit.*，pp. 118 - 119.

［42］O'Connor，J.，*History of Ireland*，Vol. Ⅱ，pp. 27，90，107，161.

［43］Evans，I. L.，*op. cit.*，pp. 118 - 119.

［44］"New Agrarian Legislation in Central Europe"，*International Labor Review*，Vol. Ⅵ，No. 3（Sept.，1922），p. 349.

[45] 16 世纪欧洲都市的数目，采自 Weber，A. F.，*The Growth of Cities in the 19th Century*，第 449 页。19 世纪及 20 世纪欧洲都市的数目，采自 Sorokin，P. A.，Zimmerman，C. C.，and Galpin，C. J.，*A Systematic Source Book in Rural Sociology*，第三卷第 635 页。

[46] Torgasheff，B. P.，"Town Population in China"，*China Critic*，Vol. Ⅲ，No. 14 （April 3，1930），pp. 317 - 322.

[47] Jefferson，M.，"Distribution of the World's City Folks, A Study in Comparative Civilization"，*The Geographical Review*，Vol. ⅩⅪ，No. 3 （July，1931），pp. 446 - 465.

[48] Howe，F. C.，*The Modern City and Its Problems*，p. 19.

[49] Thompson，W. S.，*Population Problems*，p. 272.

[50] Weber，A. F.，*op. cit.*，pp. 448 - 449.

[51] 汤姆生在他的《人口问题》第 273 页有一个表，说明近数十年 100 万人口以上的都市常有增加。1900 年，11 个人口在 100 万以上的都市为纽约、伦敦、柏林、巴黎、支加哥、东京、维也纳、费城、加尔各答、君士坦丁、莫斯科。1930 年人口在 100 万以上的都市，据他表中所载，计有 19 个。但据 1931 年的 *World Almanac* 所载，世界上人口满 100 万的都市，除美国外，共有 25 个。又根据美国 1930 年的人口统计，人口满 100 万的都市有 5 个，所以合起来共有 30 个。但 *World Almanac* 所举的 25 个大都市，其中有香港 （1 075 000 人）、杭州 （1 000 000 人）、汉口 （1 500 000 人） 三处之人口统计不可靠，此外又遗漏了天津。假如我们从该表中除去香港、杭州、汉口，加上天津，其总数便为 28 个 （数字疑误，此处保持原貌。——编者注）。今按首字母之先后，排列如下：Berlin，Bombay，Budapest，Buenos Aires，Cairo，Calcutta，Chicago，Detroit，Glasgow，Hamburg，Leningrad，London，Los Angeles，Melbourne，Moscow，New York，Osaka，Paris，Peking，Philadelphia，Rio Janeiro，Sao Paulo，Shanghai，Sydney，Tientsin，Tokyo，Vienna，Warsaw。

[52] Jefferson，M.，"Distribution of the World's City Folks, A Study in Comparative Civilization"，*The Geographical Review*，Vol. ⅩⅪ，No. 3 （July，1931），pp. 446 - 465. 在这篇文章里，哲佛生以各国人口在大都市 （人口在 10 万以上的都市） 中百分数的多少，定各国都市化的深浅。他所计算的国家，总数共为 70 个。其中都市化程度最深的 10 个国家如下：

国名	人口在 10 万以上的都市	都市化的程度（％）
澳大利亚	6	47.8
英国	42	44.2
新西兰	3	34.5
奥地利	3	32.5
美国	78	28.6
荷兰	6	27.5
德国	46	26.6
阿根廷	4	25.8
乌拉圭	1	25.5
加拿大	7	24.7

此处所用的统计都是 1927 年左右的。哲佛生在 1933 年的《地理评论杂志》中，又发表了"Great Cities of 1930 in the United States with a Comparison of New York and London"一文。在这篇文章里，他说美国在 1930 年，大都市的数目已增至 87 个，但没有算出这些都市的人口占全体人口的百分之几。87 这个数目，也许是不对的，因为根据 1933 年的《美国统计摘要》（*Statistical Abstracts of the U. S.*）第 48 页，说是美国的都市，人口在 10 万以上的共有 93 个，人口占全体人口的 29.6％。文中所用的美国统计，便根据此书改正。

[53] Burgess, E. W. （Editor），*The Urban Community*，pp. 125 - 126.

[54] Taylor, C. C. , *Rural Sociology*，pp. 68 - 69.

[55] Carver, T. N. , *Selected Readings in Rural Economics*，p. 54.

[56] 关于美国人口、农民及农产品在过去 20 年之加减情形，可阅下表：

年份	人口（千人）	农民数目（千人）	农产价值（千元）
1910	91 972.2	12 659.1	8 498 311.4
1920	105 710.6	10 953.1	21 425 623.6
1930	123 630.0	10 752.4	

[57] 此处统计，除丹麦外，余均见 R. H. Tawney 所著的 *A Memorandum on Agriculture and Industry in China* 第 37 页至 38 页。丹麦统计，见 Ainsworth-Davis 所著的 *Crops and Fruits* 第 34 页。该书引 1920 年统计，谓英国小麦每英亩只产 28.8 蒲式耳，其余国家每英亩的产量如下：荷兰（38.0）、比利时（33.6）、新西兰（31.2）、瑞士（30.2）、瑞典（29.2）、美国（13.6）、澳大利亚（16.1）、加拿大（14.4）。中国每英亩的产量在各国中算是最低的。美国因为行大农场及粗耕制，所以每英亩的收获较欧洲各国为低。但是每人的收获量，美国的农民平均较任何国家为高，这是大农场的

结果。

［58］见 1929 年 *Harris Foundation Lectures* 第 263 页至 264 页。

［59］同上书第 276 页至 277 页。贝克耳的论文，题为 "The Trend of Agricultural Production in North America and Its Relations to Europe and Asia"，收入该演说集第 211 页至 280 页。

［60］Sorokin，P. A. and Zimmerman，C. C.，*Principles of Rural-Urban Sociology*，pp. 537 – 538.

［61］关于圈地运动的历史，可看：Gras，N. C. B.，*A History of Agriculture in Europe and America*，Ch. 7；Cheyney，E. P.，*An Introduction to the Industrial and Social History of England*，pp. 120 – 125，185 – 188；Chapin，F. S.，*An Historical Introduction to Social Economy*，Ch. 14。

［62］关于苏联五年计划中的农业改革，可看 Chamberlin，Wm. H.，*Soviet Russia，A Living Record and a History*；Burus，E.，*Russia's Productive System*；Farbman，M.，*Russia's 5 - Year Plan*。

［63］工业革命前英国的工业组织，见 Chapin，F. S.，*op. cit.*，Chs. 10 - 12；Hobson，J. A.，*The Evolution of Modern Capitalism*，Ch. 3。

［64］《中外经济周刊》二二六期《南京各种工商业之调查》。

［65］《中外经济周刊》二一四期《常熟之经济状况》。

［66］《中外经济周刊》二二八期《国内工业发展之状况》。

［67］Cheyney，E，P.，*op. cit.*，p. 189.

［68］参阅 Weber，A. F.，*op. cit.*，pp. 193 - 195。

［69］Gras，N. S. B.，*An Introduction to Economic History*，pp. 213 - 214.

［70］工业应当设在什么地方，近来经济学者讨论的很多。W. Krzyzanowski 对此曾有一结账式的报告，文章的题目是 "Review of the Literature of the Location of Industries"，*The Journal of Political Economy*，Vol. 35，No. 2（April，1927），pp. 278 - 291。后来 R. M. Haig 研究纽约工业的历史，对于这个问题的理论也有贡献，见 "Major Economic Factors in Metropolitan Growth and Arrangement"，*Regional Survey of New York and Its Environs*，Vol. Ⅰ。

［71］各国对付华工的法律，可阅拙著《中国海外移民鸟瞰》，载于世界书局印行的《中国人口问题》第 115 页至 142 页。

［72］Overton，A. E.，"Trade：World Statistics"，*Encyclopaedia Britainica*，

14th Edition.

［73］Gras，N. S. B.，*op. cit.*，Chs. 4 – 5.

［74］Thompson，W. S.，*op*，*cit.*，p. 275.

［75］Adams，T.，Lewis，H. M.，and McCrosky，T. T.，"Population，Land Values and Government"，*Regional Survey of New York and Its Environs*，Vol. Ⅱ，p. 101.

［76］Hart，H.，*The Technique of Social Progress*，pp. 75 – 77.

［77］Baker，J. E.，"Transportation in China"，*Annals*，Vol. 152（Nov.，1930），p. 165.

［78］Walker，G. M.，*The Measure of Civilization*，p. 56.

［79］关于交通与商业的关系，本文多采顾勒教授之说，顾勒教授的意见，发表于"The Theory of Transporation" 一文中，该文现收入 Cooley，C. H.，*Sociological Theory and Social Research*，pp. 17 – 118。

［80］Gras，N. S. B.，*op. cit.*，pp. 204 – 205.

［81］Smith，J. R.，*North America*，pp. 21 – 131.

第三章　人口政策

十二、多福多寿多男子

中国是一个善颂善祷的民族。从古至今，关于颂祷的成语，真是不可胜数，但流传最久、最能说出中国民众潜在的欲望的，莫过于"多福多寿多男子"一语。这一句话，可以代表许多人的人生观、许多人努力的目标。

我们愿意对于这句成语，下一个新的评定。

"福"的意义，最为广泛，我们很难把它的内容条举出来。虽然如此，无论什么人，都愿意过一种幸福的生活，这是大家都承认的。但是幸福的生活，有幸福生活的条件，今日的中国，是否具备这些条件呢？大家如果反省一下，对于这个问题的答案，一定是否定的。幸福的生活，第一需要一个安宁的社会，而中国的社会，现在是一方面有内乱，一方面有外侮。内乱的结果，是人民流离失所、朝不保夕。外侮的结果，是人为刀俎、我为鱼肉。在这种状况之下，来求幸福的生活，岂非缘木求鱼，所以我们如不想"多福"则已，如欲"多福"，应当献身于统一中国及巩固国防两种工作。这两件事都做到之后，我们才能有安宁的社会，才有幸福生活的基础。

有了幸福生活的基础，还要在上面盖起幸福生活的建筑，然后幸福的生活，才可实现。这儿所谓幸福生活的建筑，便是物质的文化，也就是目前所有的建设运动所想达到的目标。我们知道衣食住行等等根本的欲望，如不能满足，人生便无幸福可言。现在如欲中国的大众，都能满足以上的根本欲望，只有采用先进国的机械生产方法，来开发中国各地的富源，才能办到。等到物质的文化，已经开花，结下的果子，自然是精神文化。在物质文化与精神文化都发达的国内过日子的人，自然是"多福"的。我们觉得中国人以"多福"为生活的目标，是很对的，但要达到这个目标，在目前，还要在统一、国防、建设三个大问题上努力。

"寿"的意义，最为确切，我们都知道"多寿"便是希望年高的意思。可是与"多福"一样，"多寿"的目标，中国人也没有达到。我们只要做一个简单的比较，便可明了。先拿婴儿死亡率来说，欧美各国的婴儿死亡率，有好些是在50‰以下的，那便是说，这些国家中一年内所出生的婴儿，每千人中，死亡的数目，在50以下。中国的婴儿死亡率，据陈通夫先生根据17种研究的推算，是275‰。假如这个估计是可靠的，那么中国每年出生的婴儿，有1/4以上，不满周岁便夭亡的，比欧美许多的国家，要多死四倍以上。再拿普通死亡率来说，欧美有许多国家，有好些是在15‰以下的。那便是说，那些国家中的人，老少都算在一起，每千人中，死亡的数目，在15人以下。中国的普通死亡率，根据许多的研究，平均大约在30‰以上。所以我们的普通死亡率，较之欧美好些国家，要高一倍以至两倍。造成这样高的婴儿死亡率及普通死亡率，最大的原因，便是我们上面所说的，中国缺少物质的文化。欧美各国在一百余年以前，物质文化还未发达的时候，死亡的情形，也与中国今日相仿。在物质文化还没有发达的时候，我们便没有剩余的财富，来讲究科学、卫生及医药。这些事情都不讲究，要想大众的寿年，能够平均地提高，那是妄想。我们觉得中国人"多寿"的目标，也是对的，但要达到这个目标，还要经过长期的努力。

"多男子"的含义，却有两种。一个解释，是把女子除开，只是希望多生男孩。虽然男女孩的出生，并不受我们希望的支配，但既生之后，男女孩的死亡率，却受我们重男轻女那种态度的影响。中国各地的人口调查，证明男子超过女子的数目，是可惊的。欧洲有好些国家，女子多于男子，新大陆的国家，虽然男子比女子多，但多得有限，在清查中所表示出来的男女性比例，约为102（男）比100（女）。但中国的男女性比例，竟高至125（男）比100（女）。中国和尚之多，单身汉之多，以及各种奸拐案件之多，一部分要由这种男女数目不平衡的现象负责。所以我们这种传统的多生男孩的观念，应该打倒。

"多男子"还有一个意义，便是不分性别，希望多生孩子的意思。这种希望，在人烟稀少的古代，是有意义的，但在现在的中国，便成为阻碍国家进步、降低人民生活程度的主要元素了。中国的人口，号称4亿以上，世上没有一个国家的人口，有这样多的。一个国家要这样多的人口，有何用处？打仗么？现在国际的战争，其胜负不以人的多寡而定。世界上的第一等强国，除美与苏，没有一国的人口，超过 1 亿的。即以美苏而论，也还在 1 亿 5 000 万以下。人口的数目，追随于中国之后的，只有一个已经超过 3 亿 3 000 万的印度，而印度乃是世界上有名的弱国，最不能打仗的。生产么？现在的生产力，大部分已不靠人的力量，而是靠煤、油及水等等天然的力量。人力在世界各国所有的生产力中，不过占 1/8，所以生产最多的国家，每每不是人口繁庶的国家。中国有 4 亿以上的人口，一不能卫国，二不能生产，只是许多的消费的单位，加增中国的消费力量而已。中国的财富本是有限的，现在却要供给这许多人的衣食，安能不走上穷困衰弱的路上去。所以为国家及为个人着想，那些没有力量替子女造福、替子女添寿的人，应当取消"多男子"的信仰，而代以节制生育的实行。

总之，多福多寿的目标，是可取的，但中国却没有做到；多男子的目标，在现在已无足取，但中国人却是做到了。应做到的没有做到，不应做到的却做到了，乃是中国人民生活困苦的重要原因。如想打破这层难关，我们需要重新评定我们的目标，然后去努力。

十三、土地分配与人口安排

最近中央农业试验所，对于中国的土地分配概况，曾发表了一个估计。这个估计，是根据 22 省 891 县的农情报告员所报告的结果，综合而得的。各省农家土地的分配，计在 10 亩以下的，占 35.8％；10～20 亩的，占 25.2％；20～30 亩的，占 14.2％；30～50 亩的，占 16.5％；50 亩以上的，占 8.3％。十余年前，农商部对于这个问题，也有一个估计，结果与此大同小异。从这点估计里，我们可以看清楚中国的典型农场，是小农场。

要知道中国的农场，小到什么程度，我们应拿英美的情形来对比一下。在 1920 年左右，英国的农场，在 5 英亩（每英亩等于华亩约 6.5 亩）以下的，占 19.3％；5～20 英亩的，占 27.6％；20～50 英亩的，占 19.2％；50～100 英亩的，占 14.5％；100～300 英亩的，占 16.1％；300 英亩以上的，占 3％。美国的农场，在 20 英亩以下的，占 12.4％；20～49 英亩的，占 24.3％；50～99 英亩的，占 22.9％；100～174 英亩的，占 22.5％；175～499 英亩的，占 15.6％；500 英亩及以上的，占 3.3％。由这些统计，我们可以看出，像中国这种小农场，在英美等国是很少的。

再拿农场的平均面积来说，美国的平均农场面积，为 148 英亩，英国为 70 英亩，而中国的平均农场面积，只有 21 亩，不过 3 英亩左右而已。

我们如想知道中国的农民，何以老在贫穷线以下过日子，这些统计，是最好的答案。中美农场的不同，对于生活程度的关系，美国农部的白克耳先生（O. E. Baker）曾有下面一段很简单的描写：

在中国的北部，一个农场，平均不过 4 英亩，这是一家人用他们那种农具所能耕种的最大限度了。假如 1 英亩只能产生 7 个蒲式耳的小麦（1 个蒲式耳的小麦，约 60 磅），如美国的堪萨斯州一样，那么这个农场，只能生产 28 个蒲式耳的小麦，这只够两个人吃一年，但中国的家庭，总不只两个人。在美国的堪萨斯州，一个农民，最多在收割的时候要他的小儿子帮忙，便可种 1 000 英亩的地。也算他 7 个蒲式耳 1 亩，这个农民便可收 7 000 个蒲式耳的小麦。这个数量，够 500 人吃一年。

实际美国农民的家庭，最多也不过五口。这 7 000 个蒲式耳的小麦，自己只能用一很小的部分，其余的部分，是送到市场上去换成现钱，然后以这些现钱，买汽车，买钢琴，送他们的儿女入大学读书，造成他们那种舒适的生活。

我们如不想提高中国农民的生活则已，如想提高他们的生活，那么这个小农场问题，便非解决不可。

五六年前，我曾在《新月》第 3 卷第 3 期，发表了一篇《中国农民的生活程度与农场》，讨论同样的问题，当时我曾提出两个办法来，第一便是开垦荒地，第二便是发展农业以外的实业，吸收农场上的过剩人口。照我当时的估计，如把中国的荒地都开垦了，又把中国的实业发展到一个地步，使国内人口，有 3/4 靠农业以外的实业谋生，那么留在乡间务农的人，每户的平均农场，可以有 35 英亩。这样大的农场，虽然还赶不上英美，但比现在的状况，已有天壤之别了。

年来还常常地想到这个问题，觉得以上的办法，特别是第二点，很难在最近的时期内达到。原因是我们国内有一个大阻碍。这个阻碍，并非时人所说的"帝国主义"及"封建残余"，而是我们自己的人口数量。我国的人口，号称 4 亿 5 000 万。假如中国的情形与日本一样，参加生产事业的人，占全人口 45.6%，那么中国便有 2 亿以上的人口，是从事于生产事业的。在这个数目当中，现在大约有 3/4，便是 1 亿 5 000 万人从事于农业。假如我们只要 1/4 的人从事于农业，那么我们便要在别的实业中，替 1 亿 5 000 万人谋一条生路，这真不是一件容易的事。因为我们假定中国的工业、商业、运输业与交通业，都发达得与美国一样，这数种实业合计，也只能吸收 2 400 万人。其余的 1 亿 2 600 万人，将如何安排呢？根据中国的富源立论，中国的工商等业，如想发达到一个程度，超过美国目前的情形，大约是不可能的。如工厂不加增，商店不加增，交通事业不加增，而额外要多吸收1亿2 600万人到这些实业里去，结果一定是我们的工作效率减低、平均的收入下降，表面上我们虽然与美国有同等的生产工具，而他们过舒适的生活，我们却过贫穷线以下的生活。

上面的估计，已放了5 000万生产者在乡间，其实用最新的生产方法，来耕中国7亿英亩的可耕地，绝用不了5 000万人。美国农民只有1 000万人，而耕种的土地，却有3亿5 000万英亩，所以我们如在农业技术上赶上美国，那么中国所有的土地，只用得了2 000万人。如各方面的生产方法进步，农业用2 000万人，别的实业，就算用3 000万人，结果便有1亿5 000万人，无处安身。

实际情形当然不是这个样子，我们因为用了不长进的生产方法，所以大家都可以找到一点工作，过一种与禽兽相差无几的生活。我们是愿继续以前那种生活呢，还是想改进我们的生活？假如我们采取第二种态度，我们须克服我们生活的最大敌人，就是我们自己的庞大人口数量。

在这种观点之下，节制生育运动，是中国今日最有意义的一种运动。

十四、中国的人口问题（略）

第四章 分配问题

十五、新税制与新社会

近来我们常常听说，财政部要举办新税，而在这些新税之中，最引人注目的，便是所得税与遗产税。所得税在最近的将来，就要实行了，遗产税还在讨论与计划的过程中。我们觉得这两种税制，不但为财政开一新源，而且还可借此创造一个新的社会。关于前者，议论的人颇多，关于后者，我愿意趁这个机会，大略地说一下。

自从 18 世纪以来，人类起了一种新的要求，就是"平等"。平等一词，所包括的意义颇多，如法律上的平等、政治上的平等、教育机会的平等、男女待遇的平等、种族地位的平等都是。但是呼声最高、激动人的感情最深刻的要求，还是经济上的平等。各种社会主义的运动，目的无非去实现这种理想。经过多少年的鼓吹，可以说是现在全世界上，没有一个头等甚至二等的思想家，敢出来替旧的制度辩护的，虽然旧的制度，现在还没有到总崩溃的时期。但大家虽然都赞成社会主义，而实现社会主义的方法，各人的意见，却不一致。

我们如想和平地达到经济平等的社会，所得税与遗产税，便是最好的工具。先说所得税。现在社会上各阶级的收入，是极端不平等的。一年收入在数百万、数十万以上的固有，而一年收入不满百元的尤占多数。这种收入的不同，造成生活程度上天壤的差异。富者奢侈逾分，而贫者连生存的需要都不能满足。所得税便是一种工具，利用国家的力量，把社会上的盈余，从私人的手中，重新吸收到公家的手里去。国家以这种收入，举办各种社会事业，如教育、卫生、医药、社会保险、贫穷救济、儿童福利等等均是。这些社会事业，目的不在赚钱，而在服务。社会上的人士，无分贫富，都可以不必自己花费，便可享受以上事业所给与的幸福。社会事业愈广，大众的生活程度愈提高，以前要自己花钱才能享受得到的东西，现在由公家供给，不花钱也可享受得到了。这不是一种理想，在许多国家里，上面所说的社会事业，已为逐渐实现的事实。如英国，在1850—1851年，政府在社会事业上的花费，只有500余万镑；在1927—1928年，同样的花费，便达到1亿8600余万镑。在前一时期，政府在每一个公民身上的社会事业花费，只达5先令4便士；在后一时期，便加到2镑15先令11便士（以1890年的物价，为计算的标准）。在前一时期，政府举办的社会事业，只有教育与贫穷救济两种；在后一时期，便加到十种以上。英国现在人民的生活程度，并不低于任何国家。假如上说的趋势能继续下去，我们敢说将来英国的生活程度，也不会低于任何国家。英国社会事业所以能够发达的原因，所得税当然要负一部分责任。它们的榜样，是我们所当取法的。

其次再说遗产税。遗产是造成贫富不均的最大元素，这是研究外国富豪的历史的人所得到的共同结论。一个大的家私，每是几代合作的结果。譬如美国有名的阿思脱富户在第一代创业的时候，家私只值2000万，到第二代便有5500万，第三代加至9500万，第四代便突加到2亿7500万了。假如美国不把遗产税的税率增高，阿思脱的家私，将来还不知要加到什么样的地步。以前的富翁，如生了一两个败家子弟，会把祖业毁败，但现在保管家产的方法进步了，保管家产的机关如信托公司等，也逐渐增加了，所以一个大的家私，如已集了起来，是很难再散出去的。因此国家更应出来干涉，不要使几百万人或几十万人的生产工具，老在一两个人的掌握之中。一个国家，如肯实行累进的遗产税，那么无论什么生产工具，都会逐渐地社会化。一个私人所创办的工厂，在累进的遗产税之下，到了第二代时，便有一小部分股票移到国家的手中。到第三代，国家所保持的股票，百分数还要高点。再隔一两代，也许整个的工厂，便归国家所有了。这样地做下去，生产的工具，便自然地都由私人的手中，移到国家的手中来了。国家有了这些生产工具之后，生产的事业，其进行之方法，一定要与现在不同。有几点可以提出来说的，就是在那个时候，生产一定是有计划的，而不是盲目的；是为满足人民需要而生产，而非为私人利润而生产。换句话说，是社会主义式的生产，而非资本主义式的生产。

财政部拟办的遗产税，其税率如何，现在无从知悉；所得税的税率，据说最高不会超过 20‰。这种税率，是不能达到我上面所描写的新社会的。但我们不必以此而悲观。为山九仞，起于一篑，只要我们的工作已经开始，那么工作的完成，只是时间上的问题。我们是可以鼓起勇气，向前迈进的。

十六、阶级论（略）

中国工业化的途径①

（该书曾于中华民国二十七年7月由艺文研究会出版，
由商务印书馆发行，属于"艺文丛书"，署名为"吴景超 著"。）

---

① 原书出版时设有"艺文丛书"的丛书序言，本文集在收录时对丛书序言未做保留。

自序

工业化对于中国的重要，我在过去若干年，曾写过许多文章来说明。当时我的注意点，是在工业化与人民生活程度的关系。去年得到一个机会，在欧洲游历了半年，走了许多国家，其中德国与苏联，给我的印象最深。我研究这两个国家工业化的工作，发现它们想由工业化所达到的目标，并非人民生活程度的提高，而为国防力量的增进。因而回顾中国目前的处境，提高人民的生活程度，虽然是重要的，但增进国防的力量，则尤为迫切。卢沟桥事变的发生，使我觉得这种态度，有提倡的必要。中国现在需要工业化，还是不易的真理，但我们目前所急待建设的工业，应为国防工业及与国防工业有直接关系之重工业。民生工业的建设，应居于次要的地位。

这是我们现在所应建立的工业化目标。如何达到这个目标的问题，自然是复杂的，在本书中，我特别提出三个最重要的问题来讨论，就是资本、人才与组织。

过去数年，我虽然与若干行政机关发生过关系，但在本书中所发表的意见，完全是个人的，这是我要附带声明的一点。

吴景超　二十七年 7 月 6 日

第一章　工业化的必要

中国如何可以由贫弱到富强，乃是过去百余年来，多少志士仁人，日夜筹思的一个大问题。

关于这个问题的答案，实在太多了。我们假如把所有的答案，都搜集起来，可以写一本很好的中国近代思想史，或一本很好的中国社会运动史，但这种工作相当繁重，不是我在此处所想做的。在这本书内，我只愿意简单地说明一个观点，那就是：我们如想使中国由贫弱到富强，工业化是最重要的工作。

工业化的特征有二：第一是生产方法的机械化，凡以前用人力的地方，现在都可以机械代替。第二，因为生产方法的改变，土地只需要少数人用机器来耕种便行，所以人口职业的分布，在农业中自然只占小部分，在别的实业中，如工业、商业、交通业、运输业等，占大部分。根据这个标准，我们可以说世界上有些国家，是已经工业化的，如英美；又有一些国家，是还没有工业化的，如中国。这两种国家，前者代表富强，后者代表贫弱，是显而易见、凡是有观察力的人都看得到的。

机械化的生产，可以提高生活程度，可以使一个贫的国家变为富的国家，我以前曾写了好些文章（大部分收在《第四种国家的出路》一书里）说明此点，兹不赘述。中国大多数的人民，其所用的生产方法，还是筋肉的生产方法，并非机械的生产方法，所以种田只能耕数亩或十余亩，织布一年只能得数匹，终岁辛苦的结果，拿来养活自己及一家人，自足已是万幸，剩余乃为例外，不足更是常见。一个农家的生产，既然没有多少剩余来养活别人，所以别人也得从事于农业，以获得衣食的原料。中国别种实业不发达，至今还是以农立国，便是因此。用机械方法来生产的国家，情形与此便大不同。他们一年工作的结果，拿来养活自己及一家人，不足自为例外，剩余乃是常事。这种剩余可以用于教育、娱乐、卫生、社交、旅行等方面，以增加生活的乐趣。这种国家的农民，因为是用机器生产，一家耕种的收获，可以养活好几家人，所以国内大多数的人民，可以在农业以外活动，因而别种实业，遂因之而发展。我们再研究一下这些国家的经济史，知道它们在 200 年前，人民的贫困与中国大多数的人民也相仿佛，现在生活程度的提高，乃是 200 年来工业革命的结果。中国如想由贫而富，只有采取富国所经过的途径，那便是工业化。

在目前这种外患严重的时期，我们对于如何使中国由弱而强一问题，一定看得比如何使中国由贫而富一问题更为重要。中国的弱，其症结所在，现在已很显然。我们的爱国心，并不薄弱；兵士的勇敢，不但是国人同声赞美，便是外国的观察者，也加以称许。同时我们又有统一的意志、杰出的领袖，都是敌人方面所缺乏的。在这些有利的条件之下，我们何以不能每战必胜，把敌人一下赶出国境呢？我想大家一定都会回答：我们的武器不如人，乃是目前抗战不能胜利的主要原因。我们与敌人比较，所缺乏的，不是勇敢，不是纪律，也不是天时、地利、人和等条件于我们不利。我们所缺乏的，乃是飞机、大炮、坦克车及一切机械化的设备。假如我们在机械化的武器一点能与敌人相等，或超过敌人，那么中日之战，早可结束，最后的胜利，早已属于我们了。但是我们如再追问一句：我们为什么会缺乏这些机械化的武器呢？答案还是我们没有工业化。因为制造飞机、大炮等武器，非有工业的基础不可。世界上生产飞机、大炮最多的国家，也就是工业化最深刻的国家。日本的工业化，比我们早走几十年，所以他们制造武器的能力，也比我们大得多。我们现在缺乏这些武器，便是从前国人没有注意工业化、没有实行工业化的必然结果。

工业化的必要，就是因为只有循着这条途径走去，人民的生活程度才可提高，国防的力量才可增进。中国的人民如不愿老过穷苦的生活，老受敌人的压迫，非急起直追，设法使中国于最短期内工业化不可。

第二章　工业化两个目标的权衡

在上一章里，我们已经提出工业化的两个目标，便是富与强。富便是提高人民的生活程度，强便是加增国防的力量。在工业化已经完成的国家，这两个目标都已达到。像英美等国家，人民的生活及其享受，远非我们所能比拟。它们在国际中的地位，也是站在最高层，没有人敢去欺侮它们。我们工业化的程度，假如有一天赶得上英美，那么它们人民所享受的，我们也能享受；它们的地位，我们也能获得。

但是一个刚要走上工业化的国家，对于上述两个目标，却应当权衡轻重，分别缓急先后。这两个目标，虽然是都要工业化才可达到，但它们所需要的工业，其性质却大有不同。假如我们以为提高人民的生活程度，较加增国防的力量，还更重要，那么我们所提倡的工业，便应当是民生工业。换句话说，我们应当赶快设立一些工厂，制造人民日用所必需的货品，以供给人民的消费。我们要研究人民在衣食住行各方面，现在需要一些什么货物，然后设立工厂来大量制造，其结果是市场上的消费品加增，大多数的人民，便可比以前吃得饱、穿得暖、住得舒适。反是，假如我们以为在目前这种弱肉强食的世界中，国防的需要，高于一切，那么我们要提倡的工业，便是国防工业。我们应当多设炼钢厂、炼铜厂、机器厂、飞机厂、枪炮厂、弹药厂、汽车厂、汽油厂等等可以供给国防军事需要的工厂。这些工厂制造出来的货品，并不能提高人民的生活程度，但是可以加增国防的力量。

现在一般赞成中国急要工业化的人，对于这两种目标，多采兼筹并顾、不分轻重的态度。假如中国的财力与人力，都是充裕的，那么民生工业与国防工业同时进行，倒是一种很好的政策。可惜事实并非如此。事实是：我们的财力与人力，都是很缺乏的，假如我们在民生工业上，多花一分财力、一分人力，国防工业便要吃一分的亏。

所以像中国这种国家，在刚要走上工业化的大路之前，对于这两个大目标，实有权衡轻重、表示鲜明态度的必要。

抗战的经验，应该可以帮助我们决定一种态度。在抗战之前，我们已有的工业，是属于哪一类呢？我们在沿海的大都市中所设立的工厂，是为供给人民日用必需品而设立的呢，还是为供给国防军事的需要而设立的呢？我们只要把津沪等处的工厂名单，拿来检阅一下，就可知道这些工业，大部分是民生工业，而非国防工业。过去我们的工业化，倾向于富的目标，而忽略了强的目标。但是结果是怎样呢？我们辛辛苦苦创造出来的事业，在敌人的炮火之下，大部分化为灰尘。由此我们可以得到一种教训，就是一国的财富，如不是建筑在强的基础上，那种财富，是没有保障的。我们以前谈富强，总是把富字摆在强字前面，以后我们应当矫正这种错误，应当先强而后言富。我们应当把国防工业，看得比民生工业更为重要。我们的财力、人力，应当大部分放在国防工业上面。

我们如把这个根本态度决定之后，就得准备在最近一二十年之内吃苦。我们都要立志在国防还没有巩固之前，不预备提高生活程度。提高生活程度是一个很好的目标，但我们在目前还有更急迫的需要，所以不得不把提高生活程度一事，推迟一二十年，再去设法实现。在最近一二十年之内，人民的生活程度，自然要设法维持，使其不要下降，最好还要使现在呻吟于贫穷线以下的人，能略为提高生活的水准。但除此之外，不要另存奢望。只要工业化真的开始了，美满的生活，是终可以实现的，但实现的时期，无妨使它延迟、使它稍缓，以便全国人民的精力，都可集中在国防工业上面。

苏联与德国在过去若干年的努力，便是照着这儿所说的标准进行的。

苏联在许多资本主义国家的中间，树立了社会主义的经济组织。执政的人，在推翻旧政权之后，便感到有时被外界攻击的危险，所以把内政略为整理、秩序略为恢复之后，便实行五年计划。第一个五年计划成功之后，继着便来第二个、第三个五年计划。这些五年计划的内容，最主要的一点，便是完成国防工业的建设。列宁很早就提醒他的人民，告诉他们苏联的前途，并不系于农产的丰收，那是不够的；也不系于轻工业的发展来供给农民生活上的需要，那也是不够的。苏联的前途，系于重工业的发展，没有重工业，苏联绝无希望成为一个独立国。为使重工业发展起见，苏联应当在别的地方省俭，甚至少开几个学校都可以的。列宁的继承者，秉着这个宗旨进行，所以在过去的几个五年计划中，对于轻工业并不十分重视。在苏联旅行过的人，都可以看得出来，一般民众在衣食住等方面的享受，远在英美诸国之下。但是它的重工业，特别是国防工业，在过去十年之内，却有惊人的进展，使它在最短期内，成为世界上数大强国之一。苏联对于国防工业的重视，我们还可以从几种统计中窥其大略。如在1934年工业出品的总值中，消费品只占42.6%；生产工具的价值，却占57.4%。在同年度内，苏联政府的支出，用在工业及商业上的，占全预算35.1%。其中用于重工业的，占21.5%；用于轻工业的，只占2.6%。所以无论从出品总值或投资数量各方面看去，苏联把重工业放在轻工业之上，乃是显而易见的。所以在西伯利亚一带居住的人民，可以没有鞋袜可穿，但苏联的飞机，却可从莫斯科绕过北极而达美国旧金山之南；莫斯科的房子可以不够住，但等到阅兵的一天，莫斯科的红场上，坦克车却是成群结队的。

德国自从希特勒上台之后，数年之内，从一个被压迫的国家，进而为一个独立自主、气焰逼人的国家，最重要的原因就是希特勒善于利用德国已有的工业基础，来发展国防工业。重工业是国防工业之基础，德国近数年内，重工业日在发展的途径中，但轻工业却无丝毫进展。今如以1928年德国的工业生产指数为100，重工业的指数，在1932年，竟跌至35.4。1935年起，德国重整军备，那年重工业的生产指数，便升至102.4，1936年10月，更升至123.7。轻工业的生产指数，在1932年，只跌至74.0，但在1935年，它的指数还是85.6，到1936年10月，只升到102.4。所以拿1936年与1928年比较，德国重工业的生产，已增加约1/4，而轻工业的生产，可以说是没有什么变动。德国的政府，还采取工资不动政策，所以现在的德国人，在生活的享受一方面，并不比十年前好，而且因为物价加增、工资不动的缘故，一般人民的生活程度，比起1928年来，也许还要下降一点。但德国的人民及政府，为加增国防的力量起见，是准备受这种苦痛的。我于1937年6月，路过柏林，那时纳粹党正举行四年执政成绩的展览。我们从图表中，可以看出德国的国防力量，在希特勒上台四年之内，实有显著的加增。过巴黎时，我又去看正在举行的万国博览会，苏联馆与德国馆遥遥相对，它们的陈列，在各馆中是最精彩的。当时我就有一个很深刻的感想，就是这两个国家，政治的组织、思想的系统，虽然好像是站在两个极端，但是它们对于国防工业的重视，牺牲一切别的东西来发展它，却是不约而同的。

假如苏联与德国的经验，有什么可供我们采择的地方，无疑便是它们对于发展工业的态度了。工业化诚然可以使我们富、使我们强，但在这种国际竞争的时代，自己没有力量，就要成为别人的鱼肉，我们应当以图强为第一要义。工业化是必要的，但我们应把国防工业放在第一，而置民生工业于其次。

第三章　工业化的资本

工业化是一种很花钱的工作，这一点我们在开始便要认识清楚。为使中国的国防基础巩固，人民的生活程度能够维持相当的水准，我们的政府及社会，得设法在最近一二十年之内，筹集数十亿元的款项。这些款项，有一部分应当是外汇，因为工业所需的资本，最重要的是机器，我们现在还不能制造工业化所需要的一切机器，其中的一大部分，最近非在外国购买不可，所以要有充足的外汇。其余的款项，可以国币充数，用以建筑厂屋、购置原料、发付工资及利息等之用。这种分类，并非严格，因为机器有一部分，可用国币购买，而购置原料及付息等事，有时也需要外汇。

这数十亿元的款项，有什么方法筹集呢？具体的办法，自然要金融及财政的专家来用心，但我们在此也可以指出几条可以努力的方向。

先说外汇的筹集。

第一种外汇的来源，应当是国内农产品的输出。这儿所说的农产品，乃是广义的，除却农作物之外，还包括林业、渔业、畜牧业的产品。我们只要检查一下海关的报告，就可发现每年输出的农产品，如桐油、猪鬃、鸡蛋及蛋制品、生丝、茶、牛皮、羊皮、羊毛、肠衣、芝麻、棉花、杂粮等物，其总价在 2 亿元左右。在过去的放任政策之下，已经有此成绩，假如以后政府采取一种鼓励的政策，这些农产品的出口数量，一定还可以加增。我们从促进中国工业化的立场来说，目前政府的农业政策，除设法使衣食的原料自给外，便应设法使农产输出品的生产增加。苏联在实行第一个五年计划时，有许多机器，也要从外国输入，这些机器，有一部分便是以输出农产品的方法去换来的。这种经验，我们很可效法。中国现在还是一个以农立国的国家，我们拿农产品去换外汇，以外汇购机器，便是以农业的剩余，来扶助工业的建立。不过这种见解，与社会上的一部分人士所提倡的以农业引发工业之说，并不相同。他们的主张，是要发展农业，加增农民的购买力。农民的购买力加增之后，对于工业制造品的需要自然加增，于是工业乃应运而生。照这种农业引发工业的说法，应运而生的工业，一定是民生工业，农民购买力的加增，绝不能引发国防工业。我们主张以农产品去换机器，但我们首先要购的机器，乃是建设重工业的机器。这些机器制造出来的货物，可以加增国防的力量，但非人民日常生活所必需。政府提倡农产输出品的生产，农民如奉命而行，其进款自然加增，但因民生工业，在最近期内，不见得有同等的发展，所以一方面是进款加增了，而另一方面，则消费货品并无同等的加增，其结果一定是货价上涨，生活费指数上升。在这种情形之下，人民自然要准备吃苦，但吃这种苦，总比遭受敌人的蹂躏要好得多。为完成工业的建设起见，我们大家在心理上都要有吃苦的准备。

第二种外汇的来源，便是输出矿砂。中国在工业化的过程中，一定要开发地下的富源。这些地下的富源，如煤、铁、铜、石油等等，在开发出来之后，便要在国内利用，以完成国防工业的建设。不过还有一些矿产，如钨与锑，中国的出产，在世界上居第一位。世界上许多工业化的国家，对于这些矿产，都要中国供给，我们很可以大量地输出，以吸收外汇，或与若干国家订立契约，拿这些矿砂，易取它们的机器。除此以外，中国的煤、锡等矿，如大量开发，一定可以供给国内的需要而有余。这些剩余的煤、锡，也可与钨、锑一样地输出国外，以换取外汇。

第三种外汇的来源，便是吸收华侨投资。过去若干年来，华侨的汇款，是我们国际收支平衡的主要元素。这些华侨的汇款，我们固然要设法领导，使其流入工业建设的途径上去，但比这个还重要的一件事，就是应积极设法，使华侨中的富户，把他们在国外积蓄起来的资本，移一部分到中国来办事业。我们的华侨遍天下，总数在 1 000 万人以上，其中大部分虽然没有什么资本，但也有少数的华侨，在他们居留的区域里，是号称首富的。过去因为国内的秩序不安，法律没有确定的保障，所以他们对于投资祖国，视为畏途。以后我们应当设法鼓励他们到祖国来办事业，给他们以特殊的利益、充分的保障。

第四种外汇的来源，便是出售金银及古物。出售金银，我们在过去实行法币政策之后，已经实行。以后我们还要在国内加增金银的来源，以便继续地出售。中国的银矿，大约没有多少希望，但金矿却还不少，以后应当积极开采，以裕外汇。此外藏在民间的金银，其数量一定还不少，在相当的时期内，我们应当发起一种献金运动，吸收这些民间的蕴藏，运往国外，以换取生产的工具。至于古物，我们并不主张全数出售。但有一部分雷同的东西，实在可以送往国外拍卖。我们是一个贫弱的国家，现在不是玩古董的时候。假如我们可以借这些古董的力量，来使中国工业化的速度加增，使中国富强的日子早日来到，那么我们敢说，即使现在把这些古物拍卖了，它们流落海外的日子，也是暂时的。等到我们富强的时候，还可以把它们收回的。那时我们的国立博物院中，不但本国的古物，应有尽有，便是外国的古物，也可收集许多来陈列的，喜欢抱残守缺的人，大可不必做过分的忧虑了。

第五种外汇的来源，便是欢迎外资。我们研究欧美各国的经济史，便可发现一件很普通的事实，就是大多数的国家，在工业化的过程中，没有不利用外资的。有一位研究铁路史的人说过，世界各国的铁路，除了英国之外，大部分是利用外资建筑的。美国现在可以说是工业最发达的国家，但在欧战以前，美国还是一个债务国，它欠别国的钱，比它在国外投资的数目还要大些。欧战给了它一个机会，从债务国变成债权国。别个工业化已经完成的国家，差不多都有类似的历史。在工业化开始的时期，本国的资本不够，总要利用外资。外资进来以后，它们便利用外国的资本，孳生本国的资本。到了相当的时期，本国的资本已逐渐蓄积起来，于是把以前借来的外债，一一还清。再过相当的时期，国内的资本更丰裕了，除用在国内的事业上之外，还可以投资到国外，这时便成为债权国了。所以利用外资，如得其法，是一件有利的事。

中国以前所借的外债，很少是用在建设上面的。借来的外债，在国民政府成立以前，又多不能按期还本付息，因而国家的信用一落千丈，加以自从民国成立以来，内乱时时发生，社会的秩序不安定，外人更不愿在中国投资。自从国民政府成立以后，对于外债的整理，大有进步，而且经过长期的努力，统一已大体完成，假如没有最近的事变发生，以后利用外资，来使中国工业化，应当不是一件困难的事。就是在现在这种困难的环境中，我们还是可以利用各国对我们的同情，吸收一部分外国的资本，来做建国的事业。至于利用外资的方式，政府早已规定合资、特许及借贷三种，只要主持得人、运用得宜，两方都能开诚布公、以友谊的态度合作，那么无论采取哪一种方式，都可以的。

至于国内资金的筹集，我们也愿意指出几条途径。第一便是税则的改良。过去若干年，政府对于关税、盐税及统税的改良，已收相当的效果。如以 1929 年的情形与 1936 年相比：1929 年关税的收入是 2 亿 4 500 万，盐税的收入为 8 500 万，统税的收入为 3 900 万，三种统收，共为 3 亿 6 900 万。1936 年，关税的收入，增至 3 亿 2 500 万，盐税的收入，为 2 亿零 500 万，统税的收入，为 1 亿 3 600 万，三种税收合计，共为 6 亿 6 600 万，比起 1929 年来，计加增税收约 3 亿。整理旧税，得此成绩，已属可观。以后除对于整理旧税，须继续努力之外，还应创办新税，开辟新的税源。在这些新税之中最有希望的，应当是所得税与遗产税。遗产税还在研究中，所得税最近已经实行，但税率似乎还有修改的余地。我们主张个人的所得，每年在 1 万元或 2 万元以上的，国家应当用很高的税率，把它吸收到国库里面来，以为建设之用。在今日的中国，一个人的收入，如在 1 万元或 2 万元以上，便容易过一种奢侈的生活。在国家贫弱的今日，奢侈的生活，是一种不道德的举动，国家应当用高度的所得税率，来矫正它、统制它。这种办法，一方面可以加增公有的财富，一方面使贫富的距离不致相差太甚。至于公司方面，国家除对它们征收累进的所得税外，还应限制红利的百分数。德国与意大利，已经有许多法律规定若干公司的红利，不得超过 6 厘。超过的数目，或由国家征收，或由国家规定，用以购买国防公债。这种办法，我们很可参考。至于遗产税的征收，更是变私产为公产的好法子，政府应当设法，使其早日实现。我们更希望国内的富人，要自动地把遗产献给国家。他们应当知道，许多子女的不和及腐化，都是遗产在那儿作祟。做父母的，以后对于子女，如只负教养的责任，不传给他们以遗产，而以遗产献给国家，其结果一方面可以使子女养成独立有为的人格，另一方面还可加增国家的财富，使公有的建设事业可以加速地进行，公平的社会得以早日实现。

筹集国内资金的第二种办法，便是发行建国公债。现在国内的银行、保险公司、信托公司、各种实业公司，以及私人的账房里，还有许多剩余的资本。这些剩余的资本，乃是历代的人所积蓄起来的。在平常的时候，利用这些资本的权力，操在许多私人的手里。他们可以利用这些资本，来做投机生意，或开一个跑狗场、一个跳舞厅。以后政府不可再采用这种放任的政策，而应采取相当的统制。发行建国公债，便是统制这些剩余资本的一个方法。这种建国公债，应当强制地令国内各种金融机关购买，或者由政府规定，各种金融机关须以其吸收得来或代为保存之现款，以百分之几购买建国公债。推销这种建国公债之结果，等于转移了社会上一部分投资的方向。以前剩余的资本，利用之权完全操在私人手里的时候，一部分的剩余，一定用在不正当的事业上面，除资本家外，别人并无利益可图，现在由政府以公债的方式吸收过来，便可多开若干工厂，充实国家的力量，使全国人民的生命、财产与名誉，都可多得一层保障。我们不主张政府以公债的方式，把社会上所有的剩余资本都吸收过来，因为工业化的工作，不是政府可以包办的。政府当然要担任一重要部分，也许是最艰难而不易获利的部分，但绝不是全部。另外还有一部分，应当由社会上爱国之士出来担任，与政府通力合作。这些实业家，在整个统制政策之下，得到政府的允许，也可利用社会上剩余的资本来办事业。

筹集国内资金的第三种办法，便是由政府来控制私人投资。现在国内投资的方向，是毫无控制的，谁有钱，谁便可以办事业，而且可以办任何事业。至于这种事业成立以后，对于国利民生有何影响，政府是不大过问的。假如社会上剩余的资本是很多的，那么滥用也还没有什么大的影响。可惜我们国内剩余的资本是有限的，多开一个跑狗场，也许要少开一个弹药厂。所以我们对于这点很可宝贵的剩余资本，应当很谨慎地利用。这儿我们又可拿德国的经验来做参考。德国在第二个四年计划里，把要举办的事业，分别它们的轻重缓急，排成一定的次序。最重要的为军需工业，其次为粮食的供给，第三为工业原料的国内制造，第四为输出品的加增，第五为建筑工人卫生宿舍。凡私人投资，须得国家的核准。政府认为急待举办的事业，可以很容易地得到新资本。政府认为不必办的事业，私人不得投资。我们有我们自己的问题，当然不能把德国所排好的事业次序，抄来当我们的次序，但类似的一张表，却是非有不可的。我们在工业各部门之内，应当按其轻重缓急，排一次序，明白公布。凡排列在前面的工业，政府鼓励人民投资；凡排列在后面的工业，政府阻止人民投资。这并不是说排列在后面的工业，中国便不需要，乃是在现在中国缺乏剩余资本的情形之下，我们权衡轻重缓急，认为它们可以迟些年月，再为建立。为适应目前的国情起见，我们自然要把重工业及国防工业放在前面，鼓励人民在这些工业上面投资。鼓励的方法，或保息，或免税，或津贴，都可以行。只有这样的统制，国内剩余的资本，方可用在我们所需要的工业上面。

筹集国内资金的第四种办法，便是大规模地推行节约运动。中国先哲所提倡的道德，其中勤俭两字，最合目前的需要。勤便是加增生产，俭便是节省消费、储蓄资本。社会里的上层阶级，对于奢侈品及生活上的非必需品，都应当摒弃不用。因为这个时期，还是一个工作的时期，不是享受的时期。社会上还有许多不良的风俗，如无谓的应酬、婚丧的铺张，以及各种各式的迷信，都是消耗资本的，我们应当从节约运动的立场，把这些风俗检讨一下，来做一个大规模的改革。也许有人会疑虑，以为这种节约运动，如大规模地推行，一定有许多人失业。我们承认社会上的应酬减少，许多酒馆菜馆要受影响。破除迷信之后，许多堪舆家、看相算命的，以及尼姑、和尚之流，饭碗都要打破，冥纸店、香烛店都要关门。但另一方面，社会上因为这种改良，便可储蓄下来许多资本。资本是由储蓄而来的，我们在节约上的功夫做得愈细密，社会上剩余资本的增加也愈迅速。这些剩余的资本，便可用以创办许多新的事业，这些新的事业，无疑地可以容纳许多工人。所以从整个社会着想，节约的结果，并不减低生产，并不加增失业，只是改变了生产的性质、更换了职业的分布就是了。

与节约运动有连带关系的，便是推行国货运动。我们试一检阅海关的报告，进口货品录中所列举的货名，多至 1 800 余种。其中有许多是奢侈品及生活上的非必需品，在节约运动之下，根本就不应当进口。现在如由政府制定法律，限制它们的进口，在国际上也许要发生相当的麻烦。但是购买这些货品的人，都是社会上少数的有钱阶级，假如他们能发动爱国心，立志不买这些舶来的奢侈品，那么这些货品因市场上无要求的缘故，自然不会进口的。此外进口的货物中，有好些虽然不是奢侈品，如砖、石灰、蜡烛、猪肉、玉蜀黍、小米、茶叶、酱油之类，但是现有国货可以代替。我们真不解这些货物，何以还会进口。由此更可见推行国货运动，实有提倡之必要。我们这种主张，与前人那种闭关自守的主张，完全是两样的。我们虽然提倡国货，但同时也欢迎国际贸易。不过进口货的性质，我们应当加以检讨。以后进口的货物，不应当是小米、茶叶，而应当是生产工具。我们每年的外汇数量是有限的，小米、茶叶的进口，便可减少生产工具的进口。假如我们在消费方面，多用国货，生产工具便有加增输入的可能，所以提倡国货，间接地便可增加工业化的速度。

最后一个筹集国内资本的方法，也许是最重要的一个方法，便是加增各种经济事业的生产。我们在上面已经提到加增农产品的生产及开发地下富源的重要，大约在工业化的初期中，我们资本的来源，大部分要靠农矿等实业，但经过相当的时期以后，工业也可逐渐供给我们所需要的资本。譬如我们在国内要建筑第一个机器厂，这些机器，便要购自国外。现在我们只能拿农产品与矿产品去换这些机器，所以第一个机器厂的成立，可以说是利用农矿等业的剩余换来的。但是我们有了制造机器的机器之后，那么第二个机器厂的设立，便不必完全购买外国机器，其中有一部分的生产工具，便可在第一个机器厂中定购。这便是工业供给生产资本的一个好例子。除了农矿工等实业之外，别的实业，如运输业、交通业、商业等等，都可以产生剩余财富，来做各种新建设的资本。不过如想达到这个目标，各种事业，不但在生产的技术方面，要设法改良，就是在管理方面，也要使其科学化与廉洁化。科学化的结果，可以减少一切浪费。廉洁化的结果，可以消灭一切营私舞弊的行为、引用私人等恶习，使公共事业的所得，能为社会所公有，而不为少数主持的人所吞没。过去有许多事业，年年亏折，但经过贤明的人整理之后，便可以获利，由此可见管理得法，实为产生剩余资本的一条大道。

我们已经说过工业化是一种很花钱的事业。苏联在 1934 年，投资于国家经济各部门的钱，共达 302 亿卢布，其中用在重工业上面的不下 123 亿卢布。即以黑市场上 10 卢布等于 1 国币的汇率来计算，苏联那一年在重工业上的投资，也达 10 亿多元国币的数目。德国完成四年计划所花费的钱，我们无法估计，但以 1935 年会计年度来说，德国政府在各种税上的收入，达 96 亿马克，比 1932 年会计年度，多收 30 亿马克，1935 年度所发行的公债，也达 41 亿马克。所以只拿这一年新的税收与公债的收入合计，便达 71 亿马克的巨数。如以 1 个马克值国币 8 角计算，也有 56 亿元。这两个国家的成绩，我们便用尽上面所说种种筹款的方法，恐怕也难达到。不过我们假如努力去做，那么每年筹集 5 亿元的建设资金，应该不是一件十分困难的事。假如外资这一条路能够打得通，5 亿元的总数，是更有把握了。严格地说，像我们这种落后的国家，如想对于列强迎头赶上去，一年 5 亿元的建设，是无论如何也不够的。但在最初的数年，我们无妨以筹集 5 亿元资本，为我们每年投资最低的数目。等到各种建设事业积极进行，资本的蓄积速度加增之后，我们再把投资的数量加高。这样地继续进行一二十年，成绩一定是很有可观的。

第四章 工业化的人才

一种事业的重要元素有二：一为财力，二即人力。中国工业化的资本如何筹集，我们已经讨论过了；工业化所需要的人才如何培植，乃是本章所要讨论的。每种事业所需要的人才，简单地说，大约可分上、中、下三级。拿一个工厂来说，厂长、总工程师，以及各生产部门的主任，可以目为上级干部。副工程师、技师，以及各主任的助理、各生产部门的高级职员，如设计、绘图、会计等工作人员，可以目为中级干部。至于监工、机工、考工员，以及有技能的职工，可以目为下级干部。

这三种干部人才，在目前的中国，并不能完全供给，所以应当急行设法培植。这三种干部人才的性质不同，所需训练的时间及方法也有差别，所以我们可以分开来讨论。我们在此，只能提出几点重要的意见，至于具体办法的规划，乃是教育专家之责。

关于上级干部的人才，在最近数年来，我们绝不能完全自己供给，而有利用客卿的必要。一个农业的国家，职业的分类是很简单的，中国的传统职业分类，是士、农、工、商四种，俗又有三十六行之说。我们还没有看到一张大家承认的三十六行职业表，但无论如何，36 种专家，决计不能满足工业化的需要。我们如取英美等国的名人录来参考一下，就可发现其中有许多专家，是中国所没有的，但这种专家，却为工业化的国家所必需。这些专家，也不是一年、数年便可培植出来的，所以我们不得不利用客卿。我们在过去数十年内，私人及公家，都有利用客卿的经验，根据这些经验，我们应当可以发现利用客卿的几条原则。第一条原则，就是在利用客卿之前，我们对于客卿的国籍，应当有慎重的考虑。过去有某一种国家，在我们正式向它们聘请之前，每每自动地要把顾问送上门来，这种国家，素来不怀好意，其派顾问到中国来都是别有用心，乃是举世皆知的事实。所以我们如要聘请客卿，最好向欧洲的小国中去请，或在那些对于中国无政治野心的国家中去请，至少也要在与我们敌人站在相反立场的国家中去请。这种客卿，如聘请过来，一定可以为我们利用，而不会来利用我们。至少在我们危急的时候，他们的政府，也决不会把他们调遣回去，而使我们的事业发生困难。第二条原则，就是我们所请的客卿，一定要头等人才，二、三等货色，我们可以不必请教。过去我们便常犯这个毛病，以致请来的客卿，除了月支巨薪之外，毫无贡献可言。聘请专家，不是一件容易的事，只有专家才会认识专家。所以我们如想请一个钢铁厂的工程师，决不能把这件事委托一个政客或一个外交家。他们对于炼钢根本是外行，如何能请得到一个好的炼钢工程师呢？即使我们国内没有认识专家的专家，但鉴别专家资格的能力，是具有常识而能审慎从事的人所可以做得到的。我们看看这个客卿的学历，调查他的经验，访问国外同行对于他的意见，那么这位客卿，是否头等人才，是否可以胜任我们的工作，便不难判断了。可惜许多客卿，是没有经过我们这些考察的手续，便来到中国服务的，难怪滥竽充数的事是数见不鲜了。第三条原则，就是我们利用一个客卿，除请他指导生产的事业以外，还要帮助我们训练人才。他应当在他的中国同事之中，训练一些人员，以便他在去职回国之后，国内有人可以继续他的工作。这是产生我们自己专家的一个好法子，只有这样做去，我们的上级干部，才可以有独立自主的一天，而不会永远停留在依赖他人的阶段中。

上级干部，除利用客卿之外，还应树立一种合理的留学政策，去培植本国人来担任。过去我们留日、留美、留欧的学生是很多，但政府并无一种留学政策。因为放任的结果，所以产生好几种流弊。第一种流弊，是过去有许多留学生，花了许多金钱，到外国去学国内便可学得到的东西。如有许多人到外国去进中学或大学，毕业回来，程度最好也不过与国内的大学毕业生相等。他们还有不如国内大学毕业生的地方，就是对于国情的隔膜。这样的留学，并无一点好处。第二种流弊，是留学生选读的科目，与国内的需要，毫不发生联系。现在留学回来的人，有许多是失业的。他们所学的东西，国内并无用处，同时国内又有许多事业，找不到适当的人才。这种供求不相应的现象，乃是政府没有留学政策的自然结果。第三种流弊，是我们过去的留学生，大都重理论的研究，而缺乏实际的经验。他们所学习的课程，大部分是要满足学位上的需要。这些课程，只能传授一些理论上的知识。所以我们的留学生，每长于理论，而缺乏办事能力。他们能做院长，却不一定能做厂长；能担任工学院的教授，却不一定能做一个总工程师。

最近政府对于留学生，已经放弃了从前的放任政策，而采取相当的干涉政策，如规定出洋留学的人，须在国内大学毕业，而且还要有几年服务的经验，又如公费留学生所习的科目，都有详细的规定，并不由留学生自己选择，都是比以前进步的地方。以后最好还要进一步地统制，对于服务经验，应当采取严格的定义。如出洋学习制造枪炮的人，一定要在兵工厂中，有过服务的经验；在大学的物理系中，当过助教两年，并不能拿来代替。在中国的兵工厂中，有过服务经验的人，出洋再去学习制造枪炮，自然会带一些问题出去，而得到一些答案归来，而且归来之后，还可以到原机关工作，不发生失业的问题。其次是对于留学科目的选择，不应当由少数人关起门来随意决定，而应当与各方面主持生产事业的人，详细地讨论之后，再下判断。这种留学生，既为满足某种生产事业的需要而派出，那么学成回国之后，一定会为某种生产事业所吸收。最后我们要注意的，就是政府应当设法使留学生在国外，学习与实习，有同样的机会。留学生在实习方面所花的工夫，至少要与在学校学习的工夫相等，或略多于学习的时间。在国外学习，机会是很多的，任何有名的大学，都肯收纳中国的留学生。但实习的机会，如让学生自己去寻觅，不无相当的困难，所以政府在派出每一个留学生之先，应当替他预为布置实习的地点。如想做到这一点，政府与各国的大工厂、各事业机关，应有相当的联络。以上所条举的三点（第一，留学生在出国之前，对于所习的科目，须有实际的服务经验。第二，留学的科目，应适合于国情，能够满足生产事业的需要。第三，留学生在国外，学习应当与实习并重），应是新留学政策的骨干。在这种政策之下所培植出来的留学生，才可以担任各种事业中上级干部的工作。

中级干部人才的培植，须靠国立的各大学。现在的国立大学，假如不经过一番改造，恐怕不能满足新中国的要求。近来的大学毕业生，在将要毕业的一年，有一种普遍的恐慌，就是怕一出学校的大门，就要走入失业的队伍里。造成此种现象的主要原因：一因中国各种生产事业，都不发达；二因过去办教育的人，对于社会上的需要，并没有做过研究的功夫。以后大学的设立，大学中院系的添减，以及各院系中每年招收新生的数目，教育的当局，应与主持经济事业的当局，以及各种同业公会、联合会，取得密切的合作。简单地说，我们应先看社会上需要一些什么人才，然后去培植这种人才，来满足社会上的需要。

在这种原则之下，大学中课程修改的必要，是不成问题的。理工科的学生，在过去有一个时期，理论的讲授，多于实验室中的工作。现在已有许多国立大学，看重实验室中的工作，所以现在的毕业生，已不像以前之只能开口，而不能动手。但现在的理工学生，都缺乏实习的机会。学校中所得到的材料，都是从外国课本中来的，所以他们在毕业之后，对于国内各生产部门的实际情形，许多是茫然的。我们主张理工科的学生，在毕业之前，应有一年的实习经验，最好教育当局与经济当局，事前要为这些毕业生做一个通盘的筹划，要使大学生毕业前实习的地点，就是毕业后就业的所在。在计划经济之下，这件事并不十分困难。

在工业化的过程中，我们需要理工科的毕业生，同时也需要文法科的毕业生。各级政府中的行政人员，各生产事业中许多事务的职员，以及各机关中设计、研究、统计、会计等人员，都要文法科的学生来担任。现在文法科的课程，其需要改良，较之理工科尤为迫切。理工科所教授的材料，我们无妨采用外国课本中所供给的，因为数学、物理、化学、工程等原则，并无中外之分，在外国适用的原理，在中国也可适用。社会科学，便富有地域性。政治、经济、社会等科目，如完全用外国的课本，结果一定使毕业生明于国外的大势，而昧于国内的情形。在外国课本的陶冶之下，毕业生可以熟读了欧美各国的宪法，但不能解释中政会与国民政府的关系；可以高谈李嘉图的地租论，但不知佃户对于地主如何纳租；可以分析美国黑人与白人冲突的根源，但根本不明了中国边疆上少数民族的问题。这种缺点的急待矫正，乃是很显然的。矫正这种缺点的方法，一方面应由学校当局，减少文法科教授上课的钟点，鼓励他们做实地调查及研究的工作。学校中一定要养成一种风气，使文法科的教授及学生，看重实地调查研究的工作，等于理工科的教授及学生，看重实验室的工作。只有在这种风气之下，文法科课堂中所讲授的材料，才可由外国的变为中国的；文法科所用的课本，才可由西文的变为中文的。另一方面，文法科的学生，除在校中及假期内，要多做实地调查研究工作，多与中国社会接触之外，在毕业前的一年，与理工科的学生一样，应有一年的实习经验。他们实习的机关，也应当就是毕业后收用他们的机关。

这种办法实行之后，大学教育才是适合国情的，因为它先看清楚社会上的需要，教育出来的人才，便是满足这种需要的。这种教育又是生产的，因为每一个大学毕业生，在学成之后，都有一个工作的地点，贡献他们的能力，促进国内的生产，不像现在一部分的大学毕业生，毕业后便失业，只能过一种寄生的生活。

下级干部的人才，我们应当多设职业学校来培植。现在各地的情形，是中学多于职业学校，中学生多于职业学校的学生。这种现象，是最不合理的。我们都知道，以前的中学，其重要的目标，便是训练学生，使他们在毕业后有考入大学的能力。培植这种能力，本来未可厚非，但是过去的教育当局，却忽略了很重要的一点，就是中学毕业生，大部分是不进大学的，只有很小的一部分，才进大学。其中一个原因，便是大部分的人，没有进大学的经济能力。不过即使各级的教育，都是义务的，中学大学，都不收费、都有津贴，我们也不主张人人都进大学。因为人之智愚，天赋便不平等，有许多人根本便无进大学研究的资质，有许多人便是进大学读过四年，也没有多大益处。大学是为社会上最优秀的一部分人而设的，费用可以免除，但选择必须严格。所以中学的目标，如只为训练一小部分青年，使其做进大学的预备，那么它的数目，超过职业学校的数目，便不应该。现在社会上有许多中学生，毕业后不能升学，但又没有一种谋生的技能，这种人的前途，比大学毕业后失业的学生，尤为黑暗，尤为可怜。

为矫正这种不合理的现象起见，我们应当多设职业学校，来代替现在的中学。社会上只需要一小部分人，去考现在的中学，由中学毕业后，再进大学。大多数的人，应当在受完义务小学教育之后，便入职业学校。这些职业学校的设立，也要事先计划，最好由各地的教育当局，与各地的同业公会，共同设计，务使各地职业学校中的毕业生，在本地的生产事业中，就有服务的机会。这些职业学校中的课程，也要大加修改，许多花时间很多而对于实际生活并无用处的课程，都可以不必学习。譬如外国语一门，根本就可除去；国文可以不必去念，那些高深的古文，只要学到能写通俗的信、能看普通的杂志报章，就很够了；历史、地理等功课，在小学中已经学过的，更不必再花许多工夫去复习。大部分的时间，最好集中于一种技能的学习。每一个职业学校的毕业生，都应当能够动手去做一种工作。毕业的年限，也不要固定为三年或四年。中国以前各种手艺中的学徒，三年便可毕业。现在学校中传授一种技能，已经是科学化、系统化，应当还用不到三年。至少有许多职业，一年或两年便可毕业的。这并非说职业的学习，出了学校便告完成，许多人在就业的期间还可以继续学习、继续进步的。

以上我们对于三种干部人才的来源与培植方法，已大略地说了一个轮廓，但只注重于技术方面如何培养。将来政府培植各级人才时，除技术外，还应注重人格。中国过去的教育理论，本来是德行与知识并重的，有一派的哲学家，把人格的修养，看得比知识的获得，还更重要。以前所谓人格的修养，便是学如何做人，所谓"父子有亲，君臣有义，夫妇有别，长幼有序，朋友有信"，便是做人的大道理。不过现在的各级学校中，对于这些做人的大道理，都不大讲求，这是应当极力矫正的。但在讲求人格教育之先，有一点不可不先为解决，那就是人格教育的内容。现在的时代变了，新的环境，要求新的伦理。五伦中君臣一伦，现在已失其原有的意义，其余四伦，旧的观念，有许多是不适用的，需要修改。但新伦理中最重要的，便是如何做一个好公民。在建设新中国的过程中，凡参加这种工作的人，除有一定的技能，对于某种工作的担任，能胜任、愉快之外，还要有廉洁无私的操守、奉公守法的精神，对于新中国建设的目标，有清楚的认识，对于新中国建设的成功，有坚定的信仰。有这种涵养的各级干部，才是我们所需要的。

第五章　工业化与政府组织

　　中国工业化的工作，有一点不能仿效英美的，那就是政府在这种工作中所处的地位。英美等国的工业化，可以说是由人民发动，而由人民完成的。政府只在立法及监督上，做了一些工作，但政府本身，除了最近若干年之外，并没有实际参加生产的工作。假如中国也效英美的成规，那么工业化的工作，一定很迁缓、漫无计划，因而不能满足我们对于工业先进国迎头赶上去的要求。不过我们检查一下过去的经验，就可知道有些重要的实业，如运输与交通，在英美等国，多在私人的手中，而我们则大部分由国家经营。我们的政府，对于生产事业的参加，自始即较英美等国为积极。以后我们的政府，对于生产事业参加的范围，比以前还要扩充，直接主办的事业，比以前还要加增，这是从各种趋势可以看得出来的一点。

　　但是我们也决不能走另一极端，以苏联为我们的模范。苏联的生产事业，全部分在政府的手中。这种办法，当然是一种很有趣味的试验，但各种生产事业的推动，都要由政府出力，其效率如何，大可研究。不过我们对于此点，也不必在此处花很多的工夫来讨论，因为中国现在的政府，根本就不预备垄断一切生产事业，而且政府所奉行的主义，也没有垄断一切生产事业的主张。现在政府的主张，是国营经济事业固应积极经营，民营经济事业也要尽量奖助。国营与民营事业的分野，现在还无详细的规定。但只拿工业来说，政府过去所注意的，似为国防工业及重工业中需要巨大资本、高深技术，非民力所能立即举办的。至于民生工业，以及重工业中民营已有成绩的，以后当然还是由社会上的实业家，出来举办。所以中国工业化的工作，一定是政府与人民合作进行，政府既非束手旁观，也不包办一切。

　　政府对于工业化的工作，既要负一部分的责任，所以不可不讲求经济行政的组织。

只有在严密合理的组织之下，一切工作，才可以有计划、有效率、不重复、不浪费。

自从国民政府成立以来，经济行政的组织，大约可以分为三个时期。第一个时期，包括抗战以前的数年。第二个时期，自抗战发生起，至民国二十六年底为止。第三个时期，自民国二十七年1月起，是最近的一个时期。第一个时期中，经济行政组织的演化，我们无容细述，但在抗战的前夕，主管经济行政的机关，是很复杂的。在行政院中，与经济事业有关的，有实业、财政、交通及铁道四部。直属于国民政府的，还有经济委员会及建设委员会。直属于军事委员会的，还有资源委员会。这许多机关，分工并不严密，进行的事业，自然难免重复与摩擦。当时也有许多研究行政效率的人，看清楚这种现象的不合理，做了许多调整的方案，但终因人事问题，没有能够顺利地通过。到了第二个时期，便是抗战发生之后，经济行政组织，更为复杂化了。除了上述的机关之外，军事委员会中，还添了第三部与第四部，并成立了农产、工矿、贸易三个调整委员会。这些机关与原有的实业部，工作如何划分，并无明文规定，于是事权更不集中，责任更不分明。好在这种混沌的局面，并不长久，到了第三期，便完全矫正过来了。第三期中，经济行政组织，有重要的调整，交通部与铁道部是合并了，实业部改为经济部。军事委员会的第三部、第四部及资源委员会，并入经济部。建设委员会完全并入经济部，经济委员会之水利部分，并入经济部，公路部分归交通部，卫生部分归内政部。军事委员会新设的三个调整委员会，农产与工矿两调整委员会，改隶经济部管辖，贸易调整委员会，则归财政部。

经过这次的调整之后，中央的经济行政组织，可以说是大体已经合理化及统一化。生产事业的各部门，除运输与交通归交通部管理之外，其余各部门，已集中于经济部。现在除国际贸易与货币银行归财政部管辖是否合于理想一点，尚可讨论研究外，其余的是无可訾议了。以后如有新的生产事业，最好责成现有的机关去办理。如以现有的机关、财力与人力，不能应付新的需要，最好去充实它、改进它。不要因贪一时的方便，又添设新的机关，以致事权又不统一，重陷于以前那种重复、混沌的局面。用这种观点来批判，政府最近在经济部之外，又设一个农产促进委员会，乃是极不合理的。

现在政府的经济行政组织，虽然不再需要基本的改造，但每一个机关的内容，却需要充实，各个机关之间，需要更密切的联络。拿充实机关的内容一点来说，有几件事尤当注意。第一，我们需要一个更充实的设计组织。现在负设计之责的，在各部有参事厅。实际的情形，参事厅中的人员，为数甚少，而且大部分的时间，都用在撰拟或审核法规的上面，设计的工作，无暇顾及。我们以为参事厅中的参事，数量上虽然不必十分加增，但专门委员，却宜加增许多。他们的职务，是在中央规定的政策之下，统筹全局，拟具计划，以供长官的采择。新的事业，应当在参事厅中萌芽，在社会中生长。不过巧妇难为无米之炊，参事厅中的专门委员，即使学有专长、经验丰富，但无正确的经济资料以为根据，那么拟出的计划，一定多为纸上空谈、闭门造车，出门未必合轨。因此我们于充实设计的组织之外，还要充实统计的组织。各机关主持统计事业的人，对于生产事业的各部门，须有精密可靠的统计。拿燃料的统计来说，我们对于各地的煤藏、各煤矿现有的生产量及可能的生产量、各地现在对于煤的需要及如增加某种生产事业之后增加的需要共有若干，此种材料，须搜集完备，然后对于加增煤斤生产的设计，才可以具体化，而不致流为空谈。不但在物的方面，须有各种统计，即人的方面，如现在各煤矿的厂长、经理及工程师，其学历、经历如何，办矿的成绩如何，亦均须一一搜集。有了这种材料，政府在筹办新矿的时候，哪些公司可以合作，哪些人才可以利用，也都有所参考了。这不过是一个例子，其实煤的统计，曾经过好几个机关的努力，成绩还算好的。别种经济状况，别种生产事业的态度，我们所有的材料，便极不充足，其中如农业、工业、商业的统计，尤为残缺不全。没有这些材料做根据，我们便无法估计国内现有的生产能力，无法判定某种计划的重要性。所以我们急要充实各机关的统计组织，多做实地的调查，以加增统计资料的可靠性。过去有许多统计资料是由上级机关制定表格，交给下级机关去填报。下级机关的职员，根本没有做调查的工作，只是提起笔来，随意填写。某县长曾告诉我一个故事，说是有一次中央有一个机关发下一张调查表，其中有一个问题，是该县每年共产西瓜若干个。这张表先交一个科员去填，他在答案中，用阿拉伯字码写了 100 万个，便是"1"字之后，还有六个圈。某县长在审查这张表时，觉得 100 万个太多了，就提起笔来，把后面的三个圈一笔勾销，于是 100 万个西瓜，便变成 1 000 个了。这种统计，毫不可靠，有不如无。以后主持统计事业的人，对于搜集材料的技术，须得严格注意才好。以上是说国内经济资料的搜集。关于国外经济资料的搜集，以后更为重要。我们对于世界各国，特别是几个大国的经济发展，如法令的制定，进出口货的性质、数量及价格等，都要细为调查，以供国内从事生产事业的人之参考。现在这类的材料，我们只靠各地领事馆的无系统及局部的报告没有多大用处。以后几个大国的大使馆中，应当设商务参事，由经济部会同有关系各部选派。这些商务参事与其属员，应对于所在国的经济状况，做有系统之研究及报告，并随时答复政府之咨询。如此做去，我国的经济发展，才可与世界各国发生有利的联系。

主持经济行政的各机关，需要更密切的联络，乃是有过行政经验的人所共感的。现在政府中有一个大毛病，便是部自为政，各人干各人的，各部长官除在每星期举行一次之院务会议及不一定每星期都举行之谈话会外，其余接触的时间，是很少的。即偶有接触，亦多为社交式，而非公事式。至于各部的上级干部，如司长、技正、参事、秘书之流，更少接触的机会。所以这一部的工作，别一部的人，很少有人知道得清楚。但是工业化的工作是有机体的，需要各部分的合作。譬如开设炼钢厂一事，固然要由经济部负责进行。但炼钢厂的经费，须财政部筹划。炼钢厂的出品，有一部分供给兵工署的需要，一部分供给新路上的钢轨，所以炼钢厂业务的规定，须先与军政部及交通部会商。炼钢厂的运输问题，需要交通部代为解决，所以关于地点的选定，也要征求交通部的意见。至于炼钢厂人才的培植，又为教育部的主管范围，须得教育部的扶助。即以此例而论，牵涉的部，已有五个。类似的例子，是很多的。为使各种新的生产事业得以顺利、迅速进行起见，我们提议于行政院之下，设一经济会议，由经济、财政、交通、军政、教育五部长官，为当然会员。工业化的大计，均在这个会议中决定。经济会议，除设秘书厅，主管议事日程外，并应设各种合作委员会，使各机关的上级干部，有共同商议设计的机会。近来教育部与经济部及另外几个部会，组织了一个建教合作委员会，便是要沟通各部间的行政计划。以前技术人才的培植，完全由教育部负责，现在别的部会亦可贡献一部分重要的意见。譬如工科大学的课程，应当如何设置，不但教育部的高等教育司，可以贡献意见，便是经济部的工业司、军政部的兵工署，也可贡献意见。这种合作委员会，应当设于经济会议之下，数目应当加增，参加的人，应当推广。这样的经济行政，才是合作的，而不是几个人的独角戏。

有了好的组织，还要有好人来主持，然后经济事业，才有成功的可能。所谓好人，一要有能力、有识见，能从大处着眼、小处下手，能独当一面，而又能与人合作。二要廉洁，除薪水及预算上规定之特别办公费外，不妄取公家一文，不受属员送礼，不受私人赂遗。在目前这种做官发财的传统观念尚风行之际，我们所提出好人的两种资格，第二种尤为重要。我们固然不要用糊涂的善士，但聪明的贪污尤要不得。前者不能成事，后者一定败事。以后政府所举办的经济事业，是否能够成功，是否可以博得民众的信任，最要紧的一点，就系于主持经济行政的人是否廉洁。我们要时刻地注意，严密地监察，要看政府中各经济行政机关的长官，其操守是否无可訾议。社会上对于一个大员操守的批评，大体是公平的。一个人如果贪污，绝瞒不住他的亲信、他的属员、他的朋友，因而终究也绝瞒不过社会。我们对于一个官吏在从政之前，其生活程度如何，是访问得出来的。从政之后，其每月的合法收入，也是可以一查便知的。假如他在走入仕途之后，生活程度，有突然的进展，私人的享受与妻女的装饰，有意外的奢侈，那么局外人即使不去查他的存款，也会对于他的人格发生怀疑。这种人在政府中，便是害群之马，不管他的能力如何，非请他下台不可。我们对于工业化所需要的各级干部，还要注意其人格与德行，对于领导这种工作的政府官吏，自然更要提高人格与德行的标准了。

第六章　工业化与同业组织

工业化的工作，既要政府与社会共同合作，而非由政府包办一切，所以不但政府要有严密的经济行政组织，就是社会本身的经济组织，也要健全。但是中国素来是一个无组织的国家，各方面都是如此，经济生活也不是例外。在无组织的情形之下，我们至少可以发现三种弊端。第一是生产的无计划。有计划生产的先决条件，就是每种生产事业要有精确的统计，表示供求的实际情况，然后生产的结果，才可以做到供求平衡，而无供过于求及求过于供的状态。现在的生产事业，是无组织的，每种货物在国内的供给数量若干，需要的数量又为若干，可以说是没有人知道，因为生产者都是各自为政、各寻出路，彼此既不交换情报，也无一个总机关来搜集情报。其实同业间假如自己没有组织，政府即设一总机关来搜集情报，结果一定是挂一漏万、残缺不全。在这种瞎碰的生产状况之下，求过于供或供过于求，都是常见的事。求过于供，物价必然上涨，消费者受很大的损失。供过于求，物价必然下降，生产者便要受很大的损失。假如生产者有同业公会的组织，无计划生产的现象，便可矫正。我们可以引一个例子，来说明此点。二十五年春季我们的火柴工业，陷在一种最困难的境地。据研究过这个问题的人说："火柴工业，因其生产能力远在全国需销总量以上，故时时有生产过剩之厄。经营其事者，虽明知跌价竞销，不足以度危厄，顾为周转所关，只得饮鸩止渴。"因而在二十五年春季，货价惨跌，全体亏累，崩溃在即。这种无计划生产所发生的结果，只有用有计划地生产这一方法来矫正。于是火柴工业的领袖，便组织一全国火柴产销联营社，其目的在组织全国的同业，限制生产，使与需要相平衡。火柴工业破产的危机，因有此同业组织，才得到挽回。同业组织既可以矫正供过于求的现象，当然也可矫正求过于供的现象。譬如工业化所需要的机器，现在是求过于供。假如机器工业，有同业公会的组织，政府便可责成此业的领袖，设法加增生产。万一机器工业同业公会的人力、财力，都不能达到这种目标，那么政府便可从旁协助，或直接加入经营，一定可挽救这种局面。所以从无计划地生产，到有计划地生产，一定要各种生产事业，都有组织，都有同业公会的组织。生产事业无组织的第二种弊端，便是无法实施统制。近来讲统制经济的人很多，他们所提出的办法，是想矫正放任经济所产生的弊病。经济现象，需要统制的地方很多，我们可以提出五点最重要的来说。第一是生产数量的统制。社会上所生产的东西，不论是原料，是生产工具，抑为消费货品，都有一个最合理想的数量。统制的目标，就是想使生产的数量，合乎这个理想。第二是市场分配的统制。凡是一种货物，都要经过市场，才能达到消费者的手里。假定一个社会里的生产，恰能满足全社会的需要，但如市场的分配未合理，也许某种货物，因各种原因，都集中于甲市场，甲地的人，方感此种货物之过剩，而乙地的人，又感此种货物之不足，因此生产者与消费者，交受其害。譬如前数年中国的煤业发生困难，主管的人研究这件事的原因，结论是市场分配的不合理，为产生困难的主要元素。如粤省江北所产之白煤，推销及于京沪；湖北白煤，又复南销汕头；河北烟煤，纡道销于汉口；而平绥烟煤，又复远道销于沪市。各矿不相为谋，以致支出许多运费与推销费。合理的办法，应当是每一个区域所需的煤，要由最近或最便利的煤矿供给，如此则各地的供给可以稳定，而各煤矿间也可不致互相倾轧、两败俱伤。后来前实业部召集煤业会议，决定就产煤地点、运输情形，分划销售区域，便是想实行市场分配的统制，来矫正不合理竞争所产生的弊病。第三是货价高低的统制，目的是使物价不发生剧烈的变化，生产者与消费者都可计划将来。假如批发的物价时常上升或下降，那么从事生产事业的人，就不能预估成本，因而就不能与商家订立远期的契约。同样地，如零售物价时时发生变动，那么一切家庭预算都无所根据，各个家庭对于生活，只能做目前的打算，而不能顾及久远。所以货价如无统制，经济生活，无论是生产的或消费的，都将趋于混乱。第四是货品标准的统制，目的在提高商业的信用，使交易的手续趋于简单，节省许多运输上的靡费。譬如汉口商人，在上海买进大量的河南小麦。如小麦已标准化，则看样便可做成交易，交易成功之后，上海卖主便可电知河南某仓库，令其将某号小麦直接运至汉口交与某买主。如小麦尚未标准化，则看样之后，将继之以对样，上海卖主势必将河南小麦一起运往上海，以待买主之审查，审查之后，又将此小麦由上海运往汉口。两种交易方法的比较，一简单而一烦琐，一经济而一浪费，不言而喻。第五为劳资关系的统制，目的在使两阶级为国家的利益而合作，减少一切冲突与摩擦，使两阶级发生友谊与同情的关系，消灭彼此仇视的态度。实施这五种统制的主体，或为同业本身，或为政府，但均以同业有组织为先决条件。今以上面所说的货品标准的统制而论，如粮食业无同业组织，那么即使少数贤明的商人，鉴于标准化的重要，也无法使大家就范。甲商可将小麦分为三级，乙商可以分为两级，丙商可以一概不分，混合出售。即使甲的办法，最为合理，但乙、丙可以各行其是，不受影响。假如没有同业公会，甲对于乙、丙，是没有办法的。同时如无同业公会，政府也无法使小麦标准化。因为以中国之大，经营粮食业者之多，政府并不能家喻户晓。如只公布一种改良办法，结果一定是甲照行了，而乙、丙未必照行；或甲地照行了，而乙、丙两地未必照行。政府虽有良法好意，但因同业无组织，而终于办不通，成为纸上空谈。政治上的统制，与经济上的统制，都需要人民有组织。以前政治无组织，民众是一盘散沙，政府的一切法令，都推行不动。后来政府决定实施保甲的组织，人民与政府，才有联系的机构，许多政治上的统制，如征工、强迫教育等办法，才可以逐渐推行。经济方面，假如同业公会有普遍的组织，那么政府如欲施行上面所说的五种统制，便可以找到着力的所在，命令有个对象，说话有了听众，推动者找得到被动的。否则英雄无用武之地，无论什么好的统制办法，也不能产生一点成绩。生产事业无组织的第三种弊端，便是同行者无联络、不合作。许多事务，合办省钱，独办花费，如工厂之购进原料，即为一例，但无同业组织，便不能实行。又如对政府做一种要求，一家上呈文不易发生力量，联合同业一齐进言便易引起政府的注意。此外合作可以成功，而独办一定失败的事不胜枚举。今以农民为例。中国的农民，在各种职业中占最多数，假如一个一个地分开来看，是最没有力量的。可是他们如组织起来，便可产生力量，举办许多事务。《农会法》第四条，规定农会可以担任的事有 12 项：一为关于土地、水利之改良，二为关于种子、肥料及农具之改良，三为关于森林之培植及保护，四为关于水旱、虫灾之预防及救济，五为关于农业教育及农村教育之推进，六为关于公共图书室、阅报室之设置，七为关于公共娱乐之举办，八为关于生产消费信用仓库等合作事业之提倡，九为关于治疗所、托儿所及养老济贫事业之举办，十为关于粮食之储积及调剂，十一为关于荒地之开垦，十二为其他关于农业之发达改良。以上这 12 项事务，有的是增加生产，有的是流通金融，还有的是推进教育、提倡卫生、举办福利事业。如要农夫单独地去办，永无成功的一日，但如组织同业公会，那么这些工作都可以担任。由此可见生产事业的无组织，对于生产者本身的损失如何了。

政府早已看到这种弊端，制定了许多法规来矫正它，其中最重要的，是十九年 12 月 30 日公布的 36 条《农会法》，及二十七年 1 月 13 日公布的《商业同业公会法》59 条、《工业同业公会法》60 条、《输出业同业公会法》62 条及《修正商会法》44 条。

中国的各种生产事业，都可根据这些法规组织。惟农会的组织原则，有几点与其余的同业公会不同。第一，农会共分四级，即乡农会、区农会、县市农会、省农会。其余的同业公会，只为两级，即同业公会及其联合会。级数的多寡，与生产事业本身的性质有关，农民的分散较广，所以分级较多，自有它的必要。第二，农会之组织是自由的，如《农会法》第十三条所规定，乡农会、区农会、市农会之设立，应有该区域内有会员资格者50人以上之发起及全体1/3以上之同意。上级农会之设立，应有直接下级农会过半数之同意。由此以观，假如某区域内，没有农会发起人，或有人发起，而得不到1/3以上之同意，那么这个区域的农会，就无法成立。农会的组织，因而就缺乏普遍性。商业、工业及输出业的组织便不然。凡重要商业、工业及输出业，都应依法组织同业公会。此项重要商业、工业及输出业之种类，由政府的主管机关指定。前实业部在讨论这些同业公会法的草案时，曾列举重要商业77种、重要工业41种、重要输出业17种。商业与工业的定义，均从广义，所以金融业及运输业，包括于商业之内，矿业包括于工业之内。将来实行组织时，政府所指定必须组织同业公会的重要商业、工业及输出业，其数目也许与原拟的不相符合，但重要的一点就是，在政府指定之后，重要的实业，便要组织同业公会，含有强制性，从事于此种生产事业的，并无自由选择的余地。我们赞成这种强制的办法，并希望把这种强制的原则，也施行于农业同业公会。就是在商业、工业及输出业中，在最近的数年，政府自然要集中精力，把认为重要的，先行加以组织，将来应当把这种强制的办法，推行于起初未经指定之各业。必如此，然后全国的各种生产事业，才都有组织。

同业公会中所规定之组织是纵的，横的组织便是商会。商会之设立，据《修正商会法》第六条之规定，须由该区域内工业、商业或输出业合计3个以上之同业公会发起之。无同业公会或同业公会不满3个时，得联合无同业公会之公司行号，共同发起，每满10家，视同一公会。将来农会如强制地设立，我们希望在商会中，也有农会的代表。商会可有三级，据《修正商会法》第三十六条之规定，为图谋增进工商业公共之福利起见，同一省区内之商会，得联合组织全省商会联合会。各省商会联合会及隶属行政院之市商会，得联合组织中华民国商会联合会。

各种同业公会，在经济部中，虽然都有主管司管理，但以农会而言，在二十四年底，乡农会备案的只有10 837，区农会1 222，市农会4，县农会304，省农会3。别种同业公会，因新法颁布不久，还待改组或重新组织。为使这种组织的工作迅速进行起见，我们以为在经济部中，应设一促进同业组织委员会，除各主管司派员参加之外，还要有专任的委员若干人，与各方面联络接洽，促进同业公会的组织。我们希望在最短的时期内，中国的各种生产事业，都是有组织的。

同业公会的任务，除农会的在上面已经提过外，其余各公会的大致相同。今以工业同业公会为例。工业同业公会的任务，共有三项：（1）关于会员之设备、制品及原料材料之检查取缔，并事业经营上必要之统制；（2）关于会员制品之共同加工或发售，原料材料之共同购入或处理，仓库运输之设备，及其他与会员事业有关之共同设施；（3）关于会员业务之指导、研究、调查及统计。由此可见有了同业公会，一可实施统制，二可使同业合作，三可使生产事业有统计，如欲计划生产，便有根据。关于业务统计一点，《农会法》第五条，也有农会应答复政府或自治机关之咨询，并受其委托之规定，所以有了农会，正确的农业统计，也有产生的可能与机构。至于实施统制，在各种同业公会法中，虽然注重同业的自动，但政府于必要时，也可相机推动。如《工业同业公会法》中，规定统制任务，非经全体会员代表表决权 2/3 以上之同意，呈请实业部核准后，不得实施，但实业部得因必要，令其实施统制。

这些同业公会组织成功之后，不但政府与各同业，可有合作的机构，就是各同业的本身，也有合作的机构。在有组织的状况之下，中国才可谈三年建设计划或五年建设计划。同业公会的组织既如此重要，我们一方面固然希望政府要积极去推动，另一方面更希望各业的贤明领袖自动地努力，去完成此种组织的工作，以便更有效率地参加中国工业化的大计。

中国经济建设之路（节选）

（该书曾于中华民国三十二年10月由商务印书馆印行，署名为"吴景超 著"。）

自序

这儿所收集的 17 篇文章，除了两篇是在抗战前一年所写的以外，其余都是在抗战期内写的，而且是在两种不同的心情之下写的。

在抗战的初期，我自己很深切地感觉到，我国虽然高谈经济建设已有多年，但是经济建设对于抗战，似乎没有很大的贡献。这是什么原因？我怀着检讨过去的心情，从一个机关的档案中，去搜集有关的材料，想从这种研究中，发现我们过去的错误，以为将来改进的参考。本书第二章的几篇文章，便是这个时期的产品。我深信这种研究，是很有意义的，因为它告诉我们以前走错的路，以后不要再入迷途。

自从太平洋战争发生之后，全国的人民，都感到很大的兴奋。抗战的胜利，因盟国加增而更有把握，战后经济建设的各种问题，现在即应研究，以便战争结束之后，我们便可大规模地进行经济的建设。我怀着策划将来的心情，对于与经济建设有关的人才、资源、资金、工业区位、利用外资等等问题，都做了一番探讨，第三章里面的十篇文章，除了《中国工业化问题的检讨》一文外，都是在过去一年之内写成的。

在这抗战胜利的前夕，我愿以满怀的热忱，把这本小册，献给全国留心经济建设的同志，欢迎批评与指正。

三十二年 3 月 14 日

第一章　抗战前的经济建设

一、60年来的中国经济

溯今60年前，便是1881年。在这60年内，中国各方面的变动，如政治、军事、教育、思想、家庭等等，变动都是很大的，但是经济的变动，尤为剧烈。简单地说，这60年来经济的变动，是使中国由一个中古时代的经济，走向近代化的经济。所谓近代化的经济，在欧美也不过一二百年的历史，乃是工业革命以后的产物。在英国，工业革命在18世纪的中叶便开始了，但在中国，这种运动，直到19世纪的末年，才见萌芽，到了现在，还未完毕。我们现在检讨过去60年的经济变动，是要温习我们已经走过的路程，看看我们已经有了什么成绩，因而决定我们在哪些部门，还要继续地努力。

（一）

在第一个十年内，便是从1881年到1890年，中国的国际贸易，有一个很大的变动。在进口洋货一方面，我们自有海关报告以来，总是以鸦片居第一位。但自1885年起，鸦片的位置，便让给棉织品了，此后鸦片的进口，便逐渐衰微，直到1917年，鸦片的进口，便完全禁止了，结束了中外贸易的一段丑史。国外棉织品的输入，起于何时，不能断言，但是总在英国工业革命之后。据英人的记载，在18世纪中叶的时候，中国货物输往英国的，除了茶、丝，就是土布。那时英国棉纺织业还未发达，英人手织的布匹，不能与中国的土布媲美，所以贵族、富豪，都愿意买中国的布。工业革命的结果，把这项贸易的方向倒过来了，英国人不但不买中国的土布，而且还把大批的棉货向中国运来，中国的手工纺织业受到打击而逐渐消灭。20世纪的初叶，舶来的棉织品，达到了最高峰。1905年，棉织品的输入，占总输入的40.5％。可是凡事有弊亦有利，舶来棉织品，虽然打击了我国的手工纺织业，同时也刺激了机器的纺织业。中国新式的纱厂、布厂，一天一天地加增起来了，直到1936年，中国输出的棉货，已超过输入的棉货。这一个例子，是很可玩味的，因为它证明了，只要我们自己努力，与外人做经济的竞争，并非困难的事。

在出口土货一方面，1887年以前，茶总是居第一位，是年它的位置，给生丝夺去了。丝在出口方面，占首席近40年，1928年，让给大豆，大豆于1935年，又让给桐油。在19世纪初叶，中国的茶，独霸世界上的市场。1839年，印度第一次运了八箱茶叶到伦敦出售，重量一共不过350磅，以后印度锡兰的茶叶，便取中国原有的光荣地位而代之。据1937年的统计，印度输出茶叶156万公担，锡兰输出96万公担，荷属印度输出40万公担，中国输出40万公担，只及印度输出总量的1/4。中国的丝，在世界市场上的位置，于1905年开始衰退，日本的丝，逐渐夺取中国丝的地位。到了1937年，日本丝的输出，已有2 853万公斤，中国丝的输出，只有411万公斤，只及日本的输出1/7而已。茶与丝的没落，是中国近代商业史中最值得注意的事。它证明了，一种商品，如不力图改进，只知故步自封，结果是终要失败的。

60年来，参加中外贸易的商品，是逐年地多起来了。在1881年，茶与丝两种商品，占出口总量的83.6％；鸦片与棉织品，占入口总量的69.4％。可见当时中外的贸易，只限于少数的商品。可是到了1932年，出口的货物，共有356项，进口的货物，共有483项。项目的加增，自然与价值的加增是成正比例的。在1881年，进出口的总值，不过1亿4 000余万两，但是去年进出口的总值，便达23亿元。以后中国经济的发展，需要外国合作，所以生产工具、交通器材等等，输入的数量，一定日有加增，同时我国的富源，为外人所需要的也很多，所以中外贸易的前途，一定是很光明的。

（二）

在第二个十年内，便是从1891年到1900年，影响中国经济发展的第一件大事，便是《马关条约》。《马关条约》是于1895年签订的，其中有一条，是允许外人在中国的口岸开设工厂。在《马关条约》以前，中国不能说是没有新式的工业。杨杏佛先生，曾把中国近代工业的发展史分为五期：自 1862 年至 1881 年，为军用工业时期；自 1882 年至 1894 年，为官督商办时期；自 1895 年至 1902 年，为外人兴业时期；自 1903 年至 1911 年，为政府奖励及利权收回时期；自 1912 年至 1921 年，为自动发展时期。杨先生的前两期，都在 1895 年之前。现在我们环顾国内的工厂，就可发现在 1895 年以前设立而现在还存在的，真是寥若晨星。军用工业时期内设立的兵工厂与造船厂，可以说是完全失败。李鸿章在上海设立的机器织布局及纺织新局，以及张之洞在武昌设立的机器织布局，有的已毁于火，有的已经易主数次。上海是中国纺织业的中心，但在 1895 年以前设立的纱厂，只有四个，便是华盛（机器织布局改组）、裕源、裕晋及大纯。可是在 1895 年，外商的纱厂，便有五个设立，即日商的东华公司，英商的怡和、老公茂，美商的鸿源，德商的瑞记。自 1897 年以后，棉花的进口大增，便是中国机器纺织业开始发展的预兆。新式的丝厂，也逐渐设立。以前中国出口的丝，都是手工业的产品，1894 年，厂丝第一次在海关报告中出现，到了 19 世纪末年，厂丝居然在出口丝中，占了 40％ 的数量了。我们还有一种统计，可以表示工业在 19 世纪末年，受了外人的刺激，有长足的进展，就是在 1886 年时，进口的机器，只值 18 万两，1894 年，加至 111 万两，1895 年，突增一倍，达到 230 万两。

1895 年之后，中国的工业，虽然遇到不少的磨折，但总在那儿进步。我们可惜没有完备的统计，来表示进步的过程。20 年前，杨杏佛先生写《中国工业史》的时候，发现注册的工厂，共有 475 家。根据经济部二十八年底的工厂登记底册，登记的工厂已有 4 277 家，资本总数为 390 540 965 元，职员有 45 512 人，工人有 467 894 人。这种登记，可惜是不完全的，不能代表中国工业的全貌。单就登记的工厂来说，有两点可以注意的。第一是中国过去发展的工业，多为轻工业，在 4 000 余工厂中，饮食品工业有 1 061 家，纺织工业有 914 家，居第一位及第二位。机器工业，不过 369 家，而且都是小规模的，因为这 300 多家的工厂，资本合计不过 400 余万而已。化学工业差强人意，共有 584 家，资本总额为 5 100 万元，厂数与资本数，均列第三位。第二点可注意的，就是这些工厂，多集中于少数都市，上海一地，便有 1 235 家。上海除外之江苏及浙江二省，合有工厂 1 201 家。所以登记的工厂，有一半以上，是集中在江浙二省的。

《马关条约》替外人在华投资开了方便之门。据雷玛教授的估计，外人在华投资，总数约 30 亿～35 亿美元。在 1931 年，还是以英国的投资为最多，约 11 亿 8 900 万美元，占全数 36.7％。日本次之，计投资金 11 亿 3 700 万美元，占全数 35.1％。苏联居第三，投资 2 亿 7 300 万美元。美国居第四，只投资 1 亿 9 700 万美元。关于外人在中国的投资，有三点可以注意。第一，以时间论，在 20 世纪以前，外人投资于中国的数量颇少，自 1902 年至 1914 年，数量加了一倍，自 1914 年到 1934 年，又加了一倍。第二，以地域言，英国的投资，有 3/4 在上海；日本的投资，有 2/3 在满洲。英日俄美四国的投资合算，有 46.4％在上海，36％在满洲，留下来的只有 17.6％，分散于中国其他各区域。第三，外人的投资，在工商业中占 80％；政府的借款，只占 13％。

关于工业经营的方式，自从 1895 年以来，可以说是大部分都在私人的手里。一直到了最近数年，国营的工业，有逐渐抬头之势。在中央方面，资源委员会所管理的工厂，其单位日渐加多。但直至今日，中央所经营的工业，多为国防所急需的重工业及为民营工业供给电力的发电厂。以后是否拘于此项范围，抑将扩充至他项事业，极堪注意与研究。省政府办理工业的试验，在北有山西，在南有广东。山西省政府于 1932 年，曾组织西北实业公司，所办事业，略具规模的，有钢铁、煤气、制纸、洋灰、酒精、纸烟、窑业、火柴、毛织、印刷、皮革、机器、电化、兵工等工厂，资本 2 300 万元。广东于 1933 年，定有三年施政计划，拟在此时期内，设水泥厂 2 处，蔗糖厂 4 处，缫丝厂 1 处，丝织厂 1 处，电力厂 2 处，及呢绒纺织厂、烧碱厂、磷酸肥料厂、氮气肥料厂、硫酸厂、造纸厂、钢铁厂、酒精厂、啤酒厂、棉纱厂、麻布厂、炭气引擎制造厂等共 22 处，其规模较之山西为宏大。可惜抗战发生之后，这两处的工厂，都没有筹备内迁，以致现在无法利用。将来抗战结束之时，民营工业与国营工业当如何分工合作，国营工业之中中央与地方又当如何配合，最有利于国防的建设、人民的康乐，乃为尚待解决的问题。

（三）

在第三个十年内，便是自 1901 年至 1910 年，中国的交通，有速度的发展。中国最早的一条铁路，是 1876 年建筑的，自上海通至吴淞，但因清廷反对，不久便毁弃了。1881 年，开平矿务局筑了长 20 里的唐胥铁路，以后北宁铁路，便以此线为始基。1889 年，这条铁路线往南通到天津，1894 年，往北通到长城，其后因中日战争往关外扩展，便暂告停止。1898 年，上海吴淞线，又重筑完成。所以在 20 世纪以前，中国的铁路，在南只有沪淞线，在北只有唐胥线及其扩展之部，里数是有限的。

可是一到 20 世纪的第一个十年，中国铁路的黄金时代便出现了。这个十年中建筑的铁路，列表如下：

1902 年	中东铁路
1904 年	胶济铁路
1906 年	平汉铁路
1907 年	北宁铁路
1908 年	京沪铁路
1909 年	平绥铁路
1909 年	沪杭铁路
1910 年	滇越铁路
1910 年	陇海铁路（一部分）

接着于 1911 年，广九铁路完成，1912 年，津浦铁路完成。在短短的十年之内，中国完成的铁路，约有 6 000 英里，对于中国经济各部门的发展，都有很大的助力。可惜民国成立之后，连年内乱，铁路的建筑，一搁便是十余年。在这十余年内，铁路不但鲜有进展，而且原来的路产以及车辆，因为内乱之故，也损毁了不少。直至国民政府成立之后，铁路建筑的工作，又重新开始。1929 年至 1932 年修竣的铁路，共达 346 公里，其中有陇海铁路数段，杭江铁路一段，粤汉铁路一段。1933 年，杭江铁路竣工，首都轮渡正式通车，陇海铁路已展至渭南，粤汉铁路亦有进展。1936 年是中国铁路史上最可纪念的一年，是年 9 月 1 日，粤汉铁路全线首次通车。浙赣铁路南玉段，于 1 月间落成，淮南铁路长 215 公里，亦于 1 月 20 日正式通车。陇海铁路展至宝鸡。同蒲铁路除太原至原平一段外，已告完成。江南铁路由南京至芜湖，于 4 月间直达通车。苏嘉铁路，于 7 月 16 日完成。

公路的建筑，比较在后。1921 年，全国公路，不过 1 000 多公里，但到 1936 年，全国各省所建公路，共 163 000 余公里。民用航空，起于 1929 年，到了 1936 年，经营这种事业的，共有三个公司，即中国、欧亚及西南。航线北至兰州，东至上海，西至成都，南至广东。

新式交通事业中，发达最早但最无成绩的，要算航业。招商局是于 1872 年设立的，比起外国许多有名的航业公司，还要早许多年，但这个机关，数十年来，都在腐败的管理之下，直至抗战发生的时候，这个有将近 70 年历史的公司留下来的，不过几条旧船而已。但它的同业，在外人经理下的怡和、太古及日清，却是日有进展的。

（四）

在第四个十年内，便是从 1911 年到 1920 年，我们看到中国的煤产量，突破了

1 000万吨的大关。在1912年的时候，中国本部及东北的煤产量，合起来不过800余万吨，两年之后，就在1914年，中国本部的煤产量，便有1 100万吨了。这种发展，与前十年铁路的建筑，是有密切关系的。本来煤是一种笨重的货物，如果运输问题不能解决，大量地开发，是没有希望的。华北的第一条铁路，我们在上面已经说过，便是因为运煤而建筑的。在铁路分布于各地以前，中国并非没有采煤的事业，只是多用土法，出产不多，等到铁路造到煤矿的门前之后，运输不成问题了，大量地生产不愁没有销路了，于是以前用土法的，现在多用新式机器开采，以前日出数吨的，现在可出数百吨以至数千吨。我们的煤产量超过1 000万吨要在1914年，便是因此。

现在国内的大矿，大多数都在铁路的附近。中国本部的第一个大矿，在抗战以前，年产煤400万吨以上的，是开滦矿务总局，位于北宁沿线。年产100万吨以上的两家，中兴在津浦与陇海的附近，中福在道清的附近。年产50万吨以上不到100万吨的有4家，井陉与保晋沿正太，六河沟沿平汉，淄川鲁大沿胶济。年产10万吨以上不到50万吨的17家，门头沟、怡立、临城、兴宝，均沿平汉，晋北矿务局沿平绥，柳江沿北宁，正丰沿正太，潍县鲁大、悦升、博东沿胶济，华东贾汪沿津浦，大通、淮南沿淮南，萍乡沿株萍。余下来的3个矿没有铁路运输，但长兴沿湖，由矿到水路，也有26公里的轻便铁路；富华与富源沿长江，由矿区至江边码头，也筑有很短的轻便铁路。中国煤矿的分布，有两点是可以注意的：第一，上面所说的大煤矿，除了萍乡、长兴、富华、富源四矿外，其余均在长江以北。第二，大矿均集中于铁路附近，山西产煤区，分布于57个县，但已开采的大矿，均在正太与平绥沿线。陕西的储煤量，仅亚于山西，但因交通不便，陇海铁路最近才由西安通至宝鸡，所以陕西境内，并无一个大矿。

中国的铁矿，抗战前已经开采的。均在长江沿岸。在湖北有大冶铁矿及象鼻山铁矿，在安徽的繁昌与当涂，有裕繁、福利民、宝兴、益华等公司，开采当地的铁矿。这些地方所开采出来的铁砂，可惜国人不能利用，差不多完全都运到日本去了。大冶铁矿，自1893年至1934年，共产铁砂1 100万吨，其中运往日本的，为750万吨。象鼻山铁矿，自1920年至1934年，共产铁砂185万吨，运销日本的，计141万吨。安徽的产砂公司，其出品悉数运销日本，每年自10余万吨至40余万吨不等。此外在华北的宣化，还有龙烟铁矿，1918年曾成立公司开采，但不久即因经费困难而停顿。安徽的铜官山铁矿，以及江苏的利国驿铁矿，均曾有过开发的计划，可是均无结果。

中国的煤储藏量，虽然集中于华北，可是特种矿产，却集中于华南。江西的钨，湖南的锑，其产量在世界上均占第一位，它们的积极开发，乃是受了第一次欧战的刺激所致。此外如贵州的汞，广西、云南的锡，其产量除自给外，尚可运销海外。这些矿产品，在近年的国际贸易上，已占据很重的地位了。

（五）

在第五个十年内，便是从 1921 年到 1930 年，农业改良的工作，才积极发展。农业是中国最老的经济生产方式，可是中国的智识阶级，一向很少有人去理它，所以农业的生产，直至最近，还是停留在陈旧的方式里。可是 1921 年以后，政府与社会，举办了好几种工作，对于农民的生产，颇有帮助。首先是合作事业的发展。合作社的组织，乃是华洋义赈会于 1923 年在河北开始的，第二年只成立了 8 社，但是到了 1930 年，便有 946 社。其后南昌行营，也利用合作社的组织，来做复兴劫后农村的工具。实业部又于 1935 年成立合作司，于是合作事业的进步一日千里，最近合作社的登记，已超过 78 000 个单位。在十余年内有此成绩，确为难能可贵。在各种合作社中，以信用合作社为最普遍，这种组织，对于农民的资金问题，能给以相当的解决。农民如欲增加生产而缺乏资金的，可利用合作社向合作金库或办理农贷的银行去借贷，不像以前那样呻吟于高利贷者的压迫之下了。其次是农田水利的兴办。中国古代，对于农田水利，本极注意。譬如战国的时候，秦用水工郑国，引泾灌田，史称溉田 45 000 顷；李冰为蜀守，穿郫检二江，引溉成都，灌县一带田畴以万亿计：都是很著名的水利工作。民国成立以后，水利失修。1928 年，华北大旱，大家的注意力，才又被引到灌溉事业上去，于是绥远开民生渠，陕西开泾惠渠，为近年灌溉事业之起始。其后甘肃有洮惠渠，宁夏有云亭渠，陕西除泾惠渠外，有洛惠渠、渭惠渠、梅惠渠，河北有仁寿渠，其他小规模的新式灌溉工程，不可胜计，对于旱灾的预防，是有很大功用的。农民有了这种新式工程的帮助，每年收获的多少，便不是完全靠天了。再其次便是良种推广与病害防除等工作，以加增米、麦、棉花等作物的生产，使中国的衣食自给政策，可以早日达到。这种工作，起初是私人机关，如金陵大学的农学院加以注意，及至 1930 年，实业部与全国经济委员会成立之后，政府对于这种工作，继续努力。实业部的中央农业实验所对于米麦种子的改良，全国经济委员会的棉业统制委员会对于棉花良种的推广，贡献尤多。经过相当的努力，自然表现成绩。如洋米进口，在一个时期，曾达 1 000 万公担，但在 1936 年，进口的数量，只有 180 余万公担。棉花的产额，由 1932 年的 490 万公担，增至 1936 年的 840 万公担，因而进口的棉花，也由 1932 年的 220 万公担，降至 1936 年的 40 万公担，可见那年我们的棉花，已能自给。

中国大多数的人民，还是以农为业，农业的生产总值至今还居各业之首，所以农业改良的重要性，是不可忽视的。以后农业对于建设新中国的贡献，即在生产大量的剩余运销国外，以换取我们工矿业所必需的生产工具及运输业所必需的交通器材。假如中国的农民能够实现此点，不但近代化的经济可以早日在中国实现，就是农民本身的生活，也可日渐上进了。

（六）

以上我们已经把经济的各部门——商业、工业、交通业、矿业、农业——在过去几十年内的发展，大略地画了一个轮廓。现在让我们把第六个十年，就是最近的十年内，经济方面的大事，略书数语，以结此文。

最近的十年，自然地分为两个段落，抗战前为第一段落，抗战后为第二段落。抗战前的数年，是中国最进步的几年，经济各部门的发展，无一不可使人乐观。1936年的海关报告，对于当年的经济，有下面一段很扼要的描写：

> 言乎经济，则汇市稳定，物价上腾，币制改革政策，经此一年之试验，进行顺利，已奏肤功。至于农工各业，亦系齐趋发展。关于农业，举凡农村信用贷款之兴办，棉稻及小麦种子之改良，以及种茶制丝新法之提倡，均足以促进农业技术，而使之日见增进。关于工业建设，则机器制造厂、化学产品炼制厂，以及制糖厂、炼油厂等，纷纷兴办，几如雨后春笋，是则工业发展之象征也。至言交通建设，则铁路、公路、航空，莫不突飞猛进、一日千里。再就对外贸易言之，据统计数字推测，中国对于舶来物品，需要渐少，尤以食料及消耗物品为最，其将来所需洋货，殆仅以生产物品和机器、金属、矿砂、车辆及油面等为限。良以此项物品，或为本国所不产，或因现今所产者，尚不甚精也。至主要出口土货，一俟世界经济状况逐渐恢复，则其海外销路，亦必渐形畅旺。

可惜好景不长，第二年卢沟桥的炮声，把中国经济的正常发展路线完全毁坏了。抗战对于中国经济的发展，一定有深刻而巨大的影响，也许后人来写中国的经济发达史，要用抗战这一件事来划分时期。我们现在还在抗战的时期中，对于这个巨大的变动，也许还不能看得十分清楚，但是有重要的几点，也无妨在此提出。第一是沿江沿海各大都市中工商业的破坏。我国旧有的新式工商业，大部分都集中于大都市，自从这些大都市受了敌人的炮火摧残之后，中国人费了几十年心血才创造起来的事业，便大部分被毁坏了。我们只拿上海来说：战前全市有华商纱厂31家，纱锭超过110万枚，战后只剩了8厂，残留在租界内，可以自由开工，纱锭总数，不过34万枚，等于战前的 30％。又如面粉工业，战前有 15 厂，战后只残留了 8 厂。其次如卷烟业，总共 31 家，全在军事区域之内，因而都受了损失。再其次，缫丝业战前有 44 家，却有 42 家设在闸北战区而受了摧残。我们因为这次战事而受到的经济损失，大约要到战后才可写出一篇清账。等到写出来时，其数目之大，一定是可惊的。第二，抗战促成了内地的建设。中国的内地，虽然地大物博，但在抗战以前，新式的事业，很少在内地立足，因之口岸虽然开发，而内地的闭塞与守旧如故。抗战以后，迁入内地厂矿，不下 448 家，其中分布川境的 254 家，湘境的 121 家，桂境的 23 家，陕境的 27 家，其他各地尚有 23 家。由政府资助技术工人迁入内地，凡 12 000 余人，运入机械最低重量为 12 万吨。交通方面，西南各省，在战前除滇越铁路外，没有一条铁路。抗战之后，建设的铁路或在计划中的铁路，有成渝、湘黔、川黔、滇黔、川滇、湘桂、滇缅等路线。贵阳、昆明等都市，与东南各省联络的公路，在抗战前几个月才通车，现在贵阳已成为西南公路的中心了。在抗战以前，云南省内，没有一个中央的金融机关，现在云南以及其他西南、西北各省，已经在中央的金融网之内了。此外如农产品的改良，合作金库的创设，农田水利事业的推进，工业合作的提倡，在内地各省，都有人在那儿工作，远非战前歧视内地的情形所可比，所以抗战虽然造成了沿海沿江大都市的破坏，但同时也促成了广大内地的开发，使中国的现代化更为深入。第三，抗战统一了从事经济事业的人的信仰与意志。这种信仰，就是《抗战建国纲领》中所谓经济建设，以军事为中心，同时注意改善人民生活。所谓统一的意志，便是百折不回，要建设一个富强的新中国。由于统一的信仰与意志所产生的力量，是很伟大的。它的成就，我们愿俟诸异日的史学家。

第二章　几个失败的教训

二、汉冶萍公司的覆辙

（一）汉冶萍公司的成立

汉冶萍公司的正式成立，是在 1908 年（光绪三十四年），但是我们如要知道它的来源，还要上溯到 1890 年（光绪十六年），在那一年，两广总督张之洞，条陈路政，预备在广东创办铁厂，自造钢轨，就托驻英公使，向英国工厂订购机炉。英国的厂主，说是应当先把铁矿、煤焦寄厂化验，然后可以定造，不可贸然从事。公使以此告张之洞，张之洞的答复，是中国之大，何处无煤铁佳矿，只照英国所有的购办一份便可。机炉还没有运到，张之洞已经调督两湖，后任不肯接收前任订办的外国东西，只好又将机炉改运湖北。张之洞便在汉阳选定地点，安置机件，所谓汉阳铁厂，就是这样碰巧地建筑起来的。在张之洞筹划铁厂的时候，还没有知道炼铁的原料在什么地方取给。当时适值盛宣怀率同英国矿师，勘得大冶铁矿，先已购地数处，于是献给张之洞，以资采炼。不过大冶的铁，是否适于汉阳机炉之用呢？据曾述棨的报告："炼制钢铁，须视矿料原质，配合炉座。冶铁原质，最初未经化验，与前购机炉，两相凿枘，制出钢轨，不合准绳。"汉阳铁厂初办的时候，还有一个大问题，就是炼铁的煤焦，尚无着落。汉厂附带经营的江夏马鞍山煤矿，其煤炼出的焦，磺重不合化铁。由于这些原因，所以铁厂自开办之日起，到 1896 年商办止，据说只购取欧洲煤炭，开炉一次，并无丝毫货款收入，但是部拨经费，以及挪用各局的官款，已用库平银 568 万余两。张之洞办不下去了，于是招商承办，盛宣怀便集股 100 万两，代表股东，承办此厂。以前各项用款及欠款，据张之洞所订官督商办的章程中所载，都归官局清理报销。自改归商办后，每出生铁一吨，提银一两，抵还官局用本。还清以后，永远每吨生铁提捐一两，以伸报效。盛宣怀接收之后，有两件工作最可注意：一为创办萍乡煤矿，该矿系于 1896 年勘得，1898 年，盛宣怀奏派张赞宸任萍矿总办，驰往开采。萍乡的煤，不但藏量丰富，而且适于炼焦，合于化铁。二为改良汉厂，添置机炉，弃旧更新。但因此而用款更巨，借贷利息，愈久愈增。据盛宣怀原奏："自光绪二十二年（1896 年）5 月，截至三十三年（1907 年）8 月，铁厂已用商本银 1 020 万余两。煤矿轮驳，已用商本银 740 余万两。其余外债商欠，将及 1 000 万两。抵押居多，息重期促，转辗换票，时有尾大不掉之虞。"在这种情形之下，不得不另筹添股办法。1908 年，旧股东便议决合并汉阳铁厂、大冶铁矿、萍乡煤矿为一公司，举盛宣怀为总理，重订章程，加招华股，于是年 2 月 24 日，赴前清农工商部缴费注册，定名为汉冶萍煤铁厂矿股份有限公司。

汉冶萍公司，就是在这种负债累累的状况之下成立的。

（二）日人垄断汉冶萍公司的经过

在汉冶萍公司还没有正式成立之时，日本的金融家，与中国这个新兴的事业，便已发生关系。在 1903 年的 9 月，盛宣怀与代表日本制铁所及日本兴业银行的日本驻沪总领事小田切，签订了借日币 300 万元的合同。这个合同上有三点极可注意。第一，合同载明以大冶矿山及运矿铁道抵押与日本兴业银行，在该限期内，不得或卖或让或租与他国的官商。第二，如欲另做第二次借款，应先向日本接洽。第三，制铁所至少要收买上等矿石 6 万吨。自从那年以后，汉冶萍与日本的金融界与实业界，便不断地发生借款的关系。据贺良朴在民国元年的调查，那年该公司共欠正金银行预支铁价600 万日元，又借正金银行规银 100 万两，三井洋行 100 万日元。汉口厂矿局预支矿石价 300 万日元，除还尚欠 200 余万日元，又借正金银行 200 万日元以上。由此可见汉冶萍在民国初年，共欠日本各银行的债款，已在 1 000 万元以上，但是公司的经济，并无好转的希望，内则厂矿经费无着，外则各债户昼夜追迫。就在这个时候，我们第一次听到中日合办的呼声。

汉冶萍公司与日商代表所订的《中日合办草约》，系于民国元年 1 月 29 日签字，共有 10 条，规定新公司的股本为 3 000 万元，华股五成，计华币 1 500 万元，日股五成，计日币1 500万元。新公司股东公举董事共11名，内华人6名，日人5名，再由董事在此11人内公举总理华人一名、协理日人一名。中日合办的要求，到底是谁的主张，以及后来为何取消，我们看到两种不同的说法。一说见于汉冶萍董事的呈文，他们说是南京政府甫成立时，因北伐军饷无可押借，严电逼盛，以厂矿抵借300万日元，外人遂有合办的要求。查《中日合办草约》第十条订明，此合约须经全体股东决议。那年3月22日，股东在沪开会，到会股东，全体反对合办，于是电致日本，取消草合同。另外一说，见于鄂人孙武等的宣言，据他们说，南京政府新立，盛氏私与勾结，将厂矿抵押日债，改为中日合办，经鄂人力争中止，挽回危局。我们现在不问这种办法是谁提出来的，不过这种提议，经当时的国人反对，并没有成功。

元年合办之议，既然没有成功，公司的财政，又逐渐地崩溃，所以在民国二年，便有向日本大借款的案件发生。借款的理由，据合同上所载，系为湖北省大冶地方新设熔矿炉两座，且扩充改良湖北省汉阳铁厂、大冶铁路电厂并江西省萍乡煤矿电厂洗煤所等项，需要资金。借款的数目，共为1 500万日元。合同中的款项最重要的有三点：第一，自合同生效之日起，40年内，公司允除已订合同外，售与制铁所头等铁矿石1 500万吨、生铁800万吨。第二，公司须聘日本工程师一名，为最高顾问工程师，另聘日本人一名为会计顾问。第三，公司如欲由中国以外之银行资本家等商借款项及其他通融资金之时，必须先尽向横滨正金银行商借，如银行不能商借，公司可以另行筹借。自从这次借款之后，公司的业务及财政，便在日人的监督之中。公司借款的权利，完全受日人所限制。一个中国人所办的事业，实际只是供给原料，替日本的重工业树立基础而已。

借款的合同，是民国二年12月2日签订的，到了民国三年1月11日，农商部才有电给汉冶萍公司阻止，可惜已经太迟，无法补救了。民国元年至民国三年之间，朝野各界，对于改组汉冶萍有各种的提议，但大多数都因日人从中作梗及其他的原因，而没有办得通。最早的一个提议，是把汉冶萍收归国有。民国元年8月，汉冶萍公司鉴于环境的恶劣，便开了一次特别股东大会，请政府将公司收归国有。当时的工商部，派员调查公司真相，缮具报告四册，并呈文大总统，拟定解决汉冶萍办法三策，以为国有为上，官商合办次之，商办又次之。但国有之议，始终没有成功，其原因有三：一因国有之议初起时，便有赣鄂二省对于汉冶萍的纷争，又兼东南发生二次革命，遂致悬而未决。二因国有须筹资4 500万或2 500万，当时的政府，无此筹款的能力。三因日人的反对，民国三年7月31日，农商部呈大总统文中曾说过："前此工商部议归国有时，某国人即竭力破坏。阳来部中诘问，阴嗾股东反对。"由此可见日本人对于汉冶萍，不但不愿意外国人染指，便是中国政府要来干涉，它也是反对的。比较国有之说略为后起的，便是省有之说。在民国元年 8 月，江西省政府便有派员总理监督萍乡煤矿之举，同年 12 月，鄂人孙武电大总统，说是汉冶萍厂矿，经鄂省议会议决，由鄂收办。副总统、民政长及鄂省党会工商实业各团体，公举他当督办。这种举动，中央政府当时正在筹办收归国有，所以毫不赞同。同时日本的外交官，对此事积极干涉。江西方面，接到汉口日本总领事的电报，说是萍矿在汉冶萍公司与正金银行立约借款时，同在抵押之列，所以日本政府，未便付诸不问。鄂省派孙武为督办的事，居然引起日本公使伊集彦吉的抗议。他于 12 月 15 日有函致国务院，说是日本政府闻知任命督办之耗，十分诧异，且以此事甚不以为然等语。中央既不赞成，日本又积极反对，所以省有之议，也中途作罢。到了民国三年 2 月，社会上的舆论，对于汉冶萍向日本的大借款，都一致地表示不满，于是英国制造师会的驻京办事处主任费士休，写了一封信给农商部的总长，提议借用英款，以清偿公司的债务，并谓此议如果成功，并不发生干预该公司的营业问题，不过制造师会希望得到供给汉冶萍各种机器的专权。信的后面，还附带地声明了一句，说是该会已得英外交部允为赞助。农商部长的复函，甚为简单，只是"汉冶萍公司，目下并未议及借用外国款项"寥寥十余字。当时的农商部，为什么不考虑利用英国的资本呢？理由是很简单的。我在上面已经说过，公司与日商历次所订借款合同，规定以后如要续借，都要向日本的银行接洽。日本人深谋远虑，早就料到将来也许中国的政府，会向另一国借款，来替公司还债，因而脱离日本的控驭，所以在民国二年与公司所订借款合同的附件上，便有一条说："汉冶萍公司，由中国政府将确实在本国内所得中国自有之资金，即中国政府并非自他国不论直接或间接借用所得之资金，借与公司，其利息较本借款所定利息为轻，并无须担保，公司即将此项轻利之资金，偿还本合同借款之全部或未经偿还之全部时，银行可以承诺。"这种条文，农商部长是看到的，所以他知道如借英国的资金，来还汉冶萍所欠日本的债，一定会引起外交问题，因而英人的好意，他未便接受。

国有、省有以及借用英款等办法，既然都行不通，于是接着提出来的，便是官商合办之说。这个办法，也是汉冶萍公司提出来的，时在民国三年 3 月。自民国三年 7 月起，至民国四年 2 月止，农商部曾有四次呈文给大总统，论解决汉冶萍公司的对策，其要点系"以国有政策，定他日进行之方针，以官商合办，为此时过渡之办法"。

但官商合办，政府便要出钱。钱的数目，当时农商总长先提 1 400 余万元，最后减到 500 万元。大总统发给各部会商办法，终以筹款艰难，不能得一定议。拖延复拖延，而日本人的"二十一条"，已于民国四年 1 月 18 日由日本公使面谒大总统时提出。

"二十一条"的内容，是大家都知道的。其中第三号的两条，都与汉冶萍公司有关。两条的文字，经过几次修改，终于在 5 月 25 日换文，文云："中国政府因日本国资本家与汉冶萍公司有密切之关系，如将来该公司与日本国资本家商定合办时，可即允准，又不将该公司充公，又无日本国资本家之同意，不将该公司归为国有，又不使该公司借用日本国以外之外国资本。"

自 1903 年汉冶萍公司与日本订借款合同之日起，到 1915 年中日关于汉冶萍公司换文之日止，前后不过 12 年。就在这短短的 12 年中，日本人完成了垄断汉冶萍公司的工作。

（三）汉冶萍公司的没落

汉冶萍公司自从走入日人的樊笼之后，唯一脱离束缚的机会，是在欧战期间，但主持公司事务的人，根本没有把握着这个机会，却轻轻地把它放过了。据中华矿学研究会的估计，欧战期间，公司售与日本生铁约 30 万吨，矿石约百万吨，可炼生铁 60 万吨，彼时生铁市价，最高为国币 200 余元，最低亦需 160 元。即以每吨 160 元计算，此 90 万吨生铁，可售国币 1 亿 4 000 余万元，其中除去成本 4 000 余万元，尚有 1 亿元之利，约合当时的 2 亿日元。欧战以前，公司所负日债，为 3 000 余万日元。假如公司的主持的人，利用这个机会，一方面还去日债，一方面扩充范围，也许中国钢铁事业的基础，就在这个时期树立起来了。可惜这个希望，并没有能够达到。其中的原因，据一般人的解释，就是生铁与矿石的售价，受欧战前合同的束缚，不能照市价出售，以致公司得不到铁价高涨的益处。这种解释，并不尽然。公司方面，虽然受合同的牵制，不能纯然按照市价计值，但当时公司曾与日人交涉，争回一部分的加价，欧战期间，公司售与日方的生铁，每吨有至 120 日元及 92 日元的。就照这个数目计算，公司也可获得很大的盈余。但查公司的账目，在欧战期间，全部营业只盈余国币近 2 000 万元。公司又不把这些盈余还债，却用以购买废矿及分红利。欧战之后，铁价下落，公司也就逐渐地衰落，永远没有翻身的机会。

民国八年以后，公司的事业，没有扩充，只有收缩。汉阳铁厂日出百吨的两座化铁炉及日出 300 吨钢料的七座炼钢炉，均于民国八年停炼；日出 250 吨的化铁炉，也于民国十一年停炼。大冶新铁厂，于民国二年借日款开办的，到民国十二年才建筑完竣。那年 4 月开化铁炉一座，日出生铁 400 吨，十三年底就停炼。另外同式的一炉，十四年 5 月开炼，10 月停炼。民国十四年，萍乡煤矿，因汉冶两厂熄炉，不需用焦炭，便停大工。

国民政府成立的时候，汉冶萍公司已是奄奄一息了。民国十六年，国民政府设立该公司整理委员会及萍矿整理委员会，并颁布整理委员会章程，准备接管公司的事业。十七年由日本驻沪总领事递交节略，不承认上项管理制度，并有日舰赴大冶示威，以是接管之议，终未实行。江西省政府，旋以萍乡煤矿无形停顿，影响员工生计为理由，派员接管该矿。二十六年冬，资源委员会以武汉燃料缺乏，粤汉铁路也需煤甚殷，便派员前往该矿整理。汉阳铁厂，自抗战起后，便归兵工署正式借用接管。二十七年，政府因鄂省渐逼战区，为未雨绸缪计，便将汉阳铁厂及大冶铁矿的重要机件，酌量运入四川。汉冶萍公司的生命，至此乃告一段落。

（四）汉冶萍公司失败的原因

汉阳铁厂的开办，距今将近 50 年；汉冶萍公司的正式成立，距今也有 30 年。在这个时期里，假如主持这种事业的人，有眼光、有能力、勤谨地去工作，那么中国的钢铁事业，应该很早便有基础。果能如此，中国的工业化，一定早已突飞猛进；中国的国防力量，一定比现在要坚强、巩固。可惜事与愿违，中国现在的钢铁工业，比张之洞的时代，相差无几，比盛宣怀的时代，还要退化。我们真是虚度了 50 年！现在全国正在力图复兴中国的重工业，那么对于汉冶萍失败的原因，我们就应当研究一下，以为后来者的警戒。

汉冶萍失败的第一个原因，是由于计划不周。张之洞开办汉阳铁厂，"度地则取便耳目，不问其适用与否，汉阳沙松土湿，填土埋椿之费，至 200 余万两之多。造炉则任取一式，不问矿质之适宜与否。购机则谓大须可以造舟车，小须可以制针钉。喜功好大，以意为师，致所置机器，半归无用"。汉阳铁厂地点的选择，是中国新事业的一个大污点。后来盛宣怀知道在大冶设炉，见解已有进步，但大冶设炉之议，起于民国二年，一直隔了十年，才算成功，可见当时计划的疏忽。这是从工程一方面而言，充分地表示当初创办的人，是如何的盲冲瞎干。

在预算方面，其无计划的程度，正不下于工程。张之洞对于办一铁厂应需的经费，是毫无预算的，只看他经手的 500 多万余两，全是东拉西扯而来，可窥一斑。盛宣怀接办的时候，对于经费，一样地无预算。据他自己在光绪三十四年 2 月的奏稿上说："臣不自量力，一身肩任，初谓筹款数百万，即足办理，实不知需本之巨，有如今日之身入重地者。盖东亚创局，素未经见，而由煤炼焦，由焦炼铁，由铁炼钢，机炉名目繁多，工夫层累曲折，如盲觅针，茫无头绪。及至事已入手，欲罢不能"。接着他就说在这种欲罢不能的情形之下，用了多少钱，欠了多少债。后来日本人能够插足于汉冶萍，垄断公司的事业，都是无预算所产生的恶果。

汉冶萍失败的第二个原因，是由于用人不当。主持事业的人，前如张，后如盛，虽然他们在别的方面，有他们的长处，但绝非办重工业的人才，上面我已说过。"汉冶萍事业，矿分煤铁，工兼冶铸，非独工程之事，赖有专家，即经理辅佐之人，亦须略具工商知识，公司中人，率皆闲散官绅，寅缘张之洞盛宣怀而来，希图一己之分肥，与公司无利害之关系。""职员技师，类无学识经验，暗中摸索。即实力经营，已不免多所贻误，况再加以有心蒙混、任意开销，其流弊故不可胜记。"这两段话，都是民国初年调查过汉冶萍公司的人所下的断语，可见汉冶萍自开办以来，用人行政，已染上官场的恶习，自然难免于腐化了。

汉冶萍失败的第三个原因，是由于管理不善，此点可分两层来说。一为人事的管理不善。股东对于公司，并无监督的能力，所以在民国元年，"公司亏耗之数，已逾千万，问诸股东，殆无知者"。民国二十年，公司有几个股东，上呈文于政府，说是"汉冶萍十余年来，股东会从未召集"。这虽然是一句过分的话，但自从民国十三年以后，到二十年，数年之内，没有开过股东会，却是实情。在这种情形之下，股东对于董事与经理，无法实行监督，乃是自然的。总公司与董事会，都"设在上海，距各厂矿2 000余里，消息不灵，鞭长莫及，况复事权各执，手续纷糅，凭三数坐办，一纸呈报，真伪是非，无从辨析"。所以民国初年，萍矿总办林志熙，吞没萍矿各款30余万两，总公司并不知道，直至政府派员调查公司情形，才代为发现，可见股东既没有监督董事与经理而董事与经理也没有严密地监督公司的属员。二为账目的管理不善。公司在开股东大会时，有时也做账目的报告，其不可靠的程度，张轶欧于民国七年2月，于代表政府参加该公司的股东大会后，曾有报告，其中有一段说："上年公司收入总计不过11 262 000余两，其支出则有11 179 000余两，出入相较，所赢无几。其所以称有盈余1 333 000余两，得发股息6厘者，谓盘存项下，各厂矿较上届均有加存之故，及观其所谓盘存，则除所存钢铁石煤焦，可以待时而沽然所值亦属有限外，余皆厂屋基地炉机舟车之类。此类财产，照外国厂矿通例，除地价外，均应逐年折旧，递减其值。而该公司则十余年前设备之旧物，尚照原值开列，其历年所添之物，尤必纤毫具载。故虽通国皆知其亏累不堪，股票市价不及额面之半，而就其账略通收支存三项计之，往往有盈无绌或所绌无几，此该公司上年营业之大略情形。"这一段话，把公司做账的腐败情形，真是和盘托出。但账略上表现有盈余然后分派股息，不管它盈余是如何算出来的，也还有辞可饰。最不可解的，是公司明明亏本，也要分派股息。有好些年份，公司不能拿现金出来给息，便填些股票或息票交给股东。但民国五年，据王治昌向政府的报告，说是该年公司亏损27万余两，但开股东大会时，一致通过该届股息，无论如何，须发半数现款、半数息票。公司的债务，其所以逐渐加增的原因，没有盈余也要付息的办法，要负一部分的责任。

汉冶萍失败的第四个原因，是由于环境不良。无论什么事业，都要在安定的社会里，才可以生长。民国自成立以来，20余年，内乱时时发生。辛亥革命之时，汉厂以逼近战线，炉毁厂停，损失至巨。赣宁之役，武汉转兵，将厂方运料、轮驳，悉索一空，厂炉几至停辍。以后，也迭受军事的影响。萍乡煤矿虽僻处赣省边境，但民国成立以来，常因战事而停工。矿中食米，常被征收作军粮；开矿工人，常被军队拨去当运输的工作。这种有形无形的损失，实在是不知凡几。而且在别的国里，像汉冶萍公司这种事业，政府认为与国防有关，是特别爱护的，但在中国，汉冶萍公司，除在前清宣统三年，曾向邮传部预支轨价银300万两，及民国元年，曾向工商部请得公债500万元外，没有得到政府的一点补助。就是在前清时代预支的轨价，到民国三年，交通部向公司替陇海、吉长、张绥等铁路购轨时，便以此借口，拒不付现，而以旧欠作抵，以致公司向政府发出"矢绝道穷，不亡何待"的哀鸣。民国元年工商部部长呈大总统文，历叙政府与公司之关系，其结论为"官家之于公司，实无成绩之可言"，可谓与事实相符。至于地方政府，如民国初年鄂省所派的督办，除月领公司薪水700元外，并无丝毫的贡献。鄂省清理处，是专与汉冶萍公司算旧账的机关，据公司上政府的呈文，说是这个机关所扣去公司的财产，即轮驳一项，已逾200余万。二十二年，湖北省政府，又以该公司积欠鄂省债捐为理由，将汉阳铁厂所存的钢轨，提出售与平汉、陇海两路局，据云共值百余万元。大冶铁矿所在地的县政府，在民国初年，屡向冶矿，要求纳捐，以充经费。起初以自治经费为理由，每年向冶矿要求捐款4 000两。自治停办之后，大冶县知事，又以办警队为由，逼令冶矿照旧纳捐，认为是地方税的一种。像这一类的例子，证明过去各级的政府，对于新兴的事业，保护少而剥削多，补助是少有的，但诛求却无厌。

以上所举的四种理由，前三种是属于公司本身的，后一种是属于公司身外的。在这种内外夹攻的情形之下，一个可以有为的事业，便逐渐衰落，终于消灭了。我们现在追溯汉冶萍的往事，不可不牢牢记着它所给我们的教训。

三、记湖北象鼻山铁矿

（一）稀奇的创办原因

湖北的象鼻山铁矿，是民国五年成立的湖北官矿公署所主办的。湖北官矿公署成立的原因，颇为特别。民国四年9月，农商财政两部合呈大总统文云：

> 窃两湖地方矿产宏富，久为世界所推，及时举办，确为要图。惟查湖北自前
> 清设立官钱局，发行纸币，垂20年，为数已逾千万。前据该局督办高松如面称，
> 湖北纸币，行使长江上游一带，信用尚著，推行既广，尤宜宽筹准备，以固根基。
> 再四思维，惟有实力兴办该省矿政，目前所需资本，可由官钱局设法腾挪，将来
> 所获矿利盈余，先尽储为该局纸币准备金之用。如此，则该省金融，可期巩固，
> 实一举两得之道。

湖北官钱局的纸币，为什么在民国四年，要"宽筹准备，以固根基"呢？其主要
原因，系因"辛亥改革，公家亏挪钱局票本两千数百万，自民国三年后，又挪借数百
万，日积月累，无所底止"。官钱局的督办高松如，起初并无开办官矿的意思，他"当
日屡向中央请款，政府无资以应"，最后农财两部，才商量出一个特准湖北开办官矿的
办法，以"办矿余利，维持票本"。

以办矿来巩固金融，实为中外开矿史中所罕见的例子。湖北官矿公署，既为巩固
该省金融而设立，所以公署的督办，前两任都是由官钱局的督办兼领。官钱局在民国
十一年以前，曾前后为官矿公署筹垫洋160余万元，钱298万串有零。但是官矿公署，
并无余利可以贡献给官钱局，以维持其票本。结果是官钱局的票价，日渐跌落，造成
民国十一年湖北市面上的恐慌。所以官钱局不但没有得到官矿公署的一点好处，反而
因它加增了许多负担！

（二）官僚式地办矿

湖北官矿公署的第一任督办，就是官钱局的督办高松如。他于民国五年1月公署
成立就任督办之日起，至民国七年1月病故之日止，在任内两年有余的工作，因为他
对于主管机关很少报告，所以无从知其详细。不过有一件事他做得很热心，便是收买
矿山。关于铁矿，他不但自己收买，而且还请中央设法禁止商办公司收买。他于六年
8月呈农商部文说：

> 查铁矿系供给军需要品，实为国家命脉所关，政府有鉴于此，是以收归国有，
> 悬为明令。官矿署为奉令设立之矿务机关，所有湖北确有价值之各铁矿，当然归
> 官矿署尽数收买，借杜一切流弊。近来有其他商办公司，在鄂城所属，用重价争
> 购，致各业户将山价日抬日高，矿署转难着手。拟请咨行省长、公署，训令大冶、
> 鄂城县知事，取缔各铁山业户，不得违背铁矿国有明令，擅自他售。

这种收买矿山的工作，是否官矿公署的急务呢？农商部在高松如病故之后，检讨他这种工作，曾下了下面的判断：

> 无论官办商办，总须注册领照，方能有确定之矿权。该公署乃不解矿权地权之分别，陆续购买矿山，地价已多至 40 余万元，而迄未呈部请照。未有矿权，徒靡巨款，殊非正当办法。自民国四年 12 月至七年 1 月，共支款 140 余万元，而 1/3，皆费于购地，殊非办矿必要之支出。

查民国三年公布的《矿业条例》第九条，曾规定金属矿质，无论地面业主，与非地面业主，应以呈请矿业权在先者，有优先取得矿业权之权。高松如只知收买矿山，而不注册领照，证明他虽然是官矿公署的督办，但没有看过《矿业条例》。

高松如的继任者，是王占元所谓"在鄂服官 30 余年，于财政富有经验"的造币厂厂长金鼎。自他继任之后，才以开采象鼻山铁矿为官矿公署的专务。可是"象鼻山一矿，建厂设炉，着手开办，大概非数百万金，不能完全告成"。这数百万金，又从何处筹集呢？金鼎因同时是官钱的督办，所以还是在官钱局身上打主意。他于民国八年 2 月呈农商部文说：

> 官钱局所有汉口附近后城、马路、官地，值三四百万金，可以变价，作为开办资本。但地价缓售则涨，急售则跌，乃一定之理。此时地价不可骤得，而矿本又须急筹，莫如添印官票 600 万串，先为矿署接济，俟汉口地价售出若干，即将官票收缩若干，在官钱局票额不使加多，在官矿办理不致停滞。好在矿务之利，可操左券，汉口地价，又确有把握，此添印之官票，不过暂且腾挪。在此市面活泼之时，加印 600 万串，并无窒碍，将来矿利丰盈，官钱局资力充足，所有全数票额，自应缩收减少，则此 600 万串加印之官票，实一举而数善俱备。

这种筹款的办法，我们暂且不问它的利弊如何，只知政府把它通过，令准照办了。象鼻山的采矿工程及运矿铁路，自八年 2 月开始，九年 9 月，大致完竣。9 月 3 日，为该矿开幕之期，采运的工程完成不久，官矿公署督办第三次易人，新督办是卸任的湖北省长何佩瑢。湖北省政府派了委员，会同何督办接收前任经办的象鼻山铁矿工程。接收的报告，虽然很长，却值得细读，因为它暴露了前人办矿发财的伎俩。我们抄录一段如下：

> 委员等遵于上月 9 日禀辞后，于 11 日下午行抵象矿铁路局，……乘坐摇车，沿路查看枕木、石子、土方、厂基、木质、芦席、桥工、车站、机器、车辆、码头各项工程材料，周回往复，经 20 余日之久，查得该项工程，材料既不坚实，又

多靡费，谨就其最关重要者，逐一为钧座呈之：

一工程。该路建筑，尚合工程学原理，惜石子、枕木等项，皆不十分合用，非急图补救，难免不发生意外。其沿途车站、机器及材料厂，皆系芦席编盖，仅保一年，现均破坏，以致各厂材料，日露于风雨之中，任其腐烂，殊为可惜。至车站则际此严冬，办事人员万不能寄宿，若当初定盖土砖房屋，可保十年，所费亦略相等，乃计不出此，未始非谋之不臧也。

一枕木。原购 42 500 块，用在钉道者共 38 159 块，材料处存 1 164 块，机车处存 535 块，共 39 858 块，不符 2 642 块。其中栗木占 29.2%，计 11 634 块，枫木、杂木共占 70.8%，计 28 224 块，其合尺码者仅三成余，此外连皮切腰及弯扁不正者约六成。此等枕木不能受大压力，故已破裂断坏。

委员等逐一点验，计有 8 000 余块，应行抽换。

一石子。原购 16 359 方，沿途所铺石子，石质多不坚硬，并有大块者。按每里界牌，掘一横直沟，量其宽深，然后求其平均数，再与长相乘，其间亦多有悬空不满之处。沈家营码头有一里余长未垫。石子在地日久，自有结实亏耗等情形，故统作全有石子及均已装满计算，尚差 3 993 方之多。

一土方。因历时既久，悬殊自大，无法查验，且册报方数，价亦太巨。

一桥工。查该路经过地方，既无大湖，又无大港，因此亦无大桥。正路仅长 38 里，而小桥、小水孔等费，竟用去 15 万余元，每里合洋 4 000 余元，未免靡费太巨。

一废件。查有矿车弹簧共 160 件，值洋 5 440 元，原定系 30 吨压力，交到者仅 10 吨压力，因不能受重搁置，现因受风雨侵蚀，渐就锈烂。又旧铁货车 10 部，值洋 7 000 元，现已完全破坏弃置。又查有机器材料大小木箱 23 件，建设工程时期所买之物，值洋 23 000 余元，至今公署尚未将清单交出，不能启验。又查清册内载有机器零件，值洋 10 000 余元，注明尚未收到，无从验收。此验收运矿一部分之大略情形也。

采矿工程，共费 40 余万元，其装矿码头费用，运矿股既报销 14 200 余元，采矿股复报销 14 300 余元，一项两报，数目复不相符，殊不可解。至工程计划亦不甚合，算其轻便铁道之建筑法，颇阻碍矿务之发达，另图陈述。其所用枕木，系一法尺长之小枕木，在本地购买，每块值洋二三角，而该处竟费一元至二元。计原购及锯成之一法尺枕木，共 15 262 块，验存仅 10 661 块，不符 4 601 块。此验收采矿一部分之大略情形也。

我们看了这个报告，一定都会产生一个问题，就是：金督办对于象矿的工程，报销了298万串有零，其中到底有多少是真正用在工程上面的？

何督办在任前后四年。在他初到任的时候，象鼻山铁矿的收支情形，在他给矿长的训令中曾有叙述：

> 本督办查阅档案，象鼻山铁矿，每月出砂数，至多者不过10 000吨，上下运砂总数，至多者不过14 000余吨。售砂总数，至多者不过12 600余元。而采矿股每月需经常临时费银2 720元，营业费洋13 200余元。运矿股每月需经常临时费洋8 173元、银1 080，营业费银洋2 100元，此外尚有矿长办事处经费988元。两相比较，是售砂所入，不及支出1/3。长此亏累，殊非持久办法。

其实象鼻山铁矿所担负的，不只采矿股、运矿股及矿长办事处的费用而已，湖北官矿公署的费用，也要算在象鼻山铁矿的开支里面，因为这个官矿公署，在初成立时，虽然开办许多矿厂，后来一一都停业了，留下来的事业，只有象鼻山铁矿一处。这个专门管辖象鼻山铁矿的官署，其组织的庞大，真是骇人听闻。除了督办之外，有1位处长，2位会办。公署之下，共分8股，每股设1主任，股员2人至4人，助理员每股二三人。此外还有监印官2人，承启官3人，调查员30人，差遣员8人，卫队20人，杂役30人。象鼻山的矿长，除上面所说已领有矿长办事处经费988元外，尚在公署领夫马费300元。总括起来，公署每月薪水开支，约8 800元，连活动支款，约万元。所以在何督办任内，反对他的人曾提出下列的质问：

> 以一铁矿而设一督办，因督办而有监印官、承启官、差遣员等名目，其开支较省公署为尤巨，不识农商部核准有案否？营业机关，应有此名目否？

十一年7月，武汉总商会以节省靡费等理由，请将官矿署归湖北官钱局接收，国务院议决通过。何督办并不因此而下台，因为国务院的议决案发表未久，吴佩孚出来反对，以为"矿署钱局，截然两事，性质不同，职权各异，如果归并，则已有之矿权及一切进行，有无滞碍，未得之矿权，是否能照常行使矿署职权，均为不可必之事，是于湖北利未睹而害先形。与其纷更之无益，不如仍照前案之为愈"。那时吴佩孚是北方好几省的巡阅使，说话是有力量的，所以在10月里，国务院又变更前议，维持官矿公署原状，不必合并。

公署到了十五年改为公矿局，十七年才正式取消，归并于建设厅。

（三）象鼻山铁砂的出路

象鼻山铁砂每年的产量，多时到 20 余万吨，少时只四五万吨。所出的铁砂，在汉冶萍公司营业时期，以汉冶萍公司为最大顾主，但也直接售砂给日人，如在何督办任内，出售给东亚公司的铁砂，便达 8 万吨有奇。其后汉冶萍衰微，象鼻山的铁砂，便多数直接售与日人了。收买象鼻山铁砂的主要公司，在国民政府成立前后，为石原与东海两公司。售砂的合同，是逐年订定的。到了民国十九年，湖北省政府发现过去与该两公司交易，对于我方不利之点有三：

一，交款。该合同订明每次海船开时，交砂价八成五，余数一个月找清。但矿砂运去之后，任催不应，或支吾其词。故该公司尚欠十七年度砂价 21 400 余日元，十八年度银元 128 000 余元。

二，成分标准。象鼻山铁砂，性质优良，中外皆知，而该公司则故加限制。铁因成分稍低扣价，硅硫磷铜，亦因成分稍高扣价。而彼方化验结果，恒又与我相差甚远，争持不下，终须就其范围。每年因扣价所受损失，不下全价 10%。

三，加耗。该合同所订每百吨加两吨，虽较往年为少，然后实交吨数之外，又加折耗，殊属毫无意义。

因此三种原因，省政府决议，取消与石原、东海两公司所订的售砂合同。此后四五年内，象矿的铁砂，除供给六河沟公司外，并未销售外洋，且因经费颇感拮据，亦未极力开采。二十四年，售砂与日人的办法，又死灰复燃。是年 8 月，省政府与慎记号订立了售砂 25 万公吨的合同，又与大东公司订立售砂 5 万公吨的合同。二十六年，中央想保存象鼻山铁矿的资源，便日后自行采炼，便由实业部咨湖北省政府说：

查贵省建设厅主办之象鼻山铁矿，原系省营事业，与商办之公司情形不同。在过去五年间，本少铁砂输出，前年与大东公司及慎记号所订售砂合同，均已满期，而原订砂价，均已交足，自可告一结束。

同年 7 月 7 日，就在卢沟桥事变发生的那一天，湖北省政府发出复文说：

所有本年矿砂销售事宜，除商由资源委员会认购 80 000 吨及六河沟公司增购 84 000 吨外，对于国外输出，完全停止，以期符合院部维护国家资源之至意。

我们热望这种维护国家资源的精神，永远存在每一个国民的心坎里！

四、安徽售砂公司的始末

（一）当涂与繁昌——售砂公司的大本营

抗战以前的中国经济，有人称之为殖民地的经济。

这种说法，是有相当道理的。最足以表示这种殖民地式的经济活动，便是出售铁砂。别的国家，也有出售铁砂的，如瑞典，每年便有大批铁砂，卖给德国。但瑞典与我们有不同的一点。瑞典自己有钢铁厂，重工业相当发达，本国所出的铁砂，除供给自己重工业的需要外，还有盈余，才用以出售。我们的钢铁事业，可以说是近于没有。开铁矿的，除把铁砂运往外国出售外，别无销路。我们自己需要的钢铁及由钢铁制成的货品，年年都从国外输入。这是殖民地的干法。

抗战已使售砂的办法中止，现在让我们追溯这段历史的始末。

中国本部的铁矿，地质学家把它分作三区：一为华北区，二为长江区，三为东南沿海区。长江区的铁矿，只有湖北、安徽二省，已经从事开采。开采湖北铁矿的公司，主要的便是汉冶萍。这个公司，原来也有炼铁、炼钢的计划，而且已经局部实行，可惜因为种种不幸的原因，后来竟沦为一个出售铁砂的公司。关于这个公司的历史，我已另有文章讨论，兹不赘叙。在安徽省内，出售铁砂的公司，前后共有六个：

一为当涂的福利民公司，于民国五年 2 月领照，矿区在当涂县的小姑山、南山、扇面山、妹子山、小凹山、栲栲山、戴山，储量约 4 264 000 吨。

二为当涂的宝兴公司，于民国五年 4 月领照，矿区在当涂县的东山、凹山、黄铅山、平砚冈，储量约 3 384 000 吨。

三为当涂的益华公司，于民国十年 3 月领照，矿区在当涂县的碾屋山、龙虎山、小安山，储量约 2 298 000 吨。现改为官商合办。

四为当涂的振冶公司，于民国五年 12 月领照，矿区在当涂县的钓鱼山、钟山、和睦山、姑山、观音庵，储量约 1 625 000 吨。

五为繁昌的裕繁公司，于民国五年 4 月领照，矿区在繁昌县的桃冲、长龙山，储量约 3 877 000 吨。

六为繁昌的昌华公司，于民国七年 4 月领照，矿区在繁昌县的朱山、涝山，储量约 40 万吨。

（二）特准探采铁矿办法

这六个公司出售铁砂的法律根据是什么呢？

要回答这个问题，得先研究在民国四年 11 月 27 日呈准，五年 8 月 11 日修正公布的《特准探采铁矿暂行办法》。在这个办法公布之前，北京政府曾于民国三年 3 月 11 日，公布《矿业条例》111 条。其中的第四条，谓凡与中华民国有约之外国人民，得与中华民国人民，合股取得矿业权。但在民国初年的时候，政府中有远见的人士，以铁矿为军国要需，已有定为国有之议。后来因对内对外，均有窒碍，所以国有之议，终未实行，但铁矿公司，如参有外人的股份，一般人总以为不妥。为补救《矿业条例》的缺点起见，乃有《特准探采铁矿暂行办法》之规定，主要的条例有四：第一，探采铁矿公司，须用完全中国资本，不适用《矿业条例》及其他关系诸法律内，关于中外合办矿业之规定。第二，探采铁矿公司，除技师外，不得雇用洋员。第三，探采铁矿公司，所出矿砂，政府欲收买时，须先尽政府收买。倘公司与洋商签订售砂合同，非先禀由农商部核准不能有效。第四，探采铁矿公司采出铁砂，除矿产税、关税、厘金照例完纳外，每吨加增铁捐银元 4 角。

这四项条文，从表面上看去，似乎可以保护中国的资源不致外溢，实际则因第三条前半段所定之政府尽先收买铁砂一事，始终没有举办，以致各公司只有照第三条后半段所定的办法，与洋商签订售砂合同。所谓洋商，没有例外，都是日本人。

安徽铁矿公司与日人所订的合同，可以裕繁公司与中日实业公司所订的合同为例。这个合同，要点有四：（1）甲（指裕繁公司）将安徽省繁昌县北乡桃冲铁矿山所采出之铁质矿石，出售与乙（指中日实业公司），惟交矿石，每日不得过一千吨之谱。签订合同之日起，以 40 年为限。（2）不到 40 年期限，而矿量已尽，即以该山矿尽之日，为合同消灭之日。（3）合同成立之日，乙先交甲定款英洋 20 万元，甲照周年 4 厘行息，按年交还与乙。（4）按照预算，甲所筑造采运矿石铁路、码头及开采矿石各机件等所需经费，得由甲请乙预付矿价，以资应用。裕繁公司依照合同中预付矿价的规定，在民国十七年时，便已欠 675 万余日元，除偿还 925 000 余日元之外，尚欠 5 825 000 余日元。这种欠款，只有拿矿砂去抵还。照合同的规定，每日交铁矿一千吨，以 40 年为限。如真照约办理，裕繁公司前后应交铁砂 1 440 万吨。公司所领的矿区，其储量不过此数的 1/4。合同的狠毒，于此可见。中国的法律，虽然规定探采铁矿公司，须用完全中国资本，但日本人有法子，使这些完全中国资本的公司，把所有的铁砂，一起都贡献给他们。

别的公司，都与日本直接或间接地发生售砂的关系，如福利民公司，与日本小柴商会，订有售砂 90 万吨的合同；宝兴公司，与上海中公司，订有售砂 100 万吨的合同；益华公司，与建华公司，订有售砂 50 万吨的合同；振冶公司，与日商森恪订有售砂 10 万吨的合同。昌华公司的铁砂，系直接售与裕繁公司，再由裕繁交中日实业公司，运往日本。除却上面所说的合同之外，零星的小合同还多，不必细载。日方出面买砂的，多为经纪人，代表若干钢铁厂。如与福利民公司订合同的小柴商会，便代表釜石制铁厂、轮西制铁厂、浅野制铁厂、兼二浦制铁厂、八幡制铁厂及三菱造船厂等六个机关。合同的内容，大致相似，不外由日商垫款，中国公司则供给铁砂，将垫款分期偿还。合同的年限，长短不等，但除裕繁所订的之外，没有到 40 年的。福利民公司与小柴商会所订的合同，初稿中也规定售砂期限为 40 年，时在民国五年 9 月，农商部以此合同损失利权太巨，几与卖矿无异，批驳不准。七年 2 月备案的合同，才把 40 年的期限，改为 5 年。

（三）朝三暮四的法令

民国十七年 10 月 6 日，农矿部曾行文各省建设厅及各矿业公司，废止《特准探采铁矿暂行办法》。原文说：

> 查铁矿遵照总理《实业计划》，开采之权，当属国有。
>
> 所有前北京政府颁布之修正《特准探采铁矿暂行办法》，显与党义抵牾，嗣后不得再行援用。除通令外，合行令仰遵照此令。

在这个命令以前，农矿部于同年 7 月 31 日，因整理益华公司事（因益华的大股东系倪嗣冲），上呈文于中央政治会议时，也说："益华系属铁矿，遵照《实业计划》第六部规定，铁矿之开采，应属之国有。"铁矿国有之说，在民初曾炫耀一时的，至此又被提出。那年振冶公司，曾与日商石原矿业公司，议定售矿石合同十万吨。合同呈到农矿部时，农矿部便根据 10 月 6 日的训令，批驳不准。

可是批驳振冶公司的命令发出还不到一年，就在民国十八年的 7 月，农矿部却批准了宝兴公司与上海中公司订立出售矿石 100 万吨的合同。农矿部将此事向行政院备案的呈文中说：

> 查中央执行委员会二次全会议决案内，对于已办之矿产，准由依法取得采矿权者，依照矿法，继续开采。现国内炼厂建设之完备，既属有待，各矿铁砂之销售，势难中辍，兼以各矿工人，为数不少，骤令停采，失业堪虞。职部检阅宝兴

公司与中公司续订售砂合同，亦尚无损害主权之处，似可暂予批准。

售砂的门，民国十七年关上，十八年又重行开启了。

民国十九年5月，《矿业法》由府令公布。第九条中，规定铁矿应归国营，由国家自行探采，必要时，得出租探采，但承租人以中华民国人民为限。可是在附则中，谓在本法施行前，已取得矿业权者，视为已依本法取得矿业权，所以安徽的售砂公司，其矿业权依然存在。而且第九条中，还有一项说："前项矿产（指铁矿等）输出国外之数量及期限，其契约经中央主管机关之核准，方为有效。"所以售砂一事，在《矿业法》之下，也是依旧可行的。

（四）从限制矿砂出口到出口的禁止

民国二十一年，实业部因国营钢铁厂正在积极运行，对于铁砂将来需用必多，亟宜储节保存以备自用，因此提出一种办法，就是制定铁砂出口运照，对运砂数量及有效期间，酌加限制，令饬铁矿商呈请领用，经各海关查验相符，始予放行。实业部把这个办法去与财政部商量，财政部对于限制的意思，甚表赞同，但以发给运照的办法，其效能限于稽考铁砂出口的数量，此事可由财政部饬关呈报，不必再用领照手续，以省纠纷。所以第一次实业部提出的办法，没有实行。民国二十二年，实业部旧事重提，又把发给运照的意见提出，行政院决议征财政部意见再议。财政部坚执从前的主张，以为实业部所提限制办法，仅为领有主管机关之护照，方得运输出口，而对于准运、禁运，并未明定标准，所以不必多此一举。行政院决议，照财政部意见办理，于是实业部提出的办法，又第二次被打消。到了民国二十五年，实业部第三次提出限制铁砂出口的办法，比较前两次的要周到得多。办法一共有六条，主要的有三条：

第一，所有公家经营或私人经营各铁矿，一律不得与外人直接或间接订立售砂合同及类似售砂的合同。如遇有特殊情形，应由主办或主管官署报由实业部审核，转呈行政院核定。

第二，凡与外人订立售砂合同，未经部核准的，一概无效。其已经部核准有案的，如在原合同所载数量及限期内运砂出口时，须领有实业部铁砂出口许可证，始得报关起运。

第三，铁砂出口许可证，分为许可证原单、许可证报单及存根三联，由实业部制就后预行颁发所指定之给证官署，该官署于填发许可证时，应同时将报单一联送部备查。

这几项办法，一方面确定以后公私各铁矿不得再订售砂的合同，一方面对于已订售砂合同的公司，加以更严密的监督。办法经行政院通过之后，便于二十五年7月1

日起实行。

民国二十六年1月，实业部发现每年铁砂出口额，自十七年至二十三年，最高的不过90余万吨，但在二十四年，骤增至130余万吨，以为循是以往，难免不逐年增加，所以每年各铁矿公司售砂数量，有预加限制的必要。限制的方法，是规定此后各铁矿原订售砂合同，未经确定每年售砂数量的，一律以二十三年至二十五年三年中售砂之平均数量，为每年售砂数量之标准，不得再有增加，并不得收买他矿铁砂报运，以昭核实。根据这个原则，实业部便规定在民国二十六年，汉冶萍的最高额出口数量为514 710英吨，裕繁为150 230英吨，福利民为190 642英吨，宝兴为139 823英吨，益华为50 000英吨，总计1 045 405英吨。实业部这种限制数额的办法，一方面固然可以限制汉冶萍、裕繁等公司，使它们不能无限制地售砂，但另一方面，却替另外一些公司，开了额外售砂之门，未免是美中不足的一点。额外售砂之门是如何开的，见于二十六年5月福利民公司的呈文：

> 为呈报备案事，窃公司等前与日商小柴商会，订立售买矿砂契约，数额计90万吨，运至二十五年年底为止，尚有139 505吨，未曾运足。本年奉钧部核定公司出口数额，为190 642吨。兹经与买方协议，除依前订数量照约运清外，本年数额中，所余51 137吨，仍归上开买户承受。

实际是福利民公司并没有讨得便宜。抗战发生后，售砂的门便关闭了。实业部于8月间，即电饬原派驻在各矿管理机关，即日停发铁砂出口许可证，禁止再行报运。最后报关运出的铁砂，在民国二十六年8月5日，由益华公司售与大陆公司，计重3 500英吨，是一只日本船名为华顶山丸运走的。

我们希望华顶山丸从中国运走的铁砂，真是最后的一批！

五、龙烟铁矿的故事

（一）龙烟公司的来源

龙烟铁矿公司，是由龙关铁矿公司演变而来的。在民国五年6月，有陆宗翰、徐绪直等，上呈文于农商部，说是在龙关县勘得庞家堡、麻峪口、辛窑三处铁矿，综计面积31余方哩，拟集资100万元，组织官督商办公司，先行从事开采，再行筹设炼厂。并以前驻日本公使陆宗舆，"计学渊深，富有经验，素为实业界所钦仰"，请政府就派他为公司的督办。这个呈文上去之后，好久没有听到公司的消息。一直到民国七年 2 月，徐绪直等又旧事重提，说是龙关铁矿，虽早勘得，但年来因政局变迁，迄未着手进行。现在他们以欧战以来，铁价日昂，国内重要铁矿，正宜乘时开发，以辟富源，原来他们组织的龙关铁矿公司，拟改为官商合办公司，资本推广为 200 万元，并请农商部与交通部，都加入股份，以为提倡。七年 3 月，国务院议决照办，并以陆宗舆为督办，于 3 月 16 日，由大总统令派。

陆宗舆奉命为龙关铁矿公司督办之后三个月，就是在 6 月 16 日，他有文咨农商部，说是据工程师程文动报告，宣化县烟筒山发见铁矿一处，离宣化车站十余里之遥，矿苗尚旺，足资开采，应当划入龙关铁矿公司，并案办理，以收速效。6 月 18 日，农商部又接到梁士诒等的呈文，说是前于宣化县烟筒山发见铁矿一区，现拟纠合同志，集资 50 万元开采，请农商部按照龙关铁矿公司成例，酌量附入官股。所以在两日之内，先后有两位当时政界的要人，呈请开采烟筒山铁矿。其实烟筒山铁矿，乃是农商部的顾问安特生所发现的。他于是年 5 月间，于覆勘龙关铁矿之后，在烟筒山详加勘求，才知道该处的矿量甚属优厚，回部报告。这个消息，不久就给外间有关的人知道了，因而有陆梁二人，同时呈请开采的文件到部。当时部方以两方的资望，可说是旗鼓相当，不便令一方向隅，所以赞同将龙关烟筒山两处铁矿合并，另组公司，定为官商合办，官股占 1/2，商股亦占 1/2。这个提议，于 7 月 5 日，由国务院议决照准，定名为龙烟铁矿公司，并以陆宗舆为督办，丁士源为会办。股本也从 200 万元，改为 500 万元。官股 250 万元，先由农商部商请财政部拨付日金 100 万元，合国币 64 万元。民国八年 11 月，拨足 128 万元，算是农商部参加的官股。其余的 122 万元，于民国九年 2 月，由交通部承购。商股先后缴到的，只 2 195 000 余元，不足原定的数额。

（二）一年开采的成绩

烟筒山的矿区，比较龙关的矿区，交通要便利得多，所以龙烟铁矿公司的工作，便从烟筒山下手。七年 9 月，便开始出砂，每日的产额，在 500 吨以上，最多时达 700 吨。矿上的工人，最多时达 2 000 人。民国八年春季，与汉阳铁厂订定炼铁的合同。龙烟公司的理由是："烟筒山矿砂，最佳者含铁不过 50 分之谱，而含硅竟在 20 分以上，更杂有他种不易制炼之物质，在设炉以前，自宜先行研究，方无流弊，所以商请汉阳铁厂，代为试验，以一年为期。"汉阳铁厂，当时因缺少矿石燃料，已有一炉停工，所以对于试炼的要求，也很欢迎。不料欧战告终之后，铁价陡落，所以汉阳试炼的办法，只行了四个月，便终止了。四个月之内，运往汉阳的铁砂，共 4 万吨，出生铁计 2 万吨。烟筒山开采的工作，到八年 8 月，因为铁砂没有销路也就停止了，计自开采以来，所出铁砂，凡十万吨。

（三）炼厂之功亏一篑

在龙关铁矿公司成立的时候，发起人并不以采砂自满。他们当时就说："办理铁矿之难，不在采矿，而在于制炼；铁矿之利，不在售砂，而在于钢铁。"所以在采砂之外，兼办制炼，乃是公司既定的方针。龙烟组织成立之后，当事的人，便向制炼一方面迈进。关于设厂地点，经过郑重考虑，并比较宣化、卢沟桥、新河、石景山等处之后，选定了石景山。其理由，据公司的呈文说：

> 宣化因大同煤不能炼焦，卢沟桥因地势过于低陷，新河因恐受制于开滦公司，均非适宜。最近则择定京西宛平县属之石景山以东地方，为设厂地点。地临永定河，用水不虞匮乏。石灰得采诸以西之军庄将军岭，去此不过 20 余里，石量丰富，足敷龙宣两县铁砂制炼之用。将来铁砂北自京绥，煤焦南自京汉而来。炼成之铁，则由京奉至津而出口，实为设厂适中之地点。且地势宽畅阔达，他日扩充厂基，绰有余裕，其他附属之工业之应行逐渐设置者，亦尽有余地可容。

厂址既经解决，其次便是设备问题。公司方面，聘定纽约贝林马萧公司为顾问工程师，另由茂生洋行经理采购并装运事宜，所受之委托，以布置炉厂、购运机件为范围。到了九年 11 月，公司给股东会的报告书，关于炼厂的一段说："炼炉初定一百吨者两座，嗣在制铁上研究，以大炉较为得策，遂改设 250 吨炉一座。机件早已定妥，现已由美陆续运到，一俟明春，炼炉机件到齐，从速鸠工建炉，预计于明年秋后出铁。"民国十年出铁的计划，并未兑现。十一年 2 月，公司咨农商部的文中，报告炼厂工程的进行，说是"化铁炉、热风炉、汽炉、矿桥、隧道、烟囱等工程，现已次第竣工，本年 5 月，计可全厂落成，开炉出铁"。这个预告，到了十一年 5 月，又未兑现。那年 6 月，北京发生政变，督办陆宗舆的住宅被警厅围守，陆宗舆本人逃往天津，7 月请辞督办。自此以后，炼厂的开工，便遥遥无期了。

（四）五种筹款计划之失败

陆宗舆是于十一年 7 月辞职的，假如政变不起，他的督办位置，还能维持一年半载，石景山的炼厂，是否能够开工，现在事过境迁，我们也不必加以臆测。不过有一点我们可以肯定，就是炼厂之所以失败，还是由于资本不足。假如在陆宗舆辞职的时候，公司的财政没有问题，那么这项事业，决不会以一人之去留而发生动摇。公司财政的困难，在民国十年便已显露。那年秋季，公司所收的股本，已经用完。其后工程的进行，材料的购置，都是靠当事人的挪借，以及各董事的垫拨。到了十一年2月，公司已积欠30余万。那时预计炼厂开炉，尚需工程材料等费70万元，开炉后的活动资本，也要40万元，共短140余万元。这140余万元的款项，是否筹集得到，便可决定龙烟整个事业的失败与成功。

第一个筹款的方法，便是向日本商订售铁合同，预支铁价。此事在十年1月，便已发动，当年9月，由陆督办提出借款合同的草案于董事会，内容规定由龙烟铁矿公司与东亚兴业株式会社订立销铁垫款合同，由公司在日本设立销铁所，由兴业垫付款项日币60万元。这项契约，不知因何缘由，没有正式成立。民国十一年，公司又与日方有所接洽。龙烟铁矿监督吕咸，于民国十三年呈农商部的文中说："民国十一年，张理事赴日考察实业，顺便与日本东亚兴业公司，研究包销铁料事，冀得垫款150万，以为兴工开炉之用。购货先付定银，在交易场中，本系应有之事，乃对方条件，甫经提出，而公司内部，即横生意见，局外者不察真相，函电交驰，群相诽议，卒至张理事远嫌辞退。"张理事新吾既辞职，第一种筹款计划，也就宣告失败。

第二个筹款的方法，是请政府拨垫盐余债券200万元。此议初见于公司于十一年2月咨农商部的呈文。公司于叙述财政困难之后，便请农商部于关税加成定为实业经费项下，拨垫盐余债券200万元，以济眉急，而资进行。此项拨垫之款，以借款论，等到公司有进款时，再行设法筹还。这个建议，国务院议决照准，由财政部筹拨，维持实业。可是政府口惠而实不至，财政部允拨的债票200万元，始终没有着落。

第三个筹款的方法，便是发行公司债。十一年4月，公司给政府的呈文说："目下筹款之途，财政部所允拨之债票200万元，一时既尚无着落，督办个人之挪借，又已罗掘俱穷。此外若欲添招股本，亦非嗟咄可能集事。而际此炼厂将次落成，更不能中途停工。辗转思维，计唯有发行公司债，以为周转之余地。当于本月14日，经由第8次董事会议决发行龙烟铁矿公司公债400万元。"公债的利息，虽然是每年一分二厘，但是并不能推销出去。十二年7月，第19次董事会议决，现在市面呆滞，此项公债，暂不发行。

第四个筹款的办法，是商请银行团投资。这种洽商，也是在民国十一年开始。原来的计划，是请银行团垫款120万元，以40万元为完工开炉之用，40万元购买材料，其余40万元为流通资本。银行团方面，据说起初以龙烟事业确有希望，甚愿共同投资。但延至十三年，银行团以董事会意见尚未一致为辞，取消了投资的成议。

第五个筹款的方法，便是添招股本，而以添设钢炼厂为名。民国十四年 7 月，公司的呈文里说：

> 仅炼铁而不炼钢，则国内销路有限，营业难期大盛。现查我国海关，每年进口钢货近 1 亿，此犹为现时之数，以后我国工业，需用日多，有加靡已。若不设法自炼，大利尽流往外洋。今以本厂之铁，炼本厂之钢，则所制钢料，可以供各铁路与各项工业之需。既为国家挽回无穷之利益，而公司出品亦不必向国外开辟销路，此公司复兴计划，所以决定添设钢厂也。预计钢厂成立经费、公司偿还旧欠、铁厂开炉经费及营业流通资本，共需 1 100 万元。拟于原股 500 万元之外，增加股本 1 100 万元。以 350 万元，发行记名股票，归政府担任，加作官股，其余 750 万元，发行全记名股票，由公司呈请政府设法招募。

在 100 余万元尚无法筹集的时候，忽来一个筹集 1 000 余万元的计划，其不合时宜，自是显然，难怪政府与社会，对于这个计划，一点反响也没有。

（五）保管时代的龙烟

国民政府成立之后，即于十七年 7 月，由农矿部派黎世蘅为龙烟矿务局局长。那年 8 月，据黎局长的报告，说是该矿所有一切财产，大都破坏不堪，即化铁炉零件及铁路轨道材料，多被拆卖。10 月里的报告又说："烟筒山矿区，置有采矿处一所，水磨置有材料厂一所，其自筑岔道约 3 里，但桥梁既经破坏，枕木亦复腐烂，其办公房屋，土房居大多数，年久剥蚀，间亦有坍塌之处。"数百万元的事业，在数年之内，便破坏到这种不堪的地步，实可痛心。

黎世蘅在局长任内的第一件事，便是把龙烟原来的办事主任刘翰，函送公安局看管，其理由是刘翰藉词搪塞，抗不交代。时在十七年 8 月。时间还没有过了一年，到了十八年 7 月，刘翰忽然呈文于农矿部，控告黎世蘅拆卸全厂机件，并将铁炉专用水管、重要机件等贬价矿售，价值达 50 万元以上。黎世蘅便因此去职，由部另派人员保管。

十八年 11 月，行政院议决关于龙烟铁厂以后之经营，由铁道部负责进行，同月铁道部派定专员，接收龙烟铁矿。二十年 4 月，铁道部以奉令接管以来，北方军事，迁延岁月，且经济枯窘，进行为难，呈文于行政院，请将龙烟移交实业部办理。行政院指令照准，并令实业部接管。过了一年有余，实业部还未派人接收，于是铁道部于二十一年 5 月，函致实业部磋商办法，以为龙烟或由实业部接收，或由实铁二部合作，均无不可。两部派员商量的结果，决定由实业部接收。当年 11 月，实业部派人接收，但铁道部龙烟铁矿厂保管处的委员，以未奉到铁道部移交命令为辞，不肯交代，于是实业部的接收，没有成功。二十二年 2 月，铁道部咨实业部说："查龙烟铁矿，前由本部派专员负责保管的整理，现方着手，如贵部对于该矿将来复工，尚无具体办法，拟请贵部暂勿派人接收，容本部拟定计划，再行函商。"于是讨论了许久的保管问题，又回到民国十八年的状态。

二十五年 10 月，冀察政务委员会委员长宋哲元，以龙烟铁矿停办已久，便委陆宗舆负责接收清理。陆宗舆与龙烟一别 14 年，至此又与龙烟再度发生关系。但不过半年有余，卢沟桥事变发生，龙烟公司的性质，于是乃根本改变。

（六）日人对于龙烟之觊觎

日人想与龙烟发生关系，远在民国十年，上面我已经说过。当年的借款，如果成功，龙烟的炼厂，即使开工，也难免不做第二个汉冶萍。可是那次的借款，是失败了。民国二十年，驻张家口日本领事山崎诚一郎，有函致察哈尔省政府，要它把宣化县龙烟铁矿矿务局之一切财产及其管理机关官署名称或办事处名称，以及所在地代表者姓名、住址等告知。察哈尔省政府便以此事通知实业部，并谓这种询问，迹近越俎，心颇难测。二十四年 12 月，察哈尔省政府又有电给实业部，说是该月 16 日，有日人石川政一，随带翻译一人，到宣化县寓广仁客栈，自称系日满矿产株式会社龙烟铁矿用达部来宣筹备食用事项，以备翌年 2 月龙烟铁矿开采应用。石川政一在宣化县赁定住房一处之后，便回北平，此后并不见动静。二十五年 8 月，驻日商务参事向实业部报告，谓兴中公司社长十河信二氏，约谈华北可办诸事业，于龙烟公司尤为注意。十河信二拟于 8 月 19 日启程赴北平观察实况，往返约一个月，回时还要商谈一切进行事宜。那年 10 月，冀察政务委员会便派陆宗舆接收龙烟，此事与十河信二北平之行是否有关，我们因无案卷可稽，不敢臆测。二十六年 2 月，外交部电实业部，谓据报，天津日本驻屯军部池田参谋鱼晨谒宋哲元，商龙烟铁矿事，谈两小时始辞出。闻日方意见，拟由中日双方组织龙烟铁矿公司。事务及技术诸事项，董事会负总理之责。董事人选，双方各半，资金 1 000 万元，亦平均筹收。基本工程人才，则由日本某制铁所调用。由此可见卢沟桥事变的前夕，日人对于龙烟铁矿，已存必得之心。

事变之后，龙烟系为日人所霸占，于二十七年 11 月 20 日正式开业。据大阪《每日新闻》的消息，龙烟现已起始开产生铁，日人希望龙烟铁厂在一年之内，出生铁 5 万吨，到 1940 年，能年出 30 万吨。但据 12 月 11 日的上海《字林西报》，龙烟虽已开工，但产量不丰，效率甚低，因机器陈旧，非大加修理不可。无论如何，这个官商合办的钢铁事业，现已入于日人的掌握，只有抗战得到最后胜利的时候，我们才可以把它收回。

六、国营钢铁厂的前奏（略）

七、整理生产事业的途径

（一）

一个国家的繁荣，要靠生产事业的发达，这是大家都承认的事实。中国现与欧美交通之前，所有的生产事业，都是小规模的，或由一个家庭单独来主办，或由几个亲戚朋友合资来经营。它们的发展与衰落，只能影响少数的人，所以社会上对于它们的盛衰之由，并不注意，至少还没有人把它们当作专门的问题去研究。近代化的生产事业，与此便大不同了。它们是大规模的，是聚集了几十万至几千万的资本来举办的。它们的发展与衰落，不是一个家庭或是几个人的问题，而是几千几万人的问题，所以很值得注意。

中国人办大规模的生产事业，素来没有经验，所以在过去几十年中，总是失败的多，成功的少。出于这个缘故，所以许多国民，对于本国人来办大规模的生产事业，已失却信心。许多人对于本国公司的招股，多观望不前。积留的资本，宁可往外国银行中送，或者投资于外国人所创办的事业。这种心理，如不改变，那么我们即使天天高谈自力更生，恐怕也永无达到目的之望。我们深信中国人的聪明才智，不在任何国家的人民之下。过去所办的生产事业，所以失败较多的原因，虽然很多，但其中最重要的一个原因，就是没有举行自我清算，没有细密地研究我们自己的经验，从经验中去得教训，因而前车之覆，后车未鉴，他山之石，未以攻错，前人的经验，不能加增后人的知识。为补救这种缺点起见，我们应当去做几种工作。第一，中国人所办的新式生产事业，虽然成功的少，然而也有成功的。成功的原因，我们应当去发现它，以做从事生产事业者的指南。第二，失败的生产事业，我们也要去研究它，看看它失败的原因何在。这种知识，可以做后来者的殷鉴。第三，有些生产事业，虽腐败而未倒闭，虽衰落而未丧亡，在这种时候，有遇良医而庆更生的，这些良医对于病症的判断，以及所开的药方，大有研究的价值。本篇的工作，属于第三种。近数年来，有许多腐败的生产事业，因得人整理而渐繁荣的。从这许多例子中，我们愿意提出中福两公司联合办事处、平汉铁路局、招商局来加以分析。所以要这样办的原因有三：一因这三个机关的材料，国民经济设计委员会已略有搜集；二因这三个机关的整理，已略有成绩可述；三因这三个机关整理的方法有相同之处，可以互相比较。

（二）

中国的生产事业，有一个常犯的毛病，就是组织庞大。犯这个毛病的原因，主要有两个：第一，主持生产事业的人，对于事业的本身，就没有清楚的认识。组织本是用以应付事业的，其大小与繁简，应视事业之大小与繁简而定，主持的人，应在组织之前，对于事业有精密之分析，然后对何科应设、何股可省，才可做一科学的决定。实际的情形，每每与此相反。事业未见萌芽，而组织已首尾具备的，比比皆是。它们不知研究事业，只知抄袭成文。别家有秘书处，本业也设秘书处；别人有于庶务科之外，复设购置科的，本业也照例办理。这种不用心思、随便树立组织的恶习，是使组织庞大的一个原因。比这个更重要的原因，就是主持生产事业的人，常有许多本家、亲戚、同乡、同学、门生、故旧，来靠他吃饭。为位置这些私人起见，不得不扩大组织。这样地办下去，本家亲戚们自然是皆大欢喜，但事业的腐化，便成为必然的结果了。

整理一个腐败的生产事业，有一件事是处处都可以做，而且做了之后，一定有效果的，便是设法使组织简单化、合理化。我们先看中福缩小组织的办法：中福旧日组织，计分总务、会计、业务三科及秘书、审计等室，科下分设各股。整理以来，总务科裁，该科事务归并秘书室。审计室撤销，归并会计科。矿警缩编，减去一中队医务集中管理。将民众医院及第一、二两职工医院，合组为中福医院，分设第一、二两治疗所于两矿厂。这种变更，最可注意的，就是旧日的三科两室，缩小后只有两科一室。组织简单化了，但事务并未减少。平汉铁路局现在的组织，如与两年前的比较，在总务处内，裁销了三课，新添了一课；车务处、工务处及机务处之下，各取消了一课，并未新添；会计处之下取消了查账室。这些只是缩小组织的初步，据深悉平汉路局情形的人说，现在的组织，还有缩小的可能，不但"课"的数目，还可减省，就是"处"也有可以合并的。此就局内而言。至于局外，站长之上，有分段长，分段长之上，有总段长，而且分段长与总段长，不独在车务处之下有之，工务处、机务处及警察署之下都有。这种组织，一方面使事多周折，责任不专，另一方面因上下间的阶层太多，于是铁路上别添一些道尹式的职员，除承上转下外，几无重要工作可言。这种与行政效率背道而驰的组织，在许多铁路上都看得到，似乎应由铁道部熟考情形，做一通盘的整理计划，才可达到完善的目的。招商局的组织，经过数年的整理，已缩小了许多。民国十九年，国府颁布的《整理招商局暂行条例》，总经理处共设三室六科：三室即秘书室、金库室、工程师室；六科即事务科、会计科、船务科、营业科、产业科及机务科。二十一年3月，交通部公布招商局总经理处组织章程，仍设六科。同年11月，招商局改归国营，翌年国府颁布招商局组织章程，总经理处只设四科，即总务、会计、业务及船舶，另设秘书、视察员及稽查等若干人。本年1月21日，行政院修正国营招商局组织章程，总局只设总务、业务和船务三课，以及会计室、金库。经了这许多次的修正，组织才算是上了轨道。

以上所举的例，可以证明这三个机关，整理旧有的组织时，首先致力的一点，便是设法使组织简单化。简单化的目标，便是要把不必需的组织裁撤。但专从缩小组织着眼，还不是最完美的办法。最完美的办法，是把不必需的组织裁撤，同时还要把事业上所必需的组织树立起来。这种新添的组织，有它的功能，对于整个的事业，是有帮助的。所以我们谈组织的整理，于简单化之外，还要讲合理化。合理化的要义，就是裁其所当裁，而添其所当添，一切以事业的需要为标准。这种合理化的组织，可以中福于改组后新添的河运处为例。中福在二十三年冬季改组，裁撤了许多机关，已如上述，但在二十四年夏，经过了几个月的调查及研究之后，添设河运处，以发展卫河及南运河一带的煤斤销路。这个机关设立之后，在短时期之内，至少已产生下列两种影响：第一，在河运处成立之前，中福运往卫河一带的煤斤，须假手于道清铁路东端三里湾的各煤行，煤行对于船户，提取各项佣金。例如二十三年8月，各煤行规定运往德州河力每吨四元七角，船户只得三元七角，至沧州河力每吨六元七角，船户只得五元。自河运处成立以后，实用之河力，即为船户应得之运脚，由河运处直接交于承载的船户，较之从前煤行剥削时期，河力包含各项佣金在内的，相差竟至一元以上，临清以下相差尤多。所以河运处成立之后，可以使中福在卫河一带销售的煤斤，每吨成本减少一二元。第二，河运处成立之后，卫河一带煤斤的推销，中福便可不必假手煤行，而能直接经营，对于销路一方面，当然可以逐渐增加。如二十三年度以前，中福煤斤，每年销售卫河一带，不过10万余吨，但河运处成立之后，半年之内，中福的煤，运往这个区域里面的，便在13万吨以上。据估计，以后逐渐推广营业，可以销至70万吨。从这两种结果看起来，新的组织，如是合理的，只能增加生产事业的收入，不会给它加上负担的。

（三）

整理一种生产事业，除于组织方面，力求简单化与合理化之外，就要在用人方面，求量与质的调整。量的方面，有一件事是必须做的，就是裁汰冗员。中国各机关中冗员之多，是留心国事者所最痛心疾首的事。这种现象所以发生的主要原因，我在上面已经提过，就是在社会上有地位的人，四周有一大批寄生虫。这些寄生虫的安置，从旧的伦理观念看去，乃是在社会上有地位的人所应当做的事。在这种旧道德的压迫之下，无论什么机关中冗员便越来越多了。冗员进来容易，裁撤却很难。有些机关，偶然也来了一两位要认真办事的长官，对于原来这些吃饭不能办事的职员，当然想大加裁汰。但是这些不能办事的职员，都有他的后台老板，假如他的后台老板的面子太大，那么他所荐来的人，便不易裁汰，否则会发生别的麻烦。而且现在中国各业衰颓，谋生不易。一个人对于已得的职业，不问他是怎么得来的，也不问自己是否能够称职，总不肯轻易把它放弃。所以一个长官如有裁员的意思，一时说情者便蜂拥而来，逼得此人非放弃原来裁员的意思不可。假如此种方法无效，裁员的计划还要实行，那么有被裁可能的人员，便会联盟起来，发宣言通电，做种种呼援，或举出他种理由，对于欲裁员的人，加以种种攻击，结果假如这个长官，没有坚决的意志，裁员一举，终必成为画饼，这也是各机关冗员之日渐加多的一个原因。

因为裁员的不易，所以我们以为中福等机关在整理时的裁汰冗员，是一件难能而可贵的事。中福在整理时，计裁汰员工两次。第一次裁去职员 74 人、工人 895 人，第二次裁去职员 33 人、工人 461 人，每月共节省薪金工资 24 000 余元。裁员的事，是在二十三年冬季发生的。裁员的结果，生产不但没有减少，反而加增了。拿二十四年 1 月至 6 月的生产量来说，较之二十三年上半期，计增加 143 566 吨，较之二十三年的下半期，计增加 38 190 吨，由此可见二十三年度所裁的人，真是冗员，对于生产事业，是毫无贡献的。平汉路自二十二年 11 月起至二十五年 7 月止，全路员司，陆续裁去 313 人，其中因染嗜好开革的，共 127 人，因工作不需要或其他原因离职的，共 186 人。但在此时期中，陆续添派专员 42 人，实际全路员司，只减 271 人。至于全路工人，在二十二年 11 月，共计 15 481 人，二十五年 7 月，只有 14 624 人，共减 857 人，其中因染嗜好开革的，共 345 人，因工作不需要或其他原因离职的，共 512 人。招商局的总管理处，在赵铁桥时代，共有 220 余人。民国十九年招商局总管理处组织章程，规定可用人员自 242 人至 312 人。二十一年交通部修改的总管理处组织章程，规定各科除设主任外，可用办事员 172 人。实际招商局在收归国营以前，自十七年至二十一年之五年中，历任职员人数，平均为 194 人，其中以李国杰任用 279 人，月支薪金 33 700 余元为较高。二十一年改归国营，在刘鸿生总经理任内，职员有 234 人，支薪 26 886 元，较之李任，已见减少。招商局冗员之多，民国十八年审计部在彻查招商局案报告书中，已加以痛击，当时招商局的职员，为 220 余人，审计部特别提出日商日清汽船公司来与招商局相比说："查日商日清汽船公司，其船不下 40 余艘，同时以航业为营业范围，事务繁简，自属相同。营业成绩，每半年所获纯利，为数甚巨。其所用职员全体，合计仅 37 人。彼此用人，相差如此之多！"这种批评，可惜历来管理招商局的，都没有加以注意。一直到本年 2 月，行政院训令交通部，关于整顿招商局，指出应予立即改善的事四项，其中第一项即为裁汰冗员。训令中说："该局职员太多，开支不无浮滥，应即遵照新颁组织章程规定之名额，严加裁汰，以符实际之需要。其裁汰方法，应以考试为原则。"招商局受命之后，即举行总局全体职员甄别考试，由交通部派员莅沪主持。所有考试科目，悉以服务经验为主，学理次之，结果及格的仅 70 余人。裁至 9 月底止，计自动辞职人数 67 人，被裁汰的 85 人，先后经交通部委派总副经理以下人员计 37 人。后以事繁人少，且照规定，尚有缺额，遂于 7 月登报招考，计录取普通人员 4 人、统计人员 2 人。总计改组后留用及考补人数，共 125 人，月支薪额 16 486 元，比较改组前减少人数 109 人，省下薪资 10 400 元。现在招商局对于各附属机关及轮船上人事部分，亦拟做类似的整理，将来在开销上，一定还可以省减的。

招商局这次对于人事的整理，不但是减少冗员，同时也把质的方面提高了许多。它以考试的方法，来淘汰旧人及添补新人，实为调整人事的正当途径，尤为可取。平汉路局最近对于新人的录用，据云已组织一"委用人员审查委员会"，其第一步手续系甄别，如甄别仍不能断定，则继之以考试，而考试的要点，系重实际经验而不专重学理。这种登录人员的方法，比以一人的爱恶为标准的，自然要靠得住许多。

（四）

整理一种腐化的生产事业，应当做的第三件事，便是去弊。办事人员的营私作弊，可以说是一件生产事业衰落的最大原因。一般民众，对于国人自营的事业失却信仰，也是因为他们对于营私舞弊的事件听得太多、见得太多的缘故。这种事实，所以不断发生的原因，当然是很复杂的。一般在机关中服务的人，缺乏对于廉洁的信仰，自然是一个主要的原因。我们以后的教育，应该养成人民一种信仰，就是在任何机关中办事，不在薪水或工资以外，私取公家的一文钱。这种信仰的养成，是要花很长久的时间的，不是一个主持生产事业的人所能为力，所以可暂且不谈。主持生产事业的人，对于去弊一事所能为力的，至少有下列四点：第一，本人须保持绝对的廉洁，须有颠扑不破的操守。曾国藩曾谓风俗之厚薄，系于一二人心之所向，在一个机关里的风俗，在上的一二人，的确有巨大的影响。假如一个主持生产事业的人，自己就要贪污作弊，就想在薪水以外，别谋生财之道，那么他所管辖的人员，没有不同流合污的。反过来说，假如在上的一二人，维持绝对的廉洁，同时以此来规勉他的僚属，那么他的僚属，即使有存心贪污的人，也必因有所顾忌而不敢了。孔子所说"子帅以正，孰敢不正"，就是这个道理。所以主持生产事业者本身的廉洁，是去弊的第一要点。第二，我们要设法，使在机关中办事的人，自长官以至工人，都能得到一种薪金或工资，可以维持他们的典型生活程度。此点对于下级职员，尤为重要。如招商局在商办的时期，庶务的薪水，从 26 两到 62 两，会计科职员的薪水自 30 两至 250 两，沪局的局长，薪水只有 250 两。这种薪水，是很难使人养廉的。还有轮船上的茶房，与好些县衙门中的差役一样，根本就没有工资，在这种情形之下，想他们不舞弊，岂非缘木求鱼？所以我们如希望一个机关中弊绝风清，一定要给每个职员一种可以维持他们生活程度的报酬。第三，每个机关都应当制定许多规则章程，使各个职员都没有舞弊的机会。很多人之所以敢舞弊，就是因为他们所做的弊，上司不去查，即查也查不出。精明的上司，应当细心考察一个机关的各部分，看看哪一处有作弊的机会，然后制定一种办法去防止。各种法规制定之后，不但要使君子不受作弊的引诱，就是小人也无作弊的可能。第四，上司对于僚属，应严加考核。作弊的事，如果发现而且证实，那么作弊的人，应立即解职，毫无说情的余地。

　　以上所说的是理论，现在我们可以举出几件作弊的事实，看看假如实行上面所说数点，是否有防止的可能。这种作弊的事实，不必他求，改组前的平汉路及招商局，就可供给许多。我们在下面的案件中，把原来的人名或隐去或改换，因为我们的目标，在研究一个社会问题，而不在攻击个人。

　　第一件事出现于几年前的平汉路材料课，是由一个材料课的司事检举的。他说：

　　　　本路材料课每月购办材料，其价款少则十余万元，多达二三十万元。其数之巨，实占铁路收入之一大宗。购办材料人员，若不廉洁自守，则妨害路局经济至巨。平汉铁路材料课课长及购办股股长，平日购办本路材料，擅敢与商密约，私行折扣。凡本路购办五金电料，折扣三成，即每万元折扣 3 000 元，每十万元折扣三万元，其他木料、油料、军衣、药料等等，亦皆折扣一成以上至三成不等。计彼等每月购料作弊所入，为数达于巨万。似此巨额舞弊，殊足惊人。材料课课长及购办股股长既伙同购办股人员狼狈为奸，舞弊如斯巨款，则对本课其他员司自防被其检举，乃每月以 2 000 元分贿全课员司，俾免破露。

这 2 000 元的分贿，告发此事的司事，每月可得 30 元，但因购办股股长，想把他挤走，而把这个缺给自己的侄儿，所以司事才把这个黑幕揭破。

第二个案子，是关于平汉铁路一位工务处处长的，告发的人，是工务处的段长、工程师及课员等。我们假定这位工务处处长姓赵。告发的人说：

> 某年六七月间，赵氏竟敢擅越职权，代材料课定购美国道木五万根，每根多报价值 7 美分，约合国币大洋 3 角，赵氏共得回佣 15 000 余元。又某年水灾时，赵氏更替材料课订购麻包 17 万只，每只回扣大洋一角，亦舞弊在 17 000 元以上，商家底账，俱可查核。所有采购签订合同手续，由赵氏一人经手，均可覆按。

以上这两件事，假如上司本人是廉洁的，对于购料一事，有详细的章程规定，对于属员，有严密的考核，一定不会发生的。

我曾请教一位在铁路上服务多年的朋友，要他把铁路上的弊端一一举出，承他写了一篇很长的文章给我，其中关于舞弊一点，据他所述，铁路局的各部，没有一处不可以作弊的。由此可见整理一种生产事业，去弊是如何重要！

平汉铁路局自从改组之后，对于去弊一事，积极进行，现在所订的办法，共有 17 项，都是与去弊有关的：（1）严定债款解决之办法。（2）严定复核单据及付款凭单之制定。（3）严定出纳人员付款办法。（4）提高银行存款应有利息。（5）严格遵守预算。（6）确定透支款项之合同。（7）每日现金收支之考核。（8）审核出纳理财人员，使各明了其本身之立场。（9）确定检查站账款及客货办法。（10）管理领袖或主管人员，绝对不能无法令之根据，而挪动丝毫款项。（11）追查报销之严格办法。（12）组织购料审查委员会，而树立其独立精神。（13）缩小庶务课之权限，举凡物品、印刷、文具之标购，统交购料审查委员会办理。（14）缩减庶务用款，二十二年原为每月八九万元，现为 2 万元左右。（15）清查材料，以严定购、收、发、存四项之办法。（16）打破商人垄断投标材料之办法。（17）注重贪污办法之规定。以上的办法，平汉路局行了数年！除债务解决减低利息 2 600 万元不计外，每年所可节省之费（如材料价格减低，庶务用品减少）及增加财政上之收入（如利息存款提高，借款减低），总共近 300 万元。

平汉路所用的去弊方法，有许多在整理中福的过程中，也用过的。如购料方面，最易发生流弊，中福对于此点改进工作，有数点可述：（1）规定预决算。以前采购材料，均系随用随购，非特临时仓促，不及询价选购，即会计科方面付款，亦有时感觉困难。整理时乃实行预决算办法，即参照前三个月耗用材料情形及采购价值，预算下三个月应购材料数量及价款，经核定后，分别预为采购。三个月预算终了，复照实购数量与价值，比照预算，做一决算。（2）规定标准牌号用品。采购材料，系根据长期经验，选定质地合用价又低廉之材料，如系有牌号的，则规定其牌号，否则选定样品，按照标准样品办理。（3）招致标商。除特种木材，已与各商行有定洽者外，其余均用公开投标方法，各商皆可投标，较之从前仅通函某商，某商始能投标，改善甚多。（4）规定订购及验收单格式。订购单计复写两份，一为存根，一交商人持换发价单，一凭做发价单后，随送会计科审核。品名、数量、价值等，均于单内一一详为载明。购料的弊病除去之后，发料及用料两方面的弊病，也要注意剔除。中福在整理后，生产方面加增，已如上述，但物料的消耗，因管理得法，反而减少。如二十四年 1 月至 6 月，第一及第二两矿厂用料其值价 12 万 7 954 元 3 角 4 分，较之二十三年 7 月至 12 月，节省 11 万 8 200 余元。材料之外，庶务用款之巨，亦为弊源所在。中福在整理之前，庶务零支开销甚巨，有时每月竟达万元，整理之后，减至月支 500 余元，这些都是去弊的结果。

招商局的积弊，于民国十六年，经国民政府清查整理招商局委员会揭发后，已是举国皆知。委员会的报告书，可以当作一本《舞弊大全》读。招商局成立了 60 余年，至今还是表示着一种百孔千疮的局面，历年办事人员的舞弊，实不能辞其咎。本年改组以后，弊病除了许多，最著的有下述数点：（1）扛力部分。查招商局上海各码头，分为南北中新华五栈，所有货运扛力支出，年达 30 余万元，向采包办制度，每年中漏厄损失极巨，改组后毅然废除旧制，一律公开招商投标，先后当众举行，现已分别办理完竣。各栈所投标价虽不一致，平均则为包价 67.1%，以二十四年实支数比较，则此后每年可省扛力 11 万 4 700 余元，如货运加增，节省数当不只此。（2）船舶修理部分。在改组以前凡轮船修理，仅由各该船员开具修理说明书后，即停航修理，需时多则六七十天，少亦匝月，修理完竣，惟凭各该船员自行签字验收，此不特工程上有不尽不实之弊，而停航过久，于营业上损失，殆更不资。故改组后遇有应修船舶，须经各船主管船员开具修理说明书，由局中工程师亲自上船察勘后，再据实将原说明书修正，经船务课主任核转局中批准，始招标承修，并指派工程师一人驻船监督。修理完毕，另具监修报告表呈候派员验收，是以每船修理日期，少则八九日，多则十三四日而已。总计本年 2 月至 8 月，各轮修理费用，仅支 231 750 余元，与改组前二十四年 2 月至 8 月所费 340 130 余元比较，实减少 108 378 元。（3）物料消费部分。查各轮领用物料暨普通用品，种类既繁，为数尤巨，在昔漫无限制，故不免浪费。改组后将每月各轮需用物料，依船舶的大小，分别规定请领数量，预为储备，每三个月公开招标购办一次，在可能范围内，一以国货为标准，如临时需用之物，估价在百元以上，也要由船务课呈请总经理核准招标购办，各轮消费情形，并随时派员密查。关于物件暨普通用品账册，概用新式簿记，务使款不虚靡，物无浪费。计自本年 2 月至 8 月，各轮领用物料总额为 87 123 元 8 角 7 分，较改组前二十四年 2 月至 8 月，减少 66 523 元 4 角。（4）燃料消耗部分。查各轮燃料一项，为招商局支出大宗。改组后特将购煤、领煤程序，严切规定，凡煤斤购进皆分批由煤商运沪，交由局中煤栈负责经收经付，每日由煤栈主管人员填具收付煤斤日报，送船务课审核，发煤则由各轮船轮栈长开具领煤单，经船长签字，送船务课轮机工程师、物料股股长详细审查，再送正副主任核签后，始填发装煤通知单命令煤栈发煤，船上用煤情形，则随时派员密查。至于用煤数量，自本年 2 月至 6 月，平均煤价每吨为 11 元 1 角 5 分，五个月间，局中江海各轮共用煤 42 069 吨，计航行 250 792 海里，平均每海里需煤量 0.119 2 吨。改组前自二十四年 2 月至 6 月，共航行 309 222 海里，用煤 40 574 吨，平均每海里需煤 0.131 2 吨。[①] 改组后平均每海里节省煤斤 0.012 吨。若以改组前每海里用煤量 0.131 2 吨，乘算改组后航行总里数，则五个月节省煤斤为 3 955 吨，以每吨 11 元 1 角 5 分计算，共省洋 43 998 元余。以上四件事除弊的结果，半年之内，招商局便可省下 33 万余元。

（五）

以上我们只把整理一种生产事业所应注意的三方面来说一下：第一关于组织，第二关于人事，第三关于去弊。此外兴利也是很重要的，不过各种生产事业的性质不同，所以兴利的方法也不一致，此处不拟详细地讨论。兴利是否能够实现，最关键，要看主持生产事业的是否是一个有品格、有学识、有经验的人。假如我们已经替一种生产事业，找到一个可靠的人，那么兴利的工作，可以计日而待，不必局外的人再来操心。

中福、平汉及招商局的整理方法，我们已经略知一二了，也许有人要看它们整理的成绩。关于此点，我们以为最简便的方法，莫如审核它们的营业账。

中福在二十三年度的下半期，纯损 147 143 元 3 角 2 分，全年亏损 590 907 元 4 角 8 分。二十四年度，经过整理之后，中福不但没有亏折，还余纯益 920 504 元 3 角 6 分。

平汉最坏的年度，是民国十六年，全年营业，只有盈余 140 余万。二十三年度整

---

① 数据有误，原书如此。——编者著

理之数，盈余为 1 240 余万，二十四年度盈余为 1 790 余万。

招商局的改组还不到一年，所以全年的营业账还看不到。但以客脚收入而论，二十五年 2 月至 6 月，比去年同期，增 214 891 元；货脚收入，在同期内，比去年增加 88 598 元；轮驳航运费，在同期内，比去年增加 39 788 元。另一方面，关于轮驳维持费，二十五年 2 月至 6 月，比去年同期，减少 96 020 元；总局管理费，在同期内，比去年减少 56 674 元。

这是整理的成绩，任何生产事业，如照上面所说的办法做去，一定可以得到类似的结果。

第三章　经济建设的展望

九、经济建设与人才训练

（一）

美国有一位费先生（W. B. Huie），在本年 7 月号的《水星》杂志中，发表了一篇论文，讲美国的秘密武器。结论中有一句警语，他说：

> 有机器才可在近代战争中获胜，可是有人才可以使用机器。

不但国防的建设，须看重人的元素，其他一切的建设，都是如此。经济建设，从某一方面看去，便是要在一切事业中，用机器的生产，来代替筋肉的生产。可是我们不要忘记，机器是要人来使用的，有人才可以使用机器。

在我们将来经济建设的过程中，需要多少人才呢？这个问题，凡是留心经济建设的人，都希望得到一个答案。可是不但答案不容易得到，就是如何获得这个答案的方法，也须先做一番细密的考虑。本文就是想对于上述的问题做一答案，同时把得到这个答案的方法也写出来，以供读者的参考。

（二）

在回答"我们的经济建设，需用多少人才"这个问题之先，我们得先想象将来所建设的经济组织，是个什么样子。回答这个问题，有种种不同的方法。譬如现在有一个团体，正在对于总理的《实业计划》，做一详细的研究。他们先假定若干年后，我们需要若干里铁路、若干里公路、若干钢铁厂、若干水泥厂……然后设计去如何实现这种理想。在这种设计中，当然人才的设计，也包括在内。他们的报告，现在还未公布，所以此处也不拟详细讨论。另外一个方法，是我在这儿所拟采用的，就是假定 30 年后，我国人口的职业分派，表现出一种什么形态。职业分派，是一国经济组织的最好指教。工业国家的人口，其职业分派，与农业国家是完全不同的。一种农业国家，如向工业化的途径上走去，其职业分派，一定随之有很大的变动。假如我们在抗战胜利之后，真的在经济建设的工作上努力 30 年，那么人口的职业分派，一定与现在大不相同。我们先问那时的职业分派，希望是个什么样子，然后再问如想达到那种境地，需要多少人才。

根据各国的统计，有职业者，在全人口中大约占 40%。其余 60%，多为老人、幼童、青年就学者及在家主持家政之妇女。如中国人口之总数，在 30 年后，无大变动，仍为 4 亿 5 000 万人，则以 40% 计，有职业之人口，应为 1 亿 8 000 万人。此 1 亿 8 000 万人，在 30 年后，其职业分派，假定如下表：

职业名称	就业人数	百分比（%）
农业	9 000 万	50
工矿业	4 320 万	24
交通与运输业	1 080 万	6
商业	1 800 万	10
政府公务与自由职业	1 080 万	6
其他	720 万	4
总数	1 亿 8 000 万	100

此表所列为 30 年后的人口职业分派，因为现在中国人口职业分派的统计资料过于缺乏，所以无法将其与现在的情形相比，但是有一点我们敢说，就是表中所列的情形，一定与现在的情形，差得很多。

以农业而言，我国现在的农民，据一般估计，占有职业者 75% 至 80%。即以75% 为准，现在应有农民 1 亿 3 500 万人，比表中所列的农民，多 4 500 万人。如何把这 4 500 万人，在 30 年内，疏散到别的职业中去，是一个大问题。这个问题，包括两个方面。一系合并农场、改良生产，使农业人口，虽然减少了 4 500 万，但其生产效率，不但不比现在减低，还要比现在增高。另一方面，就是要发展别的实业，使由农业中退出的 4 500 万人，有其谋生之路。本来一个国家中，有 50% 的就业人口从事于农业生产，还是不经济的。英国的农业人口太少，不到 10％，不足为训，但如美国、法国、德国，农业就业人口，都在 25％ 以下。我们将来应以此为目标，但此目标，恐非 30 年之内，所能达到。美国在 1820 年的农业人口占 72.3％，到了 1880 年，才减到 49.4％，中间经过了 60 年的努力。日本的农业人口，在 1872 年为 84.8％，到了 1930 年，才减到 50.3％，中间也经过了差不多 60 年的努力。我们现在想以 30 年的工夫，把农业人口，从 75％ 左右减到 50％，不得不承认是一种繁重的工作。

工矿业在 30 年后的人口，表中列了 4 320 万人，占全体就业人口的 24％。此百分数，与美国 1880 年的情形一样，较之日本现在的百分数（19.5％）较高，较之现在美国（31.7％）、英国（38.3％）、德国（38.5％）的百分数较低。但如以实际的人数而论，则工矿业中容纳 4 300 万人，在世界上可以首屈一指。现在工矿业最发达的国家，如美国，工矿业中只有 1 500 万人，德国只有 1 300 万人，英国只有 970 万人。就以苏联而论，在实行几个五年计划之后，到了 1940 年，也只有工人 3 000 万人。我国因为人口庞大，所以在设计时，不得不放 4 000 余万人在工矿业中。当然我们不能奢望这 4 000 余万人的工作效率，可以与英美各国相比，但比现在国内工人的工作效率，还希望有相当的提高。

在我的表中，交通与运输业、政府公务与自由职业两大部门，从业人数，各定为 6％。这是参考了各国实际情形之后决定的。两部门中就业者所占的百分数，与现在英美各国的实况，相差无几。交通与运输业的就业人数，在英国占有职业者全体的 8.2％，加拿大为 7.9％，美国为 7.7％，比利时为 6.9％，德国为 5.8％，法国为 5.5％。我们列了 6％，比德法两国较高，但比英美等国则较低。中国幅员辽广，在经济发展之后，交通与运输业中，当然可以容纳 6％ 的人口。假如我们的交通与运输工具，不能在短时期内大规模地现代化，也许这一方面需要的人口，还在 6％ 以上。关于政府公务与自由职业者的就业人数，在英国占有职业者全体的 9.5％，荷兰为 8.8％，法国为 7.2％，日本为 7.0％，挪威为 5.9％，意大利为 5.6％。我们列了 6％，比挪意两国略高，比其余各国则较低。我国将来在经济行政方面，如采取管制的政策，公务员的数目，一定比现在还要加增。至于自由职业者，如教师、医生、律师等，在工业化的过程中，其需要也是与日俱增的，所以列了 6％，并不为多。商业的就业人数，在日本占有职业者全体的 17.0％，英国为 16.7％，美国为 16.2％，法国为 14.7％，德国为 13.1％。我在表中，只列了 10％，比英美及日本都低，只比印度的 7.3％ 略高。我们之所以采取比较低的百分数，是因为中国乡村的自给自足程度较高，不必要很多的商人，便能满足其简单生活上之要求。将来农民的百分数减低之后，商人的百分数还可加高。除了以上各项职业之外，如常备兵，如家庭仆役等，都包括在其他的4%以内。

（三）

上面我已经把 30 年后中国理想的职业分派，画了一个轮廓。现在我们便可提出所要讨论的问题，那便是：在这种经济组织之下，我们需要多少干部？

干部的工作，在计划、组织、领导、指挥。譬如我们希望在 30 年后，工矿业中有4 320 万人。假如这些人没有干部去组织他、领导他，还是不能发挥生产的力量。一个工厂、一个矿场，如要大量生产，工人固然重要，干部尤不可少。经理、工程师、会计师等，就是干部。

我们如想知道工矿业中需要多少干部，交通与运输业中需要多少干部，最好的研究办法，是在国内与国外，选样加以分析。以棉纺业而论，我们最好在中国选出若干纱厂，研究每一万锭子，需要多少工人、多少职员，职员占工人的总数百分之几。此若干职员，即纱厂之干部，其中受过小学教育的占几分之几，中等教育的占几分之几，高等教育的又占几分之几，都应加以分析。在外国的纱厂中，我们也可以选出几个，做同样的研究。此种研究的结果，即可供给我们若干数目字。有此数目字为根据，则中国将来如欲完成 1 000 万锭的纺纱业或 2 000 万锭的纺纱业，需要多少工人、多少职员，此项职员应有何种教育程度，都可以在极短的时间内算出。棉纱业中的人才需要，既可用此方法推算而得，其余几百几千种工矿业及其他实业人才之需要，亦可用同样方法，加以研究及计算。不过这种细密的研究，需要长时期搜集材料。我们希望将来有人从事这类的工作。

最近我们看到一本国际劳工局出版的《1941 年劳工年鉴》，其中有一项统计，把每一个国家中各业中的工人数目与职员数目，分开排列。我根据这些材料，算出若干国家中的若干职业，职员占工人的百分数如下：

国名及职业	职员占工人之百分数（%）
美国	
矿业	3
工业	12
交通与运输业	37
比利时	
矿业	4

续表

国名及职业	职员占工人之百分数（%）
工业	7
交通与运输业	37
法国	
矿业	4
工业	12
交通与运输业	32
意大利	
矿业	3
工业	7
交通与运输业	30

以上各国的统计，表示同样的模型，即在矿业中，职员占工人的百分数最少，工业中较多，交通与运输业更多。我们当然可以利用上列数字，算出中国将来在以上三项职业中，需要若干职员。但此种计算，对于整个问题的解答，只有局部的帮助。而且即使算出之后，我们也无法知道这些职员应当受过什么教育，始能胜任其职务。

为讨论的方便起见，我们拟做两种假定，即：

（1）将来在各种职业中的干部，需要初中以上的受教育程度。

（2）受过此种教育之干部，在农业中，每百人内应有 1 人；在工矿业、交通与运输业以及商业中，每百人内应有 10 人；在政府公务与自由职业中，每百人内应有 50 人。

以上两项假定，当然是武断的，但不是任意的，因为在做这种武断的假定之前，也曾搜集过若干实际的资料做参考，上面所举的国际劳工局统计，也是参考资料之一种。今试以此两种假定为根据，算出我国 30 年内经济建设所需要之干部如下：

职业名称	干部占就业人数的百分数（%）	干部人数（万人）
农业	1	90
工矿业	10	432
交通与运输业	10	108
商业	10	180
政府公务与自由职业	50	540
总数		1 350

此 1 350 万名干部，拟分期训练如下：

期限	每年平均训练人数（万人）	本期内总共训练人数（万人）
第一个五年	20	100
第二个五年	30	150
第三个五年	40	200
第四个五年	50	250
第五个五年	60	300
第六个五年	70	350
总计		1 350

这 1 350 万名干部，分为 30 年训练完成，每年训练的人数，是由少而多。譬如第一个五年内，我们预备训练 100 万名干部，平均每年训练 20 万名，但是第一年也许达不到这个数目，第五年也许要超过这个数目，其余各期，可以类推。

我们愿意在此指出的，就是这个计划实现的可能性。上面我们已经说过，我们对于干部的解释，就是受过初中以上教育的人。这种人的来源，可分五类：一为客卿，二为留学生，三为国内专科以上毕业生，四为国内初中以上毕业生，五为国内职业学校毕业生。除客卿不计外，抗战前四种人的供给如下表：

干部来源	数目	年份
留学生	1 033	民国二十四年
国内专科以上毕业生	9 154	民国二十五年
国内初中以上毕业生	101 026	民国二十五年
国内职业学校毕业生	11 764	民国二十四年
总计	122 977	

由此可见在抗战前，国内的教育机关以及留学生，每年可以供给干部 12 万人以上。这个数目，比起我们上表所列第一年的需要数，相差无几。只要教育界的人，肯努力来担当这个责任，那么干部的来源，是有相当把握的。不过我们在建设初期，对于干部的需要量，虽然与供给量相去不远，但在第六个五年，需要量比现在的供给量要大五倍，所以负教育之责的人，应当设法在 30 年之内，将初中以上的学校，扩充到比现在要多五倍。至于每一级的学校，应当扩充若干倍，始能满足实际的需要，那就得做进一步的研究，始能解答了。

（四）

上面的讨论，还没有包括技术工人在内。在将来的经济建设中，技术工人的训练，当然也是急务之一。

克拉克（Colin Clark）在他的名著《经济进步的条件》中，对于英美技术工人在全体工人中所占的百分数，曾有一个估计。据他说，在美国，技术工人约占全体工人的 26.5％，在英国，约占 28.1％。这当然是一个笼统的说法。假如我国将来的工矿业、交通与运输业中，技术工人的数目，应当等于全体工人的 1/4，那么 30 年后，这两部门中的技术工人，应当有 1 350 万人，其余各业对于技术工人的需要，还未计及。

1 350 万人这个数目，与我们上面所说干部的数目不谋而合。这些技术工人，当然可以分期训练。在第一个五年，训练的数目可以少些，以后逐年递增。但是应当由什么机关来负责训练呢？

我们以为技术工人，应当都受过小学教育。但在小学毕业之后，还不能成为一个技术工人。他还需要一个短时期的技术训练。这种训练，视各业的情形而定，大约简单的六个月便行，复杂的也许要两年至三年。

苏联在几次的五年计划中，感到技术工人的缺乏。他们解决这个问题的方法，并不是假手于普通的教育机构，而是由各种实业自己来担负这种责任，譬如一个大的工厂，可以开班来训练技工。一条铁路，也可开个学堂来训练运输的技术工人。同业的工厂，也可集合起来，共办一个学校，解决它们的共同需要。1941 年，苏联的实业及铁路学校，招收了 35 万名学生，工厂训练学校，招收了 537 000 名学生。同年在各种训练学校毕业的技术工人，参加到生产队伍中去的，共有 794 000 名。

日本在发动中日战争之后，国内工矿勃兴，因之对于技术工人，感到迫切的需要。据我们所得到的情报，日人对于这个问题的解决，其所取的途径，与苏联大同小异。第一种办法，便是由各种工厂自己开办学校训练。举例而言，如三井矿业公司、安川电工器材厂、渡边炼铁厂、朝日钢铁厂及其他工厂，均设有此类学校。训练的时期，通常为六个月，有时也只五个月。此种训练，不但范围很小，而且所学的技能，只能在某一工厂应用，所以在这种训练班出来的艺徒，并不能移到别的工厂中去工作。第二种办法，是由政府指定全国重要工厂，大量招收艺徒。如在五金工业中，艺徒应占全体工人的 4％，工具工业中，应为 6％。训练时期，定为三年，如环境许可，亦得缩短为两年。每年须有 50 点钟以上为精神训练，700 点钟以上之课室训练，并 5 000 点钟之练习。

苏日两个国家训练技术工人的办法，都可做我们的参考。现在后方的工厂，已在负责训练技术工人。过去如广西纺织机械工厂、新中工程公司、中国兴业公司、民生机器厂、大公铁工厂等，对此均有贡献。以后这种办法，还可推广，要全国略具规模的工厂，都一齐来负责训练技术工人。此外我们以为各地的同业公会，应当设立训练班或训练学校，为本业培植大批技术工人。如重庆市的机械业同业公会，就可以办一个机械训练班，招收小学毕业生。授以各种规模，可以看各业的需要而定。一个正在发展的工业，需要的技术工人甚多，应当随时扩充训练机构，使毕业出来的技术工人，可以与需要相适应。

十、中国资源与经济建设

（一）

自从上次欧战以后，各国讨论资源问题的人很多。特别著名的，如斯塔利（E. Staley）、爱姆南（B. Emony）、克莱诺（H. Kranold）等，对于经济建设所最需要的资源，都列有一表，少的至二三十种，多的至八九十种。前好几年，国际联盟也出了一本讲食料与原料的书，其中所举的食料与原料，共计160余种。

在我们所举的资源中，有哪一些是我们的经济建设所必需的，应当先提出来讨论？我们可以《抗战建国纲领》第十七条所提出的原则，作为我们选择的根据。这条原则是：经济建设，以军事为中心，同时注意改善人民生活。所以凡是与国防经济建设有关的资源，我们应当选择出来，列入我们的表中。此外，凡与人民日常生活有密切关系的资源，我们也酌量列入。选择的结果，得到44种资源，其名称如下：

（1）农产品：米、麦、棉花、麻、丝、大豆、菜籽、糖，共8种。

（2）畜产品：牛、羊、猪、马、骡、羊毛、皮革，共7种。

（3）林产品：木材、橡皮，共2种。

（4）矿产品：煤、石油、铁、锰、钨、镍、铬、钼、钒、镁、铜、铅、锌、铝、锡、锑、汞、盐、硫黄、硝、钾、磷、云母、耐火材料、萤石、石灰石、石膏，共27种。

（二）

这些资源的主要用途，乃是我们第二个要讨论的问题。

在农产品中，米、麦是我们的主要食料，不但大多数的人民以此为生，就是军粮也是以这两种为主要。棉花、麻及丝为我们的主要衣料，除为军民衣被所必需外，棉花还是制造火药的原料，麻可以制造麻袋，丝则可以制造降落伞。大豆与菜籽，供给我们的食用油，豆饼与菜饼，还可做农田中的肥料。糖虽然是好吃的东西，美国每一个人平均每年要吃一百磅，但在中国，还不是必需品，我们把它列入表中，乃因糖浆可以制造酒精。

在畜产品中，牛、羊、猪供给我们肉食，马、骡则为役用。这五种家畜，都供给皮革，其中牛皮所制的轮带，凡是用机器生产的工厂，都需要它。牛与羊不但供给肉食，也供给乳酪，羊还能供给羊毛，制造军民的冬衣。

在林产品中，木材的用途极多。我们所住的房子，没有一所是不用木材的。在交通与运输业中，我们只要举出电杆、枕木两种物品来，就可代表木材的重要性。木材又是六十几种工业中的主要原料，造纸、人造丝、家具等工业，都非它不可。橡皮的最大用途，是做汽车的轮胎。

在矿产品中，煤与石油，是近代工业中的主要燃料。煤可炼焦，而焦又为炼铁所必需。炼焦的副产品，可做炸药及染料。缺乏石油的国家，还可从煤中提炼汽油，缺乏橡皮的国家，也可以煤为原料制造橡皮。石油除供给内燃机以必需的燃料外，其副产品中的润滑油，为一切机器所必需，没有它机器便无法继续开动。1918 年德军败退的时候，同盟国的军队，发现德军所遗弃的坦克车，并不缺乏汽油，但因没有润滑油，所以无法开动。铁在近代的经济建设中，其重要性，没有一样东西可以与它比拟。没有铁，机器工业、交通工业以及军器工业，都无法生存。锰、钨、镍、铬、钼、钒，乃是炼合金钢的重要原料。锰钢的特质，在其耐磨性，开矿的机器最用得着它。钨钢在白热时也能保持其锋利，所以最适宜于制造高速的工具，近代机器生产，其效率的加增，与钨钢的发明极有关系。镍钢富于强韧性，其所制钢板，最适宜于制造战舰及装甲车。铬钢抵抗空气的氧化作用最强，所以凡要制造不锈钢的，都要用铬。钼钢与钨钢的性能相似，过去制造工具钢的，常用 18％的钨、4％的铬与 1％的钒；近来制造工具钢的，常用 8％的钼、2％的钨，铬与钒的百分数则不变。钒钢的特性在坚韧，最适宜于制造轮轴及轮箍。镁的用处，在制造火砖以为炉壁，碱性炼铁炉及炼钢炉，均非此不可。含磷较高的铁矿，只有碱性的炼炉可以利用。铜、铅、锌为电器工业及子弹制造所必需的原料。铝的最大用途，在制造飞机。锡可以做罐头及制造青铜。锑与他种金属混合，可以加增其坚硬性，但其最大用途，是在铸造铅字。汞可以制造炸药管，在电器工业中，也有需要。盐为人生所必需，但它与硫黄、硝、钾、磷都是化学工业的重要原料。硫黄、硝、钾、磷，在军事方面的主要贡献是制造弹药，在民生方面的主要贡献是制造肥料。云母是最好的绝缘体，为电器工业必需之物。耐火材料的种类很多，其主要用途为制造火砖。萤石与石灰石，为炼铁所必要的溶剂。石灰石与石膏，是制造水泥的原料。

（三）

我们已经把经济建设所必需的资源，开了一个单子，同时又把它们的主要用途加以叙述，现在要进而讨论一个最重要的问题，就是这些资源，我国是否能够自给自足。

这不是一个容易回答的问题。不易回答的原因，一方面是因为材料不够，另一方面是因为中国的经济建设正在开始，现在的需要量，与将来的需要量，是大不相同的。将来的需要量，现在无法加以正确估计，但是我们如想判断某项资源中国是否能够自给自足，则对于将来的需要，必须做一武断的假定。因此我们下面所提出的答案，只可把它当作讨论的起点，而不能视为最后的结论。将来材料增加的时候，我们的答案，是可以随时修改的。

上表所列的 44 种资源，从我国是否能够自足的观点去看，可以分为三类：一为可有盈余的，二为可望自足的，三为不能自足的。

可有盈余的资源，我们列了 8 种，即丝、大豆、菜籽、煤、钨、锡、锑及盐。这 8 种物资中，根据国际联盟的统计，在 1937 年，大豆、菜籽、钨、锑 4 种的生产量，我国在世界上居第一位；丝的生产，在世界上居第二位；锡与盐的生产，在世界上居第三位。丝只有日本超过我们，锡只有马来与荷印超过我们，盐只有美国与苏联超过我们。煤的生产，在 1937 年虽然微不足道，但是我们的储藏量，即以已经知道的来说，在世界上可居第四位，只有美国、加拿大及苏联超过我们。假如我们能够大规模地开发，煤不但够用，而且还可出口。

可望自足的资源，我们列了 28 种，即米、麦、棉花、麻、糖、牛、羊、猪、马、骡、羊毛、皮革、木材、石油、锰、钼、镁、铝、汞、硫黄、硝、钾、磷、云母、耐火材料、萤石、石灰石及石膏。这 28 种资源，我们把它们列入可望自足的一类内，并非因其可以取之不尽、用之不竭。固然其中也有可以取之不尽、用之不竭的，如某种耐火材料及石灰石。但是大部分的资源，并非如此丰富。我们所以说这些资源可望自足的理由有二。第一，这些资源中有一部分，在我们的经济建设过程中，如果感到不足，是可以设法在国内增产，以满足需要的。譬如米、麦，在过去常有进口，但其进口的数量，在最多的年份，也还不到国内出产量的 5%。我们如能在选种、施肥、灌溉及驱逐病虫害四方面努力，那么即使把现在种米、麦的田地减去 1/4，同时还使产量增加 1/4，也非难事。又如棉花，在抗战前已可自给，但那时的纱锭只有 500 万枚，将来加到 1 000 万枚或 2 000 万枚时，棉花是否依然能够自给呢？我们以为把改良种植米、麦的技术后空出来的土地改种棉花，一定可以使棉花自给。又如硝，我国并未发现像智利那样丰富的天然资源，但是我们将来的化学工业发达之后，利用空气制硝，必能供给我们的需要。诸如此类的例，不必细举。第二，这些资源中有一部分，如果我们以欧美各国的标准来消耗它，也许要感到不足，但是我们如能节省地利用，便不会发生问题。譬如石油，我国的蕴藏，固然不能与美国相比，但我们也不希望，将来我国平均每五人有一辆汽车。我们少生产，同时也少消耗，就够用了。又如我国的人民，如养成美国人那种非肉不饱的习惯，那么国内的家畜，自然是不够吃的，但是我国大多数的农民，一年吃几次肉是可以数得出来的，所以肉食也就可以算能自给了。

最令我们关心的，是不能自足的资源，共计也有 8 种，即橡皮、铁、镍、铬、钒、铜、铅及锌。橡皮及铬、钒，国内至今并无生产。橡皮将来也许可以在海南岛种植，铬、钒将来也许还有发现的可能，但在未曾种植及未曾发现之时，我们只能从国外输入。镍、铜、铅、锌在国内的蕴藏不富，在抗战期内，已感不足，将来若大规模地开展建设，一定更感缺乏。铁的贫乏，是我国建设的最大障碍。我国的铁矿，其中 3/4 在东北。我国的人口，占全世界 1/4，但是我们铁矿的储藏量，还占不到世界总储量的 1%，这是令人最感失望的。

（四）

最后，我们可以附带地讨论一下，我们不能自足的资源，可以从哪些国家补充。

我们先根据 1937 年的统计，看看我们不能自足的资源，有哪些国家生产。

以橡皮论，生产的国家，有马来（41.0%，此为马来产量，占世界总产量的百分数，下仿此）、荷印（32.9%）、锡兰（6.5%）、安南（6.4%）、泰国（4.6%）。

生产铁砂的国家，有美国（38.0%）、苏联（14.3%）、法国（11.7%）、瑞典（9.3%）、英国（4.4%）、德国（2.8%）、卢森堡（2.3%）。其中英、德两国的生产，自用尚嫌不足。

生产镍的国家，有加拿大（88.0%）、新喀里多尼亚（6.7%）、苏联（2.6%）。

生产铬的国家，有南罗德西亚（22.9%）、土耳其（16.3%）、南非（12.8%）、菲律宾（5.8%）、印度（5.3%）、古巴（5.2%）、南斯拉夫（4.8%）、新喀里多尼亚（4.1%）、希腊（3.4%）。

生产钒的国家，有秘鲁（30.3%）、西南非洲（30.2%）、美国（25.4%）、北罗德西亚（12.2%）。

生产铜的国家，有美国（32.3％）、智利（17.6％）、北罗德西亚（10.6％）、加拿大（10.2％）、比属刚果（6.4％）、苏联（4.0％）、日本（3.7％）。

生产铅的国家，有美国（25.1％）、澳大利亚（13.7％）、墨西哥（13.3％）、加拿大（10.7％）、德国与奥地利（10.2％）、比利时（5.0％）、缅甸（4.7％）。

生产锌的国家，有美国（31.1％）、比利时（21.4％）、德国（10.0％）、加拿大（8.9％）、波兰（6.6％）、澳大利亚（4.4％）、苏联（4.3％）、英国（3.9％）、法国（3.5％）。

上列的国家，我们无妨把它们分为三类：一为与我国领土接壤及在南洋各地的国家，我们可以称之为邻邦。二为面对太平洋的南北美洲各国，过去没有与我们发生过战事，将来大约也不会与我们发生战事，我们可以称之为友邦。三为其余各地国家，我们可以称之为远邦。最有趣味的就是我们不能自足的资源，都可设法向我们的邻邦或友邦补充。如橡皮及铬，可向邻邦补充；钒可向友邦补充；铁、镍、铜、铅、锌，可向邻邦及友邦补充。铁的产量，在印度虽然不高，但印度铁矿的储藏量，至少比我国要多三倍，另外荷印及菲律宾的铁矿储藏量，各与我们东北的储藏量相仿佛。将来我国如需要多量的铁矿，这些邻邦，当然可以帮助我们。

（五）

总括起来，我们可以说，中国的资源，比较是丰富的。在我们所列的 44 种资源之中，8 种可有盈余，28 种可望自足，只有 8 种不能自足。这不能自足的 8 种资源，我们可以向邻邦或友邦补充。所以我国将来大规模的经济建设，资源方面，并无十分困难的问题。

十一、经济建设与国内资金

（一）

在研究经济建设各种方案的时候，我们的心中时常涌出一个问题，就是：我们将来每年能够拿出多少钱来，办理经济建设的事业？这是一个富有兴趣的谜，我们无妨花点工夫来猜一猜。

首先，我们应设法估计一下，战前每年我国能够产生多少剩余的资金。我们所以要以战前的情形，为我们讨论的对象，因战前的币值相当平稳，每一块法币的购买力，不似现在那样捉摸不定。在讨论这个问题之先，我们应当把剩余资金的含义解释一下。所谓剩余资金，就是社会上人民的收入，除了维持他们生活上的需要，所余下来的钱。这儿所谓生活上的需要，并非理想上生活上的需要，而是习惯上生活上的需要。我们只想要知道，中国人民每年的生产，除了消费于他们认为必需消费者外，每年还有多少剩余。

这种剩余的估计，在英美等国家，因为关于人民所做的调查，已相当完备，所以易于着手；但在中国，这一类的调查，现在还无完备、可靠的结果，所以我们无法从这一条途径上，去寻求我们所想得到的数字。我们只能用间接的方法，来解决这个问题。所谓间接的方法，就是利用人民所得以外的统计，凑合起来，看它能否告诉我们，剩余资金的大约数字。

这些与剩余资金问题有关的统计，第一种我们要考虑的，就是中央及地方的税收。这些税收，起初原是分散于私人口袋中的，政府以各种赋税为手段，把它集中到国库里面去，使它成为社会上的剩余。我们可以二十三年为例，看那一年税收的总数有多少。第一，中央政府的收入，在那一年为 1 257 981 700 元，其中有债款收入 318 291 300 元，应当除去，所以实际取得自赋税的收入，为 939 690 400 元。我们所以要把债款收入除去，因为债款收入的来源为人民的储蓄，假如此处不将其除开，则下面计算储蓄项目时，亦当将此数减去，否则将陷重复计算之误。第二，各省市区在那一年的收入，为 340 563 500 元，其中应除去补助款收入（中央的协助）39 921 600 元及债款收入 16 454 600 元，余款为 284 187 300 元。此外，各省县地方预算，二十三年的数字不甚完全，现以二十五年的数字来代替它：那年各县政府的收入，为 140 213 700 元。以上三级政府的税收总计，为 1 364 091 400 元。

第二种统计，与剩余资金有关的，为进口货物之价值。进口货物，代表人民在国外市场上的购买力，其中有一部分，可以视为剩余资金。我们所以要说只有一部分可以代表剩余资金，因为有好几项数字，要从其中剔除。仍以二十三年来说，那年进口货物的价值，为 1 029 600 000 元。在这个总数中，第一我们应当剔除的，就是那些用以维持人民生活所必需的货品，如粮食、纺织品、烟酒及糖果等。据我大略的估计，二十三年这些货物的进口总值，约在 4 亿元。我们要从国外购进这 4 亿元的消耗品，表示那年国内的生产，还不够国人的消耗，所以这 4 亿元，不能代表剩余的资金。第二，我们在过去的几十年内，国际贸易素来是入超的。补偿入超的一个方法，便是输出金银。在二十年至二十九年的十年内，平均每年金银出超为 145 205 000 元，二十三年的出超为 308 296 000 元。但是那一年大量金银的输出，据海关的报告，或系转运伦敦以保安全，或为依照美国购银协定而运往纽约，其中到底有若干系用补偿入超的，惜无法估计。现在姑做假定，认为二十年至二十九年之平均每年金银出超数，即 1 亿 4 500 余万元，为二十三年内补偿入超之一种手段，此数从研究剩余资金问题的立场上看去，应从该年进口货物总值中除去，因金银为历年财富之积累，而非该年生产除去消费后之剩余。第三，外人在华办理生产事业，已有多年的历史。他们在华的投资，年有加增。1934 年进口的货物中，必有一部分货物，系外人以其资金所购得，如将此款也挂在国人的剩余资金账上，实患张冠李戴之嫌。但在二十三年进口之 10 亿元货物中，有百分之几其主权属于外人，实无法加以估计。雷玛教授对于外人在华投资的数目，曾加以调查。根据他的研究，自民国十七年至十九年内，外人在华的新投资，平均每年为 1 亿 5 600 万元。今再姑做假定，认为二十三年的进口货品中，有 1 亿 5 600 万元代表在华外人的购买力，应于总数中加以剔除。如将以上三种数目剔开，则二十三年的进口贸易 10 亿元中，真能代表国人的剩余资金的，不过 328 395 000 元而已。

第三种统计，与剩余资金有关的，为人民的储蓄。根据二十五年《全国银行年鉴》，二十二年全国银行存款总数，比上年增加 478 452 000 元，二十三年比上年增加 387 247 000 元，二十四年比上年增加 798 040 000 元，三年合计，平均每年存款加增为 554 580 000 元。此种数字，不能代表国人每年储蓄的总数，因有若干富豪，多将其剩余资金，存入外国银行。其总数若干，虽有多人的猜测，但无切实统计。其次，我国银行事业，还未发达，若干县份，毫无金融机构，所以有许多乡下地主豪绅，其剩余资金，并未存入银行。不过第二点对于我们的研究，并不十分重要。一因乡村中地主等的余资，有一部分变为出口农产品，如桐油、猪鬃之类。此类农产品之输出，易成外汇后，即以购进入口物资，故此部分盈余，在上面计算进口货值时，已经顾到。二因乡间一方面有地主豪绅，每年可以不劳而食，且有盈余；另一方面则有半自耕农及佃农，每年胼手胝足，还难免于欠债。根据中央农业实验所的估计，全国农家，借钱的占 56%，借粮的占 48%。这些借钱、借粮的农家，如借不到钱、借不到粮，便不能维持生活，便有冻馁的危险。实际放债给他们的，就是乡下的地主豪绅。这些人一手收进来田租，一手又放出去，虽然产生了乡村中阶级间的债权与债务关系，但从整个社会的立场上去看，并无剩余资金的产生。

把上面所说的三种剩余资金加起来，计税收 1 364 091 400 元，进口货物余值 328 395 000 元，储蓄 554 580 000 元，总数为 2 247 066 400 元。

（二）

战前每年所产生的余资 22 亿余元中，有若干用于经济建设之上，乃是我们第二个要讨论的问题。

以中央的支出而论，1934 年度，实业费的支出为 4 248 100 元，交通费的支出为 5 199 700 元，建设费的支出为 46 896 000 元，三种建设费用合计，不过 56 343 800 元。以各省市的支出而论，二十三年度，实业费的支出为 6 900 000 元，交通费的支出为 6 347 900 元，建设费的支出为 38 668 400 元，三种建设费用合计，也不过 51 916 300 元。县政府的支出，用于建设上的，无法估计。只以中央及省市政府对于建设的支出来说，二十三年度，只花了 108 260 800 元。

以进口的货物而论，哪一些是与经济建设有关的，哪一些是与经济建设无关的，很难加以分别。现在我们假定下列各类的货品，是与经济建设有直接关系的，即：（1）金属及铁砂，（2）机器及工具，（3）车辆船艇，（4）杂类金属制品，（5）煤、燃料、沥青、煤膏。这几类进口货品的总值，在二十三年度为 261 129 000 元。上面所说的政府支出，是否有一部分用以购买这些进口的货品，无法确知。我们猜测这两类数字，有重复计算之处，但因二十三年，国营事业尚未发达，政府购入的物资，必不甚多，且我们因缺乏参考资料，亦无法加以剔除，只好让它分立存在。

最难估计的，是储蓄的款项用在建设事业上面的数目。有一类统计可以为我们所参考，即每年新公司设立的数目及其资本数额。自十八年至二十四年，新设立的公司共 2 128 家，资本总额为 585 067 000 元，每年平均新的投资为 83 581 000 元。以后数年新公司的数目及资本总额颇有减少，如二十五年设立的公司，资本总额为 51 864 000 元，二十六年为 74 349 000 元，二十七年为 42 106 000 元。我们当然不能担保，所有每年设立的公司，都已向政府登记，所以上面所举的数字，只能代表每年新投资的最少数额，不能代表每年新投资的实际储额。此外各种建设事业，不以公司方式进行的，还不知有若干。现在我们假定战前国内的储蓄，有 1 亿元投资于经济事业，其余大部分的资金，大约都是用在证券买卖、不动产买卖及投机的交易上面。

经过以上大略的估计，我国在战前用在经济建设上面的款项，计政府支出方面有 108 260 800 元，进口货物方面有 261 129 000 元，银行存款方面有 100 000 000 元，合计为 469 389 800 元。简单地说，战前我国社会上的剩余资金，每年用在经济建设上面的，约在 5 亿元。如以三十一年 12 月重庆的法币价值来计算，约等于 300 亿元。

（三）

假如在抗战胜利之后，我们每年也只能花 5 亿元（战前币值）在经济建设上面，那么我们是无论如何也不能赶上列强的。苏联在 1940 年，投资于经济上面的款项，共为 380 亿卢布。这个数目，与我们过去已花的钱，相差实在太远。

我们将来是否可以花更多的钱在经济建设上面呢？解决这个问题，第一得先研究我们是否可以有更多的储蓄。储蓄加增之后，中央及地方的赋税都可加增，那时方可讨论加速经济建设支出的百分比。储蓄加增之后，进出货物的总值也可提高，那时方可设法输入更多的生产工具及建设器材。但是在生产方法改进之前，中国人民的储蓄能力是否可以提高，很成问题。

根据别国的统计，收入愈多的人，其储蓄额百分数也愈高。收入最少的一部分家庭，不但没有积蓄，还要欠债。以美国而论，乡村家庭每年收入在 1 000 元以下的，都市家庭每年收入在 1 500 元以下的，普通都要借债度日。中国大多数人民的收入，都是很低的，所以他们每日所焦急的问题，是如何可以避免借债，而不是如何可以加增储蓄。对一个在饥寒线上过日子的家庭提倡储蓄，是毫无用处的。

今再从另一方面略举统计，证明中国人民加增储蓄之困难。英国在 1917—1918 年，国民的收入为 412 500 万镑，用在战费上的，为 176 300 万镑，占国民收入的 43％。人民以其收入的 43％献给政府，在平时是不可能的。战时因环境的需要，人民不得不节衣缩食，尽量降低生活程度，俾有大量盈余资金，可做执行战争之用。但英国人当年的收入，除去 176 300 万镑后，仍余 236 200 万镑，以英国 4 000 万人分之，每人仍可得 59 镑，合战前国币 940 余元。这是英国人认为维持最低限度的生活所必需的。又如德国，在 1937 年，因为推行四年计划，各种赋税均有增加，当年人民收入之 6 850 000 万马克中，有 1 960 000 万马克为政府以赋税的方法所收，等于全民收入的 28.6％。今假定在必要时，德国人民亦如英国人民一样，亦可贡献其 43％的收入与政府，则人民手中余款，尚有 3 904 500 万马克，以德国人口 6 700 万分之，每人可得 583 马克，约合战前国币 466 元。此数在德国人眼光中，一定会认为太少，不能维持最低的生活了。

以上所举英德两国的统计，表示在那些国家中，维持一种最低生活所必需的款项。一个国家的生产，第一个最迫切的用途，就是维持人民最低限度的生活。假如在这一项开销已经付出之后，仍有剩余，始能谈到储蓄。假如英国人民的收入，每年只有 236 200 万镑，而非 412 500 万镑，英国人是无法积蓄的。同样的，假如德国人民的收入，每年只有 3 904 500 万马克，而非 6 850 000 万马克，德国人是无法积蓄的。我们可以这样说：每一个国家，都有一个储蓄水准，凡人民每年的收入超过这个水准的，便可以储蓄，不达这个水准的，便不能储蓄。

假如我国采用英国在上次大战时的生活程度，每人每年消耗 940 余元，则以 45 000 万人计，如要维持此种生活，国民收入须有 42 480 000 万元。如采取较低之德国生产水准，每人每年消耗 466 元，则国民的收入亦须有 20 970 000 万元。任何乐观者对于中国人民收入的估计，都达不到这个数字。

我在上面已经提到，中国因统计缺乏，所以估计人民的收入，是很困难的。现在我们姑从各种估计之中，选出两种来审查一下。一种是克拉克的。他根据卜凯及汤纳等的研究，以为在战前中国农民每年的收入，约为 340 000 万镑，非农民每年的收入，约为 91 500 万镑，合计约为 431 500 万镑，约合战前国币 6 904 000 万元。另外一种是程孝刚先生的。他从消费方面推测，认为战前中国人民的收入，约为 5 375 000 万元。今姑取此两数的平均，假定战前中国人民的收入为 6 139 500 万元，以 45 000 万人分之，每人所得不过约 136 元而已。从这样低的平均收入中，当然不能希望产生大量的储蓄。

由于上面的考虑，我们认为中国人民的收入实在太低，在生产方法改进之前，储蓄的数量，无法有显著的增加，因而我们不能希望从人民的节衣缩食上面，产生大量的建设资金。

（四）

但是我们不可因此流于悲观，以为我们无论如何，都不能以 5 亿元以上的资金，用于经济建设。

在下面的条件之下，中国建设的资金，还是可以加增的。这些条件，都是人为的，能否做到，全看我们努力的程度。

第一，假如我们能够改良税制，特别是田赋及所得税等，那么每年中央及地方的收入，应可加到 20 亿元。假定政府分配预算时，能更注意于经济建设，以收入的 20% 用在这个上面，则每年便可有经济建设经费 4 亿元。

第二，假如我们能改进国内的生产，使国民每年在衣食住各方面的消耗，都可自给而无须外求，又假定我国对于入口货品之种类能略加管制，使入口货物中，70% 皆与经济建设有关，则每年我国在国外市场上 10 亿元的购买力，可以 7 亿元，用于经济建设。

第三，假如政府能设法使国人的储蓄，能尽存入国内的银行，使储蓄数量由战前平均之每年 5 亿元增至 10 亿元，又假定政府对于人民投资的途径略加管制，使每年的剩余资金，有 70％投资于经济建设事业，则从国民总储蓄中，每年可有 7 亿元，用于经济建设。

以上三项合计，每年用于经济建设的款项，可达 18 亿元，较过去每年之 5 亿元，超过两倍以上。此数如以重庆 1942 年 12 月之币值计算，为 10 800 000 百万元。

最后，让我说一句，即使我们每年能筹 18 亿元的经济建设专款，还是不能做大规模的建设。我们只要看一下别的国家每年在经济建设上所花的钱，就可了解这一点。所以，我们如想使中国于短期内工业化，于短期内迎头赶上列强，则切实地奉行总理遗教，大量利用外资以开发中国，是十分必要的。

十二、中国应当建设的工业区与工业

（一）

抗战以前，中国的工业区，都集中在沿江沿海一带。上海、天津、广州、青岛、汉口等沿江沿海的大都市，尤其是抗战前工业的中心。这些地方之所以成为工业中心，自有其经济上的理由。以上海而论，其地点之优越，实在是够得上做一个头等工业都市的资格。第一，上海的腹地，原料丰富，特别是在上海发展的棉纺织工业及丝纺织工业，其原料可以就近取给。第二，上海是一个运输的中心，不但华中、华北、华南，有水运与上海联系，就是全球各重要商业国家，都有定期或不定期的轮船，来往上海。因此，凡是利用国外原料从事制造的工业，多集中于上海。第三，上海有很多的技术工人，粗工亦从江北及其他区域汇集上海，因此在那儿开工厂，工人的招募，不成问题。第四，上海是中国最大的市场，一切制造成功的货品，不愁没有出路。最后，上海是中国金融的中心，工厂开在那儿，资金的通融，甚为方便。有了这几个优点，所以上海能成为一个工业的中心，别的沿江沿海都市，所以能够吸引工业，也是因为它们多少具有上述的几个优点。

抗战发生以后，沿江沿海的都市，为敌人所占据或摧毁，中国过去数十年辛辛苦苦所培植的工业，遭受了严重的打击。于是有一部分人士，以为过去将工业集中于沿江沿海，实为失策。他们以为从国防方面着眼，应当把工业建设在敌人的威力所难达到的内地。西南与西北，是他们理想的工业区域。可是太平洋战争爆发之后，证明了西南也不是最安全的区域。同时我们还要记得，现在的敌人是从东北来的，是从海上来的，所以西南、西北，似乎比东南、东北安全一些。这次抗战胜利之后，我们能够保险，将来的敌人，就不会来自西北或西南吗？所以假定某一个区域是安全的，而把工业集中于这个区域之内，从国防的观点看去，与过去把工业集中于沿江沿海，同样是失策。

我们将来所要建设的工业区，第一要顾到经济的条件，第二要考虑国防的安全。只有一个办法，可以达到这两个目的，那就是在中国境内，分建若干工业区，而非如过去的集中于沿江沿海，也不是如少数人所提倡的集中于内地。

中国有一句俗语：谋安全的方法，就是狡兔三窟。外国也有一句意思相同的话：不要把你所有的鸡蛋，放在一个篮子里面。外国人的工业区，似乎是与这个原则吻合的。以英国而论，它的主要工业区，至少有五个。第一是伦敦区；第二是中部区，包括曼彻斯特（Manchester）、利兹（Leeds）及伯明翰（Birmingham）等都市；第三是苏格兰平地区，包括格拉斯哥（Glasgow）及爱丁堡（Edinburgh）；第四是南威尔士区，包括布里斯托（Bristol）及卡迪夫（Cardiff）；第五是东北区，以纽卡斯尔（Newcastle）为中心。在这一次欧战中，第一、第二两区，遭受轰炸的次数最多，其余各区，则比较安全。再看德国，也有五个主要工业区。第一是柏林区；第二是萨克森（Saxony）区，有开姆尼茨（Chemnitz）及德累斯顿（Dresden）等都市；第三是西里西亚（Silesia）区，以布雷斯劳（Breslau）为中心；第四是巴伐利亚（Bavaria）区，包括纽伦堡（Nurnberg）、慕尼黑（Munich）及斯图加特（Stuttgart）等都市；第五是最重要的鲁尔区，从埃森（Essen）到曼海姆（Mannheim），沿着莱茵河畔，排列着大大小小无数的工业都市，连接起来，成为世界上一条最有名的工业带，可与美国从纽约到芝加哥的工业带相媲美。最近这一两年，柏林区与鲁尔区，常遭英国飞机的轰炸，但别的区域中，生产仍能照常进行。苏联的情形，与英德相仿佛。最重要的乌克兰区是沦陷了，列宁格勒成为战区了，但它还有莫斯科区，还有以马格尼托哥尔斯克（Magnitogorsk）为中心的乌拉区及以斯大林斯克（Stalinsk）为中心的阿尔泰区。就是我们的敌人，在它小小的岛国内，也有四个重要的工业区，即东京横滨区、名古屋区、大阪神户区及长崎区。一个国家如把工业散在各区，从国防的观点看去，是最安全的，因为除非敌人把整个的国家占据了，它绝不能把各区的工业，完全加以摧毁，英德苏三个国家的例子，最可以说明这一点。从经济的观点看去，也只有把工业分散在各区，才可以做到地尽其利。一个国家的资源，是分散在各地的，只有把工业分散在各区，才能充分开发各地的资源。

（二）（略）

（三）

从上面所述的观点出发，我们以为中国至少可以建立七个重要工业区域，即：（1）东北区，（2）华北区，（3）西北区，（4）华东区，（5）华中区，（6）华南区，（7）西南区。每区的面积、人口及主要物产，兹列如下。

（1）东北区：包括辽宁、吉林、黑龙江及热河四省。

（a）面积：1 247 256 方公里。

（b）人口：28 543 985 人。

（c）主要物产：小麦、高粱、大豆、皮革、木材、煤、铁、锰、铝、金、石油、盐。

（2）华北区：包括察哈尔、绥远、河北、山东、山西、河南六省。

（a）面积：1 231 628 方公里。

（b）人口：116 754 702 人。

（c）主要物产：小麦、高粱、小米、玉米、大豆、甘薯、花生、棉花、芝麻、火柴、烟草、皮革、煤、铁、铝、金、盐。

（3）西北区：包括宁夏、陕西、甘肃、青海、新疆五省。

（a）面积：3 379 437 方公里。

（b）人口：23 030 794 人。

（c）主要物产：小麦、燕麦、高粱、小米、玉米、羊毛、皮革、乳酪、煤、石油、盐。

（4）华东区：包括江苏、浙江、安徽三省。

（a）面积：353 650 方公里。

（b）人口：81 054 258 人。

（c）主要物产：稻米、小麦、大豆、花生、油菜、棉花、蚕丝、茶、烟草、桐油、煤、铁。

（5）华中区：包括湖北、湖南、江西三省。

（a）面积：565 044 方公里。

（b）人口：69 614 213 人。

（c）主要物产：稻米、小麦、大麦、高粱、油菜、甘蔗、棉花、苎麻、茶、桐油、烟草、煤、铁、锰、钨、钼、锑、锡、铅、锌、汞、金。

（6）华南区：包括广东、广西、福建三省。

（a）面积：558 969 方公里。

（b）人口：57 593 651 人。

（c）主要物产：稻米、甘薯、甘蔗、蚕丝、茶、皮革、煤、铁、锰、钨、钼、盐。

（7）西南区：包括四川、西康、贵州、云南四省。

（a）面积：1 386 067 方公里。

（b）人口：75 635 548 人。

（c）主要物产：稻米、小麦、大麦、燕麦、高粱、玉米、油菜、甘蔗、蚕丝、烟草、桐油、羊毛、皮革、猪鬃、木材、煤、铁、镍、铜、铅、锌、铝、锡、汞、金、石油、盐、磷。

以上这七个区域，面积广大，人口众多，物产丰富，工业发展的可能性是很大的。西北区的人口，在这七个区域中是最少的。但就以西北区而论，南北美 27 个国家，只有美国与巴西的人口超过它，非洲 32 个国家或殖民地，没有一处的人口，赶得上它的。人口最庶的华北区，世界上只有印度、苏联、美国三个国家超过了它。人口次庶的华东区，与德国相差无几。华中、华南及西南三区，每区的人口，都超过了英国、法国及意大利。我们如利用这些区域中的人力，加上新式的生产工具，来开发这些区域中的资源，我们是不难成为世界上头等的富强康乐之国的。

工业区域的范围已经划定，我们便可进而讨论：在这些工业区域之内，我们应当建设一些什么工业。

我们只要检查一下欧美各国的工业分类表，就可以知道，工业已经发达的国家，其工业是有一整套的。这一整套工业，彼此互相扶助、互相满足，以达到巩固国防、增进人民福利的目的。我国过去的工业，如与欧美各国的工业相比，我们的一个缺点，就很显然。这个缺点就是：我们的工业，不是整套的，而是枝节的；不是整体的，而是局部的。我们常说过去中国只有轻工业，而无重工业，就是说明了我国过去的工业，并不是整套的。不是整套的工业，其最大危险，就是失掉了外界的联络，就很难生长发育。

整套的工业，应当包括哪些部门呢？我们的意见，以为至少应当包括十个部门，即：（1）冶金工业，（2）机械工业，（3）动力工业，（4）化学工业，（5）兵工工业，（6）食品工业，（7）衣着工业，（8）建筑工业，（9）交通器材工业，（10）印刷工业。每类工业，还可再分为若干种。譬如冶金工业，便包括炼铁、炼钢、炼铜、炼铅锌铝锡等工业，其中以炼铁、炼钢为最基本、最重要。有了钢铁，许多别的工业，都可以立足。匹兹堡是美国的钢铁工业中心，在匹兹堡及其附近，便有 2 500 多个工厂，利用当地钢铁厂的产品，制造钢管、铁链、锅炉、引擎及其他各种铁器。现代的生产方法，与以前不同的，就是以前用人力生产，而现在用机械生产。机械都是用钢铁做成的，所以假如机械工业是近代工业的中心，钢铁工业可以说是机械工业的基础。有了钢铁工业，机械工业才可以自立。以前在上海附近设立的机械器厂，所需的原料，大部分要靠海外供给，就是因为我们自己没有钢铁厂的缘故。将来我们要在各区，于可能的范围内，设立许多钢铁厂。这钢铁厂设立之后，我们便可以发展机械工业，制造别的工业中所需要的生产工具。这些生产工具，应当利用电力来发动它，所以在各区内，应当利用水力及煤力，设立许多电力厂，构成几个电力网的系统。在动力工业中，电力自然是最重要的，但炼油及制造酒精，也要加以注重。化学工业，其种类虽然繁多，但其所用的重要原料，也不过几种，凡是出产这种原料的地方，都可以设立化学工业。这些原料之一，便是煤焦。我们可以利用炼焦的副产品，制造炸药、染料、药品、香料及摄影化学材料。其次是盐，我们可以用它制造纯碱、烧碱、漂白粉及盐酸。第三是木材，我们可以用它制造人造丝及纸张。第四是油，我们可以用它制造油漆及烛皇。第五是硫黄及磷，我们可以用它制造酸、炸药及肥料。这些产品，对于国防或民生，均有贡献。兵工工业，制造枪炮弹药，可以说是狭义的国防工业。食品工业、衣着工业、建筑工业及交通器材工业，解决人生食衣住行四大问题，其中交通器材工业中之造车、造船、造飞机等部门，在平时的出品，可为运输之用，一旦战事爆发，便可改造坦克车、轰炸机、战斗舰等武器。印刷工业，包括印书、印报纸、印杂志等部门，是供给我们各种读物的。

以上这十种工业，有的在中国还未下种，有的在中国只现萌芽。我们主张在抗战胜利之后，在每一区域中，都要设立这些工业。我们研究一下各地的资源，知道这是很可能的。

冶金工业中的钢铁工业，既是各种工业的基础，我们愿意先研究一下，在各区设立钢铁厂的可能性。钢铁工业最主要的原料是铁砂与可以炼焦的煤。东北区的铁砂，在中国全部最为丰富，庙儿沟、弓长岭、鞍山等处的铁砂，敌人已在大规模地开采。煤焦可取自抚顺、本溪湖等煤山，或利用华北区中开滦的煤，运输亦便。华北区的主要铁山，有察哈尔的宣化、河北的滦县及山东的金岭镇，其中宣化的龙烟铁矿，抗战后敌人已在利用。煤焦可取自河北的磁县、井陉及开滦，山东的博山、中兴。华东区的主要铁山，在安徽的当涂与繁昌及江苏的凤凰山与利国驿，煤焦可取安徽的淮南，江苏的铜山及浙江的长兴。华中区大冶的铁矿，早已开发，他如鄂城、宁乡、茶陵等处，尚有铁砂，可以利用。煤焦可以取自萍乡及湘潭、资兴。华南区的广东钢铁厂，数年前即有设立的计划，铁砂取自云浮，煤焦取自乐昌及乳源，不足时可由他区以水运供给，或从国外补充。西南区是抗战的中心，四川的綦江与涪陵铁矿及云南之易门铁矿，已经开采，煤焦则仰给于四川的江北、贵州的桐梓，以及云南的宜良、嵩明。在我们的七个工业区域中，只有西北区设立钢铁厂成问题，因为西北还没有发现大规模的铁山，新疆虽然很有希望，但铁矿的所在地偏于西部，离市场太远，是其缺点。此外，就各区的共同缺点来说，就是铁砂与煤焦，并不是产生于共一地域（东北区的情形较佳），所以将来钢铁厂设立的地点，颇费考虑。

环绕着各区的钢铁厂，一定可以设立许多机器厂。各区的机器厂，可以看当地的需要，制造各种生产工具。譬如东北及华北的机器厂，可以制造磨粉的机器；而华东及华南的机器厂，则可以制造碾米的机器。华北及华东的机器厂，可以制造棉纺织的机器；华中的机器厂，可以制造麻纺织的机器；而华南的机器厂，则可以制造丝纺织的机器。诸如此类的例，只是要说明各区虽然都要设立机器厂，但不一定要制造同样的机器。它们的业务计划，是要先研究市场上的需要而后定的，最好各区能够分工合作，以收大量生产的效果。

动力工业中的电力厂，是各区都要设立的，因为各种新式生产事业，都需要电力来发动。

兵工工业的各式工厂，也应在各区中设立，以谋国防上的最大安全。

其余各类工业，在各区域中都可以设立多少种，即是每类工业，在各区中都可以有若干代表，但其性质不一定相同。举例而言，西北区的食品工业，当然要有面粉厂，但不必设碾米厂。西北区的衣着工业，可以有棉纺织厂，也可以有毛纺织厂，但不必有丝纺织厂。交通器材工业中，西北也许可以设立飞机制造厂，但绝不能设立造船厂。在各区中，某一类的工业，应当设立哪几种及每种的规模如何，都要详细研究各区天然的资源及市场的需要，始能决定。

假如分区设立整套工业的计划可以实现，那么每一个区域中的资源都可以开发，结果一定可以加增各区人民的收入，提高其生活程度。各区的工业机构，在平时固然可以满足人民日常需要为其最大目的，但一旦战争发生，这套机构，便可略加改造，使其尽量供给军事上的需要。所以各区的工业，可以说是巩固国防的，也可以说是改善民生的。

从我们上面的讨论中，可以知道我们虽然主张各区都要设立整套的工业，但不主张各区在经济上的自给自足。自给自足的理想，以整个国家为单位，世界上还没有一个国家可以完全做到，以国内区域为单位，来企图自给自足，在理论上真是不可能，在实际上也不合算。将来各区虽然都可设机器厂，但所制造的机器是不一致的；各区虽然都有化学工厂，但各工厂的出品是不尽相同的。所以各区间的贸易，在工业发达之后，不但不会减少，而且还会加增。现在世界上贸易最发达的区域，就是东美的工业区与西北欧的工业区。这两个区域中的工业在世界上是最发达的，但它们彼此间的贸易，也超过世界上任何区域间的贸易。根据这个例子，我们可以相信，将来中国各区域中的工业建设完成之后，中国的国内贸易将有空前的发展，经济割据的思想将从此绝迹，正如这种思想，在英美各国已经绝迹一样。

十三、中国经济建设之路

在经济建设的过程中，常有好些问题被人提出来讨论，这是中外相同的。在这些问题之中，有一部分是技术的，不在本文讨论之内。另外有一部分的问题，则是关于政策的，我们愿意提出几个重要的来一谈。

（一）国防与民生

经济建设有两个目标：一是致富，一是图强。民国二十七年，我曾写了一本小册子，名为《中国工业化的途径》，其中有一章，便是专门讨论这个问题。当时我环顾各国的情形，以为英美的经济建设，其目标偏重在致富，即在提高人民的生活程度。苏德的经济建设，其目标偏重在图强，即在加增国防的力量。我国过去的经济建设，倾向于致富的目标，而忽略了图强的目标，结果是我们辛辛苦苦创造出来的事业，在敌人的炮火之下，大部分化为灰尘。因此我得到一个结论，即是我们以后的经济建设，应当先图强而后言致富，我们应当把国防工业，看得比民生工业更为重要。我们的财力、人力，应当大部分放在国防工业上面。

这种主张，在抗战的时期内，自然会得到舆论的同情。经过长期的抗战以及盟邦的加入，胜利已在目前。战后我们的经济建设，是否还要把图强放在致富之前呢？我们的主张，以为在最近的数十年内，在我们的国防基础巩固之前，我们的经济建设，便应牢牢记着："国防第一！"可是社会上已有不同的主张出现了。根据这种主张，以为在未来的建设中，应否偏重国防的观点，应视战后的国际环境而定。假如各国在战后都厌恶战争，认真裁军，加强国际合作机构，和平共处，那么，我们自不必整军修武。否则，如侵略的气焰仍盛，威胁时时存在，那么，国防工业的建设，自属急不容缓。我们对于这种见解，不能同意。中国的先哲有句名言，就是"安不忘危"。在和平的时代里，我们决不可忘记这次抗战的惨痛。一个独立的国家，应当有保卫自己、抵抗侵略的能力。这种能力，我们应当把它培养起来，正如我们要培养自己的身体，使它有抵抗细菌的能力一样。我们决不可因为有了舒适的环境，就忽略了卫生。同样，我们也不可因为有了和平的环境，就忽略了武备。

这次战争结束之后，我们也知道，裁军一定会成为和平会议上一个主要的问题。各强国的认真裁军，也非不可能之事。可是强国的裁军，一定有其限度。这个限度，绝不会降低到我国现有的军备标准。以我国现在的军备标准而论，海军与空军几等于无有，陆军缺少大炮、坦克等机械化设备。英美及苏联等国，将来即使认真裁军，绝不会把所有的军舰、飞机、大炮、坦克等完全销毁。它们在这些方面，如保存若干设备，那么它们的国防，比较我国，更居于优势。所以战后别的国家，确应裁军，而我国则应扩军。只有朝这条路上走去，我们才可与别的国家平等。否则军备不同，侈言平等，终是空言。

我们现在再退一步，承认将来各国真会把军备紧缩，与我国现有的军备相等。在这种情形之下，我们是否可以放弃国防第一的政策呢？我们的答案，还是不可。现在的强国，国防工业的基础，已很巩固。这些工业，将来不一定制造军需品，但是它们一旦决定改造军需品，这种更改，可以迅速地完成。德国在希特勒下台以前，受了《凡尔赛和约》的束缚，裁军相当彻底。可是德国的军备虽然裁了，德国国防工业的基础，则依然存在。希特勒便利用这个基础，在短短的几年之内，使德国成为一个军备最强的国家。美国在参加战争以前，军备相当落后，但参加战争不到数月，全国的生产机构，已有一半以上，从事于军需品的制造，这是因为它的国防工业基础，早已存在。国防工业的基础，不是一天可以建筑起来的，但是国际关系变化的难于预料，正如天有不测风云。我们以一个没有国防工业基础的国家，也跟着国防工业已有基础的国家做天下太平之梦，一旦国际关系发生变化，我们一定又要做一次别人刀俎上的鱼肉。所以我们的建设，无论在何种状况之下，都不可忽略国防。假如别的国家都把军舰毁了，我们自然不必造军舰，但是我们决不可不有造船的设备。假如别的国家都把坦克毁了，我们自然不必造坦克，但是我们决不可没有造坦克的设备。总之，将来别的国家，在裁军之后，其军备还较我为优，那么我们便应扩军，使我们的军备，与世界上的任何列强相等。假如别的国家真的彻底裁军，把现有的军备销毁到与我们现有的军备相等，那么我们便应建设国防工业的基础，使我们潜在的军备能力，可以与世界上的任何列强相等。

我们假如朝图强的途径上迈进，人民的享受，自然不能希望过奢。苏德两国的人民，在战前的节衣缩食，便是我们的好榜样。国防与民生两个目标，在经济建设之初期，自然是有点冲突。我们的人力与物力，多用一分在国防上面，人民的享受，便要减少一分。大炮与牛油不可得兼，我们应当承认。不过大炮的制造，也有限度。等到我们的国防基础稳固之后，我们自然可以用全力于致富。而且也惟有制造了大炮之后，手中的牛油，才不致为他人所掠夺。换句话说，有了国防之后，再来提高人民的生活程度，那种提高的生活程度，才能够维持下去。否则人民的富有，正如抗战以前租界上的繁华，经不起敌人几个月的炮火，便要归于毁灭。所以先图强而后致富，实为经济建设最合理的途径，我们不可任意将其变更。

（二）国营与民营

现在中国的经济建设，是国营与民营双管齐下的。无论哪一项事业，无论其为金融，或贸易，或交通，或工矿业，有国营的，也有民营的。

过去舆论对于这个问题的讨论，显然有三种不同的主张。一派主张经济建设，应由政府主办；一派主张政府不与民争利，经济事业应归人民经营；还有一派，以为经济事业，政府与人民都可参加，但何者应由国营，何者应由民营，范围应当划清。

我们的意见，以为在经济建设的各种事业之中，何者应当先办，何者应当缓办，或何者应办，何者不应办，乃是最重的问题。假如事业兴办的决定权在政府，指导权在政府，监督权在政府，那么国营与民营，是无关重要的。

我们做这种主张的理由，应当申述一下。第一，我们理想中的国营事业或民营事业，其组织是相似的，都应采取公司的组织。现在的民营事业，多采取了公司的组织，但国营事业，尚多采取衙门的组织，其缺点为管理政治化、权责不分明、行动欠灵敏，结果是减低了国营事业的效率。不过这些缺点，如采取公司的组织之后，便可消灭。国营与民营事业，既采取同样的组织，便可有同等的效率，英美等国的国营公司，其效率不减于民营，即其明证。所以从效率的观点看去，国营民营是无关重要的。

第二，我们是一个节制资本的国家，在实施所得税、遗产税、财产税的情形之下，民营事业的收入，已不能为资本家所独享。德国与意大利，过去均曾制定法律，限制公司的分红不得超过六厘，我们将来也可制定类似的法律。战时各国的所得税，有超过 50% 以上的。我们将来在平时，对于收入超过若干元之上的，可以抽 50% 或较多的税。最近美国传来的消息，说是罗斯福总统为预防通货膨胀起见，拟限制人民每年的最高收入不得超过 25 000 元。我们为预防贫富不均，在平时也可实施这样的法律。在这许多节制资本的法律之下，民营事业的收入，有一大部分将由私囊而流入国库。政府即可利用此种收入，做建设国防或促进社会福利之用，正如政府以国营事业之收入，做此种设施一样。所以从利用生产的盈余、以谋大众福利的观点看去，只要节制资本的政策实行之后，国营民营是无关重要的。

偏重国营的人，以为民营事业，如任其发展，则社会主义的理想，永远无法达到。只有把一切生产事业，都交由国营，乃是实现社会主义最迅速的方法。做这种主张的人，忘记了节制资本，是实现社会主义最和平的途径。数年以前，我因听到财政部要举办所得税与遗产税，便写了一篇文章，名为《新税制与新社会》，其中有一点，是说明私人的资本，在新税制之下，如何转变为国家的资本。我说："一个国家，如肯实行累进的遗产税，那么无论什么生产工具，都会逐渐地社会化。一家私人所创办的工厂，在累进的遗产税之下，到了第二代时，便有一小部分股票移到国家的手中。到第三代，国家所保持的股票，百分数还要高点，再隔一两代，也许整个的工厂，便归国家所有了。这样地做下去，不流血，不革命，而生产的工具，便自然地都由私人的手中，移到国家的手中。"这个理想，在严厉实行节制资本的国家里，并非不能实现。政府如节制资本，则一切的民营事业，均依岁月的更换，而改变其性质。在创始的时期内，股票均为人民所有，其后受节制资本的影响，股票逐渐流入国库，理事监事，也逐渐由政府指派，最后这个民营公司，其本质将与国营公司无大差异。所以政府允许民营事业的存在，并不妨害社会主义的发育。

第三，我们为充分利用社会上的财力、人力起见，对于国营与民营的界限，不可划分太清晰。先说财力。将来经济建设的财力，在国内不外两个来源：一是国库的收入，二是民间的积蓄。将来国家规定整个建设计划之后，凡是国家的力量所能担负的事业，一定由国家担负起来。但是国库的收入是有限的，以有限的收入，绝不能办理一切社会上所需要的生产事业。为使国家的计划能顺利推行，应当利导民间的积蓄，使它投资于建设计划中所规定的事业。假如我们先把国营民营的范围划得太清楚，同时国家每年的收入，又不足以尽办国营范围内的事业，结果一定会有一部分的事业，将因预算无着落而停顿。反是，假如我们对于国营事业，并不划清范围，一切事业，国营固可，民营亦无妨，那么国家每年所规定的计划，政府的财力无法尽行办理时，民间的资本，也可利用。在这种办法之下，事业的进行，一定比较顺利而迅速。其次，我们再谈人力。经济建设，需要有事业心的人，出来领导与创办。但是有事业心的人，大致也可分为两派：一派喜名而不好利，他们对经济建设，颇有一番抱负，他们的兴趣，在事业的成功，而不在红利的收入。这一派的人，宜于加入国营事业。还有一派的人，乐利过于好名，爱好自由胜于服从命令，喜自辟途径，而不甘仰人鼻息。这一派的人，宜于创办民营事业。我们如偏重国营或民营，必有一部分人望望然而去，惟有国营与民营事业并肩进行，然后各色各类的人才，始能兼收并蓄。

　　总括起来，我们以为中国的经济建设，应由政府通盘筹划。在计划中的事业，国营固可，民营亦无妨。计划中所不列的事业，国营固不可，民营亦不许。这个原则的实行，也有若干条件：一为改良国营事业的组织，使与民营事业相似。二为实行节制资本，使民营所得，不为少数人所独享，而为大众谋福利。三为实行管制经济，使国营与民营事业，同受政府的指挥、监督。关于第三点，我们在下面还要详细讨论。

（三）自由与管制

　　我们在抗战期内，已经实行了管制经济，不过因为事属创始，所以管制的机构，还不十分健全，管制的范围，也只限于很少的方面。抗战胜利之后，我们尽全力于建国，而且是在国防第一的政策下建国。为应付这种需要，管制经济，不但不能取消，还要设法加强。

　　我们第一样要管制的，自然是生产。现在国营的生产事业，每年均遵照政府的指示，定有一年、三年甚至十年的生产计划。这些计划，经过政府核定后，始付诸实行。所以国营事业的生产，是有目标的，是在政府的指导与监督之下进行的。至于民营事业的生产，政府现在虽然没有替每一个工厂、每一个矿场，规定下生产的计划，可是政府控制民营事业的力量，可以用好些方式行使。譬如民营事业要向四行借款，在借款的条件中，政府便可规定其生产的种类。民营事业要向工矿调整处购买材料，政府又可以在分配材料的时候，设法引导民营事业走上政府预定的轨道。此外政府还可与民营厂矿订立合同，使其在某时期内，生产某种货品，而由政府将此种货品收购。总之，过去四五年的经验已经证明，民营事业，其所有权虽不属于政府，而其指导权，政府实有方法加以把握。抗战以后，生产的管制，一定将更为严密。全国的生产事业，均将由政府指挥，在一个计划下工作，朝一个方向努力。目标一致，步伐整齐，建国的工作，其完成的日期，一定比较在自由经济的状况下加速若干倍。

　　第二，我们要管制的，便是投资。上面我已提到，一国每年可以用在生产上的资本，有两个来源：一是国库，二是民间储蓄。国库的收入，原来也是民间储蓄的一部分，不过政府以赋税的方法，将此部分化私为公就是了。国库的投资，一向是有管制的，管制的工具，便是工作计划及预算分配。政府每年要办的事业，均由各主管机关制订计划，附以预算分配表。核定计划及预算的机关，便是管制政府投资的机关。但是民间的储蓄，其用途则素无管制。在过去的时代里，一个资本家，可以随便利用他的储蓄，办理他所爱好的事业。他喜欢跑狗，则投资于跑狗场；他喜欢跳舞，则投资于跳舞厅；他喜欢看电影，则投资于影戏院；他喜欢喝啤酒，则投资于啤酒厂。这些投资，对于国防与民生有何贡献，并无人加以过问。以后我们当然不能容许这种投资的自由。抗战期内公布的《非常时期工矿业奖助条例》，已经含有指导人民投资的意义。因为在条例中，已经说明，凡是投资于电气、机械、化学、纺织、农产制造、采矿、冶炼等重要工矿业的，可得政府的奖励。以后政府还可再进一步，每年规定在哪些事业中可以投资，没有规定的事业，不许投资。这种法律规定之后，每年新创办的公司，都要将创业计划呈请主管官署核准，才能发行股票。已有的事业，如要扩充，也要先经主管官署核准，才能发行新股票或债券。我们一定要这样地把握着资本的去路，然后国人有限之储蓄，才不致枉费，才能用于与建国有关事业之上。

第三，我们要管制的，便是分配。社会上的生产，都是经地租、利息、红利、工资、薪水等途径，分配于个人。在自由竞争的制度下，资本家的所得，常超过其他阶级。节制资本，便是用管制分配的手段，达到公平社会的目标。我们固然主张累进的所得税，我们尤其主张累进的遗产税。这两种税则，现在已经开始实行，可惜对于高级收入者，税率还不够高。我们以后应当设法修改税率，对于高级收入者，以及拥有巨大遗产者，征以类似没收的税率，这是变私产为公产，实现社会主义的和平途径。关于此点，我们上面已有讨论，兹不再赘。

第四，我们要管制的，便是物价。物价的管制，我们在抗战期内已有经验，成绩虽然离美满很远，但管制的方法，时刻在改进之中。抗战以后，即使预算可以平衡，通货不再膨胀，管理物价的工作，依然必要。最重要的理由，就是我们在建国的时期内，人民的购买力加增，但消费品加增的程度，赶不上购买力。我们将来第一要发展的，是军需工业，是重工业，而轻工业则居于次要的地位。那些从事于军需工业或重工业生产的人民，其所得之薪水及工资，并不以购他们所出产的东西，如枪炮子弹、钢铁煤焦之类。他们的购买力，其来源虽然与那些从事于轻工业的生产者不同，但其去路，却有一致之趋势。在某种价格水准之下，从事于轻工业之购买力，即能吸收其所生产货品之全部或一大部分。现在轻工业之品并未加增，但从旁却添了一股由从事于军需工业及重工业者那儿流来的大量购买力，轻工业产品受此购买力之压迫，其价格之上升，殆无疑义。此种现象，如不加以管制，势必造成通货膨胀的恶果。所以将来如积极建设国防，则管理各项物价及工资，实行日用必需品的定量分配，均为无法避免之事。

由于以上的讨论，我们可以看出，在建国的时期内，自由经济已不适用。我们为迅速地达到我们的目标起见，以后对于建设事业的生产、投资、分配及产品的价格，均应加以管制，使伟大的建设工作，均在一个统筹的计划下进行。

（四）内资与外资

经济建设，如完全靠自己的力量，那么每年进展的程度，就完全受国内已有资本的限制。假如我们能够利用外资，以别人的工具，来开发我们的资源，那么每年进展的程度，就可加速许多。所以利用外资，对于我们是有利的。此事不但有利于我们，也有利于外国。战后英美等国，对于若干生产工具，一定感觉过剩。譬如他们在战时造了好些飞机厂，战争完结之后，裁军工作进行，这些飞机厂都要拆毁。假如我们同英美等国商量，移植若干飞机厂到中国来，同时给它们以相当的代价，也是替它们解决了一个困难的问题。飞机厂不过是一个例子而已，类似的例子，不胜枚举。

利用外资的办法，是很多的。譬如我们输出国内的农产品与矿产品，换取外汇，而以外汇购买我们自己不能生产的交通器材及生产工具，便是利用外资的一法。又如我们设法开采各地的金矿，把现金输出国外，换取我们所需要的机器，也是利用外资的一法。再如奖励移民，使国外华侨的数目加增，同时政府设法鼓励这些华侨，把每年的收入，大量汇回祖国，我们即以这些华侨汇款，在国外购入我们建国所需的器材，又是利用外资的一法。

以上所举的这些办法，都是需要我们自己利用出产或劳力，去换取我们所需要的外资。外资进来的时候，我们已付了同等的代价。普通一般人所讲的利用外资，并不指这种方式而言。他们心目中的利用外资，乃是不必就付代价便可利用的外资。当然，我们不能希望外人白白地把钱送给中国人用，或不收代价便把机器交付给我们。不过把利用外资的时间，与偿还代价的时间分离，使我们能够现在利用而将来偿还，乃是国际往来之所许。这种利用外资的方法，是受惠于现在，而报答于将来，对于我们这种资源丰富而未十分开发的国家，最为有利。

从这个观点看去，利用外资的方法也很多。第一是政府出面，向外国政府借款，即以借款之所得，来办理经济建设的事业。此次抗战，英美等国，因与我们休戚相关，已经对于我们做了好几次的借款。本年 2 月间美国的 5 亿美元借款及英国的 5 000 万英镑借款，其数目之巨，尤为以前所未有。美国此次借款的用意，据官方的分布，共有七点。其中第二点，即说是要帮助我们加增生产。抗战结束之后，我们生产的工作，更要加紧进行。英美等友邦，在战时已开始帮助我们向生产上努力，那么在战后如要求它们继续援手，当然不是困难的事。第二，我国公私的生产事业，以后一定要设法透过英美等国的投资组织，而与这些国家里的资本市场发生联系。英美等国的投资组织，并不完全从事于国内生产事业的投资，同时也投资于国外。美国自 1924 年至 1928 年，每年在国外的投资，均达 10 亿美元以上。1927 年，曾达 15 亿美元的巨数。英国在同时期内，每年在国外投资，常在 1 亿英镑以上。英美在国外投资的一个主要方式，便是由它们的投资组织，将外国公司的股票与债券，推销给英美的民众及金融组织。我们过去与这些投资组织素少联络，所以公私组织的股票与债券，除少数例外，在英美均无市场。以后如能打通此关，即可以我们的股票与债券，在英美的市场上吸收资金。第三，是开放若干生产部门，让友邦来华直接投资。这种办法，过去已经实行，只以在不平等条约束缚之下，外人在华兴办的事业，不受中国法律的节制，以致产生许多流弊。战后不平等条约取消，所有外人创办的事业，均受中国法律的约束，以前所有的弊端，当可消灭。在将来的情形之下，外人如来华开办工厂，一可为中国劳工多添若干职业，二可为中国生产原料者扩充市场，三可为中国实业界培养技术人才，四可为中国新事业树立规模，这是对于我们有利的。在另外一方面，外人在华办厂，当然可以获得相当的利润，此种利润，如非再投资于中国，即将流出国外。此点似于我们不利，不过在节制资本的法律之下，外人所得的利润，必不能异常优厚，且彼等帮助我国开发事业，获得相当的报酬，亦系合理的事。

除了上面所述的三种方法之外，当然还有别种利用外资的方法，此处不必细举。将来我们对于利用外资，虽然希望很大，可是利用之后，责任也很繁重。正如一个借款兴办事业的个人，虽然借款到手之后，他的事业前途，顿放光明，可是同时他也负起了还本付息重责。我们如愿收利用外资之益，而不为外资所累，那么全国的人民，都应节衣缩食，时筹偿还外资的方法，不要失去自己的信用，给债权国一个干涉我们事业的借口。假如我们利用外资得法，我们便可以事业中孳生的资本，一方面还清债务，一方面扩充民族资本。美国的开发，也是利用外资的。在第一次大战爆发时，美国还是一个债务国，欠别国的款项还达 4 亿～6 亿英镑。欧战使它不但还清债务，而且还借了很多钱给别的国家。到了 1922 年，美国在投资的项目下，是别国净欠它 12 亿英镑。加拿大立国的过程，也有点与美国相似。近在 1910 年，加拿大所需的资本，大部分还仰给于外国，尤其是英国。那年加拿大所发行的债券，达 2 亿元以上，其中只有 17% 来自加拿大自己的资本市场，有 1.5% 仰给于美国，81.5% 仰给于英国。可是到了 1935 年，情势便大为改观了。那年加拿大所发行的债券，达 10 亿元以上，其中便有 84％得自本国，5.9％得自美国，只有 0.1％得自英国。这种数字的改变，表示加拿大能够利用外国的资本，孳生自己的资本，很可做我们的榜样。

十四、中国工业化问题的检讨

中国的工业化，近来还在萌芽时期，以后的数十年，一定还会发扬光大。但在工业化的过程中，有许多困难的问题，是需要解决的。作者最近得到一个机会，在常州、无锡、上海等处参观了三十几个工厂，并与从事工业有年的人，对于中国工业化几个重要的问题，做了若干次的讨论。这篇文章，就是要报告这次考察与讨论的结果。

（一）资本

一个国家的工业化，需要许多的条件，其中最重要的一个，便是资本。中国是一个缺少资本的国家，但发展工业，没有资本是不行的。我们可以从哪些地方，取得我们所必需的资本呢？这个问题，大约凡是注意中国工业化的人，都会考虑到的。回答这个问题的一个方法，便是去研究欧美以及日本等国的经济发展史，看看这些国家的资本，是如何形成的，然后考虑这些国家的经验，有无可以供我们参考的地方。这是一个很好的地方，但在这篇文章中，不拟运用。这儿，我只愿意提出一般工业界的先进，对于这问题的意见。他们以为发展中国工业的资本，可以有四个重要的来源。第一便是由现在的工业，来供给发展工业的资本。这不是一个理想，在我所参观的工厂中，有好些在设立的时候，资本不过数万或数十万，而现在的资本，居然到了数百万。这个数目的增加，一部分是由于招添新股，但一大部分的新资本，还是由工业本身孳生出来的。它们在每年结算营业账的时候，有的多提公积金，有的保留红利不发，到了相当的时期，便把工厂的资本额扩充。如常州大成纱厂，在民国十九年时，资本只有 50 万元，民国二十四年，便增至 200 万；又如无锡丽新纺织印染公司，在民国九年，只有资本 30 万，现已增至 270 万。它们都是用上述的方法膨胀的。别的例子，类此的甚多，不必枚举。所以我们希望一切从事工业的人，都要认识并且担负这个创造新资本的责任，不要把每年的盈余，都当作红利分走，应当积少成多，使工业资本，每年都有加增。工业资本的第二个来源，便是由政府取缔投机事业，引导社会上的游资，走上生产事业的途径。中国人口众多，一方面虽然贫民触目皆是，但另一方面，拥有巨资的也不在少数。他们的资本，在过去多投于买卖公债、地产、标金等投机事业，自从政府采取新货币政策并整理公债之后，这一方面的投机事业，已无游资用武之地。地产买卖，自从数年前地价惨落之后，投资者已有戒心。所以在这个时候，由政府用奖励的方法，如保息或减税等，来鼓励正当投资，一定有好多资本，可以做发展工业之用。工业资本的第三个来源，便是鼓励华侨投资。华侨每年由海外汇回中国的款，近来每年常在 2 亿以上。这 2 亿的资本，其用途如何，惜尚无人加以研究，我想此中一定有一部分，可以引导其注入工业中的。除却这 2 亿零星的汇款以外，我们知道华侨中有许多巨富，颇欲投资于祖国，这种热心，政府应特别加以奖励。如在上海开设中国酒精厂的黄氏，在爪哇素称巨富，其财产达 3 亿之巨，酒精厂的资本为150 万，在黄氏创办的事业中，还算是小规模的，以后中国各种工业的发展，借助于黄氏的机会，应当还多，所以对于黄氏在中国初办的事业，应当特别加以爱护。又如在上海开设永安纱厂的郭氏，是澳大利亚的华侨，他在中国投资之巨，除无锡荣氏的申新纱厂外，无与伦比。像这一类的华侨事业，如政府特别加以爱护，一定可以吸收更大的华侨投资。工业资本的第四个来源，便是利用外资。过去私人利用外资而成功的事业是很多的，如商务印书馆在初办时，曾与日本金港堂合作，其初两方各出 10 万元，嗣后华股陆续增加，到民国三年，便将日本股份全数购回。又如五洲固本皂药厂，本为德人所创办，到了民国三年，由上海巨商张云江收回，又让与项松茂，经营 20 余年，便成为今日国人自办最大的肥皂厂。又如中国亚浦耳电器厂，原为德人亚浦耳所创办，民国十四年，亚浦耳回国，便将全部机器生财，盘与国人，现在居然也可以与荷商飞利浦、德商亚司令、美商奇异、匈商太司令等合组的中和灯泡公司竞争，而得到相当的胜利。又如在纺织业中首屈一指的荣宗敬氏，其所辖的九个纱厂，第二厂原来是日人开设的恒昌纱厂，第七厂原为英商安利洋行设立的东方纱厂，但先后均由荣氏接收下来。又如康元制罐厂现在的厂址，原为日人所办的工商制罐公司，民国十二年，康元制罐厂接盘工商制罐公司，遂将老厂选入，合并办理。又如阜丰面粉公司，其设备的新颖，在国内可称第一，据经理孙氏言，公司中有一部分机器，值洋 150 万元，即系由英国借贷而来，利息七厘，五年还清。由以上所举的几个例，可见利用外资，不问它是合伙，或是借贷，或由外人单独经营，如国人肯自己努力，结果都可以获得很大的利益。不过在上面所举的利用外资三种方式之中，其由外人单独经营一方式，便是让外人在华设厂，是利弊互见的，我们应当设法去其弊而收其利。近来讨论这个问题的人，每注重于弊的一方面，如外人在华经营事业，每不肯受中国公司法及其他法律的限制，又某种国家，每因经济问题而牵涉到政治问题，所以我们听到某国的投资，总怀疑它后面有不良的动机。但是利用外资的弊，是可以用外交的方法铲除的，同时如我们的国家力量增强，所有的弊端，都不难一扫而空。至于利的方面，外人在中国投资，除加速中国的工业化外，还可使中国金融市场的利率降低；农民的产品，添一主顾；失业的工人，多一谋生的机会；空虚的国库，多一税源。例如日本在青岛所设纱厂，据民国二十二年海关报告，该年由火车装运之货，如棉花、煤斤及其制品，所付运费共计 500 万元；所缴棉花税捐，亦不下 280 万元；采购华棉 90 万担，价银 3 000 万元；采购鲁省煤斤，50 万元；华工工资，360 万元。虽然日商直接由纱厂中，得到许多的利润，但间接对于中国的利益，是不必否认的。国人在利用外资的条件下，应设法积蓄财富，以便遇有机会，即可使外资变为华资，使现在外人开设的工厂，将来可以变为国人自己经营的工厂。这种结果，并非不可能，上面所举的例，已可证明。我们再看美国，在 1913 年，虽然在国外的投资达 20 亿美元，但外人在美国的投资也有 50 亿美元。美国是一个新兴的国家，所以在欧战前，利用外资的数量，超过本国资本的输出。但在欧战中，美人一方面把外人手中的美国股票买回，一方面把历年积蓄的资本投资外国，到了 1930 年，除去美国政府借与欧洲各国的债款不计外，美人在外国的投资，竟达 152 亿美元之巨数，与英国在欧战前的国外投资总数相仿佛。但英人花了一世纪的工夫所做到的成绩，美人在 15 年之内，便完成之。由此可见一个没有资本的国家，在工业化的初期中，利用外国的资本，是无妨的。只要利用的人，肯自己努力，肯借国外的资本，孳生本国的资本，那么在某一时期，虽然欠外人的债，而经过若干年后，也可一跃而为债主国。美国是一个好榜样，而我国实业界的前途，如上面的例所表示的，也可以使我们发生一种信心，就是国人如自己肯努力，是可以收利用外资之利的。但如国人自己不努力，那么中国的殖民地化，也可因利用外资而加增其速度。为祸为福，关键还在国人的本身。

（二）技 术

工业中的技术问题，可以分作技术设备与技术人才两点讨论。

技术上的设备，中国现在是落伍的，无可讳言。落伍的现象，从两方面可以看出。第一，各工厂中所用的机器，大部分都购自外国，本国人自造的，还不多见。第二，就拿这些外国机器来说，也是陈旧的多，而新颖的少。这种落伍的设备，中国工业界中，亟应设法改良。无锡庆丰纺织有限公司，是设备最好的工厂，它的经理唐星海先生曾说过：

　　　　工欲善其事，必先利其器。企业之成功，全在产量多、产品良、产费廉之三大要端，故凡可以增进产量、改良产品、减低产费应有之设备，决不能稍事吝惜，因小失大。科学进步，年有改观，机器改良，日新月异。今年称为新颖者，明年即属陈旧。所谓实业者，实为进趋之事业，非可一成不变、墨守旧章，而能与人角逐者，故凡有可以增进产量、改良产品、减低产费之新颖设备，亦应随时改进，力避落伍。

唐先生的理论，诚然是正确的，但实践这种理论，却有相当的困难。即以庆丰而论，它的纺织机器，都是在 1932 年以前的。1932 年以后的纺织机器，我除在永安第一纱厂看到数架外，别处并未见到。反是，1920 年的机器，我在很多的纱厂中还见过面。这种现象所以存在的原因，第一由于中国的资本缺乏，第二由于中国的重工业不发达，第三由于中国人口的众多。前两种原因是很明显的，第三种原因，我愿举两个例来解释。我于参观华成烟草公司时，顾少卿厂长曾指出两架包烟机来使我注意，一部是购自外国的，价洋 5 000 元，一部是本国人仿造的，价洋 1 000 元。我问他：既然本国人可以制造这种价廉的机器，为什么不多造几架？他说：这种包烟机，一部可以代替一百个女工，本公司不愿见许多旧的工人失业，所以不拟多造。又于参观美亚织绸厂时，曾与蔡声白先生论中日织绸厂中设备不同之点。蔡先生谓日本织绸厂中，一女工可管三四机，有管到八机的。中国织绸厂中，十年以前，两人管一机，近来则一人管一机。如厂方将设备改良，使一人兼管两机，工人每不肯合作，仍要求一人只管一机，原因系彼等抱有饭大家吃主义，如一人管两机，必有若干人失业，有此顾忌，所以工人都愿意停留于一人管一机的阶段。以前我常说中国人口数量的庞大，阻碍了生产力的自由发展，于此又得一证。

我们一方面虽然承认中国工厂中技术设备的落伍，但另一方面，也要承认中国近年来在技术上的进步。我们有一时期，所有的机器，都要向外国人买，近年来有好些机器，中国人已能自己仿造了，而且仿造的结果，还可做到价廉物美的地步。上面所举的华成包烟机，便是一个好例。此外如华生电扇厂，有一螺丝钉制造机，如向外国购买，需洋 4 000 元，本国人自造的，只需 1 000 元。康元制罐厂的玩具部，有一制造发条的机器，是不轻易让人参观的。据项康原先生说，这个机器制造出来的发条，货色与舶来品并无差别，但只售二角一磅，外国货要四元一磅。像这一类的例子，很可使人兴奋。由此可见中国人对于机器，不但有模仿的能力，而且还有改进的能力，只要假以时日，那么追上欧美，也不是十分困难的事。

关于技术人才在中国的缺乏，也是大家所承认的。不过我们如用历史的眼光来看这个问题，就可看出中国近年来的进步。大成纱厂的经理刘国钧先生，在他与我的通信中，有一段可以表示20年前技术人才缺乏的情形。他说：

> 民国三年，即来武进城内，与友人合组大纶机器织布厂。国钧虽自己只在私塾读书一年，未曾进过学堂，办此机械织布新工业，学识不足。但想外人非生而知之者，制造机器，无中生有者很多，吾人买得此等进口现成布机，只须认真苛求，无有不能织布者，自信只要功夫深，铁亦磨成针。以此自励，并未聘请工程技师，全凭苦干。于民国四年2月开工排机，至6月尚无成效。常有夜半思得一事，披衣而起，或乘半夜车往申求教。又费时四五月，毫无眉目（因彼时有织布机械知识者甚少，且购此旧机，无人负责装置），请来机匠，连换三次，终未见效。在万分困苦中，国钧易服工衣，私进上海怡和织布部，练习两天，并得一机匠，返常研究，始克略具头绪。日在车间研究，忘食午膳者有之，烫伤轧坏我皮肉者有之，此为国钧在发展工业过程中最初之困难。

这种困难，现在办纱厂的人，是不会感到的。下面我们再引一段一个过来人所述的水利化学工业公司事迹。这位过来人说：

> 技术艰深，都是最初动手就在觉悟中的，不过也没有想到艰深到如此地步。那时苏尔维法的秘密，在世界上还是金瓯无缺，统制在一个组织之下。各国纵然也有少数独立碱厂，都是自己暗中摸索出来的，从来没有真正在碱厂做过工的熟练技师放出来代人家设计，各国也没有现成的机器发卖。不像近年，日本厂家，能出高价，就有阿快斯君代他设计，并且保证出货的品质和产量。难易之分，相隔天渊。我们那时候花几万元金钱，费几个月功夫，造成一座机器，开动不到一个月，就有全部毁坏、变成废铁的。重新再造吧，未见得新的一定比旧的有把握，徘徊审慎，这个烦恼，真没有言语可以形容。至于开一天工，停下修理十天半个月的玩意，更是家常便饭，有时教人吐不出气来。昏天黑地地干，一共七八年，工程上这样幸而敷衍下来了。

办理永利的人所遇到的烦恼，办理开成、天原、天利的人是不会遇到的，可见中国的技术人才，是逐渐加多了。另外还有一件事，可以证明中国技术人才的加增，就是中国各工厂中，外国的工程师，已经少见了。有一个时期，中国工厂中离不了外国工程师，正如以前的国立大学，离不开外国教习一样。现在，像我所参观过的三十几个工厂中，只有两家还用外国的技术人才，其余的工厂，技术方面，都由中国人主持。上海水泥公司的经理华润泉先生，说过一句有趣的话。他说，工厂中有一个外国技术人员，便如多添了一处租界，使管理的人，发生许多麻烦，因为厂中所定的一切规则，外国人都可以不遵守，这种租界，自然是越早取消越好。工厂中有外籍技术人员，除不易管理外，薪水过高，也是使中国人不愿请教的一个原因。以后中国的技术人员越来越多，外籍的技术人员，在中国工厂中，恐难有立足之地了。

技术人员的加增，自然要归功于政府的留学政策及大学政策，不过现在中国的技术人员，从量的方面看去，还是不够用的，而且中国的技术人员，并不是在每一方面都是有代表的，特别在重工业方面，现在恐怕还要借重客卿。救济的方法，治标自然是继续过去的留学政策，治本还在充实本国的大学及研究院。

以上所讨论的，特别注重于上级的技术人才。但中国不但缺乏上级的技术人才，就是中级的技术人才，也是随处都感不足。这种人才，本来应当由职业学校供给。但中国过去对于职业教育，太不注意了，以致现在一切的工厂，对于此种人才，只好自己训练。许多工厂中，都招收练习生，许多是高中毕业的，已有在高小毕业的，在厂中受过相当时期的训练以后，才可在厂中担任工作。这种办法，在最近的将来，各工厂一定还会继续下去的，因为社会上训练这种中级技术人才的机关，现在还不够用。

（三）管理

过去许多工厂的失败，都是由于管理不得其法。管理问题非常复杂，现在分作四方面讨论。

第一，我们先论厂屋与机器的管理。过去有许多办理工厂的人，把招股所得的资本，大部分拿来建厂屋、买机器，只留一小部分的钱来做流动资本，于是在开工出货的时候，时感周转不灵，不得已，只好将厂屋及机器作押，向银行借贷。年底计算，如有盈余，先还银行欠款，次分官利、红利，对于公债及折旧等事，不知亦不能顾及。如此 10 年或 20 年之后，厂屋及机器都陈旧了，生产力量减低，而生产费用却加高，与同行的竞争，当然失败。金融机关或政府方面，如不加以救济，这种工厂，只有宣告破产。我们如研究中国的工业失败史，一定可以发现许多厂家，都是循着上面所述的途径，走到破产的归宿。根据在工业界有多年经验的人的观察，中国各工厂，流动资本与固定资本（指厂屋及机器等）的分配，常为一与三之比，如使其比例为三比一，即使流动资本三倍于固定资本，则办理工厂的风险，就要减少许多。因为流动资本的数量加多，则向银行借款的机会便减少，因而利息的担负也就减轻。所以在股本招足的时候，以几成建厂屋、购机器，以几成做平常事业上的活动，乃是管理工厂的人，第一个要细心考虑的问题。在资本缺乏的中国，欲使一般开办工厂的人，把流动资本的百分数提高，乃是一件不很容易的事。不过无论如何，我们应当以此为标准。除此以外，办理工厂的人，在资产负债表内，绝不可忘记把公债与折旧列入，而且最好在分配盈余之前，便把这两项用度提出，因为不如此，即使厂方有一个时期可分盈余，而终以厂屋与机器陈旧，无钱抵补，也会破产的。据唐星海先生说，日本纱厂之所以能保持胜利，设备永不落伍，便是因为注重公债与折旧之故。唐先生特别拿出一本上海纺织株式会社的某一期营业报告书给我看，该社的资本为 600 万两，公积金已有 358 万两，已超过资本额的一半。在那一期的营业报告书内，有一利益分配表，极可注意。在盈余的 125 万两中，不到 1/3，便是 39 万两，是以官利、红利的名义，分与股东的，其余的部分，有 25 万两是折旧准备金，45 万两归入下期计算，其余的便分入几种公积准备金。我们只要看一下这种报告，就知道这个纺织株式会社的基础是很稳固的，一般商业上的风险，绝打不倒这个蒂固根深的组织。中国现在也有好些工厂，注意到了这个根本的问题。阜丰公司，便是一个好例。在二十四年度的账略中，阜丰表现出它的资本，虽只 100 万元，而公积金已有 89 万元，折旧也有 78 万元。阜丰的设备，能够日新月异，当然要归功于这种管理的方针。

第二，论人的管理。工厂中的人事管理，可以分作职员与工人两方面讨论。职员的任用，是一个很严重的问题。有一个在上海办理工业多年的人，前几年事业失败了，我曾请教他的同行，打听这位先生失败的原因。据许多人说，这位先生在用人方面，没有采取人才主义，总是先用亲戚本家，其次用同乡，其次再用别地的人，这种用人方针，是他失败的主要原因。我想在中国的旧伦理观念之下，用人不脱这种窠臼的，实在不多。为避免当事者的麻烦起见，对于职员的进用，莫如实行考试制度。商务印书馆便是实行这种制度的。该馆所定的规则：凡是进来的人，除了有特别技能或者很高的程度外，其他的都要经过考试。年轻的刚离学校的学生，考取进馆之后，高小程度的要做三年学生，初中毕业或高中毕业的，至少也要当两年或一年的学生。他们不是单挂学生的名义，还要受两种训练：第一种是业务上的训练，第二种是普通知识的训练。这种考取再加训练的职员，其服务的能力，当然比靠讲情面进来的，要高得多。此举很可为一般工厂所取法。职员入厂之后，应当有严密的奖惩方法，来加增他们的工作效率。凡是讲科学管理的工厂，如商务印书馆，如康元制罐厂，对此均有细密的规定。但也有好些工厂，其加增效率的方法，完全靠经理或厂长以身作则。一以法治，一以人治，两种制度，在小规模的工厂中，其优劣不易看出，但在大规模的工厂中，无疑地应当采取法治。只有严密的规章，加上严密的稽核，才可使各个职员各尽其职，为工厂的生产而努力。

管理工人的目标，概括地说，共有两个：第一是要加增工人的工作效率，第二是要预防工潮。提高工人工作效率的方法，各厂采用的，约有四种：一为入厂时的体格检查，于是身体孱弱、不堪工作的，都被淘汰了。二为入厂后的训练，在好些工厂中，训练不只是技术的，同时对于做人之道、普通常识、精神训话等，也多加以注意。亚浦耳厂的经理胡西园先生曾说过，如想每个工人，成为一个好的工人，先要使他成为一个好人，这是一句值得注意的话。第三便是用奖励的方法使工人生产的多少与他收入的多寡，发生密切的关系，件工制为多数工厂所采用，便是由于这个原因。四为办理工人宿舍，使工人与外界少接触，借免传染恶习，同时因起居有时、饮食有节，工人的精神，也不致在不正当的娱乐上浪费，其影响于生产的能力是很大的。关于预防工潮，据多数厂家的意见，最有效的方法莫如由厂方自动地为工人谋福利。在我所参观过的工厂中，工作环境可以说都在水平线以上，华成、庆丰、大成等厂，还有冷热气的设备。至于无锡的华新丝厂，其环境与学校相仿佛，即与外国管理最良的工厂相比，亦不多让。据云：工作环境不良之工厂，多系小厂之用学徒制的，以后如同业公会的组织严固，此种现象，或可改善。除工作环境的改良之外，各工厂中，对于补习教育、运动及医药设备、养老金、团体寿险等，已有多数加以注意，尤以前数项为普遍。天厨味精厂，对于服务满十年的工人，给以一年的工资，以为酬金。商务印书馆鼓励职工参加保险，保费由公司出一半、个人出一半。康元制罐厂，鼓励集团结婚，凡参加上海市集团结婚，其参加费 20 元，由厂方赠予，此外厂方每两月举行集团结婚一次，一切布置，由总务部负责，茶点亦由厂方酌备，参加的人，不得发喜帖或设宴款客，以省费用。大成现正筹设公墓，使工人因病逝世的，不必另筹墓地。以上这几点，是比较特别的，但也可以表示近来厂方为工人谋福利的趋势。

第三，论物料的管理。工厂的工作，就是购进原料，使它变成制造品，然后以之出售。自购进原料以至制造品的出售，中间都可发生很多弊端，使成本加重。办理不善的工厂，有两种弊端是普遍的。其一是买卖的舞弊，即在买货卖货时收取佣金，或以次等原料，冒充上等原料，交付工厂，或与商人勾结，减低货色分量，从中渔利。其二是制造时的舞弊，如故意浪费，或从中偷料，而以废物名义售出，以图非分之利。如在纱厂中当事的人出售废花，或在丝厂中工作的人出售废丝等事，都可以表明这些工厂管理的不得法。管理已上轨道的工厂，没有一种材料，是可以当废物看待的。记得以前在美国参观一个屠场，场中的司事对我说过，在那屠场中，没有一件废物，只有牛羊临死时的一声哀鸣，屠场中不能利用。这种经济的物料管理法，给我一个很深的印象。这次在无锡参观华新丝厂时，厂长薛祖康先生，说是他的厂中，也没有一点废物，使我感到很大的兴趣。我便问他，茧中的死蛹，是否也有用途。他说，死蛹可以作为肥料出售，或拿来培植桑树，绝不可视作废物。我想每一工厂中，如管理的人，真肯用心，绝不难发现废物利用的途径。至于有意的作弊、废除之法，只有一方面对于进用职工时，加以谨慎；另一方面，对于防止作弊的方法，须严密制定。有好些纱厂的经理告诉我，他们厂中，在某一时期，存了若干棉花，纺成了若干包纱，织成了若干匹布，这些纱或布，放在什么地方，可以查考一下簿记，便立刻回答得出。一个工厂中，如有这种严密的簿记，作弊是不大容易的。

第四，我们可以论钱的管理。商务印书馆的王云五先生，对于钱的管理，曾发表下列的意见：

> 本馆举办新式会计最早，近年迭有改进，规定颇为严密。款项之进出，咸须经过多人之手，并随时受审核部之检查，故数十年来绝少弊端。查我国工商业之失败，除因营业上正当之损失外，多有由于主管人之移用公款、经营私利者。本馆除主管人均能安分尽职、恪守信义外，会计制度之严密，使公私款项，绝对不能相混，实亦本馆数十年来维持不败之一要因。

王先生所说的主管人移用公款、经营私利，我在上海也听到许多的报告，如：某纱厂的失败，系由经理之子，挪用厂方款项，私做投机生意；某罐头公司的失败，亦因经理挪动公司款项，投资于个人所创办的事业。所以新式会计的采用，以及会计、出纳、稽核等事务的分立，一方面可使职责分明，一方面可收互行监督之效，实为一切工厂中急不可缓之图。

以上所论四点——一厂屋与机器、二人事、三物料、四金钱——已经把工厂管理的四个主要方面都谈到了。过去失败的事业，每把失败的原因，归咎于他人，但我们敢说其中有一大部分，其失败系因自己腐败，并非由于外界的压迫。反是，如一个工厂在上述的四方面都有办法，那么外界的压力，是打它不倒的。

（四）外货竞争

现在有一种流行的见解以为中国的工业化是很困难的，因为中国的市场中，充满了外国的货物，它们有大力为后盾，中国厂家的出品，是无法与它们竞争的。这种见解未免过于悲观。我们可以提出许多事实，证明中国的工业大有可为，只要我们肯好好地埋头苦干，外货的竞争，是毫不足畏的。先拿纺织业来说。外国人不但以他们纺织品，运到中国来销售，而且还在中国各商埠设厂制造，与中国各工厂，发生正面的冲突。假如外国的货物，真可摧残中国的工业，那么纺织业应当在中国已无立足之地，但实际的情形大不然。中国纺织纱厂，虽然有许多关门，但那是因为本身腐败，正如一个生了肺病的人，就是没有风寒的袭击，也有一日会寿终正寝的。反是，如自己的基础稳固，那么外人即使在上海、青岛再多开几个纱厂，也不能动其分毫。我所参观过的纱厂，便有许多在过去的不景气时期中，依然年年赚钱的。举一个例来说，常州的大成纱厂，成立于民国十九年，我搜集到它历年的报告书，知道它除在此短时期中，增加了许多资本外，十九年盈余凡 7 万 9 000，二十年盈余 45 万，二十一年盈余 36 万，二十二年盈余 24 万，二十三年盈余 24 万，二十四年除盈余 24 万外，另提折旧 28 万。二十四年年底，大成的资本，已由 50 万加至 200 万，折旧准备，已存有 73 万，历年还分给股东那么多的盈余。外人对着这个管理得法、基础稳固的大成，还不是眼看着它繁荣吗？又如中国的丝业，在过去自然是失败的。失败的原因，大家都归咎于日本丝的竞争。但在过去最不景气的数年中，无锡的永泰丝厂，于民国二十二年只经营 3 厂，二十三年便添至 5 厂，二十四年添至 6 厂，本年度便添至 15 厂。永泰所出的厂丝，可以与任何国外的丝厂出品比拟。在纽约，永泰有直接的经理，在伦敦、里昂等处，永泰也有代办，所以价格不受中国出口商的操纵。由于永泰创办者及其同事的努力，所以别的丝厂虽然失败，而永泰却有欣欣向荣之势。又如中国所消费的酒精，以前大部分均求给于外洋。自中国酒精厂设立以后，外洋输入之酒精，数量骤为减退。据黄江泉先生说，中国酒精厂的胜利，由于下列三原因：一因该厂出品，品质优良，较之国外输入之酒精，有过之而无不及；二因价格较贱；三因该厂随时可以出货，无青黄不接之虞。以上所述的三点，是由中国人自己努力便可达到的，外人亦无可如何。又如调味之物，国人以前多喜用味之素，民国十二年，吴蕴初先生，于工余之暇，着手研求，先购舶品，详为分析，嗣依学理，试行制造，不到一年，便告成功，不但品质可与舶品相颉颃，即成本廉平，亦足匹敌，于是将此项制品，定名为味精。以前舶来品的销路，每岁不过数十万，现在味精的销路，已经超过它许多倍。舶来品的主人，也无法加以压迫。又如亚浦耳电器厂，以 150 万的资本，来对付荷、德、美、匈合组的中和灯泡公司。中和的灯泡，卖三角一只。亚浦耳只卖两角一只，现在亚浦耳灯泡的销路，还在逐日扩充中，而且在南洋群岛以及南非洲等处，凡华侨足迹所达之处，胡西园先生总是采取猛进政策，设法推销出品。所以虽有外力的打击，胡先生总觉得前途是光明的。又如儿童玩具，在中国素来是外货独霸，但康元制罐厂自添设玩具厂之后，据云只靠 10 余万元的出品，便可抵制舶来品 80 万。将来康元的出品，如能加至三四百万，则外货将在中国市场中绝迹。康元所以能做到这一点，便在价廉。如小汽车是儿童最喜欢玩的，德货价在二元以上，日货价亦九角，而康元出品，只售四角，其余类此的例，不胜枚举。工业界的先进，现在不但不怕被人打倒，而且还有打倒别人的勇气。这种现象，实可令人乐观。

上面所举的例，至少可以证明一点，就是外货的压迫，虽然凶猛，决打不倒那些自知发奋为雄的工业家以及他们的工厂。在外货的压迫之下，中国的工业还是可以发展的，我们决不可长他人的威风，灭自己的志气。所以一般流俗者的判断，把一切中国工业上的失败，归咎于外货的压迫，我们决不可轻信。

在恢复我们的自信心之后，我们应当平心静气对于外货竞争的影响略加分析。我们先说在外国制造的外货。这些外货，与国货在中国市场中竞争，其能占胜利之点有五：一为利息的担负低，外国的工厂，资本雄厚，不必时刻向金融资本家乞怜，即向银行借款，其利息亦常在三四厘左右，中国工厂，如向银行借款，利息常在八九厘以至一分，故担负较重。二则外国工厂之生产，常为大量，较中国工厂之小量生产为合算。开成造酸公司的林大中先生，关于此点，曾举一例，彼谓现在大阪所制硫酸，成本为 8 元一箱，中国成本为 14 元一箱，差异之唯一原因，即在日本为大量生产，如中国需要硫酸之数量加增，可以大量生产，那么中国造酸的成本，也可减低与日本一样。三为外国工厂对于原料的采用甚便，凡工业中之一切需要，均可取给于市场。中国工业化的历史甚短，有许多原料，自己不能供给，临时向外国采购，费钱而且费事。如亚浦耳电器厂，有时向外国购买电料，原料只值三四元，而电报费可以花到三四十元，这是欧美的工业家不会感到的苦痛。四为外国工厂中的技术，较中国一般工厂为进步，且国中科学发达，技术设备常日新而月异，中国环境不同，尚不足以语此。五则外国的政治已上轨道，秩序安宁，法治的观念，已深入人心，故非法税捐、土劣敲诈、军队破坏、土匪骚扰等事，可谓绝迹，中国现在还不能完全做到这一点，所以难免给工业家以额外的负担。

以上所述的五点，国货虽然比外货吃亏，但国货也有八点是占便宜的：第一，国货有关税的保护。第二，外货运华，须付运费及保险费，始能达到中国的市场，国货可以不必有此负担。第三，外国工人生活程度较高，所得的工资，常数倍或十余倍高于中国工人，当然在成本上要加增许多。第四，外国不但工人的工资高，就是职员的薪水以及其他营业上的开销，都较中国为大。第五，外货在中国行销，须假手于买办阶级，国货工厂可直接与各地商人交易。第六，外人对于中国内地市场，不如中国人之熟悉，即费巨款调查，终以言语不通、习惯不同，而有隔膜。第七，近来国人民族思想之发达，已非十余年前或数年前所可比，喜用国货的人，已逐渐地增加。第八，政府对于国货的提倡，数年来不遗余力，对于成绩优良的国货，还有免税及运输减费计算等优待，近又筹设国货公司，对于国货的推销，加了不少的助力。

外国制造的外货，在中国与国货竞争，有五点占胜利、八点吃亏，为减少吃亏的程度起见，所以外人纷纷来华设厂，这种在中国制造的外国货，虽然可以减少吃亏的程度，但绝不能与国货占同样的便宜。上面所述国货占便宜的八点，前三点国货工厂与外国在华所设的工厂共之，但自第四点以下，外货工厂终因系外人经营之故，享不到国货工厂所享的利益。我们把这个问题分析一下，已经发现中国的工业，并非身临绝境，只要我们尽量努力我们的优点，设法避免我们的缺点，那么在中国市场上，与一切的外国货竞争，胜利也尽在我们这一方面。由于这种分析，并且在各地看到了胜利的榜样，使我们深信中国工业的前途，是光明抑是黑暗，大权是操在我们自己的手中。外货的竞争，是不足畏的。足畏的乃是自己的退缩、自己的气馁。

（五）政府与工业

政府与工业的关系，可以分作两方面研究。第一，我们可以研究，政府对于工业，采取一种什么政策，去鼓励它、发展它。关于此点，政府当局已屡有言论表示，现在也还有各种设计在进行中，本文不拟加以讨论。第二，我们可以研究，工业界对于政府有什么希望。关于此点，我愿意把此次考察所得到的意见，归纳为下列数点。

其一，工业界希望政府制定有关工业的法律时，要尽量采纳工业界的意见。过去的法律，如公司法、工厂法，在实行时，发生许多阻碍，就是因为不甚切于实情。以后政府起草各种法律规程，如在事先博采各方面的意见，这种困难，当可减少。

其二，工业界希望政府早日取消转口税、地方特税，修改进口税率，使原料所纳的税，较制造品所纳的税为低，并且修改统税征收的方法，使外厂无从偷税，政府的财务行政费也可减少。转口税的废除，本已由行政院 204 次会议通过，又经中央政治会议第 449 次会议核定，原来本拟于二十四年 6 月 1 日起实行的，只以 1 300 万的税额无法抵补，所以延至今日，还未见诸事实，但财政当局，对于此事，已在筹划之中，预料不久便可裁撤。地方特税，有许多是不合法令的，如厘金早已明令废止，而类似厘金的通过税，在甘肃、宁夏、青海、陕西、江西、湖南、广东、广西等省，依然存在。这种事实，预料地方财政上了轨道之后，也可消灭。至于原料所纳的税，高于制造品所纳的税，对于国内工业，当然是一打击。如美亚织绸厂，指出国外绸货进口，只纳税 80%，而织绸所需的人造丝，则纳税 250%；又如亚浦耳电器厂，指出变压器之进口税，不过 10%～15%，而制造变压器所需之原料，如纱包、铜线纳税 20%，钢片纳税 12.5%，绝缘物纳税 20%，对于国内的电器工业，似有不利。我曾把这个问题，提出来请教国定税则委员会的专家，据他们说，原料所纳的税应较制造品为低的原则，是他们所愿意维持的，但原料与制造品的界限，有时亦不易分，每有一种货物，甲业认为原料，而乙业认为制造品的，所以税则的制定，欲其尽如人意，亦正不易，但政府方面，总在时刻设法，使大多数的人，对于税则，能够满意。关于统税征收方法的修改，纱业中人提出来的最多，他们以为与其派驻厂员在厂收税，不如每月查考纱厂的锭数收税，如此可以不必派驻厂员，而外厂亦不易偷税。这是值得财政当局考虑的一点。

第三，关于技术人才，工业界都希望政府多加培养，特别是中级的技术人才。关于此点，教育部早已顾及。民国二十二年 9 月，教育部在行政院第 126 次会议中，曾提出一案，请确定各省市中等学校设置及其经费支配标准。据教育部声述，在民国十九年，职业学校数目不及中等学校总数 1/10，经费才及 1/10。教育部的议案，即想矫正此种缺点，在提案中，规定各省市中等教育经费之分配，限至民国二十六年度，达到下列标准：职业学校不得低于 35%，师范学校约占 25%，中学约占 40%。此案已经通过，由行政院通令各省市遵行。教育部并拟自二十五年度起，就首都及其他适当之地点，逐年筹设规模较大、设备充实之模范中等职业学校一所或两所，其设科以各地不易举办之学科或确能开发当地原料与改进当地固有职业与企业之学科为主要标准。我们希望这两种计划能顺利推行，使不远的将来，工业界对于中等技术人才，再不感无处聘请的痛苦。

第四，工业界希望政府多做检验的工作，对于原料加以严格检验，以免购入劣货。面粉公司所运的小麦，毛纺公司所运的羊毛，常在原料中发现大量的沙石及废物，花费许多金钱，运输此种废物，实为不经济之举，如检验严格，当可减少此种弊端。又有小规模之工厂，对于制造货品，偷工减料、廉价出售，用户虽受蒙蔽于一时，但终会发觉被骗的事实，于是对于国货减少信仰，正当工厂无形中大受损失。故政府应对于每种制造品定一标准，在标准以下之货物，应严格取缔，对于运往外洋之国货，尤应严厉执行检验。如是则作伪的人有所顾忌，而国货的名誉，在国内以及国外，当可蒸蒸日上。

第五，工业界希望政府扶助各业、实施统制。统制的必要，在生产过剩的工业中，最易感觉到。过去有些工业，因出产毫无计划，以致货品充塞市场，彼此跌价竞争，以致一败涂地。眼光灵敏的人，便提倡由同业自动统制，现在如火柴业、煤业及水泥业，已有相当的统制方法。关于供过于求的工业，政府自应利用同业公会，统制生产数量，同时对于评价一事，政府的代表应注意消费者的利益，以免自私者利用统制之名，而行垄断之实。关于出产尚不能满足国内需要的工业，政府亦应设法利用保息等政策，促其发展。惟工业界对于有些省政府，利用统制名义，私定省的保护关税，排斥外省货物，则均一致反对，希望中央政府，设法制止。

第六，工业界希望政府发展水陆交通，使制造品得以廉价输入内地，并应早日开辟南洋航线，以免在南洋市场中，与外货竞争，立于不利的地位。现在我们自己，没有直接的南洋航线，以致一切货品的运输，往南洋的，都要在香港转手，加增运费，常在三四倍以上。如中国欲在南洋华侨中，保持国货的市场，则南洋航线的开发，实为急不可缓之图。至如欧美航线之开发，虽然也很重要，只好俟诸将来了。

第七，工业界希望政府能集中若干专家，替新兴事业设计。此点王云五先生言之最详，他说：

> 兴办实业开始时之计划，较成立后之经营为难。前者需要深远之眼光与广博之知识；后者只需在规定范围内忠实进行，或从事局部之计划足矣。以故各种实业之经营专家尚易罗致，而计划专家则甚难得。我国人才本已缺乏，与其希望每一实业，均能获得计划之专才，毋宁集中此少数之专才，备公众之顾问。最好能由中央政府就国中主要都市分设实业顾问机关，网罗专才，为当地之实业家担任计划，而酌取手续费。此项机关自当搜集各地方各业之产销资料以及物价情形，于从事计划之时，并可以拟办实业之利害得失忠实相告，俾拟办实业者，知所去取。如是则于代办计划之中，兼寓统制实业之效用矣。政府果能举办此事，将于实业界协助不少。

王先生所说的实业顾问机关，私人已有办的，但都是小规模的，且限于某种工业，如大规模地干，自然要由政府来负这个责任。

第八，工业界希望政府能多设试验工厂，以解决制造过程中的各种难题。现在纺织业已有此种试验工厂之设备，将来可由各种同业工会与政府合作，设立此种机关，则开工厂的，在技术上遇有困难，当可迎刃而解。

第九，工业界希望政府设立产业股票交易所，使工业资本，得到更大的来源与流动。现在的证券交易所，过去并未能尽此种职责，以致一般有资本的人，不敢投资于工厂的股票，因购买此种股票后，则资金呆滞，如有急需，不能变现。如有股票交易所，则股票立刻可易现金，变换既易，资金的来源，自然加增，对于新兴事业，需要资本的，股票交易所可予以很大的帮助。

第十，工业界希望政府对于在海外出售的国货，将金钱汇回本国时，给以较优的汇率。如丝厂将丝售于纽约，所得美元，汇回中国时，如市价为 29.5 美元可易法币百元，此丝厂希望得一较优的汇率，即 28.5 或 29 美元即可易得法币百元。有此种奖励，则国货之出口将日渐加增，而入超问题亦可得一解决之道。此事是否可行及如何行法，恐须经一严密之考虑。

第十一，工业界希望政府能以低利贷款于工业界，或使其他金融机关实行此点。表示此种希望者甚多，惟实行时恐最困难。一因政府现无巨款可以出借，即有款可以出借，如市场之利息甚高，而政府故意将利息降低，则此举等于对接收借款者加以津贴。一家有此要求，他家亦可做同样要求；一业如此要求，他业亦可做同样要求。如此种事情发生，政府必无大力以满足众望。而且市场之利息如高，政府以低息贷款于工业，则金融业必先受打击，因金融业之存款，系以高利息吸收来的。如政府以低利贷款于工业，金融业不步其后尘，将无生意上门，如步其后尘，则必破产。所以低息贷款一事，在理论上困难甚多，殊难实现。不过中国市场上利率之高，实为工业化一大阻碍，如何可以使其降低，实为一个值得研究的问题。

以上所举的 11 点，虽然不是每个工厂都有这些要求，但每一点，总有好几个工厂表示过希望。现在政府正在注意扶助中国的工业界，那么工业界的意见，是值得细心考虑的。

十五、战后我国国际收支平衡的问题

（一）

自从太平洋战争爆发之后，我国民众对于抗战最后胜利的信念，更加坚强了。因此大家对于战后的各种问题，如政治、党务、外交、经济、教育等，都开始认真地考虑，想以研究的所得，来做建设新中国的根据。在这些问题之中，无疑，国际经济关系是一个很重要的问题。我愿意在此提出几点来，引起大家对于这个问题讨论的兴趣。因为国际的经济关系，虽然千端百绪，但最后终必在国际收支中留下一点痕迹，所以我就以国际收支如何平衡为题，来包括好些个国际经济关系园地中的小题目。

（二）

中国的国际贸易，素来是入超的。入超的情形有如下表：

时期	平均每年入超数目（千元）
1902—1913 年	188 341
1914—1930 年	272 013
1931—1940 年	427 315

这种长期的入超趋势，在战后似无遏止的可能，因为战争完结之后，我们继着就有一个长期的建国工作，在建国的过程中，我们一定要从欧美各国输入大量的生产工具及交通器材，可是在输出方面，一时并无大量增加的可能，两者相抵，结果一定会有大量的入超。如果我们不加以控制，那么在战后的五年、十年内，每年入超的数目，超过 1931—1940 年的平均数，是绝无问题的。所以我们现在可以看到：战后贸易的入超，将为平衡国际收支的最大障碍。为消除此种障碍，我们虽然不能全在贸易上想法，但是在贸易方面，也有数点可以着手的。第一，开辟国货的国际市场。这句话虽然说的人很多，但是推销哪些国货以及到什么地方去推销一定可以发生功效，却需要更精细的研究。第二，继续非常时期禁止进口物品的办法。这种办法，是三十年 9 月 1 日公布的，原为战时厉行节约的一种措置。在海运艰难及作战状况之下，友邦对于我们这种办法，也许可以谅解。抗战结束之后，继续这种办法，在外交上当然有相当的困难。但是我们可以向友邦声明，就是我们所禁止进口的物品，大部分属于奢侈品，对于国防，既无贡献，对于民生，亦不重要。我们禁止这些物品的进口，目的并不在减少国际贸易的数量，而在改变国际贸易的内容。我们愿意向国外购入物品的数量，并不减少；我们实际向国外购入物资的价值，也许还要加增。所不同的，就是在放任政策之下，输入的物品，有海参鱼翅等奢侈品、花生茶叶等国内可以自己生产的物品，而在管制之下，海参鱼翅将为生产工具所替代，而花生茶叶则易以交通器材，贸易还是照旧进行，只是贸易的内容大有变更而已。这种变更，对于我们建国的推进大有帮助，我们的友邦，如认清我们的处境之后，当然可以谅解的。第三，我们对于国内的若干幼稚工业，要用保护关税的办法，一方面可以使这些工业不致受外力的摧残，一方面也可减少若干外货输入的数量。

以上这三个办法实行之后，入超的数目当可减少，但根本不能消灭入超。于是有人提议，以为我们应量出为入，就是我们入口的数量，应完全置于管制之下，使其与出口的数量相平衡。这种主张，我们是不赞成的。第一，国际收支的平衡，虽然受国际贸易的影响，但国际贸易并非唯一的元素。我们在贸易上的入超，也许可以用别的方法补偿，不一定要在贸易上硬求平衡。第二，我们抗战以后的时代，是建国的时代。建国速度的迟缓，一部分要看我们输入生产工具的多寡而定。我们当然希望建国速成，因此也希望生产工具有大量的输入，即使造成大量的入超，亦在所不顾。假如因为硬要谋国际贸易的平衡，而把必需的物资都排弃于国境之外，那就等于因噎废食了。所以从建国的立场看去，我们对于战后贸易的入超不必畏惧，但是我们得想别的方法，来补救入超所引起的不平衡状态。

（三）

国际贸易的清算，如货物的进口与出口不能互相抵消，普通常以输出入金银的方法，来结清总账。可是中国的情形，有点特别。兹将各时期金银进出口情形，列表如下：

时期	平均每年金银入超（＋）或出超（一）数目（千元）
1902—1913 年	（＋）2 510
1914—1930 年	（＋）59 590
1931—1940 年	（一）145 205

我们在上面已经提过，在 1902 年以后的三期中，中国的贸易都是入超的。论理，为补偿此项入超，中国的金银应当外流，但在 1930 年以前，总算起来，金银还是入超，直至最近的十年才表示出超的现象。造成这种状态的原因是很复杂的，我们不能在此加以分析。现在我们要注意的，就是在抗战以后，我们能否每年输出大量的黄金或白银，以补偿我们的入超呢？以白银来说，我国并不是产银的国家，民间所藏的白银，以前虽有巨数，但在实行法币政策的前后数年，白银已逐渐集中于国库，而且集中之后，已经大量地输往国外。据海关的报告，民国二十三、二十五及二十六三年之内，每年白银的出超，均在 2 亿元以上，民国二十六年的出超，竟达 3 亿 9 800 万元的巨数。在过去十年之内，白银的出超为 10 亿 1 700 万元。以一个不产银子的国家，这样地大量输出白银，绝无法长久继续的。以黄金而论，青水先生在《新经济》2 卷 12 期，曾有文论我国金矿的分布，并谓如若干问题可解决，则动员 20 万工人年采黄金 20 万两，实属毫无困难。假如这个目标可以达到，那么黄金一两，我们假定它值国币 1 000 元，共可得 2 亿元。这 2 亿元黄金的输出，将为我国平衡国际收支的一伟大助力。可是根据抗战期内采金的经验，年采黄金 20 万两，颇有困难，而且采金所得，还要拿来做我们法币的准备，所以将来我国绝不能每年输出黄金 2 亿元，以支付我国贸易上的入超。

总括起来，我们在战后虽然不是没有能力输出相当数量的金银来平衡国际收支，但其贡献是很小的，绝达不到偿还入超总数的目的。

（四）

除此之外，我们可以讨论投资与国际收支的关系。

一个入超的国家，假如能够得到外国的投资，那么平衡国际收支，不失为一种帮助。譬如某年入超 4 亿元，但是同年外国的投资也有 4 亿元，收支便可相抵。实际的情形，并不如此简单。以我国而论，过去外人在我国已有巨大的投资，这种投资，在我们是一种债务，每年要还本付息。假如每年新的投资数目，不能超过还本付息的数目，那么新的投资，不但不能补偿入超，我们还得另想别的方法，来偿还因投资而引起的国际收支差额。现在让我们检讨一下实际的情形。

关于外人在华投资的情形，雷玛教授在战前曾写过一本专书讨论。据他的报告，外人在华的投资，在 1931 年，共值 32 亿 4 200 万美元，其中 21.9％ 为政治投资，78.1％ 为商业投资。以国别而论，英国的投资总额最多，共计 11 亿 8 900 万美元，占总数的 36.7％；日本第二，共计 11 亿 3 600 万美元，占总数的 35.1％；苏联第三，共计 2 亿 7 300 万美元，占总数的 8.4％；美国第四，共计 1 亿 9 600 万美元，占总数的 6.0％。这四个国家的投资总额，便占 86.2％，其余的 13.8％，分属于法、德、比、荷、意、挪威、瑞典等国。抗战以后，外人在华投资的情形，有剧烈的变动。截至 1940 年底，各国在华的政治投资，至少加了 3 亿 6 000 万美元。在商业投资方面，日人的华北、华中两个国策公司，虽然添了许多新的资本，但外人在各海岸的投资，因战争而所受的损失，据估计，截至 1938 年 7 月底止，即达 8 亿美元的巨款。太平洋战争爆发之后，英美在华投资的损失共达若干，现在还无法估计。抗战胜利之后，日人的各种投资，当然可以视作对于战方的赔偿而一笔勾销。所以战争完结之后，我国因为外人投资而引起的债务到底总数若干，此时实无法加以清算。为讨论的方便起见，我们可以暂时借用雷玛教授战前的数字，即 32 亿 4 200 万美元。此项投资，以年息四厘计算，我们每年便须付出近 1 亿 3 000 万美元的利息。实际在抗战以前，因为一部分的政府债务，并未履行付息的义务，一部分外人所得的利息，又重新投资于我国，所以每年我国付息的数目，并没有达到 1 亿 3 000 万美元。根据雷玛教授的估计，1928 年，我国对于外人投资的还本付息共达国币 1 亿 7 900 万元，是年外人的新投资为 9 600 万元。1929 年，我国对于外人投资的还本付息共计 1 亿 9 800 万元，同年外人的新投资为 1 亿 7 000 万元。1930 年，我国对于外人投资的还本付息亦达 1 亿 9 800 万元，同年外人的新投资为 2 亿零 200 万元。以这三年的情形而论，除了最后一年，新投资的数目可与旧投资的还本付息数目相抵外，其余两年，还感不足。换句话说，在 1928 及 1929 两年内，外人投资所引起的国际收支是一个负数，不但不能补偿我们那两年的入超，反而要我们另外想办法，来偿还我们因外人投资而产生的债务。

我们看过了以往的情形，就可知道在战后我们对于外人投资所应采取的态度。我们以前已经说过，战后是一个建国的时期，建国所需要的资本，一部分要靠外国供给，所以从理论上讲，我们是欢迎大量外资的流入。而且最重要的，就是在战后的 10 年或 20 年内，我们一定要设法，使外人的新投资，超过我们对于外人旧投资所应还本付息的数目。只有紧紧地抓住这一点，我们才可以局部地解决我们国际收支不平衡的问题。自然，这种新的投资，我们迟早总要偿还。只要我们把这些新的投资，尽量地用在生产事业之上，那么投资的本身，便已孕育着未来我们还本付息的能力。这种能力，将于 10 年或 20 年之后，以贸易出超的方式表示。这条路，美国在 19 世纪便已走过。在 1873 年以前，美国开发产业的资本，一部分由英国输入，其后美国的产业发达，贸易由入超变为出超。在 1908 年之前十年，每年贸易的出超，平均达 5 亿美元。美国便以这种出超的方式，来偿还它的债务。欧战发生之后，各国均在美国借款，并出售它们原有的美国产业证券，美国便由一个债务国，一变而为债权国。有为者亦若是，只要我们处理得法，外资的输入，从各方面看去，对于我们都是有利的。

（五）

最后，我们要讨论一个最重要的问题，就是移民与平衡国际收支的关系。

在讨论这个问题之先，我们还要看一下国际收支中的其他小节目。上面我们已经说过，战后我国的国际贸易，因为建国的需要，将有大量的入超。这种入超，我们很难输出金银去补偿，因为我国的银子，过去已有大量的输出，而金子的生产有限且有他项用途，不能完全用以平衡国际收支。外人投资，是减少我们国际收支差额的一个方法，但是必须设法使新的投资超过旧投资的还本付息。除此以外，我们在收入的项目下，还可以提到外人来华游历所花的钱，外国慈善及教育机关对于我国的汇款，外国外交官及领事在华的用款。在支出的方面，我们也要列入上开同类的项目，但支出方面所花的钱，并不如收入方面所得的钱那样多。可是在支出方面还有保险、运费、电影租金等，是在收入项下所无的。在抗战以前，我们还有一笔很大的收入，在战后一定会取消的，就是外国驻军在华的用费。根据雷玛教授的估计，外国驻军每年在华要花国币 1 亿元以上。这项收入，在平衡国际收支上，不无小补。战后不平等条约取消，这 1 亿元以上收入，自然也连带取消了。

过去我们用以弥补入超的最大项目，便是华侨汇款。我们再引雷玛教授的估计如下：

时期	平均每年华侨汇款（百万元）
1902—1913 年	150.0
1914—1930 年	200.0
1928 年	250.0
1929 年	280.7
1930 年	316.3

这个数目，当然是不很正确的。但在国际收支的各种项目中，在收入方面，除了出口贸易外，就要算华侨汇款了。过去华侨汇款对于补偿入超的贡献，是大家都知道的，我们希望抗战后，华侨的汇款，还是源源不绝而来，而且年有增加。但是如要汇款加增，先得加增华侨，而加增华侨，是有相当困难的。

数年以前，我曾在中国社会学社的年会里，宣读过一篇论文，报告各国排华的法律。详细的情形，这儿不必细叙。简单地说，有些国家，是禁止华工入境的，如美国及加拿大，有些国家，对于入境的华工，先要给他一个语言考试，其结果等于禁止入境，如澳大利亚及新西兰。又有一些国家，对于入境华工，要抽很重的人头税，如南洋一带。在这许多法律的限制之下，华侨的出路是很狭窄的。

从我们的立场看去，许多国家，对于国际贸易，则提倡自由，对于国际移民，则实行限制，是极不公平的。本来国际移民，在某种场合之下，可以看作国际贸易的一种结果，它的作用，可以补偿国际贸易在某些国家内所造成的损失。譬如 19 世纪的末年，美国、加拿大等处，因农业机械化的缘故，有过剩的农产品出售，这些农产品的最大市场，便在欧洲。欧洲东部的农民，其出产品不能与新大陆各国的出产品相竞争，结果是他们原有的市场，为美加等国所夺去。这些农民失业了，于是大批地移往美国，不致在国内遭受冻饿的危险。我国自与欧美各国通商之后，乡村中的手工业，大部分均无法立足。乡村的人口失业了，但是因为国外有移民的限制，他们又不能大批出国，这是造成我国过去经济困难的主要元素。战后我国的国际经济关系，在贸易与移民两方面，恐怕都要费相当的折冲。在贸易方面，许多工业已经发达的国家一定提倡自由，以便它们的出品，可以无妨碍地运往任何市场。我国则因生产落后，许多幼稚工业需要保护，而且上面我已说过，为有效地利用我们有限的外汇，对于若干物品，我们将采取禁止输入的方法。在移民方面，那些工业已经发达的国家，为保护它们的劳工生活程度起见，一定会继续限制移民人口政策。而在我国，则因人口众多，国内各项实业无法完全收纳，最好能有一部分人远渡重洋去谋生。这种办法，既可以局部解决国内的失业问题，又可获得大量汇款，以平衡我国的国际收支。所以为我们的利益着想，最好是国际移民毫无限制，天涯海角，让我们自由行动。这两种差异的观点如何取得调和，实为战后我国的外交家所应绞尽脑汁的问题。在国际贸易方面，我们有必须坚持的几点，已如上述。在移民方面，我们假如不能要求到全面的自由，那么在欧美各国，我们得要求每年给我们一个固定的数额，表示对于我国民族的不歧视。至于在欧美的殖民地内，特别是南洋群岛一带，白人既因气候关系，只能在那些地方立业，而无法在那些地方成家，我们就应提出门户开放的原则，让我们可以大量地移民。假如这一项交涉能够办得成功，那么我们华侨的数目，就可由现在的 1 000 万，在若干年内，加至 2 000 万以至数千万。这数千万华侨的汇款，将为我国的一大宗收入，在平衡国际收支上面，它的贡献，是不可忽视的。

十六、美国经济政策对于中国的影响

中国的经济建设，需要友邦的协助，方能迅速地推进，已为大家所公认。在我们的友邦中，美国的国富及生产力，在世界上均首屈一指，所以最能帮助我国经济建设的友邦，当首推美国。现在我们愿意研究一下美国政府近来所标榜的经济政策，与我们的愿望是否符合。

首先，我们要注意的，是罗斯福总统于 1941 年正月所提倡的四种自由。这四种自由，第一是言论自由，第二是信仰自由，第三是不感贫乏的自由（freedom from wan），第四是不感威胁的自由（freedom from fear）。我们都知道，过去人类因为争自由而发出的宣言，不知凡几，其中提到言论自由与信仰自由的也很多，但是罗斯福总统所提倡的第三、第四种自由，却是很新鲜的。不感贫乏的自由，只有努力生产，提高人民的生活程度，才可达到。不感威胁的自由，只有巩固国防，不畏外力的侵凌，才可达到。提高人民的生活程度与巩固国防，正是我们的经济建设所想达到的目标。由此可见中美对于立国的根本政策，意见是一致的。我们在经济建设中，努力争取不感贫乏的自由及不感威胁的自由，一定可得到美国朝野的同情及援助。

其次，我们要看 1941 年 8 月 14 日，英美两国领袖所共同发表的《大西洋宪章》。这个宪章所标榜的政策，共有八点，我国政府，已于同月 19 日，正式表示赞同。其中第四、第五、第六三点，均系英美经济政策的表示。第四点谓英美两国，将努力使世界各国在同等条件下，进行贸易及获得原料。这一点对于我国是有利的。我们过去在贸易上，对于各国都是同等待遇，从不加以歧视。可是我们的商品，运到国外市场上去销售，就不一定能够得到平等的待遇。譬如我们的茶叶运到英国，所受的待遇，便与印度茶叶不同。以后世界各国，如能铲除一切歧视的待遇，对于我国的出口贸易，一定有良好的影响。至于以同等条件获得原料，我们也可赞同。我们有余的资源，当然可与友邦共同享受；我们不足的资源，也应当公开向世界要求。在平等的条件下，有无相济，正是我们所希望的。宪章的第五点，提倡世界各国在经济的领域中充分合作，俾能提高劳工生活，获得经济进步，树立社会安宁。这个目标，正是我们这种正向经济建设的途径上迈进的国家所希冀的。宪章的第六点，谓纳粹的暴政打倒之后，英美两国希望在世上重建和平，让各国人民，均能在其领土之内平安度日，过一种不感威胁及不感贫乏的生活。这一点，是罗斯福总统的自由论的再叙述，我们在上面已经提过，与我们经济建设的目标是符合的。

以上两种文件所表示的，都是广泛的政策。比较具体的，是赫尔国务卿在几次讲演中所宣布的经济政策。他于 1937 年 7 月 16 日说明美国的外交原则，其中有两点极可注意。一是关于国际贸易的。他说美国主张降低或撤销国际贸易的过分障碍，提倡贸易机会的均等，并要求各国实行平等待遇的原则。二是关于国防的。他说武力既为保卫国家的安全所必要，美国将视他国对于军备的加增或减低，而预备对于自己的军备加增或减低。以上原则，中国政府于同年 8 月 12 日致美国的照会中，表示赞同。

关于国际贸易障碍一点，赫尔于 1937 年 7 月 23 日的广播演讲中，曾再提到。他在这篇演讲中，于提及《大西洋宪章》第四点之后，曾谓各种国际贸易的过分障碍，应予降低。国际间一切办法，其足以加害于别的国家或使国际贸易不遵常道的，均应避免。在赫尔的演讲发表之前数日，威尔基在芝加哥亦曾发表一声明，说明他在参加秋季国会竞选的候补议员中，拥护那些主张铲除国际贸易障碍的人。他相信战后假如世界各国，不在经济方面合作，则和平必难维持，所以他愿意那些当选为国会议员的人，诚心地拥护经济合作的方案。由此可见减低国际贸易的障碍，为美国两大政党的共信，可以看作美国的国策。

这个政策，我国已声明赞同，但其实际的内容如何，以及它对于我们经济建设的影响如何，我们应当加以研究。赫尔与威尔基所谓贸易的过分障碍，到底是指哪一些办法？他们虽然没有明白列举，但是我们如研究一下世界各国自 1929 年以后在国际贸易方面所实行的新花样，就可知道他们所指的，是哪一些办法了。他们所反对的，第一是进口定额制。实行这种办法的国家，每每规定某种货物或某国进口货物的总值，只能等于该国某年进口数量或价值的几分之几。超过这个数目的，不许进口。第二，他们所反对的，是关税定额制。实行这种办法的国家，每每规定某国入口的货物，在若干数量以下时，可纳较低的关税，如超定额时，则纳较高的关税。第三，他们所反对的，为进口许可制。实行这种办法的国家，对于进口货物，完全加以管制，没有得到政府的许可证，便不能进口。第四，他们所反对的，为外汇清算制。实行这种办法的国家，规定进口商人，如向乙国购物，不得以货款汇往乙国，只能将货款存于本国的银行中，而由银行替乙国立一户头收账。出口商人，如有货物运往乙国，即可在本国银行所立的乙国户头中，领取应得的货款。第五，他们所反对的，为补偿贸易制。实行这种办法的国家，规定如某国欲向该国输出若干货物，同时亦应从该国输入同等价值的货物，俾两国间的贸易，可以平衡。第六，他们所反对的，为外汇管理制。实行这种办法的国家，所有出口商人应得的外汇，均应交与政府，同时进口商人所需的外汇，也只向政府请求。以上这些办法，都是阻碍国际贸易的。全世界的国际贸易，入口所以由 1929 年的 3 559 500 万美元，降至 1938 年的 1 423 700 万美元，出口所以由 1929 年的 3 302 400 万美元，降至 1938 年的 1 331 800 万美元，上面所举的过分贸易障碍，应当负大部分的责任。

这些贸易障碍，除外汇管理以外，我国均没有采用。即以外汇管理而言，也是我国在战时的一种措置，并没有准备永久采用。这一点，只要看抗战以前，欧洲许多国家已经实行外汇管理，而我国的外汇市场却完全是自由的，便可证明。

在赫尔的两次讲演中，都没有明白地提到关税。过高的关税，当然是国际贸易的一种阻碍，所以在 1942 年 6 月签订的《中美租借主体协定》第七条，曾有撤销国际贸易间一切歧视待遇、减低关税及其他贸易障碍的规定。我们对于这项条文的解释，以为减低关税与取消关税不同。取消关税，便是自由贸易，现在世界各国，连英美在内，没有一国是行这种政策的；减低关税，是对于关税过高国家的要求。我国的关税，在 1929 年以前，是值百抽五，可以说是世界上关税最低的国家。1929 年以后，关税虽已略为提高，但如与别国比较，还是很低的。将来我国哪一些货品的关税还可降低，哪一些货品的关税还应再为提高，应从发展中国经济的立场上，加以通盘的检讨，以便拟订对于我国最有利益的关税。这个问题，是要专家细心研究，才可以得到结论的。不过有一点我们可以预为指出，就是我们将来的关税，应当有保护幼稚工业的能力。万一关税的力量，不能达到这个目标，政府还可采用补助的方法。关税与补助，对于幼稚工业的养育，其效用是一样的。所以我们所决心要树立的工业，在无论何种情形之下，是都可以树立起来的。最近美国副总统华莱士有一篇公开演说，其中有一段说：

"我们应当承认，一个负债的国家，一个正在开发的国家，以保护关税为掩护，来发展其幼稚工业，是完全正当的。"这种主张，对于我国尤为有利。

赫尔在本年 7 月 23 日的演讲中，除提倡取消国际贸易障碍外，还提到四种别的政策。一为稳定汇率，使各国的货币，可以自由交换。二为树立金融关系，以便利货品的制造及运输。三为以公平的条件，使资本可以由金融较强的国家，流入金融较弱的国家，以开发世界资源，稳定经济活动。四为国际合作，以解决若干区域中之生产过剩问题。在这些政策中，最后两点，对于我国的经济建设特别重要，所以应当加以申论。

我国的经济建设，其进展的速度，要看我们所能把握到的生产工具的多少而言。生产工具，是经济建设中最重要的资本，而美国对于这种资本，特别富裕。所以美国如在这方面特别帮助我们，对于我国的经济建设，其影响是很大的。美国在九一八事变以前，在中国投资的数目很少。据雷玛教授的估计，美国于 1930 年以前的对华投资，共计 2 亿 2 900 万美元，比较英日两国，相差很远。九一八事变之后，美国即有美麦借款及棉麦借款。抗战发生之后，美国对于我国金融上之帮助更为积极，在短短的五年之内，美国借与我国的款项，已经超过 7 亿 5 000 万美元，超过 1930 年的投资总数两倍以上。最可注意的，是本年 3 月 21 日，美国参众两院通过以 5 亿美元借与中国时，美财长摩根索及我外交部长宋子文，曾发表联合声明一件，说明 5 亿美元之用途，共有七点。其中第一点为增强中国之币制、货币及银行制度；第二点为以资本供给生产事业，并促进一切必要物品之生产获得与分配；第五点为改良运输及交通工具；第六点为实行促进中国人民生活之其他社会的及经济的措置。以上四点，都与经济建设有关。声明中且提到在战后及战时，均宜维持中国一健全及稳定之经济及财政的状况。此点颇为重要，因为它可表示美国不但战时要以资本供给我们，战后还可以继续援助，使中国能维持一健全及稳定之经济。关于此项政策，除赫尔及摩根索之声明外，美国副总统华莱士于本年 5 月 11 日在纽约的演讲中，也曾提及。他说战后的和平，一定可以提高一般人民的生活程度。他所说的一般人民，不是专指美国而言，连英国、印度、苏联、中国及拉丁美洲，都包括在内。至于提高一般人民生活的方法，他曾提议，老的国家，应当帮助新的国家，走上工业化的途径。但这种帮助，不得带一点军事的或经济的帝国主义的气味。

赫尔所谓国际合作，以解决若干区域中的生产过剩问题，正是中美两国最可合作的一点。我国在战时生产增加的货品，如桐油、钨、锑等，需要美国消纳，而美国在战时增加的机器及船舶等物，正为我国战后大规模建设所必需。总理遗教的《实业计划》曾提议于第一次世界大战之后，各国以其剩余的机器供给中国。因为：

> 中国正需机器，以营其巨大之农业，以出其丰富之矿产，以建其无数之工厂，以扩张其运输，以发展其公用事业。然而消纳机器之市场，又正战后贸易之要者也。造巨炮之机器厂，可以改造蒸汽辘压，以治中国各地之道路；制装甲自动车之厂，可制货车以输送中国各地之生货。凡诸战争机器，一一可变成平和器具，以开发中国潜在地中之富。

这种伟大的计划，可惜在第一次世界大战之后，我国政府与各国的政府，都把它轻轻放过了。现在历史重演，第二次世界大战完结之后，我国需要机器之情形如故，而英美等国有剩余的机器可以出让如故。我们再不可把这个机会错过了。我们应当即刻研究，并在最近的将来开始与美国政府洽商，如何利用美国过剩的机器，开发中国的富源。美国的经济政策，如赫尔等所宣布的，使我们相信这种洽商，一定可以得到完美的结果。

战时经济鳞爪

（该书曾于中华民国三十五年1月由中国文化服务社印行，属于"青年文库"，署名为"吴景超 著"。）

第一章　抗战建国与经济政策

一、抗战建国与农业政策

在抗战建国的过程中，农业应当采取一种什么方针，乃是大家所注意的一个问题。现在我愿意把过去的农业政策，办理已有成绩的，提出两点来说一下，然后再指出两点新的途径，以为从事农业建设者的参考。

国民政府成立之后，主持农业行政的人，都感到一个以农立国的国家，而衣食的原料还要仰给于人，是一种耻辱，所以衣食自给自足的政策，很早就被采纳。稻麦改进所与棉业统制委员会，可以说是实行这种政策最重要的两个机关。抗战之后，这两个机关都归并于中央农业实验所，工作依旧进行。在好些专家的努力之下，衣食自给自足的工作，在过去不能说是没有进步。譬如洋米进口，在一个时期，曾达1 000万公担，但在民国二十五年，就是抗战的前一年，进口的数量，只有180余万公担。棉花的产额，已由民国二十一年的490万公担增至二十五年的840万公担，因此我们进口的棉花，也由二十一年的220万公担降至二十五年的40万公担，可是那年我们出口的棉花也有约36.8万公担，可见那年我们的棉花，已能自给。粮食与衣被，不但是维持人民生活的必需品，就是在作战的时候，前方将士的作战能力，也要看这两种物品的供给是否充分以为断。所以我们在抗战以前，就推进衣食自给自足的工作，可以说是很贤明的。现在中央农业实验所加增衣食原料生产的方法，主要的有四端：一为良种的推广，二为病害的防除，三为肥料的利用，四为灌溉的兴办。这种工作如继续下去，我们在衣食方面，不但可以自给，恐怕还有剩余的生产在市场上出现。所以我们也无妨在此考虑一下：粮食与衣料，我们是以自给为满足呢，还是希望更进一步，造成剩余生产以供输出？关于这个问题，似乎应把粮食与衣料分开来讨论。先说粮食。我们的主要粮食，是稻米与小麦。我们现在每年虽然还有数百万担的米谷进口，但这个数目，如与我们自己的生产数量比较，真是微乎其微。就是在米谷进口最多的年份，据专家估计，其数量也不过等于我国生产量的 3%～5%。上面我们提到的几种增加生产的方法，即以推广良种一项而论，如积极进行，便可增加产量 20% 以上。如各种方法同时并进，那么增加生产一倍，或亦可能。可是米谷除亚洲以外，并无重要的市场，我们如加增米谷的生产数量到现在的两倍，只能发生谷贱伤农的严重问题。小麦虽然有世界的市场，可是主要的消费国家在欧洲，而供给的国家，现在已有加拿大、美国、阿根廷、澳洲、印度等处，市场上时有充塞之虞，中国不必加入竞争。所以就粮食而论，中国应采取的方针，是以做到自给的地步为止，不必造成剩余。假如生产的技术进步，每亩的生产可以加增一倍，那么种植粮食的土地便应减少，以从事于别种经济作物的栽培。衣料的问题，与粮食的性质略有不同。在抗战以前，中国的棉纱已曾向南洋群岛等处觅取市场，棉布在南洋一带亦有需要，所以棉花的生产，如一旦超过国内的需要，我们可以把它制成棉纱、棉布，在海外市场上推销，以换取我们抗战建国所必需的外汇。

过去的农业政策，办理得略有成绩的第二点，便是合作事业的推进。合作事业，虽然在国民政府成立以前便已发动，但直到民国二十四年，中央才有合作司管理合作事业的行政。现在合作司虽已取消，但经济部的农林司中，还有合作科。推进合作事业的机关，在经济部管辖之下的，还有合作事业管理局及农本局——前者的工作，在指导各地合作社的设立；而后者的工作，在供给合作社以必需的资金。截至本年 6 月底止，全国先后推行合作的区域，共有 21 省、4 市、1 行政区。各种合作社的登记，计有单位社 78 312 家、区县联合社 793 家、互助社 30 275 家。农本局由合作金库贷与各地合作社的资金，在 900 万元以上；中中交农四行，依扩大农村贷款范围办法之规定，贷与各地合作社及互助社的资金，累计总额在 9 800 万元以上；此外陕、甘、湘、粤、桂、闽、豫、赣等省地方银行及湘、鄂、豫、陕、黔、滇等省办理合作事业机关贷款总额，也在 3 500 万元以上。这些贷款，当可减轻高利贷者对于农民的压迫，所以对于改善农民生活，不能说是没有贡献。在各种合作社之中，虽然以信用合作社为最普遍，但各地设有的产销合作社及消费合作社，其总数也很可观。这一类的合作社，可以减轻一些奸商对于农民的压迫。不过中国农民的痛苦是很深的，剥削农民的人，也不只高利贷者与奸商两种，所以如想改善农民的生活，合作事业虽然有它的贡献，但专从合作事业着手，还是不能奏效的。数年以前，我在《大公报》上，曾发表过一篇文章，论农民生计困难的原因有十：一因农场太小；二因生产方法落伍；三因交通不便，农民的出产品，在市场上得不到善价；四因副业的衰落；五因地主的苛求；六因高利贷者的压迫；七因苛捐杂税；八因股匪与劣兵的骚扰；九因奸商的剥削；十因子女的众多。在这十种原因之中，合作运动只能铲除两种，其余各种原因的铲除，尚有待各方的继续努力。

以上所述两点，为过去农业政策之已有表现的。我们现在再根据抗战建国的需要，研究以后的农业政策，是否于继续旧的工作之外，还要开辟新的途径。

我们认为拘守旧日的工作是不够的，在新的时代中，我国的农业，也有它的新使命。这种新的使命中，最重要的一种，便是农产输出的提倡。我们要求从事于农业生产的人，要大量增加经济作物的生产，大量向海外市场输出这些经济作物。这种要求，是根据于目前及将来对于外汇的迫切需要。抗战是需要外汇的，因为我国的国防工业尚未完成，抗战所必需的军器弹药，有一重要的部分，非向国外购入不可。这是抗战与外汇的关系。至于建国，虽然方面很多，然而经济建设实为极重要的一方面。经济建设，如欲在比较短的时期内完成，非向国外购入大批生产工具不可。这是建国与外汇的关系。外汇的来源，虽然不只一途，但最可靠的来源，便是拿我们国内的产品去换。我们因为素来是以农立国的，所以输出的货物，也以农产品为大宗。海关报告，把我国的出口货物分为 31 组，其中有 22 组属于农产品。民国二十六年我国出口的货物，有 17 种的价值，每种都在 1 000 万元以上，其中有 12 种，如桐油、丝、蛋及制品、棉花、茶、猪鬃、绵羊毛、花生油、芝麻、肠、牛皮及山羊皮，都可以算作农产品。所以我们想加增输出，以换外汇，非在农产品上努力不可。以上所举的农产品中，有数种在海外市场上，过去曾居于独霸的地位，如茶与丝，便是好例。但因我们对于这种输出贸易不知爱护，以致茶的输出现在已居第四位，丝的输出已降至第二位。两种货品输出的数量，在全世界输出总量中，现在只占 1/10 或尚不及 1/10。这种颓势，我们一定要设法挽回，所以如何加增上列各物的生产，应为中央农业实验所等技术机关的重要工作。我们希望主持农业生产的人，把他们的注意力，现在就要分一部分到这些经济作物上面去。本年 5 月，在行政院召集的生产会议中，邹秉文先生曾提出一个抗战建国的农业增产计划，共列十项：一为江、浙、冀、鲁、川、粤、滇七省蚕丝生产计划，二为闽、浙、皖、赣、湘、鄂六省茶叶生产计划，三为长江流域及黄河流域棉花生产计划，四为长江流域及浙江、广西两省桐油生产计划，五为西北及其他各省畜产计划，六为黄河流域花生生产计划，七为全国蛋产生产计划，八为湘、川、鄂、赣、皖、浙、宁、苏生产计划，九为冀、鲁、豫、鄂、皖、苏芝麻生产计划，十为全国手工艺品改进计划。邹先生的计划，是以加增输出为目标的。据他的估计，如这些计划均能实行，则十年之内，农产品及手工艺品的输出，可达 16 亿 5 000 万元，相当现有输出额之三倍。我们希望全国农业界的人动员，使这个计划，能够如期实现。此外我们还要考虑的一点，就是提倡农产品的输出，并不限于在世界市场上已有地位的产品。我国地大物博，一定还有许多农产品过去并未大量输出，可是在世界市场上确有需要的。我们应当有商业专家，常年驻在欧美的几个大国里面，研究它们所输入的农产品是些什么东西，然后再看我们的出产品中是否有可以贡献于这些国家的。假如我们肯下一番功夫去研究，一定还可以发现我国有好些土产是可以发展，送到世界市场上去换外汇的。我们一方面固然要继续输出上列的 12 种农产品，使其每年输出的数量都有增加，同时还要每年大量地输出几种新的产品，使每年出口达 1 000 万元以上的货物，要由 12 种加到 20 种，以至数十种。英、美、法、俄几个国家，过去是我们最重要的主顾，同时也是我们抗战建国所需要的资料的重要来源，所以这些国家对于哪些农产品有需要，我们应该特别地注意。

最后还有一点，似为现在主持农业行政的人所应积极筹划，以便相机推行的，便是农业生产的机械化。每一个农夫所能耕种的田地，在农业生产已经机械化的国家，要比农业生产没有机械化的国家高数十倍。举一个例来说，美国西部的农民，可种一千英亩的地，而中国北部的农民，只能种四英亩的地。假如中国的农民，得不到机械的帮助，那么即使多给他一些田地经营，他也没有办法。也许有人要问：中国的农业，为什么一定要机械化呢，不机械化又有什么害处呢？在回答这个问题之先，我们首须明了近代经济生活各部门的联系性。假如我们在工业方面，要采用 20 世纪的生产工具，那么在农业方面，就不能停留于中古时代的生产方法。理由是很多的，现在只提出一点最重要的来说。我们研究各国工业革命的历史，就可知道一个国家如走向工业化的大道，全国人口的职业分配，就要发生一种大的变动。在工业化以前，农业中的人口占大多数。在工业化的过程中，别种职业，如制造业、交通业、运输业、金融业、商业等中的人口，便要大量地加增，同时在农业中的人口，便要比例地减少或绝对地减少。譬如美国，在 1880 年，农民人口的百分数是 44.1%，到了 1930 年，便降至 22.0%。德国农民的百分数，在 1882 年为 42.5%，到了 1925 年便降至 30.5%。这两个国家的农民，在最近期内，不但是比例地减少，而且是绝对地减少。如美国在 1910 年，在农业中谋生的人，有 1 265 万，但至 1930 年，便只有 1 075 万。德国在 1907

年，农业中有 988 万人，到了 1925 年，便只有 976 万人。苏联是工业化最晚的一个国家，在 1928 年，工人与职员占人口的 17%，集体农民占 3%，个体农民与未合作化的手工业者占 73%。所以苏联在第一个五年计划施行之前，农民人口占 76%。到了1937 年，工人与职员的百分数加至 35%，同时各种农民的百分数，减低到 61%。由此可见凡是走向工业化的国家，在工业化的过程中，都市要向乡村、别种职业要向农业吸收人口。在这种情形之下，假如农业生产不设法机械化，一定会造成田园荒芜、粮食与原料生产减少的局面。假如农业生产机械化了，一个农民便可耕种两三个或十余个农民以前所耕种的田地，上面所述的现象，便可不致发生。美德等国，以及最近的苏联，便是因为农业机械化的缘故，所以农民虽然减少，但耕地并未减缩，农业生产不但没有降低，反而年有增加。我们是希望中国工业化的，在工业化的过程中，别个国家中所发生的工商等业向农业吸收人口的现象，必然地会在中国发生，假如我们不于此时筹划，使中国的农业逐渐机械化，那么农业的生产，便有下降之虞。本年四川丰收，但因农工有一部分服兵役去了，在收割的时期，有好些地方，便发生谷弃于田的现象。明年播种时，四川的农业，一定也会感到人手的缺乏。工业化对于农业的人口，可以产生同样或更严重的影响，只有设法使农业机械化，才可以根本解决这个问题。

农业机械化在中国的实行，困难甚多，除了资本问题外，还牵涉到田制的问题。现在中国的农场，是小农场，平均面积不过 20 余亩，在这种小农场上，施行机械的耕种与收割，是不可能的。英国在农业革命之前，曾有圈地的运动，其目的在集无数小块农场为整块农场，在消灭小农场而产生大农场，苏联的集体农场，为近代田制改革一个最著名的例子。假如中国的农业非机械化不可，那么田制也要经过一番彻底的改革，所以农业机械化，是我上面所提农业政策四点中最难施行的一点。因为困难，所以此时不可不多多地讨论、细密地筹划。

二、建国所需要的工业

抗战以来，社会上有一种错误的理论是不攻自破了，那便是以农立国。世界上的各强国，均经过农业经济的阶段，但它们不以耕种自足，而要去发展国内的工业。外国史中所谓工业革命，便是叙述这些国家，在过去一二百年之内，如何从以农立国到以工立国的阶段。中国如想在 20 世纪之内变成一个强国，自然非放弃以农立国的主张不可。抗战发生之后，大家都看清楚了一点，就是如专靠农业的生产，是很难与人抗衡的，于是抗战与建国同时并进之说，甚盛一时。所谓建国，其要旨便是发展工业，这是大多数的人所承认的。以农立国之说，现在已经没有人再提倡了。

在大家要求发展工业的时候，我们应当平心静气地问一下：我们现在需要哪一种的工业？中国社会，对于工业的注意，已有数十年，19世纪便已开设的工厂，在中国并非找不到。抗战以前，沿江沿海一带，还有许多地方，被人称为工业的都市。主管工业的机关，每年常接到工厂立案的请求。中国的工业，在抗战以前，似乎很有基础了，为什么在抗战之后，又听到发展工业的呼声呢？

如想回答这个问题，我们应当把战前的工业分析一下。战前的工业，除了极少数的例外，都是轻工业。这些工业所制造出来的货品，乃是供人民消费的，并无多少国防的意义。轻工业虽然是一个近代化的国家所不可少的，但从建国的程序来说，工业的建设，应有轻重先后之分。这个先后之次序、轻重的权衡，乃是讲经济政策的人，所应特别注意的。否则多少年的心血，到头不免白费。我国过去从事工业的人，便没有明白这个道理。于是通都大邑，火柴厂有了，纸烟厂有了，啤酒厂有了，但没有一个像样的钢铁厂，没有一个大规模的机械厂。结果是，卢沟桥事变发生之后，我们这许多轻工业，都在敌人的炮火之下牺牲了。我们以前的错误，是在有重工业之前，便谈轻工业；有国防工业之前，便发展消费工业。换句话说，我们没有打稳强的基础便想要富，没有看到富是要在强的基础上建筑起来的。

现在我们谈建国，谈建国所需要的工业，应该认清楚过去数十年的教训。我们现在所需要的，乃是图强的工业，不是致富的工业。我们需要军备工业，以及作为军备工业之基础的重工业。我们要扩充弹药厂、炸药厂、枪炮厂、飞机制造厂，使我们国防军力的需要，能够自己供给，便是敌人封锁了我们的海口，也影响不了我们抗战的能力。但是军备工业要有重工业的基础，所以有四种重工业，我们要特别注意。第一是钢铁工业，第二是机械工业，第三是电气工业，第四是化学工业。这些工业，每种又可分为若干部门，其中有的我们已略有规模，有的是亟待建设。我们希望以后大家的注意力，要集中在这些工业上。

先建设重工业、军备工业，然后再顾到别的工业，乃是建国所必经的过程。近来有两个国家这样做了，便都从弱国变成强国。第一个便是苏联，它的好几个五年计划中，最重要的设施，便是发展重工业与军备工业。我们任取哪一年苏联的预算来看，它在重工业与军备工业上所花的钱，比轻工业要多若干倍。所以苏联人民的享受，虽然并不能与西欧的人相比，但他们国防力量的巩固，是大家都承认的。以日本的强横，也只好怒目而视，不敢轻易挑衅，否则张鼓峰也要变成卢沟桥第二了。我们如把苏联现在的地位与欧洲大战完结时相比，就可看出它那种注重发展重工业与军备工业的政策，已经得到很大的收获了。第二个国家便是德国。它在战后受《凡尔赛和约》的束缚，军备几无可言，国际上的地位，比起战前，可以说是一落千丈。但德国利用已有的工业好基础，开始极力发展重工业与军备工业。拿最近德国的生产指数来看，如与1928 年相比，轻工业的指数只徘徊于 100，可谓毫无进展，但重工业的指数已经升到130 以上了。数年的预备，羽翼已成，于是西则进兵莱茵河非武装区域，南则吞并奥地利。数年前的弱国，现在又是欧洲的第一等强国了。

这两个国家的经验，应该加强我们一种信念，便是有为者亦若是，假如我们利用全国的财力人力，来发展军备工业与重工业，那么一二十年之后，我们也可由一个弱国变成强国。到那时，再没有人敢来欺侮我们了。

三、国外贸易与抗战建国

抗战建国，是现在全国人民的中心工作。这两种事业，如想推行顺利，都需要大批的外汇。我们的国防工业，现在尚未完成，所以抗战所必需的军器弹药，有一部分是要向外国购入的，这是抗战与外汇的关系。至于建国，虽然包括的方面很多，但物质建设应为极重要的一方面。物质建设所需要的生产工具，我们自己因为工业化正在开始，只能供给一小部分，另有一大部分是要向外国购入的，这是建国与外汇的关系。

外汇的来源，自然不只一处，如吸收华侨汇款、向国外接洽借款、出售国内金银，都可以得到外汇。不过华侨汇款，历年来只能补偿入超。国外借款，在抗战尚未成功的时候，也不容易进行。售出国内金银，自从实行法币政策之后，已经办理，如二十四年至二十六年之间，根据海关报告，我国黄金及白银的出超数量，共达 8 亿 4 500万元。此大量之金银，变成外汇以后，其中大部分要做法币准备，真能动用的数目恐亦不多。中国不是一个产银的国家，但民间藏银数目还是不少，如政府能用方法把这些藏银吸入国库，也可替外汇添一支生力军。黄金的生产，据可靠的调查，后方产金较富之地，如四川西康，每年产 2 万两至 4 万两，湖南年产 5 000 至 9 000 两，甘青两省年约产 15 000 两，合计每年约达 5 万两。这个数目，并不算多，不过聊胜于无而已。

以上所说的三种外汇的来源，虽然都可以有相当的数量，但以做抗战建国的外汇基础，还是不够的。最重要的外汇来源，依我们的观察，还在发展国外贸易。拿我们国内的出产去换成外汇，然后以外汇易回我们抗战建国的必需品，乃是我们能够做而且可以做得成功的。

发展国外贸易既然如此重要，我们便应当对于发展国外贸易的方法加以探讨。

我们每年运出国外的货物虽然数目繁多，但重要的也不过一二十种。拿二十六年来说，我们输出的总值为 8 亿 3 800 万元，但下列 17 种货品，便占去 4 亿 8 700 万元，占全数的 58％以上。这 17 种货品的名目及其出口价值如下：

货名	出口价值（百万）
桐油	89
丝	53
蛋及制品	52
钨砂	40
锡块	39
棉花	31
茶	30
猪鬃	27
挑花及绣花品	20
绵羊毛	19
花生油	17
芝麻	14
肠	12
牛皮	12
山羊皮	11
绸缎及茧绸	11
纯锑	10

以上这 17 种货物，每种的出口价值，二十六年都在 1 000 万元以上。假如政府对于这些输出品，加以种种的鼓励，有些输出品，即使加至三倍以上，也不是不可能的。我们应当认清楚这十几种货品，乃是国外市场上所需要的，应当竭我们的力量，去加增它的出产。

中国的地方很大，能够生产的东西很多，国外市场所需要的东西，而我能够大量去供给的，当然不只上列十余种。但是什么是国外市场所需要的东西呢？这不是空想与瞎猜所能回答的。我们应当有专门的人才，去研究这些问题。外国驻华的大使馆中，都有商务参赞一类的专门人才研究我们的市场，作为它们发展对华贸易的指导。中国在外国的大使馆中，便没有这一类的人，现在应当急起直追，去研究我们几个重要主顾的需要。中国的对外贸易，是比较集中的，英、日、美、法、德五国连同该国属地对华贸易一并计算在内，约占中国对外贸易总额的 85％。现在撇开日本不算，英、美、德、法四国的市场，我们至少应有很清楚的认识，我们应当有专门的人才，驻在这些国家里面，研究它们的进口贸易，看看它们进口的重要货品有哪些是我们可以供给的。以这种事实为根据，我们便可提倡某种货品的生产，以加增我们的输出。这种工作，表面上看去好像只是做生意，值不得要人们操心，实则这种工作，与抗战建国有十分密切的关系。

国外贸易的发展，不是只靠政府的努力便能奏效的，一定要人民与政府合作才可成功。以前国内的输出事业，是由许多商人分头进行，这些商人彼此间并无联络、缺乏组织，政府即欲与这些商人合作，也不得其道。现在《输出业同业公会法》已于二十七年 1 月 13 日公布。依该法规定，凡经营重要输出业之中国公司行号，有同业两家以上时，应依本法组织输出业同业公会，此种重要输出业种类，由经济部指定。输出业同业公会，以每一海关所在地为一区域，但经济部得就各区域，指定其设立的次第，或因必要，令两区域以上合并设立。我们希望在最近的将来，几个重要的通商大埠，各种输出业同业公会均能组织成立。在这种严密的组织之下，政府的对外贸易政策自然可以顺利地推行，不像以前那样呼应不灵了。

以上所提出的三种办法（一为加增需出品的生产，二为研究国外重要市场的需要，三为加紧输出业同业公会的组织）假如都做到了，我们的出口货值，不但可以超过民国十八年 10 亿元的最高峰，恐怕超过去年的一倍，也不是十分艰难的事吧。

四、经济作战三点

（一）严防敌人盗煤

中国煤的储量，据地质调查所的估计，约 2 436.69 亿吨，其中大部分在华北。近年国内设立的煤矿公司，所以也多集中于华北。自从华北被敌人占据之后，我们的煤矿也就大部分沦于敌手。敌人得到这些煤矿之后，便分别交给敌国的资本家去经营。并为避免敌国各矿商的争夺起见，曾将华北各煤矿划为七区，其中山西区（大同一带煤矿除外）归太仓，大同区归满铁与北支开发共同经营，井陉区与六河沟区归贝岛，磁县区归明治，中兴区归三井，大汶口区归三菱。我国矿商原有的利益，便在敌人宰割之下牺牲了。

敌人在占据区中开发煤矿，主要的作用有三：第一，供给交通工具的燃料。第二，供给敌人占领的各工厂以及其在中国新设各工厂的动力。这些工厂，据本年5月份的估计，在华北便有512家，其中有两类工厂，最值得注意：一类是军管理的工厂，在山西境内便有46家，其重要工作，便是供给敌军日常生活的需要；另外一类是属于重工业部门的工厂，在华北共有140余家，其重要工作，便是供给敌军以各种作战的资料。这些工厂，假如没有煤的供给，便是都要停工的。第三，敌人在国内生产的煤，供给不能满足需要，所以要赖华北补充。如二十六年中国运往日本的煤只值990万元，二十七年增至1 170万元。二十八年出口运往日本的煤，又比二十七年加了1 090万元。

由于以上的分析，可见华北煤矿对于敌人的重要。假如华北的煤矿一齐停工，那么北宁、津浦、平汉、平绥、正太等铁路便不能替敌人运兵及粮草弹药；华北的工厂也不能制造货品，来支持敌军在华北作战；最后，敌人因不能在华北补充煤斤，势必向别国购煤，在敌人外汇困难的今日，一定是一种严重的打击。

我们有什么方法可以使华北的煤矿停工呢？首先，我们可以把华北有技术的矿工招收到后方来，如某公司在焦作所行的，实为釜底抽薪的良策。其次，我们可以发动正规军队，彻底地破坏矿场的机器与设备，使敌人无法进行生产。数月前我们破坏了井陉煤矿，便是要达到这个目的。最后，我们还可组织游击队，盘踞于矿区的附近，使敌人无法运煤出矿，工人也无法进矿工作。过去我们在北平附近，使用这种方策，使敌人对于门头沟及斋堂煤矿，无法充分利用。

现在大家都谈经济作战，严防敌人盗煤实为经济作战的主要工作之一。

（二）严防敌人盗铁

钢铁是现代战争中最主要的资源，这是大家都知道的。我们的敌国，正是一个资源最缺乏的国家。根据国联专家的研究，近代战争所必需的矿产品30种中，敌人能够自给而且还有剩余可输出的只有6种，其余24种，都要仰给于外国，方能够用。钢铁更是敌人所缺乏的24种矿产品之一。在我们抗战这几年内，敌人钢铁原料的来源，大半是仰给于美国。现在美国对于这些制造钢铁的原料，开始禁运了。敌人在受这种打击之下，一定要加紧盗取我们的铁砂以为补偿之计，这是我们目前所要严防的。

铁砂是制造钢铁的主要原料之一。在 1935 年，敌人国内铁砂的生产不过 50 万吨，但从国外输入的却有 340 万吨，其中有 130 余万吨，是由我国运去的。当时实业部觉得这个数目太大，有加限制必要，便制定了一种办法，规定每一售砂的公司每年可以出口的数量。1937 年，就是抗战开始的那一年，实业部规定汉冶萍公司的最高出口数量为 514 710 英吨，裕繁公司为 150 230 英吨，福利公司为 190 642 英吨，实兴公司为 139 823 英吨，益华公司为 50 000 英吨，总计为 1 045 405 英吨。以上这些公司，除汉冶萍外，都分散在安徽的当涂与繁昌二县。湖北除却汉冶萍公司开办的铁矿外，还有省政府所有的象鼻山铁矿，每年出产铁砂，多时 20 余万吨，少时也有四五万吨，这都是在长江流域以内的。在察哈尔还有龙烟铁矿，在抗战以前，虽然尚未出砂，但其矿场的设备，已经略有规模，敌人希望一年内能在龙烟取得数十万吨铁砂的供给。以上这些区域，都已被敌占据。假如我们不速设法破坏敌人的企图，那么敌人在以上这些地方，每年想要盗取铁砂 200 万吨，并非不可能的事。

我们能够容许敌人实现这种企图吗？

不！我们当然不能睁开了眼睛，让敌人在我们的领土之内，盗取作战的资源，制成飞机、大炮、军器和弹药来杀害我们的同胞。我们应当展开大规模的经济战。以后这一方面的工作，不只是查禁敌货，不只是禁运敌资，还要更进一步，在敌人占领的区域内，破坏敌人一切榨取我国资源的企图。我们的正规军和游击队，应当与当地民众配合起来，把这毁坏敌人矿场、工厂的工作，看作最重要的一种。我们要在大冶、当涂、繁昌和宣化，严密地注意敌人盗铁的行动，一定要用各种方法来使这些地方的铁砂，不要有一粒流到敌人的手里去！

（三）严防敌人盗棉

我国是个产棉的国家，其产量之多，现占世界第三，这种成绩之能造成，乃是我们最近数年来努力的结果。在民国二十年，我们还进口了 280 万公担的棉花，可是到了民国二十五年，进口的棉花（40 万公担）便只比那出口的（36 万公担）多出 4 万公担了。所以民国二十五年可以说是我国棉花开始自给的一年。从此以后，我们所产的棉花，除由老百姓自己留用外，还可供给国内 142 家纱厂的需要。

可是敌人的情形与此大不相同。它的棉纺织业虽是一种最发达的工业，在轻工业中首屈一指，1937 年输出棉织品总值 5 亿 7 300 万元，翌年输出亦值 4 亿零 400 万元，均在出口货中位占第一，就是生丝也赶不上，可是它所需的原料，多从美国、印度、埃及等处输入。我国在抗战以前也供给了它一点棉花，但数量不大，在国民二十五与二十六两年都在 25 万公担左右。

敌人棉纺织业的基础脆弱，由此可以看出。假如英美两国同时对它停止棉花输出，它的棉纺织业就要受到致命打击！

日本的作战资源，一大部分是要仰给于外国的。如果英美对日真正实行禁运棉花政策，日本许多棉纺织厂就要停工，许多工人就要失业，因而就无棉织品之输出，因而绝其换取外汇以购作战资源之重要门路，那么它的对华战争，势必至于无法支持的。

敌人当然早就感觉到了本身有这弱点，所以它在占据华北之后，就把华北当作它的棉花库看。在不久以前，敌人还拟了一个计划，想使华北的棉产增至 1 000 万公担，同时对于华北棉花的搜刮，也是无所不用其极。抗战发生以后的第二年（二十七年），敌人由我沦陷区内盗去的棉花，已由 23 万公担增至 96 万公担，其中 82 万公担是由天津运出的。这是一个极其可怕的趋势，如果任它继续下去，那么敌人的棉纺织业，不必依靠英美接济原料，也能支持下去。

所以我们目前的任务，就是要严密看牢我国的棉花，毋令敌人盗去！

这种工作，在华北更要努力。有几件事可以立刻动手的。第一是少种棉花，多种敌人所不觊觎的农作物，如玉米与高粱之类。第二是推广工业合作，利用当地所产棉花织成土布，以供当地人民消费。第三是把当地剩余的棉花，尽量抢运到后方。第四就是严密监视奸商的行动。

敌人在华北只占了点和线，而在这些点和线上是不出产棉花的。敌人现在就是利用一些奸商，叫他们去下乡搜集棉花，运到都市里面，转运赴日。所以我们如能提高华北军民之警觉性，在封锁线上严密注意，不使一朵棉花流入敌人手里，那么，敌人的诡计终必失败于我们的手里。

看牢我们的棉花，毋使资敌，这是每一个中华民国的儿女，所应恪尽的天职！

第二章　战时国内经济动态

五、抗战与人民生活

二十九年 5 月间，我们得到一个机会，到湖南、江西、浙江、福建、广东、广西等省去考察。我们在路上走了 70 天，看了 62 个县市，行了 7 500 公里的路。每到一处，与各界的领袖谈话，我们一定要问一个问题，那就是："自从抗战以来，老百姓的生活，是比以前降低呢，还是比以前好转？"出乎我们意料之外，所有的答案，都说老百姓的生活，比抗战以前要好得多。江西有一位专员，很肯定地告诉我们，在他所辖的那一区内，乡村的繁荣，是 20 年来所未有的盛况。我们在都市中住惯的人，对于这种答案，起初都不大肯信，所以每每要追问一句："老百姓的生活好转，有什么具体的事实可以证明呢？"各地的答案，自然是不一致的，我们把这些答案分类，可以发现下列的十种事实：

（1）老百姓现在比以前吃得好，如以前吃杂粮的，现在多吃白米，以前吃稀饭的，现在多吃干饭。丽水附近有一村庄，以前 50 天才杀一只猪，杀猪时还要鸣锣，好让村民知道，前来购肉，现在该村每天要杀 5 只猪。赣南一位专员，某次出巡，看见一位农民杀鸡，便问他家中是否有喜事，农民说是并非为喜事杀鸡，而是自己吃的，现在他每月平均要吃 3 只鸡。

（2）布价虽然在各地都一致上涨，但农民比以前还穿得整齐。在我们所经过的路上，除了贵州及广西的西北部外，很少看见衣服褴褛的人。

（3）新建筑比以前加增。在公路边的村庄，我们常看见新的房子，在建筑的过程中。旧房子修理，在各地是常见的事。

（4）赎田的人日多，有些家庭把田产在民国初年典出，好久无力赎回的，现在都赎回了。在好些县份里，赎田成为一种最普通的纠纷，典业的人，愿意赎回，而管业的人，不肯交出。

（5）各地的田价，均一致上涨，如邵阳县某村的田价，竟涨到每亩 1 500 元。想买田的人很多，而愿意把田产出售的不多见。

（6）县政府对于田赋的收入，常常超过定额。广东的临时地税，去年比前年要增收一倍。江西贵溪县的田赋，二十八年预算到了 76 000 元，实收 105 000 元，因为老百姓不但把二十八年的田赋交清了，而且把前几年的积欠也一并完纳。这类的事，颇为普遍，赣南有好些县份，去年田赋的收入，平均较额定的要增加 40％。

（7）以前新谷登场的时候，农民急欲得到现款，纷纷将新谷出售。近来在收获季节，小贩下乡收谷，每收不到预定的数量，因为农民身边都有钱了，不必急急把新谷脱手。

（8）还债的人很多，农民的信用，在金融家的眼光中，是普遍可靠。如广西雒容县，去年中央银行曾放农贷 236 000 元，到期只有 230 元未还。这一家不还账的原因，是因家主被征出外当兵，妻子又不幸逝世，无人负责所致。除了这种特殊的例外，农民借债必还，因为有还债的能力。

（9）过年过节，各地商店的营业，是普遍发达。在市镇中开杂货店的，对于若干货物，常有供不应求之感。

（10）乞丐、游民，大为减少，若干县份，早已绝迹。

我们听了上述的报告，再证以自己的视察，觉得中国各地的老百姓，自从抗战以来生活好转，是无可怀疑的事实。这种现象，应该怎样解释呢？别的国家，打仗打了三年，一定要节衣缩食，降低生活的水准。为什么中国大多数的老百姓，在抗战三年之后，反而把生活改善呢？

对于这一个谜，我们可以做下列的解答。

农民生活改善的第一个原因，是农产品价格的高涨。谷米的价格，固然是上涨了，别种农产品的价格，如烟叶、花生、茶油、蔗糖、芝麻、香菇、水果等，其上涨的程度，如与谷米比较，有过之而无不及。如广昌县的烟叶，以前 30 余元一担，现在价格在百元以上。莲子以前为 30 余元一担，现在涨到 200 元。雒容县的花生油，从 30 元一担涨到 125 元，白糖从 15 元一担涨到 125 元。这些例子，证明农民的收入，的确比以前增加了。可是专引这一类的事实，并不能解释农民的生活程度为什么会比以前增高。因为农产品虽然涨价，别种货品也在涨价。假如农产品涨价的程度，超过别种物品涨价的程度，农民的购买力，才会比以前加增。事实上是否如此呢？南康县的县长，曾告诉我们一个故事，与这个问题有关。他说有一次到乡下去，看见一位农民，挑了一担茶油到市上去卖，以所得的钱，到布店去买了三匹布。一位老太婆从他的茶油担经过，看到了农民手中有三匹布，便问他现在一匹布是什么价钱。农民所说的价钱，使这位老太婆咋舌，因为她生平就没有穿过那样贵的布。可是这位农民却很坦然地说："这有什么关系呢！以前一担茶油换三匹布，现在还是换三匹布。"这个故事，表示农民所要购买的物品与他所出售的物品，其涨价的程度相同。但是我们不能只凭一个故事来下结论。好些有物价指数发表的地方，都表示农产品涨价的程度，还赶不上别种物品，所以我们如欲解释农民生活的好转，只拿农产涨价一事来说，是不够的。我们一定要在别的方面去求解释。

在别的方面，我们发现了农民生活好转的许多原因：第一，农民在运输的工作上，得到一笔很大的收入。拿广东来说，在抗战以前，广东有公路 14 000 多公里，现在因军事关系，便要靠人力来挑。广东的定价，是挑一担东西，走十里路，可得六毛钱。假如一天挑 60 里，便可得三元六角。除了许多军运之外，还有商运。不但广东的公路被破坏了许多，别省也有同样的现象。以前花在汽油、汽车上面的钱，现在都转移到挑夫的手里去了。第二，现在有许多机关、学校，因为疏散的关系，都从都市搬到乡间。以前花在都市里面的钱，现在都花在乡间了。而且它们搬到乡间，便要租用农民的房子，以前一块钱一间还租不出去的房子，现在每月可以得到七八元以至十余元的房租。这也是农民的一笔新收入。第三，农民的副业，如纺织、造纸之类，以前因受舶来物品的压迫，无不奄奄欲毙。现在一因敌人的封锁，货物进口不入，二因运费的昂贵，使外来物品价格高涨，所以各种副业，都如雨后春笋，发展甚速。如南丰县的土布，以前完全停顿，近来又渐恢复。兴宁县的土布，以前出口不过三四百万元，去年居然增到千万元。所以农民在副业上的收入大有加增，这也是战前所想不到的。第四，中央及地方政府，近来对于农贷，推行甚为积极，每县的贷款，自数万元以至数十万元不等，结果是乡村中的金融更为活跃。有一家金库的门口，坐了一位卖皮夹的小贩，生意甚为繁盛，过路的农民，常常在买到皮夹之后，便在腰边掏出一束钞票来放进去，这是在战前不常看得到的现象。第五，抗战以来，大批的壮丁被从乡间征调出去，留在乡间的人，每人都有事可做，以前失业的问题，现在完全解决了。过去在乡村中，因人口众多，常常遇到有人无事做的问题，现在好些地方，却感到有事无人做，如河源县的县长，说是在他那儿招邮差，60块钱一月，可是没有人应征，因为挑夫可以得到150元一月。第六，许多地方，禁烟、禁赌极为努力，烟赌上的奢耗，因之大为减少，余下来的钱，便可用以购买日常生活必需品。有此数因，所以农民除了农产品之外，还有许多别的收入。农产品的高涨，已使农民的收入加增了，现在又开辟了许多新的财源，所以农民的购买力，便比抗战以前大有加增。这种增加的购买力，除以一部分支付农民习惯上认作必需品的代价之外，还有盈余，这是他们生活得以好转的理由。

在生活好转的阶级中，除了农民之外，还有工人、商人，这是大家都知道的，不必细述。

可是我们目前乡村中的繁荣，乃是抗战所造成的，并非生产革命的结果。英美各国在18世纪以后的繁荣，主要的原因，是生产技术的改进、日用物品出产的加增。因为物品的大量加增，所以社会上每个人的享受都比以前加多，社会上各界的生活程度都平均地上升。我们的情形，与此有别。抗战以来，后方的经济建设虽然突飞猛进，但在全国各地，敌人对于我们生产事业的破坏与摧残，也是近数十年来所没有的。以整个的国家来说，生产的总量是否有了加增，很成问题。假如生产没有加增，而社会中有一部分人的生活好转了，同时一定另外有一部分的人，生活程度较以前降低。这个假设，我们看了各地的情形之后，觉得是很对的。

抗战以来，生活程度降低的人，最重要的有四种：一为低级公务员，二为小学教员，三为警察团队，四为出征军人家属。前三种人有一共同之点，就是他们的薪水，原来就定得很低，自从抗战之后，别的物价都高涨了，但他们的薪水，没有什么加增，因而他们的购买力，便比以前减少，维持战前的生活，便非易事。后一种人，因为家庭的主要生产者被征外出，留下来的人，失了一张重要的"饭票"，所以吃饭便感困难。不过在这一类的人中，也有例外。在我们所经过的地方，常有女子是主要的生产者，男子主内，而女子主外。男子在家中看小孩，女子却在外面挑担种田。这一类的家庭里面，如男子被征外出，不过是少了一个消费的人，对于留在家中的人，生活上并不发生影响。

各级政府，对于上面四种人的生活，也想了各种方法救济。如湖南、浙江、广西等省，对于低级公务员的生活费近来都有加增，虽然加增的数目并不很多。广东与福建，对于低级公务员，有米津的办法，自三元以至五元不等。有的县份，提倡公务员于公余之暇造产，即以造产所得，贴补伙食。有的县份，在县府中合作办理伙食，大家虽然吃得一样，但出钱的多寡，看薪水的高低而有差异。如连平县政府的包饭，县长每月出24元，书记每月只出16元。救济小学教员的办法，各省多有，其中以广西若干县的办法最为有趣。如宜山县对于各村街基础国民学校教员的津贴，系由养鸭得来。各村街于每年 5 月内，从学校基金中提出一笔款子，分发各户，每户 2 角，作为养鸭经费。到了 8 月，村街长便向各户把鸭子收回，届时鸭子的重量，约有二三斤，每斤可以售洋一元。售价所得，全数津贴学校教员。又如河池县规定小学教员，每月可得 50 斤谷子的津贴。谷子的来源，除由公款收入购办外，不足之数，由全乡镇各村街民户抽送足额。全年收谷不及千斤的，免予抽送。每年收谷千斤以上至 5 000 斤的，抽 5‰，5 000 斤以上至 10 000 斤的，抽 6‰，10 000 斤至 15 000 斤的，抽 7‰，余照类推。此系指自耕农应纳之额，地主加倍抽送，佃户减半。经营商业或其他职业，收益每年在 300 元以上至 500 元的，抽 5‰，500 元以上至千元的，抽 6‰，1 000 元至 1 500 元的，抽 7‰，余照类推。确无稻谷出产的乡村，得以其他农产品抽送。救济警察团队的办法，一为裁员加薪，如南丹县原有政务警察九班，现在裁去三班，只余六班。裁减的结果，警兵每日收入，可加 2 元，警目加 3 元，警长加 5 元。另外一个方法，在福建普遍实行的，就是廉价供给食米。各县都设地方队警粮食筹集委员会，统一采购各该县队警所需食粮，无论官兵，每人每日食米以 20 市两为限，定价为每元得米 9 斤半。如南平县米的市价，为 21 元，但队警则可吃 10 元余一担的米，其亏损的数目，由各县设法筹补。最后，关于救济出征军人家属，以江西的办法为最可靠。江西各县，对于出征军人离家的时候，便先给安家费 10 元，以后每年可得 10 担谷。安家费及谷款，均有统筹办法。福建对于出征军人家属每月给救济金自 3 元至 7 元不等，视人口的多寡而定，但无救济需要的便不给。广西各县，除照省府规定，对于出征军人家属，每年给与 300 斤谷子外，还有一种补充的办法，便是在每一村街中，征集公田五亩，田要好的，每亩能收三担六斗谷，始能入选。住户有田 20 亩以上的，便要征收一亩，由全村街人公耕，而以收获所得，分给出征军人家属。公田于耕作一季后，便退还原地主，另外再由别户征收补充。这些办法，可惜并不普遍。我们希望中央的当局，参考各地的实际办法情形之后，定出一个可以通行的办法来，对于上述的四种人，做一有效的救济。

六、东南各省的粮食管制

自从抗战以来，后方各省，因为粮食与民生的关系非常密切，所以均有管制的办法，本篇所要讨论的，乃是浙江、福建、广东三个缺粮省份，如何实行粮食管制，以及在管制中遇到一些什么问题。其余各省的经验，为参考及比较研究的方便，也偶尔提到。

浙江省对于粮食的管制，其特点系以一县为单位，于县内谋粮食的调剂。实施的方法，我们可以金华及龙泉二县为例。金华虽然是产米的县份，但城区内米是不够吃的，所以金华在县城内便行计口授粮的制度。在实行授粮之前，对于城区各户的自有粮食，县府曾发动民众加以清查。每户各口的消费量，平均以一斤为准，扣低至新谷登场时止，家藏粮食有余的，由粮食公店予以收购，家藏粮食不足的，经调查后，发给购粮证，准在粮食消费完罄前一日，凭证向指定粮食公店购买。每户购粮，每次最多购买五日的粮食，以后得先一日预购。购粮的手续，比在普通米店中买米自然要麻烦许多。购粮的人，到了粮食公店后，先将购粮证交至核证处，核证员收到购粮证后，即详细核对该户每日规定购粮数额及此次需购日数，切实核算，将所购粮食斤数填入空格内，填完之后，便把该证转交收款处，收款员查明证中所填购粮斤数，折算价格，点收价款后，将该证转交司秤处，司秤员便照证上所填购粮斤数，将粮秤足，连同购粮证交给购粮人带回。粮食公店除总店一所外，还有分店 14 所，某保某户，向某店购粮，事先均已划定，不得向他店购买，以便统筹分配粮食数量。粮食公店所出售之米粮，其来源最重要的，便是城内原有交易公店及各米行、碾米厂中所有存米。此项存米，悉数由粮食公店接收。不足之数，即向本县各乡镇采购。各乡镇的米，不得省粮食管理处的运输许可证，不准私运出境。县内重要地点，均设立粮食检查站，遇有偷运出境的，便扣送乡镇公所转送县粮食管理处法办。金华本来是一个粮食自给之外还有得多的县份，现在以四乡的剩余，来调剂城区的不足，自然没有什么困难。在粮食缺乏的县份，如宁波、绍兴等处，省府并无施行计口授粮的准备。从经济理论方面讲，在粮食有得多的县份来推行计口授粮，也许要受庸人自扰的批评。但据县长的报告，这种办法有两层用意：一可防止奸商操纵居奇，二可试验计口分配的制度推行时需要何种机构，以及实行之后有无困难发生。

金华虽然限制米出境，但乡镇与乡镇间的粮食，仍以自由流通为原则。龙泉县的限制，比金华县还要严密，各乡镇食粮出境，要事先得到乡镇食粮管理委员会的许可。各业主向他乡取运存粮，必须有当地食粮管理委员会的证明。各乡镇如发现食粮私运出境，准由当地食粮管理委员会或合作社、乡镇公所予以扣留，依照市价收买。在这种粮食不得自由流动的状况下，各乡镇的保长，于每月月初，要检查本保内缺粮各户，依照人口数目，分别计算该户缺粮数目，发给该户粮证。缺粮户拿到购粮证后，便向指定的余粮户购买，余粮户接到购粮证，便要依照证上所定数量出售，不得抗拒。余粮户是些什么人，余粮共有若干，事先已由县府发动数百人加以清查，所以需要粮食时，可以按图索骥，毫无困难。缺粮户与余粮户的调剂，第一步系在保的范围以内举行。即甲保的缺粮户，只向甲保的余粮户购粮。但如甲保余粮户，所余食粮总数过多，而乙保又过少时，乡镇食粮管理委员会可以指定甲保某余粮户，归乙保某缺粮户购买。缺粮户购粮，每人每月以 25 斤为限。价格由乡镇食粮管理委员会，酌量实际情形，于每月一日评定公布。不过龙泉县是一个缺米县份，专靠境内各乡镇的调剂，还解决不了食粮问题。不够的数量，便由交易公店负责向县外购粮入境出售，不过别县也在那儿限制粮食的运输，所以购粮入境，要费相当麻烦的手续。

福建省管理粮食的办法与浙江省有根本不同的一点，就是浙江的调剂，系以县或县以下的机构为单位，由县府统筹，福建则以全省为单位，谋各县间有无的调剂。省府于 3 月内，把全省分为两部分：一为供给区，包括浦城、邵武等 28 县；二为需要区，包括福州、福清等 21 县。供给区是粮食有余的县份，需要区则为粮食不足的县份。省府于 3 月 25 日起，开始实施各县区粮食余缺供应办法。从 3 月 25 日起，距早稻收成约一百天，分为两期，每期 50 天。第一期先就需要急迫县区，指定供给县区，其未指定的，应就本县区自谋调节；第二期统观各县情形，再行指定。如南平县为缺粮县份，第一期系由建瓯及建阳二县供给，第二期则由建阳及浦城二县供给。又如长汀与连城二县，均为缺粮县份，长汀系指定由宁化供给，连城则由清流供给。供给区的县政府，得设立粮食代办处，按各县各地方情形，其所负的责任，分为直接与间接两种。负直接责任的，应尽量收购民间余粮。所需的款项，有两种来源：一由省银行透支 5 000～10 000 元；二由需要区的县政府，按每月指定供应的数量，每担先汇 2元，以作周转金。负间接责任的，应协助需要区所派来县采运的代表，购足指定数量。需要区的县政府，应按各县地方情形，或设立粮食代销处，由县政府负直接运销之责，或督导当地米商组织联合运销处，县政府只负监督运销之责。需要区的县政府，于购到食粮后，应将逐批运来米谷数量及其成本，登报披露。非由县政府直接分配的米，商人利润，应限制其不得超过 10％。此种调剂办法实行之后，据云囤积居奇之弊大为减少。本年福建省政府，拟推行广大的粮食普查，以便得到更确实的数字，以为管制的根据。

浙江与福建，虽然粮食都是不能自给，但在平时，所差尚属有限。以 1937 年而论，浙江的海关，只是宁波有洋米进口，其数量为 9 953 公担。同年国米由宁波进口 63 861公担，但出口也有 29 645 公担，所以净输入为 34 216 公担，连洋米也只有 44 169 公担。福建在 1937 年，由福州、厦门两处进口的洋米为 3 398 公担。两处进口的国米为

100 786 公担，但出口也有 9 853 公担，所以净输入为 90 933 公担，连洋米也有 94 331 公担。广东的情形，不能相提并论。广东的广州与汕头、江苏的上海，以及河北的天津，是中国外米进口最多的四个口岸。现在我们暂且撇开广州、上海与天津不谈。汕头虽然已失陷了，但过去由汕头进口米粮的数量很可代表潮梅两处每年缺少的数量。在 1937 年，由汕头进口的洋米为 1 062 265 公担，由汕头进口的国米为 1 175 160 公担，两者合计为 2 237 425 公担。这是一个很大的数目。广东除潮梅两处外，西江四邑及南路，也都缺米。但西江可靠广西接济，事实上广西已划出桂东 14 县，准许粤省商人自由采购，南路则洋米输入的途径很多，问题都不如潮梅两处的严重。广东各地，只有北江一带的粮食有得多，但以北江的余粮，来接济其他各处，除运输上的困难外，数量也感不足，所以广东不但没有采用县内自谋调剂的办法，也不依靠各县间酌盈济虚，于省内自谋调节。广东需要外面的米来克服米荒，所以在省内固然主张米粮自由流通，就是省与省间，据广东省政府的意见，米粮的流通，也不应当有所限制。它一面向江西省政府定米 20 万包，一面向湖南省政府定谷 10 万公担。但江西省政府的米，始终没有交足。湖南省政府的谷在韶关交货可无问题，但由韶关运至东江潮梅二处，则困难很多。所以到了本年 6 月底，广东只能在韶关向湖南接收 3 万公担的谷。东江的米荒，还是要靠洋米来解决。洋米购入，除由省政府在港设一驻港购粮委员会办理外，并奖励商民购运。如遇敌舰盗劫风险等意外损失，由省府赔偿 2/5，地方款赔偿 2/5，自己负担 1/5。洋米输入的数量，尚无确实统计，我们只听说比赣米及湘米要多而已。

二十九年 7 月 1 日，我们从韶关出发赴东江，当晚宿连平县的忠信，7 月 2 日到兴宁县，7 月 3 日到梅县。在这 480 公里的途程上，我们才体察到湘米济粤的困难。在平时，湘米可由长沙直运至广州，由广州水运至汕头，转往潮梅各县，是没有困难的。现在，由韶关到梅县，其中到歧岭的一段，约 370 公里，只有陆运，而且由翁源到连平，由连平到龙川，中间有好些高山，用汽车运输，都相当困难，不要说肩挑了。如用车运，由韶关到歧岭，货车每次可运米 30 担，以每月来回三次论，也只能运 90 担。广东省境内的货车，只有 400 辆，即以之全数运米，每月也只能运 36 000 担，虽然是不无小补，但不能解决东江的米荒。东江的粮食问题，只有靠洋米及赣米来解决。假如输入洋米发生困难，那么江西对于广东米粮的接济，就要多负责任。江西的米，水运可到笋门岭，由笋门岭到广东的平远县界，只 70 公里。如江西对于粮食开放，东江的广东人，便可到江西去挑米来吃。

广东的省政府，在东江设有米粮运销委员会，每批外米运到时，即由委员会按照议定的比例，分配与兴宁、梅县、大埔、五华、平远、蕉岭、潮阳、潮安、揭阳、普宁、澄海、惠来、饶平等县及南山管理局。潮阳、潮安及梅县，得米最多，每批米可以分到12％，蕉岭县所得的最少，只及2％。各县得米后，即依各县人口的多少及灾情的轻重，发给各县的公卖处出售。因为米的来源有限，所以各县对于购米的人，不得不有限制。梅县的办法，是购米的以贫户为限，由各乡镇于调查后，发给贫户购米证，凭证向公卖处买米。何谓贫户，并无定义，但贫户在乡镇中所占的比例，却有规定，即在附近城镇不产米地区，以占30％～50％为度，在乡村中，以占10％～20％为度。凡持有购米证的人，每隔五日可购米一次，每次如家口在三人以下的，准购一元，四人以上的二元。

我们检讨了浙江、福建、广东三省管制粮食的办法后，觉得有好几个问题，与管制的技术有关的，应当提出来讨论一下。

第一是余粮清查的问题。政府如欲统制某处的粮食，第一个任务，就是要使某处粮食的来源不要断绝，如有断绝之虞，就要从别的地方运输粮食来接济。但如没有经过清查的手续，政府便不知道某县某乡，有余粮若干，因而在粮食发生恐慌时，也不知道到什么地方去搜集。所以余粮的清查，是一件重要的工作。只有这种工作做过之后，囤积居奇的弊病，才可以一扫而空。不过中国素无清查的经验，清查余粮，较之清查人口，还要困难，所以如何使结果真确，实为难以解决的问题。宁都县政府，于本年1月，曾函请宁都乡师及青年团、保安第十团，分派员兵，担任清查员。清查时以保为单位，每保四人，按户清查。据各清查员表报汇计，全县每年尚差粮食十余万担，但据过去的经验，宁都每年约有一二万担的盈余。又如弋阳县清查粮食的结果，全县共收早谷、晚谷及杂粮共59万担，以弋阳县12万人口每人平均食谷6担计算，弋阳县应差粮食十余万担。实际则弋阳县的粮食不但是够吃，每年还有十余万担可以输出。由这两个例子，可见清查粮食或余粮时，居民每每以多报少。龙泉县的县长，说是在他调查余粮时，每保均请有本保的贫户参加。同保的人，对于保中各户的粮食贮量是相当清楚的，而且贫户知道如他不帮助调查的人，把余粮户的实在存粮数量指出，他自己便无法购到廉价的粮食，因此，清查的结果，便相当可靠。不过这种办法，在龙泉即使行之有效，但在用别种粮食调节方法的省县是否适用，颇成问题。此外广东对于存粮登记，系由区长督同乡镇保长执行，登记完竣后，由县粮食调节委员会再行按户抽查，以视有无遗漏。贵州于清查存粮之后，对于隐匿不报或报告数量不实的人，一经查明，即将余粮全数没收或没收其一部。福建对于各级普查的人员，定有奖惩的办法。奖励的办法，有升级、加俸、记功、奖金等。惩戒的办法，有停止任用、降级、免职、减俸、罚金等，情节较重的，还可依军法处分。这种种办法，均在各地试验，到底哪一种办法，可以得到最好的结果，还待有后事实的证明。

第二是评定米价问题。我们已经知道余粮存在何处了，一旦需要米粮时，应当出什么价格，向粮户购买呢？福建省的办法，最为简单。它在实施各县区粮食余缺供应办法的时间内，收购米谷价格，以 2 月 20 日当地市价为最高额。在别的物价继续高涨之日，单独使米谷的价格固定，对于农民是否公平，似应考虑。较福建省的办法要复杂一点的，是湖南粮食管理处的规定法价办法。管理处于去岁新谷登场前，即将湘省各县之粮食产销及价格情形，做一度普遍的调查。其后又根据各县的呈报，并参酌二十四年湖南经济调查所调查的谷米价格及二十七年湘米改进委员会调查的湖南各县稻谷生产成本等项，规定第一次的法价。可是市价并不因法价已定而不涨，结果是依照法价无法购进米粮，只好把法价提得与市价略等。以后市价上涨，法价也随着上涨，如是者四次，最后谷米法价，已与各地市价相平衡。这个故事，表示想要统制物价的，结果反为物价所统制。想以法价购米的，结果还是依照市价购米。购米依照市价，固然是最省事的办法，可是这种办法，并不能防止操纵居奇的弊病。广东的办法，与福建、湖南都不同。在广东，米粮评价，由县粮食调节委员会主持办理，评定之价格，应以最近三个月之平均价格为标准。这种办法，可使米价有缓步的上升，不起激烈的变动，是最合平价者之理想的。不过假如在同期内，别种物品有激烈的变动，我们是否能够控制米价，使其缓步上升，实一问题。

第三为管制的机构问题。管制粮食的省份，在省与县，都应当设粮食管制委员会，担任设计、指挥、监督的工作，固无问题。但是粮食到了县区以后，需要一种机构，使其达到消费者的手中。这个机构，应当如何设立呢？我们所看见的各县份，分配粮食的机构，以金华为最复杂。金华的粮食公店总店，设有经理 1 人，协理 1 人至 2 人，会计员 1 人，司库 1 人，文牍 1 人，样台 2 人，栈司 4 人，收购员 4 人，司秤 3 人，管仓员 1 人及练习生 2 人。分店设经理 1 人，核证 1 人，司秤 1 人，会计 1 人及粗工 1 人。此外各分店的监察事宜，由县粮管处每日派专任稽查员巡回督导。所以在金华城区中，粮食分配的机构，便要 100 余人。假如在金华全县推行同样的办法，恐怕 1 000 人还不够。这么多人的薪水，如加在粮食价格内，一定会使粮食的价格高涨。广东的公卖处，组织比较简单，只有查证登记员 1 人，收款 1 人，粜米手 2 人，守卫 2 人。但公卖处在广东的设立，并不普遍，对于贫户的购米，颇多不便。所以在中国目前这种情形之下，粮食的分配，最好还是利用已有的米店，我们只需把它们组织起来，以便指挥及监督而已。

七、湖南计口授盐的试验

欧洲各国，在战争开始的时候，对于人民日用各种必需品，多行计口分配制度。这种办法，意义有二：第一是对人民保证，政府对于某种必需品，可以做定量的供给，不致有缺乏的恐慌；第二是在控制价格，凡实行计口分配的货品，政府可以设法使其价格稳定，不为囤积居奇者所操纵。所以计口分配制度，假如行之有效，实为安定后方秩序的最好办法。

我们抗战已经三年，在这三年的过程中，各级政府对于计口分配制度，多想设法推行。但为环境及组织的条件所限制，对于计口分配的货品，在各地办得比较有规模的，只有食盐一种。在东南各省，如湖南、江西、浙江、福建，实行计口授盐的县份，数目很多。其中湖南因为环境的特殊，实行计口授盐，比较最早，而且除湘南十余县外，其余各县，均已一律实行。所以我们特别把湖南的经验，提出来研究一下，看看计口分配的制度，在中国是如何推行。

湖南在战前原是吃淮盐的，自从淮盐的来源中断之后，湖南便改吃四川、浙江、福建、广东等省的盐。湖南的人口，约为 2 600 万人，以每人日食盐三钱计，每月需盐 15 万担。这 15 万担盐，如何由外省运至湖南，实为运输上一个有趣味之问题，但不在本文范围之内，所以暂且不谈。我们只看食盐到了湖南之后，如何分配与各食盐户。大概地说，各县的乡镇公所，先要造一食盐户口清册，由县政府转交盐务机关。盐务机关凭此户口清册，对于每一乡镇，发一购盐证，乡镇长每月凭证可至盐务机关领盐三次。盐到乡镇公所后，即由乡镇长分发各保长，保长发交甲长，各户又凭民户购盐证到甲长处交款领盐。此种民户购盐证，上面写明该户人口数目，每日需盐若干。

食盐在此层层移转的过程中，即发生若干流弊。其中以在乡镇长及保长两阶段中，弊病最多。现在我们从所见的档案中，摘录数例如下：

第一个例是某县保长对于镇长贩运私盐的控告：

> 某县托口镇镇长走私，用盛桐油之木桶，内贮食盐，外加木盖，作为桐油，运至贵州地境，操纵重利。镇内居民，无处购盐。于本月 2 日三更，与民众壮丁放哨，当即拿获私盐 4 220 斤。县长不惟不耳，反将保长等撤职拘押。4 月 29 日，某机关首长将保长等提至某处，勒劝调解，谓你等若再支吾，县府定将你等送充兵役或判处徒刑，依我调解，马上出狱。保长等被其威屈不已，勉强应从，由伊

等书立和息据约及销案文件，迫保长等签字盖章，事毕即日出狱。

第二个例，是表示保长如何吞没官盐。

> 某县宣平乡碱水溪人民代表，控告该保保长黄某，于腊月 28 日，领得食盐
> 250 斤，仅给人民 160 斤，每斤售价六角，私吞之 90 斤，以高价每斤一元二角秘
> 密售卖。又正月 23 日，领盐 350 斤，仅发 270 斤，每斤售价仍为六角，其私吞之
> 80 斤，则以每斤一元四角秘密售出。

这位保长经人告发之后，官方便派人密查，据调查员的报告说：

> 据第一保二甲二户全河池，又一保十甲三户全姓所云，每人每月购盐四两，
> 第二保每人每月购盐三两。第十七保六甲十三户周心宽云，每人三两，五岁以下
> 小孩不准购盐。一路询问，至数十余处，大抵得三两者十之七，四两者十之三。
> 总之乡长揩盐不发，保甲长一再剥削，乡民富者购买私盐，贫者则有淡食之虞。

官盐变私，是在计口授盐制度下最普遍的毛病。本年 5 月 24 日，我们在武冈县的
洞口过夜，那儿的老百姓告诉我们，他们领盐，只领到去年 12 月，可是市面上出售私
盐的店铺很多，每斤私盐售价在一元二角左右。在某一家的店铺里，我们问，盐的售
价，是否可以便宜一点，他问我们要多少，我们说是要买一担，他说整担地买，可以便
宜一点。可见武冈的老百姓，虽然领盐不能足额，但有钱的人，买整担的盐也可以办得
到。至于武冈的私盐是如何来的，我们因为时间有限，也无暇细为调查，不过听了许多
人的报告及看了许多档案之后，对于这些私盐的来源，是不难猜想得到的。

除了官盐变私一种弊病外，食盐在移转时，还可发生下列几种流弊：（1）扣秤，
即名为发盐一担，实只发盐 98 斤或 95 斤。（2）抬价，即官价定为每盐一斤售洋五角，
而实际则售洋六角或七角。（3）掺和，即于食盐中掺沙或石膏粉。结果是政府虽然规
定每人授盐三钱，而实际则许多民户领不到这个数目，或需出高价始能购到食盐。

利用保甲的机构，来实行计口授盐，其发生的弊病，大略已如上述。现在政府及
各界筹划补救的方法，约有三种：

第一种补救的方法，是由湘岸盐务办事处来设立官销零盐所。官销所设立于县城
或便于运输及管理的市镇，必要时得设分所于各乡镇。全县的食户，经调查后，均发
一食户购盐证，直接向官销零盐所、官销零盐分所购盐。这种办法，虽然已决定在宁
乡及蓝山二县实行，但湘岸办事处的主管人员，对于此事并不热心。他们觉得从外省
运盐到湖南来的责任，已够繁重了，再加上销售的责任，非将盐务办事处的人员，大

加扩充不可。据估计，官销所设总理1人，会计1人，司秤2人，工役1人，共为5人。分所设管理员1人，会计员1人，司秤1人，工役1人，共为4人。假如在一县内设立官销所及分所太少，人民领盐时实感觉很大的不便。假如设立很多，人民领盐固然方便了，可是办事员添加，即使招请不成问题，而开销浩大，直接一定要影响盐价。所以第一个补救的办法，很少有普遍采用的可能。

第二种补救的办法，便是在保甲的组织之外，设立一个监督机关，名为食盐监销委员会或名食盐领销委员会。采用这种办法的，可以邵阳县为代表。邵阳县在各乡镇设立食盐领销委员会，委员会以乡镇长为当然委员，另推公正士绅2人至4人为委员，内推一人兼干事。原来的办法，系由乡镇长领盐，现在改由委员会领盐，委员会将食盐分发各保后，应取得各保长正式领据，交由乡镇公所呈送县府查核。保长发盐给各甲长时，也要取得正式领据，送交委员会审核。在这种监督与考核的办法之下，乡镇及保甲长的舞弊，一定可以消灭或减少许多。委员会的委员，都是义务职，但委员会本身，月支办公费10元，兼干事月支生活费15元，由食盐项下附加。这种每月25元的费用，是设立监督机关以后添出来的，对于盐价虽略有影响，然因此可以减去许多弊端，权衡起来，还是利多而害少。

第三种补救的办法，是设立食盐消费合作社，来办理分配食盐的业务。采用此种办法的，可以沅陵县为代表。合作社的组织，以一乡一社为原则，社员以全乡人口完全加入为原则，社员不以户或口为单位，而以甲为单位，每甲推定代表1人，出席社员代表大会。甲长、保长、乡长为政治基层组织的负责人，立于监督地位，不得充当代表或职员。合作社设理事15人、监事7人，由社员代表大会用记名投票法选举。合作社成立登记后，由盐务处制发购盐证，凭证领盐，不另具公文手续。

合作社对社员（即甲的代表），社员对食盐户，各制发购盐证，凭证购盐。这个办法，虽然在推行时还要利用政治的基层组织，但不要乡镇长及保甲长经手。以前乡镇长所做的工作，现在由合作社的理事来担任；以前保甲长所做的工作，现在由甲的代表担任；监督的工作，则由监事来担任。理事会及监事会，均设有主席1人，但理事会除主席外，尚设有会计1人，司库1人，书记1人，事务1人至3人，由理事中互推。理事、监事均为无给职，但社员代表大会可视业务情形通过议决案，对于理监事予以若干的津贴。津贴的来源，系出于售盐的手续费。每盐1石，可以收取手续费8角。

以上三种办法，除了第一种因要添设机构，不易实行外，其余两种办法，都可矫正好些方面，将来是可以产生良好效果的。

在结束本文之前，我们愿意提出一个附带的问题来讨论，就是食盐可以实行计口分配制度，别的货品，是否可以用同样的方法来分配呢？在回答这个问题之先，我们要看计口授盐所以能够成功的条件，然后再看这些条件，是否也具备于别种货品。计口授盐所以能够成功的第一个条件，就是民间的需要额易于估计。譬如湖南每月对于食盐的需要额，是只要几分钟便可算出来的。我们已经知道湖南人口的数目，然后从化学专家那儿，得到每人平均日需食盐 3 钱的估计，只要懂得乘法的人，便可得到 15 万担的答数。但是湖南人每月需要多少布匹呢？多少粮食呢？多少燃料呢？答案就不容易得了。以布匹而论，有些人一年要做几十件新衣，有些人好几年不添一件新衣。有的人需要哔叽，有的人需要绸缎，又有人需要阴丹士林布。这样复杂的问题，不要说答案不易得，就是获得这个答案的方法，便要先费一番心思去研究。第二，食盐的需要额，不但易于估计，而且数量是比较小，由政府来分配、运输及仓储等等，并无不可克服的困难。我们可以拿盐与粮食比较一下。一卡车的食盐，可以供给 6 000 人一个月内的消耗，但一卡车的粮食，只可供给 100 个人一个月内的消费。政府如要计口授粮，而由粮食管理局执行此种任务，那么粮食管理局所需要的交通工具，应是现在盐务总局及其附属机关所有交通工具的 60 倍。他如仓库等设备，也要有同样的加增。计口授粮所以比计口授盐为难于推行，此其一因。第三，政府对于食盐的管理，已有很长久的历史，管制食盐的专家，在各处都遇得到。但是管制别种货品的专家，中国实在少有。所以在计口授盐时，干部不成问题，如要计口分配别种货品，则干部的培养，非一朝一夕所能完成。第四，食盐的来源，在政府的控制之下，某省产盐若干，某场可以增产若干，政府胸有成竹，不必在这些问题上面用心。但如计口分配别种货品的供给，政府是否确有把握，恐在开始时便成疑问。

由于以上四种考虑，我们觉得计口分配制度，虽然在欧洲各国为司空见惯之事，虽然在实行之后，对于社会可以发生很多好的影响，虽然在食盐方面，我国各地已实行这种制度，但如推进这种制度到别的货品，则困难很多，不可轻于尝试。

八、四川田赋征实的办法及其问题

（一）田赋征实的机构

四川田赋征收实物，已于三十年 9 月 16 日开始实行。依据《战时各省田赋征收实物暂行通则》第七条的规定，各省征收实物，采用"经征""经收"划分制度，凡经征事项，由经征机关负责，经收事项，由粮食机关负责。经征机关在中央为财政部，在省为田赋管理处，在县为县田赋管理处。经收机关，在中央为粮食部，在省为粮政局，在县为新设的粮政科。由县以下，到乡镇时，这两种机构便合流了，成立一个乡镇征购粮食办事处。在四川，并非每乡镇都有一个办事处，普通以两个或三个乡镇合设一个办事处为原则。我于本年 9 月 22 日，曾在邛崃县与县田赋管理处的主持人，讨论田赋征实的办法。据他告诉我，邛崃在过去收田赋时，县城设一总柜，四乡共设七柜。自改征实物后，全县共设办事处 16 个，每处辖境的半径，最短的 7 里，最长的一处是 40 里，普通都在 15 里左右，所以农民早上起身到办事处去缴纳实物，当日还可回家吃午饭或吃晚饭。办事处设主任 1 人，由县田赋管理处会同县政府委派当地乡镇长兼任，但因一个征收区每每包括两个以上的乡镇，所以除主任之外，还设副主任，由其余的乡镇长担任。主任及副主任的职务，为督催缴纳粮食、保卫仓库及一切行政上的责任。办事处除主任及副主任之外，设经征员 1 人至 3 人，由县田赋管理处委派，负保管征册粮票、核算粮额及核发粮票之责。另外又设经收员 1 人至 4 人，斗手、仓夫各若干人，由粮食机关委派或雇用，负验收粮食及入仓保管之责。

（二）实物数额的核定

各省征收实物的数额，其标准早已由中央规定，便是依三十年度省县正附税总额，每元折征稻谷二市斗为标准，其赋额较重的省份，便请由财政部酌量减轻。四川三十年度田赋正附税总税共约 9 000 万元，如每元征谷二市斗，全省即应征谷 1 800 万市石。这个数额，四川的财政当局以为太大，非四川的人民所能担负，因与中央当局往复磋商，决定每粮一两，摊征稻谷 11 市石，以适应人民的负担能力，其不足政府需要之数，则按摊征标准，每粮一两，另交价购 11 市石。据四川财政当局的估计，征收部分，可得谷 600 万市石，征购既用同样的标准，又可得 600 万市石，合计可得粮食 1 200 万市石。

征购的部分，我们现在可暂且不谈，现在只看每粮一两，摊征稻谷 11 市石的标准，是如何核定的。据省田赋管理处的主持人告诉我，他们先有征收 600 万市石稻谷的成竹在胸，同时又知全省田赋的征额为库平银 669 131 两，以每两摊征稻谷 11 市石计算，可得谷 736 万市石。但因各种原因，十足地征齐，是不易的，以八五折计算，便可得到 600 余万市石。所以省府原定的标准，如能做到 85%，便可达到预定的目的。

可是四川最后所采用的标准，并非每粮 1 两，摊征稻谷 11 市石。最后所决定的，是各县征粮标准，按每粮 1 两 11 市石及每两一征正税折征银数每元一市石之总和，以二除之，所得商数，即作为应征之率额。例如华阳县载粮 7 547 两 1 钱 1 分，以每粮一两纳谷 11 市石为标准，应缴谷 83 018 市石 2 市斗 1 市升。又该县一征正税折征银数为 115 366 元 6 角 5 分 2 厘，应缴谷 115 366 市石 6 市斗 5 市升 2 市合，合计为 198 384 市石 8 市斗 6 市升 2 市合，再以二除之，得 99 192 市石 4 市斗 3 市升 1 市合，即为华阳县征谷的数目。这个办法，乃是四川省内各县两种不同主张折衷的结果。这两种不同的主张，一种代表田赋正税比较重的各县，主张维持省政府的原议，即每粮 1 两，摊谷 11 市石。另外一种，代表田赋正税比较轻的各县，主张应以一征正税的银数，易为应缴稻谷的担数。上面所说的华阳县，当然代表第一种主张，因为照那种主张，该县只需缴谷 83 000 余市石，而照第二种主张，就要缴谷 115 000 余市石。可是假如华阳县的一征正税，较 83 000 余元为少，其代表，一定会投到第二种主张的团体里面去。这两种主张争论的结果，使四川省政府不得不采用折衷的办法，如上面所述。

（三）征实与地主的负担

由上面所说的方法，我们可以知道四川每县应缴稻谷的数量，但是还不能知道地主因缴谷而引起的负担。譬如华阳县应当缴纳的谷为 99 000 余市石，县田赋管理处得到这个数目之后，还是按该县载粮 7 547 两来分派，每两应缴谷 13 市石 1 市斗有奇。经征员在核发粮票的时候，如看见某户过去纳粮一两，便通知他缴谷 13 市石 1 市斗。可是这 13 市石 1 市斗的谷，等于某户收入的百分之几呢？这个问题，很少有人能够回答得出来的。

我为研究这个问题起见，曾于 9 月 25 日到成都的省田赋管理处，请主持的人供给我若干县份的耕地面积及本年应征粮食的数额。根据这两种数字，我求得每亩所摊的粮食数量如下表：

县名	耕地面积（市亩）	征收粮食数量（市石）	每亩所摊粮食数量（市石）
邛崃	818 165	151 266	0.185
夹江	363 095	40 651	0.112
金堂	959 686	80 824	0.084
巴县	2 108 036	88 658	0.042
灌县	637 519	42 971	0.067
眉山	1 192 824	113 048	0.095
璧山	838 625	26 301	0.031

以上各县，邛崃曾举行简易清丈，其余都办过土地呈报，所以耕地的面积，较没

有办过清丈或土地呈报的各县，当然要可靠些。以上各县，邛崃的负担最重，每亩应缴谷 1 斗 8 升 5 合，璧山最轻，每亩只缴谷 3 升 1 合。

从别的方面，我又搜集到一些关于每亩收获量的数字。一是中央农业实验所对于民国二十九年四川省早稻及晚稻的每市亩产额的估计。根据那个估计，四川省去年早稻每市亩的产额为 292 斤，晚稻为 306 斤。同时我们尚须注意一点，就是四川去年早稻的收获成数，只当十足年 54％，晚稻收获成数，只当十足年 55％。今年四川稻谷的收成，较去年平均为佳，所以每市亩的产额，应比去年为高。另外一种材料见于金陵大学卜凯教授主编的《中国土地利用》一书中。根据他们的调查，自 1929 年至 1933 年，四川水稻区每 1 公顷产稻 37 公担。以 1 公顷等于 15 市亩、1 公担等于 2 市担计，四川水稻区每市亩可产稻谷 4.93 市担。我们把中央农业实验所的估计与卜凯教授等调查所得的数字加以平均，每市亩所产稻谷，应为 3.95 市担。假如这个数目是可靠的，那么负担最重的邛崃，每亩所摊的粮食数量，还不到收获数量 1/20。即以征购两项合计，每亩所摊的粮食数量，也还不到收获数量的 1/10。别的县份，更不必说了。所以田赋改征实物以后，四川地主的负担，还没有达到古代什一而税的标准。

（四）几个尚待解决的问题

征收实物，虽然是古制，但因废止已有数百年，所以恢复这种制度之后，实行时不免发生很多困难的问题，如：（1）各县的负担，有轻重的不同，如何补救？（2）各县的收成，有丰收的不同，其中被灾的各县，应如何减轻其应缴的谷额？（3）各县政府的收入，过去以田赋附加为主要来源，现在田赋征收实物，交于中央，县财政的不足，应如何弥补？（4）人民缴纳稻谷时，其成色是否有一定的标准？如有掺杂行为，应如何取缔？取缔的办法，又应如何执行，始可免去不肖官吏的欺诈？（5）稻谷交到各县办事处之后，应如何保管，始可减轻损失、消除作弊？（6）稻谷集中于各办事处之后，应如何运输到适当的地点，始可满足中央的需要？

这一些问题，都不是容易解决的，都需要办理经征及经收的人，集中经验与知识，来合谋解决。在这儿，我不拟把上面所说的问题，一一加以解答，但是愿意另外提出一个一般人所忽略的问题来，加以讨论。

我们从重庆到内江，一走入内江境内，就觉得眼前的景物，与荣昌、隆昌等县的景物大有不同。内江各地都是蔗田，不愧为四川的一个主要糖业区域。内江的田地，既然有一大部分用以种蔗，所以粮食出产的数量便少了。在平时，内江人吃的米，是要从他县运入的。在往年田赋以货币缴纳的时候，这不成为问题，因为卖米可以得钱，卖糖也可以得钱。现在田赋改用稻谷缴纳，可是内江主要的出产，是甘蔗而非稻谷，如何卖出甘蔗，买来稻谷，以纳今年的田赋，便是内江人今年所感到的问题。同样性质的问题，应当有很多地方的人感到。

四川省政府对于征收稻谷规定，是比较硬性的。除松理懋茂汶靖雷马屏峨平北西秀黔彭等县，可自由选定稻谷或小麦、玉蜀黍一种征购，其余各县，一律征购稻谷，不得并征杂粮。在这种规定之下，内江的人，今年除购买自己所吃的粮食之外，还要在别的地方，购买并运输若干担的稻谷，到内江来缴纳政府摊派给他的粮额。可是这些粮食，运到内江之后，并非在内江消费，将来中央还要把它运到别的地点去，交给军队或公务员消费。这一往一来的运输，只加增了粮食的成本，但不加增粮食的效用，从经济学的眼光看去，这种运输是浪费的。

我们因而想到 2 000 多年以前，汉武帝在多年战争之后，财政上也遇到我们今日类似的困难。他用通货膨胀的办法，发行直钱 40 万的白鹿皮币，但没有解决他的问题。他用加增赋税的办法，算轺车、算缗钱、加口赋，还是不能解决他的问题。他又实行专卖，榷酒酤、管盐铁，也没有收到预期的结果。后来桑弘羊把田赋征收实物的办法加以修改，因地制宜，"令远方各以其物如异时商贾所转贩者为赋"，譬如内江出糖就以糖为赋，邛崃出茶叶就以茶叶为赋。桑弘羊要工官制造车辆，解决运输问题，把这些特产，运到价格昂贵的地方出卖。结果是政府得到一批巨大的进款，富商大贾亡所牟大利，法不益赋而天下用饶。在桑弘羊改制之前，田赋大约都是用粟米，史称"天下赋输或不偿其僦费"，但是改收特产之后，结果便大不相同，理由是粟米各地都有的，运输并不能产生空间效用（place utility），特产是限于一地的，运到别的地方去，在这种货物本身原有的效用之外，又产生了空间效用，可得善贾而沽，因而能够加增政府的收入。这位老财政家的办法，似乎值得现在办理田赋征实者的细心考虑。

九、战时内地工业建设的问题

三十年 9 月，我们花了 16 天的工夫，在沱江与岷江的流域内，看了二十几个工厂。这些工厂，除了极少数外，其余都是抗战以后才建设起来的，而且有好些是最近一年之内，方才开工出货。这种事实，证明抗战以来，开发内地的呼声，并非徒托空言，而是已有具体的表现，实在可以使人兴奋。

战时在内地建设工厂，每一种工厂，都有其特殊的问题，我们不拟在此一一讨论，现在只拿几个比较广泛的问题来说。第一个问题，是现在办理工厂，应当采取何种作风。我们觉得现在后方办理工厂的人，有两种作风：一种是大规模地干，一种是小规模地干。我们这次看到一个电厂，很可代表小规模干法的作风。这个电厂在初办的时候，只有一个 200 千瓦的发电机，不久它又加了一个 200 千瓦的发电机，共为 400 千瓦。本年 9 月，在我们参观的时候，它又加了一个 500 千瓦的发电机，共为 900 千瓦。现在这个电厂的计划，还有四步。第一步加 2 000 千瓦，第二步再加 4 000 千瓦，这两步计划，希望在抗战期内完成。另外第三、第四两步，是要开发 8 万及 80 万匹马力的电力，要等抗战胜利之后，始能实现，但设计的工作，目前已在进行。这个电厂的办理方法，很有趣味。主持的人，虽然不能忘怀于 80 万匹马力的大电厂，但他却从 200 千瓦的电厂办起。这种办法的好处，就是成功快、见效速，由这个电厂发出来的电，现在就可供给附近若干工厂的动力，使它们的生产增加，对于抗战建国，立刻便有贡献。假如它不这样办，而只是去计划那个 80 万匹马力的电力厂，现在绝无实际的成效可言。在这个电厂的附近，我们看到一家化学公司，其作风与此恰恰相反。它是代表大规模的干法。它的厂址，在二十八年 3 月便已勘定了，时间过了两年有半，但是这个公司还不能产生出品。这个公司的主持人，在初到华西的时候，也曾说过："时间在这紧急关头，是万万空费不得的，战时的后方，能够多增一分生产，于前线不止增加十分战斗力。我们决定不放过这一点，从临时的下起手来。"这是代表小规模干法的作风。可是他们另有一个矛盾的观念。他们"切望在华西这个新天地的设施，至少要不比世界水平线太低。……只为要好的一念，不愿这样苟且，因此抱定宗旨，情肯不做，做就做好"。这是代表大规模干法的作风，也就是他们现在所实行的。在那个 1 000 多亩的厂址上，我们看到许多有经验的技术人员在那儿为百年大计而精诚苦干，诚然感到钦佩，但在战时，国家需要增加生产的时候，这个化学公司，还不能有所贡献，确是一件憾事。我们因此得到一种感想，就是战时内地的工业建设，无妨从大处着眼，但应当从小处下手。假如从大处下手，费时较多，完成较迟，对于目前抗战急迫的需要，反而没有补益。

我们得到这个结论之后，再来审察别种工业进展的情形，益觉小规模的作风，为现在最能发生效果的作风。我们可以再举钢铁工业为例。后方最大的化铁炉，每次可以炼铁 100 吨的，自从二十七年起开始筹备，直到现在还没有开炉。但是有好些小的化铁炉，每次炼铁一吨、五吨以至十吨的，虽然筹备在后，早已开工出货了。由此可见小规模的工厂，容易筹备、容易建筑、容易完成、容易出货，实为抗战时期，最适于生产的工厂。

第二个问题，是机械工业的地域分布，应如何使其合理化。抗战以来，主持经济行政的当局，有一种极贤明的政策，现在已经收效的，便是在内地选定若干工业中心，并在这些中心设立电厂、供给电力，以便别的工厂，可在这些工业中心立足。这种政策，矫正了工业集中的恶果，使广大的内地，得到平均开发的机会。电力工业，是一种锁钥工业，又可名为基础工业，因为一切工业，都要靠电力来供给动力。电力工业，可以说是替别的工业安排下适当的环境，让别的工业，可以在这个环境内，发育生长。但是基础工业，不只电力工业一种，机械工业，至少与电力工业有同等的重要。电力工业是供给动力的，而机械工业供给生产工具。可是现在有电力工业的地方，不一定有机械工业。结果造成一种很新奇的现象，就是在这些没有机械工业的地点要办工厂的人，第一件事，便是要办一个小规模的机器厂，来制造他们所需要的生产工具。一个焦油厂的厂长，曾指点给我们看他的发家之地，原来是一间很小的机器间。在那间小房子里面，他先制造从烟煤里提炼汽油的机械设备，把这些设备做成之后，他才建设焦油厂，开始提炼汽油。现在又把这间小房子，让给一位办木材蒸馏厂的厂长，去做蒸馏厂所需要的机械设备。这种设厂的步骤，可以说是很新奇的。在别的国家里面，办厂的人，不必要自己动手来做他们的生产工具，自然有别的机器厂来承包这种工作。但在我们的内地，许多地方，根本就看不到机器厂，因此他们办厂的第一步，便是自己设立一个机器间，自己来制造机器。这种办法，是极不经济的，有悖于分工合作的原理。我们因此得到一种感想，就是政府的当局于在内地创立若干电厂之后，应当继着在内地创立若干机器厂，分布于各工业中心，使一切开工厂的人，可以在这些机器厂之内，获得他们所需要的生产工具。我们知道政府已在后方三个工业中心，创立规模宏大的机器厂，但是数量似还不够。假如国营的机器厂不够分配，应当把民营的一百几十家机器厂，加以合理的归并，不要使其集中于少数区域，而要它们分散在若干工业中心。这种办法，一定可以促进内地的工业化。

最后一个问题，就是别种经济活动，应当如何使其与新兴的工业配合。内地的社会，是一个农业社会。它的组织，是来满足农业社会中人口的需要的，对于新兴工业的需要，每每不能适应。一个茶厂的主人告诉我，他为设计一个新的建筑，曾把附近30里之内所有的砖瓦厂包下，工作一年，才够他的需要。内地的砖瓦厂，是农民建造或修理住宅而设立的。农民修理或建筑住宅，并无整个的计划，他今年的收入，如有剩余，便买些砖瓦放起来，明年后年，又买一些，俟积有成数后，始行动工。农民的需要，既然不大，所以在内地的乡间，大规模的砖瓦厂，便无存在的必要。可是设立工厂的人，绝不能效法农民之建筑住宅。他不能虚度岁月，而要一气呵成。所以在工厂设立的地点，砖瓦厂应当改组。这就是工业化，表示以工业来变化别种经济活动的本质。砖瓦厂不过是一个例子，别种例子，不胜枚举。在成都平原有一位主持面粉厂的人，曾说他现在的困难，就是购买小麦的麻烦。成都平原所出产的小麦，数量不成问题，很能满足他的工厂的需要。问题在于购买这些小麦，并无中心的市场，所以不能大批地进货。本来成都平原，是一个农业的社会，买小麦的人，最多是以担为单位，买去自己磨粉、自己消费，根本不需要集中的市场。现在出现了这家面粉厂，一天要消耗小麦数百担甚至于千余担，当然没有人能够供给它，于是只能这儿买几担，那儿买几担，手续非常烦琐。由此可见工厂设立的地点，商业的组织也应改组。等到面粉厂可以在小麦交易所中，一句话便可进几千担或几万担的小麦，那种商业组织才可以说是与工业配合的，也可以说是工业化的商业组织。我们相信工业化是中国社会的归宿，以工业来变化别种经济活动的本质，其工作已暗中不自觉地进行。但是我们希望各界的领袖，要自觉地来迎合新兴工业的需要，不要等工业的压迫已到头上时，才自动地改变其组织、调整其活动，以与新社会的要求相配合。如此通力合作，工业化在中国一定可以提早若干年。

十、论平价

（一）经济学中关于物价的几个原则

自从抗战以来，物价的变动，已成为一般人所注意与讨论的问题。各人根据他的常识与经验，对于物价的变动，提出各种不同的解释。这许多解释，据一位研究物价者的分析，共有 20 余种，其中自然有很正确的，但一大部分是属于私人的猜想与武断，与事实并不相符。其实物价论在经济学中占一个很重要的地位，西洋的经济学者，在过去一二百年内，不知对此费了多少心血，因而他们所得到的结论，很值得一般谈物价的人去涉猎一下。中国目前的物价问题，虽然是很复杂，但还没有发现新的事实，可以打破经济学中已经成立的原则。换句话说，现在国内物价的变动，用已有的经济学原则，都可以充分解释。

留心近来物价问题的人，第一件事要注意到的，就是各种物价普遍地上涨。在平时，物价有涨有落，但很少普遍地、一致地都往上涨。以重庆的趸售物价指数而论，四川省政府应建设驻渝办事处，每月搜集 92 种物品的价格，以二十六年价格为基期编成指数，去年 12 月的总指数已在 1 000 以上，其中涨得最慢的是桐油，指数为 194.7，涨得最快的为洋钢，指数为 4 254.1。最可注意的一点，就是 92 个指数，没有一个指数在 100 以下。这种现象，我们只可以用货币数量说来解释。哈佛大学的陶适教授曾说过：

> 把货币的数量加增一倍，假如别的条件都没有变动，物价比以前便要加高一倍，同时货币的价值，只等于以前的一半。把货币的数量减少一半，假如别的条件都没有变动，物价要比以前便宜一半，同时货币的价值，比以前加倍。（1939 年第四版《经济学原理：第一册》第 250 页）

上面的说法也许过于机械的。在另一个地方，他用另一种方式表示了同样的意思，他说：

> 假如别的条件都没有变动，一般物价的水准，其变动与货币的数量成正比例。货币数量的加增，常会使物价上涨；货币的数量减少，常会使物价下跌。（同上第 400 页）

我想，解释中国抗战以来，一般物价的上涨，不必再用别的理论了，货币数量说，已曾给我们一个答案。

可是货币数量说，只能解释一般物价水准的高低，它不能解释在同一货币制度之下，为什么甲种物品涨得多，而乙种物品涨得少；或同样物品，在甲区涨得多，而乙区涨得少。譬如拿米来说吧。四行总处曾搜集中国 20 个都市的米价，每周有一个报告。在去年 12 月的第一周，全国各都市的米价，以重庆为最高，最上等山米每石为 184 元，米价最低的地方为衡阳，每市石为 18 元。此外米价贵的地方，还有成都、嘉定，每市石都在 100 元以上；米价低的地方，还有永康、吉安、桂林，每市石都在 50 元以下。我们都知道，就是衡阳，米价已比战前高多了。这种各地米价一律上涨的现象，固然可以用货币数量说来解释，但是上涨的程度相差如此之巨，我们又可以用什么理论来解释呢？

在此，我们愿意引用的经济学中关于物价的第二个原则，那就是妇孺皆知的供求律。陶适教授说：

> 我们都知道，一种货物供给的数量，最能影响其价值。无论在什么时候，一种货品的供给如果加增了，它的价格便降低；假如供给减少了，它的价格便上涨。（同上 107 页）

为什么去年只有四川的都市，粮食价格特别高呢？我们只要看一下中央农业实验所的报告，就知道经济学的供求律可以解释这种现象。去年全国籼粳稻的收成，只等于二十八年产量的 87％，但内地各省的丰歉不一，其中以四川的收成为较低。云南的情形，与四川恰好相反。云南去年早稻的收成，等于二十八年产量的 110％，中稻的收成，等于二十八年产量的 120％，晚稻略差，等于前年的 99％，但总产量较之前年加增甚多，所以前年我们听到云南闹米荒，而去年秋收之后，云南的粮食问题，便告解决了。

很多物价的地理差异，或在同一市场内各种物品上涨程度的不同，都可以用供求律来解释。

除了上面所说的两个原则之外，我们还要提到第三个原则，就是埃利·海克舍尔教授所常提到的货品成本说。他说：

> 我们可以发现最重要的关系，存在于物价与其生产成本之间。站在长期的立场上看去，货品供给的曲线，常常成为生产成本的曲线。这是"常态价格"一词的含义：在一个长的时期内，市场上所决定的价格，常常等于生产的成本。（1937第六版《经济学大纲》第 174 页）

埃利·海克舍尔教授所说的供给曲线，在任何经济学的教科书上，都可以找得到，我们在此不必细加解释。现在要注意的，就是所说物价与生产成本间的重要关系。有好些物价的上涨，一定要分析生产成本才能了解。譬如嘉陵江白庙子某矿的煤焦，在去年 9 月，出口地的价格，只是 48 元 4 角一吨，到了 12 月，便加到 80 元 5 角。在这几个月内，煤的需要与供给，并无大的变动，所以单以供求律，不能解释煤价上涨的现象。但是我们如分析一下产煤的成本，就可发现产煤一吨的工资由 11 元加到 20 元，物料由 10 元 4 角加至 12 元 5 角，运费由 22 元加至 43 元，其他杂费 5 元无变动。由于工资、物料与运费的突增，所以生产成本几乎加了一倍。在这种情形之下，煤价之增加，乃是必然的结果。

（二）平价的歧途

抗战以后，物价既继续上涨，于是社会上发生要求平价的呼声，而政府也以平价为己任。平价的工作是否能够达到目的，就要看这些工作所根据的理论是否健全。假如理论是错误的，那么根据这种理论所定出的方法，一定会把平价的工作领入歧途，而终于达不到平价的目的。可惜近来平价的工作，大部分并没有健全的理论做指导，因而平价的工作，至今并无显著的成绩。

平价的第一歧途，就是平价购销。平价购销处成立的时候，就想平定食粮、纱布、燃料、重要日用必需品的价格。它所采取的方法，就是以 2 000 万元的资金，委托好些业务的机关，购买上列的货品，在市场上出售。在这种情形之下，货品出售的价格，便成为一个重要的问题。假如平价机关所出售的货品，其价格与市价相同，那就等于在市场上，政府多开一家店铺，对于平价，并无关系。所以从平价的立场上着想，只有把价格定得较市价为低，并且希望以这种低价的货品，来压低同样货品在市场上的价格，才算是达到平价的目的。在事实上，平价机关所出售的货品，是比市价为低，平价米就是一个好例。可是平价米在市场上所发生的作用如何？它是否能够压低市场上的米价？事实已表示它是不能的。不能的原因，无妨借一个譬喻来说明。

譬如市场上有十万只橘子出售，其价格受供求律的支配，假定是每只售价一角。有一位平价先生，想把橘子的价格平下去，便运了 50 只橘子到这市场里面来，标明他的平价橘子只卖五分一只。结果是怎样呢？是否别的橘子商人，因为有人出售平价橘子 50 只，便把十万只橘子的价格，从一角一只也降低至五分一只呢？当然不会产生这种结果。可能的结果只有两个：这 50 只平价橘子，给捷足先登者买去吃了，其余的人，还是花一角钱买一只橘子；或者是这 50 只橘子，给橘子商人一齐买去了，再以一角一只在市场上出卖。

平价先生所以失败，就是因为他只有 50 只橘子，不能发生决定价格的作用。假如他有一万只橘子或五万只橘子，送到这个已经有了十万只橘子的市场里面去，橘子的市价，一定要发生变动。平价购销所以失败，就是因为它的 2 000 万资金，只等于 50 只橘子。

平价的第二歧途，便是取缔囤积。现在取缔囤积的口号，已成为一种口头禅，许多人都迷信把这一点做到了，价格自然平定。有这种迷信的人，并不知道囤积是商业活动的一种，并不是抗战以后才开始产生。抗战以前也有囤积的现象，囤粮就是一个好例。假定一个地方，在 8 月里秋收，但在 7 月，这个地方的人，还能买到米吃，就可表示有人在这个地方囤粮。这种囤粮，使货品在市场有不断供给的可能，对于社会是一种贡献，对于物价，也发生一种稳定的作用。假如政府要取缔囤粮，强迫凡是有余粮的人，都要在秋收以后出售，那么在秋收的时候，米价一定以供过于求而猛烈下跌，而到青黄不接之际，因为无人囤粮，所以也无人售米，米价以求过于供，一定会猛烈上涨。假如政府取缔囤粮的工作做得彻底，那么到了青黄不接的时候，粮食问题便会变质，从贵贱的问题，变到有无的问题，社会上的骚乱，将不堪设想。

也许有人要说，现在政府的取缔囤积，并非禁止合法商人，在商业习惯中所允许的囤积，而是禁止非商人如公务员之流，来参加囤积的活动。因为他们也参加囤积，便可使市场上某项货物的供给减少，因而某项货物的价格，便会猛烈地上涨。我们当然不赞成公务员参加囤积，最主要的原因，就是公务员做生意，便分了他的精力，因而会降低他的行政效率。假如他因为囤积而亏本，便会影响到他的操守。所以从行政的立场上观察，禁止公务员囤积，是无可非议的。不过从纯经济的立场上看，如说参加囤积活动的人加增了，物价便会上涨，则尚待事实上的证明。实际是囤积的活动与抛出货物的活动，在市场上是同时进行的。譬如正月中有人囤积，同时一定也有人在市场上售谷。以谷而论，秋收以后的谷，其数量是一定的，从今年的秋收到明年的秋收之间，无论囤谷的人是十个或是一百个、一万个，他们所囤的谷，一定都要在这一年之内，向市场上抛出，所不同的，就是有人在正月抛出，另有别人在其余的月份内抛出就是了。囤积本身，不能减少谷的数量，除非囤积换了质而变为窖藏。那就是说，今年所囤的谷，不但今年不售，明年秋天也不售，甚至于到后年还不售。这不是囤积，而是窖藏，把有用的资金，弃于无用之地，只有傻子才会这样干。但是我们相信，这种傻子在社会上是不大找得到的。所以从长期的立场上看去，囤积并不能减少货物供给的数量，今年囤积的人，明年要把货物售出，上个月囤积的人，这个月要把货物售出。囤积最多只能使物价发生波形的动荡，不能使物价曲线长期地向上伸展。

所以想由取缔囤积而达到平价的目的，其结果一定是吃力不讨好的。

平价的第三歧途，便是以命令压低物价或固定物价的企图。物价的变动，有它的原因，正如一个人生病，有他的原因一样。不从这些原因上想法，而只知道下命令去使物价听命，正如巫师念咒，便想把病人的健康恢复一样。假如物价真能受命令支配，那真是魔术了。但是20世纪的人是不相信魔术的。

去年我在江西的南部，曾同一个专员谈话，他说在某一个时期，他曾下令制止粮价高涨，同时又禁止粮食出境，所以农民只能照他的价格，把余粮在境内出售。这件事似乎表示命令可以压低物价。但他同时又告诉我，在他境内的粮食问题，有渐趋严重的可能，因为有一些农民，看见种粮食无利可图，便都改种甘蔗与芝麻了。粮食的产量，据预测，在他的境内将大见降低，结果境内的粮食一定不够吃，恐怕要到别处运粮来接济。这件故事，很值得那些想以命令压低物价者的仔细体察。你如想以命令压低甲种货品的价格，那么以前花在甲种货品上面的资本与劳力，便会转移到别的有利途径上面去，结果一定是甲种货品的供给更加减少，因而价格更要上涨，超过你发令压低它以前的市价。

最近又听说湖南有一位热心有余而知识不足的县长，曾下令使他县城内的商店，把所有的货物，一律以七折出售。商店对于这道命令的答复是罢市，其后这段公案，如何结果，我们没有听到下文。但是可能的结果，似乎只有两个。第一是商人的反抗胜利了，所有的货物，仍照以前的市价出售，县长的命令，等于废纸。或者县长胜利了，商店遵照命令，忍痛把货物以七折出售。但是货物售完之后，一定是关门大吉。因为照官价便无法进货，货源枯竭了，只有趋于关门的一途。到那时，县长如要维持市面，终究还是要把命令取消的，所以最后的胜利，还是属于商人。

（三）平价的大道

以上略论平价的三种歧途，所以说那几条路是歧途，就是循着它们走去，达不到平价的目的。我们现在愿意指出的平价大道，乃是根据前面所说的经济学中几种原则而演绎出来的。虽然是卑之无甚高论，但是如果努力推行，一定对于平价会发生良好的影响。

上面我们提到的第一个原则，说明了货币数量与物价的关系。货币数量的加增，既然与物价上涨成正比例，所以凡是可以使通货紧缩的行为，都能发生稳定物价的作用。在这一类的行为里，我们愿意特别提出四点。第一是紧缩预算，节省凡是与军事或胜利无关的开支。第二是增加旧税的税率或开办新税，把社会上的剩余资财，从私人的手中，转移到政府的手中。第三是向个人或生产机关推销公债，其作用与第二种办法是相同的，不过增税的结果，是把财富由私家永久转移到公家，而推销公债，转移只是暂时的，在将来，同量的财富，加上利息，还要流回到私人的手中。不问这种转移是久是暂，政府在战时得到这一大批现款，便可不必乞怜于货币膨胀或信用膨胀。英国第一年战争的结果，共花了 26 亿英镑，其中 8/9，是由增税与推销公债而来，只有 1/9，是靠信用膨胀而来。这种成绩，虽然不容易达到，但值得我们努力效法。第四是提倡储蓄，其作用是使目前社会上一部分购买力退藏，等到市场中货物增加时再行放出。

上面我们所说的第二个原则，说明了供求律与物价的关系。市场上的供给，与物价成反比例。所以凡能使货物供给加增的行为，都可发生稳定物价的作用。同样的，凡可以使需要减少的行为，也可稳定物价。使货物供给加增的方法，只有加增生产，如生产在后方一时不能加增，只有设法打破封锁，使国外的货物或上海等处的货物，得以源源输入。在此，我们愿意顺便地指出，去年后方 15 省粳稻、糯稻、小米及糜子的种植面积，据中央农业实验所的初步估计，共较前年减缩 1 200 万市亩，这是极不健全的一种现象，在粮食问题严重的今日，有急加矫正的必要。为保障后方粮食的供给，我们不但不能减少种植粮食的面积，反而还要扩大它的面积，才是合理。

至于减少需要，莫如提倡节约，这是我们近年以来，全国上下都在提倡的。

上面我们所说的第三个原则，说明了生产成本与物价的关系。生产成本的高低，与物价的高低成正比例，所以凡是减低生产成本的工作，都可发生稳定物价的作用。减低生产成本的方法，是因货品的差异而不同的。我们主张每种重要的商业，都要成立同业公会。这些同业公会的会员，对于某种货品的生产运销都是内行。政府应当集合这些内行于一处，与他们商量各种减低成本的方法，其须政府出力协助始能达到目的时，政府应全力以赴。譬如以减低纱价的成本来说，至少有四种工作可以推动。首先是减低内汇的汇率。现在内地的棉纱不能自给，大部分要由上海输入，但由重庆汇钱到上海，现在每千元需要汇水 230 元左右，有时汇水还要超过此数，这是可以加增棉纱成本的。减低汇水，便可以降低棉纱的成本。其次，由上海运一包棉纱到重庆，中途每经过一省，都要纳相当的过境税，如在江西、福建要纳特种营业税，在广东要纳舶来品捐税，在湖南要纳特种物品产销税，在广西要纳饷捐。假如把这些税则都取消了，棉纱的成本是可以降低的。再次，货物在途中运输，要经过无数关卡的检查。它们的留难，迁延时日，是会加增开销的，而这些开销，必然地要影响到成本。所以便利客货在途的运输，也可以降低成本的。最后是要取缔暴利。棉花由棉农到棉纱，棉纱由纱厂到商人手中，中间要转好几道手。假如每一个中间人，都要从中获得出乎情理的利润，一定会使棉纱的成本提高的。所以取缔暴利，也可以使棉纱的成本降低。以上这几件事如果做到了，那么使棉纱的价格降低三四百元，非不可能的事。举此一例，可概其余。我们现在需要各种专家，对于每种货品的成本，随时加以科学分析。根据分析的结果，来做平价的准备，一定轻而易举。这种工作，由政府与同业公会合作，最易收效。

最后，我愿意指出一点，就是在英德等国行之有效的物价统制办法，我并没有在此提倡，以为应在中国推行，乃是因为物价统制需要严密的机构、完备的统计、大批奉公守法的公务员与经济警察，以及在水准以上的公民知识。可惜中国现在还不能具备这些条件。中国将来也许要实行物价统制，正如中国将来也许可以每月制造飞机 1 000 架一样。但这不是可以一蹴即至的，所以我们略而不谈。

十一、粮价果能领导物价么

（一）粮价说在理论上的困难

《中央周刊》的新年号，登了一篇陈豹隐先生论物价的文章，题为《领导后方现今一般物价者》，其结论说：

> 领导后方现今一般物价者，不是汇价，也不是币价，而是粮价——这是本题的结论。

陈先生这种看法，把物价的变动，归根于粮价的变动，是现在后方最有权威的理论。但是这种理论的正确性到底如何，我们愿意根据事实来检讨一下。

首先，粮价假如可以领导物价，那么粮价没有涨的时候，别的物价也不能上涨。可是事实并非如此。以重庆而论，粮价自二十八年3月之后，才开始上涨。在那一月，重庆的食料类指数才到101，可是衣料的指数已为235，燃料的指数已为278，金属电料的指数已为355，建筑材料指数已为183，杂项类指数已为191。这类事实，证明粮食未涨的时候，别类物价也可以上涨。

其次，粮价假如可以领导物价，那么粮价下跌的时候，别的物价也应随着下跌。可是事实并非如此。仍以重庆而论，自二十六年6月起至二十七年10月止，粮价的曲线是往下降的，所以重庆的食料指数，从二十六年6月的106跌至二十七年10月的84，我们大约还记得那时谷贱伤农的呼声。可是粮价尽管下跌，而别种物价齐趋上涨。在粮价跌到较战前的价格还低的时候，衣料与燃料，在重庆已涨了两倍，金属电料已涨了三倍了。这类事实，证明粮价下跌的时候，别种物价也可上涨。

再次，粮价假如可以领导物价，那么粮价上涨的时候，别种物价便非随着上涨不可。可是事实上也有好些例外。譬如去年12月中旬与12月上旬相比，重庆食料类的指数上涨了39.5，但杂项类的指数，在这两旬之内，并无变动。别种指数，在这两旬内，也是上涨的，不过这种同时的变动，并不证明彼此间就有因果关系，正如重庆的夏天，树木上长的时候，嘉陵江的水也上涨，但是我们绝不能说嘉陵江水的上涨，是树木上长所领导的。

最后，粮价假如可以领导物价，那么粮价的指数，应当常在别种物价指数的前面，因为只有前进者可以领导落伍者，绝不会由落伍者来领导前进者。可是事实上，粮价在抗战以后，老是落在别种物价的后面，最近的半年，粮价急起直追，直到最近，它的指数，还没有赶上许多别种物价的指数。仍以重庆的指数来说，衣料的指数还在粮价指数之上，燃料的指数还在粮价指数之上，金属电料的指数更远在粮价指数之上。粮价既还没有迎头赶上许多别的物价，如何可以说是它在领导别的物价呢？

（二）生产成本说不即等于粮价说

根据以上的讨论，我们很难附和陈先生的理论，说是粮价领导物价。不过在此我应郑重声明，我并不否认粮价与别种物价的关系，我所否认的，只是粮价领导别的物价的说法。这两种主张，是有很大分别的，承认粮价与物价有关系的，可以同时不承认粮价领导物价。

粮价与别的物价所以有关系，就是因为粮价可以影响工资，而工资可以影响生产成本。但是我们要记得，影响生产成本的，不一定能决定生产成本。理由是：生产成本包括的项目很多，而工资不过其中之一。影响工资的元素也很多，而粮价不过其中之一。所以研究某种货品的生产成本的人，绝不可以知道工资及影响工资的粮价为满足，一定要把别的项目，也去仔细地研究。可是陈先生却把生产成本说与粮价说混为一谈。他说：

> 粮价说是从再生产成本的多寡，来说明后方物价的上涨，主张现今后方物价高涨的领导原因，只能是构成生产成本的主要物或根本物的价格，即粮价。本来，在纯粹理论上，粮价为一般生产成本的基本是不成问题的，因为从价值理论上讲，一切成本皆可还原为劳力的价值，在事实上即皆可还原为工资，而工资的高低，推论到最后，却须被决定于直接从事生产劳动的人的最低限生活必需品价格的多寡，但这个最低限生活必需品的主要部分却是粮食，所以结局在理论上可以认再生产成本说，即等于粮价说。

陈先生的工资论，又是与事实不符的。假如工资的高低，是为粮价所决定，那么重庆的工资，应当高于上海，而上海的工资，应当高于香港。因为拿这三个地方比较起来，重庆的米价最高，上海次之，香港又次之。照同样的理论推演下去，荒年的工资，应当高于丰年，因为荒年的米价，高于丰年。可是当数年前陕西、甘肃发生荒灾的时候，那儿的工资是否上涨呢？不过工资论牵涉太广，这儿可以不必过细追究。现在所要讨论的一点，就是生产成本说是否即等于粮价说。假如生产成本真可以粮价来代表，那么各生产机关的成本会计，真是太容易办了，只要看一下粮价涨了多少，就可知道生产成本涨了多少。可惜事实并不如此简单。一位制造水泥的朋友，曾把他的成本算给我看，其中包括的项目，有石灰石、黏土、石膏、河沙、鸭子石、燃料、水电、工资、物料、厂事务费、折旧准备等。每一项目，在各时期中的涨落并不一致，而且涨落的原因，根据我那朋友的解释，真是非常复杂，绝非一个简单的元素所可以解释的。又有一位做棉纱生意的朋友，曾把他所经营的棉纱成本加以分析，其中的项目，包括资本、运费、上下力、栈租、保险、捐税、损耗、汇水、拆息等。在二十九年下半年粮价的高涨声中，有几项成本反而降低了，即栈租、捐税及拆息。其他各项，均有加增，但有好些项目增价的原因，似乎与粮价无关。如以二十九年 4 月与二十九年 10 月的情形相比，运纱一包，由沪至渝，运费由 724.8 元涨至 1 865.4 元，理由是汽油涨价，绝非因为司机在路上吃饭太多。又如保险费由 147.8 元涨至 208 元，乃是因为途中运输的风险加增，而非由于粮食涨价。此外如损耗及汇水的加增，均与粮价无关。只有上下力由 12 元涨至 16 元，可以归原于粮价。

由于上面两例的分析，我们可以看出生产成本，并不只包括影响工资的粮价一项。粮食在各种货品的生产成本之中，有时间接地占一个重要的位置，有时占一个不重要的位置。但无论在哪一种情形之下，生产成本都是一个很复杂的问题。它虽与粮价有关，但不为粮价所决定。

（三）生产成本说解释物价的限度

生产成本说，并非等于粮价说，已如上述。假如我的话只说到此处为止，也许有人要误会，以为粮价说即使不能解释物价的涨落，生产成本说一定可以来担负这种使命。现在各种物价的上涨，是因为生产成本高了，这种说法是否正确呢？

我们的答案是，生产成本说只有部分的真理，而非整个的真理。

以生产成本说作为一种普遍的理论，来解释一切物价的变动，有好几种困难。第一，有一类东西，不管你的成本是如何高，也许在市场上一文不值。西方经济学者关于此点所常举的例子，便是吹胰子泡的机器。我们可以想象一位有精神病的技师，立志要造一部吹胰子泡的机器，也许他花了十万或百万元的本钱之后，可以造出这样一部机器，在一秒钟内，可以吹出十个胰子泡，这比小孩子用竹笔套点胰子水而吹出的胰子泡，其效率要高得多，可是这个机器能够在市场上卖出去吗？答案是不能的，因为这种机器毫无用处，所以成本虽多，而价格则等于零。第二，又有一类东西，制造之后，只要把它藏起来，不去动它，经过相当的时期之后，它就涨价了，陈酒便是一个好例。一瓶酒存了十年，价格要涨好几倍，但在这十年之内，成本除了加上一点利息之外，可以说是并未加增，其所以涨价的原因，完全是因为稀少，合乎"物稀则贵"的原则。

"有用"与"稀少"两个概念，是构成近代经济学中价值说的骨干。代替劳动价值说（labor theory of value）的边际效用价值说（marginal utility theory of value），可以说是由这两个概念推演出来的。无论什么货品，不管它的成本高低，假如在市场上售得高价，第一是因为它有用，第二是因为它稀少。关于有用这一点，我们可以暂且撇开不谈，为讨论的方便，我们可以假定后方所生产的东西，都是有用的。但是稀少这一点，在讨论后方物价时，应当特别注意。简单地说，许多物价之所以上升，与其说它是由于成本加高，毋宁说它是由于稀少。为说明这一点，我们可再以后方棉纱的价格为例。

后方棉纱的成本，可以说是至少有两种：一种是本地纱厂生产棉纱的成本，一种是商人由沪运纱至渝的成本。产纱成本，在 2 500 元左右，运纱成本，在 4 000 元左右。现在重庆市面上的纱价，乃是受运纱成本的决定。这两种成本，为什么较高的成本，有决定市价的功能呢？理由是：后方纱厂的生产，不能满足后方的需要。把 2 500 元一包的纱送到市场上去，因为需要超过供给太多，所以价格上涨，一直涨至 4 000 元左右，上海的棉纱也可以加入重庆的市场了，于是供给与需要勉可平衡，物价便在供给曲线与需要曲线交叉的一点上决定。这个交叉之点，目前便是 4 000 元左右。现在我们假定重庆的纱锭有突然的加增，由十余万锭增至二三百万锭，制造棉纱的能力，可以满足后方目前的需要。在这种场合之下，由上海运纱来渝，即使成本要 4 000 元，一定也要降低至 2 500 元出售。这一个例，便可证明近来后方纱价之上升，与其说它是由于成本加高，毋宁说它是由于稀少。假如货物的供给加增了，那么成本高的人，也只得亏本出售。由此可见生产成本，在表面上看去，可影响物价，但在生产成本之外，还有基本的元素，是我们同时要去体察的。

（四）一元论与多元论

以上讨论后方的物价，由粮价讲到生产成本，由生产成本讲到供需关系，目的只在指出物价问题的复杂，影响物价元素的众多。我们很难指出一种价格，说它领导一切。万一我们要做这种企图，那么最妥当的说法，还是采用陈先生所认为不关重要的"货币数量说"。但是货币数量说，也不能解释一切物价的涨落及其细微的变化。

因此，我们反对一切一元论的解释，把物价变动，归根于某一个元素。我们愿意提倡多元论的解释，就是要研究影响物价的各种元素，来衡量在某一种物价上，某一个元素所产生力量的大小。这两种不同的看法，在实用方面，可以生出极不相同的结果。假如陈先生的粮价论是对的，那么全国粮食管理局，要单独地负平定后方物价之责。只要它设法把粮食的价格稳定，别种物价，自然平定了。这种主张，是很危险的，因为它把全国粮食管理局所不能担负的责任，压在它的身上，同时轻易地放过了那适当负责的人。但是假如从多元论的立场出发，认为物价的上涨，与货币数量有关，与预算庞大有关，与交通不便有关，与生产不足有关，与节约有关，与储蓄有关，与经济战有关，与敌伪的设施有关，与重要都市的得失有关，与人民组织有关，与流行心理有关，那么不但全国粮食管理局，应当站在它的岗位上努力，就是政府中别的机关，如财政部、交通部、经济部、农林部、军政部、社会部、宣传部等，民间的机关，如银行、运输公司、工厂、商会、同业公会等，都可以在各人的立场上，尽它们可能的职责，为平定物价而努力。

陈先生说：

> 近来世上太过于爱谈论方案了，其实无理论根据的方案，或根据于错误理论而立的方案，在事实上可以往往招致政令上的许多纷更和浪费，其结果往往比未实行新方案时更坏。

我们虽然不赞成陈先生的粮价说，但对于他上面所说的几句话，认为方案应根据正确的理由出发，完全是同意的。不过正确的理论，是由研究实际情形而产生，并非出于臆测，这是我们愿意补充的一点。

十二、三十一年之经济建设

（一）国营事业的发展

在抗战以前，我们在交通、运输、金融等部门，国营事业，虽然已有规模，但是在工矿业方面，可以说是成就很少。抗战期间，为满足各方面的需要，国营工矿事业，已有长足的进步，本年内的成绩，尤为显著。先说电力工业。我们知道一切工矿事业，都需要电力以资推动，所以在后方各省，除加强已有电力厂的设备外，又新建了国营电厂 20 处，不但如川、湘、滇、黔、甘等省，有所建置，即在青海、西康，亦着手创办。本年度这些国营电厂的实发电力，预计当在×××。二为机械工业，新式的生产事业，需要新式的生产工具，所以凡是努力工业化的国家，对于机械工业，无不认真建设。现在国营的机器厂，分布在云南、四川、甘肃。此外在广东与江西，也有与省政府合办的机器厂。以数量言，现在民营的机器厂多于国营的机器厂，但论规模之宏大、出品之精良，当以滇省的国营机器厂，首屈一指。三为矿冶工业，其中最重要的，自然是钢铁。后方原来并无钢铁厂，现在政府所设立的钢铁厂，几达十单位。其中最大的一个钢铁厂，有一炼铁炉，每天可出铁××吨，已于三十年 11 月开炉出铁。炼钢方面，这个钢铁厂，除设有小规模的电炉及贝塞麦炉以外，还有十吨马丁炉两座，已于本年 7 月，全部完成。这些钢铁的生产，不但可以满足兵工一方面的需要，而且还可以供给钢轨，促进交通的建设。除了钢铁之外，出口矿产品，如钨、锑、锡、汞，在抗战期内颇有进步，尤其在提高品质一方面的工作，其成效尤为显著。过去以这些矿产品，与友邦易取军器弹药，颇有助于抗战。四为燃料工业，主要者为油与煤。石油的发现与开发，为抗战期内一最重要的事实。两年以来，凿井已有十余口，证明原油的丰富不成问题，只要有适当的炼油设备，即可大量生产。现在汽油、柴油进口艰难，我们自己生产的努力，在此时期，尤有意义。煤矿由政府经营的，在后方共达十余单位，其生产一方面可供铁路运输之用，另一方面可应国营工厂之需。五为化学工业，年来所最注意的，一在酒精的增产。现在已有国营酒精厂十所，分布川、陕、甘、黔、滇各省，本年产量可达×××加仑，其中×××加仑为无水酒精，如在汽油中掺以此种酒精 1/5，可为驾驶飞机之用。次为硝酸的制造，在外国机件运入之前，拟利用电石制造，俾能日出数吨，以应兵工之需。六为电工器材工业，现有工厂四所，每厂又各有分厂若干，其生产品大部分都供军事及交通之用。以上各种国营工矿业的单位，合计已在 80 以上。其中若干部门的生产数量，已经超过民营。

（二）民营事业的奖励

政府一方面虽然努力推进国营事业，但对于民营事业，亦多方奖励。民国二十七年 12 月，曾公布《非常时期工矿业奖助条例》，去年 12 月并加以修正。根据这个条例，国人在后方所办有关国防民生的重要工矿业，如电气、机械、化学、采矿、冶炼、纺织、农产品加工或制造等都可以呈请奖励。奖励的方法，得采用下列各款之一种或数种：（1）保息自五厘至一分，保息期限自五年至七年。（2）补助。（3）贷款。（4）减低或免除出品出口关税及转口关税。（5）减低或免除原料转口关税。（6）减低国营交通事业运输费。（7）租用公共土地，免除地租，以五年为限。（8）协助购用动力或其他一切原料、物料。（9）协助训练或招雇技术员工。（10）协助向交通机关，谋材料成品机件及工人生活必需品运输之便利。除制定奖励法规外，政府在抗战期内，还特别建立了机构，来担任协助民营事业的工作。这些工作，最重要的一点，便是贷款。在抗战初期，前方有许多工厂要移到后方来，但缺乏资金可以利用，政府于是有迁移借款的办法。厂矿迁到后方以后，购地建屋，亦需款项，于是又有建筑设备借款。厂屋已成，机器开动，此时厂矿复有周转资金的需要，于是又有营运资金借款。又为预防空袭损失，谋各重要机件的保护，办理疏建及保护工程借款。后方厂矿，得到这些资金的协助，有许多难关，遂得平安渡过。第二种协助民营工矿业的方法，便是供给工矿器材。现在后方运输困难，外汇之请求尤其不易，所以民营工矿业，如想补充各种生产器材，每难达到目的。政府有鉴于此，因以大量资金，一方面在国内收集后方各省散失的材料，一方面利用英美信用贷款，订购各种机器材料，以低廉的价格，转售给需要此种材料的厂矿。同时政府即利用贷款、售料等方法，对于民营工矿的生产，加以指导及管制。所以现在的工矿事业，虽然有国营与民营之分，但都受政府的指挥监督，同在政府整个计划下进行，以满足抗战及民生的各种需要。

（三）省营事业的监督

除了国营与民营的事业之外，还有一种生产事业，是省政府办理的。过去曾有一个时期，若干省的生产事业有畸形的发展，因而发生经济割据的流弊。政府为矫正这种流弊起见，因于去年7月，颁布《省营工矿业监理规则》。其要点有四。第一，省政府经营工业矿业，应在中央整个计划及法令范围之内，注重开发本省特殊物产，以求民生必需品及外销品之增加及工矿业之进步。第二，重要国防工业矿业，由主管部或其直辖之机关主办，但得许省政府加入资本，或与省政府合办。第三，省营工业矿业，无论独资经营、合资经营或募股经营，不得兼管行政事务，其经营方法应完全事业化。第四，省营工业矿业，应由省政府先拟定组织章程、事业计划，咨请经济部会商财政部及其他有关机关核定。自从这个监理规则实行之后，中央对于省政府所办工矿事业的管制，便比以前加强。截至本年4月份止，各省政府及各战区经济委员会，检送所办各工厂章程计划，请经济部核定的，共108厂，计山西省10厂，甘肃省3厂，贵州省12厂，湖南省16厂，西康省2厂，江西省22厂，浙江省5厂，广东省11厂，陕西省1厂，河南省2厂，福建省6厂，八战区经委会1厂，二战区经委会2厂，三战区经委会11厂，五战区经委会2厂，一战区经委会2厂。以上各厂，其由各战区经济委员会办理的，因各该会已奉令改组，当已分别移交有关机关，接收办理。

（四）工业合作与手工业

抗战以来，沿海沿江各地的大工厂，多受敌人摧残，加以交通不便，运输困难，许多地方的人民，过去日用必需品，是靠大都市供给的，在这种情形之下，便不得不另筹来路，于是工业合作运动，便应运而生，而久已萎缩的乡村手工业，又重趋于繁荣。工业合作运动，起源于二十七年的冬季，到了去年12月底止，已经登记合格的工业合作社共有1 737，会员有23 088人。工业合作社的组织，在中央有工业合作协会，并有西北、川康、西南、东南、滇黔、晋豫及浙皖七区中设立分会。这些分会，直辖

86 个办事处。各地的技工，如欲组织工业合作社，只要集合七人，拟定计划，便可向办事处请求协助。这种协助，包括技术的与金融的。现在已经成立的工业合作社，名类颇多，包括采矿、纺织、化学、陶器、食品、印刷等。其中以纺织合作社的数目最多，占总数的 34%。合作社的出产品，平均每月总值约为 3 000 万元。最近工业合作社，拟扩充组织，思在最短期内，加增会员一倍，加增生产三倍。英美等友邦，对于此种生产组织颇感兴趣，年来在经济及技术两方面，颇多协助。政府除一方面鼓励工业合作运动的进行外，在二十八年 2 月，还通过《小工业贷款暂行办法》。凡经营纺织工业、制革工业、造纸工业、金属冶制工业、化学工业、陶瓷工业、农林产品制造工业，而资本总额在五万元以下、一万元以上的，均可呈请贷款，其利率为周息三厘至五厘。贷款可以分年摊还，但至多不得超过五年。去年小工业贷款总额为 46 万元，今年预算可达 70 万元。

（五）物资及物价的管制

物资管制，为战时重要经济设施之一。依照二十六年 12 月公布的《非常时期农矿工商管理条例》，政府可以施行管制的物资，约 40 种。现在中央管制物资的机关很多，如管制食粮有粮食部，管制汽油、柴油有运输统制局，管制药品有卫生署，管制茶、糖、火柴有财政部。其由经济部所管制之物资，可以分为三类：一为出口矿产品，限于钨、锑、锡、汞、钼、铋六种，而以前四种尤为重要。二为工业材料，包括钢铁、水泥、烧碱及铜。三为民生日用必需品，包括棉花、纱布、燃料、食油、纸张等。经济部管制此种物资之目标凡三：一为加增生产。举例而言，烧碱的生产，在二十九年为 209 吨，三十年为 628 吨，加增凡达两倍。四川煤矿，在抗战以前，全省每年约产 150 万吨，本年度则全省煤产，至少当为 330 万吨，即五年之间，加增一倍以上。又如抗战以前，后方纱厂开工的，约共 17 000 锭，本年度则开工的已有 17 万锭，五年之内，共增九倍。后方机制纸张，在抗战以前，仅年产 200 余吨，至上年度已共产 4 200 吨，增加 20 倍。以上数例，证明认真管理，终能得有结果。管制的第二目标，为实行优先分配。即国防上之需要，当尽先供给，如有剩余，始分配于其他事业。在其他事业中，又当视其性质之重要与否，以为分配多寡的根据。举例而言，铜的分配，军用逾 90%，工业用尚不及 10%。水泥之分配，以去年之实际情形而言，军用占 41%，交通用占 26%，工业用占 21%，民用及其他只占 12%。灰口铁之分配，兵工厂有优先收购权，次及使用铁料之工厂，普通人民不准购囤。如此办理，后方有限的物资，才可得到最经济、最有效的利用。管制物资的第三目标，即为稳定价格。凡由经济部管理的物资，其价格均由政府规定，商人或生产者，不得任意变更，所以在物价高涨的急潮之中，此种被管制的物资，其价格比较少受波动，因而上涨的程度，也略低于别种货品。举例来说，如以二十九年 7 月为基期，来研究三十年 12 月重庆的物价指数，则二十支绿赛马棉纱为 266，美亭阴丹布为 311，大河岚炭为 334，连槽煤为 295。以上各种在经济部管理下的物资，在一年半之内，其上涨不过三倍左右。以较猪肉的 514，面粉的 540，中等山熟米的 774，相差甚巨。

（六）经济作战的新动向

抗战发生以后，我们对经济作战的方法，大致可以分为四种：第一是禁运资敌，第二是摧毁伪经济设施，第三是查禁敌货，第四是打破封锁。自从太平洋战争爆发之后，国际形势顿然改观。敌人收我物资以套取外汇的顾虑，现已完全消失。同时敌人切断我西南国际路线，使我方对于争取物资的努力，必须更加积极。为应付此种新的局面起见，政府已经采取若干步骤。一为取消《查禁敌货条例》及《禁运资敌物品条例》，而另于本年 5 月，颁布《战时管理进口出口物品条例》。以后关于进口部分，除奢侈品及非必需品禁止进口外，其他物品，如系国防及民生所必需的，则不问来自何国或国内何地，一律准予进口。关于出口部分，除由政府机关报运或特许结汇出口之物品外，其他物品，如经财政部贸易委员会查核种类数量，于对外贸易政策确无妨碍的，或经各省市政府证实确为当地土产，生产过剩的可向财政部申请，特许出口。除此项条例之外，政府又于本年 6 月，通过《战时争取物资办法大纲》，其要点在，对于公司行号或人民，向沦陷区或国外抢购物资，除给予合法利润之外，并给予特别奖金，其他关于运输汇兑保险种种，均予以便利。此种设施，在打破敌人全面封锁的企图，加强抗战物资的供给。现在西北国际路线依然畅通，西南国际路线，虽陆路上略受阻碍，而航空运输的力量，在每日加增之中，所以友邦对于我国物资的供给，以后一定可以源源而来，绝非敌人的力量所能阻止的。

第三章　国际战争与经济

十三、欧战初期英法德的经济力量比较

（一）

这一次的欧战，与以前的战争有一点不相同的地方，就是战争发动已近 4 月，可是英法德的主力军并没有大规模地接触。理由当然是很简单的：英法方面有马奇诺防线，德国方面有西格弗里防线。这两道防线，都是易守难攻的，无论哪一方面，都不愿牺牲太多的生命，去冲破敌人的防线，因此战场上便表现着一种僵持的局面。可是战争的工作，在战场上虽然是出乎意外的寂静，而在别一方面，却在加紧地进行。所谓别一方面的战争，便是经济战。战事一经开始，英国便成立战时经济部，法国便组织封锁部，可见同盟国对于经济战的重视。英国的张伯伦首相，于 11 月 26 晚广播演说，论同盟国的作战方法，有一段说：

> 同盟国对德之封锁，现已日渐增强，此事进展虽缓，而效力则大，令德国现代战争所需要之原料，来源断绝。在另一方面同盟国之给养，则不虞匮缺。胜负之数，已决于此矣。

德国的作风，与英法并无二致。柏林观察家论德国的作战方法时说：

> 苟非同盟国对德之经济封锁更趋加紧，迫令希特勒铤而走险，则西线当不致有何变化。德方将仅从事于海上及海底战，以期破坏英国之补给线。（11 月 27 日合众电）

这种经济战的结果如何，非将两方面的经济力量做一彻底的检讨，不能预测。我们现在试从三方面来讨论这个问题。

（二）

我们可以先看交战国对于几种食粮及原料平时的生产能力，如下表：

食粮或原料	年份	单位	英	法	英法之和	德
小麦	1937	千吨	1 701	7 017	8 718	4 466
裸麦	1937	千吨	—	740	740	6 916
燕麦	1937	千吨	2 783	4 347	7 130	5 918
煤	1938	千吨	231 874	46 501	278 375	186 179
石油	1938	千吨	—	72	72	552
铁砂	1937	千吨	14 214	37 772	51 986	9 791
铣铁	1938	千吨	6 871	6 049	12 920	18 044
钢料	1938	千吨	10 560	6 174	16 734	22 661
铜	1937	千吨	130	18	148	270
铅	1937	千吨	12	27	39	162
锌	1937	千吨	62	60	122	163
铝	1938	千吨	22	45	67	161
水泥	1937	千吨	7 417	4 272	11 689	12 605
电力	1937	百万度	24 315	18 000	42 315	48 969

这个表中所表示的数字，有几点很可注意。第一，三种食粮的出产量，英法之和，与德国相差无几。不过一个国家的粮食是否够吃，当然不能只以这三种食粮的数量为标准。据德国商业研究社发表的一个估计，德国与法国在食粮上的自给率是一样的，都是83％。英国在食粮上的自给率，在世界各国中是最低的，只有25％。英法人口之和，与德国相等，假如上面那个估计是可靠的，那么同盟国在粮食的自给一点上，还不如德国。第二，在上表所列的11种原料中，除却煤与铁砂外，其余的9种，英法产量之和都赶不上德国，由此可见德国近数年来工业生产的猛进，以及英法的相形见绌。德国所产的煤，其数量虽然赶不上英国，更赶不上英法之和，可是它于1938年，还生产褐炭（lignite）194 980千吨，英国不产褐炭，法国只产1 057千吨。所以如把煤与褐炭算在一起，德国的产量，便超过英法之和。因此在11种原料中，德国真正落后的，只有铁砂一种，这是德国的致命伤，因为德国对于铁砂的出产，还不及英法之和的1/5。可是铁砂在各种原料中，是头等重要的。没有铁砂，铣铁与钢料的增产，便

大成问题了。在 1938 年，德国曾从国外输入铁砂 2 100 余万吨，其中 57.2％来自瑞典，7.5％来自挪威，5.6％来自罗森堡，8.7％来自西班牙，以上各国，共供给 79％，其余的 21％，系由法国供给。战端起后，法国的输出，当然断绝，西班牙的输出，恐怕也要为同盟国所封锁。其余的国家，是否依旧把铁砂售与德国，就要看德国是否有购买的能力。关于此点，我们在下面当再讨论。

（三）

我们在上表所举的原料，只是包括战争所需要的原料一部分。这许多举出的及未举出的原料，以及根据这些原料制造出来的货品，在战争的时期中，需要一定会大大地加增，专靠平时国内生产的数量，自然是不够的。满足这种增加的需要，不外二途：一是国内加增生产，二是从国外补充。我们先讨论第一条途径。

假如资源的供给不成问题，在国内加增战争用品的生产，要受三种元素的影响。第一是看国内已有的生产工具，其中有若干成分，可以利用做战争用品的生产。我们都知道，无论什么国家，一遇战争发生，都要设法改变生产工具的用途，使平时民用工业尽其力量，以贡献于军事的需要。譬如平时制造电扇的工厂，在战时改造军用无线电机，即其一例。关于此点，英法的能力，似较德国为高，因为德国的经济组织，在数年以前，便已走入备战状态，国内的生产力量，已经有很大一部分，是为制造军需之用，战端起后，民用工业可以改为军用的，其成分比较很低。英法两国，在墨索里尼会议以前，国内的生产事业，可以说是在常态之下举行，民用工业可以改为军用的，其成分比较很高。据海克舍尔教授的估计，战前英国的军需用品生产事业，只耗费国家收入的 10％，而在德国，则要耗费 25％。又据国际联盟的报告，各国的工业生产指数，如以 1929 年为基年，其指数等于 100，则在 1939 年 3 月，德国的指数为 133.3，英国为 122.2，法国为 87.2，由此可见英法生产军需用品的潜在力量，实比德国为高，正如好些赛跑的人，德国已经单独地先跑了好几圈，差不多已筋疲力尽，而英法则系中途加入，许多力量还没有用出。第二，影响到战争用品生产的元素，便是财力。英国《经济学家》周刊，在战争初起时，便有一篇文章比较英德两国的财力。据说，在 1937 年，德国的收入为 670 亿马克，德国的人口为 6 700 万，所以平均每人的收入为 1 000 马克。假定 16 马克等于 1 英镑，那么德国人的平均收入，便是 62.5 英镑。英国人民的平均收入为 110 英镑。一个国家的收入，最急切的用途，便是维持人民的生活，如有剩余，才可用以生产军需用品。英国的总收入，与德国的总收入相仿，但人口不过一半，所以剩余财富，便较德国为多，因而生产军需用品的力量，也较德国为大。所以拿财力来说，英国人民的收入，已可抵得过德国。此外我们如再加上法国的每年收入 2 500 亿法郎，那么同盟国在财力方面的优势，是很显然的。第三，影响到战争用品生产的元素，还有人力。英法人力之和，可与德国相等，我们在上面已经提到。不过我们讨论此点，应当注意到的，就是德国在战前利用人力，已经到了饱和点，而英法的人力，在战前并未被充分利用。在过去数年，德国失业者最多的时候是 1932 年，共有 557 万人。到了 1939 年 5 月，失业者的总数，不过 7 万人，同时各种生产事业中，尚有 63 万个空位，找不到补缺的人。战争爆发，数百万年富力强的人都从军去了，生产事业中，一定比战前还要感到劳工的缺乏的。在这种情形之下，扩张生产，便成问题。英法的情形则不然。英国失业者最多的年份也是 1932 年，共有 217 万人，可是到 1939 年 3 月，失业者还有 149 万人。法国失业者最多的年份是 1936 年，共有 47 万人，可是到了 1939 年 3 月，失业者还有 44 万人。这两个国家失业者合计，共有 193 万人。所以英法如欲扩充军用的生产，在国内还可找到剩余的劳力，不比德国在战前便已感到劳工缺乏了。

由于上面三点的考虑，我们可以得到一个结论，就是英法在国内加增战争用品的生产，其能力远在德国之上。

（四）

一个国家在战时的各种需要，如只靠国内供给，一定是不够的。首先因许多物品，受地理条件的限制，在国内也许不能生产，上表所举的石油及表中并未列入的棉花与橡皮，便是很好的例子。这些原料，在英法德三国都不能生产，或即能生产，而所产有限，远不能满足需要，所以非从国外输入不可。其次，一个国家的财力、人力，无论如何发展，总是有限制的。以有限的人力、物力，来满足近代战争的一切需要，迟早终有捉襟见肘的一日。所以作战的国家，总是多方设法，利用他国的资源，来补本国之不足。我们现在可以从这一点，来比较英法德的能力。

这个问题，可以分作五点来讨论。第一，我们可以看一下交战的国家，有无殖民地的资源可以利用。一谈到殖民地，英法处境之优，可以不言而喻。英法在世界各地，保有地大物博的殖民地，而德国则是一个缺乏殖民地的国家。英法殖民地的资源与生产，都可以供英法作战之用。我们在上面的一张表内，比较几种重要食粮及原料在英法德国内的生产量，发现德国的生产量，常常超过英法之和。但是我们如把英法殖民地生产量，也加在英法这一边，结果就大不相同了。以食粮而论，英国虽然离自给很远，但如把加拿大、澳大利亚、印度等地所产生的粮食，也算在英国这一边，那么英国是自给而有余。又如英法所出的铣铁，在 1938 年虽比德国还少 512.4 万吨，但如把英法的自治领与殖民地的生产也算进去，总数便在 2 000 万吨以上，比德国还多 200 万吨。其余的物品，也有类似的情形。英法有殖民地可以利用，而德国则无，这是英法在从国外补充资源时占优势的第一点。第二，向国外输入原料与军需用品必需外汇，而外汇的一个重要来源，便是货物的输出。拿 1938 年来说，英国的出口贸易，值 53 200 万英镑，德国同年的出口贸易，只值 32 800 万英镑，所以只拿英国与德国相比，英国从国际贸易中所得到的外汇，便比德国多 20 400 万英镑，此外再加上法国那年的出口贸易 3 058 500 万法郎，那么英法所能操纵的外汇，远非德国所能比拟了。最近英法为对付德国的水雷政策起见，又实行封锁德国的出口贸易，在同盟国的封锁政策之下，德国对英、法、美、日、西班牙、葡萄牙、土耳其、中美与南美各国、英法的自治领与殖民地、中国、伪满、荷属印度群岛、伊朗及非洲各地的输出贸易，都要大受打击。在 1939 年的前三个月，德国的输出贸易总值为 90 100 万马克，但输往以上各国的货物，便值 54 200 万马克，占总值的 60％。所以英法的封锁政策如果成功，德国所能获得的外汇，还要减少 60％。至于德国的潜艇与水雷，对于英法获得外汇的打击，其严重至若何程度，现在还不易估计，但绝不能减少英法出口贸易的 60％，则是可以断言的。第三，我们再看英法德三国保有的黄金数量，因为向外国购货，如缺少外汇，便须付出黄金，所以黄金的存量，也可表示一个国家补充资源的能力。根据国际联盟的统计，在 1939 年 6 月，英国的黄金值 165 200 万美元，法国的黄金值 184 600 万美元，英法合计，共有黄金值 349 800 万美元，可是德国所有的黄金，只值 1 700 万美元，等于英法所有的 1/205。所以无论外汇还是黄金，同盟国都是占优势的。第四，我们还要看这些国家的国外投资数目，因为国外投资，在战时是可以变成外汇，来换取军用物品的。德国在 1914 年以前，虽然在国外也有巨额的投资，值 2 500 000 万马克，但战后便由债权国变为债务国，反而欠别国的债达 1 300 000 万马克。英法则至今日，还是债权国，英国在国外的投资，据 1930 年的估计，达 372 600 万英镑，法国在同年的国外投资，也达 7 200 000 万法郎。即以美国而论，英国的投资，便值 230 000 万美元，法国的投资，也有 50 000 万美元。第五，我们应当比较交战国的商船吨位，因为向海外输入物品，没有商船是办不到的。英国商船的吨位，在世界上居第一位，共计 17 891 千吨，加上法国的 2 934 千吨，共达 20 825 千吨。假如我们再加上英国自治领的 3 111 千吨，共有 23 936 千吨。德国只有 42 004 吨，只及英法吨位之和的约 1/5。此外，英法还可以雇用中立国的商船，而德国则在英法的海军压迫之下，恐无能力雇用中立国的商船。不过德国可以利用水雷与潜艇，击沉英法的商船，使英法的资源补充发生困难。德国的政策，是否能够成功，现在固难预料。不过上一次大战，德国击沉交战国及中立国的船只共达 1 250 万吨，平均每年击沉 311 万吨。此次开战后三个月内，德国击沉的船只共达 73.5 万吨，如照此速率延长下去，则一年之内，可以击沉 294 万吨，尚不及前次大战时的平均数。我们再看上次大战，协约国及中立国船只的损失，虽然达 1 250 万吨的巨数，但 1914 年至 1918 年数年中，这些国家新造的船只，其吨位还超过损失的 220 万吨。这次战争，假如德国破坏得快，英法的补充，一定会同样地加速，所以德国的水雷与潜艇政策，如无惊人的发展，必难制英法的死命。所以英法从国外补充资源的能力，无论从哪一方面看去，都非德国所能比拟。

（五）

我们从三方面比较英法德的经济力量之后，得到的结论是很简单的，就是德国在平时的生产力量，超过英国或法国，在若干重要原料的生产，还超过英法之和。但战争所需的资料，必非平时的生产所能供给。满足战事所引起的需要，不外二途：一为在国内增加生产，二为从国外大量补充。在此两点上，英法的能力，远在德国之上。

十四、英国的战时经济（书评）

（一）

庞古教授的《战时经济学》，第一版系于 1921 年问世，其后即行绝版。现在欧洲正举行第二次世界大战，所以庞古教授又把他的原书，加以修正后，于 1941 年再版。看他的序言，知道此书的修正，在大战后三个月便已竣事，所以在第二次世界大战中，英国政府的一切经济设施，本书并未加以充分叙述，因而本书的贡献，还是在战时经济的理论方面。

如何动员国内的资源作战，乃是本书首先注重的一个问题。据作者的分析，在英国，可以做的第一件事，便是吸收失业的工人来加增生产。德国在大战前，几乎没有失业的工人，但英国在 1939 年的 8 月，失业工人还占 8.6％。此外，英国社会中，平时还有一部分的人，其生活系以运动、游戏、社交、旅行、娱乐为主，并不从事于直接生产。如使这些人都加入工作，并利用一部分青年与老人以从事生产，那么英国的生产能力，较平时可以加增 20％。第二点便是减少消费。换句话说，大家都要少吃少穿，少旅行，少娱乐，少用仆役，少烧煤炭，而以省下来的资源，供给国家战争之用。第三便是减少与作战无关的投资。英国在 1914 年以前，每年在国内及海外的投资约在 3 亿至 4 亿英镑之间，在 1937 年，投资数额已增至 5 亿英镑。这种投资，有许多是对于战争无补的，现在应当加以审查，使新的投资，对于作战都有帮助。第四点便是消耗现有的资本，譬如国内的储粮，原来可够十个星期用，现在可以把它降低至三个星期。又如英国每年折旧所需的资本，在 1914 年以前为 1 亿 7 000 万英镑，1937 年约为 4 亿英镑，如将此款移用，目前作战的能力，也可有显著的加增。

　　以上这四种办法，都是从自己的国内打算。实则英国在作战的时候，还可自外国获得资源。第一次大战期内，英国人把外国证券，都移交给政府，政府把这些证券，一部分出售，一部分用作借款的抵押品，因此获得外汇 6 亿 2 200 万英镑。在这次大战的前夕，英国人所保有的外国证券，约值 11 亿 7 000 万英镑，其中有 1 亿 7 500 万英镑，是美国的证券。所以这次大战，英国政府所能支配的外国证券，其价值不在上次大战之下。此外，英国政府所保有的黄金，其详数虽无从知悉，但在 1939 年 3 月，外汇平准基金便保有黄金值 4 亿 2 000 万英镑，同年 9 月，英格兰银行发行部又移交给基金户黄金值 2 亿 8 000 万英镑。这十几亿英镑的证券与黄金，在必要时，都可用以交换外国军火及原料。最后，英国还可在国外举债，而以举债所得，补充国内所缺乏的资源。

　　以上各种动员资源的方法，除向国外获取资源的方法不计外，动员国内资源的四种方法，第一种可以控制国内生产能力的 20％，已如上面所说。第二种办法，据作者的估计，又可控制生产能力的 20％。第三、第四两种办法，合起来，可以控制生产能力的 10％。换句话说，如照上面所说四个办法行去，英国的生产力量，有一半可以用于作战。在 1918 年，英国的收入为 55 亿英镑，是年财政部支用的款项共为 27 亿英镑。在上一次大战，英国人已可把全国的收入，花去一半在战争上面，现在，英人的平均收入较 20 余年前为多，所以可以用在战争上面的款项，一定可在一半以上。

（二）

　　以上的讨论，只是研究英国在作战时，可以动用资源的数量。这些资源，政府如想去利用它，便先要获得购买这些资源的力量。假如像 1918 年一样，政府需要 27 亿英镑的资源作战，那么财政当局便要设法去弄到 27 亿英镑的收入。所以动员资源的问题，便一变而为战时财政的问题。

　　战时政府的收入，不外以赋税、公债及通货膨胀三方法获得。关于通货膨胀的方法，作者以为应谨慎使用，否则必有后患。他说：

> 时常去利用新货币、新的银行信用，来支付战费，到了相当的程度以后，不但使物价继续地上涨，而且还会使它加速地上涨。……国内的物价上涨，外汇则比例地或更剧烈地下降。因为物价加增，所以工人要求加增工资，此事更促物价的上涨，如此循环不已。假如这种筹集战费的方法，只在一定的范围内使用，那么社会对于货币的信用，并不一定就会动摇，而物价的上升，也不会超过通货增加的比例。但是，如果政府因为无能，或者外界的压力太大，因而时常利用这种筹款的方法，那么社会对于货币的信用，一定是会动摇的。结果是货币的流通速度一定加增，不能像平时那样从一个人的进款，流转成为另一个人的进款。大家都不愿保有货币，钱到了手中，便立刻把它变成实物。恐怕物价要涨的心理，使得物价更涨，而这种上涨，又能产生人民的恐怖。新得的银行信用，所能购得的资源，将逐渐减少。飞跃的通货膨胀，终于到来。一个货币单位，所能换取的货物或外汇，逐渐降低以至于零，整个的金融系统，走向崩溃的途径，正如德国的马克，在鲁尔被侵入时所遭遇的命运一样。（110—111页）

通货膨胀的方法，既不能随意乱用，余下来的办法，就只有赋税与公债了。但是钱在人民的手中，政府有什么方法，使它转移到政府的手里来呢？作者以为赋税与公债的筹款政策，如希望成功，一定要设法使人民的购买力，一不能用于新的投资，二不能用于不是维持生活所必需的消费。第一点是很简单的，只要政府控制资本市场，凡是投资，必先获得政府允许便可。第二点如要办到，便要管制物价及实行计口分配制度。实行计口分配之后，一个人的消费，便为政府所控制。即使他每年的收入有百万、千万，也无法花得出去。同时物价既经管制，所以维持生活所必需的支出，在战时并不见得高于平时。在这两种办法之下，一个人的收入，除了维持战时的生活水准——便是保持健康的水准而非舒适或奢侈的水准——以外，确有大量的盈余。这些留在人民口袋中的盈余，政府便可以赋税及公债两办法，囊括而去。假如从这两方面，政府得到大量的收入，以应付战时各种开支，那么自然没有采用通货膨胀一法的必要了。

（三）

战时个人的节约有助于作战，上面已经提到。但是节约也要有理论做指导，并非一切的节约，对于作战是有同等贡献的。节约可分为两类：一为劳役的节约，二为货品的节约。关于劳役的节约，应看省下来的劳役，是否可以用于作战。譬如汽车夫在军队中是有用的，个人少用一个汽车夫，军队中便多了一位战士，所以汽车夫的劳役，在战时应当节省。但是一个老园丁，除了种花除草之外，不能担任别种工作的，他的主人，不可借口节约，便把他开除。关于货品的节约，有六个原则可以遵守。第一，某种货品，直接对于战争有用的，应当节省，如火药与汽油一类的东西便是。第二，某种货品虽然直接对于战争无用，但是制造这种货品的原料，是对于战争有用的，如皮革、羊毛、钢铁之类，都应节省。第三，某种货品，制造它的机器及人力，同样地可移以制造军需品，如制造汽车的机器及人力，可移以制造坦克，所以在战时不应购置新汽车。第四，某种货品，需要大量的舱位始可输入的，也应节省，省下来的舱位，可以运输军需用品。第五，某种货品，国内不能生产，必要向国外购买的，即使不占据很多的舱位，也应节省，以省下来的外汇，购买作战必需的资源。第六，一切可以输至国外市场换取外汇的货品，都应节省，以充实政府的财力。庇古教授的主张，虽然是为英国人说的，但是我们现在也提倡节约，他所提出的原则，是值得我们参考的。

（四）

战时经济，包括两个方面：一是坚强自己，一是打击敌人。庇古教授的书，只注意到第一个方面，即是如何巩固英国经济组织，使其牢不可破，但对于第二方面，即如何打击敌人，则略而未谈。关于这一方面，克拉克著了一本小册子，名为《英国的封锁》，给了一个很扼要的补充。他写这本小册子，已在法国崩溃之后，整个的欧洲大陆，已在希特勒的势力范围之下，所以他估计希特勒的实力时，已把占领区的资源，加在希特勒的账上。在这种情形之下，英国不能希望纳粹因国内发生饥荒而坍台，因为欧洲大陆在粮食上的自给率已达 91%。分开粮食的种类来说，欧洲大陆小麦与黑麦的生产，每年为 6 000 万吨，输入的数量，只有 400 万吨。燕麦、大麦与玉米的生产，每年为 5 500 万吨，输入只有 550 万吨。米的输入，为 100 万吨。欧洲的番薯，能够自给。糖的自给率，为 92%。脂肪的消费，有 40% 来自海外。从这些统计看去，德国如在农业上多花点工夫，同时对于食品的消耗略加紧缩，粮食是不成问题的。

但是原料的情形，便没有这样乐观了。在各种原料之中，德国原来是缺乏铁砂的，但自法国与瑞典的铁砂为德国所统制之后，铁砂问题，早已解决。锰、铝、锌，德国及其占领区内，均可供给。最成为问题的，首先是石油。欧洲大陆，平时消耗是每年 2 500 万吨，但只能生产 1 100 万吨。其次是铜，欧洲大陆的需要，平时有 2/3 来自海外。再次为镍、铬、钨、钴、钼等金属，为制造特种钢所必需的。铅缺少 55%，锡缺少 90%，但此种缺乏，只能引起不便，而非致命之伤。至于衣服的原料，欧洲缺少需要量的 2/3。天然橡皮毫无生产，人造橡皮只能满足需要的 1/4。煤的产量，在平时，德国本可自足，但因现在德国人用煤以制造各种代替品，如人造汽油、人造橡皮之类，所以煤的供给，渐呈不能满足需要之态。总括一句，欧洲在平时，除了英国、爱尔兰、土耳其及苏联之外，每年输入原料及半制造品的价值达 25 亿元，所以欧洲是不能自给的。

因此，克拉克主张对于纳粹统治下的欧洲，加以严格的封锁，同时并以大规模的轰炸为辅。在封锁与轰炸两种武器的威胁之下，希特勒作战的资源将日渐涸竭，到那时，他的飞机不能起飞，坦克不能开动，交通系统紊乱，人民生活艰难，英国便可对希特勒进攻，一举而把他击溃。这种情形，什么时候便可来到呢？据作者的估计，油的缺乏，在 1941 年内便要实现。其余不足的资源，在 1942 年上半年内，也要发生问题。

（五）

庇古与克拉克两人，都没有提到英国如何打破德国的封锁这一问题，而且万一德国的军队占领了埃及及近东，英人又如何应付？所以专看这两本书，对于欧战的前途，还是难于预测。从中国人的立场看去，庇古教授的书比较有用，因为他书中所讨论的问题，有好些是我们现在也遇到的。不过我们的战时经济，与英国太悬殊了，我们的问题，还要我们自己绞脑汁去解决，外国的办法，很难整套模仿。同时，我们有一种感想，就是战时经济，以后应当成为经济学研究的一个重要对象，在《经济学原理》一类的书籍内，应当立一专编讨论，其位置之重要，应当不在"财政""国外贸易"等对象之下。庇古教授的著作，于 1921 年发行后，即行绝版，是学术界中的一件憾事。假如英国的经济学者，于 1921 年后，对于战时经济，还步庇古教授的后尘，继续地研究，那么英国对于战时经济的文献，必不致如现在的贫乏。我国的战时经济学，素无基础。所以这一次抗战发生，学术界对于经济、财政及金融等政策，很少贡献。希望国内的经济学者，能利用四年战时经济的经验，从事实中找寻原理，将来抗战胜利后，安不忘危，对于这一门学问，继续研究，万一再遇国难，我们应付的方法，因为有学理做根据，一定比现在要高明万倍了。

十五、德国经济建设的中心工作

（一）

德国自 1933 年正月底起，到现在为止，经济建设可以说是经过了三个阶段。第一个阶段，自希特勒上台起，到 1935 年的春季，那时全世界陷在经济不景气的旋涡里，失业成为各国社会里最严重的问题。德国的情形，在欧洲各国中要算是最坏的，在 1933 年 2 月，失业的工人，总数在 600 万以上，德国每三个工人中，就有一个人失业。希特勒上台之后，便用全副的精力，来对付这个问题。他用国家的力量，举办许多公共事业，如修筑公路，疏浚河道，建筑工人住宅，扩张邮政设备，改良铁道工程，建筑新的海港。这许多新的事业，吸收了许多失业的工人，所以不到两年，失业工人的数目，已由 600 余万降至 200 余万了。

第二个阶段，可以说是从 1935 年春季起，到 1937 年春季止，在这一个阶段中，德国的经济建设，注重于军备的扩张。本来这种工作，自 1937 年以后，还在继续进行，不过 1937 年以前，扩军是德国经济建设的中心工作，目前的中心工作，虽与扩军有关，但已非简单的扩军了。在第二个阶段中，德国的军需工业与重工业有迅速的进展。德国的工业基础，本来是很好的，所以在很短的时期内，德国的海陆空军顿然改观。扩军的结果，使德国由一个被压迫的国家，一跃而为世界上头等的强国，欧战前在国际上的地位，已经恢复了。

第三个阶段，是从 1937 年起，其中心工作，在求食粮与工业原料的自给自足。德国盛传的第二个四年计划，就是想达到这个目标。工业原料之中，德国人特别努力要它出产加增的，为石油、纺织原料、橡皮及钢铁。德国政府想使粮食与工业原料自给自足的理由，主要的有两个。第一，德国现在是一个工业国，同时又是一个债务国。工业国的特点，就是拿制造品去换别国的粮食与原料。输出是输入的条件，假如德国的制造品在世界的市场上销不出去，那么输入粮食与原料便发生困难。现在德国的处境，正是如此。在 1932 年以前，德国的制造品，有 1/4 可以输出，以后国际贸易，发生各种阻碍，到 1935 年，德国所制造的货物，只有 11.4% 可以输出了。假如德国是个债权国，那么即使输出减少，还可以投资国外的利息，购进粮食与原料，如英国便是这样办的。无奈欧战四年，已使德国从债权国降为债务国。在欧战之前，德国在海外的投资有 250 亿马克，现在德国除了损失这巨大的海外投资不计外，还欠别国 130 亿马克的债。债务的利息，每年约为 5 亿马克。所以德国的输出如无办法，粮食与原料，便要发生恐慌。这样依人为生的工业是最危险的，所以德国人要努力求粮食与原料的自给。比这个理由还更重要的，就是德国人还没有忘记欧战给他的教训。在欧战的后半期，联军的封锁政策成功，德人在粮食与原料的供给上发生恐慌，是使德国战败的最要元素。意阿战争，国联的经济制裁办法，尤使德国寒心。所以从国防的立场着想，德国政府觉得有使粮食与原料自给的必要，即使在实行的过程中，德国人民要受很大的痛苦，他们也是准备忍受的。

（二）

德国过去数年的经济建设，其成功的程度如何，我们也可研究一下。

第一阶段的中心工作，是救济失业，结果是很圆满的。600 余万失业的工人，到了 1936 年冬季，已经降至 100 万以下。以一个人口将近 7 000 万的国家，这个失业的数目，并不算多。

第二阶段的中心工作，是扩张军备。现在德国的海陆空军，其作战的力量如何，事关军事秘密，许多统计都未发表，我们不能随便推测。但有一点是的确的，就是德国的力量，比以前加增了许多。这一点，德国人这样说，别国人也承认。前年德国不顾《凡尔赛和约》的规定，贸然进占莱茵河非武装区域，今年又不顾他国的非难，与奥地利合并，别国也只能于事后默认，都是德国力量加增的具体表现。

第三阶段的中心工作，是求粮食与原料的自给自足。这种工作现在还在进行，离成功之期还远，而且因种种客观条件的限制，也许完全成功是不可能的。先拿粮食来说。德国的粮食，现在只能满足 80% 的需要，就中如小麦、番薯、糖、肉、牛乳等物，差能自给，但菜蔬、水果、鸡蛋、植物油等，有的还差 10%，有的竟差至 90% 以上。德国近年的农业政策，便是加增耕地、集约耕种、多用机器，想借此补足 20% 的不足。在这种努力之下，农业生产也许可以加增，但德国的人口也还在膨胀，拿 1934 年与 1930 年比，人口便加增了 130 余万。将来农业上加增的生产，也许只够新添的人口消费，也许两抵还更感不足。所以德国的粮食，如想自给，是很困难的。

至于原料方面，自给的困难，尤为显著。先拿石油来说。德国每年自己从原油中提炼出来的石油，不过十余万吨。为满足这种需要起见，德国已设立许多工厂，预备用各种方法，从煤炭中提炼石油。据专家的估计，到 1940 年，德国自己便可生产 350 万吨石油，但那时国内的需要将增至 650 万吨，假如战争爆发，一个大国对于石油的需要，约自 1 100 万吨至 3 000 万吨。所以 350 万吨石油，只能满足德国平时 1/2 的需要、战时 1/3 或 1/8 的需要。至于纺织原料，在 1935 年，德国共输入 8 亿马克以上，占进口货物总值的 1/5。德国本国所产的纺织原料，在 1933 年，只能满足本国纺织业 5.5% 的需要。其后德国对于人造丝、人造羊毛、人造棉花等工作努力发展，但在 1937 年，德国一切天然及人造的纺织原料也只能满足需要的 22.3%，还有 3/4 以上的需要，要靠外界供给来满足。橡皮的情形，与纺织原料相仿佛。德国的土地，因气候的限制，不能生产橡皮，但德人从煤炭与石灰二物中，可以制造一种综合橡皮，其耐用的程度，据云较天然橡皮为高，但价格也高三倍以至四倍。除此以外，德人还设法利用旧橡皮。但各种方法合计，也只能满足德国 1/4 的需要。最后我们可以看钢铁在德国的供求情形。大战以后，德国钢铁的损失非常重大，现在德奥所有的铁矿，不过等于德奥在战前所有铁矿的 1/5。所以德国的钢铁业，最近虽然非常发达，在欧洲可占第一位，但铁砂的大部分，要靠外界供给。由此以观，德国最近的计划，虽然雄心不小，但因地理上的限制，完全成功的可能性极小。然而这种努力，也绝不是白费的。德国经过这番努力之后，虽然在原料上不能完全自给，但自给的程度，一定比以前加高，因而依赖他国的程度，也可以比以前减少了。

（三）

德国最近的经济建设，其中心工作及其成功的程度，已如上述。它在各阶段的工作，虽有变化，但精神是一贯的，便是为国防而建设。这种精神，在第二、三期中是很显明的，即在第一期中，各种救济失业工作，也含有国防的意义，譬如修筑公路、改良铁道工程，其目的都是想在作战时，运输上得到最大的方便。

国防建设应为经济建设的中心，这是至当不移的原则。过去我们的经济建设，并无中心的目标。最可注意的，是工业的发展颇少国防的意味。中国近年举办的统税，是建筑在新兴工业之上的，征税的对象，为卷烟、麦粉、棉纱、火柴、水泥、啤酒、熏烟。这些工业，有当然比没有好，但在这种国际竞争的时代，我们不办钢铁厂、制铜厂、炼油厂、炼焦厂、基本化学工厂、枪炮厂、弹药厂、机器厂、汽车厂，而从事于卷烟及啤酒，是否轻重不分、本末倒置了呢？

去年卢沟桥事变发生以后，我们的新兴工业，大部分变了灰尘，便是轻重不分、本末倒置的结果。

我们以后的经济建设，特别是工业建设，应当以加增国防的力量为目标。

为国防而建设，是我们以后从事建设工作者的座右铭。

十六、欧战前夕的德国经济（书评）

欧战已于 1939 年 9 月 1 日爆发，我们对于这次战争中的主要角色——德国——的作战能力，一定是很想知道的。作战能力这个名词，包括的东西很多，其中最重要的一种，便是经济力量。现在我们根据 1939 年 8 月德国一个重要银行所出版的报告，来研究德国的经济力量。

我们先看德国在衣食上的自给程度。德国在 1937 年与 1938 年两年中，耕地减少了 20 万公顷，因为这些土地，都被政府收去，改筑汽车路、西线要塞、营房及新的工厂之用了。不过德人在农业生产的技术上努力，所以生产量并未减低。拿食品的总量来说，德国的自给率，已由 1932 年的 75% 加至 1938 年的 83% 了。此外存储的粮食，在 1938 年的 4 月底，只有 580 万吨，但在今年的 4 月底，已经加至 1 000 万吨。德国粮食的收成，在 1937 年为 1 100 万吨，在 1938 年为 1 400 万吨。所以德国的存粮，差不多等于 1937 年全年的收成，此事对于作战，当然是一个很大的帮助。德国衣料自给的程度，较之粮食自给的程度，相差甚巨。去年德国的纺织工业，包括棉、毛、丝、麻、人造丝等，共用原料 100 万吨，其中由国内生产的只有 26 万吨，所以自给率等于 26%。此事在德国，已经费了很大的力量，因为在 1933 年，德国的纺织工业共用原料 76 万吨，其中在国内生产的只有 42 000 吨，所以那时的自给率，不过 5.5% 而已。

我们再看德国军需工业原料的供给状况。主要的军需工业原料中，德国不但能够自给，而且还有剩余可以出口的，就是煤。去年德国产煤 1 亿 8 600 万吨，另外还产褐炭 1 亿 9 500 万吨。输出的煤，1938 年虽较 1937 年为少，但还有 2 570 万吨。铁与石油的供给，可就成为问题了。德国的钢铁生产能力，在现在世界上居第二位，除了美国，就要算它。可是德国的铁矿，并不丰富，铁砂的大部分，要靠外国供给。1937 年，德国自产铁砂 850 万吨，输入 2 000 万吨。1938 年，德国自产铁砂 1 100 万吨，输入 2 100 万吨。今年的前三个月，德国自产铁砂 360 万吨，较去年同期颇有增加，但输入的数量，本年前三个月，也有 460 万吨，还是比本国的生产量大。而且德国的铁砂，含铁的成分甚低，同样的数量，其价值远不如自瑞典等处所输入的铁砂。至于石油，德国的产量甚低。天然石油，去年德国只产 55 万吨，另外还产人造汽油 170 万吨。输入的汽油，1937 年计有 400 万吨，值 2 亿零 9 万马克；1938 年计有 480 万吨，值 2 亿 5 000 万马克。

由上所述，可见德国对于好些重要原料，都是不能自给的。德国过去的生产计划，便是设法加增自给的程度，同时推行一种国际贸易政策，以补国内生产之不足。1939 年前三个月，德国的出口货物，输往工业国家的，值 4 亿 4 000 万马克；输往农业国家的，值 8 亿 1 000 万马克。在同期内，德国的进口货物，自工业国家输入的，值 3 亿 4 000 万马克；自农业国家输入的，值 9 亿 4 000 万马克。德国的国际贸易政策，便是把国内的制造品输往国外，以换取它所缺乏的粮食与原料。所以它与农业国家的贸易，其重要性远在与工业国家的贸易之上。最近数年，它对于东南欧各国的贸易，颇有进展。这些国家，如南斯拉夫、匈牙利、罗马尼亚、保加利亚、希腊等都是农业国家，需要德国的货物，同时也有货物可以供给德国的需要。在 1938 年，这五个国家输往德国的货物，占它们总输出的 46.6％；同时它们自德国输入的货物，占它们总输入的 45.9％。德国与这些国家的经济关系，虽然是这样密切，但德国所需要的工业原料，一大部分还不能由这些国家供给。其原因有二：第一，有好些重要原料，如棉花、羊毛、铁砂、橡皮等，东南欧各国并不出产。第二，在东南欧各国所出产的重要原料，如罗马尼亚的油、南斯拉夫的铜，并不能全向德国输出，因为输往德国，只能易货，输往他国，可得外汇，以满足这些国家在财政上及经济上的需要。德国早已看到这一点，所以今年 4 月，与罗马尼亚订有商约，其中有一条，便是规定利用德国的资本与技术，开发罗马尼亚的石油。不过根据好些专家的估计，一个大国在作战的时候，需要汽油的数量甚大，每年自 1 500 万吨至 3 000 万吨。罗马尼亚输出的石油，去年只有449 万吨，即使全数输往德国，还不够德国平时一年的需要。也许有人以为苏联可以大量的汽油，供给德国。诚然，苏联石油的生产，在世界上已居第二位。在 1932 年，苏联石油的生产是 2 100 万吨，去年已达 3 000 万吨。不过苏联自己的需要，也日渐加增，所以去年输出的数量，还不到 100 万吨。除此以外，德国只有向美国、委内瑞拉、墨西哥等处购入汽油，但在英法封锁政策之下，德国如何输入作战所必需的汽油，诚为一严重的问题。铁砂的供给，也有类似的困难。过去瑞典的铁砂，是德国钢铁工业的一个重要基础。瑞典生产的铁砂，输往德国的，去年占总产量的 64％。在 1 400 万吨铁砂中，有 896 万吨是输往德国的。瑞典的铁砂，产于北部，在过去，大部分都经过挪威的纳尔维克出口，只有一小部分，自博滕湾的吕勒奥出口。纳尔维克是大西洋方面的口岸，当然在英国海军的控制之下，瑞典的铁砂，当然不能由此运至德国。吕勒奥一年有好几个月是冰冻的，运输颇有困难。除了瑞典以外，德国过去也从法国及西班牙购入铁砂，但战事一起，这些来源，有的当然断绝，有的也不可靠了。

最后，我们可以看一下德国的财政状况。德国政府的赋税收入，在 1933 年，只有68 亿马克，到了 1938 年便增至 177 亿马克。赋税虽然年有增加，但并不能满足政府的一切需要，不足的数目，便以举债的方法来补偿。在 1933 年，德国中央政府的债务只有 116 亿马克，到了去年年底便达 271 亿马克。六年之内，政府的债务加了 155 亿马克。德国人民的积蓄，一大部分都给政府借去，用在重整军备及四年计划上面去了。今年 5 月 1 日起，德国政府又想出一种新的筹款方法，美其名为"新金融计划"，但其内容，很有点像四川过去的预征田赋。办法是由政府发行两种预征田赋税券。甲种赋税券无利息，六个月之后，可以用它作为偿付关税及其他赋税之用。乙种赋税券于 36

个月之后，可以照票面加 12％，用以偿付国家的各种赋税。这种赋税券并非交由银行发行，而是由政府规定，凡各级政府、铁路局、邮政局、公用事业机关，以及其他由政府所控制之生产事业，在其商业与工业之交易中，于付款时，只能付 60％ 的现钱，其余 40％，则用甲种及乙种赋税券各半作抵。商家收得乙种赋税券，等于得到年利四厘的债券，因为三年之后，此种赋税券之价值，较票面增加了 12％。换句话说，112元的赋税，可以用发行已满三年的百元乙种赋税券付清。甲种赋税券，虽然不给利息，但是政府对于保持这种赋税券的人，也给他一种好处。我们都知道，德国的商家，每年都要付财产税的。政府对于保有甲种赋税券的人，允许他在付财产税时，可照票面减低若干成计算，保持的年代越久，减低的成分越大。譬如在 1939 年 6 月收入甲种赋税券的人，到了 1943 年还保存着，在计算财产税时，每百元甲种赋税券，只当 65 元抽税。如用以付税，仍照票面计算。政府的计划，在本年度内，要发出此两种赋税券自 70 亿马克至 80 亿马克。德国这种办法，实际等于现在就把将来的赋税预征来使用了。中国有句俗话，所谓"寅吃卯粮"，德国现在就是这样干法。

我们从经济及财政两方面看去，都可看出德国现在的处境，是很困难的。德国的利益，在速战速决。假如战争延长下去，德国的经济与财政，都要发生难以征服的困难。

十七、苏联的集体农场

（一）

二十六年 7 月 14 日，我从莫斯科到了乌克兰人民共和国的首都基辅，第二天便到基辅市外约 25 英里的地方，看了一处"布尔什维克"集体农场。这个集体农场，是由380 家农民的土地集合而成的，共 1 800 俄亩，约合 3 万华亩。这 1 800 俄亩的土地，在革命以前，只有 400 俄亩在农民的手中，其余的大部分，都为地主所有。1924 年，集体农场的运动开始在这个地方萌芽，当时只有 12 家加入，土地的面积共计 120 俄亩。但不到数年，集体农场的运动完全胜利，全村的农民都一致加入了。

这 1 800 俄亩的土地，其利用方法，是以 260 俄亩种水果，50 俄亩种菜蔬，120俄亩为林场，150 俄亩为牧场，其余的面积都种小麦与番薯。我去参观的时候，小麦还未收割，那麦地，整片是黄的，真是一望无际，私人的经界，早已铲除无余了。但除公田之外，每家还有半俄亩左右的私田。这些私田，都有铁丝网或别的篱笆围起来，其中有种菜的，有种小麦的，也有养牛养鸡的，一切的收获，都归私人所有。公田的耕种，由大家一起负责。全村 300 余家的人口，约 2 000 人，除老弱不计外，能工作的约 700 人。这个农场上的机械设备，计有五部曳引机，一部运货汽车，一部结合机，六部捆麦机。工作的收获，在 1936 年，约值 90 万卢布。这些收入，在分给各人之先，要以 2％纳税，15％为下年种子、机器、租金及肥料等之用途，10％为农作物保险费，2％为救济费，5％为文化费，3％为儿童教养费，总共提出 40％左右。其余的部分，视每人的工作日的多寡而分。工作日的计算法，颇为特别，并不完全以时间为标准。繁重的工作，三四点钟也可算一个工作日，譬如开曳引机的，每日工作八小时，便可算两个工作日。反是，我看到一个老太婆，在树荫下面切苹果，预备做苹果干，据说这种工作并不吃力，亦不需特别的技能，所以做八点钟，只能算 3/4 个工作日。引导我参观农场的人，是农场上的副经理，他们夫妻二人，在 1936 年分得的农作物，约值6 000 卢布。这些农作物，自己当然吃不完，可以送到市上出售。但都市中有些合作社，每于收获之先，就到农场上来定货。

　　我于参观农场之后，又去参观了许多农民的家庭，大体都很清洁，设备简单，与中国北部农民的家庭相仿佛，但有脚踏车、缝纫机器及收音机者已不少，这是中国农民所不及的。全村有幼稚园一、学校一、邮局兼储金局一、医院一、药房一、杂货店一。总办公处有一农事实验室，其中除标本及图表外，还可看到一些化学仪器。另外还有一机器修理处。这两个机关，可为新式农业的代表。

（二）

　　苏联的集体农场，在过去数年的发展，从下面的数目字中，可以看得出来。

年度	集体农场数目（千）	集体农场占全体农场之百分数（％）	集体农场面积占全体农场面积之百分数（％）	每集体农场之平均耕种面积（俄亩）
1928	33.3	1.7	2.3	41
1932	211.1	61.5	77.6	434
1933	224.5	64.4	83.1	417
1934	233.3	71.4	87.4	422
1935	245.4	83.2	94.1	426
1936	245.7	89.4		

　　由此可见，集体农场目前在苏联已为典型的农场，只有极少数的农场，分散在偏僻的区域里，还保存单独经营的形式。大部分的农场，在短短的不到十年之内，全已

改为集体经营式了。苏联过去几个五年计划的成绩，最重要的一点，自然是工业化，特别是发展重工业及国防工业，次要的一点，便是集体农场制度的成立。

这个集体经营的农场，比单独经营的，至少有三种优点。第一是土地利用的加增及工作时间的经济。单独经营的农场，这一家与那一家的，一定要有明白的界线。苏联在革命后，有 2 400 万农户。这 2 400 万农户，至少也有 2 400 万个农场。假如一家有两三个农场，分散在各地，那么农场的数目，自然还要多。但即以 2 400 万个小农场来说，这些农场间的疆界，合起来面积大有可观。这些土地，不能拿来种植农作物，从土地利用一方面看去，是最不经济的。现在把这 2 400 万个小农场，改为 24 万个集体农场，以前那些疆界，现在都可铲平，拿来做种植之用了。除此以外，在单独经营的时期，一家的耕地，不一定是整块的，也许分为三四块，散在各地。一个农民，在甲地耕种之后，又要到乙地照料，跑来跑去，时间上受了许多损失。在集体农场中，一个人的工作，可以集中在一个地方，时间上自然比较以前经济。

集体农场的第二优点，就是可以利用新的知识、新的生产工具。一个集体农场，可以设一个农业实验室，研究品种、土壤、虫害等问题。政府的农业机关，对于这些问题的研究所得，也可很容易地传给农民。小农场上的农夫，绝无力量也无时间来做研究，以谋农事的改良。政府即欲把新知识传给他们，但因小农户的数目太多，政府的职员太少，总难免挂一漏万。所以集体农场的农业，是最易于科学化的，而且集体农场就是大农场，大农场上便可用机器耕种，这种新的生产工具，在小农场上是不适用的。苏联的农业，近以机械化盛称于世，就是因为苏联的农场，现在平均每场已有426 俄亩（约 6 800 华亩）了。

集体农场的第三优点，就是可以产生剩余。据苏联政府中的人说：苏联的农场，产生剩余的力量，以国营农场为最大，约 60％；集体农场次之，约 30％～35％；自营的小农场，产生剩余的能力最小，不过 10％。此中的原因，是很简单的。小农场是以农家自己的力量，用筋肉劳动来生产的，每年能有 10％的盈余，已算是好的。集体农场上的生产方法，已经是局部的机械化，工作的效率，自然比小农场增加许多，所以可以由 10％的剩余进至 30％～35％。苏联的集体农场，合起来已有 31 万部曳引机，等于 570 万匹马力，数年之内，有此成绩，已是不差，但机械化的程度，还不能算深，因为平均起来，每一个集体农场，还分不到两部曳引机。比起美国来，苏联农业的机械化，还要尽更大的努力。等到它赶上美国时，那么集体农场所产生的剩余，一定还不只 35％，也许还不只 60％呢。苏联集体农场运动的动机，据当局者公开演讲及私人的谈话，系以产生剩余一点为最重要。农业要有剩余，然后在别种实业中谋生的人，衣食才有着落，原料才有来源，而且这些剩余的农产品，还可运往外国，去换取苏联境内所不能生产的货物，特别是五年计划初期中的机器。现在苏联的集体农场，总算已树立了基础，以后苏联农业的发展，以及农民生活的改进，是可以预期的。

（三）

看了苏联集体农场的人，回顾国内的情形，一定会发生一问题，就是苏联的经验，对于我们有无参考的价值。

在回答这个问题之先，我们要考察一下，苏联的集体农场制度，是在哪一种经济环境之下推行的。苏联的经济环境，有两点极可注意：一为地广人稀，每方公里的人口密度，不过 6.9。二为工业化正在积极进行。这两种环境，最利于集体农场制之推行。因为集体农场，不但是田制的革命，也是生产技术的革命。农业的生产技术革命，就是以机械代替人力，结果一定是原有的农场，消纳不了原有的农民人数。在苏联，这些因技术改良而剩余下来的农民，有两条出路：一即开辟新地，苏联因为地广人稀的缘故，这是易行的。二即在别的实业中谋生，苏联又因工业化正在积极进行的缘故，此路亦不成问题。

中国的农户，据估计，不下 6 000 万，这 6 000 万农户所耕种的，以小农场占多数，平均每个农场的面积，不过 24 亩。在这种小农场上，土地与时间的利用都不能经济，新的生产方法不能采用，因而大量的剩余也不能获得。

为矫正这种缺点起见，集体农场似乎有为我们采纳的价值了。但是，如果采纳这种制度之后，农业中的过剩人口，有什么别的谋生的路呢？谁能答复这个问题，谁就能判断中国是否适宜于集体农场制之推行。

十八、苏联的工业东迁与抗战

中国抗战，已有四年以上的经验。在这四年多的抗战期中，经济部门的一个重大变迁，便是工业的西迁与内地的开发。在抗战以前，我们的工业，集中于沿江沿海一带，抗战之后，很多工厂都搬到内地来了，我们同时在后方，建立了许多新兴的工业。这些新兴的工业，是支持抗战的一个很重要的力量。我们抗战所必需的物资，有一部分便靠这些新兴工业来供给。以后我们还要继续发展内地工业，以巩固我们抗战的物质基础。

根据我们的经验，来研究我们的友邦苏联过去在工业上的设施，会觉得它抗战的前途，是很乐观的。苏联过去的工业中心，是列宁格勒，是莫斯科，而最重要的是乌克兰。这些地方，都在苏联的西部，很容易受敌人的摧残。苏联的领袖有鉴于此，所以在过去几个五年计划中，便设法发展他们的内地，即乌拉尔山以东的区域。现在乌拉尔山附近的马格尼托哥尔斯克及中亚细亚的库兹涅茨克盆地，已经成为苏联的重要工业中心。举几种重要的物资来说，在1913年，乌克兰所产的煤，占当年沙俄全国煤产量的87.2%，1938年，只占60.3%，1942年的计划，是要使乌克兰的煤产量，只等于全国煤产量的48.7%。又以钢铁来说，在第一次大战以前，乌克兰是当年沙俄唯一的生产钢铁区域，但根据第三次的五年计划，乌克兰在1942年钢铁的生产，只能占全国产量的53%。由此可见苏联的重工业，以前集中于西境的，现在已分散到较东的区域里去了。苏联工业的东迁，其意义等于我国工业的西迁，对于长期抗战，无疑将有其伟大贡献。

除了煤与钢铁之外，苏联的石油产区，素来集中于巴库，其出产量等于全国产量的75%。高加索的油田，除巴库外，还有格罗兹尼与梅哥甫，其产量占总数的15%。但是近来苏联在乌拉尔河与伏尔加河之间，又发现了第二个巴库。这儿的油库，虽然较差，但其储藏量，据云较巴库还更丰富。目前的生产量，每年已有200万吨，将来的发展，还未可限量。

苏联既有这许多资源在它的内地，而且这广大的内地已经被着手开发，所以苏联能够长期抗战，绝无疑问。我们再替苏联的敌人希特勒打算，他要夺乌克兰，主要的目标是粮食，但是乌克兰的农业，在过去十余年内，已有很大的改变，便是机械化的程度，近来是很高的。以1939年来说，苏联的农场上，有50万部曳引机，165 000部联合收割机，21万部重卡车。这些机械，是苏联的农业生产所必需的工具，没有这些机械，苏联农作物的产量，将一落千丈。可是这些机械，没有汽油是开不动的，但是德国作战所必需的资源，最缺乏的便是汽油，而乌克兰也无油田可以利用，所以希特勒即使占领了整个的乌克兰，而得不到高加索的油田，还是无法使乌克兰的农场生产大量的粮食。高加索的油田，既有苏联的大军保护，复有英国的近东军队声援，绝不会落于希特勒名下。即使万一希特勒的魔掌伸到高加索，我们敢说那时的油田及炼油厂一定都已被破坏，在短期内无修复的可能，因而希特勒也将毫无所得。

根据这种研究，我们敢说苏联的抗战与我们一样，其成败绝不系于一城一地的得失。苏联有广土众民，内地又有新兴的工业，所以又与我们一样，可以做长期的抗战。而这两个国家的抗战，内得英明领袖的领导、全体民众的拥护，外得世界上爱好自由各国的同情及英美等国的实力援助，最后的胜利，一定是我们的，绝无丝毫疑义。

十九、石油与战争

（一）石油在战前的来源与去路

在 1939 年，有八个国家，其石油的生产总量，占全世界产量的 93.6%。如下表：

国名	产量（千吨）	占世界产量之百分数（%）
美国	171 053	60.4
苏联	29 530	10.4
委内瑞拉	30 534	10.7
伊朗	10 367	3.6
荷属印度	7 949	2.8
罗马尼亚	6 228	2.2
墨西哥	5 794	2.0
伊拉克	4 116	1.5

此外尚有六处，每年的生产量均在 100 万吨之上，即哥伦比亚（3 068）、特立尼达（2 711）、阿根廷（2 651）、秘鲁（1 799）、缅甸（1 087）及巴林群岛（1 033）。全世界的产量，在 1939 年，虽然共有 283 842 000 吨，但如美国及苏联，虽然是产油最多的国家，其消耗量也很大，实际流入世界市场的油，不过 8 000 万吨，其来源分为下列三组：（1）西半球各国，如委内瑞拉、美国、墨西哥、哥伦比亚、特立尼达及秘鲁等供给世界市场之油，占 8 000 万吨中的 75%，而在此的 75% 的数量内，委内瑞拉及美国便占去 4/5。（2）东方各国，如伊朗、荷属印度、伊拉克、巴林群岛等，供给 8 000 万吨中的 20%。（3）罗马尼亚及苏联。这两个国家，前者于 1939 年曾输出 420 万吨，后者曾输出 50 万吨，所以在世界市场的总供给量中，只占 5%。

这 8 000 万吨石油的去路如何呢？下列六个国家，便占去了一半，如下表：

国名	输入数量（百万吨）
英国	12.0
法国	8.0
美国	7.0
德国	5.0
意大利	2.7
日本	4.8

其中美国输入 700 万吨石油，完全是一种政略，它从南美输入这些石油，借以维持美国与南美各国的商务及友好关系。

（二）英国的石油供给不成问题

英国国内所产的石油，数量甚微，只有 80 万吨。在 1938 年，英国曾输入石油 1 200 万吨，这可以代表它的需要量。英国的自治领及属地，每年还需要 1 400 万吨。两者合计，共 2 600 万吨，但因自治领与属地，也有产油的，可以就地供给，真正需要从海上运输的油，只有 2 300 万吨。英国及其盟邦，共有运油船位 600 万吨，其载重量为 800 万吨。这些油船，每年运输四次，便可运 3 200 万吨，超过需要量 900 万吨。此外美国与巴拿马，还有运油船位 320 万吨，必要时可以利用。

只要英国能控制海洋，油的来源便无问题。它从世界各地，可以获得石油，所以即使有一条路线为敌人切断，它还可以从别的路线运输。英国过去的石油政策，是从国外购得已经提炼的油，并不像法德等国，运入粗油，自己提炼。这个政策，有两种好处：一则油运到时，便可利用；二则易于储藏，不像炼油厂之易受敌人的空袭。当然，运油船也会遇到空袭，不过一只一万吨的运油船，如遇轰炸，那么以每年运输四次计算，一年的损失，也不过四万吨。可是像德国那种炼油厂，如被炸中，损失便有 40 万吨。英国对于石油的取给，较之德国，还有一种便利，就是那些驻在地中海、近东及远东的海军及空军，油料可以就近取给，无须运输。所以英国的石油，从各方面看去，都不成问题。

（三）石油是德国的致命伤

德国的石油问题，也可从需要与供给两方面去观察。在需要一方面，德国有一位军事家于 1936 年曾说过，战时德国需油 1 200 万吨。1937 年，德国又有一位经济学者，说战时德国需油自 1 500 万吨至 2 000 万吨。另外又有一位专家，在瑞士出版一书，说是德国每年需要 3 700 万吨的石油，才可进行近代化的战争。此外还有许多报章杂志，估计德国在战时，每年需要石油 3 000 万吨。

这些估计，都不足为凭，让我们把事实来一一分析。先说德国平时需要石油的数量。德国的汽车，年来颇有加增，已从 1933 年的 170 万辆增至 1938 年的 340 万辆，所以石油的消耗，也从 337 万吨增至 729 万吨。在大战的前夕，德国对于石油的消耗，仍有加增。假定战时德国实行节约，把上面所说的数量，省去一半以上，每年民间及工业的需要，至少还有 360 万吨。

其次，我们还要估计德国占领区中的需要。奥地利、捷克、波兰西部、丹麦、挪威、荷兰、比利时及法国的占领区，平时每年消耗汽油 800 万吨。假定强迫节约的结果，省去 3/4，每年也还要 200 万吨。

现在可以计算德国的战争机构所需的石油了。德国的海军，需用石油的数量甚微，可以不必细计。空军方面，战斗机一架，如有一个一千马力的发动机，每日在空中飞行四小时，消耗汽油一吨。轰炸机一架，如有两个一千马力的发动机，每日飞行也是四小时，需要汽油两吨。假定每天有一千架飞机都飞行四小时，其中一半为战斗机，一半为轰炸机，那么一年内所消耗的汽油，也不过 55 万吨而已。当然，如在前线维持一千架飞机，后方一定还需要很多的练习机，不过就把这些飞机所消耗的汽油也加进去，其数量也不如一般人所想象的那样巨大。

最消耗汽油的，还是机械化的部队。在波兰与法国之役，德国的机械化部队一师，每日消耗汽油及其他油类自 120 吨至 200 吨。波兰之役，德国用了 60 师，共耗石油 50 万吨。法国之役，德国用了 120 师，共耗石油约 100 万吨。所以德国的陆军如要作战，每月至少要消耗石油自 50 万吨至 75 万吨。

以上民用及军用合计，德国及其占领区内，每年消耗石油的数量，为 700 万至 750 万吨，这与一般人的估计相比，要低得多。

在供给方面，德国于 1940 年 6 月，在本国及其占领区内，可得油料 445 万吨，从罗马尼亚等处输入的石油，因运输的艰难，每年不能超过 200 万吨，共计为 645 万吨。需要与供给相比，尚差 60 万吨至 100 万吨。

这个结论，是根据一位石油专家的报告算出来的。他的报告，发表于苏德战争之前。自从苏德战争发动之后，情势已经改观。第一，我们知道德国在前线的飞机，不只 1 000 架，所以空军消耗汽油，每年不只 55 万吨。第二，德国进攻苏联，不只出动了 100 个师的机械化部队，所以陆军每月对于汽油的消耗，不只 50 万吨至 75 万吨。德国自己所产的油，在英国空军继续轰炸之后，即使能够维持平时的生产，也不够节约后的民间需要。而罗马尼亚的油，即使全数可以供给德国（运输困难及空袭损失不计），也只够几个月的大规模闪电战之用。所以 1942 年，将为德国发生油荒之年。假如苏联的抗战，再能继续几个月，德国的空军及机械化部队，恐将难以施其伎俩了。

劫后灾黎

（该书曾于中华民国三十六年 2 月由商务印书馆发行，署名为"吴景超 著"。）

自序

　　这本日记，是我视察贵州、广西、湖南、广东、江西五省灾情及各区善后救济分署工作的实录。中国经过了八年的全面抗战，对于人民的生活上，发生了什么影响，我想凡是留心国事的人都想知道的。这本日记里面，对于战后人民的生活，粗枝大叶地加以描绘，读者由此可以知道抗战胜利之后，我们的老百姓过的是什么日子。中国是一个多灾多难的国家，自从有史的记载以来，我们的祖先便不知道经过了多少灾难。现在的灾难，也许不是空前的，但救济工作的广泛与普遍，无疑是空前的。这些救济的办法，富有参考的价值，在这本日记里，对此也有比较详细的记载。

　　我是一个学社会学的人，对于实地调查或研究的机会，是最欢迎的。过去虽常有这种愿望，但很少得到这种机会。这次蒙善后救济总署蒋前署长廷黻的好意，要我替他担任视察的工作，我因此得到机会，跑了 5 000 多公里的路，走了许多新的地方，看了许多我想看的社会状况。我愿在此对他表示谢意。我的同伴张祖良视察，在整理材料时，给我很多的帮助，也是使我心感的。还有，在这次旅行中，各地的分署，供给我交通工具，使我的视察工作，同时是一种快乐的旅行，在战后的中国，不能不说是一种意外的享受。我对于分署的朋友，以及沿途供给我材料的各位先生，均在此一并道谢。

吴景超　三十五年 10 月 12 日

三十五年 5 月 14 日　星期二

我们视察华南各省灾区的行程，原定 3 月底开始，但是因为交通工具没有弄好，所以延迟到今天。我们原定的计划，是到了广西以后，便由各省的善后救济分署，供给我们汽车，但自重庆到广西柳州这一段，还得总署的重庆办事处替我们设法。总署在重庆的汽车，多是不能跑长途的，后来总算选了一部 1937 年制造出来的车子，请一位外国专家，加以彻底的修理，前前后后，一共花了 50 多天，车子总算开出修理厂了。车皮新油漆了一下，外观似乎还不差，开到南山去试车，来回也没有抛锚，于是我们决定今日起程。

上午七点，我与同伴张视察祖良，便乘车离开了重庆，车上除了司机，还带了一位铜匠，以便沿途发生小毛病时，可以马上修理。从重庆到綦江，路上还很顺利，可是一到綦江，司机发现车子转动不灵，停下来看，车前的右轮，快要脱下，好几个螺丝都松了。修理了半点钟，继续前行，一点钟到东溪，便在那儿午餐。东溪的街上多乞丐，饭馆门前的两旁，都站满了。我们的筷子刚放下，便有四个小乞丐一拥而前，把菜汤残饭，一齐倒到他们的饭碗里，司机及铜匠的余食，则为一大乞丐所独得。

两点再起程，五点半抵花秋坪，停一分钟，观山景。六点抵桐梓，住中国旅行社。本日行 267 公里。晚饭后去拜访县长沈旦，我们谈了很多关于县政的问题。桐梓是贵州的一个大县，人口有 26 万。这些人民每年所需的布和盐，都要从外面输入。县长算给我们听：桐梓的人，每年平均要添置一套短衣裤，每月要吃 9 两盐。一套衣裤，需布一丈五尺，以 300 元一尺计，每人需 4 500 元，全县的人口，每年在布上便要花 11 亿 7 000 万元。盐的价格，是 700 元一斤，全县的人口，以每人每月 9 两盐计，全年约需 280 万斤，即需支出 19 亿 6 000 万元。两项合计，便要 31 亿 3 000 万元。桐梓的人民，拿什么东西，去换这些布和盐呢？县长说：桐梓输出的货物，有木材、青油、小麦、猪及猪油，但这些货物，每年输出的数量有多少，价值多少，还没有人加以统计。

我又问沈县长，目前他所感到最大的困难是什么，他说是财政。本年县政府的支出，最大的项目，便是公务员的薪水及生活补助费。依照中央颁布县级人员待遇标准，生活补助，每人规定为每月 28 000 元，薪俸加成为 80 倍，即此一项，全年支出，便在 5 亿元以上。但是本年的收入，因奉令免征田赋、军粮、积谷和员役食米，便要短收 3 亿 6 000 万元。除此以外，可靠的收入，只有屠宰税、斗息、公租、房捐等项，统计在 1 亿元左右。收支两抵，相差约 4 亿元，县中无财源可开，无论如何，也弥补不了这个缺额。惟一的出路，据说是发行县公债，但此事是否能够得到上级机关的允许，还是问题。我翻阅县政府的预算，最大的收入，是屠宰税，到了 7 800 万元，其次为房捐，到了 3 500 万元，其余的都微细不足道。目前县政府的财政，建筑在猪的身上，这是局外人所难想象得到的。

我于民国二十九年，曾因视察各省政务，到过桐梓一次，当时桐梓还没有县参议会，但现在县参议会已经成立了。县参议会的议事记录，以及乡镇保甲等自治机构的开会记录，我认为是研究中国政治、中国社会问题的人的最好参考资料。我从沈县长处，借到一本最近桐梓县参议会的议事录，顺便抄下了下面几段有趣味的问答：

董议员时敏问：楚米乡元田坝中心学校，停课已在半年以上，不知县府知不知道？

刘科长答：教育科因为只有三个督学，本县地区又极辽阔，人数实是不敷分配，所以有视导不周之处。刚才董议员所问，县府实不知道，日内即派人去查。

赵议员兴铭问：官仓镇多数学校，已无形垮台，有些学校业已放假，也不知县府知不知道？

刘科长答：请赵参议员给我一个书面的通知，以便派人调查。

赵议员兴铭答：本席声明，刘科长嘱本人用书面通知官仓镇学校多未上课一事，实有不能照办之苦衷，因为平时每当督学下乡，都先有电话通知。若本席书面通知以后，县府要派员下乡考察，仍然是先去电话，各地也仍然上起课来，岂非本席说谎，所以本席声明，不能照办。

刘科长：既然赵参议员这样说，仍由县政府自行派员调查好了。

这几段问答，一方面暴露桐梓县的教育的情形，一方面可以表示民意机关，对于行政机关，发生督促的功用。桐梓的参议会主席在开会时说：我们要督促政府走上贤能之路，决不助桀为虐，应请地方人士放心。近年各县设立参议会，实在是地方行政最可宝贵的一种收获。

5 月 15 日　星期三

早沈县长来送行，我们于早饭后出发，到遵义午餐。今天汽车给我们的麻烦，比昨天还多。在没有到遵义时，车底下的拉钢断了一根，到遵义电焊，花了 15 000 元，可是没有到贵阳，电焊的拉钢又断了。沿途抛锚了五六次，在贵阳城外，车胎又坏了一个，好在我们带了备胎，所以下午六点，我们总算平安地到了贵阳，住在招待所，本日行 221 公里。

5 月 16 日　星期四

上午我们到贵阳会文街 31 号去访问难民疏送站的主任余立铭及副主任胡玉琨。疏送难民，是善后救济总署主要业务之一。自从湘桂战事以后，内徙难民，多集中在贵阳及附近各县，所以总署在贵阳设立一疏送站，办理此项工作。贵阳的疏送站，是本年 3 月 20 日成立的，4 月 1 日开始登记难民，10 日开始疏送，30 日停止登记。已经登记的，有 9 369 户 24 481 人。至 5 月 15 日止，已送出难民 6 103 人，疏送最多的一天，公路局开出难民车 18 辆，每辆售票 30 张，因为小孩是两人一张票，所以一车所载的人数，并不只 30 人。

难民的疏送，由登记调查开始。登记的工作，由疏送站与社会处、省党部、三民主义青年团、省参议会、市政府等机关合组难民登记调查委员会办理。委员会在贵阳设立了九个登记处，每处有三位职员，一为疏送站所派，其余二人，一由社会处委派，一由警察局委派。社会处与警察局委派的职员，是兼任的，每人每日只支津贴千元。登记难民时，以户为单位，每户有一张登记表，上载难民姓名、年龄、籍贯、还乡地点、眷属人数。难民资格的取得，系凭难民证，如无难民证由当地保甲长或同乡会证明亦可。登记以后，难民即得还乡申请登记证一张，同时疏送站还要派人去实地调查。调查的主要目的，便是观察难民的家庭状况，是否真为无力还乡。调查之后，即行造册，并公告合格难民姓名及搭车日期。这种公告，是油印的，贴于疏送站门口及重要地区。难民看到自己的名字，已在公告的名单之上，便于指定日期，到贵阳公路总站去办理搭车手续。这种手续，如何办法，余主任约我们于明天亲自到车站中去看。

下午我们到社会处去访周达时处长，据他说，散在贵州各地的难民，当在 60 000 人以上。除贵阳市已登记 24 000 余人外，各县已向省政府报告的，还有 24 916 人。我看到社会处所制的难民分布表，大多数都集中在沿公路各县。除贵阳市外，最多的在独山，有 12 732 人，其次为都匀，有 3 846 人。其余各县，没有一县的难民，是超过千人的。据余主任说，将来贵阳的难民疏送完毕之后，还要在各县继续办理。

5 月 17 日　星期五

早饭后，余主任即来陪往贵阳公路总站，看疏送难民的实际情形。公路总站，把办公室划出一部分来，为办理疏送难民之用。这一部分办公室，有三个窗口，在第一个窗口，难民交出他的难民还乡申请登记证，窗口里的职员，问他的姓名、籍贯、年龄，以视与原来登记表上所填报的是否相符。如果符合，便发给难民回籍证。登记证是每户一张，而回籍证是每人一张，如一户有四人，即发四张回籍证。难民取得回籍证之后，即到第二个窗口，领取换票证。这个窗口里面，有两张桌子。一张桌子边上，坐着疏送站的职员，他凭回籍证发换票证。他对面的桌子，坐着公路局的职员，他凭换票证发车票，将来再凭换票证与总署计算票价，由总署直接付与路局，不经疏送站之手。难民得到车票之后，即到第三个窗口，领取食宿津贴。大人每日 500 元，12 岁以下的儿童减半，不满 2 岁的不发。由贵阳出发的难民，其遣送的终点有四：两广的难民，送至柳州与梧州，其余各地的难民，送至长沙与衡阳。食宿津贴的总数，除柳州以七天计外，其余各地，均以十天计算，如到长沙的，即发 5 000 元。难民领到食宿津贴及车票之后，便率同他的家小，提着他们的简单行李，踏上为他们预备的专车，重返他们的家乡。难民到了终点以后，如还没有到达家乡的，由各地的善后救济分署接送。在公路线上，疏送站还请地方政府，办了若干临时招待所，每所由疏送站津贴 5 万元，以为难民沿途住宿休息之所。

在战争之后，政府对于回乡的难民这样优待的，我们在中国的历史上，找不到第二个例子。

我们由公路总站回到招待所之后，贵阳市临时救济院院长史上达来访，并邀我们前往参观。这个救济院，收容难民最多时曾达 500 余人，现在还有 120 人。这 120 人中，在农场工作的有 20 余人，在印刷部工作的有 12 人，在洗衣部工作的有 11 人，在豆腐坊工作的有 8 人。余下来的，多为老弱残废，其中缺足的，多系在逃难时冻伤，医生为保全他们的性命，不得不将双足割去，非短时救济能解决其问题。史院长办此机关，过去的经费，靠国际救济协会供给。现在供给停止，因此这个机关，如何维持下去，大成问题。我曾问社会处的周处长，省府方面，是否可以设法。他说本年度贵州省政府的救济经费，只有 100 万元，另向社会部请求事业费 7 000 万元，尚未批准，所以他对于这个临时救济院，也是毫无办法。我于数年前，曾写了一篇文章，在社会处所办的刊物中发表。文章的大意，是说福利事业，花钱很多，中国的人民，大多数是穷的，他们每年的收入维持最低的生活程度，还有困难，绝拿不出许多钱来办福利事业。贵阳市临时救济院的难于维持，证明我以前所说的话并没有错。

5 月 18 日　星期六

今日离贵阳往柳州，行至 14 公里处，遇到一个高坡，因雨后泥泞，车子用尽了力量，总爬不上去，后来连马达也不动了。司机与铜匠合作，花了几点钟的工夫，也没有法子使车开动。最后，无可奈何，只好请司机搭便车回贵阳请救兵。经济部器材总库的盛主任今杰，是我多年的同事，承他的好意，派了一部卡车来把我们的汽车拖回贵阳修理。我们回到贵阳时，已是下午六点了。这次重回贵阳，即借宿于器材总库。车子经检查的结果，证明是时规链条损坏了，修理一下，起码要四天。我们为了修理这部车子，已经在重庆等候了50多天了，现在只好再耐心等四天罢。

5 月 19 日至 22 日　　星期日至星期三

在贵阳候车四天，没有别的事做，只好游览名胜、看书、谈天。

5 月 23 日　　星期四

今日汽车修好，九点我们离开贵阳，与盛主任夫妇告别时，我说希望这次出发，可以顺利地到达柳州，不要中途再又折回，他们也挥手说南京见。可是行了24公里，到凉水井时，我遇到了生平乘车的最大危险。凉水井是一个村庄，有十余户居民，在一山坡之上。汽车行至山坡之巅，我忽然看见车前的左轮，已经脱笋飞出，继着便听到轮盘碰到地面的摩擦声，司机也知道出了事，可是刹车已随轮胎跌落，无法停车。此时车行的速率，约每点钟20英里。既然无法停车，只好任其上前直冲。车子在三个轮胎上开行了约百码，始行停下。好在路是直的，路上也没有窟窿，得免翻车之险。我们下车来审查，没有轮胎的那个轮盘，已经磨坏了。轮胎落在田里，零件十余种，尽散在路旁。司机与铜匠，先找失落的零件，有两三件重要的找不到，原来给村中的小孩拾起，收藏起来了。结果还是由司机拿出 2 000 块钱，才把它们赎回。很显然，今天已无法继续前进。我们一方面打发司机把损坏的轮盘拆下，带回贵阳去修理，一方面考虑今天的食宿问题。食的问题，比较简单，因为我们带了美国军队中所用的干粮。宿的问题，我们知道在贵州的乡下，不能存什么奢望，只能在当前的环境之下，设法做最好的安排。我们从村头巡视到村脚，最后选定萧伯生的家，做我们今晚的宿舍。这一家庭，共有五口，萧的妻及岳母，另有一子一女。他们的茅屋，共有两间，隔为四小间。左边的两间，萧伯生自用。右边的两间，前面卖饭，后面一间，摆了两个床铺，铺上有稻草，稻草上面，放着一条破烂不堪的絮。这就是我们今晚的宿舍，铜匠把我们的铺盖从汽车上取下来，我们没有工夫来审查破絮上是否有虱子，便把自己的铺盖放上去。

我们把铺盖放好，便到外间的饭桌边坐下，与萧老板的岳母闲谈。她是贵阳人，轰炸最厉害的一年，家中炸光了，只好逃到凉水井来住家。她一共生了 11 个小孩，有一个男孩，16岁就跑开了家庭，至今毫无消息，如活着，该有40多岁了。其余的孩子，都生病死了，只留下一个女孩，就是萧老板的太太。这位老板娘，与隔壁的一位新娘子，是凉水井全村中不穿打补丁衣服的人。其余的人口，男女老幼，没有一个人的衣服，是没有补丁的。隔壁新娘子才15岁，父亲山东人，母亲安徽人，还有一个弟弟，不过10岁。他的父亲，在铁路上工作。因生活艰难，所以在20天以前，便把女儿嫁给一个在公路局班房做工的湖南人为妻。他们在凉水井所租的茅屋，月租是2000元。

凉水井的惟一公共机构，便是小学校，设在一座破庙里。教员住在另外一个村庄中，据说一星期只来教书两三天，今天便没有来。我们看庙里摆着四张桌子，一块黑板。学生名簿上，登记了有三十几人，我们看不出这四张桌子，如何可以容纳三十几个学生。守庙的一个老头儿，天还没有黑便上了卧榻。我们敲开门来参观，问他先生明天来不来，又问他这样那样，他的答案是一律的，便是"不知道"三个字。

5月24日　星期五

昨晚睡得很坏，一因房中霉气太重，二因身上痒得厉害，不知是跳蚤还是白虱在那儿作怪，三因萧老板似乎兼做走私生意，半夜来了许多人，把房中一包一包的货物搬出，雇了骡马，驮进城去。天还没有亮，又有人来敲门，把卡车上的货卸下来。搬走的与卸下来的是些什么东西，我们不是税吏，所以也没有仔细打听。一天亮我们就起身，吃了三个鸡蛋、一碗粥汤。鸡蛋比重庆的还贵，每个80元。我们在板凳上坐着，看老板的岳母预备今天的菜。到这儿吃饭的顾客，尽是些过路的担夫，每吃一顿饭，取费500元，菜是随便吃的，不另取费。今天预备客人下饭的菜，共有五碟：一碟豆豉，一碟炒豆，一碟葱炒苞谷，一碟葱炒水笋，一碟炒辣椒。

我们等候到十点，司机从贵阳回来了，磨坏的轮盘已经修好，安装如式，已是十一点二十分。一点三刻到龙里，我们便在那儿吃午餐。五点到马场坪，宿中国旅行社招待所。马场坪离贵阳115公里。

我们休息片刻，便往访西南公路局马场坪站长邢先生，又到笔山镇公所晤罗主任，询难民过境招待的情形。据云：镇公所可以白住，如住旅馆，经镇公所介绍，可以八折计算。吃饭由镇公所介绍至各饭店，一饭一蔬菜，大人收费220元，小孩收120元。

马场坪虽是交通要道，但幸未沦入敌人之手。前年湘桂战事紧张时，难民大批地过镇，因此而发生的损失，据罗主任估计，也在4亿元以上。损失最大的是粮食，其次为房屋中的家具。逃避时是冬天，家具多为难民用作柴烧，借以取暖。粮食都给过境的难民吃光了。虽然如此，当时难民因冻馁而死的，还是数见不鲜的事。现在事过境迁，市面颇为繁荣，并无受灾情象。镇公所的办公人员，待遇颇低。据罗主任说，他每月只得米 2 老斗，月薪 2 000 元。去年所得更少，每月只有 90 元。

5 月 25 日　星期六

早九点出发，行 32 公里，汽车又发生毛病，停车检视，知道车前左轮的轮轴（羊角），已经断了 2/3，如再开行，一定会发生翻车之险。这部旧车，潜在的毛病太多，平时工作不繁重，缺点暴露不出来，现在跑上长途，缺点便都一一暴露。我当时心中便决定不再坐这部老爷车了，到柳州还有好几百里，我们非另想办法不可。司机的打算，是想把轮轴取下，带到独山去修理，修理成功，还请我们坐原车到柳州。在抛锚的地方等了半天，果然来了一部商车，我们便做了黄鱼，于五点到独山，本日行 115公里。

到了独山，我把决定告诉了司机，要他把车轴修好后，仍把车开回贵阳或重庆，我们另搭商车到柳州。

今天我们第一次走到曾为敌人沦陷的区域。前年 11 月底及 12 月初，敌人进犯黔南，据贵州省参议会的报告说，那时敌骑踏遍独山、荔波、三都、都匀、丹寨五县，焚掠之惨，史无前例。我们今天抛锚的地方，离都匀县城约 20 公里。过了都匀以后，沿马路上的房屋，便呈现出毁坏、破烂以及临时修补的现象。有许多房子，破墙还屹立着，但上面已无瓦盖，地基上长的是青草。新的房子，多是泥墙茅顶，砖墙瓦顶的不多见。除了破坏的房屋最为刺眼以外，最足表示地方上的灾情的，便是荒田。沿马路的荒田，我们看到很多，但亩数无法估计。我们一到独山，便去拜访刘仰方县长，承他的好意，请我们就住在县府里面，并由他介绍，我们还见到参议会的议长张秉国及二区专员周希濂。综合大家的谈话，我们知道敌人于前年 11 月 2 号到独山，5 号便离去。虽然在独山只停留了几天，但沿铁路、公路及公路线附近 10 里至 30 里，都被骚扰。县城的房屋，有 95％以上被毁。收复之后，谷部长带来 500 万赈款，原是为救济难民之用的，但当时的孔县长，挪用了一百五六十万元，购买军粮，交给驻军充饥。萧县长接任后，又因垫付军队副食费，支用了一部分。到了刘县长接事时，余下来的款子，只有 205 000 元。这 205 000 元，应当如何利用，以救济灾民呢？县长已将这个问题，交给参议会讨论，还未得到答案。谷部长来过之后，第二个中央机关来的，便是善后救济总署设立的黔南办事处，去年 3 月间成立，至 10 月间撤销。办事处在独山所做的工作：一为遣送难民，每人发数千元。二为施散医药，有两个外籍医生，曾在此工作三个月。三为办理耕牛贷款，乃是办事处与上海银行合办的，只放了 2 400 万。贷款不收利息，一年之后归还。现在人民所需要的，一为房屋贷款。我问县长在独山盖一间房子要多少钱，他马上请了一位包工的来加入谈话。据这位包工的估计，盖一间房子，砖要 168 000 元，瓦要 7 万元，木料要 8 万元，门窗要 12 万元，洋钉要 12 000 元，石灰要 4 万元，另加工钱 17 万元，总数是 66 万元。假如建筑不用砖瓦的茅舍，花钱要少得多，但也要 20 万到 25 万元。除了房屋贷款外，人民所需要的，是小本借贷。独山的利息，每月是 20%，利息在付本时扣去。假如政府能办低利或免息小本借贷，人民必很感激。第三，耕牛贷款，最好还要续办，现在一头牛约值 6 万元，许多农民买不起。第四为医药救济，独山的卫生院，每年只有经费 200 万元，现在院中有院长 1 人，医生 3 人，看护 10 人，所有经费，还不够医务人员的薪金。黔南办事处存在时，卫生院还可以不花钱得到药品，现在药品已用完了，但生病的人，还是很多，所以需要继续救济。

5 月 26 日　星期日

早五点半即起，县长送我们去上车，发现昨日带我们到独山的商车，受了我们司机的怂恿，没有向我们索取车费，于天未明时，便开走了。我们的司机，希望我们还是坐自己的车，让他也可以早日还乡。但是我们的志已决，不肯再拿生命来冒险。县长同意我们的主张，便打电话到离独山 30 公里的上司乡，要乡长把我们昨日坐来的商车挡住，同时我们另外搭车赶到上司，终于坐上了昨日的商车。九点由上司开行，到南寨时，有警察上车查米。因贵州米价较廉，省府禁止出口。行至 300公里路牌处，出贵州，入广西境，馒头式的山峰，已呈现眼前。十点三刻到六寨，下车饮茶。我们前数年过此时，曾在此午餐，记得当时市面繁荣，不愧为黔桂交界的大市镇。现在此镇几乎全毁，恢复的房屋，不到 1/5。下午一点抵南丹县，我们去拜访县长，没有遇到，只会见李主任秘书及参议会的莫议长。南丹县于前年 11 月28 日沦陷，12 月 12 日即收复，县城中的房屋，损失约 3/4。善后救济总署的广西分署，在此曾发急赈款 250 万元，种子肥料赈款 200 万元，耕牛贷款 500 万元，以及面粉 15 吨。此外还拨了 120 万元，修复县立卫生院。在发放急赈款及面粉之前，由村街保甲长调查贫苦无告的灾民，列一清册，由社会救济事业协会，派人复查。社会救济事业协会，是广西各县市都有的组织，有委员 7 人至 11 人，由县长聘请地方行政机关首长及热心社会救济事业之中外人士组织而成，县长任主任委员，参议会议长任副主任委员。复查之后，便根据名单发赈，灾民每人曾得面粉八斤，急赈款千元。种子肥料赈款及耕牛赈款，是通过合作社办理的。晚至河池，宿大华旅馆，本日行 181 公里。

5 月 27 日　星期一

早起即到河池县府，县长出差未遇，遇到秘书廖德文及第一科科长叶万机。据说敌人于前年 11 月 21 日到县城，去年 5 月 21 日才行退出。在沦陷期内，敌人将一部分房屋烧毁，一部分拆去木料做工事。河池县 18 个乡镇敌人都到过，沿公路的房屋，几乎烧光。在沦陷期内及收复之后，人民所受的痛苦，我们从档案中看到九墟乡公所去年 6 月的呈文，可以为例。呈文说：

> 谷米已被敌寇搬食糟蹋殆尽，牛只被掳，田地丢荒，无物变卖，以购耕牛。加之无米为炊，筋骨无力，难以劳作。告贷无门，采野菜以充饥，大人犹可，小儿难支，号寒啼饥，为父母者，仰天长叹，坐以待毙而已。且自去冬我军屯驻本乡防守以来，迄今半载，初则一三一师，继则一八八师，完纳三十三年度田赋，供应不足，继以征借 75 000 斤，仍不足，二次又借 105 000 斤。人民愤敌寇之压境，忍痛输将，如额筹送。又不足，始奉令乡村长代购，由部队按照市价给予代金。然名则为购，实则仍征，不闻代金之给予，质之主办者，则以上峰未发为辞。区区九墟之地，人民所藏谷米，能有几何，何能供此再三再四之诛求乎。尤有甚者，人民避难方回，即被派出军米。敌寇搜掠未尽之谷，我军一至，复将余粮搜括搬去。仓徒四壁，室如悬磬，人民敢怒而不敢言，向隅饮泣而已。

这篇呈文，告诉我们九墟的灾民，需要救济，同时也说明，他们的痛苦，是谁给带来的。

河池收复之后，省政府拨了救济费百万元，以全县 11 万人口分派，每人得不到十元。另外拨了修建费百万元给各机关，但县政府的开办费及修建费，便需 1 500 万元。除省府所给的款项外，当地绅士乐捐 400 万元，还差 1 000 万元，由县政府在预算内节流开支。

黔南办事处成立时，也兼办广西收复各县的救济。办事处曾办砖瓦业贷款 200 万元，发了五吨种子，派医疗队来办理卫生工作约两个月。地方人士，曾请款 500 万元，办理平粜，后因米源无着落，将款退回。

广西分署成立以后，曾拨卫生院修建费 120 万元，还有 120 万元要来。除此以外，还给药品。小学修建费已领到 200 万元，还有 200 万元可得。急赈款领到 300 万元，发给鳏寡孤独及绝粮的平民，每人可得千元。面粉 30 吨，发与本县灾民，每人可得 10 斤。种子肥料赈款 250 万元，由合作社经办。耕牛贷款 500 万元，由中国农民银行办理，以合作社为对象。

我们于 12 点离河池，走了 38 公里到三江口。这儿候渡过河的卡车，已有七八十辆，但渡船以公路局未发饷，工作情绪极低，今天十点钟才开始渡车，到了下午两点，只渡过七部车。在我们前面的司机说，你们在此渡口，起码要候四天。我们看看路旁的环境，觉得在此过夜，未免太苦，便跑到前面去相机设法。我们跑到最前面，看到等候过渡的第二部商车，似乎还有空位，便同车主商量，请其准我们搭车。邵老板听说我们是出来看灾的，便答应了我们的要求，于是我们便雇挑夫，把我们的行李，由原来的商车上取下，搬上邵老板的货车，一共在渡口只停留了两点钟。过了三江口后，还有怀远一个渡口，但这儿有两条渡船，轮流往返，而且滞留的车子不多，所以我们一到便可过渡。邵老板的车，原定今天住大塘的，他要我们到大塘换车到柳州，因为他的车是往广州湾开。下午五点到宜山，车上的钢板坏了，须在宜山过夜修理。我们便到县政府去，会到萧抱愚县长。他要我们住到县府，并答应替我们另谋直达柳州的交通工具。

本日共行 101 公里。

5 月 28 日　星期二

早起读萧县长的建设新宜山六年计划。这个计划，包括政治、经济、文化、交通、营建、保健、警衙七项建设。萧县长拟有建设计划纲要及建设计划分年实施大纲。他说如照他的计划去做，六年之后，人民的生活，可提高九倍。我问他如何达到这个目标，他的答案是很简单的。据他的估计，宜山人口 30 余万人，实际从事生产工作的，只有 4 万。他要在六年之内，分期购定 15 000 匹马力之各种机器，以每匹马力等于 24 个人计，15 000 匹马力的生产力，等于 36 万人。现在只有 4 万人生产，将来加上机器，等于添了九倍于 4 万的人生产，生活程度，不是也可以提高九倍吗？我说这个理想，非常可以佩服，因为我遇到政界的人甚多，还没有碰到一个，是以提高人民生活程度为其施政目标的。不过他的算法是未免过于简单，提高九倍，绝非六年内可以办得到的事。县长还有许多单行的计划，其中有一个宜山改良住宅六年计划，尤其使我注意。因为住宅改良，乃是高生活程度国家中的人民所注意的问题，像我们这种低生活程度的国家，人民所注意的问题，乃是衣食，还想不到住行。县长说宜山人民的生活，尚有如中古时代甚至上古时代的。就中住屋一项，最为落伍、不合卫生、不宜工作的，极为普遍。人畜同居，随处可见；架木为巢，亦曾发现。所以他画了许多住宅图样，要人民遵照改良。新宜山的县衙门，便是照他的新图样修建的。县府职员的住宅，也是新式的，质朴合用。他并且主张，改建新住宅，以用各家原有旧材料为原则，我祝他的希望可以实现。

我们于讨论建设新宜山的计划之后，便与县长的干部，检讨宜山的灾情及救济工作。宜山是前年 11 月 14 日沦陷的，去年 6 月 14 日收复。在沦陷期内的损失，县府供给我们的统计是：房屋 22 000 栋，黄牛 21 060 头，水牛 850 头，农具 641 491 件，稻谷 85 000 担，玉米 5 000 担，黄豆 3 000 担。像这一类的统计，我在别县也看到过，但我对它总是怀疑的。我们对于一县里有多少人口，现在还没有数清楚，如何能回得出黄牛、水牛的数目？各县的统计，还有一个毛病，就是缺乏比较的材料，因而我们无法判断统计的意义。譬如说宜山在沦陷时损失了黄牛 2 万余头，为了解此种数字之意义，我们必须知道黄牛在沦陷前共有多少头，两相比较，我们才能知道损失的百分数，因而判断损失的大小。单独的数字，给我们的知识是很少的。但沦陷前的数字，许多县政府连估计也没有。

广西分署在这儿的工作，一为发急赈款 350 万元，鳏寡孤独，每人可得 1 200～1 500 元。二为发面粉 50 吨，饥民大口得 10 斤，小孩 5 斤。三为发放种子肥料赈款 500 万元。四为办理耕牛贷款千万元，由 25 合作社承贷。五为拨付修建小学第一期款 200 万元，第二期可得 400 万元。六为拨付修建卫生院第一期款 200 万元，省立宜山医院款 350 万元。七为拨付水利工赈款 300 万元。除此以外，省政府曾拨款 120 万元，救济难民。县政府也组织了救灾运动委员会，在县城开办粥厂，每日就食的有 500 人，多有从 30 里外跑来吃粥的。县府对于商人，还办了小本借贷 2 000 万元，以为恢复市容之用。所以宜山的房屋，虽然给敌烧毁了许多，但大街上的居屋，有欣欣向荣之象，这是南丹、河池所看不到的。

下午中央银行的黄经理供给我们汽车，县长亲自驾驶，领我们去参观离县城约三公里的下官坝。此坝为日人所破坏，花了百万元才修复，可灌溉水田千余亩。坝的附近，有一南山寺，是宜山的一个名胜。寺后有山洞，曾利用为军火库，藏有防毒面具及迫击炮弹，国军退却时，自行破坏，所以南山寺已经变成一片瓦砾场。由南山寺回来后，我们又去参观省立庆远中学。校舍破坏很重，无图书、仪器，无桌，只以土砖堆砌成柱，上置木板，以为书桌。学生晚间自修，每人都要自备油灯。

原定明日搭邮车赴柳州，但邮政局局长来谈，明日邮车无班，乃打电话通知广西分署，请其明日下午派车来接。

5 月 29 日　星期三

早起参观县立卫生院，该院修复后，现有正房一座，分为候诊室、内科室、外科室及药房。另有病房一座，计头等两间，各一床，日收 800 元，但无铺盖，病人入院的，须自己带铺盖，现住一产妇、一患恶性疟疾的病人。二等房两间，每间有三床，每床日收 600 元，但无一病人。另一房为办公之用。现在计划拟再建病房一座，可容 12 人，另手术间及隔离室一座。县府本年度的预算，有卫生院建筑费 500 万元，另外广西分署已补助 200 万元，勉可够用。该院编制，有院长一人，月薪 260 元；医师四人，每人 220 元；另有公共卫生护士 1 人，护士 4 人，助产士 3 人，实习护士 2 人，药剂师 1 人，卫生稽查 2 人，检查员 1 人，卫生助理员 2 人，事务员 2 人，雇员 2 人，公役 9 人。但因卫生院经费，本年度只有 2 108 460 元（生活津贴不计），所以无法将额内人员用足。据院长估计，该院每年须有经费千万元，始可应付局面，但将卫生院经费，在县预算内提高四倍，目前为不可能。

我们于参观卫生院之后，又往参观县立表证中心学校，有教员 33 人，学生 800 余人。学校修建费，已用去县款 400 万元，广西分署款 200 万元，但实际需要，在千万以上，现在只修复了一半。另外参观一私立铁城小学，系妇女会主办，教员除 5 人外，余均义务职，有学生 3 班百余人。县长告诉我，县立小学教员，每月可得津贴 2 万元，薪水加成 100 倍，另外还有每月 30 斤米贴。现因米收不到，钱无着落，已有 7 所小学提前关门。县长为提倡求学的风气，已在参议会通过一议案：凡中学生分数在 80 分以上的，可得奖学金 3 万元，大学生可得公费 15 万元，留学生可得公费 30 万元。本年度预算，已列大学以上学生奖学金 450 万元，中学生奖学金 300 万元。这种办法，对于县内的穷苦学生，无疑是一种鼓励。

下午三点，广西分署派一吉普车来接，自大塘至柳州，公路极坏，路中大小窟窿，很多都没有填补，有一处的窟窿，大而且深，司机因为下雨没有看清楚，车轮陷入，把玻璃震破了一块。吉普车在大雨中行走，人与行李，完全打湿。抵柳州后，住皇后饭店，本日行 120 公里。

5 月 30 日　星期四

上午广西分署黄署长荣华来会，并派庶务课孙课长光涛来，将行李搬至职员宿舍中居住。我又向黄署长要来分署的各种规章及业务旬报，预备在与各主管人员谈话之前，将分署的工作得一鸟瞰的认识。

5 月 31 日　星期五

与赈务组主任黄嵘芳谈话，所得要点如下。

（1）遣送难民，为广西分署主要业务之一。此种工作，在柳州由分署直接办理，在桂林由分署的办事处办理，在梧州由难民转运站办理，其他各地，委托地方政府机关办理。在柳州设难民登记总站，在桂林设分站，随时登记审核。合乎标准的，一面设所收容，一面遣送回籍。凡属湘鄂及华北籍的，由柳州转送衡阳；其属粤籍的，则运送梧州，由转运站托广东分署西江难民输送站接运回粤。途中膳食，每人日发食米一斤、菜金百元，或发给米菜代金 300 元至 500 元，12 岁以下小口减半，3 岁以下婴孩免发。被遣送的难民，在出发之前，可暂住收容所中，还有无家可归的难民，则长期住在收容所内。柳州的难民收容所，有寝室 5，可容难民 200 余人。柳州还有两个机关，均与收容难民有关：一为救济院，收容了儿童及鳏寡 173 人；一为难民寄宿舍，可容 65 人。难民中可以自立谋生，但晚间无处容身的，寄宿于此。但分署对于此项难民，并不派发给养。桂林的难民收容所，规模较大，可住难民 800 余人。

（2）紧急救济，主要者为现款急赈及粮食急赈。现款部分，曾发急赈款一亿元，分散于 31 县市。得款最多的，如全县，有 600 万元，次如柳江、贵县、桂平，各得 500 万元，最少的如扶南、上金，也各得 200 万元。粮食急赈，已办理两次，第一次分发面粉 2 000 吨，第二次分发面粉 1 500 吨、食米 1 500 吨。配发的对象有四：一为本署及所属机关收容之难民；二为已经立案之慈善机关；三为公私举办之社会事业，如方便医院、儿童教养院、托儿所等；四为受灾惨重、贫苦无告之灾民。各县市所得的粮食急赈，其多寡视灾情轻重及人口多寡而定。得赈款多的，是桂北受灾最重的三县，如全县得 620 吨，兴安得 370 吨，灵川得 200 吨，最少的也得到 10 吨，如兴业县。与粮食急赈有关的一种工作，就是在都市中协助办理平民食堂。此事在梧州办起，2 月间分署因为梧州国际救济分会办理的平民食堂颇有成绩，因拨面粉 2 吨，交该食堂试办免费供给难民面食。柳州方面，分署于 3 月间，每日拨面粉 366 斤，托华侨饼家代制免费面包及平价面包，以救济柳州市贫民。又于 4 月起，协助柳州社会服务处办理柳州平民食堂，分署拨给开办费 156 万元，并每日拨给面粉 400 斤，制售平价面食。现应省府的请求，决定在桂林、梧州、南宁，各设平民食堂一所，办法与桂林市相同。

（3）衣服救济，除由分署发放自制棉衣 1 000 件外，主要的工作是配发旧衣。这种由盟邦送来的旧衣，广西分署配到 4 000 袋，其中 100 袋于 2 月底运到柳州。总署规定，旧衣须先行整理，方可分发。因每袋内的衣服种类，并不整齐，各式都有，所以先与联总驻广西区人员组织旧衣整理委员会，于3月开始整理。经整理的，陆续分发给无衣的难民，以及育幼院、儿童托养所等机构。

（4）房屋救济。广西的房屋，被敌人毁坏的共29万余间。分署对于房屋的救济，首重卫生机关、各县市小学校、慈善福利机关的修复，并在都市中建筑平民住宅。在分署已经分配的五期业务费中，第一期曾拨1亿2 800万元，修理省立医院及各县卫生院，拨9 000万元修复各县市小学校舍，拨5 000万元建筑桂林、柳州两市平民住宅。第三期业务费中，曾拨1亿零300万元，协助省立医院、卫生试验所、县立卫生院等修建房屋，拨2亿零300万元，协助受灾各县市修复小学校舍，拨5 000万元，恢复省办社会福利机关之房屋。第五期业务费中，有3亿2 000万元，系增拨桂林、柳州二市平民住宅修建费，另有8 000万元系协助各慈善福利事业及广西农事试验场各区农场建筑房屋。

（5）农业救济。农业救济的目标，是协助农民增加生产。分署在这一方面的工作，一为种子肥料赈款，第二期的业务费为1亿4 000万元，完全用在这个上面。发给的对象，一为确属受灾最贫苦农民，无力购买种子的；二为确属受灾最贫苦农民，尚有种子，但无力购买肥料的。第一种人，享有优先权利，有余款时，才发给第二种人。发放的方法与发放粮食不同，因为此种赈款，乃是通过合作社发给农民的。县府得到赈款后，如当地有合作金库，就委托金库办理。如无此种机构，则由救济会主办。呈请此种赈款的，非个人而为合作社。广西在去年年底，共有合作社13 664个。合作社先征询社员的需要，得一总数之后，即向金库或协会请款，经审核后发放，每户得数百元至3 000元。此项赈款，原拟发给实物，但实行时感觉困难，因为各地农民的需要并不一律，如由分署统筹发放，手续极为复杂，所以结果是以现款发给合作社，而由合作社购买实物，发给申请的社员。根据各地的报告，这次赈款几乎完全是用以购买种子，因为肥料不易购得。现在分署已向农林部及广西省政府合办的骨粉厂，以2 000万元订购骨粉，此举可以协助骨粉厂复工，将来出货后，即以骨粉分发各县。农业救济的第二种工作，是耕牛贷款。根据省政府的报告，广西损失耕牛481 016头，此项巨大的损失，不是短时期内所能补充的。现在中国农民银行，已在广西办理耕牛贷款，分署在第四期业务费中，有购买耕牛配发灾区紧急救济费5 000万元，为数无多，只能集中在几个县份里面办理。第三件工作，是水利工赈。分署在第一期业务费中，有农田水利费7 600万元，办理八项水利工程。第四期业务费中，也有八项水利工程增加工程费1 000万元。实际各地所办的水利，其价值当超过此数，因为分署所颁发的《配给各县市局救济粮食使用办法》中，曾规定各县市局，可以利用面粉，以工代赈，办理小型水利，如掘塘之类。

分署办理赈务工作的外勤机构，便是工作队。广西分署，最近成立了六个工作队，分驻桂林、平乐、柳州、梧州、南宁、龙州等处。工作队的编制，是队长一人、股长四人，分掌赈务、卫生、供应及总务，干事一人至三人，护士六人至十人。工作队的任务，第一，执行分署所分配各县市之赈款物资，使直接达于应受救济之灾民，获得实惠。第二，与各县市社会救济事业协会及地方慈善团体，通力合作，发动当地之人力物力财力，完成灾民之救济及地方之善后工作。第三，所有救济之款项及物资，如分署规定须由工作队直接发放的，必须切实遵照办理。第四，所有救济之款项及物资，如分署规定可由当地社会救济事业协会配发的，由各该协会办理，但工作队须负监督之责。第五，工作队应随时将各县市实际灾情及大多数民意，据实转达分署。第六，医药卫生人员，须负责为当地民众医治疾病、防疫注射、办理环境卫生等一切医务工作。

我们与赈务组的负责人员谈话之后，又去访问储运组。储运组的主任陈开，在广州的时候多，因为总署发给广西的物资，都由广州转运，所以他要驻在那儿督促。我们会到副主任李启乾及科长张国经。从谈话及报告中，我们知道广西的梧州，是分署接收物资的总口。分署在梧州设有储运站，接收由广州运来的物资，并转运到其他各地。在交通方便的地点，如桂林、柳州、平乐、南宁及龙州，分署也设有储运站，作为邻近各县的配运中心。现在广西救济物资的运输，大部分靠水运。由梧州出发，水运可分为抚河、柳河及邕河三大路线。由抚河上驶，可到平乐及桂林两储运站，由柳河可到柳州储运站，由邕河可达南宁及龙州储运站。物资到了储运站后，即由各储运站以迅速方法，通知各县，前往领运。但车船可以直达的各县，可由储运站负责运送，运费亦由分署担负。车船不能到达之地，则以人力搬运，采用以工代赈办法，每工发给面粉两斤。

6月1日　星期六

上午拜访广西分署的卫生组主任甘怀杰及副主任李光宜，知道分署在广西的卫生工作，共有四项。一为协助各大都市恢复医院的机构。分署现正协助省政府在桂林、柳州、南宁、梧州四大城市，恢复四所较完备的省立医院，另外修复龙州、平乐、宜山较次之省立医院三所。二为协助受灾各县恢复卫生院，除补助经费外，还发给它们药品及器械。分署所得药品及器械，有下列的几个来源：（1）中国红十字会，（2）接收美军军医院物资，（3）美国红十字会，（4）行总。其中由行总拨来的，数量还不很多，不到 5%。三为医疗救济。分署在柳州设有难民医院一所，现有病床一百张，医药、伙食，完全免费。工作队的医疗卫生人员，在桂柳邕梧等处及黔桂湘桂铁路沿线，实施免费治疗工作，又成立巡回医疗队二队，担任经常巡回医疗工作。四为防治疫疠。本年在广西流行的疫疠，为霍乱与天花。霍乱于 3 月 11 日，在广州开始流行，3 月底梧州曾有数例发生，4 月 21 日起，霍乱在梧州开始流行，至 5 月初为最高度。总共自流行之日起，至 5 月 19 日止，共收容霍乱病人 335 人，死亡 80 人。自 5 月 15 日起，派兵在各挑水码头，为饮水消毒，自该日起霍乱即稍减少，但未完全停止。21 日起，加设 12 个消毒站。除梧州外，龙州、凭祥、桂平、藤县、南宁，于 5 月内，都电告发生霍乱，工作队已在疫区做霍乱防疫注射。天花自 2 月 27 日起，至最近止，已有 30 县报告发生，现发出牛痘苗 30 万人单位，据各处卫生机关报告，种痘的已在 15 万人以上。除霍乱、天花外，回归热曾在修仁地方法院看守所中流行，死亡 6 人，经派员前往防治，证明确为回归热，立即治疗病人，并为全体犯人 56 名做灭虱工作。为防止各地犯人染上同样的传染病，已将 DDT 粉分发各法院，每院 100 磅，为犯人灭虱。桂林及柳州，设有灭虱站，为难民灭虱。

下午参观难民医院、柳州省立医院及分署与中国红十字会曾合办的诊疗所。柳州省立医院的诊所及病房，建筑已完成。大病房二，每房可容 16 人，小病房 20，每房 1 人，必要时每房可容 2 人。难民医院与省立医院两机构，一共可容病人 172 人。诊疗所没有病房，每日门诊约有 200 人。我们又看难民收容所、救济院及难民寄宿所。难民管理科黄嘉谟，给了我一些关于难民遣送的统计。由柳州起运的难民，至 5 月底止，共 9 307 人。由桂林起运的，共 4 913 人。由南宁起运的，共 424 人。桂林与南宁的统计，均至 4 月底止。此 14 644 人，至衡阳的 8 384 人，由湖南分署接运；至梧州的 5 181 人，由西江难民接运站接运；至南宁的 15 人；至玉林的 20 人；至南丹的 5 人；其余的步行回到省内不通船车的家乡。

6 月 2 日　星期日

早十点出发离柳州，广西分署职员多人同行，他们都是到桂林去参加善后救济审议委员会的，只有顾问黄纬芳，负责我们到湖南。我们因为自宜山到柳州时，行李被雨打湿，所以把手提箱与铺盖，都加上一张油布，希望不会再受损失。抵三门江时，还没有到十二点，因渡船罢工，到三点才过江。到雒容县时，因雒清河水太大，渡船已停工两日，乃投县政府借宿，本日行 25 里。

雒容县于前年 11 月 8 日沦陷，去年 7 月 6 日收复。战前有人口 5 万余人，现在只有 45 000 人。去年所种的田地，据说只等于战前的三成，所以今年从 2 月份起，便发生粮荒现象。2 月份有一万人靠野生食物度日，3 月份加至 18 000 人，4 月份加至 29 000 人，5 月份情形相仿。目前县中的饥民，等于全人口的 2/3，他们吃水荸荠、水慈姑、石头菜、蕨根。饿死的已有 30 人，县城发现弃婴，已有三次。

广西分署在雒容县，曾发第一期面粉 15 吨，发种子肥料赈款 100 万元，营养食品 160 箱。第二期粮食 85 吨，已到 20 吨。建筑经费，已收到卫生院 120 万元，小学 200 万元。面粉的发放，虽然分署曾有规定，每次每人应发足 10 天，每日最多 1 斤、最少半斤，但因雒容的饥民太多，所以第一次发面粉时，大人只得 2 斤，小孩 1 斤，有些地方，大人只得 1 斤，小孩半斤。种子肥料赈款，每户可得 800 元至 2 000 元。虽然有种子赈款，但今年耕种的田地，只有五成。一因缺乏耕牛，二因种子不够，但最大的原因，还是农民无粮可吃。他们因为家无余粮，所以白天多到山中去寻觅野生植物充饥，田地只有让它荒废了。

社会救济事业协会曾有决议，要求各乡长对于县内存粮，调查数量，并估计需要数量，以备设法补救其不足。又由地方公正士绅及各乡村街长，劝导存粮民户，勿将存粮外销。此项工作，并未发生有益的效果。县府领导的救济工作，共有两项：一为平粜，以 2 000 万元为基金，由县府买米运用。二为施粥，已捐得食米 1 600 斤、款 50 余万元，5 月上旬起开始施粥，大人两碗，小孩一碗。宋县长谈论施粥时，提到雒容城内有四大户，所占土地，等于全县 1/4。此四户之起家的，均为官僚出身，其一为武官。收租最多的一家，每年可达 7 000 余石，县府办粥厂向他捐款时，只捐了 5 石谷子。这些为富不仁的人，遇到这个荒年，早都跑到上海、香港去享福了。

县长又说，不但灾民吃粥，连县府的同事，过去也是吃粥过日子。雒容因受敌祸，损失惨重，人民无法负担自治经费，自本年正月起，县府的收入，已不敷支出甚巨。县级公务员自正月起，微薄薪金，已无法全部付给。到了 3 月份，每员每日，只发伙食费 500 元。自 5 月份起，得省府的补助，待遇始得略为提高，每人每月可以拿到 3 万元。雒容的米价，4 月份最高，每石要 75 000 元，现在已降到 36 000 元。所以县府人员的收入，还不够买一石米。

6 月 3 日　星期一

早起宋县长送我们过雒清河，并一同参观盘古村。住户十余家，房屋多已残破，不能避风雨。两家有稀饭可吃，其余的多吃石头菜、豆角叶、芭蕉根。石头菜的根可以磨粉，其叶可炒以为菜。芭蕉根晒干之后，亦可以磨粉，煮食时掺加少许面粉并野菜。这儿的居民，大部分都得到救济面粉，小孩有两人得到罐头、牛奶。我们要做母亲的，拿罐头来看，都已吃完了，罐头是空的。分署规令营养食品要工作队员亲自发给，现在工作队到别的乡下去了，所以第二罐不知何时才可领到。这儿住户的茅舍，上面不是用稻草盖顶，而是用黄茅草。据县长说，稻草不如黄茅草耐久，稻草只能用一年，而黄茅草可用十余年，但此种草不能做牛羊饲料。

我们十点自雒容开行，两点到荔浦午餐。自柳州到荔浦的公路极坏，与大塘至柳州一段相仿佛。过荔浦后，路面稍佳。晚六点抵桂林，住分署招待所，六人共一间，本日行 217 公里。

6 月 4 日　星期二

桂林是广西省政府的所在地，我今天便花了大部分的时间，去拜访民政厅厅长陈良佐、建设厅厅长阚宗骅、农业管理处处长熊襄龙、合作事业管理处处长魏竞初。我的目的，是探听广西的灾情，它的起因、分布以及现状。

综合各方面的谈话，我们得到一结论，就是广西的灾情，乃是寇灾与天灾的混合产物。敌人于三十三年秋季入广西境，三十四年秋季才退出，在广西停留了近一年。在这一年之内，敌人搜括粮食、屠宰耕牛、破坏塘堰无一不做。沿公路、铁路、河道及交通方便的地方，因为敌人的残暴，民众多逃入山林，土地因而荒芜了不少。所以即使没有别的因素，广西三十四年的收成，一定要大为减色。更不幸的，是跟着敌祸而来的，乃是一连串的水灾、虫灾和旱灾。广西省救灾运动委员会所编印的刊物中曾说过："去年夏天，敌寇开始退出省境之际，潦水袭来，尤以产米区的邕江、浔江为烈，继着是稻包虫出来，侵蚀省境再插的新稻。留下来一些蚀余的稻谷，却又遭受旱魃的侵害，桂省米粮的最后一线生机，也就窒死在暴烈的秋阳下。全省的收成，给水虫旱灾蚀去大半了。"

寇灾及天灾所造成的粮食方面的损失，我曾向各方面访问，想得到一个具体的数字。关于寇灾所造成的粮食损失，我们看到三个不同的数字。第一个数字，是农业管理处供给的：总数为 1 400 余万石，包括稻谷 952 万石、玉米 91 万石、薯类 387 万石、小麦 29 万石。第二个数字，是救灾运动委员会供给的：总数为 1 700 余万石，其中稻谷 1 265 万石、米 229 万石、杂粮 242 万石。第三个数字，是广西建设厅供给的，现已为省政府所采用：总数为 1 983 万石，其中稻谷一项，即有 1 600 余万石。第一与第三两个数字，相差有 500 余万石，使我们不知相信哪一个数字是好。

关于天灾所造成的粮食损失，农业管理处曾有估计。熊处长告诉我广西稻谷收获最佳的一年，是民国二十二年，产量为 6 100 万石。在平常年份，只能收 5 000 万石左右，民国二十一年至三十一年的平均产量，便为 5 100 万石。平常年份，在消费方面，人用食料需 4 100 万石，家畜饲料需 392 万石，种子亦需 392 万石，其他用途为 672 万石，共为 5 556 万石。三十四年的收成，只有 2 500 万石。广西稻作，普通于 10 月收割完毕。三十四年收割之稻谷，假定自 11 月起开始消费，只能供给五个月，到三十五年 4 月上旬，便要用完。但以所产杂粮调剂食用，并减少无谓消耗及制止粮食出境，或可维持到 5 月左右。5 月以后，粮食恐慌，必定严重。省政府 5 月份发表的统计，饥民人数为 315 万人。这个数目，乃是根据各县的报告编成的。广西分署，根据这个饥民数字，估计粮食的需要，以每人日给粮食 1 斤计，共需粮食 1 500 余吨，每月需45 000 吨。估计度过三个月粮荒时期，总共需粮 135 000 余吨。这样大的数量，是没有方法满足的。行总固然拿不出这样多的粮食来给广西一省，即使拿得出，运输也大成问题。

6 月 5 日　星期三

上午参加广西省善后救济审议委员会第二次常会。审议委员会的委员，各省不同，自 11 人至 19 人不等，由善后救济总署就各地富有声望的人士遴选聘任，每三个月开会一次，其主要的任务，为对于善后救济工作设计建议，并辅导协助。

下午参观桂林储运站，晤梁站长。桂林储运站负责桂北受灾最重数县物资的运输，地位在救济工作中颇为重要。我们看到统计，全县分配到的粮食，共 620 吨，可是到5 月底，只领到 115 吨；兴安县分配到 370 吨，只领到 79 吨；灵川县分配得 200 吨，只领到 46 吨。这并不是桂林储运站有粮食而不发放，我们看站中的物资收发对照表，知道 3 月、4 月两月，站中共收到面粉 308 长吨，发出 301 长吨，结存只有 7 长吨。5月份收到面粉 124 公吨，发出 119 公吨，结存 5 公吨。库中结存的物资不多，表示运输站工作效率之高。我们又看储运组供给的数字。梧州方面，至 5 月底止，面粉收入3 599 吨，发出 3 105 吨，结存 494 吨；白米收入 1 573 吨，发出 1 377 吨，结存 196吨。所以梧州方面，运输的效率，也不算低。由此可见运输困难的发生，乃在梧州至桂林一段内，这也是分署储运组所应致力之处。

离开桂林储运站后，我们去访桂林市政府的苏市长新民及临桂县的社会科长毛松寿。桂林市长所供给的损失统计，共分三栏：一为原有数，二为损失数，三为现存数。这样详尽的统计，在他处没有见过。桂林市的人口，原有 418 720 人，现在只有

121 219人。房屋原有 52 557 间，损失了 47 359 间，只存 5 198 间。公私立中等以上学校 22 所全毁，小学校 126 所，毁了 111 所，只存 15 所。耕牛原有 10 865 头，损失 9 326 头，只存 1 539 头。猪的损失，尤为巨大，原有 23 148 只，现在只存 25 只。

分署在桂林市的救济工作，据苏市长的报告，共有 12 项：（1）冬令救济费 400 万元，此款与桂林市社会救济事业协会劝募所得的赈款 106 万元合并分发。一共发了两次，第一次受赈灾民 3 017 人，每人得 1 000 元；第二次 2 880 人，每人得 600 元。（2）平民住宅建筑费第一期 2 500 万元，此事组织建筑委员会办理，已有一处完工，其他数处在建筑中。（3）协建小学业务费第一期 1 600 万元，规定修复 8 校；第二期 2 700 万元，规定修复 15 校。（4）耕牛贷款 794 万元，贷给各区有田无牛的贫农每人 1 万元，由彼等自行联合若干人为一小组，共同购牛，轮流使用，共购牛 69 头。（5）小本贷款 206 万元，贷给乡间四区受灾特重，无法维持生活，而有意经营小本生意的灾民，每人 1 万元。（6）分发营养食品 110 箱，依分署规定，将炼乳、奶粉，分发现受赈济灾民的四岁以下婴儿，牛肉干分发灾民中体弱而最缺乏营养的。此项物资，须由工作队前来共同主持分发，因队员未来，所以此项工作，尚未开始。（7）分发棉背心 100 件，原拟发给灾民，后以数目过少，就转送给省立儿童教养院，分发在院儿童。（8）工赈款 500 万元。在救济面粉到以前，桂林办事处曾以 500 万元，办理以工代赈，清理桂南路以东各街道上的瓦砾垃圾，并运之以填河坝。每日工赈人数为 400 人，每人发 450 元。（9）救灾面粉 187 138 斤的分发，其方式分为两种。凡老弱残废无能力的灾民，予以无条件的救济，每人日发面粉 6 两，一次发足 30 日。凡年龄体力堪服劳作的灾民，编为工赈队，以工代赈，4 月 5 日以前，每人日发 20 两，自 4 月 6 日起，改为每人日发 24 两。总计工赈人数为 1 774 人，无条件领受赈济面粉的，有 3 500 余人。（10）白米 30 吨，最近分配与桂林市，亦拟用两种方式分发：急赈每人日发 6 两，工赈每人日发 1 斤。（11）修建阳桥，分署协助建筑费 400 万元、洋灰 50 桶。（12）桂林医院，本为广西分署所办，3 月 11 日移交市政府接收，改为市立公医院。分署除将医院的财产、药械移交外，并经常补助留医病人十名的膳食费。

临桂县有 33 乡镇、384 村街、232 500 余人口，我们会见毛科长时，特别请他说明发放面粉的方法。据说县府为切实明了各乡镇村街已绝粮饥民的数目，俾做急赈根据起见，曾制定绝粮饥民调查表式，颁发各乡镇村街，由村街长会同各该村的乡民代表及甲长，切实查填，并提出村街民大会公开通过。此项通过的名单，再由县府派出职员，会同各乡的县参议员复核后，汇转社会救济事业协会分别施赈。临桂县的乡镇很多，如令饥民来城领取面粉，未免缓不济急。协会为迅速赈济灾民起见，特于东南西三区，分别设立储发站，将面粉运到储发站发放。每站由县府、县参议会、县党部各派一人，会同前往各站主持。各村到储发站领面粉时，须携同经核定过的饥民册，并出具保证，并无虚报饥民人数的切结，始能领取。临桂县的面粉，由救济协会主持发放，但营养品由工作队亲自发放。现在已领到乳粉 100 箱、牛乳 91 箱、牛肉罐头 80 箱，因工作队的调查工作尚未完竣，所以营养品到了半个月，还未发放。

6月6日　星期四

今日善后救济会审议委员会继续听取报告、讨论提案，到了下午五点半，方才闭幕。审议会讨论的问题，我认为最有意义的，一为救济物资的运输问题，二为救济物资发放的技术问题。

关于救济物资的运输问题，参政员廖竞天首先指出，抚河的运输，就是梧州到桂林一段，可以改进的地方很多。抚河的船只，每只可运 3 吨至 5 吨，运费每吨不超过 10 万元，普通常在 8 万元上。以运输的时间而论，迟则一月，速则半月，平均为 20 天左右。分署所雇的船只，运输所费的时日较多，因分署所出运费较商家为少。商家出 4 000 元至 5 000 元一担，而分署只出 3 500 元，似乎不够。三民主义青年团的书记长韦赟唐补充说，分署所出的运费使船户无利可图，他们所以还肯接受的原因，乃是梧州船只甚多，船户不能赋闲，低价也只好承运。但因运费不足，所以雇用水手较少，伙食也不充裕，猪肉减少，招待不周，水手常于中途逃亡。只要逃走一二人，船就不能开行，须补充水手，才能继续前进，所以多花时日。分署的主管运输人员，认为救济物资所出的运费，较市价打八折，乃是事实，但船户并不吃亏，因运输救济物资，可以满载，而运输商货，则每不可能。分署在抚河的船运，所以不如商船迅速的原因：一为救济物资，每每分站请兵护送，各站接防，费时费事。二为分署船只，结队而行，而押运员只有一个，一船出事，他船连带停留。凡此诸点，分署已设法改进。但抚河的民船，专靠人力，无论如何，速度终有限制。如想缩短运输时间，只有请行总拨给机动拖驳，以机械的力量代替人力，才可奏效。

有人问抚河运输，既然如此迟缓，为何不用卡车。分署主管人的回答是：一因卡车数目有限，二因卡车运费太贵。分署前有卡车 30 辆，自行总公路运输处成立后，便将卡车移交，分署无法指挥，现在行总将另拨给广西分署卡车 23 辆。此项卡车，每车运 3 吨，23 辆完全开出，也只能运 69 吨。自梧州到柳州，来回需 6 天，如途中在渡口候船耽搁，每次来回便需 10 天。即以 6 天来回一次计算，每部卡车，在一个月内，也只能运五次。23 部卡车，每月只能由梧运柳 345 吨物资而已。但利用卡车的最大困难，还在运费。如运往全县的物资，自戎墟车运，即使用木炭车，每吨也要 427 800 元。单就配发全县的粮食 620 吨而言，如用车 100 辆，要一个月可以运完，运费需 265 236 000 元。所以从经济方面看，长途运输，无法使用卡车，卡车只能用于短距离的运输上面。

大规模的救济，像现在各地分署所举办的，中国史无前例，所以在运输救济物资的过程中，其所需运输费的庞大，是很多人想象不到的。黄署长告诉我们，每吨物资，由梧州入口，直至运到接受者的地点，平均约需运费 15 万元。过去因物资无多，除支付运费外，尚有余款办理其他业务。5 月份估计要送 4 000 吨物资，运费便要 6 亿元。据储运组主任陈开由粤电告，6 月份可有 2 万吨物资运桂，估计全部运费即达 30 亿元。分署已曾迭次函请总署增加业务费，否则即使有交通工具，如果大批物资涌到，分署也无法应付。我们听了这些报告，觉得行总如果分配给某区若干吨物资，同时便应拨付相当数量的运费，否则物资无法运到需要的区域。这点道理，行总的主管人员不是不知道，但因总署经费也不充裕，所以实行这个原则时，便感到困难。

关于救济物资发放的技术问题，社会处处长李一尘曾在审议会中提出一议案，请分署将发放粮食的办法加以修改，以争取时间，而收救济实效。他说：依照本署所定办法，配发救济粮食时，应先由各机关确实调查饥民人数，列册报告分署，然后由分署工作队，督同当地社会救济事业协会，直接按户查明发放。查此项办法，因灾区辽阔，分署工作队人员过少、不敷分配，未能兼筹并顾，往往救济粮食已到，而分署工作队人员仍未赶到，致使饥民久望，县乡及社会救济事业协会人员又不敢擅发，如此使急赈工作无形变缓。拟请省府严饬各县，督同社会救济事业协会，尽先挨户切实调查所属各乡镇绝粮饥民人数，列就名册送核，本署可派人抽查。救济粮食，应以即到即发为原则。本署工作人员不能依时到灾区时，应由县社会救济事业协会派员督策各乡镇公所，按照分署配放办法凭名册发给。黄署长说是现在广西各地发放救济粮食，大致已照所提办法办理。工作队的职务，只是考核成绩、催交单据，发放粮食的工作，已由社会救济事业协会主持办理。

6 月 7 日　星期五

上午参观桂林市公立医院及省立桂林医院。又过河看难民收容所，该所收容难民 857 人，所中有灭虱设备及诊疗所。难民 9/10，是桂林人，因为住宅被毁、无家可归，寄宿于此。寝室颇为拥挤，方丈之地要住四家，一家占一竹床。我们参观某一寝室，有一少妇，其夫为小本商人，给日本人捉去挑担，至今未归，她与子女二人共住一床。

隔壁的一床住一夫一妇。另外两床，住些什么人，不得而知。

下午，参观平民住宅数处。一处已经完工，共 52 间，每间后面附一厨房。现在有一部分为湖南会馆搬出来的难民占住，还没有正式招租。又至一处，住宅正在动工，拟花 1 100 万元，完成后有 32 间。参观平民住宅后，即至省会育幼院，该院收容儿童 600 余人，自 4 岁以至 14 岁不等。每日吃两餐馒头，早餐并吃牛奶粉，所以儿童多红光满面，与院外的贫苦儿童，大不一样。年长儿童，正在盖瓦，因下午为劳作时间，上午则上功课。我们参观的时候，正有数队儿童，从院外河边浴罢归来，又有数队，则整装待发。看壁报上发表的文章，知道儿童对于院内生活，颇感满意。

6 月 8 日　星期六

上午十时离桂林，灵川县县长唐志豪同行，下午两点抵灵川，五点抵兴安，住第五工作区事务所，本日行 66 公里。灵川粑粑场聚有饥民数百人请愿，县府门口亦有同样的情形，都由县长好语安慰遣散。在灵川的何家铺及兴安的大拱桥，我们曾下车视察。何家铺有一妇人，其丈夫当兵不知下落，有子一人在校中读书。她向我们诉苦，说是同村的人击伤她的面部，不准她领取救济面粉。我们看见她有一牛，而且门前还摆一小摊，贩卖糖果、食品，知道她的生活还过得去，不应与村中更苦的穷人，争取有限的面粉。这个例子，给我们的印象很深，因为这个村中，已用民主的方法，来决定谁应当受救济。村中的人，谁穷谁富，彼此都知道得很清楚，由村民大会来决定穷人的名单，似乎比外人的调查还靠得住。大拱桥原有人口 30 余户，现在只余 8 户，其余或到资源县去行乞，或率全家入山采蕨，所以村中颇呈冷落的现象。

灵川的唐县长告诉我们，灵川三十三年 9 月 27 日沦陷，三十四年 8 月 2 号始告克复。县属 14 乡，只有一乡没有到过敌人，其余 13 乡 134 村街，都受过敌寇铁蹄的蹂躏。物资损失达 83 亿元以上，人口损失不下 2 万人。当敌人初来的时候，正是三十三年秋收的季节，已收的稻谷，没有时间疏散，没有收的，只好遗弃四野。三十四年春耕，敌人还盘踞在县内，民众虽然冒险偷耕，但耕牛既被掠杀殆尽，肥料又无从施用，所以未种的田地，占十分之七八。入夏以后，好久没有下雨，继之以虫害蔓延，所以已种的田地，收获也只有二三成。敌寇溃败之后，民众未归，破坏的房屋需要修理，生病的需要医药，只以疟疾而论，在沦陷期内，民众有 50% 是患疟疾的。为应付这些急需起见，许多人把存余的少量稻谷贱价卖出，剜肉补疮，甚为狼狈。本年正月起，吃树皮草根的，已有所闻。现在全县 126 000 人中，至少有 35 000 人，是靠野生植物度日的。其中 15 000 人为老弱，2 万人如有饭吃，还可工作。过去有好些人，靠砍柴及浇石灰，挑到桂林市去贩卖，以维生计。一担柴原可换 5 斤米，现在只换半斤。一担石灰原可换 10 斤米，现在只换一斤。粮食的价格，在过去四个月内，涨了十倍，如去年 12 月，米只售 3 500 元一市担，现在要卖 4 万元。但柴与石灰的价格，并没有上涨。贫苦民众，无法依此为生，只好靠挖蕨根过日子。现在蕨根已吃完，饥民只能吃土茯苓、马蹄蕨、棉子菜等野生植物。因为营养不足而饿死的，县中已有 49 人。

分署在灵川县设立一事务所，专办救济的工作。过去已发面粉 20 吨，急赈款 250 万，种子肥料赈款 250 万元，卫生院修建费 120 万元，小学修建费 200 万元。营养品已到，尚未分发。难童收容所拟花 100 万，在修建中。当地士绅，曾于 4 月间代电分署，请增拨食米及面粉各 13 000 市石，耕牛赈款 5 000 万元，农具贷款 2 000 万元，春耕种子赈款 2 000 万元，食盐 12 500 市斤。

在兴安，我们遇到事务所的主任盘宝臻及县长王潜。兴安共有 18 乡镇 218 村街，经为敌人盘踞骚扰的，有 17 乡镇 211 村街。敌人于三十三年 9 月 15 日入境，到三十四年 8 月 8 日方才退出县境。除了兵灾之外，还发生水灾两次、旱灾两次，若干乡村，还有风灾、虫灾，至于病灾，则是流行全县。人口总数 16 万人，急待施赈的有 56 000 人。他们原来挖着蕨根度日，现在蕨根都挖不着了，只能吃白头翁、鸭脚菜、磨根藤、鹅头菜、野荞麦、麻叶、观音莲、土茯苓、薯莨、石耳、土蕈、蕨根渣等十余种野生植物。这些野草，掺入极少数的米糠、包粟粉或糙米，煮成糊状的草羹，便是饥民度日的唯一食料。饥民营养不足，饿死的已有 72 人。分署在此，已发耕牛贷款 1 500 万元，急赈款 300 万元，肥料贷款 350 万元，小学修复款 400 万元，春耕贷款 600 万元，以工代赈款 180 万元（主要工作为修复秦堤）。粮食方面，已发急赈米 518 袋，面粉 3 644 袋。据盘主任说，兴安与全县的急赈面粉都是由工作队直接发放的，这是与其他各县不同的地方。工作队沿交通线要点，如溶江、严关、首善、西山、界首五处，设立救济站，每站有职员 3 人至 5 人，经常到附近乡村中，按户查明饥民人数，核发急赈证券。饥民得券后，便可到附近的救济站领粮，每人日发 6 两，每次可领十日。至目前止，受赈的已有 11 145 人，其中有 10 765 人，集中在沿公路的五个乡镇。离公路较远的乡镇，得到救济面粉的，到 5 月底为止，只有 380 人。用工作队来发赈粉，因人手短少，难期普遍，于此可见。

分署在兴安及全县，还办了一种耕赈，是很新颖的一种救济农民办法，在别处没有看见过。耕赈的目的，是在救济农民的过程中，还要设法使他们增加粮食的生产。桂北的荒田很多，分署发现田荒的主要原因，是农民没有饭吃，在应当春耕的时候，他们不在田中耕作，而到山中去采野草，以维生命。所以分署规定一办法，要农民去开垦荒田，凡垦荒的人，可以领到粮食。兴安县的耕赈面积，定为 2 万亩。耕赈以村为单位，按村择田。村有五等：一等 29 村，每村分配耕赈田 450 亩；二等 12 村，每村分配 300 亩；三等 13 村，每村分配 200 亩；四等 5 村，每村分配 100 亩；五等 2 村，每村分配 50 亩。合计 61 村，共 19 850 亩，尚余 150 亩，为临时补充之用。应受耕赈的农户，以受灾特重而无粮维持其生活之从事耕种者为主。其耕种农具，以农户自备为原则。应受耕赈的，须向村街长提出申请书，由村长、乡镇民代表会同耕赈分站站长，做初步的决定后，即提交村民大会，复决公布。发给耕赈的方法，是按田计工，按工计赈。田以亩为单位，每亩给单工六个，每工给赈粮 2 市斤，或折发国币。赈粮以 2 万亩计算，需粮食 24 万市斤，原拟向资源县购米 20 万市斤。但至目前止，只收到糙米 164 067 斤，都已发给农民，不足之数，只有折发现金。耕赈的结果，远超过主办人的期望。原期开荒的田亩，现已超过三倍。据县府的人说，兴安县本年所种的田亩，已达八成，这要算是灾区中难得的成绩。

我们住在兴安的事务所内，事务所的房屋，一部分作为收容难童之用。分署以桂北的灾情特重，所以在灵川、兴安及全县，各设一难童托养所，收容难童 500 名。兴安因房屋难觅，所以分期收容。第一期收容难民 208 名，自 5 月 12 日开始收容，5 月 19 日即已收足。这些儿童，据盘主任说，初入所时，身体瘦弱到只存些皮和骨，但在所住了十几天之后，每天喝牛乳、吃白米饭，现在面色已有些血气了。第二期收容的房舍，现已修理八九成，等分署的衣服运到后，即可继续收容。

6 月 9 日　星期日

上午冒雨参观兴安中学，又行二华里到湘漓分流之灵渠，过小天坪，到大天坪，看分水堤。此项水利工程，相传为秦代史禄所倡始，马援修之以运粮，唐代复有修建。灵渠的水，与湘水隔离，全靠秦堤。在敌人盘踞时，曾破坏秦堤一段，于是灵渠的水，尽行注入湘水。因灵渠水位，比湘水高得多，假如此堤不修复，则沿灵渠四五十华里的稻田，将因缺水而无法耕种。现在分署以工代赈，已将缺口填补成功。秦代遗留下来的水利工程，现在我们还在修理使用，对于几千年前的工程师，我们不禁起一种敬佩的心情。由灵渠回来时，我们参观卫生院，知道昨日郊外有一农民，挑了 40 斤麦子，被一强盗抢去。被抢者的胸部与背脊，中了刀伤十余处，他的妻子因此跑到卫生院来请救。据县长说，饥民铤而走险，近来数见不鲜。5 月份类似的案子，在县中已发生十余起。

下午五点离兴安，七点半抵全县，住事务所，本日行 61 公里。抵全县后，闻今日上午分署运面粉来全县的货车，在白沙桥遇劫。有土匪十余人，武装齐全，尽劫旅客钞票，末取行李及面粉。劫车后还等了半点钟，想候第二部车，但无车来，因即离去。据土匪说，他们都是附近乡民，因无以为生，不得不走上此路。灾荒对于治安的影响，于此可见一斑。

6 月 10 日　星期一

今日与分署事务所主任谢代生及县长唐智生谈，知道全县的灾情，其严重性与兴安、灵川相仿佛。县中人口 32 万人，饥民约 10 万，饿毙人数，至 5 月底止，为 180人。分署在别县所办的工作，在全县都已举办。另外分署还在全县办理农赈。发面粉时，一部分由工作队直接办理，这是全县与兴安县不同于别处的地方。农赈在全县所定的范围，比兴安县更广，沿公路线选了 5 万亩，公路线以外，又选了 16 500 亩。所需的赈米，系由分署派人到资源县去采购，事先接洽了 10 800 担，每担 16 500 元，于5 月 5 日以前交完。由资源运到全县与兴安，乃是由分署组织受赈农民去肩挑，每人发给单程饭费。但资源县的当局，一因米价逐渐高涨，二因负担军粮，所以未将一万余担的米交足。至 5 月底止，只交了 7 104 担，已发全县 5 186 担、兴安 1 644 担。农赈的结果，在全县与兴安县一样，都是超过了预定的三倍。

全县发放面粉，沿公路线的村庄，交通方便，由工作队主办。离公路线远的地方，便由社会救济事业协会办理。我们研究广西各县的情形，觉得利用地方自治机构，有时不免发生弊病。如荔浦县某乡，据省政府统计处的报告，曾以面粉平均发放，每人只得一两数钱。又据黄署长 4 月 17 发表谈话，运江乡领到赈粉 2 500 斤，如照分署规定办法确实发放，可使 500 名灾民于半个月内免于饥馑，但该公所竟提出 1 000 斤用作公共造产，致使灾民未能得到实惠。又如柳江县雅儒村七、八、九各甲饥民，曾呈文控告该村村长、村代表及各甲长，说他们乘分发救济面粉之际，上下串通，狼狈为奸，营私舞弊，中饱私囊。又如灵川县忠义乡乡长副，在分发面粉时，克扣每人 4 两至 6 两，做成油饼，分发乡公所办公职员。此类弊端，也许还有未经人告发的，但在整个的广西省，这一类的事，还是占极少数，只要监督得力，是不难矫正的。自治机构的人员众多，利用他们去发面粉，可以各地同时动员，在最短的时期内，将面粉发到饥民的手中，饱了他们的肚子，救了他们的命。利用工作队，也许中饱等弊病可以减少，但以人力有限，照顾难周，所以在全县与兴安，发面粉只达到公路附近的乡镇，其余各区，或则难免向隅，或则还要借重地方自治机构。广西发放营养食品，是完全利用工作队的，其效率之低，只看营养食品仍多堆置库中发不出去，便可证明。这不是工作队的人员办事不努力，实以一县地区辽阔，工作队的人员有限，无论如何，绝无法在短时期内，完成他们的使命。根据此种经验，我们觉得发放急赈，工作队应居于督导的地位，实际的分发工作，还是要利用地方自治机构。工作队应与地方自治机构相辅而行，不要越俎代庖，以致费力多而收效少。广西的自治组织已有基础，发放赈款及物资时，虽然有少数作弊的事，但大体可以说是廉洁的、公开的。假如分署制定良好的办法，工作队认真监督，地方自治机构公开办理，作弊的事，应当可以绝迹。

全县最近对于饥荒问题，还有一个自救的办法，即由社会救济事业协会，发动清查存粮，以有济无。协会也组织了工作队，每乡镇一个，工作人员自8人至19人。队长不用本乡人，其余队员，均为本乡人。自5月16起，开始调查存粮，拟于半个月内完成此项工作，但实际半个月办不完，需要延期。调查之后，对于保有存粮的人，指示他三个办法。第一为捐助，即将存粮捐与县府，由县府统筹，发与饥民。第二为出卖，即将存粮卖给有购买力的人。第三为出借，先借与本村人，如有余，始借与他村的人，利息为50%，于秋收后归还。

我们在广西各县视察灾情时，也常注意饥馑对于社会各种生活的影响，现在即将离去广西，综合我们视察的所得，也有数点可述。第一是弃婴的案子不断发生，在都市中尤甚。我们在桂林时，阚厅长来访我们，说是在途中曾见一弃婴，还没有死去。黄署长听到这个消息，马上请人把这小孩抱到分署的招待所来。这个女婴，出世大约只有三四天，面貌颇清秀，在招待所给她吃了几口冷开水后，便送到医院去抚养。卖女孩的事常有，卖男孩的不大听到，据说即使出卖，也无人要。第二为难童的加多。在设有收容所的地方，常感收容所的房子太少，不能应付各方面的要求，如灵川、兴安及全县，设了三个难童收容所，每天都有人介绍难童入所抚养。这些难童，大多数都是有家庭的，但他们的父母，也在饥饿中过日子，没有力量养活他们，所以初入所时，衣服褴褛，面有菜色，并带病容。入所之后，穿着面粉袋改造的制服或盟邦施与的童衣，又吃牛奶、白米饭、大馒头，几个礼拜之后，便完全改观。我们在难童收容所中，有时还可看到几个小胖子。第三，家庭破裂的故事，也常听到。桂林有一女子，随一远征军逃跑，她的丈夫，追踪到兴安县，扭到法庭，法官判决此女子仍随原夫回去，但女子无论如何不肯，后来她的丈夫答应以23万元把她卖给远征军士，军士欣然同意，即将女子领去。此种出卖妻子之事，据说娘家也不反对，一因女儿改嫁，生活或可改善，二因再嫁一次之身价，娘家也可分得一部分。灵川有一女子，因丈夫出征不归，田中又无收成，生活无法维持，拟另嫁一男子，此男子愿意娶她，但不肯收容其前夫所生的儿子。此女子一方面想改嫁，一方面又不肯舍弃前夫的儿子，两种欲望的冲突，使这个女子终日涕泣，不知如何是好。兴安县的严关乡富里村，有蒋老樟兄弟二人，兄年 10 岁，弟 8 岁，父亲早亡，母亲为生活所迫改嫁。幼小二人，无人抚养，鸠形鹄面，乞食为生，性命难保。兴安事务所的盘主任，说是某次乘车到界首，一卖烟女子误认其为司机，邀他到家中一谈，到了她家中时，有几个年轻的女子，都要求他带至桂林，说是当地无法谋生。第四，地方的治安发生问题，盗匪不但抢车，常常在灾区中，某家如有几十斤的粮食，便会引起强盗的光顾。第五，在物价高涨声中，田地价格却在下降。饥饿的人民，为了救命，常愿以 1 担谷的价值，出卖 1 亩田。至于买田的人属于哪一种人，尚无一致的结论。有的说是富有的地主，现在继续购田，造成土地兼并的现象。有的说是靠收租过日的，去年收不到租，连吃饭都发生问题，恐无余力来购置新田。如某县一地主，往年可收 500担租，而去年只收七担半，现在也在饥饿线上挣扎。有的说买田的乃是商人以及劳动阶级中稍有积蓄的。还有人指出，在他的县内，穷苦人多，买田的人，都来自外县。这个问题，情形颇为复杂，须细加研究，始可得一结论。第六，在若干县份，高利贷颇为猖獗。灵川县县长告诉我，他知道一个案子：借了 1 担谷的人，在借谷时要写两张借据。在第一张借据上，他写借到国币 42 000 元，秋收后无息归还，实际在他借谷时，谷价只有 35 000 元，但因谷价还在上涨，所以债主要加两成计算，于是由 35 000 元便变为 42 000 元。另外还要立一张借据，上面写明借到谷子两担，秋收后无息归还。这张借据，代表利息的部分，因为 1 万元的利息，是谷子 50 斤，42 000 元的利息，便是谷子 2 担。这两张借据，债主毫无把柄，可以使人认为违背法律上的规定。所以县府想要取缔，也无从下手。据好些人说，饥民想要救死，所以这种高利，他是肯出的。有些饥民，因为平素信用不佳，即出此种高利，也借不到谷子。第七是教育的破产。许多小学校，校舍给敌人破坏了，无法修复。有些小学校，虽然还有残破的校舍，但因民众无力交学谷，所以请不到教员。有的教员肯尽义务，但为生活所迫，不得不于教书之外，另谋副业，于是一星期内，便不能天天上课。我们所参观的小学，有的是阒无一人，有的是以砖头为凳、木板为桌，学生常常不能如数到齐，因为救命第一，学生在白天也要到山中去采野草以维持生活。有一个县的教育科科长说，在他的县内，小学如想恢复原状，起码要十年。第八是基层政治的解体。在饥荒的社会里，赋税的收入，自然要大为减低，于是县以下的行政人员，生活上便大受影响。雒容县在每日只能发给县行政人员伙食费 500 元的时候，据说吃稀饭都不够。乡镇长举出来，有许多不肯担任，选了一次之后，又要重选。几甲的甲长，常是一人兼任。灵川县金坑乡大新村的村长潘某，县长有事去找也找不到，查问起来，才知道他已带领全家老小，到外乡去讨饭了。在这种情形之下，一个县的政治除救灾之外，几无别种工作可以顺利推行。

6月11日　星期二

早七点三刻离全县，广西的视察，至此告一段落。同行的人，除张视察祖良外，还有广西分署的黄顾问纬芳及谢主任代生，他们两人，预备送我们到衡阳。行26里，到黄沙河，前九十三军在此，不战而退，全县民众，至今谈及，犹有余痛。因民众以为黄沙河可守相当时期，所以没有积极疏散。且劳军猪牛及粮食，运到县城，尽为敌军所得，尤为可惜。过黄沙河，行4里，入湖南境，公路状况，立见改良。广西自大塘到全县，公路欠修理，路中心多窟窿，车行至为颠簸。湖南境内，公路平坦，虽间有不平处，但为例外。由黄沙河行20里到东湘桥，民众正在赶墟。再行32里到零陵，时为十点半，因潇湘河水大不能渡，只得在宴宾餐厅休息。所谓餐厅，只是一间茅屋，其中有桌一张，门前置锅灶，主人卖鸡蛋及糖包。我们请他炒面，以当午餐。黄沙河的难民疏送站站长李郁华，在途中搭我们的车到零陵，我们便请他先过江与储运站的人接洽，看看有无办法让我们渡江进城住宿。

六点左右，李郁华又从城里回来，领我们步行5里，到一个渡口过江，即至零陵储运站借宿，晤储运站主任郝履仁、第五难民服务处主任易允森及急赈工作队零陵第一队队长李兴林。从他们的谈话里，我们对于湖南分署的附属机关，其组织如何，略知一二。

分署的储运站，是接收物资及发放物资的机关，在省内重要地区，如长沙、衡阳、常德、邵阳、零陵、郴县、岳阳七处，均设有储运站，并附设仓库。零陵的储运站，管辖九县，即零陵、东安、道县、江华、永明、嘉禾、蓝山、宁远及新田。九县所领的救济物资，都由零陵储运站分发。零陵县所接收的物资，共由两路运来：一即衡阳到零陵的公路，一即潇水。大部分物资，系由水路来。水路运费，由长沙到零陵，约4万余元一吨。由衡阳到此，约2万元一吨。衡阳到零陵的车运，约7万余元一吨。水运由长沙到零陵，因系逆水行舟，需时一月至两月。

难民服务处，在湖南共设立了九个。第一难民服务处在长沙，第二难民服务处在衡阳，附有衡山服务站，第三难民服务处在邵阳。以上三处，系三十四年11月成立，初与湖南省国际协济会合办。3月1日起，衡阳、邵阳两处，归分署独办；5月1日起，长沙一处，亦归分署独办。第四难民服务处在岳阳，第五难民服务处在零陵，附设黄沙河及冷水滩两服务站，也是三十四年11月成立的。三十四年12月，又成立了三处，即沅陵的第六难民服务处，常德的第七难民服务处，安江的第八难民服务处。安江的一处，附设晃县服务站。三十五年1月，郴县的第九难民服务处成立，附设有耒阳服务站。凡过境难民及住留当地无力还乡的赤贫难民，都由难民服务处站免费运送，并供给沿途食宿：每日发面粉1斤、副食费150元。

工作队的任务，主要的有三：一为受灾人民现况的调查，二为急赈之发放，三为受灾地区人民损失之调查。每队设队长1人，队员2人至4人。分署最初的计划，根据4月17日的代电所表示，只在岳阳、临湘等20县先行设立，后来因工作繁重，原有的队数不敷应付，所以时有加增。

6月12日 星期三

我们今天拜访了零陵县县长齐德修、专员欧冠，并与当地士绅多人谈话，知道零陵于三十三年9月6日沦陷，一年后才收复。寇军侵入零陵之后，耕牛被杀食，农具被破毁，粮食被抢运，壮丁被拉夫，田地不能下种。原有水田面积863 467亩，荒芜了244 350亩。接着来了一个空前的旱灾，兼以寇军滋扰，农田不得拔草施肥，所以零陵在平常年，原可收3 453 868石稻谷的，三十四年实收只438 501石。小麦因秋旱后不能下种，延至三十四年12月降雨后，方才播种，麦苗出土后，天又久晴不雨，生长青翠的麦苗，因伤虫而黄萎，到了三十五年4月，春雨连绵，山洪暴发，适值小麦出穗，正需阳光蒸晒，被水浸泡，有的腐朽凋敝，有的结而不实，平均收成只达一成。平常年可收小麦464 802石，本年只收4万余石。

零陵在过去一年半内，遭受了寇灾、旱灾、水灾、粮食歉收，灾荒的景象，已经造成。救济工作，在湖南省政府方面，曾发寇灾急赈90万元、旱灾急赈748 000元。王主席曾亲到零陵勘灾，目击心伤，又发了急赈款500万元。

零陵的人口，据本年2月的统计，共有516 000余人，其中非赈不生的，据县长估计，在5月底，共有158 000人。这些灾民，已曾把山中的蕨根、葛根吃完了，现在吃的，有耙耙菜、鱼腥草、鹅饲秧、禾家菜、雷公菌、鸡仔菌、鸟仔菌等野菜，所以专靠省政府几百万元的救济是不够的。王主席提倡自救互救运动，现在经各乡保热心公益的士绅，捐款捐谷，又将公产公谷，全数提出，办理粥厂，供给灾民吃食。过去共办粥厂83所，受赈的人，共77 500人。县府并组织民食采购委员会，由殷实富商，筹款200万元，到长沙一带购米，运回县城平粜，已经购回稻米2 675石，平粜救灾，各乡亦有类似之组织，由合作社办理。县立中学，演戏募捐，筹得款项270余万，由学校直接发放。私人团体，如永善堂曾将存谷100石，在城区发放，天主堂也在城区施粥。中国农民银行发放紧急农贷两次，以合作社为单位，计第一次 800 万元，第二次 2 270 万元。但主要的救济工作，还是由湖南分署主办的。分署所办的工作，项目繁多。我们参考县政府 4 月份的公告、分署 6 月份的工作汇报，以及县长的谈话，发现有下列多种。（1）寇灾急赈 1 088 850 元，由全县 30 乡镇分配。（2）余署长到零陵勘灾时，亲发面粉 7 吨，分发给灾情最重的 10 个乡镇，共 13 370 斤，另给县救济院 630 斤。（3）在工作队到零陵发放面粉之前，分署在零陵办理两个粥厂，一在县城，一在冷水滩，受赈的有 1 000 人。3 月中旬起，改办施粉厂，月拨面粉 30 吨、副食费 192 万元，办理两个月，受赈的约 8 000 人。（4）分署现派急赈工作队，分赴各县，发放面粉。第一期所分配的面粉，零陵得 240 000 斤，规定赈济 8 000 人，每人日发 1 斤，可供一月之食，如受赈人数加增，则每日分量可减为半斤。第二期所分配的面粉，零陵得 600 000 斤，以每人日发半斤计，可供四万饥民一月的食粮。第三期分配的面粉，是 6 月份才规定的，零陵可得 2 250 000 斤，以每人日发半斤计，可供 15 万饥民一个月的食粮。第一期的急赈面粉，工作队只发了 5 乡。第二期的急赈面粉，工作队共发了 6 乡。县城所在地的芝城镇，每一灾民，已经领到 15 斤面粉，但芝城镇对河的全忠乡，就是我们昨天停车候渡的地方，还没有人领到面粉。分署在配发第二期面粉时，已将工作队加到 148 队，零陵的队数虽已加多，据云到齐时可达 10 队，但人手还是不够，不足应付目前 30 乡镇灾民的需要。（5）衣的方面，分署曾发给零陵县棉背心 709 件，每乡多的可得 30 件，少的 12 件。另发盟邦旧衣裤鞋 60 包，每乡分到 2 包。我们昨日过全忠乡半节塔时，曾请高保长把保民大会的记录送来给我们看，其中有一段，系记载如何分配旧衣及棉背心的。高保长所代表的一保，共有 1 400 余人，需要衣服救济的，共 32 人，但棉背心，只有 2 件，旧衣只有 3 件，于是用抽签的办法来决定，结果有孙蒋氏得棉背心 1 件，龙铁仔得棉背心 1 件，高尧生得女大衣 1 件，金蜡生得黄童裤 1 件，沈何氏得白童裤 1 件。（6）塘坝工赈面粉 50 吨，修塘灾民，每日发面粉 1 斤，但每人每日须掘土 2 立方公尺，现已分发各乡办理。此项面粉，如用以修理旧塘，可得 100 塘，如用以建筑新塘，可得 50 塘。县府定有修建标准，如合乎标准的，可以不还面粉，如不合标准，须于秋后将所领面粉归还。（7）修路工赈。在零陵县内举办的，有两条公路：一由零陵通东安，计 45 公里，于 3 月 3 日开工；一由零陵通道县，计 97 公里，于 2 月 27 日开工。工人每日可得面粉一斤半，副食费 112.5 元。现在宁道线有工人 84 棚，零东线有工人 16 棚，每棚为 30 人。（8）种子肥料赈款 930 余万元，由分署及建设厅、社会处、农业改进所共组工作队直接发放。发放对象，系以沿公路铁路线两旁各以 5 市里为度，其中贫苦农民，每亩发给稻种 5 升，肥料则以枯饼、石灰为主，或折价发给。零陵受惠的，凡 3 140 余户。（9）耕牛贷款 2 500 万元，在 22 乡发放。因耕牛每头需 15 万元，所以为使农民受惠的人数加多起见，贷款只带补助性质，农民须另筹一部分款项，才可购得一牛。估计全部贷款，可以协助农民购牛 250 头，贷款于 8 月底无息归还。（10）春耕粮食贷放 50 吨，也是在 22 乡中举行，凡得耕牛贷款的，即不能得春耕贷面。此项面粉，每户可借 50 斤，于秋收后归还，每面粉 1 斤，还糙米 1 斤。耕牛贷款及春耕粮贷，都是从修路工赈的款项及物资中提出的，归还后仍作为修路工赈。（11）分署拨给零陵的平民住宅建筑 1 500 万元，也改作面粉 25 吨，贷与农民，秋收后归还时，再行动工建筑平民住宅。（12）芝城小学，得到分署的修建补助费 200 万元。（13）县立卫生院，得到分署发给病床设备 30张。私立普爱医院，也得药品及经费的补助。（14）零陵的慈善机关，曾得分署补助的：一为零陵救济院，曾得配发面粉 4 500 斤。二为零陵救济院的儿童保育所，曾得面粉 45 000 斤、罐头食品 123 箱、奶粉 12 桶。三为零陵天主堂孤儿院，曾得面粉4 500 斤。零陵救济院的儿童保育所，拟收容难童 600 人，其中 400 在城区，200 在冷水滩。城区的 400 人，因救济院只能收容 200 人，其余 200 人，由四个机关分担。即专员公署、县政府、县党部及教会，每一机关 50 人。我们去拜访专员时，看见公署的对面有一所楼房，专员负责看管的 50 个难童，便在里面食宿。

灾荒的零陵县，到 5 月底止，饿毙的已有 2 090 人。治安时常发生问题，虽然股匪还未出现，但数人合伙行劫的事，各乡都有。有一运面粉的船，被抢去 14 袋。几天以前，也发生过劫车的事。祁阳劫车的案子更多，专员因此建议派四个便衣队，送我们的车过祁阳的洪桥，我们觉得可以不必，便辞谢了他的好意。零陵的田地，也与别的灾区一样，在那儿跌价，宁远县一亩地可卖 30 万元，而零陵县的好田只卖 5 万元，差的只要 1 万元。在宁远县卖去一条猪，可以到零陵来换两个女人。高利贷亦颇为盛行，借 1 万元，三个月后，除还本外，还要交利息谷子 2 担。县里有四个中小学没有开学。保长过去每月可得谷子 5 斗，现在收不到。县里的科长，薪水加成 55 倍，另加补助费 1.75 万元，共 2 万余元，比不上阔衙门中一个工友。

我们在专员公署谈话时，适逢急赈工作队队长廖某，报告在冷水滩挨打经过，此事可以表示救济的工作，在有些地区，也会遇到很大的阻碍。廖某说是到冷水滩去发放面粉，第一步工作，就是向镇公所要饥民清册。镇公所的人，以为此种面粉，来自美国，凡在抗战期中受有损失的人，都有权利参加受益，所以把镇中全体人民，都列入清册。队长以如此则面粉不敷分配，所以坚持要复查。在此种冲突之下，有土劣号召饥民数百人将队长包围，加以殴打，并为嫁祸起见，于殴打之后，掘一死尸，并拉一妓女来，与队长共摄一影。镇中好事之徒，欲以此张照片，证明队长二大罪状：一为发放面粉太迟，致有灾民饿毙。二为队长不务正业，迷于酒色。储运站的郝主任，对此颇为愤慨，谓此案如不得到合理的解决，则分署在冷水滩的救济工作只有停止，专员与县长都答应迅即查办。

6月13日　星期四

上午九点，由零陵出发，十点到祁阳，凡51里，路平，所以车行甚速。到祁阳时须过渡，过渡所费时间，在一点钟以上。在祁阳县城中，见小孩一名，无裤，抱一碗卧街中，车过时有人提其足置于道旁，似已死去。在县府晤陈县长轻驭、谭科长文先，谈一点余。午饭后离祁阳行20余里，有一地名沙滩桥，汽车到此过渡，见渡旁有一尸，系今早饿毙的。尸首覆以破被，据云此为死者生前唯一的财产。三点半到谭子山，属衡阳县。全村18家，没有一家有米吃。他们都吃野草，有的和以蚕豆，有的和以玉米粉。下午五点到衡阳办事处，晤处长杨晓麓、副处长向大光，略谈后即至中国旅行社休息，本日行106公里。自桂林至衡阳，凡362公里。

祁阳县有33乡镇，战前人口83万，现在只有72万。据县府本年5月底的统计，饿死人数为3 140。非赈不生人数为120 222，必赈人数为230 246，待赈人数为492 058。县府虽然将灾民分作三等，但三等间的严格分别何在，也没有人说得清楚。救济工作，省府办理的，有：旱灾赈款160万元，配发甲等灾区13乡镇。王主席南巡赈款500万元，配发三吾镇难民及13乡镇。中国农民银行办理的，有第一次农贷800万元，第二次农贷2 740万元，分发全县各乡镇。湖南分署办理的，有：衣着10包，背心715件，转拨全县各乡镇。急赈款120万余元，分发全县各乡镇。施粥款147万元，全用于三吾镇。施粥副食费234万元，分发甲等灾区13乡镇。耕牛贷款1 250万元，春耕贷面粉25吨，均于秋后归还，分发对象，亦为甲等灾区13乡镇。紧急救济面粉9吨，施面厂一个半月面粉36长吨，工赈建塘麦粉50吨，急赈工作队麦粉95长吨，前两项只发甲等灾区，后两项发全县各乡镇。此外还有邮政局捐款10万元，电信局捐款7万元及重华中学捐米3石5斗，尚未分配。

6月14日　星期五

今日湖南分署派侯厚宗及喻光九送资料来，并说要陪我们到长沙。黄纬芳及谢代生，以护送任务已完毕，定日内返广西。衡阳县县长王潜恒、议长廖云章及参议员罗炜来会，并送来衡阳县灾情资料多种。

6 月 15 日　星期六

今日及昨日，大部分的时间，系整理广西视察资料，写成报告，寄往总署参考。此项报告，原可于视察各省完毕后再写的，但我考虑的结果，决定于视察一省完毕之后，进入第二省的境界时，就将前一省所得的资料，着手整理。因为此时动手，印象尚新，易符真相。否则数月之后，时过境迁，追记往事，每每不易与当时的印象相符合。

6 月 16 日　星期日

今日开始视察衡阳的分署机关。

我们先到衡阳储运站，晤主任彭颂霖。他所管辖的区域为衡阳市、衡阳县、常宁、祁阳、耒阳、永兴、安仁、茶陵、攸县。酃县未沦陷，但可分得营养食品，也由衡阳储运站运送。此外还代转运零陵、郴县及邵阳三储运站的物资。衡阳储运站接收的物资，由汉口、长沙及广州三处运来。由汉口运来的，工具系用火车，最多 45 吨一次，时间最快一星期，慢时在岳阳等车，需 20 日以上。从长沙运来的，可用民船，大船可装十余吨，小船五六吨，所费的时间，如用拖轮，只要 4 天到 7 天，如全用人力，需时 14 天，长沙发出物资，有时也利用火车。由广州运来的，由行总的公路运输处车运，每公吨里需 300 元，费时约五六日。由衡阳储运站发出物资，通船的地方多用船运，否则用车运。

离储运站后，即至分署与衡阳救济院合办的衡阳育幼院参观。院长汤慕莲，谓院内现有职员 30 人、保姆 6 人、奶妈 29 人、工友 20 人，开办费 1 000 万元，衣被费 1 200 万元，每月经费，也需要 1 000 万元。合办时期，预定到 9 月为止，9 月以后，由衡阳救济院独办。救济院每年有租谷一万担，其中 4 000 担可归育幼院，所以假如今年的秋收好，谷子收得到，育幼院的经费，可以不成问题。院中儿童，现有 929 人，实际育幼院自 4 月 1 日成立以来，收容的儿童已在 1 000 人以上，5 月 12 日，曾送 100 名到第三善救工厂，5 月 29 日，又送 100 名到难民招待所。旧的儿童送出去，可以让出空位，好收新的儿童进来。现在流落在街头的儿童还是太多，杨处长的意见，以为有家可归的儿童，可给以领面粉券，令其回家，无家可归的，才收容在所内。另外分署为应付衡阳的需要起见，拟办第二育幼院一所。收容 600 人，在筹备中。衡阳灾情的严重，我们从这些儿童的身上，也可窥见一斑。汤院长说是 5 月 13 日，收入儿童 135 人，其中患回归热的 90 人、脑膜炎的 6 人，患痢疾的尤多。分署第五医疗队，便驻在育幼院内。队长张少泉说，昨日新收儿童 130 人，其中患病者 60%，包括 13 人有肺炎，17 人有肺病，18 人有回归热。真正健康的，只有 2 人。入院的儿童，经治疗后，疾病减少。育幼院初成立时，每日儿童要死三四人，近则三四日只死一人。现在因为病人还多，若干房屋，均为病房，将来卫生状况改善后，可将病房改为教室，先治他们的病，再教他们的书，这个步骤是很对的。在院的儿童，现在日食三餐。早餐吃一顿牛奶，其余两餐，或为两顿白米饭，或为一顿饭、一顿面。

在午餐时，杨处长告诉我们衡阳疏送灾民的经过。自本年 3 月起，衡阳市的灾民日渐增加，大部分都是乡下来的。他们所以跑到衡阳市来，一因衡阳市自 2 月起，开办粥厂，起初受赈的只有 1 700 人，3 月 20 日以后，受赈的多至 3 400 人，乡下人听说城里有粥吃，于是好些吃野草度日的，都跑来了。二因衡阳市的店铺多、酒馆多，讨饭吃比较容易。到了 5 月初旬，衡阳市街头的灾民，多到 5 800 余人，外面来的客人，初到衡阳，不知底细，看到街头这种情景，还以为衡阳市是乞丐的集中营呢。5 月 22 日，衡阳办事处与市政府商议，决定设法疏散。六个工作队于晚间出动，调查街头露宿的灾民，凡有家可归的发领粉证，凡无家可归的发收容证。有领粉证的人，第二日到六个领粉站去领 2 斤面粉及通知书，持通知书，可以到乡下工作队那儿去领救济面粉，每日可得 8 两。有收容证的，分送到四个收容所中，每人每日也可领粉 8 两，后因灾民说是吃不饱，改为每日发 12 两。四个收容所，一为省党部主办，一为青年团主办，其余两个，由衡阳各界救灾工作团主办。疏散的结果：下乡的有 3 100 人，进收容所的有 2 000 余人。现在街头还有不少难民，所以救灾工作团，拟再成立两个收容所，收容 1 000 人。

下午过江参观第二难民服务处，此地可住难民 350 人，最多时曾住过 800 人。难民以安徽人为最多，湖北次之，铁路员工，则多为华北人。难民在服务处普通只住一日，即由处免费运送。住所难民，可免费享受沐浴、理发及灭虱。伙食每日两顿，规定每日食米 9 合、油 6 钱、盐 4 钱、小菜 1 斤。患病的可以送到仁济、仁爱两特约医院免费诊治。离衡阳时，如赴长沙、零陵及邵阳，均发伙食费 2 000 元，到衡山及耒阳的，发 1 000 元。自去年 11 月成立时起，到 6 月 12 日止，输送的人数，共计 27 179 人，旅费及伙食费，共支 2 400 余万元。

离了难民服务处，我们去看分署所办的第三善救工厂。这一类的工厂，分署一共办了三个，其余两个在长沙，目的在救济失业的技术工人。第三善救工厂的厂长为王赐生，于 3 月 4 日接到筹备命令，5 月 1 日正式开工，现有纺织、印刷及卷烟三部，共用学徒 101 人、技术工人 69 人。技工由乡镇公所、党团部及参议员介绍本县灾民充

任，也有少数是长沙请来的。技工的待遇，最高的每月 6 万元，平均为 3 万元至 4
万元。

我们在湘江东岸参观了分署设立的机关之后，顺便去游彭玉麟的花园。园中万字
桥及湖心亭皆已倒败，杂草丛生，证明此园久已无人管理。我们辟开乱草，去访吟香
馆诗冢及退省庵鹤墓。据杨处长谓彭玉麟未发达时，在渠家当铺中做伙计，悦一女郎，
惜此女已订婚，未能结为白首，后来彭所作诗，多为恋旧之作，死前尽取此项香艳诗
词埋之，成为吟香馆诗冢。彭晚年爱一白鹤，有谓其所爱女郎之名，有一白字或与此
有关。鹤死于彭前数日，诗冢与鹤墓题字，都是彭扶病时书。我们看了彭家花园之后，
又问杨处长衡阳尚有其他名胜否，他于是带我们到湘江与蒸河的会流处，去看石鼓书
院，书院为宋至道三年李士真请于郡守建立，衡阳会战时，书院曾做炮位，今已全毁。

6 月 17 日　星期一

早十点半到市政府开灾情座谈会，到各区区长及工作队人员，仇市长硕夫主席。

衡阳市现在组织了一个衡阳各界救灾工作团，专门办理市区内救济工作。工作团
的经费，由市商会认定 400 万元，银行界已捐出 180 万元，其余由各机关团体自动捐
助，总数还未结出。工作团过去已经进行的业务，一为调查饥民。经各工作队调查造
册报告，全市八区非赈不生的灾民，已达 66 000 余人，其中以第七区及第八区为最严
重，每区灾民人数，都超过一万人。二为组织急赈工作队。湖南分署派在衡阳市的工
作队共有四个，负发放面粉的责任。分署一共分配了三次面粉：第一期发了 22 县，衡
阳市不在其内。第二期衡阳市得 30 万斤，预备救济 2 万人。第三期衡阳市得了 75 万
斤，预备救济 5 万人。待赈的灾民，如此之多，分署的工作队，人数太少，所以工作
团另外组织了四个急赈工作队，去协助分署工作队推展急赈工作。工作团设立的工作
队，有队长 1 人、队副 1 人、队员 12 人。衡阳市共分八区，每一工作队担任两区发放
的工作，因为人手众多，所以第二期的面粉，早已发放完毕。除此以外，工作团还设
立了难民收容所，收容流落在衡阳市街头的难民。难民久经风雨，又兼营养不足，所
以有病的人很多。自收容之日起，至 6 月 15 止，计在所中已死去 338 人，平均各收容
所，每日要死 16 人以上。死在所里的人，由各所掩埋，呈报工作团核实后，发给掩埋
费 1 000 元。其余死于各街巷的，由工作团雇有担肩队 12 人，专负掩埋工作，每名发
给掩埋费 2 000 元。昨日天雨，衡阳市街巷中的难民，已死去 5 人。

工作团对于分署的希望，目前共有四点。第一，请以多量面粉，配济衡阳市，并
盼按时运到。第二，请以大量防疫药品，配济衡阳市，并以最有效方法，从速拨发。

第三，请派飞机来衡市区，散放 DDT。第四，天气已渐炎热，灾民多无衣服换洗，请迅拨夏季衣服，发放灾民，俾资换洗，而重卫生。

下午，我们到郊外去参观第三难民收容所。共收灾民 500 余人，有病的另居一屋，但无医生医治。据云工作团曾设立一医疗队，设队长一人，由市卫生院院长兼任，副队长一人，由市民医院院长担任，队员数人，由两院的医生、护士等担任。但这些人都是有专职的，郊外交通不便，所以医疗队很少到难民收容所来，尽医疗的责任。

离难民收容所后，到第八区区公所去参观，这是市长认为衡阳市灾情最重的一区。我们到区公所时，见有数百灾民，候在公所门外。问办事人员，才知道今日第八区发第二次面粉，一、二两保的灾民，于早晨七点，便来等候发放，但以工作队人员未来，所以还未发出。我即告区公所的办事员，可凭工作队所发之领粉证，登记发放面粉，不必令饥民久候。于是区公所的职员，一部分人散放面粉，我们在另一间房里，与副区长熊瑞南及李干事步程谈区中的灾情。他们说了一些悲惨的故事。我从区公所的档案中，看到各保报告饥民饿毙的例子颇多。如第一保保长何楚桑于 4 月 26 日报告，第十一甲居民黄罗氏，有子黄建卿，因遭寇祸，田禾无收，益以连年灾旱，生活愈加困苦，本年入春以来，日赖蔬菜嫩草度日，兹以菜尽草老，无物充饥，竟于 4 月 24 日晚服砒及王藤根而死。现一家四口，奄奄待毙，请求救济。6 月 9 日，第二保李春林报告，第六甲居民唐德星、颜贤禄，第九甲杨云诗三人，因无法接济粮食，于 6 月 6 日至 8 日三日，相继毙命。6 月 15 日第十四保保长李东壁报告，第五甲居民李太坤，因此次麦粉延期，数日无食，昨于 14 日至来口问面粉，晚间归家，立即倒地毙命。我看了李太坤的例子，格外觉得今天要区公所不等工作的人员到场便发面粉，是很对的。

区公所的附近，有一酃湖，我们顺道去参观。此湖并不大，但比衡阳市内的莲湖已胜一筹。湖水可以酿酒，名壶子酒，闻在前清时，曾以进贡。归途在复兴街上车，适区长捉得强盗 2 人归来。强盗以玩具手枪，抢一挑夫，得洋约万元。经区长号召民众包抄，即行就擒。强盗 2 人，一本县人，一邵阳人，皆饥民逼而出此。区长并谓十三保某户，有谷 8 担，饥民数十前往请食，谓不给则抢。此人报告区长，派警前往弹压，饥民谓放枪也不怕。不得已，与饥民代表商讨，由某户将存谷八担中，提出两担，分与灾民，一场风波，始告平息。

6 月 18 日　星期二

上午十一点半，衡阳县救灾委员会在县参议会开茶话会，邀我们去参加，主席廖议长报告衡阳灾颇详。衡阳于三十三年 6 月 23 日，即有敌人入境，8 月 11 日，衡阳市沦陷，到三十四年 8 月 29 日，始告克复。衡阳居交通中心，水运居湘、耒、蒸三水合流处，铁路有粤汉、湘桂二线，公路有衡宜（宜章）、衡零（零陵）、衡宝（宝庆）、衡潭（湘潭）四线，驿路有衡安（安仁）、衡耒（耒阳）、衡常（常宁）、衡湘（湘乡）四线。敌人为扼守此项交通线，在衡阳境内，设了 78 个据点，全县 48 乡，每乡都有敌人的足迹。县西有长乐寨，汉以后，大旱不旱，大乱不乱，所以有长乐之名，县东有白水岭，高十余里，山青林密，有东乡长乐之称，但都为敌人先后攻陷。在沦陷期内，敌人搜括物资，无孔不入。粮食一项，损失约 240 万市石，耕牛 10 万头，现损失约 9 万头。衣的方面，全县 24 万户，每户因迁徙或被掳掠损失之衣，至少 30 件，共约 700 万件；每户损失被褥至少 2 床，约 50 万床。住的方面，滨河住宅，多砖石建筑，高处则为茅盖土墙。全县 24 万户，普通每宅可住 3 户，共有住宅 8 万栋。寇至，沿交通线屋宇被敌人烧毁的，约 3 万栋，其余因驻兵而毁其门壁、窗户的，约 1 万栋，共约 4 万栋。寇灾之外，衡阳又遭旱灾。三十三年春夏两季，一连 80 日不雨，三十四年春夏两季，一连 90 日不下雨，蓄水塘池，全成赤地。稻田失去灌溉，收成大为减低。三十三年及三十四年，因旱灾而损失的稻谷，估计共为 960 万石。可见在衡阳，旱灾造成的粮食损失，其严重性过于寇灾。

粮食的损失，既如此之巨，所以衡阳的灾情，非常严重。据衡阳救灾委员会调查，全县非赈不生的灾民，有 441 610 人，饿毙的人数，到 5 月底止，已有 26 429 人。这个数目，也许过于夸张，但据参议会收到各乡镇所报饿毙的人，有姓名、住址可考的，4 月份为 442 人，5 月份为 1 121 人。这是在我们所经的区域，饿毙人数最多的一县。灾民的生活，在食一方面，因无粮食，只有以野草等物充饥，其名目有下列各种：（1）薯渣，（2）甜菜，（3）菜根，（4）蕨粉，（5）浮萍，（6）葛根粉，（7）鹅肠草，（8）嫩树叶，（9）地皮菇，（10）夏枯草，（11）蒲公英，（12）观音土，（13）榔树皮，（14）苦斋公，（5）豆渣，（16）酒糟，（17）糠秕。衣的方面，冬令无棉衣，春寒无夹衣，夏热无单衣，虱蚤成团，致患疾疫。住的方面，沿各交通线房屋，多被敌寇焚毁或破坏，仅剩门窗瓦片。灾民受饥饿逼迫，多将此项门窗瓦片变卖，购买食物充饥。除此以外，灾民的苦况，经救灾委员会的研究，还有六点：一为各乡镇粮食吃尽，救济物资过少，灾民饿毙的，日有所闻。二为灾民为饥饿所迫，投水悬梁，服毒自杀，经各乡镇公所查报的，已有 564 次。第三，灾民结队数百人至数千人，来县请赈，或请逃荒，虽经县府训令乡镇长极力劝阻，并予抚慰，但仍有成队灾民，陆续来城，途中筋疲力绝、死于道上的，数见不鲜。第四，灾童无父无母，流浪于马路街头，风餐露宿，终宵号哭。第五，灾民铤而走险，结队抢劫食物。第六，灾民过去以野草充饥，今则野草多被食尽，灾民有因争草而发生纠纷的，也有自动分山以为采草范围的。

救济工作，省政府曾拨急赈款 130 万元，旱灾赈款 159 万元，王主席南巡赈款 500 万元。湖南分署，曾发急赈款 1 473 820 元，寒衣 2 703 件，耕牛贷款 1 000 万元，种子肥料赈款 950 万元。但最有价值的救济，还在粮食方面。在工作队来发放面粉之前，分署曾发给衡阳县面粉三次：第一次发 75 吨，是为办施面厂之用的；第二次 60 吨，是为塘坝工赈之用的；第三次是余署长到衡阳看灾后，特别拨付的，有 35 吨。这些面粉，都作为急赈之用，3 月 22 日发过一次，4 月 20 日又发一次。分署的工作队成立后，分配过三次面粉，每次衡阳县的所得，都在其他各县之上。第一次衡阳县得 60 万斤，拟救济 2 万人至 4 万人。第二次衡阳县得 120 万斤，可救济 8 万人。第三次衡阳县得 420 万斤，可救济 28 万人。总计湖南分署在衡阳县（衡阳市不计在内）所发的面粉，如以每斤值 300 元计，共值 19 亿元以上。这样大规模的救济，在中国历史上是空前的。假如湖南分署不在衡阳办理这种工作，衡阳县 40 余万非赈不生的灾民，有多少还能活着，是一问题。也许在那种情形之下，他们会为生活所逼集体作乱，社会的秩序，就无法维持了。

在茶话会举行之前，我曾请廖议长把县参议会的档案，与救济有关的给我一阅。这些档案，有的是报各乡灾情的。如凰飞乡乡长李澄涛于 5 月 30 日报告，第八保第九甲第十四户居民萧良柱，同妻陈氏，因饥馁难忍，竟于 19 夜自缢毙命。又第十一保第七甲唐声荣，年已壮龄，以告借无门，儿号妻啼，肠断心伤，于昨服毒身亡。元梅乡救灾分会主任朱寅 5 月 11 日报告，第三保朱家堰朱王氏，闭门隐卧三日，于本月 7 日晚至下屋后山脚，寻得青草一把，煮熟食之，不知杂有何项毒草在内，食后一时之久，腹即作痛，未至天明即毙。又第七保鲁草冲农民胡传其，饥饿四日，仍强往田中，鼓气工作，因肚空力尽，随即眼晕，冷汗如洗，人事不省，倒地即毙。七宾乡乡长罗子策 4 月报告，本乡第十保、第十一保、第十三保饥民，联合老幼男女，册报 463 人，请发护照逃荒，经本所派员前往安慰，未便准行。建新乡乡长欧阳维尧 6 月 1 日报告，乡中忍痛牺牲，以亲儿爱女，变价充饥者，日有所闻。如第一保刘汉荣，售一婴孩于某连长，得洋 8 万元。苏扬炘以 14 岁之女孩，售米 1 石 6 斗。刘海北卖一婴孩于站长，得洋 6 万元。刘汉灯售一 14 岁之女孩，得洋 1 万元。第三保阳寿山将 4 岁小孩售与郴县某商家，得洋 5 万元、米 2 斗。

饿毙、自杀、逃荒、卖女，这些是饥馑社会中的惨痛现象。

还有一些档案，是关于发面粉的人作弊的。此种案件，自发赈技术的观点看去，颇可研究。第一个案子，关于一个乡公所职员的舞弊，经人告发后，乡长处置此案的经过。广福乡乡长费魁于5月8日呈："本乡长前因本乡灾情惨重，特赴衡市发起募捐救灾，乡所公务，由本所民政干事费豪代拆代行。此次工赈改为急赈，该员事前未奉到明令，因乡公所经费困难，乃向各保暂借面粉40斤零13两，共计367.5斤。本乡长接读救灾分会副主任委员左鹏之函，始知原委，故于5月3日回所，按本乡灾情重大，自不能擅自挪借，除将该员免职，以示惩戒外，现将所借原有之面粉，经县府派罗指导员韬，临乡监放。"这一类的案子，分署时有所闻，所以在4月中旬之后，便将面粉交由工作队直接发放。但是工作队的队员也有作弊的，如集福乡公所于6月7日报告，谓承湖南善后救济分署急赈工作队，派遣曾王两同志莅乡彻查，确系非赈不生灾民，广泛救济，调查工作完竣发放。讵曾查放员伟荣，见利起贪，暗携表弟彭文连专供驱使，于发放第一日（6月5日）午前十二时，即令彭文连混入灾民中，冒领食米4老斗零9合，嘱其代卖，款入私囊。次日又蹈覆辙，冒领食米98斤，当经本所干事尹自建察觉，追至板市中节街扭转，将米退交原处，人即送所侦讯。该彭文连承认米卖给玉顺客栈，每斗价7000元，除喝茶吃用花去450元外，其余悉已交与曾伟荣。工作员曾伟荣见事机破露，难逃法纪，竟回队调往剑山乡工作。此案可以证明一点，即发放面粉或其他救济物资，如欲免除弊病，应在制度上着眼。我们应当定出一个方法来，使经手的人，无法舞弊，即有舞弊的，也可以容易查出矫正。不此之图，只在人事上想法，效果是很小的。上面我们从档案中抄出的两个案子，说明了乡公所人员固然有人作弊，但是换一些工作队的人员去代替乡公所人员的工作，作弊的事，依然是可以发生的。

下午我们到致和乡看了鸡窝山及大桥铺两村的灾情。居民只有少数有豆吃，大多数的人吃草及糠。鸡窝山是致和乡公所的所在地，我们遇到代理乡长萧功成。据说前任乡长刘谊与经济干事萧陶朋比为奸，在第一次发面粉时，应发450名，只发440名，每人应得七斤半，实际只发七斤。此项作弊行为，经民众代表陆续告发，现在乡长已送法院。我问萧代理乡长，面粉到了乡公所后，是如何分配的。他说先由乡公所召集乡民代表、保长、中心学校校长及公正士绅约二三十人，将乡公所得到的名额，分配给各保。5月12日，曾发过一次面粉，乡公所将所得到之名额450名，按十四保分甲乙两级分配。甲级每保得34名，乙级每保得31名。保长得名额后，回去召开甲长会议，分配各甲名额。甲长召集各户，决定受赈灾民。依规定，每名可得面粉七斤半，但如保内穷人太多，亦有三四人共分一名的面粉。萧代理乡长又告诉我，灾荒期内，乡公所经费无法筹措，只好由乡长及乡代表会主席，向本乡在衡阳市的商家借贷，已借过 15 万元，不足之数，由乡长私人借贷，已借过一担五斗米。所有借款均于秋收后征收归还。乡公所的费用，现在每月造预算表，交由乡代表会通过施行。

6 月 19 日　星期三

衡阳到长沙的公路，因大水不通，改乘轮船赴长沙。早四点即起，将到码头时，见一穷汉饿毙路中，将尸移开，车始得过。七点二十分开船，下午十点到长沙，宿青年会。

6 月 20 日　星期四

早八点起，姚副署长雪怀及长沙市市长汪浩来会。署长余籍传因公赴沪未归，我们与姚副署长同至分署，访问各组主管人员。

储运组主任陈嘉俊谈，总署配发湖南的物资，其主要运输线有二：一为自沪经汉来湘，其中沪汉段运输工具为大型登陆艇、中型登陆艇及轮船，汉湘段工具为登陆艇、火车、轮船、民船等。第二运输线为自广州运湘，工具为火车、汽车。第一线比较重要，湖南所得物资，约 80% 由此路来。至目前止，分署所收到的粮食，有面粉 13 000 吨，米 2 200 吨，小麦 1 100 吨。3 月以前，长沙水位低落，粤汉铁路未通，运输困难，救济物资，到达湖南的极少。4 月以后，逐渐加增，但运费也就成为难于解决的问题。自长沙至衡阳，每吨物资，全程轮船拖费，最低为 41 000 元，汽车每吨为 66 200 元。这是交通最便的一段，运费一吨物资，便要花这样多的钱。如把运往他处的物资所花运费平均计算，则在湖南境内，运一吨物资，需洋 10 万元。如运一万吨，便需 10 亿元。现在运费不够，致长沙有 1 000 多吨物资运不出。此外运输方面所感的困难，即为缺乏迅速的交通工具。公路运输处有 48 辆卡车，但缺乏汽油，且此机关虽为行总所辖，但需以营业收入养活自己，所以常想做商家生意，对于运输救济物资不大热心。汽车运输，尚有一大问题，即过渡太需时日，如能拨给中型登陆艇八艘，置于重要渡口，此项困难即可解决。又现在大型登陆艇，只到岳阳，中型登陆艇，只到长沙。目前水位甚高，如中型登陆艇能直放湘潭之下摄司，便可为分署节省运费及时间不少。

卫生组主任李启盘谈：湖南医院，在战前有病床约 2 200 张。抗战以来，被敌全部毁坏的，有湖南公医院及肺病疗养院两所。破坏在 70% 的，有长沙湘雅医院、长沙仁术医院、衡阳仁济医院、零陵普爱医院四所。其他收复区各医院及各县卫生院，均受相当的损害。分署对于公私医院补助的方法，一为发给建筑费，已拨付 1 亿 5 000

万元，医院受此项补助的，共 15 单位，另有长沙卫生院，曾得建筑费 400 万元，衡阳卫生院得 200 万元。湖南的医院，以教会设立的为多，共计 16 个，省立医院，不过四所，且除沅陵省立医院外，余均无房屋。为应付目前紧急需要计，只有多协助教会医院，使其恢复原状，即可进行医疗的工作。卫生院虽只有两个得到修建费，但收复区 54 县市，每一卫生院均得补助一批器材、一批药品、一批牛奶，共 900 斤。非沦陷区的卫生院，亦有补助，但数量较少，只 600 斤。除协助各地医院及卫生院外，分署还办了五个医疗队，三个分驻在零道、零东、邵新（邵阳至新北）三条正在建筑的公路上服务。其余两个，一在长沙难民服务处，一在衡阳育幼院中工作。每一医疗队有一队长，一副队长，二护士，二助理员，一事务员。于五个医疗队之外，分署还在各县市公私立医院中，特约 15 院，便利难民就诊。又特约 14 院，便利贫民就诊。费用规定由分署负担，门诊每号 100 元，住院每人每日原为 800 元，5 月份起，增为 1 000元，均由医院于月终向分署结算。防疫工作，分署已办理的，一为灭虱，曾以 DDT205 桶，分配于各交通据点，对于过境人民及贫民住宅，加以灭虱处置。二为防治脑膜炎，本年 3 月间，即有脑膜炎发生，4 月内各县发生例证较多，先后由分署配发各医院以盘尼西林，俾资防治。长群中学发生此症的九人，其送医院的，均经治愈。三为种痘，曾以牛痘苗 2 500 打，委托省卫生处转发各县卫生院应用。四为防治霍乱，曾以霍乱疫苗 7 500 瓶，分发各县，做预防注射，并补助长沙、衡阳两市隔离医院经费 3 400 万元及面粉 60 吨，以利防疫工作。

6 月 21 日　星期五

与赈务组主任周仰山及经济室主任侯厚宗谈分署救济工作，包括下列各项目：（1）发急赈款。（2）疏送难民。（3）发面粉。（4）救济孤老残废。（5）儿童育养。（6）耕牛贷款。（7）小本贷款。（8）分发旧衣旧鞋。（9）分发营养食品。（10）水利工赈，包括堤垸塘坝。（11）修筑公路。（12）建筑平民住宅。（13）补助各县市修复小学。(14）办理善救工厂。（15）发放种子肥料赈款。（16）茶农贷款。（17）临湘、湘阴、零陵等处火灾及水灾的紧急救济。（18）补助各县市慈善机关。

这一类的工作，我们在沿途各县已经看到不少，所以我们的谈话，特别集中在工作队一个问题上，关于利用工作队来发放赈济物资一问题，自从离开广西的全县后，就时常盘旋在我的脑海中。在救济的工作中，我们是否要另外树立一套机构呢，还是利用已有的地方自治机构呢？湖南分署显然已有所决定，便是利用工作队来发放救济物资。我便请周主任把工作队成立的经过，详细地告诉我。

周主任说：分署过去发急赈款，发旧衣鞋，发棉背心，是利用地方自治机构的，但是发生了很多毛病。联总驻湘办事处于是提议不要假手他人，而由自己办理。同时他们提议，在发放面粉之先，应调查饥民家庭状况，合格的发给合格证明书，凭证明书换取领粉证。灾民拿到领粉证，便可向工作队领粉。这一套手续是非常麻烦的，于是联总又建议先在长沙九峰乡试办，由分署调 20 人，联总派 2 人，分作两队，一队调查，一队发放。试验一星期，得到结论，说是可以行得通，于是分署便在 20 县试办起来了。

先从调查说起。分署所用的个案调查表，共包括 17 个项目：（1）市县。（2）乡镇。（3）保。（4）甲。（5）户。（6）家长姓名。（7）年龄。（8）职业。（9）收入。（10）财产。（11）健康情形。（12）其他家属，此项共分 9 格，预备 9 个人用的，每一个人，要回答 8 个问题，即姓名、与家长关系、性别、年龄、职业、收入、财产、健康情形。（13）食物，共分 16 类，每类问家藏几何，16 类之名称，为米、麦粉、红薯、豆类、蛋类、鱼、猪肉、鸡、豆腐、菜蔬、油、盐、糠皮、草根、草类及其他。（14）全家收入。（15）全家需要。（16）全家缺额。（17）建议。这张调查表，一看便知道是一个不懂国情的人草拟的。以此来调查饥民，以为发粮的参考，是完全不合用的。但分署却印了 10 万张，现在大部分堆在庶务科。

工作队拿着个案调查表、合格证明书及领取麦粉证，于 4 月 20 日以后，纷纷各奔前程，赶往各县发面粉。分署还印了很多布告，交工作队到一处贴一处，这个布告上说：

> 听说你们这一地方，粮食缺乏，荒象一天一天地严重，甚至有饿死或自尽情事，本署长不胜怜悯，特呈准总署赶派急赈工作队前来，调查贫苦灾民，直接发放麦粉。兹规定贫苦灾民为下列两种：（1）有生产本能而无力量经营的贫苦农民，（2）无产业又未受县乡救济机关赈济的老弱残废和儿童。不论是上列哪一种灾民，依照规定，每人日给麦粉半斤至一斤，每次发给一星期或两星期。

我愿意在此插一句话，就是这张布告，后来给工作队添了许多麻烦。依照这张布告的意思，似乎凡是贫苦灾民，都可得到救济。工作队依照这种了解，也发放了许多领粉证。等到发面粉时，发现面粉的数量不够，于是一部分得到领粉证的人，便领不到面粉，空欢喜了一场。衡阳县成德乡公所所长颜学铨，曾以该乡的此项经验报告给县长，其文如下：

> 前奉县府恒社云字第 1073 号卯马代电，饬赶造非赈不生名册，计列 8 950

名，饥民中尚未普遍，缺望实多。嗣奉派急赈工作队队员临乡，挨户查验登记，本乡确有饥民 12 000 余名。当宣言，凡属非赈不生者，无名额限制，每日均可领麦粉半斤，并分发布告，张贴各通衢，众皆周知，异口同声，赞扬政府德意。每日提篮携袋，探听面粉到期，睹其情景，实堪感悯。兹准善救急赈工作队张队长本月 30 日函，对于第一批面粉，配发本乡 18 000 斤，每人每日以半斤配发一星期计算，可发 4 500 名或 4 400 名，嘱于册中选取最急迫待赈之饥民，填证领发等由，不胜惊惶。查前册报之 8 950 名，尚有漏列失望之饥民，业经队员查实补入，并挨户宣告领面粉之数量，始交相庆幸，欢呼告慰。兹复变更如此之骤，减消如此之巨，目为非赈不生之饥民，将甲有领而乙无，相率滋事，秩序如何维持，深为焦虑。

我们现在暂且不提那张布告所闯下的祸，回头来看工作队下乡调查饥民的经过如何。分署的赈务组，在长沙静候工作队的报告，湘潭的工作队于 5 月初来电话了，说是至少两个月，才可完成调查的工作。浏阳县的工作队队长亲来报告，说是调查一保需十天，一个月只能办三保。长沙的工作队报告说，放在青山乡的面粉已起了霉，但调查工作尚未开始。衡阳办事处于 5 月 1 日即有呈文说：“查急赈工作队，编配各县，概为一队，其队员名额，由 2 人至 4 人，连队长 1 人，至多为 5 人。在灾区较狭、灾民较少县份，自可如期办到。若以衡阳而论，其乡为 48 个，大者多至 38 保，小亦在 14 保以上。幅员辽阔，纵横动数十里，而非赈不生之灾民，又复比比皆是。今以一工作队，照规定办法，先事调查，然后发放。若就连日冒雨来处请赈之紧张情形观察，窃恐有迁延时日，缓不济急之虞。”邵阳办事处也于 5 月 7 日代电分署，略谓陈队长于 5 月 1 日开始办理靖生乡急赈工作，于 7 日完竣。据该陈队长报称，以人员过少，手续太繁，如照钧署规定调查手续办理，每乡至少需时十日，邵阳第一期待赈单位 12 乡镇，计需时 120 日，若不更求简化，则恐面粉尚未发到，而饿殍早已载途。

穷则变，分署知道旧的办法行不通了，于是用两个补充办法来改进现状。第一个办法，是加增工作队。在 4 月中试办时，工作队只有 20 队，现在工作队的数目，已加到 148 队。人数计有队长 148 人，队员 234 人，共 382 人。队数最多的为衡阳，共有 24 队，次如零陵县，有 10 队，长沙有 9 队，岳阳有 8 队。工作队在 5 队以上的，有浏阳、湘潭、衡山、邵阳、祁阳、东安。有好些县份的工作队，只有队长而无队员，如茶陵、宜章等县。工作队的数目，虽然加增，但其人数，如与自治机构的人数比较，还是相差得太远。湖南各级民意机关及乡镇保长选举，自去年 9 月起至本年 3 月底，已全部顺利完成。计选出乡镇民代表 2 230 人，乡镇长及副乡镇长 2 230 人，保长及副保长 42 588 人，县市参议 2 215 人，省参议员 78 人，合计起来共 49 341 人，还没有把甲长计算在内。382 人的工作，绝不能代替约 5 万人。分署解决困难的第二个办法，便是简易发放程序。简化的办法，是 5 月 21 日通知各县政府的。以前所用的个案调查表、合格证明书、领取麦粉证，都取消了。新的办法，要点有六：（1）工作队到达派定之县份后，应即请县府召集善后救济审议委员会开会，依照本署核定该县非赈不生灾民数，就受灾乡镇灾情之轻重，议定每乡镇应配待赈灾民人数。（2）工作队到达应受急赈之每镇或每乡公所后，应即请镇乡长，召集镇民代表会主席及公正士绅、各保保长等开会，依照县政府前项通令，关于分配该镇乡待赈灾民总数，就遭受荒灾各保灾情之轻重，议定每保应配待赈灾民人数。（3）工作队到达应受赈之保后，应即请保长召集保民代表、公正士绅及所属各甲长开会，依照镇乡公所通令，议定每甲应配待赈灾民人数，并由甲长依照本署所定待赈灾民清册式样，先行造具清册。（4）工作队到达应受急赈之甲后，即凭甲长所造待赈灾民清册，施行个别调查或抽查，如发现漏列或不公允情事，应在原册上增列或删除，并须于增删处盖章，不另更造，以省时间。（5）甲长所造非赈不生灾民清册，经工作队详查或抽查后，由工作队长定期召集册内灾民发放面粉，每一灾民亲自领讫，在册内加印指摹，并由工作队约请保长、甲长、公正士绅，跟同发放。（6）本省各被灾县市，凡经指定配发面粉者，先由各该有关储运站转送各县市政府所在地已觅定之囤储地点，交由该队驻库负责人员验收，再由该队配运至发放地点。这个办法，虽然简化了，但给工作队的责任，依然还太繁重。现在的工作队，依照规定，到了一县后，要请县政府开会，请乡镇公所开会，请各保长召集甲长开会，在交通不便的地方，他一天得跑多少路！甲长所造的名册，他要施行个别调查或抽查。衡阳县的一个乡，大的多至 38 保，以每保平均 10 甲计，这 380 多本名册，是多么高的一大堆！调查或抽查之后，他还要去领面粉、运面粉、储面粉、发面粉，在他做这些工作的过程中，待毙的灾民，不知道要死去多少！我看了湖南的经验，格外觉得以工作队来发放面粉，不是一个可取的办法。

　　下午参观分署在长沙建筑的平民住宅，共五栋，每栋可住六家，每家一大间、一小间，另有公共厕所。房租规定每月 3 000 元，以八折计算。住宅虽已完工，但为军官团所占用，还没有正式招租。又到长沙市的金盆区视察灾情，据区长说，本区穷人虽多，但还没有吃草度日的，显见长沙灾情，已不如衡阳的严重。金盆区共有 7 保，114 甲，3 648 户，16 000 余人。5 月 28 日，长沙市政府召集发放急赈麦粉会议，金盆区分到待赈灾民名额 2 100 人。5 月 29 日下午，金盆区即召集保长会议，分配各保名额。6 月 11 日，即开始发放面粉。我们又参观了第三保的办公处，知道第三保分得名额 285 人，分配给各甲时，曾按灾情轻重而有厚薄。少的如第一甲只得 7 人，多的如第十三甲至第二十一甲，每甲得 16 人。每人可领面粉 15 斤，但实际有两家共分一名额的，最多五家共吃一名额，每家只得 3 斤。第三保曾将领粉人名公布，但未说明每人所领面粉数量。第二保公布的名单，曾注明每人所领面粉数量，最多的领到 22.5斤，少的有领 8 斤、7 斤、5 斤的，最少的只领得 2 斤。这种公布的名单，并注明每人领粉数量，是避免经手人作弊的最佳办法。

6 月 22 日　星期六

今日至民政厅、建设厅、社会处及农业改进所，拜访主管人员。有一个问题，我想得到答案的，就是湖南饥民的人数。访问的结果，没有一个机关可以给我一个正确的答案。社会处与湖南分署，都接有各县的饥民人数报告，但都残缺不全。在这两个机关所得的报告中，如加以比较，就可发现各县在报告时，并非采用同样的数目字。分署的表，是 5 月 8 日造的；社会处的表，是 5 月底造的。两个表上数字的相差，可举数例如下：

县名	分署表	社会处表
衡山	115 500	50 431
临湘	1 556	5 000
衡阳	440 161	165 000
邵阳	150 000	156 520
耒阳	315 231	40 587
常德	224 575	20 000

上列六县，惟临湘与邵阳，向社会处多报，其余各县，都向湖南分署多报，不管哪一个数字，恐怕都是不可靠的。

另外有一个官方的估计，是湖南有灾民 350 万。王主席东原，有一篇文章，题为《湖南省政之新展望》，登在 6 月 15 日出版的《自治月刊》中，乃是一篇对省参议会施政报告词。文中曾说，湖南灾情的严重性，甚于所闻。目前本省非赈不生的人民，约有350 万。这个数字，据社会处处长刘修如告诉我，是根据粮食的产量与消费算出来的。湖南在平常年，产米 121 609 814 公石，消费 115 940 912 公石，尚有盈余 5 668 902 公石。三十四年产量，只有 67 317 107 公石，消费量假定不变，应缺粮 48 623 805 公石。以杂粮 27 629 800 公石弥补，尚缺稻谷 20 994 005 公石，即缺约 530 万人一年的粮食。再以蔬菜抵补 1/3，全省缺乏粮食之灾民，约有 350 万人。

这 350 万人的地理分布，既无统计可考，对于分署分配物资时，并无什么帮助。为得一客观的标准，以为发放救济物资的根据起见，分署曾邀请省政府、参议会、省党部、三民主义青年团、民政厅，共同开会两次，决定采用下列标准来权衡各县市灾情的轻重：

（1）常住人口数，占 10％，每十万人 1 分。

（2）沦陷区域，占 20％，全部沦陷 20 分，局部 14 分，敌骑扰乱 6 分。

（3）沦陷时期，占 20％，沦陷一年以上 20 分，半年以上 15 分，半年以下 10 分，敌骑经过 5 分。

（4）沦陷次数，占 10％，沦陷四次 10 分，二次 9 分，一次 8 分。

（5）损失程度，占 20％，最重 20 分，重 15 分，次重 10 分，轻重 5 分。

（6）作战情况，占 20％，最激烈 20 分，激烈 14 分，有接触 6 分。

根据以上各项标准，核定全省灾区灾情分数等第，计得 20 分的有 22 县市，得 19 分的 5 县，18 分的 3 县，17 分的 8 县，16 分的 3 县，15 分的 1 县，14 分的 1 县，13 分的 5 县，12 分的 2 县，11 分的 1 县，10 分的 3 县。这个标准，在配发面粉时，并未有很大的帮助。第一，22 县市的灾情分数是一样的，它们是否应得同数量的面粉呢？第二，湖南的灾情，乃是寇灾与天灾的混合产物，上项标准，并没有把天灾的因素计算在内，所以在配发面粉时，这个标准不过是参考资料之一种而已。署长自己巡视各灾区时所得的印象、工作队的报告，以及主管人员的意见，在配发各县面粉时，其所发生的影响，也许大于上面所说的标准。

6 月 23 日　星期日

早起参观长沙各仓库，并到储运站。长沙现已存有大量面粉，今早到一中型登陆艇，载有 300 吨，闻下午尚有另一中型登陆艇可到。分署以运费无着落，无法运出。此为湖南分署目前最严重的问题，前已为此事与总署去一电，今日再去一电，重申此点。

参观长沙第二善救工厂，有工人 200 余。

参观湘雅医院，门诊部原有三楼，现只一楼。病床原有 180 张，被敌人毁坏，经分署的协助，现已恢复 150 张。病房现有三楼，拟恢复原有之第四楼，需款 1 亿元。医院附设之护士学校，初中毕业即可入学，校舍修建将完竣，已花 7 000 万元。湘雅医学校，在建筑中，需款 2 亿元。

6 月 24 日　星期一

早九点半由长沙起程赴湘潭，分署派钟视察华谬同行。长沙到湘潭的公路，我以前走过数次，极为平坦，战时破坏，现在自易家湾到湘潭一段，尚未完全修复，车行甚苦。十一点半到湘潭，渡船为一大汽车所压坏，正在修理，一时不能完竣，因先坐划船过江，在爱雅园午餐，然后进城，住县府附近之国民公寓，本日只行 50 公里。在公寓稍息后，往会县长，未遇，见其秘书、科长，又晤工作队颜队长天亚。颜队长于 4 月 21 日到湘潭，24 日即在雨湖镇开始调查工作。雨湖镇有 26 保，颜队长工作 20 日，至 5 月 14 始查完 10 保。彼于 5 月 10 日左右，便打电话向分署报告，说调查后发放面粉的办法行不通。5 月 18 日，得到口头通知，谓个案调查表，可以废止不用，可照新颁的办法进行。4 月自长沙出发时，颜队长听到福利专员训话，谓有多少灾民，即发多少领粉证，不必受名额限制。到了 5 月 18 日，才知道名额还是有限制的，于是只好登报，把以前发出的领粉证作废。自 5 月 20 日起，照新办法发放面粉，一、二两期面粉，并为一期发放，至 6 月 18 止，仍有一半乡镇未发。面粉已经到了湘潭，只以工作队的人员不够，搁置不发，当然会引起地方人民的不满。如 5 月 26 日，花萼乡公所呈县府："查本乡灾情惨重，荒象早成，饥民待毙，救济刻不容缓。昨经电恳迅转湖南救济分署湘潭工作队将运存本乡马公堰市之美面粉，急为发放，并呈赍非赈不生名册在卷。近待毙之饥民数千人等，均借贷无门，日日闹扰本所数次，并声言要将马公堰市之面粉强担充饥，纵犯法坐禁亦不畏等语。昨本月 25 日，又有乡内饥民男女数百人，竟担箩负袋，齐拥入马公堰市，迫向寄面粉户之老板家担取。后经职及马参议员建中、警察队钟队长鸣皋、教育会常务理事唐泽嘉及地方一班士绅等严加开导，并限于五日内，请求上峰发放，详予解释，始行退散。兹该饥民等实不得已之举，倘一被强硬担去，则本所殊难负责。兹特电呈鉴核，恳予迅转湖南分署工作队，于三日内来乡发放，以救灾黎，不胜屏营待命之至。"株州镇公所于 5 月 11 亦有呈文到县府，略谓救济总署赈灾面粉，业于 5 月 2 日由尹科员押解运来三吨，一部分略已潮湿，当即起卸，寄存保管。惟时当霉季，该项面粉，若囤放太久，恐将发酵，腐烂堪虞。且待赈灾民，嗷嗷在望，均盼早日沾到实惠，以延残喘。理合备文呈请查核，恳予迅转急赈工作队，火速派工作人员来株监放，以恤灾黎。这两个例子，并不能证明颜队长同其他工作队的人员溺职，因为湘潭的工作队，的确自朝至暮，在那儿黾勉从公的。但湘潭有 35 个乡镇，人口在 91 万以上，县府报告非赈不生的人数在十万以上，分署配给湘潭的面粉，第三期的也预备救济 3 万人。可是工作队只有六队，人数只有 27 个，要这 27 个人，分在 35 个乡镇中去发面粉，无论如何是忙不过来的，所以结果是顾此而贻彼。这不是工作队人员的失职，而是工作队的制度不能适应急赈的需要。

6 月 25 日　星期二

今日由湘潭起程，经湘乡抵邵阳，宿邵阳办事处，行 172 公里。

分署所属的机构中，有两个办事处，一在衡阳，一在邵阳。我问姜乾坤处长，办事处的职责何在，他说该处任务有三：（1）统筹计划邵阳、武冈、新化、新宁、城步、湘乡、安化七县的善后救济事宜，（2）协助总署在邵阳举办的乡村工业示范组推行工作，（3）指挥监督境内分署所设各机关及急赈工作队。现驻邵阳之分署机关，有邵阳储运站、邵新公路工程处及第三难民服务处。

到储运站，晤罗竹虚主任。他说邵阳所得物资，多由长沙用汽车运来，费时两天至五天不等。运费如用木炭车，每公吨里为 240 元，如用汽油车，便需 360 元。自长沙至邵阳全程，用木炭车运货，每吨需洋 53 280 元。由邵阳运物资至各县，多用水运。由邵阳至新化，系下水，每吨运费 11 000 元。由邵阳到新宁，系上水，每吨 25 600 元。邵阳储运站负责输送之物资，只有城步一处，因交通困难，未运出。

邵新公路工程处及第三难民服务处，因时间不足，未往参观。据姜处长报告，邵阳至新化建筑公路，系工赈计划之一，全路共长 75 公里，于本年 3 月完成测量工作，4 月 15 日开始动工，工人就邵阳、新化两县的灾民，编组充任。每人每天原发面粉一斤半，副食费 75 元。嗣以工人不敷每日食用，呈准改发面粉两斤，副食费 150 元，比零道、零东公路上的工人，所得似乎略多一点。全路开工，可收容灾民 12 000 人，截至 5 月底止，收容灾民 8 070 人。关于第三难民服务处，办理已在半年以上，不久拟即结束。对于过境难民的招待，与他处相似，为供给膳宿医药、补助旅费，并剃头、沐浴、灭虱。自成立至 6 月 15 止，计共招待 19 450 人，遣送难民 18 600 人，共发旅费 2 600 万元以上。

6 月 26 日　星期三

上午参观平民住宅，有大房一，共三间，可住单身平民约百人，另小房二，每房六大间、六小间，可住六家。原建筑价为 1 500 万元，现在乡村工业示范组以在邵阳租房不易，拟收购此项房屋，以为办公之用。县政府即以工业示范组收购之款，另建平民住宅。

据工业示范组主任蒋光曾谈，行总现拟以邵阳及广东曲江两处，为工业示范工作地区。所以选择此两处的理由有五：（1）县区面积较大，人口稠密。（2）交通较便，有铁路、公路、水道可资运输，器材易于输入。（3）战前手工业规模虽小，然能以当地物力、人力从事生产物资供应农村，且虽经战火，亦未遭破坏至不可复原之地步。（4）与广大之农业区毗连，且桐油产量丰富，抽水榨油技术之改进及各农业工具，需要甚殷。（5）邵阳、曲江两处相去不远，易于兼筹并顾。现在工业示范组之设计工作已告完成，拟即在邵阳设置机械、硫酸、水泥、化学肥料、炼焦、冶铁、杀虫剂、制革、榨油、碾米十个示范工厂，然后在曲江，按照邵阳成规，次第仿建。邵阳的善后救济审议委员会，曾有请赈意见书送给分署，其中有一段是关于手工业复员救济的。当地的士绅，请分署救济的手工业，为制革、皮箱钉鞋、靴鞋、皮件、棉织、造纸、砖瓦、制墨、民船、木作十项工业。这个单子，与工业示范组所拟举办的工业相比，可以看出新旧工业的不同所在。

我们与蒋主任同去看了双清亭仓库之后，便去拜访六区专员孙佐齐及参议会议长谢煜焘。据云邵阳有 48 乡镇，754 保，24 万余户，140 余万人口。非赈不生的灾民，在 15 万以上，饿毙的人数，根据各乡镇报告，已有 502 人。邵阳虽与衡阳为邻县，但灾情显然不如衡阳的严重。孙专员分析其原因，谓一因邵阳有麦收，二因邵阳早已着手自助互助运动，三因地方长官负责。

分署在邵阳所发的款项，共有六种：（1）急赈款 1 524 390 元。（2）平民住宅建筑费，第一次 1 500 万元，第二次 700 万元。（3）耕牛贷款 1 200 万元。（4）种子肥料赈款 560 万元。（5）春耕农赈 9 935 000 元。（6）小学修建费 500 万元，受惠的为循程、精忠及群贤三校。所发的物资，共有三种：（1）面粉 4 月份 15 万斤，5 月份 60 万斤，6 月份 120 万斤。（2）衣类计有棉背心 715 件，旧衣 22 袋，鞋 3 袋。（3）医药器材 3 批，已给卫生院。

下午离邵阳赴衡阳，仍宿中国旅行社，本日行 135 公里。晚杨处长及衡阳新县长罗植乾来访。

6 月 27 日　星期四

上午与罗县长及廖议长、杨处长等，对于衡阳救济工作，再做一次检讨。廖议长提出一点令人吃惊的事实，就是截至目前为止，衡阳县还有船山、永福、仁安、新城、莲峰、长乐、福政七乡，未发第二期的面粉。发急赈是救命的工作，像这样慢慢地办理，如何可以达到使命？我于是向县府、参议会及衡阳办事处建议，发放面粉的责任，还是要由地方自治机构担任起来，工作队只负监督、抽查、检举的责任，不做直接发放的工作。这是一个重要的原则，原则决定后，我提议的办法如下：

（1）县府开会决定各乡镇受赈名额，各乡镇开会决定各保受赈名额，可以自动办理，不必等工作队来请。开会时，可多约地方公正人士参加。

（2）各保得到名额后，即召集保民大会，提出受赈者人名，在大会中通过后，即作为发放面粉的对象。

（3）衡阳储运站得到面粉后，即照县府会议通过之各乡镇名额，算出每乡镇应领面粉数量，通知县政府或参议会或各乡镇驻县代表，派人领取，运至各乡镇公所。

（4）乡镇公所，定期照保民大会通过之受赈者名单发放面粉。发放时，除乡镇长、乡民代表、保长在场监视外，灾民亦可举出二代表监秤。

（5）发放面粉后，各乡镇须造具领粉者清单，上载每人领粉数量，以保为单位，在乡镇公所公告全乡镇清单，在各保办事处公告各保清单。人民及工作队，均可凭此清单，检举作弊行为。

我乐观地对衡阳各界说，如照上列办法进行，全县各乡镇发面粉的工作，可能同时举行。只要面粉运到，少则五天，多则十天，定可在各乡发清，绝不致如现在的迟缓。换句话说，采用这个办法，许多要饿死的人，便可保全生命。大家都同意这个观点，我于是把上述的意见，发了一个电报给余署长，请其斟酌采纳。

6月28日　星期五

早八点半起程，到界牌铺下车视察，居民多吃豆及稀饭，灾情似较轻。十点半抵耒阳，在耒阳境内，见数处集有数百灾民，问袁秘书，知道耒阳现在还有粥厂施粥。这些灾民，都是等候吃粥的。6月份起，城内即办四粥厂，四乡亦办有十余厂。耒阳有26乡镇、390保，战前人口58万余，现在只有46万余。自1月至4月，饿毙人数为731名，5月份饿死357人。分署在此的救济工作，与他处大同小异。县府对于救济物资的需要，提出六点：（1）粮食。耒阳县平常产稻谷200余万担，每年缺粮三个月。去年因敌寇及旱蝗两灾，收成不过3/10，人民粮食，早已告罄，现以糠秕、草根充饥的，不知凡几。估计在青黄不接时期，需要粮食120万担。（2）药品。耒阳县自沦陷后，人民转徙流离、风餐露宿，各种瘟病，由此产生。流行最烈的，为疟疾、痢疾、霍乱、溃疡等症，最近脑膜炎亦相继发生。值此大劫之后，人民元气丧尽，生活已难解决，医药更无办法，拟请配发霍乱疫苗、奎宁丸等药品及器材，并充实卫生院各项设备。（3）耕牛。耒阳耕牛向来不足，每年春季，农民纷向邻近各县采购。自沦陷后，原有耕牛多被敌人宰杀，邻近各县，亦因战事影响，余存无多，且每头价款，至少在20万元以上，劫后灾黎，实苦无力购买，估计县中需要耕牛数目为一万头。（4）种子。耒阳经此浩劫之后，十室十空，种子需要，至为迫切，包括早稻种、晚稻种、高粱种、小麦种、荞麦种、大豆种、黄豆种、绿豆种、棉花种，自 1 000 余担至数十担。（5）布料。耒阳人民衣服被盖，损失 7/10 以上，无论乡村、城市，街头巷口，衣不蔽体的，到处皆是。估计约需布匹 1 378 260 丈、棉花 481 184 斤，方能勉强维持。（6）住宅。修理房屋之材料及一切家物器具的补充，虽可就地筹办，然无巨量资本，短时亦难复原。为免灾民流离失所，有多建贫民住宅的必要。我们看了县府提出的需要，再看分署已办的救济工作，知道耒阳人民的一部分需要，已经得到满足了。

在耒阳饭后继续启程，五点到郴县，宿兴中公寓，本日行 141 公里。

6 月 29 日　星期六

早八点离郴县，宜章县县长伍励元同行至宜章下车。自郴县至小塘，共 60 里，即出湖南境，公路立见恶劣。我们在离开长沙时，曾得湖南分署驻龙关专员曹云松报告，说是湘粤边境的桥梁，时为居民破坏，影响救济物资的运输甚巨。如水牛湾便桥自 3 月 26 日拆断后，6 月 8 日始告修复，其后离水牛湾 13 公里之小塘便桥，又被当地土人拆毁，估计约需两天可以修复，但十天尚未完成。水牛湾桥断后，车辆停留该处的，约 100 辆。每辆空车，过渡需 2 万元，卸货及上货过渡共需 5 万元，因其如此，引起上下交征，于是故意拖延工程，闻每渡每日须奉送工程师 8 万元，该处有渡船 5 只，每日收入当有 40 万元。此种损人以利己的贪污，殊可痛恨。我们过水牛湾便桥时，该桥已修理完竣，但小塘便桥，左右并无栏杆，桥中心走车轮的木料，有几根是腐烂的，我们的车经过时，几乎摔下河中，这是离开贵州后遇到的第一次险境。由小塘至坪石，凡 13 公里。自坪石到乐昌，凡 99 公里，都是山路，这路迂回曲折，若干地段，地基松软，车行不但颠动，亦且危险。三点半到乐昌午餐，六点抵曲江，住青年旅社，本日行 222 公里。

湖南分署的钟华谔视察，陪我们到广东，现在任务告终，要我告诉他广西分署与湖南分署工作的异同，我参考日记及手边的资料，提出下列数点：

（1）在行政组织方面，湖南分署有五种三人小组会议，系由分署与联总驻湘办事处合组，协商办理农业、工业、储运及分配、卫生、社会福利各项技术之建议与执行。又在岳阳、衡阳、零陵、邵阳四处，分派外籍福利专员 1 人、国籍专员 1 人，常驻各区，督导赈务工作。广西无此种组织。我的意见，以为联总的职务，在督策及建议。至于政策的决定及执行，应在行总之手。总署如是，分署亦然，湖南分署的办法，不足为训。

（2）湖南在邵阳及衡阳设有办事处，广西在桂林亦设有办事处。查广西分署，设在柳州，桂林为省会所在地，为便利业务的接洽起见，似有设立办事处的必要。湖南的办事处，并无存在之必要，两办事处处长，均承认其机关即不存在，对于救济工作之推进，亦无不便。

（3）广西为协助分署工作，在各县普遍设立社会救济事业协会，湖南有类似的组织，但其名称颇不一致，有称善后救济审议委员会，有称救灾委员会，有称分配委员会，有称救灾工作团。

（4）广西分发救济粮食，利用地方自治机构，只在兴安与全县利用工作队。湖南则普遍地利用工作队。

（5）湖南人口比广西多一倍，灾情亦较广西严重，但湖南分署在成立伊始，只拨5 700万元，分发受灾各县市，办理急赈，广西曾拨款1亿元，办理急赈，比湖南反多近一倍。

（6）截至6月15日止，湖南所得面粉、米及小麦三项，已达16 621吨。我们于6月11离开广西境时，广西所得的粮食，只达5 000吨。以人口及灾情的不同来说，此种三与一之比例，虽不一定是总署的政策，但尚合理。

（7）关于农业的协助，湖南曾发种子肥料赈款2亿6 800万元，广西的同项支出为1亿4 000万元。湖南的耕牛贷款为1亿7 200万元，广西为5 000万元。湖南在水利方面，曾提出面粉2 685吨、款1 400万元，修复各县城堤、堤垸及塘坝。广西在水利方面，共费8 600万元。以上各方面，两省的努力大致相似。但广西在全县及兴安办理之农赈，实为一有识之创举，不但湖南未办，广西分署在其他各县亦未举办。

（8）湖南在工赈方面，曾办了三个善救工厂，修筑零东、零道、邵新三条公路，广西并未办理此类工赈。

（9）衣的救济，湖南的工作较广西为多。广西只发过一百袋旧衣。湖南除散发盟邦旧衣外，且制棉背心、棉大衣、棉被，分发各地灾民及过境难民。

（10）住宅的救济，湖南所花的钱也较广西为多。广西的平民住宅，集中于柳州及桂林两都市，共费3亿7 000万元。湖南曾拨4亿7 200万元，分发29县市，建筑平民住宅。

（11）教育方面的救济，湖南所花的钱远不如广西，而且比较集中于少数都市。广西曾以2亿9 300万元，协助被灾各县市修复中心小学，私立学校受惠的占少数。湖南只拨了1亿3 200万元，协助小学的修复，受惠的多私立小学，而且遍重于长沙、衡阳两都市，计长沙市受惠的有36校，衡阳市有34校，其余九县，自1～4校不等。

（12）卫生方面的救济，湖南所花的钱更不如广西，而且与教育所花的钱一样，也是集中于少数地区。广西在卫生方面，曾拨款 3 亿 5 760 万元，协助修复省立医院、各县卫生院及少数私立医院。湖南只以 1 亿 5 000 万元，协助各地医院的修复，受惠的多为教会医院，卫生院只有长沙与衡山两处得到修建费。湖南的五个医疗队，乃广西所无。

（13）难童的收容，湖南与广西的工作分量相等。湖南在长沙、衡阳、衡山，设有收容难童机构。广西在桂北的灵川、兴安及全县，设有难童收容所共三所。

（14）湖南处交通要冲，所以对于难民的遣送，当然所负责任较广西为多。广西输送的难民，至 5 月底止，约 15 000 人。湖南分署根据各服务处及服务站的报告，总和起来，得一遣送总数，至 5 月底止，为 200 521 人，其中有重复计算之处，因同一难民，在零陵受招待后，过衡阳、长沙、岳阳，复受招待，也就复被登记。一定要把这些重复计算的人除开，即各站只报起运的人，不报过境的人，此项统计的总和，才可表示由湖南遣送难民的总数。

（15）湖南对于慈善机关的补助，较广西为分散，而且补助的方法，物资与款项并重。湖南的慈善机关，受到分署款项补助的，凡 11 个，共 1 600 余万元。得到物资补助的，凡 51 个。领得的物资，包括面粉、罐头、奶粉、俘衣等。广西的款项补助，数量较大，但集中于少数机关，如柳州儿童教养院得 2 000 万，广西省会育幼院 1 000 万，柳州救济院 500 万，容县孤儿院 300 万，此外第四期事业费中，有各慈善机关补助费 2 000 万。物资的补助，限于营养食品，领得的机关，也较湖南为少。

6 月 30 日　星期日

今日晤广东分署第三工作队队长陈信友，知广东分署共有 12 工作队，除广州市工作队外，其余工作队驻点如下：（1）广州，（2）台山，（3）曲江，（4）高要，（5）惠阳，（6）汕头，（7）茂名，（8）合浦，（9）琼山，（10）乐会，（11）儋县。广东的工作队，设赈务股、卫生股、供应股及总务股。队设队长 1 人，股长 4 人，干事 8 人，共为 13 人。任务在组织规程中，并无详细规定，只说是工作队秉承分署命令，办理特定地区之救济工作。广东的工作队，有一点与湖南的不同，就是它并不直接散放救济物资。在广东，散放物资的责任，是由各县市局的善后救济协会负担。善后救济协会，设委员 7 人至 15 人，就当地党部、县政府、县参议会、联合国教会牧师、银行、医院、公正士绅中选聘充任，隶属于广东省政府及广东分署。从工作队的性质去看，广东的工作队，又有点像湖南及广西的储运站，因为分署发给各县的物资，除少数例外，都是先发给工作队。譬如第三工作队，管辖地区有曲江、清远、南雄、英德、佛冈、翁源、始兴、仁化、连县、乐昌、乳源、连山、连南、阳山 14 单位。这些单位应得的救济物资，分署都交给第三工作队转发。可是在另一重要方面，广东的工作队又与湖南、广西的储运站不同。在湖南及广西，储运站要负责把各县所得的救济物资，运送到各县县府，运费由储运站担负。广东则不然。本年 4 月 29 日，广东分署曾有代电给工作队说："查配发各县物资，内地转运问题，本署以运费过大，无力负担，业经电呈总署核示在案。在未奉示复以前，为免救济物资无法放出起见，兹定折衷办法，由该队函知各县政府设法派员前赴该队，自备运费领收，以免滞留，而收迅速之效。"所以广东的救济物资，并不由分署送往各县，而是由各县自备运费，到工作队领取。这种办法，我们预料要发生很多流弊，因为我们已经走过了好多县，与好些县长谈过他们县中的财政，知道县政府很穷，它们绝没有运输救济物资的一笔预算。

广东的工作队，又有一点与广西的相似，就是它们经常要到各县去，视察各县办理救济工作的实际情形。据陈队长说，第三队的辖区太广，有若干县份，他还没有去过。

7 月 1 日至 3 日　　星期一至星期三

7 月 1 日早坐达兴拖轮赴广州，3 日早抵广州，住新亚酒店。我于离曲江的前晚发热，2 日船过清远后又发热。抵广州后，分署秘书主任钟耀天及总务组副主任黄菩荃来访，并介绍医生来视疾。

7 月 4 日至 5 日　　星期四至星期五

两日在旅馆中整理湖南资料，写成报告三篇，一说湖南灾情，一说湖南救济工作，一论湖南工作队，寄与总署参考。

7 月 6 日　　星期六

凌署长道扬及钟秘书耀天陪往分署，与各主管人员谈广东分署工作。

先至会计处晤主任郑士英，知广东分署在 1 月以前，曾得经费 2 亿 1 500 万元，开办费在内。2 月经费为 1 亿 5 000 万元，3、4 两月经费为 2 亿元，5、6 两月为 2 亿 5 000 万元。广西与湖南两分署，在 5 月份得到的经费，都比广东分署大数倍。这是广东分署所以不能把救济物资运到各县，而只能运到工作队所在地的主要原因。

卫生组主任朱润深谈，广东只有医院 93 所，病床 4 250 余张，平均每 8 000 人才分配得一张。这个数目，我们如与美国每千人有三张半病床相比，自然是相形见绌，但比广西、湖南的病床设备又胜一筹。现在公私立医院，因经费缺乏，不能开办的很多，分署为求各地医院早日复原，以便展开救护防疫工作，所以对于若干公私立医院，予以经费的补助。但以分署经费无多，所以协助各医院的款项总数还不到 600 万元。除款项外，对于若干医院，还有实物的补助，如广州中央医院曾得赈米 10 吨，佛山省立第三医院曾得 55 吨。除协助固有医院外，分署本身曾组织医疗防疫队，分驻广州、曲江、汕头、台山及海南岛，办理防疫及医疗工作。医疗队有医生 2，护士 2，助理 3，环境卫生人员 1，事务员 1。分署还办理一个防疫医院，附设在方便医院内，有病床 80 张，广州市的医疗队，也在方便医院内附设 90 张病床，此外在其他医院，还设了免费病床，广州市共有此种病床 250 张。每张免费病床，在 6 月以前，由分署每日津贴面粉半磅、伙食费 200 元，自 6 月起，改为每日津贴 500 元。防疫工作，最注意的是霍乱。广州市于 3 月间即发现霍乱，7 月 1 日，广州市的医院里，还有霍乱病人 47 名。分署为协助市卫生局办理夏令防疫，曾补助该局经费每月 90 万元，以为局中职员加工津贴。又组织 DDT 喷射队，分别在第一防疫医院、市立传染病院、方便医院、各学校机关、市区公共场所及各污水沟渠，做轮流普遍喷射。4 月间并曾请香港政府，以飞机在广州市洒 DDT。又配发市卫生局救护车两辆，在市中巡回为居民打霍乱预防针，曾注射的，已有 13 万人以上。广东现在有 33 县发生霍乱，分署除在广州市办理防疫工作外，并在曲江、高要、汕头、惠阳、广州湾、海南岛设立防疫站，由工作队卫生人员会同卫生院或医药机关合作办理。分署所收到的药品、器材，曾分配与广州市及县医院应用。得到救护车的，有中央医院、柔济医院、博济医院、省立第一医院、江村普惠医院、光华医院、市卫生局、市立医院、方便医院、中大附属医院。得到药品补助的，共 121 单位。得到营养品的医疗机关，共 40 单位。朱主任又告诉我，广东现在训练医生的机关有三，即中山大学、岭南大学及光华医学院，所以广东不但病床比广西、湖南多，即训练医生的设备，也较广西、湖南两省为更充裕。

下午访赈务组主任何伯平及副主任熊真沛。据云：广东省 101 个县市中，有 91 个经过长期沦陷或局部沦陷。所受损失，主要的为房屋被毁 252 000 间，耕牛 15 万头，河堤年久失修，稻田及旱田被弃置而成荒地的共 600 万亩。

广东分署的赈务工作，一为举办冬令赈款。曾拨款 2 780 万元，分发 85 个县市局。每县所得的多寡不等，自 15 万元至 50 万元。各县得到此种赈款后如何分配，只有五县对分署有报告，多以办理施粥或发给本地难民。

二为发放米面及营养食品。至 6 月底止，分署曾由各工作队发给各县面粉 10 254 446 磅，食米 13 170 386 磅，小麦 7 930 包（每包 220 磅），炼乳 18 993 箱，脱脂奶粉 3 814

箱，全奶粉 47 891 箱，罐头牛肉 21 625 箱，淡奶 62 789 箱，猪肉豆 9 431 箱，汤粉 14 340 箱，去水羊肉 1 788 箱，砂糖 4 421 包（每包 70 磅）。我问物资的分配标准如何，何主任说分配标准有二：一为人口多寡，以每 5 万人占一分配单位；二为战灾轻重，分为全部沦陷、部分沦陷、被敌窜扰、县境完整四项，其分配比例为 5：3：2：1。各县市局分配数，即为人口单位及战灾轻重单位之乘积。分署留存 237 单位，为急需或各县市不敷之用，连同各县市局分配数，其总单位为 2 340。以上总单位及各县市局所占单位，制成百分比，分配物资，即以此为标准。今以番禺县为例。番禺县的人口，以每 5 万人占一分配单位，可得 17 单位。战时番禺县全部沦陷，故从灾情轻重方面看去，番禺应得 5 单位。番禺之分配数，为人口单位及战灾轻重单位之乘积，即为 17 乘 5 之得数，为 85，此为番禺之分配单位。全省总单位为 2 340，番禺所得之单位，占总数的 3.6%，所以在分配物资时，番禺也应得的 3.6%。这个标准，在我所见的各种标准中，是最具体、最客观的一个，但应用此项标准去分配物资是否公平，则为另一问题。譬如以全部沦陷之县与局部沦陷之县相比，局部沦陷之县，多为拉锯战的所在地，人民所受的损失，也许比全部沦陷的县还要多些，但如用广东分署的标准，它所得的救济物资，便要少些。分署的人，也知道这个标准不可呆板应用，所以在分配救济物资时，有时还参考其他的标准。

三为发放旧衣。为使无衣民众获得衣着，分署曾将盟邦赠送的旧衣，在广州市散发 48 119 份，另发放 63 个收容单位，计 9 721 份。在各县依照物资分发标准，配发旧衣 1 000 包、旧鞋 500 包。

四为输送难民，由各地工作队及西江输送站、南雄接运站及坪石接运站负责办理。至 6 月底止，共送 18 459 人，其中由西江输送站输送 6 666 人，广州工作队送 6 166 人，琼山工作队送 1 802 人。广东分署所输送的难民，有两种特殊的人物：一为台湾人民，由分署雇船自广州及海南岛送其回籍。二为华侨，已有 2 000 余人自各地送来广州，分署正设法代觅船只，输送出国。在输送前，先在广州及汕头等设华侨招待所或华侨宿舍居住，以便集中管理。

五为水利工赈，分署已办之工作，计有五项。一为广州清濠。广州市东西濠及玉带濠，为全市三大干濠，抗战以来，污泥淤积，分署因与市工务局计划清除，除工具及技术人员由工务局负责外，工人工资，由分署以工赈方式，选用难民充任，共雇用工人 1 368 人，队长每日工资 600 元，班长 400 元，工人 350 元，规定以面粉照每磅 90 元折发。此项工程，已于 5 月初完成。二为修复石牌乡农田水利。石牌乡邻近市郊，水利工程经敌人摧残殆尽，分署拨面粉 2 000 余磅、国币 30 余万元，兴工修筑主要灌溉陂塘，可灌稻田 13 000 亩。三为抢修芦苞水闸。该闸长 101 公尺，捍卫三水、南海、广州等地，历年经敌盘踞，已失节制效用，分署特拨面粉 400 吨，委托珠江水利局，办理抢修工作，完成后受益田亩在 200 万亩以上。四为修筑清远河堤。此为广东防潦主要设备之一，堤长 20 公里，保卫人口 6 万余、村庄 600 余、农田 20 余万亩，现由分署拨面粉 200 吨，会同珠江水利局等机关，组织工程队出发该地修筑。五为修理全省第一期 35 个大小基园。此项基园，分布于高要、新会、三水、南海等 11 县，保护水田约 270 万亩，分署迷据各地基园董事会，申请协助修理，拟先拨面粉 300 吨，推动此项工作。

六为修复公路。广东全省 14 000 公里之公路，大部被毁。广九公路，长 154 公里，由广州至东莞一段，长约 60 公里，经广东公路处临时修复通车。东莞至深圳一段，长 94 公里，为急于通车计，由分署拨面粉 350 吨，以工代赈，协助公路处修复。此外广韶公路长 322 公里，韶小公路长 163 公里，韶庾公路长 131 公里，分署均计划协助公路处将路面改进，并将临时木桥改为永久式桥梁。

7 月 7 日　星期日

今日参观中山大学及岭南大学。岭南大学，校舍及图书、仪器，无甚损失。中山大学的房子，没有什么损伤，但房子里面，都是空的。学生上课，自己带一条小凳子去坐，带一块小木板，放在膝头上，为记笔记之用，下课时仍自己带走。我们看了许多讲堂，可谓除四壁外无一物。

7 月 8 日　星期一

在分署做纪念周，我讲广西、湖南如何发放物资。完毕后，访储运组主任关士敏，知道广东分署至 6 月底止，已收到物资 21 000 吨，运出 18 000 吨，余约 3 000 吨，不久可以运出。分署仓库，可容 13 000 吨，拟再加扩充，容纳 25 000 吨。

分署运出物资，多用水运。每吨物资由广州运至海口，每吨 54 000 元，到广州湾每吨 48 000 元，到汕头 35 000 元，到曲江 42 000 元，到台山 15 000 元，到惠州 13 000元，到肇庆 8 000 元。

广州有一行总的储运机构，就是广州储运处，负责储运行总九龙储运局转运救济广东、广西、湖南三省的物资。处长马开衍说，自 2 月 18 起到 6 月底止，共到物资 46 517吨，2 月以前曾到 9 000 余吨，共到 55 000 余吨，运出约 4 万吨。物资来源，除一万吨自上海运来外，其余都从九龙进口。物资分派的比例，起初为 5：3：2，以五成归广东，三成归广西，两成归湖南。自 5 月份起，改为 4∶4∶2，即广东与广西各得四成，湖南还是得两成。运费由广州用轮船运到梧州，每吨自 8 500 元至 12 000 元不等。由广州运往曲江，每吨自 42 000 元至 45 000 元不等。到梧州的时间约一星期，到曲江约 20 天。由曲江到衡阳，托行总公路运输处代运，每吨公里 240 元。由曲江到郴县，用火车运，每吨 16 000 元。我问马处长，九龙储运局离广州很近，广州储运处的工作，可否即由九龙储运局代办。他说，九龙虽然靠近广州，但港九并非内地，物资运到港九，还不能说是运抵，所以在广州还应设处转运。还有一点，就是港九行使港币，如在港转运物资到各省，便要支付外汇，而在广州则可使用国币。照现在的汇率，由港九径运物资到各省，所需费用，反较由广州接运为多。且此项业务在广州办理，直接、间接受惠的不下 3 万余人，对于救济广州失业民众，有其重大的贡献。

储运处在办理业务时，所感到的困难共有四点：（1）储运处负责运输，但无运输工具，招商承运，管理困难，且商船往往为军队封用，不能畅运救济物资，以致物资堆积港口仓库，不能照预定计划运出。（2）九龙、上海的物资，不能平均起运，每每一天或几天之内，就到一二十只船，起卸来不及，耽搁船方回程，固然要赔偿损失，而且仓库的地位有限，巨量物资于短期内同时到达，储藏也发生问题。（3）物资到达广州时，包扎常有损坏，箱装罐头也有在中途被窃或调换的，如逐件启验或过磅，时间、金钱都不许可。但贸然收下，将来损耗的责任应当归谁担负，就无法弄得清楚。（4）目前各地治安欠佳，起卸、运输往往被强抢或盗窃，储运处无武装护运，监视起卸工作也感力量不足，且往往因此受流氓的仇视，时有被袭击的危险。这些问题，的确是研究中国运输问题的人所要注意的。

我们又去参观总署在广州的另一机构，就是财务厅广东代表办事处，主持办事处的人是陈之达。总署为筹集业务的经费，可以把联总送到中国来的物资，拿出一部分来变卖，担负这种责任的，就是财务厅。广州是华南的一个大市场，所以财务厅派有代表在此，代表总署售卖物资。办事处于 3 月 1 日成立，过去曾在广州出售 2 万包面粉、将近 2 万包的洋灰，另外还有罐头食品、牛奶奶粉等物。出售的物资，至最近止，共值 5 亿 2 000 万元，曾以 2 亿元汇归总署，余拨给广东分署及储运处做经费。

下午参观了两个工作队，即广州市工作队及第一工作队。

广州市工作队，规模较任何工作队为大，有工作人员 86 人。分署发给工作队的粮食，广州市工作队所得独多。譬如分署在 6 月底以前，曾发出面粉 1 000 余万磅，广州市工作队独得 244 万余磅，占总数的 1/4。在同期内，分署曾发放食米 1 300 余万磅，广州市工作队独得 365 万余磅，也占总数的 1/4。依照分署所定的各县市局救济物资分配标准，广州市只能得总数的 4.9％，所以广州市所得实际的救济物资，远超过它所应得的数目。

广州市工作队得到这样多的物资，便大规模地办理消极的救济。在它所办的事业中，有四个平民食堂，吃一顿饭，只要 70 元，平均每日有 4 000 余人就食。有 11 个难民宿舍，共容难民 8 000 余人，每人日发米 2 磅。有 13 个施饭站，每日领饭的有22 000人。有 16 个施奶站，多与施饭站合办，发奶在发饭之后，也有与饭同时发放的。社会处在广州市办了三个赤贫收容所，共容 8 400 余人，每日发 14 两米，也由广州市工作队供给。广州市受赈的，还有一些特殊人物，如党部介绍来的革命元勋，曾随孙总理革命的，千余人。失业军人受赈的亦有 2 000 余人，彼等结队而来，强索赈米，不给则招牌有被打破的危险。华侨也有 2 000 余人，彼等思返南洋，但殖民地政府是否允彼等回去，是一问题。在此候船、候办交涉的时期内，他们的生活，也要工作队救济。总计起来，广州市的灾民，靠工作队的赈米维持生活的，在 5 万人以上。

除了消极的救济外，广州市工作队还有三个以工代赈单位：（1）清理街道，共用2 500 人，与警察局合作。其中 1 500 人由警察局雇用，工作队给彼等每日米 2 磅，警察局另发彼等每日 400 元。其余 1 000 人由工作队雇难民担任，每日发米 3 磅。（2）清理沟渠，共用 350 人，与工务局合作，工务局供给工具及技术指导，工作队发米，每人每日 3 磅。（3）清扫街上淤泥，共用 345 人，也是与工务局合作，待遇与清理沟渠的相同。

第一工作队只有 32 人，管辖十县，即番禺、南海、顺德、东莞、中山、三水、花县、从化、增城及宝安。职员只有 5 人是分署派定的，其余由工作队雇用。雇用的人员中，有 8 人的薪水是发钱，每月 6 万元，其余的人给米，每日得 4～7 磅不等。

我们特别注意第一工作队的视察工作，据云视察经费，在 5 月前每月 5 万元，6月以后，增至 20 万元，所以不能时常下乡观察。现在对于所辖各县，每县均去看过一次。我看他们的视察报告，其中值得注意的事实，我也摘录数点。

第一点是关于各县运输救济物资，筹集运费的方法。增城县的救济协会，以所花运费过巨无法筹措归垫，所以由会议决，将所得的营养食品，以 45％标价售给公教人员，以所得归垫运费。营养品的价格，是炼奶每罐 300 元，全奶粉每罐 1 500 元，牛肉罐头每罐 1 000 元，脱脂奶粉每磅 300 元。东莞县也以运费筹措困难，曾将营养品拨出 20％赈济各机关公教人员，每人备款 2 000 元，可领炼乳 20 罐，全奶粉 1 罐，牛肉罐头 2 罐，脱脂奶粉 10 磅。花县第一次所领物资，共花运费 807 940 元，以县库支细，无法归垫，只得将炼乳及全奶粉一部分售给公教人员，每人可购炼乳 6 罐，每罐 600 元，奶粉 1 罐，每罐 7 500 元。这种办法，当然与发放营养食品的原旨相背，但分署既不能把救济物资免费送到各县，县府的预算中又没有运输救济物资的一个项目，所以这种变卖救济物资以充运费的事，乃是早就可以预料得到的。

另外一点，表示分署的救济政策与政府的征收军粮，发生互相抵消的作用。如陈青阳报告，从化县自街口至上下神岗、屈洞、良口等乡，面积凡 50 余公里，一片萧条。近来，粮食价贵，人民多用树根、黄狗头等野草充饥，因而体力亏损、百病滋生，该县 15 万人，有病的占 25%。最近军粮征纳，催交甚急，虽至困之乡，仍须照原人口摊派。从化人民，现已陷于水深火热之中。我们查工作队的物资配拨单，知道从化县曾从第一工作队领得面粉 7 吨、食米 25 576 磅。政府给从化县的粮食，与自从化县征收的军粮，两者是否可以相抵，我们因无征收军粮的数目，无法断定。花县曾从工作队领得面粉 27 吨、食米 89 227 磅，这些赈米，运到县境，便给县长移作军粮付纳。县府拟有归垫办法，就是各乡可以在应缴军粮的数量内，扣除其所应得赈米的数量，但是应缴军粮的人，并非就是应得赈米的人。这笔账将来在花县如何清算，我们在广州时并没有听到下文。

7 月 9 日　星期二

上午访广州市社会局袁局长及警察局局长、督察长，据云广州市人口在战前为 100 余万，现有 90 余万。赤贫民众，曾设所收容。现在流浪街头、没有正业的，约 18 000 人；无家可归、露宿街上的，约 3 000 人。战前市内贫苦民众，有数千人，目前穷人加增的原因，系因商场中不景气，土货销不出，偷税洋货大批入口，工厂倒闭，商人无利可图，造成严重失业问题。广州小贩，以前只有 6 万人，现在加至 18 万人，此为贫苦民众日渐加增的象征。都市中的贫民，与乡间的贫民不同。乡间贫民，在青黄不接时需要救济，但秋收到手救济工作便可停止。都市中贫民的产生，由于失业，假如没有新的工作来安插这些失业的人，救济的工作便不能停止，否则社会治安就要发生问题。

上午还看了一个施饭站、两个平民食堂。惠爱堂施饭站，设于一礼拜堂内，有职员七人，每人津贴自 27 000 元至 45 000 元。每天施饭 15 箩，每箩 84 磅，一人领 10 两饭，每天就食的有 1 500 人。吃饭的带有领饭证，发饭后在证上盖一日期，如 9 号即盖一"9"字。施饭站的隔壁，就是第二平价食堂，进去吃饭的人先买票，每张 70 元，有饭一盘，三两米煮成，另附两菜，一为烧茄子，一为烧粉丝。每人买票数目无限制，有买三张或四张的。平民食堂，每天开堂两次，吃饭的多为苦力，也杂有学生及公务员。又看第四平价食堂，系女青年会代办，附施奶站，十二点半开始，凡 12 岁以下儿童，均可来饮，饮完以后，要他们坐在旁边，等施奶站关门后，才放出去，以免饮者的重复。

下午参观百子路难民宿舍及启明宿舍。百子路宿舍，是汽车站改造的，收容 450人。启明宿舍，是民房改造的，共 16 间，住 1 464 人。宿舍中的难民，每天发 2 磅米，10 天发一次，大小口一律。以前曾发 12 岁以下难童及 60 岁以上老人以营养食品，每人得奶水 3 罐、炼乳 3 罐、奶粉 3 磅。最近每人又发奶水 3 罐。3 月间还发过一次衣服、一次旧鞋。

出启明宿舍后，即到河南看缅甸华侨宿舍，舍中有床板，比一般寄宿舍较为清洁。我们到时正在发米，一次亦发十天，有衣冠楚楚之女子，也在领米。又至第一赤贫收容所，共收 3 000 余人，分七大队，一为儿童，二为壮丁，三为妇婴。到时正在晚餐，每人日得 14 两米，分两餐吃。大队中 25 人为一小组，每组有一组长，分发煮好的饭及菜。饭桶上面有锅巴，组长先发每人一小块，然后发饭，每人一大碗，最后发烧芋头，每人一菜匙。苦力有不够吃的，多于饭后到外面找工作，以所得贴补伙食。

7 月 10 日　星期三

访社会处主管人员，想搜集一点广东的灾情统计，但所得甚少。全省 101 县市局，已报灾情者凡 41 县市局，材料并不齐全。去年 11 月，社会处曾有一估计，谓全省需要救济人数为 420 万人。分署对于各县市局急待粮食救济难民人数，也有一个分县估计，难民最多的，如顺德县，有 22 万余人，少的如连平县，只有 266 人。全省难民总数，为 190 余万人。我研究两个数字，觉得它们的根据都是很薄弱的，不能视为统计，只是一种猜想而已。

又到农林处访黄处长枯桐，他说在抗战期内，广东粮食的生产，性质上大有改变。以前广东缺粮，靠洋米输入，抗战期内，洋米断绝，农民为环境所迫，改种番薯，一亩可维持两个人。三十二年天灾之后，人民得到教训，对于粮食增产，从两方面努力：一为开垦荒田，二为加增杂粮。去年西江有水灾，东江有风灾，但不十分严重，所以乡下没有人饿死，都市中有饿死的，但这些人都是失业的，并非耕种土地的农民。我们又讨论外米进口的问题。广东平常是一个缺米的省份，洋米进口，少的时候，如民国十九年，有 500 余万担（每担等于 60.4 公斤），多的时候如民国二十一年，有 1 300万担。抗战期内，人民因洋米来源断绝，对于吃的解决，有新的安排，如多种杂粮，即其一端。以后海运大通，洋米入口，是否还要达到战前的数量？换句话说，经过长期的抗战，广东省对于粮食自给一点，是否有更好的成绩？这是一个有趣味的问题，但农林处的人，因资料不足，都不能做一答案。

7月11日　星期四

上午卫生组副主任唐文铭，陪我们去参观方便医院，有860张病床，大约是中国最大的一个医院。医院的经费，80％靠募捐，20％靠房租。华侨捐款也很多，有很多病室，上面刻了捐主的姓名。医院的建筑，一部分还是旧式的，一排一排的病房，有点像以前考举人的贡院。院中有13个医生，90个护士。6月份的支出，在1 500万元以上，药品及粮食的支出，还未计算在内。单以粮食而论，每月要消耗2万余斤。医院附设有护士学校，现有学生40人。又参观省立第一医院，规模很小，只有病床40张。

下午四点，乘新合和拖船赴台山，分署视察陈衮尧同行。新合和拖船，较由曲江来的拖船为大，有房舱，两人共一间。舱外摆了许多帆布椅，一排三张，许多客人，就在椅上过夜。此外还有统舱，每铺可容1人至3人。

7月12日　星期五

下午一点到台山县的新昌镇。新昌与荻海、长沙号称三埠。新昌与荻海属于台山，长沙与新昌对江而立，属于开平。第二工作队驻在长沙，我们便由新昌过江，去访李宗强队长。

第二工作队所辖的县份，有高明、鹤山、开平、恩平、赤溪、新会及台山。工作队的业务，据李队长说，共有三项：(1) 通知各县来领救济物资，(2) 视察各县救济工作，(3) 以分署拨给工作队的物资，自办救济工作。第三项任务，乃是分署最近交给工作队的。拨给工作队物资的数量，等于拨给各县救济物资总数的1/10。譬如分署拨给第二工作队所属各县的救济面粉共有200吨，那么分署同时也拨给第二工作队20吨面粉，让它自由支配。

我问李队长第二工作队近来自己办理了或拟举办一些什么工作，他举了八种：(1) 在三埠施粥，长沙已开始一星期，每日受赈300人。新昌于今日开始，受赈450人。荻海拟于本月15日开始，名额也定450人。(2) 拟在三埠设立施奶站，施奶与三岁以下的小孩、乳母及孕妇，长沙的名额为150人，新昌与荻海各100人。(3) 以工代赈，清理沟渠，修理公共码头，长沙预定500工，工作十日，每工每日给米三磅，新昌与荻海亦同样地办理。（4）在新昌预备收容难童 100 人，原有四邑孤儿互助社，收容难童 32 人，现拟扩充为 100 人，每名每日给米一磅半。（5）长沙师范学校，有贫苦初中学生 20 人受赈，每人日给米 2 磅，已发 20 日。（6）台山三社乡有人口约 1 万，受敌人烧杀甚惨，已拨 3 000 磅米，在该乡施粥，于上星期起开办。（7）接送由琼州到广州的过境难民，自 6 月 7 日至 7 月 10 日，已接送 94 人。在长沙时，每人日给伙食费 300 元，上船后途中给伙食每日 400 元。船票千元，由工作队代付。（8）拟在江门筹设平价食堂一所，并推广到新会与台山。

工作队自成立以后，只视察过台山、新会、开平三县，其余各县，还未去过。

开平县在乡镇之上，还有区的组织，全县共分四区，长沙是归第四区管辖，所以我们先去看第四区公所。第四区现辖 17 乡，人口 164 400 人。在过去数月内，第四区曾得赈品四次。第一次有面粉四吨半、食米 1 237 磅，还有营养食品，包括牛肉罐头 23 箱、全奶粉 55 箱、脱脂奶粉 7 桶、炼奶 38 箱，这些物品，除食米外，其余一概出售，得国币 1 064 万元，除救济分会经费及领运费 20 万元，余照各乡人口，平均分派。据开平报端所载，赈品的出卖，事前并未登报通知，也没有征求各乡乡长同意，舆论对此颇为不满。第二次的赈品中，也有营养品，区公所就没有拿出去卖，像食米一样分给各乡。第三次赈品，留作以工代赈，未发。第四次赈品，全为食米，第四区得 9.24 吨，已分配给各乡。

从区公所出来后，我们便去访问长沙的乡公所。长沙乡近来已分为二，即长沙东乡与长沙西乡。东乡的人全姓谭，西乡的人全姓梁，所以乡公所等于族务委员会，这是在别的地方没有遇过的。乡长谭燊球说，东乡有八保，共 4 800 余人，包括 1 400 余华侨在内。这儿的华侨，集中在印度的吉打、孟米两处，战前每年汇款约 34 万。最近还捐了 682 000 元，送回乡来，买米施赈。华侨对于家乡经济上的帮忙，这是一个很好的例子。乡长对于区公所变卖营养食品，并不表示反对，因为第二次赈品中的营养食品，乡公所也是把它出卖的。乡公所由区公所那儿分得出卖赈品的钱，以及自行出卖赈品所得的钱，都是用以买米，分发各保穷民。如第一次的赈米，每人得 2.3 斤，共发了 452 人。这个数目，并非平均分配于各保的，穷人多的保，如第三保，分得 94 个名额，穷人少的保，如第七保，只分得 20 个名额。

由长沙回到新昌，在金城大酒店休息之后，即往访新昌镇公所镇长黄颂平。新昌镇对于赈米，曾领过两次，共 1 433 磅，分给 685 人，每人 2 磅。发面粉的工人 9 人，每人得 3 磅。在发赈之先，民政股干事先调查赤贫民众及水上贫苦疍户，警察局调查街上难童及乞丐，以为发放赈品的对象。

7 月 13 日　星期六

上午九点一刻从新昌坐龙飞电船到台山，十二点三刻到。闻公路只 16 公里，但水路迂回曲折，路线较长。县府人员在码头相候，同至西濠茶室午餐。

台山县共有 70 乡镇，1 049 保。战前人口 103 万人，现在只有 74 万余，减少的人口中，死亡与逃亡的各一半。过去台山县曾从第二工作队领到救济物品三批。第一批物品，有面粉 32 吨，食米 7 875 磅，营养食品如罐头牛肉、奶粉、炼乳等多箱。除营养食品外，均已于 5 月 13 日开善后救济协会，议决分配办法，计散赈占 70%，以工代赈占 10%，拨慈善机关占 10%，特别救济占 10%。第二次领到食米 63 358 磅。第三次领到食米 59 吨，分配办法与第一次相仿佛。第二、三次食米，系于 6 月 18 日同时发放。由工作队运到县城的运费，第一次 346 000 余元，第二次 54 000 余元，第三次 68 000 余元，均拟由台山旅渝同乡会捐款内支付。乡镇到县运输赈品，工资以工代赈，每工每日发面粉 3 磅，每日以路程 60 里、重量 80 磅计，多少类推。

散赈的物资，由县府制成表格，印发各乡镇，每一个乡镇应得面粉若干磅、食米若干磅，表上均详细载明。本乡的人，从这张表上，不但知道本乡得到多少赈品，也可知道别乡得到多少赈品。赈品到了乡镇后，由乡镇公所组织散赈队，包括参议员、党团部书记长或队长、教会商会负责人、中心国民学校校长，调查并发放赈品。难民姓名、人数、领得数量、领得日期，均应造册送善后救济协会。

以工代赈面粉，曾拨 2 888 磅修理救济院，又 3 600 磅修理卫生院。

拨慈善机关面粉，三次共达 19 021 磅，其中救济院得 9 511 磅，五邑民众医院得 2 092 磅，台城庇寒所得 3 423 磅，海晏育婴堂得 2 472 磅，新昌四邑孤儿互助社得 1 523 磅。

特别救济，曾于 5 月中办理两次。一次在县商会发放面粉，贫苦民众到会领取的共 1 896 人，每人发面粉一磅。一次发米，也在县商会，领米的共 2 000 人，每人发米 4 两。受赈的以县城内露宿街头乞丐及贫苦饥民为限，由两名牧师在商会门口检查，合格的入内领取。另外还救济了 24 个过去有功革命的人，每人领米 15 磅。

台山有华侨约 13 万，在新大陆约 10 万，菲律宾约 3 万，战前汇款，每月自 50 万至 100 万。此项汇款，第一解决了台山人的粮食问题，因为台山县所出粮食，只够四个月的消费，其余数月的米，须由他处进口，侨汇便是向外购米的支付工具。第二，台山因有这许多侨民、这许多侨汇，所以文化程度比较高。城内现有日报 1 家，三日刊及五日刊 3 家，周刊 1 家，月刊 3 家，中学 13 所，图书馆 1 所。我们参观了台山中学，建筑的美丽，规模的宏大，有许多国内的大学都比不上。中学里有大礼堂、图书馆、体育馆、游泳池，看了这些房子，很使我联想到清华。

四点半离台山，六点半抵新昌，换乘新联和拖轮返广州，船于七点半开行。

7月14日　星期日

上午十二点抵广州，住沙面中国植物油料厂宿舍中，颇清净。

7月15日　星期一

今日原拟赴佛山，以时间不足，改赴东莞。十点半出发，十二点半抵新塘河，无渡，并闻在抵东莞之先，还有渡口四处，预算如赴东莞，当日不能来回，因折回到增城县新塘镇视察。

我们在新塘看了镇公所，又到附近的甘东乡公所，询问救济工作。两个公所，都从县政府领到救济物资，但县政府从工作队领物资回县时所出的运费，都摊派于乡镇公所。如6月1日，县政府给新塘镇公所的通知，要公所去领物资的名目及所缴运费数目如下：（1）面粉389司斤，免缴运费。（2）牛肉4罐，运费4 000元。（3）脱脂奶粉20司斤，运费2 000元。（4）牛奶33罐，运费9 900元。（5）全奶粉4罐，运费6 000元。（6）旧衫裤4件，旧鞋4只，免缴运费。运费总计21 900元。同日给甘东乡的通知，内容如下：（1）面粉778司斤，免缴运费。（2）牛肉4罐，运费4 000元。（3）脱脂奶粉40司斤，运费4 000元。（4）牛奶65罐，运费19 500元。（5）奶粉4罐，运费6 000元。（6）旧衫裤4件，旧鞋4只，免缴运费。运费总计33 500元。新塘镇的运费，系向商会董事筹募。甘东乡的运费，系用出售一部分营养食品办法筹集。甘东乡有19保，每位保长，可买牛奶一罐，每罐500元。不足之数，由乡公所代垫。甘东乡的乡长湛叶兆及书记湛介文，还告诉我们以赈米代交军粮一部分的经过。他们说，增城县一共领到四批赈米，于6月25日开救济协会决定，以10%留作准备，50%办理工赈，40%分发各乡。甘东乡应当领得的赈米，是634磅。但是甘东乡摊派到的军粮，是66包，每包系240斤谷，等于200斤米。甘东乡即以所得的赈米，抵交军粮一部分。现在为收谷之期，军粮也在这个时候向农民征收，将来即从收得的军粮中，扣除赈米的数量，以为散赈之用。我问乡长面粉是否也拿去充作军粮，他说面粉已经领回发放，每保发45张领粉证，凭证领粉1碗，约重10两。脱脂奶粉，和入面粉中发放。并为酬劳保长及副保长起见，保长每人发4碗面粉，副保长1碗面粉，并各领奶粉1包。牛奶在乡公所门前发给小孩，随意取饮。牛肉在发面粉时，每人发一二菜匙。鞋 4 只，每只不同，未发。衣服发给乡公所的队员穿。这个乡公所放赈的办法，完全未照分署的规定办理，但第一工作队下乡的时候少，所以对于这种现象，未能及时矫正。

五点半返抵广州。

7 月 16 日　星期二

上午八点二十分至西濠口乘船至石围塘，改乘火车至佛山，十点二十分到达，即至县府，晤虞泽广秘书，谓南海县有 53 乡镇，人口 72 万余，战前人口有 110 万。

南海县所得救济物资，以 50％工赈、40％散赈、10％办理特别救济。工赈面粉及食米，多用在佛山市修理马路、清理街道。特别救济办过一次，系在九江乡发放面粉 1 000 斤于赤贫民众。九江乡靠近西江，受敌人摧残最烈。

南海县的救济工作，有数点颇为特别。救济物资，分配给各乡，所用的标准，系以各乡负担军粮的多少来决定各乡应得救济物资的多少。这个标准的用意，就是负担军粮最多的乡，灾情也就是最重。这真是对于政府的一种讽刺！南海县发第一次赈品时，系以县政府配给各乡 3、4 月份军粮负担额的多少为标准。在此两个月内，县府共配各乡军粮 4 736 包，每大包军粮，配发赈米 1 司斤又 3 两、赈面 5 司斤又 14 两 5 钱。散赈总额，为食米 5 698 司斤、面粉 27 950 司斤。第二次赈品的分配，系以 6 月份配购军粮 3 000 大包为标准。每一大包配发赈米 18 司斤。每十大包配发大奶水一罐半。每一大包配发小奶水一罐、猪肉豆一罐。每 15 大包配发原奶粉一罐。每 25 大包配发牛肉一罐。救济物资，在南海分发的手续也很严密。在发赈之先，各乡应即召集当地公正士绅商人及基督教神父牧师、学校校长、各保保长及热心办理公益人士，组织该乡监督散赈委员会，附设乡公所内。委员会的第一项工作，便是调查领赈的对象。县府对于此点，有详细的指示：（1）米及面粉的散发对象，为真正之赤贫男女。赤贫的意义，为鳏寡孤独及身体残废、跛盲哑，既无力生产，无田耕，无地种，无其他职业，与真正贫苦之出征军人家属。调查后于大门上书贫户两字，有若干爱面子的人，因此不愿领赈。调查所得之名单，应公布三日，民众可以检举。三日以后发领赈券，凭券领取救济物资。（2）营养食品的散发对象，也规定得很细，如原奶粉应散发于赤贫营养不足之 14 岁以下儿童、60 岁以上老人及哺婴妇人。脱脂奶粉应散发于赤贫之病人及 60 岁以上之老人。牛肉及牛肉豆，应散发于孕妇。炼奶应散发于饮乳之婴儿及贫苦之文化人。奶水应散发于 14 岁以下之儿童及病人。

根据上列标准散赈的情形，可以佛山市为例。佛山市共有三镇，即富福、汾文及纪丰。三镇公所，曾散发第一批赈米 3 786 司斤又 9 两，每一赤贫，领得 13 司两。又发面粉 18 625 司斤又 3 两，每一赤贫，领得 4 司斤。第一批营养食品，系由青年团南海分团、县卫生院、县民众教育馆会同三镇公所办理，共发：脱脂奶粉 12 桶，即 2 400 磅；原奶粉 72 箱，即 432 罐；牛肉 38 箱，即 227 罐；炼乳 65 箱，即 3 120 罐。每一缺乏营养之赤贫童婴，得原奶粉 4 司两。每一孕妇及囚犯，得牛肉 2 磅。每一老人及病人，得脱脂奶粉 1 磅。每一哺婴妇人及贫苦之文化界人，得炼乳 1 罐。

十二点一刻离县府至翠眉酒家午餐，下午两点返广州，四点到达。

7 月 17 日　星期三

本日拟赴番禺视察，以交通不便而罢。

7 月 18 日　星期四

早十点离广州，取道曲江入江西。上次由曲江来广州，系坐拖轮，此次由分署派车相送。一点半抵六三市场，即在此午餐。三点继续开行，七点抵梅坑，宿梅苑旅店，开张不久，外观颇为清洁。本日行 169 公里，公路极坏，行车速率有时在每点钟五英里左右。

晚饭后至新丰县诸梅乡访朱景华乡长，此乡共 14 保、6 150 人。6 月 8 日，新丰县政府有训令，谓收到赈米及面粉，以 20% 办理福利及特别救济，50% 按照各乡人口数配发，30% 配发曾受战灾之乡施赈。新丰共有 14 乡，诸梅乡领得面粉 164.6 司斤、食米 178.9 司斤。自工作队至县城的救济物资运费，县政府已扣面粉作抵。由县府运至乡公所，系派六人去挑，挑夫吃公家饭，另给每人 50 元。此项开支，系扣面粉 10 斤付给。面粉分配给各保，系按人口多少，由各保发给贫户，每人所得不到 1 两。此种救济工作，可谓毫无意义。

营养食品，协会议决以价购为原则，奶粉每 6 000 元，罐头牛肉每罐 3 000 元，牛奶尚未定价。县府将来即以售卖所得之款，购米施赈。奶粉每乡可以价购 8 罐，但诸梅乡因未筹得款项，还未前往领取。

7 月 19 日　星期五

早八点起程，十一点四十分抵翁源，县府于抗战期内搬往乡间，现在尚未搬回。至附城镇公所，晤镇长谢汉先，知县府曾分配救济物资两次。第一次县府所得之救济物资，有食米 1 100 磅，面粉 6 吨，罐头牛肉 22 箱，全奶粉 50 箱，炼奶 35 箱，脱脂奶粉 6 箱。面粉以 50％为工赈，计 4 126 斤，其中卫生院分得 2 000 斤，分院得 500 斤，孔庙 200 斤，每一乡公所 30 斤，每一中心学校 30 斤，县立一中 100 斤，二中 100 斤，翁北南中各 50 斤，县府 100 斤，参议会、县党部、青年团共 66 斤。以 40％为普通赈济，计 3 301 斤，其中附城镇得 300 斤，其余各乡得 220 斤至 100 斤不等。仍余 541 斤，散发县级各机关的团警、兵夫，每人得 2 斤。附城镇所得的 300 斤，分发给各保，每保得 20 斤，再发给各贫户，每人得一斤或二斤。除工赈及普通赈济外，仍余 10％，计 825 斤，作为特种救济。

营养食品中，提出炼奶 100 罐义卖，作为救济协会经费，其余按照下列标准分配：（1）以 30％，配发各乡中心学校及保校之贫苦儿童。（2）以 30％，配发各乡保贫苦老弱及儿童、孕妇、产妇等。（3）以 20％，配发各级公务员、团警、兵夫及党团机关之家属、婴孩、孕妇、产妇等。（4）以 10％配发中等学校贫苦员生。（5）以 10％配发各卫生机关，转发各贫苦病人及产妇。翁源县的各级机关，分到营养品的，有县政府、电话局、看守所、卫生院、警察队、财委会、税捐处、区署、县训所、妇女会、后备队、自卫队、警察局、县党部、青年团、参议会、邮政局、直接税办事处、统税办事处、农贷处、田粮处、地方法院及检查处、商会、工会、省行专库。我说，假如不发营养食品，谁也想不到一个县里，有这样多的公务机关。

第二次县府领到的物资数量较少，只有脱脂奶粉 1 200 磅、食米 900 磅，以半数拨救济院，以半数拨翁源养老残废所。

离翁源后，继续北行。自翁源至大坑口，有一高山，草深没人，沿途荒凉，为盗匪出没之所。前日救济物资车在此遇劫，今日救济车皆队而行且派兵保护。在翁源午餐时，见南下客车，都有武装士兵持枪护送。司机恐遇匪，将其所有钞票，均置夹板中，但是我们很幸运，卒得安然驶过。五点抵曲江，未过河，住曲江桥畔美兰艇上。本日行 173 公里。

7月20日　星期六

司机来言，离曲江不远有一木桥，为水所冲坏，今日正在修理，车不能开，乃往访曲江县政府，晤县长温克威。县中救济协会，对于分配营养食品，于 5 月 3 日曾有决议，要点为：第一批营养品，牛肉每乡镇 1 箱，全奶粉每乡 3 箱，脱脂奶粉每乡镇半桶，炼奶每乡镇 2 箱，余额悉归市区，分发下列对象：（1）文化工作者，（2）贫苦无告病人，（3）贫苦婴孩，（4）贫苦中学教师，（5）贫苦公营机器工厂工友及劳苦工友，（6）县级贫苦公务人员，（7）贫苦中学生，（8）县级贫苦警察，（9）地方慈善机关。这个分配办法，第三工作队认为与发放营养食品的原旨不符，提出抗议，把这个议案打消。我们在广东各处所见到的发赈办法，多有不符分署规定的。假如工作队能派人常驻在各县监督，若干弊病，当可免除。

7月21日　星期日

早十点自曲江起程入赣，行数里即见数日前为水冲坏之桥，尚未完全修复。我们的车身轻，下车步行，车得安然开过，其他卡车，都要卸货后才可过桥，停于桥北的有数十辆，又行若干里，见一车新覆，车轮朝天，此为装米货车，米上坐有黄鱼客人，车覆，客人给米压在下面，恐无生望。一点半抵始兴县午餐，饭后晤县长官家骥，知此地发营养食品与翁源相似，各级公务机关均有所得。两批救济物资，共花运费 1 154 782 元，系将赈米一部分出卖抵补。第一次出卖时，售 300 元一斤，第二次售 270 元一斤，都比市价低 50 元。

下午四点半抵南雄，住岭南大酒店，本日行 98 里。略休息后，即至县府，晤秘书刘春福。关于救济物资之分配，南雄无新颖之点。南雄以出烟叶著名，每年出六七万包，每包 200 斤，行销广东全省。前两月每包 30 万元，最近跌至 15 万元，因外国烟进口，本省卷烟工业无法与之竞争，只有压低原料价格，以减少成本。外货入口，影响乡村农民之收入，此其一例。本地烟叶生意，全在外省人手中，此辈商人，剥削烟农，去年借钱 3 万元，今年即须还烟一包。农民终岁辛苦，其血汗所得，为商人囊括而去，而此等外省商人，又将其所得赢利汇回家乡，所以南雄虽以出烟叶著名，但南雄烟叶，对于南雄农民，并无多大贡献。

刘秘书为平远县人，谓该县教育发达，县内无文盲。青年入中学、大学读书的，有族产生息以为津贴。刘友某君，去年在大学读书，因该族只有一人在大学，故某君独得谷子 70 石，除支付学校一切费用外，仍有剩余，可以在家造屋。平远人口只 10 万，出米与木材，米销梅县，木材销汕头。人口不多，物产丰富，所以县中人民衣食住均不发生问题。刘君相信平远之人口不多，为该县人民生活程度较为舒适之重要原因。设使平远人口的密度，与梅县相似，则人民生活，必加增困难。

7月22日　星期一

九点离南雄，广东视察工作，至此告终。自广西、湖南视察后，始到广东，所得总的印象，共有两点：一为广东灾情，不如广西、湖南之严重；二为广东救济工作，比较未上轨道。

十点半抵大庾，此为入江西境后第一县。大庾于去年 2 月沦陷，8 月收复。县中共有 20 乡镇，人口约 89 000 人，战前有 9 万余人。所产稻谷，不够县内人民消费，每年约差三个月。沿公路线为平原，产稻谷，人口亦较密。西部多山，每乡人口只有 2 000 余人，物产有木材及纸张。西华镇出钨，洪水镇出锡。钨矿工人，多为外来，本地人只占 1/4。

县有善后救济审议委员会，办理救济事业。江西善后救济分署，在赣县设有第十一工作队，大庾归其管辖。本年 6 月 15 日，曾自第十一工作队领到第一批救济面粉 500 包，审议会决定分配与下列各单位：（1）简师师范生 6 包，（2）庾中贫苦学生 3 包，（3）孤老 5 包，（4）崎城镇 57 包，（5）梅岭、东外、新城、池江四乡各 50 包，（6）黄龙、青龙、长江、西和、东山五乡各 40 包，（7）余 29 包留仓。这个决议，表示大庾县 20 个乡镇，只有一半乡镇受到赈济。发面粉时，第十一工作队派职员七人前来办理，县府另派十余人参加协助。此点表示江西发放面粉，采取直接发放办法，与湖南相同。发放之先，曾调查贫民，每人至少得 5 斤，多者得 10 斤。

从县府的档案中，知道江西分署对于各区救济工作，除南昌市业务由分署直接办理以外，全省灾区共分 15 区，每区设一工作队。每队所管的区域，多的如第十一工作队，管七县，少的如第一、第六、第九等工作队，只管三县。工作队的任务，共分六点：（1）农业救济，（2）紧急救济，（3）社会福利，（4）卫生，（5）防洪防旱，（6）建筑。我们在各省所见的工作队，任务最简单的是湖南，除了直接散放面粉给灾民以外，没有别的工作。任务最繁的，大约是江西的工作队了，这是我看了大庾县的档案以后，所得的第一个印象。

离大庾后，即感不适，过南康时，同人皆午餐，我独坐竹椅上休息。自南康至赣县，适大风雨，益感疲劳。在赣县下车时，需人扶持。我们住第十一工作队的招待所，在中正公园内名励园，颇清静。医生来看病，热度达 104 华氏度，验血，不能断定是否为疟疾。晚分署专门委员林逢春及第十一工作队队长均自南昌来，拟陪我们赴南昌。

本日行 128 公里。

7 月 23 日至 31 日　　星期二至星期三

22 日在粤赣途中发热后，25 日始退热，医生经验血两次后断为疟疾，治以奎宁丸及其他助消化的药水。25 日热退，但胸腹仍时时作痛，胃口不开，休息数日，至 31 日始渐恢复。病中第十一工作队友人，热心照料，极为可感。

8月1日　星期四

今日与第十一工作队职员谈业务，知工作队于4月4日正式成立，每月经费为2 000万元。分署对于经费的支配，只指示一简单原则，即除办公费外，以半数为建筑费，其余半数，以15％为普通赈济，15％为物资储运费，10％为卫生业务费，60％为农业救济费。4月份第十一工作队的经费，其支配如下：（1）建筑救济费，8 333 000元。（2）员工薪资，1 837 000元。（3）临时员工薪资，300 000元。（4）办公费，500 000元。（5）物资储运费，1 354 425元。（6）卫生事业费，902 925元。（7）农村救济，5 417 700元。（8）其他赈务，1 354 450元。合计为近2 000万元。

第十一工作队所辖区域，为赣县、南康、大庾、信丰、龙南、虔南、定南七县。队内设赈务、卫生、供应、总务四股，职员除由分署派正式职员15人、医师1人外，并调用临时职员12人、警士3人，雇用工友7人，共38人。

分署拨来的物资，自4月16日起至7月20日止，主要的有：（1）面粉10 000袋；（2）旧衣210包；（3）炼乳260箱；（4）乳粉50箱；（5）皮鞋70包；（6）种子32桶，每桶25袋；（7）药品21箱；（8）外科敷料50箱。

面粉10 000袋的分配如下：（1）赣县3 000袋；（2）南康1 000袋；（3）大庾1 000袋；（4）信丰800袋；（5）龙南1 000袋；（6）定南800袋；（7）虔南800袋；（8）赣县工程师队300袋；（9）龙南水利工程200袋。上列各县面粉，除赣县、南康、大庾三县大致办理完竣外，其余各县的散赈人员，因交通不便，直至最近始行出发。在已经办理的各县，大庾第一批面粉，只发了十个乡镇，后来又添了两乡。南康只发了四乡一镇。赣县的面粉，完全在城内发放，乡下未发。发放之先，根据保甲长所造灾民清册，举行调查，然后对于合格灾民发放面粉证，到库领粉，大人10斤，小孩5斤。

赣县工作队发放面粉的办法，证明我以前根据广西、湖南二省的经验，对于工作队直接发放面粉一事所下的批评，在江西也适用。工作队的人员太少，要他们负责发放面粉，一定发生缓不济急以及照顾不周的弊病。缓不济急的弊病，在湖南甚为显著，在江西因为灾情不重，所以毛病并没有暴露出来。假如龙南、定南等处的灾情，也与零陵、衡阳等处相似，许多老百姓都在那儿吃草过日子，而分署的面粉，到了7月底8月初还没有发到灾民的手中，不知多少人要因此而丧失生命。照顾不周的毛病，在江西也是很显然的。在一县内，只选择若干区域发面粉，而置其余区域的灾民于不顾，虽然省事，但不公平。用工作队去发放面粉，必然地要发生这些毛病，因为队中的人员太少，没有法子迅速，没有法子顾到全局。

江西的工作队，除发放物资外，还可拿出钱来，办理救济工作，这是别省工作队所办不到的。拿钱来办救济工作，在别省集中于分署，而在江西，则分署与工作队分工办理。工作队每月有经费 2 000 万元，所以能够做到这一点。第十一工作队，曾用赈款，办理下列数项业务。（1）粮食贷款。在南康、大庾、定南三县，免息贷款与县政府，办理粮食平籴。南康 1 000 万元，大庾及定南各 500 万元。（2）耕牛贷款。仅在赣县一地，贷放 1 000 万元，购牛 144 头，分交赣县八乡农民领用。凡无力购买耕牛的贫苦农民，得联合三户至五户，向工作队申请免息贷放一头。贷款分两期归还，第一期定于本年 12 月底以前归还半数，其余半数于三十六年 8 月以前还清。（3）中小学修建费。仅在赣县举行，他处尚未办理。赣县学校，得此项补助的，有正气中学 100 万元，省立赣县女中 100 万元，私立三一小学 20 万元，儿童新村管理局 300 万元，赣州镇中心国民小学第四校 200 万元。（4）卫生机关补助。亦仅在赣县办理，计补助赣县时疫医院修理设备费 140 万元，补助天主堂医院修建费 500 万元。

资送难民，亦为工作队赈务工作之一。外籍留赣难民，计赣北 765 名、粤省 1 357 名，到 6 月底止，已资送返籍的，计粤省 173 名、赣北 435 名，合计 608 名。旅费及膳费支出，共 3 342 020 元。难民回乡多步行，规定每日行 25 公里，每公里津贴旅费 10 元，另给伙食费每日 200 元。

工作队的卫生工作，可分四项：（1）调查，已调查赣县、南康、大庾三县卫生设备及医药状况。（2）医疗，分住院与门诊二部分。住院部分，曾在天主堂医院，设免费病床十张。计自 5 月 29 日起至 7 月 16 日止，收容病人 26 名，治愈 16 人，死亡 1 人。又经商得赣县高级助产学校同意，在该校附属产院内，设免费产妇床三张，尚未收容产妇。天主堂医院免费病床的维持费，每月约 18 万元。门诊部分，经商得赣县红十字会医院同意合作，设置门诊部，由卫生股长每日前往参加医疗工作三小时，每日免费就诊病人，有二三十人不等。以药品不敷应用，已就地添购约 70 万元。（3）防疫。除设法补助时疫医院修建院址，俾可容病床 50 张外，并派员赴闽，采购霍乱疫苗，在县城内免费注射。对于环境卫生，则在赣县及南康，采以工代赈方式，疏浚沟渠，清除垃圾。（4）分配药品器材及营养食品，受惠者已有 12 单位，大多数为各县卫生院，如大庾卫生院，曾得药品 2 箱、外科敷料 2 箱、牛乳 3 箱。

江西的工作队，从业务的内容看去，可以说是等于一个小分署。这种办法，是前任分署署长张国焘定下的。自从蔡孟坚署长继任后，闻对于工作队的组织及业务，略有变更，结果尚未宣布。

8月2日　星期五

今日整理广东所得的视察资料，写一报告，寄给总署。

8月3日　星期六

上午至县府，与县长张恺及其干部，略谈赣县经济状况。寻即参观县卫生院，只有医生一人，无病房，门诊人数亦甚少。看助产学校，有学生200余人，病床30张，收费每日20元至50元不等，另收饭费每日700元。看省立赣县医院，有病床40张，多空洞无人。看中心国民学校第四校，曾以400万元建一新校舍，但学生有900余，房屋仍感不够。看赣县女中，新校舍由第十一工作队补助百万元，已落成。

8月4日　星期日

早饭后至虎冈看儿童新村及正气中学。新村有儿童约800人，村中组织，有儿童乡公所、儿童医院、儿童商店。蒋专员经国在此时，尚拟办正气大学。现在维持新村每月需千万元，社会部担任700万元，赣县县政府担任百万元，余靠商业收入，尚感不敷。战前新村有一五年计划，拟创办工厂17所，种植谷田1 000亩，畜养奶牛50头。五年计划完成之后，每人每天可以吃一杯牛奶，隔天一个鸡蛋，三天一次鱼，七天一次肉。衣服方面，村民应都有制服，单的2套，夹的2套，棉的1套，此外每人还有1床棉被、1条毯子。文化方面，五年之内，要添图书5万册。现在继办儿童新村的人，还想实现这个计划，但经费无着落，颇感困难。

从虎冈返，游天竺公园及八境台，均赣县名胜。

8月5日　星期一

早六点即起，七点在县府举行扩大纪念周，我讲中美农业的比较。九点离赣县，一点抵雩都县的银坑，在此午餐后继续开行，三点三刻抵宁都，本日行162公里。

住陶陶招待所六号，此房过去曾用以招待盟军，房中有一布告，文云："倘盟军到，请即退让本房。"房价1 400元。

五点赴翠微峰，此峰奇突，我三次到宁都，都要到此一游。汽车抵山脚下，步行约半小时，过一线天，才到峰下。此峰只有一边有裂缝，中凿石级，是到峰顶的唯一途径。

8月6日　星期二

上午七点半离宁都，过广昌时稍息，经南丰未停，十二点抵南城，宿陶陶招待所，本日行 160 公里。江西公路，仅次于湖南，较广西、广东的要好得多。

南城为第十二工作队所在地，共有队员 25 人，队长邓柏年赴省未归。所辖区域，有南城、临川、金溪、崇仁、宜黄五县。过去的主要活动如下：（1）对赤贫人民发给面粉及稻谷。至 7 月底止，曾在南城发面粉大袋 600 袋、小袋 900 袋。临川发大袋 150 袋、小袋 100 袋。宜黄发大袋 250 袋。崇仁及金溪未发。南城方面，除面粉外，又于 5 月间发放稻谷 400 市石。发放之先，由乡公所将真正赤贫无力复耕之灾农调查列册送队后，再会同当地县参议员、乡民代表或地方公正及士绅及保甲长，切实复查登记，当场发放，取具盖有手摹或印章的领据。南城共有 27 乡镇，受灾最重的，有旴南镇及孝子、岳西、本固、荆竺、五帝等乡，面粉就只发这六个乡镇。（2）遣送难民。至 6 月底止，共送 1 675 名，其中送往南昌的 1 649 名，光泽 8 名，上饶 16 名，宁都 2 名，共发交通费及伙食费 540 余万元。（3）建筑平民住宅。已在南城门外建筑平民住宅一所，为南城救济院收容孤贫残废者居住，全部建筑费为 2 889 340 元。又在宜黄建筑平民住宅一所，共 22 间，计价 3 475 500 元。又在临川、青云乡等处建筑灾农住宅 18 所，每所可容 4 户，共 72 户，已于 7 月 23 日开标，动工建筑。（4）补助修建各小学。受惠的南城共十校，临川共两校。经费方面，共支出 270 余万元。（5）补助渡船。添设南城圭峰渡渡船两只，以利旅行，每只价 15 万元，共 30 万元。（6）发放农具。在南城贷放水车 100 具，临川 60 具，由工作队会同乡公所，指派干事，切实调查，规定贫农以三人合贷水车一辆，贷款于六个月后免息归还。此外又在宜黄发放锄头 1 000 把，临川发放锄头 500 把，真正贫农，每户施发一具。（7）耕牛贷款。拟在南城及宜黄办理，每县 100 头，贷与农民购牛价款之一半。（8）以工代赈。在南城、临川及宜黄三县，清理沟渠及下水道，补助南城县司法处建筑监所、习艺工场，兴修南城县渣树下官陂，修建南城垃圾箱各项工作，在 4、5、6 份内，共用面粉 6 500 余斤、国币 348 000 余元。（9）卫生方面，在南城省立医院设置免费病床，分发药品与各地卫生院，并在南城施行防疫注射。第十二工作队的业务，有几点是与第十一工作队不同的。分署对于工作队的任务，虽然指定了范围，但在范围之内，各工作队还有伸缩的余地。

在南城还会到杨大经县长及汤宗威专员。他们对于南城的需要，特别指出两点：一为农舍。现在好些农民，因乡村房屋被毁，借住亲戚家中。在大热天气，如住处离田亩太远，来往奔波，颇为痛苦。有时农民因此不便，宁可放弃田地不种，此为荒田增加之一重要原因。所以多筑农舍，一方面解决农民住的问题，另一方面亦可增辟土地，加多生产。农舍的建筑，不求美观，只求适用。大约建筑一间堂屋、四间住房，泥地、竹筋墙、稻草顶，花费不过 15 万元。二为防治鼠疫。此疫系从福建传来，三十年初在光泽县发现，三十三年传到南城。临川、广昌、南丰，都于今年发现，应即设法扑灭，以免疫势蔓延。

我们起初以为鼠疫在江南只限于福建，现在听说江西已有好几县有鼠疫，深为惊异，就请汤专员详细地告诉我们南城鼠疫的历史以及防治的办法。他说：光泽县于三十年及三十二年两次发生鼠疫。当三十二年 10 月光泽县第二次发生鼠疫时，卫生署便请黎川县政府，在黎光边境设站检疫，又在南城方面，召集各机关成立防疫委员会，专员兼任主任委员，宣传防疫，并劝告居民注射预防疫苗。到三十三年 5 月间，城区陆续发现死鼠甚多，于是防疫委员会加紧工作，一面警告居民积极施行预防注射，一面在发现死鼠地点及不清洁场所经常消毒。到了 6 月 6 日，开始发现鼠疫病人，当即设立隔离病院，收容治疗。并依照第三战区长官部颁布防治鼠疫办法，将防疫委员会改组为南城临时防疫处，处内设总务、医务、工程及警卫四组。处外设隔离病院一所，收治病人，完全免费治疗，又设留验所一所，为病人家属及同户居住之邻人留验之用。又设陆路检疫站两所、水路检疫站一所，以防疫势传播。医务组每日派员分组出发，会同宪■在各城门口，强迫进出军民，注射预防疫苗，后又扩大范围，对居民挨户强迫注射。凡发生死鼠之户，立即由工程组派遣员工前往消毒，将房屋封闭。另由警卫组派官兵前往监视，将病人送入隔离病院治疗，其家属及同居的，送入留验所留验，不许四散。留验时间为一星期，如发现鼠疫病象，即送入隔离病院治疗，否则嘱其回家，房屋亦于同时启封。但防疫处经费异常支绌，预防疫苗亦感不足，所以虽然尽了最大的努力，但无法将鼠疫扑灭。三十三年 6 月，鼠疫病人首先在东门外发现，渐次延入城内，再由城内分南北两路向城外蔓延，自此以后，鼠疫从未在南城断根。自三十三年 6 月至 12 月，发现病人 675 人，治愈 316 人，死亡 359 人。三十四年全年，发现病人 215 人，治愈 116 人，死亡 99 人。三十五年 1 月至 7 月，发现病人 112 人，治愈 52 人，死亡 60 人。这个统计，不能代表南城全县情形，因各乡镇发病人数及死亡人数，有些隐匿未报。本年南城的邻近各县，如南丰、临川，均已发生鼠疫。临川有水道通南昌，船只藏匿鼠类易于陆路车辆，沾染鼠疫尚未发作之病人及疫鼠疫蚤，随船顺流而下，有传至南昌以至九江之可能。所以扑灭南城附近各县鼠疫至为重要，否则由南昌传至江西各县，由九江传至沿江各省，其为祸之烈，真是不堪设想。

8 月 7 日　星期三

早七点离开南城，九点到临川县，晤工作站万股长元善及干事蓝珍。我们请蓝干事带我们到青云乡濠上陈村看正在建筑中的贫农住宅。此种住宅，系招商承包，每所建筑费为 161 000 元。农舍的外观，是茅顶竹筋泥墙。每所有一前门、一后门、一通道，一所房子可分为四间，每间可住一家。房屋四周墙壁，系编九尺高竹篱，外涂粉黄泥。两侧上部，上至屋顶，下至竹篱，系以篾筋夹稻草，以防风雨。屋顶上铺篾捞子，再加盖稻草，上面用篾筋扎实，以防吹动。屋前后大门，系用竹编装，并装置门闩。窗户外面用竹条，里面装单页式竹门。这种农舍，虽然比不上广西、湖南等分署所建筑的平民住宅，但那些平民住宅造在都市或县城中，真正的农民无法住入。江西的农舍，是为农民盖、给农民住的，虽然简陋，但解决了一些农民的住宅问题。

在临川午餐后，即继续出发，行约十里，遇前面来两客车，嘱我们停车。询问原因，知彼等于今日上午，在离临川约 30 公里之山坡中遇盗，要我们留意。劫车的土匪，共八人，均有枪支，彼等先请客人将其所藏钞票自动交出，谓交出后再搜，如查有藏匿钞票不肯交出的，一律枪毙。乘客受其恐吓，都将所有钞票献上。我们猜想土匪既已劫得财富，必不肯在原地再行逗留，所以没有停车，继续前进，过劫车处，匪已远逸，我们只看见地上许多包扎的纸张而已。过梁家渡后，参观沙埠潭的集体茅舍，也是一所住四家，共 14 所。这些茅舍，乃是去年 12 月建筑的，材料只花 15 000 元，工资每日 500 元，每栋茅舍，以 50 工造成，所以总值不过 30 000 余元，比临川现正建筑的茅舍，要便宜得多。

下午三点抵南昌，住洪都招待所，本日行 160 公里。

8 月 8 日　星期四

蔡署长送我江西分署的工作报告一册，上午在招待所中细读，下午参观社会处之育幼所、托儿所及中正医学院，又拜访省府各厅处长，适开会，多未遇，只遇财政厅洪轨厅长。省政府财政，本年因财政收支系统修改，特别感到困难。下半年省政府收支相抵，不敷约 80 亿元。现拟取消二十六年以后成立的战时机构约 140 个，并将一部分业务交与县政府办理，由县财政中开支。如仍不能解决问题，只有从裁员方面着手。

8 月 9 日　星期五

上午在分署中开业务会议，到各组及各单位主管人员，我略报告他省分署的工作，并听赈务、储运及卫生三组谈工作中所发现之困难。午饭后蔡署长邀同往牯岭。一点离南昌，六点半抵莲花洞，凡 187 公里。自莲花洞到牯岭，只 7.1 公里，乘轿上山，轿夫六人，费时两点半。轿夫每人力资 1 900 元，另付中国旅行社 1 900 元，以为轿租。如在六点以后或雨天上山，每人加力资 500 元。抵牯岭后，住仙岩客寓。

8 月 10 日　星期六

上午由黄龙潭循小径步行至仙人洞，由仙人洞返牯岭时，沿途即视察江西分署在庐山之各种业务。先至儿童乐园，原为日本旅馆，分署曾协助 300 万元，重加修理。有儿童 14 人，全为女孩，二十七年敌人来时，他们的父母忙于逃命，不便携带，遗留在此。有美人布朗，抚养她们，太平洋战争爆发后，有瑞典牧师，继续为之照料。本年 4 月，由中国人续办。7、8、9 三月，由分署负责。9 月以后，经费尚无着落。自 4 月至 6 月，系庐山管理局主办，每月经费 42 万元。现在职员有四人，拟开一音乐会，募集基金。分署尚拟将大林寺附近的游泳池加以修理，将来门票收入，即以维持儿童乐园。

过庐山小学，晤欧阳校长。小学有学生 380 余人、教职员 12 人，每月经费约 60 万元。分署曾拨修缮费 150 万元。小学的对面，为庐山医院，院长方君，檀香山人。分署为修建此医院，曾拨经费 1 700 万元，其中有 300 万元为设备费，200 万元为预备费。修缮费已花去 890 万元，完成后可容病床 50，因开办不久，院中只有病人 3 人。医生有 6 人，护士亦有 6 人，每月经常费需 440 万元。以庐山现有之人口，是否能维持此一医院，殊成问题。

抵正街上，参观平民食堂及平民公寓。分署为创立此机构，曾花修建费 120 万元。平民食堂每日开饭两次，食者约百余人，每次收费 300 元，可吃 3 碗饭、1 碟菜。平民公寓不收宿费，现有 30 床铺，但只预备七草垫及被褥。后到的须自备行李。管理这个食堂及公寓，有一干事、四工人，每月开支约 30 万元。

访吴仕汉局长及分署在庐山方面之负责人洪亨衢，知分署在庐山，还拨过 2 000 袋面粉，修理自好汉坡至牯岭的大道及其他主要路道数处，修建公厕四所，设置垃圾箱 20 只。又曾施发贫苦山民面粉一次，共 295 袋。

8 月 11 日　星期日

在牯岭休息。

8 月 12 日　星期一

早八点三刻下山，抵九江后，住牯岭宾馆，此为庐山管理局所办。

九江是江西分署接收物资的总口，以前接收物资的工作，由九江办事处主办，现在成立了物资接运处办理此事。我们会到九江办事处原主任王文俊及现任物资接运处主任蔡宝儒，知道江西分署自 1 月起至 7 月 20 止，共收到物资 9 508 吨，主要物资如下表：

物资	数量	重量（吨）
小袋面粉	131 102 袋	2 788
大袋面粉	39 108 袋	1 754
旧衣	7 000 捆	1 222
炼奶	17 843 箱	471
奶粉	2 230 箱	80
脱脂奶粉	1 034 箱	118
罐头牛肉	7 474 箱	187
小麦	27 597 袋	1 577
罐头食品	26 400 箱	694
帐篷	600 捆	144
牛油	2 853 箱	85

货物由九江轮船运至仓库，每百斤 215 元，包括轮趸 62 元，堆码 30 元，上力 123 元。由仓库运上轮船，每百斤 123 元，运上民船亦同。如在河中对驳，即由甲轮搬上乙轮，不入仓库，需费 184 元，包括轮趸 62 元，过载 122 元。以上码头力资，通行于 7 月以前。自 8 月起，工会提出加增 30％，现正在交涉中，至少恐须加增 25％。

物资由九江运至南昌，每吨需上下力 6 760 元。如用轮船运输，每市担运费 1 680 元，每吨 34 204 元。如用民船运输，每市担 520 元，每吨 10 587 元。自南昌分发到各县所花的运费，九江物资接运处无资料。

下午看分署租用之太古货仓，可容 2 000 吨，中藏罐头，以腐烂的太多，臭气扑鼻，因请主管人员，速加清理。寻坐小轮往看长江永安堤，未至，遇大风雨，小轮无法靠岸，就掉头而返，在甘棠湖附近的振兴菜馆晚餐。甘棠湖是九江的名胜，风景颇似西湖，只是具体而微。

8 月 13 日　星期二

早八点起程，九点半到星子县，在鄱阳湖边，晤县长刘相。他说星子县沦陷的时间最久，二十七年 6 月即沦于敌人之手，去年 8 月才收复。房屋原有 28 000 余栋，损失 16 000 余栋，以沿公路的村庄损失最多。耕牛原有 14 000 头，损失 7 300 余头。战前人口有 14 万，如除训练班不算，亦有 10 万以上，现在只有人口 6 600 余人。县城中只有四保，2 000 余人。我问县长，星子县目前的需要是什么。他说农民需要房屋、农具及耕牛。11 个乡镇的中心小学，完全毁坏，需要重建。卫生院需要房屋及药品。现在的卫生院，每月办公费只有 1 500 元，院长的薪水是 14 400 元，另给公粮 120 斤，最近减至 45 斤。救济院需要物资。现在的救济院，每月办公费 500 元，救济残废 10 人、老人 10 人，每人每月发公粮 30 斤。

午刻抵德安，晤县长欧意祖，知德安在民国元年有人口 14 万人，九年只有 9 万余人，战前尚有 7 万余人，现在只有 37 000 余人。战前城内有房屋 2 000 栋，克复时只存五栋半。全县有房屋 15 000 余栋，损失约 8 100 栋。战前有耕牛 4 000 余，现只存千余。耕地有 22 万亩，荒地约占一半。现在推行公耕制度，一保公耕五亩，一乡公耕十亩。全县有 9 乡、54 保，开垦荒地亦无几。荒地不加增之主要原因，为无房屋，无耕牛，无人。星子与德安二县，都归原第三工作队管辖。这个工作队，似不如第十一及第十二工作队那样积极，在星子及德安二县的成绩，并无足观。

三点半抵永修县的张公渡，该地有荒田约 15 000 亩，分署拟在此设合作农场。联总农业专家卡君适由此经过，他要我坐上他的吉普车，开到小山顶上，举目一望，全场在目。战前的房屋，十九给敌人焚毁，以致目前居民颇感房荒。战前当地居民有 4 000 余人，现在只余 588 人。分署现拟与垦务处合作，招致垦民 100 户，办理合作农场。所需经费，约 2 000 万元。所需物资，为篷帐 100 顶，旧衣 2 包，四号给养面粉 1 820 袋，头二号工赈面粉 730 袋。将来开辟的荒地，拟以 7 500 亩为水田，2 500 亩为旱地，种植早稻、油菜、棉花、大豆、小麦等作物。

下午六点抵南昌，本日行 187 公里。

8 月 14 日　星期三

上月底蔡署长因要改组江西的工作队，所以把各地的工作队长都请到南昌来开会。他们到会时，都带来工作报告，简略各有不同。工作队对于输送物资办法，各有定章，但除第十一工作队以外，其余工作队，大体均负责将物资送至各县。第十一工作队，于 4 月 16 日，曾定有委托县政府代运救济物资暂行办法，其要点为物资出仓到起运地点，由工作队负责搬运，力资亦由工作队负担，但运输工具由县政府自行办理，运费亦由县政府负担。第十一工作队所以不肯担负运费，乃是因为所辖区的三南交通不便、运费太巨。别的工作队，对于运输工具，虽然也请县政府自备，但运费则由工作队代付。如第四工作队曾有办法规定，运输费用，比照运输军粮办法，由工作队照额发给。人力肩挑，每80斤，日行30公里，发给运费700元。物资起卸及到达后仓储整理等业务，都由工作队负责。

储运组主任杨得任说，江西的运费，要分几段计算。由九江至南昌，约一万元，此数与我们在九江打听到的民船运价相差无几。九江及南昌的上下力，约一万元。九江的上下力，我们已经知道是6 000余元，南昌的上下力，每百斤需200元，每吨需4 000元，两处合计，在一万元以上。由南昌运至各地工作队的运费，我们取了八个例子平均，而且假定都用民船，每吨需19 500元。最少的运费，是运到丰城，水程只有73里，运费每吨为4 380元。最大的运费，是运到宜春，水程有303里，运费需33 000元。南昌到赣县的路程虽然较远，有441里，但运费较低，每吨只要26 400元。

由工作队所在地将物资运至各县，我们也假定都是用民船，取了33个例子，求得每吨的平均运费为11 600元。所以每吨物资，由九江运至各县，平均要花5万元以上。

江西也有储运站，但其数目不如湖南、广西之多。除九江有物资接运处外，在吉安、鄱阳及河口（属铅山县）三地，设储运站三处。吉安与鄱阳，接运自南昌与九江之物资，河口接受自诸暨由公路运来之物资。

分署收到的物资，我们从九江物资接运处得到的统计，是7月20以前，共得9 500余吨。分署发给各工作队的物资，至7月底止，共3 367吨，另有发放南昌市物资755吨，平售物资843吨，共4 965吨。没有发出的物资，存在九江及南昌仓库中的，各约2 000吨。所以从运输观点看去，江西的工作，还要努力。因为救济的物资，是越早到灾民的手中越好。

8 月 15 日　　星期四

与赈务组副主任江一清谈改组后的工作队及江西分署赈务工作的大概。

改组以前的工作队，共有15队。南昌市的救济工作，由分署的赈务组直接办理。改组以后，南昌市设省会工作队，九江为江西门户，人口众多，损害尤重，所以单独设一工作队。此外还设有八个工作队，区域的划分，为配合行政系统起见，以现有行政区为标准。队部以驻于行政督察专员所在地为原则。每一区内，得视目前交通情况，并根据实际灾情的需要，设置工作站，受工作队的指挥，办理该站驻在县份的救济工作。大约以前有工作队而现在取消的县份，都设有工作站，以免原有工作的停顿。除工作队队部驻在地及设有工作站的县份外，其他受灾各县均设查放站，为工作队的基层执行及联络据点。工作队分甲、乙、丙三级，甲级包括所属工作站在内，人员以 24 人为限，乙级限 20 人，丙级限 16 人。各区县市设审议委员会，其中区审议委员会以各该区专员为主任委员，工作队长为副主任委员，各县县长、县参议会议长及其他社会贤达为委员。改组后的工作队有一优点，即与省政府的行政系统配合更为密切，如运用得宜，可以发生更大的效果，因为工作队可以动员财力，而当地政府则可动员民力。这两种力量相配合，办理救济善后工作，比单独进行，效率必然要大些。

江西的工作队，还有一点毛病，就是各自为政，它们的钱如何花法，分署并不知道得详细。在广西与湖南，建筑补助费是由分署统筹办理的，所以在每一方面，分署一共花了多少钱，分署的主管人是马上回答得出的。在江西，建筑补助费有一部分是由各工作队支配，它们可以利用这笔款项建筑小学校舍，也可用以建筑道路桥梁，也可用以修建福利机关，也可用以修建平民住宅，也可用以修建小型堤坝涵闸。每一项目之下，分署各地的工作队，一共花了多少钱，我在南昌没有方法打听得到。原因是各地的工作队，并不能如期呈送它们的会计报告。会计处的主管人员曾拿出一张表来给我看，上面表示到 7 月底止，各地工作队已送到哪一天的会计报告。成绩最坏的是第三工作队，根本没有送过会计报告。成绩最好的是第六工作队与第十二工作队。第六工作队的会计报告，已送到 7 月 17 日；第十二工作队，已送到 7 月 18 日。其余的工作队，会计报告送到 3、4、5、6 月的都有，从这些参差不齐的会计报告里，无法计算它们在每一项目下支出的总数。改组以后，蔡署长告诉我，工作队的经费将要大为减少，建筑补助费的开支也许要集中在分署办理。

江西分署的赈务，共分 15 个项目：(1) 遣送义民回乡，至 7 月底止，遣送总额为 45 039 人。(2) 办理冬令急赈，自 1 月至 4 月，曾在南昌设冬令收容所两所、缝制工厂两所，并组设冬令工赈队，招收贫苦难民，整理环境卫生。(3) 赈济孤苦赤贫，主要工作为发面粉及营养食品，受惠人数为 149 万余人。(4) 救济失业难民，即在各地以工代赈，铺修街道，清除垃圾，疏浚下水道及修理公共建筑，每工视各地物价情形，发面粉 3 斤至 5 斤、工款 100 元至 400 元。(5) 修建平民住宅，包括各地农舍 1 500 余间，为江西省最有成绩的工作。(6) 发放水车农具，水车共贷放 1 200 余部，农具共施放 29 000 余件。(7) 筹设合作农场，先从张公渡下手。(8) 兴修农田水利，已成桥梁 13 处、堤挡 145 处、涵洞 48 个、堵口 48 处、修理险段 84 处、建筑水库 41 所、水陂 13 处。(9) 协修公共建筑，各地的医院、卫生院、救济院、中学、小学，得到补助的，共 173 单位。(10) 兴修市政工程，集中在南昌市办理，分署拟担任经费 4 亿

5 000 元，与省府合作办理。（11）推广福利事业，除协助原有福利机构外，并在南昌自办白日托儿所、流散儿童收养所，在各地设立施乳站。（12）补助小型工业，曾举办砖瓦业贷款及纸业贷款，得到补助的共 83 单位。（13）协修铁路公路，对于南浔铁路，曾拨面粉 3 000 袋，对于武万公路，曾拨面粉 2 000 袋。（14）改良作物种子，曾发总署拨到之棉种 10 吨、蔬菜种子 420 桶。（15）试行平售办法。为协助抑平粮价，曾在南昌及九江两处平售面粉，限于贫民购买。在大庾等县，贷款与县政府，办理平粜。从这些项目看去，我们可以知道，江西的救济工作，方面之多，与广西、湖南相仿佛。

　　江西分署的卫生工作，据卫生组刘专门委员南山谈，主要的共有五项：（1）为补助修建医院。战前全省各医院共有病床 1 276 张，战后仅有 830 张。分署为协助各医院迅速复业起见，曾拨巨款，为各医院修建房屋之用。根据卫生组的数字，南昌市得到补助的凡 11 单位，共 205 150 457 元。各县卫生医疗机关得到分署补助的共七单位，总额为 7 500 万元，但各县受到工作队补助的，未计在内。（2）为配发药品器械。计分配与省卫生处附属机构 50%，教会医院 30%，分署所属机构及医学校附属医院 20%。（3）为设所免费施诊。分署在南昌市自建传染病院及门诊所各一所，工程均已完成，一俟药械拨到后，即可开放。各工作队均设有门诊部，为贫病灾农免费治疗。（4）为设立免费病床。在南昌共设 213 张，在其他各县共设 127 张，凡贫苦病人入院治疗，分署代付住院一切费用，同时配发牛奶、奶粉，由各医院转赠贫苦人领用。（5）为防治流行疾疫。省卫生处防疫总队部，设有中队十队，并领得卫生署所发药械一批，但因经费困难，无法调动，分署现在每月补助他们调动费 50 万元，以利工作。分署并且成立了巡回医疗防疫队四队，无论何处，只要有瘟疫发现，便派巡回医防队去医治。他们到过南城去防鼠疫，到过九江、吉安等处去防霍乱。在省会的南昌，因为 7 月底起霍乱流行，分署曾与卫生处及其他卫生机构，组织临时防疫委员会，设立临时时疫病院一所，内置免费病床 50 张，同时委托各医院增设霍乱病床 80 张，全部经费都由分署补助，已拨 1 500 万元。此外并补助省卫生处 160 万元，在市区成立防疫注射站六处，注射人数，已达 53 000 人。谈到防疫，刘先生还讲了两个故事，都是关于鼠疫的。第一个故事关于黎川鼠疫的来源。他说黎川的鼠疫，是由南城传去的。三十四年南城硝石镇有一绅士，以为鼠疫即暑疫，避疫的方法，应请和尚打醮。有人说他提倡打醮，含有经济的动机，因为他是包办硝石镇屠宰税的，打醮可以吸引乡民，人来得越多，猪肉的销路越大，他的税收也越增加。打醮的结果，屠宰税是否增加无可考，但这位绅士，却染疫而亡。他有一个妹妹，自黎川来探视，染了鼠疫而归，于是黎川也就发生鼠疫。第二个故事关于南城、株良、新丰等处鼠疫的来源。自从南城发现鼠疫之后，专员、县长与当地卫生机构，便发动打预防针，但乡下人以及没有受过教育的民众，不知道打针的意义，视此为畏途。许多人看到打针，便设法逃避。专员有一次，只好与军队合作，把路上的交通断绝，于夜间敲开人家的大门，从床上将老百姓拉起，强迫打针。有几个人，怕检查打针，便从县城逃到株良、新丰，结果死在那儿。由此传染，每处都死了30余人。

8月16日　星期五

我们因为分署的工作，与水利局及卫生处的关系非常密切，所以今日去访问这两个机关。

在江西水利局，我们遇到燕局长方畋及丘副局长葆忠。他们对于分署善后工作注重农田水利一点，颇为赞成。水利局在各行政专员区设有水利工程处，每处有两三人。将来整理江西的农田水利，可以由分署出钱出面粉，水利局供给技术，县政府动员人力，以此合作方式进行，结果必然完满。

燕局长首谈赣江发展计划，包括筑坝、发电、管制水位、开发资源、便利通航等方面。现拟以六个月工夫，做勘察工作，然后在赣县与万安之间，筑一低坝，赣县以上，筑一高坝，即此开端，便需至少4 000万美元，恐非目前省政府的财力所能负担。在湖南，我们也听到开发沅江的计划，其观点与此相同，这个新的观点，无疑地受了美国 TVA 的影响，我们希望在最近的将来，这种理想可以在事实上表现出来。

江西水利局目前办理的工作，着重防洪与防旱，也就是想法控制水灾与旱灾。在这两方面假如能够成功，江西就每年有米可以输出，接济缺粮的省份。防洪工作，即在扬子江、鄱阳湖及赣江口筑堤或修理原来的堤工。中央水利委员会，关于此事，已与行总洽有成议，本年已由行总拨面粉4 000吨，开始此项工作。现在初稻已收，水患无虞。此后还有一万吨面粉，可用以继续办理此项工程。堤防修复之后，五六年内可无水患。防旱工作，过去曾在各地组织水利协会，名江西某县某地水利协会，会员以受益范围内的农田业主为限，兴办各种小型水利工程，工程完成后，即由水利协会保管并修理。水利局想用以工代赈方式，修建各种水库、塘坝、水井、沟渠、涵闸、圩堤，全省各县，此类工程，当在千处以上。分署于今年秋收之后，如要在各县办理此项工作，应令各县先行提出计划，水利局与分署合同审查。核定之后，可由三方面合作施工。

燕局长担任江西水利的工作，已有十年以上，所以各种计划，拟好的已经不少，只要经费有着落，便可开工。他提出请江西分署特别注意的，有下列几种计划：

（1）吉安至湖口段撩浅工程。吉安至南昌段有 235 公里，应经常维持吃水 0.67 公尺之船只通行，应挖沙石方 198 300 公方，用人工撩浅。南昌至湖口段 136 公里，应维持吃水一公尺之船只通行，应挖沙 53 500 公方，用挖泥船两艘撩浅。经费估计需 28 亿元。利益为便利救济物资的输入及本省各项物产的输出。（2）修筑万安渠工程。万安渠位于万安县白土乡及泰和县马市乡之间，灌溉二乡农田 35 700 亩。原建工程，有条石滚水坝一座，长 108 公尺，引水隧洞一座，长 102 公尺，筏道一座，干渠一道，长 15 公里，支渠 12 道，长约 30 公里。现拟修理坝身，加筑水泥坝面，共需 3 亿 3 500 万元。此项工程完成后，每年可增产稻谷 64 450 市石，以每石值 8 000 元计，每年可增利 5 亿 1 560 万元，足抵工程费用而有余。（3）整理南州水利工程。南州区域，包括南昌、丰城、进贤、临川四县属地，工程目的，在防止抚河支流灌注及赣江倒灌，兼利灌溉及保护浙赣铁路与公路。受益农田约 120 万亩，全部工程费用约 49 亿元。（4）泉港防洪闸工程。建闸地点，在清江、丰城两县交界之泉港口，可保障每年淹没两次之农田 16 万余亩，费用约 12 亿元。以上各种工程，水利局都已测量过的，有说明、有图表，表示预备的工作做得相当好。我们与燕局长等谈话后，下午会到建设厅厅长胡嘉诏，他对于整理赣江意见与水利局相同。数年以前，他曾提出建筑水库 5 万个的计划，当时估计每个需款 2 万元，现在非百万元以上不办。这个水库计划如果成功，则江西有 1 000 万亩农田可保永无旱灾。

　　下午我们与卫生处熊梭处长谈话。关于防疫工作，他说现在 83 县都有防疫委员会。南城、临川、黎川、南丰四县有鼠疫的地方，设有防疫处，处长由县长兼任，副处长由卫生院长兼任。在这四县内，都设有隔离医院。我又问他十个防疫队在些什么地方，他说有两个在临川，此外在梁家渡检疫站、南丰、南城及黎川都有一个，都是对付鼠疫的。防疫队的工作，一为打预防针，二为塞老鼠洞，三为喷射 DDT。防疫队受各县的防疫处指挥。临川的防疫队，不久拟拨一队到李家渡检疫。现在防疫的困难，一为疫苗不够用；二为滞留旅客一星期，不易办理；三为车船灭鼠无有效办法。

　　谈到各地卫生院的情形，熊处长说各县并不一致。有些县长，对于卫生注意，经费多些，成绩便佳。如上犹县对于卫生人员待遇颇高，所以请得到三个医生。卫生院的设备，也差强人意。假如县长对此不发生兴趣，则卫生院办理必无成绩。现在省府每年对于县长的考绩，卫生工作只占 3%，所以多数县长，对于卫生不感兴趣。卫生院的院长，系由县长保荐，经卫生处审核同意后，再由省政府派充。县政府所提的人，如不合格，卫生处也可直接派人充任，实际卫生处也找不到人，所以不合格的人，只好让其暂代，全省 83 个卫生院，院长是暂行代理的，在 30 个以上。中正医学院，是江西省训练医生的最高学府，但中正医学院的毕业生，没有一个人肯当院长，实因卫生院的待遇太差。现在的院长，大半为医专毕业生。进医专的资格，以前是高中毕业，入校后受训五年。近来程度降低了，初中毕业生便可考医专，入校后受训六年。各地的卫生院，人才缺乏，的确是一个严重的问题，但我观察若干县份所得的印象，是药品的缺乏，其严重性过于医生资格的不高。中国各地大多数的农民，所患的只是几种很普通的毛病。譬如江西第一工作队的门诊部，自4月20日起，到6月底止，看过3 048个病人，其中患疟疾的712人，呼吸系统病210人，营养不良100人，痢疾90人，疥疮1 048人，癞痢头500人，沙眼240人，介绍医院治疗14人，其他100余人。在这个简单的统计中，我们知道了一个事实，就是普通农民的病，都有特效的药可治，不必要高深的医生，也能开方治好疟疾、痢疾、疥疮等病痛。所以我们如想充实各地的卫生院，第一要充实的，乃是药品。可惜各地的卫生院，以经费支绌，药瓶中总是空的时候多。如何补救这种缺点，我从到了广西后，就常想这个问题，后来我看各省办教育的机关，办救济的机关，常有一些田产做基金，维持它们的事业，因而想到一点，就是：各地分署，能否在一两年内，为各地的卫生院，筹集一点基金呢？各省分署对于卫生的工作，都是一样注意的，如协助修建卫生院，如分发各卫生院以药品器械，其贡献是很大的。但是分署是一个临时机构，分署取消之后，谁来供给药品给卫生院呢？为各地的卫生院做长久的打算，我曾向很多有关的人提出一点意见，就是各地分署，在救济工作的过程中，曾放出一些贷款，将来收回此项贷款时，应即作为卫生院购药的基金。我又向行总提议，将来在沦陷区各县，办理一些房屋贷款，每县暂定为2 000万元。此时以这笔款项，协助农民修建住宅，将来农民还清此款时，即由县政府、县参议会、县卫生院，合组一保管委员会，以利息所得，作为卫生院购药之用。假如类似的办法能够实行，对于各地的人民，无疑是一个大的贡献。我旅行各处，觉得受灾的人，放在脑中的第一件事，就是如何可以吃饱肚子，等到吃饱了肚子以后，他们认为最重要的事，便是如何可以得到医药。德安县的几位绅士，与我谈话时，曾提出一个要求，就是分署如取消当地的工作队，最好把工作队的门诊部留下来。这句话表示内地人民，对于医药的需要，是如何迫切。

8月17日　星期六

早八点离南昌赴高安。离南昌46公里，有古楼岗，属凤仪乡，战前有86人，现在只余46人。这个村庄原来的房屋均已焚毁，新的房屋均系茅舍，其中有一部分，是第六工作队协助盖起来的。第六工作队队长谢龙泉，与我们同行，我问他在高安协助农民建筑茅舍的办法，他说这个办法可分数点。第一，搭盖的区域，系选房屋损失在70%以上的为重要区，损失在50%以上的为次要区。第二，协助的对象，以房屋全被毁坏、无力自建的农户为限。第三，发给材料的标准，每两农户合建茅舍一栋，每栋发给茅竹40根至60根、杉木10根至20根。此外另给工程津贴费5 000元。第四，茅屋面积自4方丈至6方丈，墙的高度自8尺至1丈。在这个规定之下，工作队曾在高邮、连锦、祥符、仪凤四乡，协助农民建筑茅舍161栋，共644间，发给茅竹7 530根、杉木1 760根，工程津贴费725 000元。我们从入高安县境起，像这类茅舍，一路看见很多，前几天高安大风，有若干茅舍为风所吹倒，经研究，知道有些农民，以茅竹为梁为柱，柱的上端穿空，俾横梁可以通过，因此柱的支持力量大为减少，如梁柱都改用杉木，可以不会发生此项不幸。离古楼岗前行，到祥符乡的祥符观，此地原颇繁荣，且有车站，现在车站附近的房屋，烧得一点痕迹都看不出，屋基上长满了青草，我们在青草丛中，发现了一块三合土的地基，才可想见当年车站的位置。祥符观的村里，战前有千人，房屋一百余栋，店铺约80家。现在只有6栋盖瓦的房子，27栋盖稻草的房子，其中21栋，是工作队帮助盖起来的。人口由千人降至百余人，患疟疾的有一半，村中只有一个中医，奎宁丸也没有得买，我们答应病人，在归途中，一定带点奎宁丸来送他们。

十二点抵高安县城，在工作队部午餐后，往访李县长炳文。全县有40乡镇，人口原有30余万，现在只有24万。县城为锦江分为南北，经济中心在南城，政治中心原在北城，现因北城的房屋为敌人焚烧殆尽，所以县府也搬到南城来。河北原有11乡，现合并为7乡。房屋损失，以锦河北岸祥符等6乡及县城为最惨，可以说是烧光了。锦河南岸铜湖等5乡，房屋毁去2/3。其余29乡，房屋平均毁去5%。共毁店屋4 380栋、住宅24 938栋。土地荒芜的，祥符、仪凤、高邮3乡，达27 942亩，筠阳镇等8乡，达19 194亩。其余29乡，达67 224亩。人口减少，荒地加增，是江西受灾各县中一个普通的现象。县长提出高安的需要，计有八点：（1）农舍600栋，每栋四间。（2）平民住宅200栋，较农舍略佳。（3）农具与耕牛。（4）药品。（5）小学22栋。（6）重修通锦江南北的仁济桥。（7）小型农田水利。（8）充实医院及救济院。关于最后一点，县长也给了我一些统计。高安的卫生院长，薪水260元，加成80倍，生活津贴20 000元。医院的办公费，每月2 400元，事业费2 000元，药械费4 000元。救济院院长薪水每月75元，办公费每月1 000元。救济的对象，是孤贫150名、残废20名，每名每月领津贴600元，并不住于院内。

归途我们从工作队领了一些药品，到每一个村庄，都发放一部分。过新建县西山万寿宫时，我们去参观，香火颇盛。六点回抵南昌，本日行 120 公里。

8 月 18 日　星期日

今日应萧纯锦院长之约，于上午十一点至莲塘农业院，有地千亩，原有规模，受战事损失，一时颇难恢复。在院中再晤洪轨厅长，彼谓省政府为节省经费，已决定将省立七医院移交县政府办理。我说省立医院为省政府办理之主要福利事业，过去经费比较充足，所以设备与医生，都超过县政府所办的卫生院。假如移给县政府办，医院的内容难免退步，此为卫生行政上开倒车的工作，希望省政府再加考虑。洪厅长表示省政府决不愿见此数医院停办或退步，如县政府无力接收，省政府当继续负责。为江西民众的福利着想，我希望省政府不要在医院上省钱。省政府的收入，都是取之于民的，但用之于民的，如把医院再除开，就实在太少了。

自农业院回南昌后，与蔡署长做长谈。我说过去江西的救济工作，有两点是别省所不及的：一为农舍的建筑，二为农具的发放。农舍的建筑，在住的救济上，另开生面，是江西的特殊贡献，是可以自豪的。分署过去的工作，也有两个缺点：一为行政权不集中，以致各工作队业务的进行以及经费的支配，分署无法知其全貌。第二个缺点，就是建筑补助费花在南昌的太多。第二个缺点，也许与第一个缺点有关。过去分署直接办理南昌市政救济工作，其余各处，都有工作队负责。也许主持的人，以为各县需要补助，可向工作队请求，只有南昌市的需要由分署直接负责，于是分署把所得的业务费用，除分给工作队的以外，其余的就完全用在南昌了。但是分给每一个工作队的钱数目有限，而分署留下直接支配的钱相当多，因此南昌市得到分署的好处，远在其他各处之上。关于此点，我们举出几个数字来证明。根据会计室的报告，医院修建费至 7 月底止共支 421 160 154 元，其中用于南昌的共 336 258 674 元，用于各县的共 84 901 480 元。由此我们可以看出，医院的修建费，有 4/5 集中于南昌。卫生组给我们的数字，与会计处的略有出入，但集中于南昌一点，则是相同的。学校修建费，据会计室报告，共 317 279 306 元，其中用于南昌的共 237 279 306 元，用于各县的共 8 000 万元。依此统计，有 3/4 的学校修建费，系用于南昌。也许这个数字，不能代表实际的情形，因为各工作队的会计收文，还没有完全向分署报告。我们现在再用另一方式，来计算分署在南昌市以外所花的建筑费。据会计室报告，分署至 6 月底止，共拨各地工作队经费 1 020 500 000 元。依规定，各工作队除办公费外，应以半数为建筑费。今以第十一工作队的经费支配表为根据，建筑费占全部经费的 42%。又假定各工作队之建筑费，都用在医院修建及学校修建上面，那么各地工作队所领的经费中，应有 428 610 000 元，用于上述二途。此为最大的估计，实际因建筑费还有其他用途，教育与卫生二项的修建费用必达不到上述数目。今姑以此数与南昌市的医院修建费及学校修建费（653 537 980 元）相较，还不到南昌市的 2/3。但南昌市的人口，现在只有20 余万，还不到全省人口的 2%。以 2% 的人口，其所得建筑费的实惠，竟超过全省人口的所得，其不合理，甚为显明。假如分署以后将工作队的建筑费收回，统筹支配，我想对于南昌市，必不会如此偏重。现在的情形，以学校修建费而论，南昌市已有 56个单位得到补助，别的沦陷县份，有未得到一元补助费的。假如分署统筹分配，在江西 64 个沦陷的县市中，每一县市恢复一个学校，那么全省各县的所得，必然会超过南昌市的所得。所以我们赞成统筹分配建筑费，广西与湖南在这一点上，实可为江西取法。

8 月 19 日　　星期一

早八点起程离南昌，东行入浙。至梁家渡后，公路分而为二，一往南城，一往进贤。我们原拟取道南城赴鹰潭，后来因为听到建设厅胡厅长说，由进贤往鹰潭的公路，最近已可通车，此路途程较短，所以我们便听胡厅长之劝，改走新路。自梁家渡到杨溪，途中经过进贤、东乡二县，路面多铺碎石或砖块，车行颇艰难。一路也没有饮茶或吃饭的地方。四点到杨溪，公路又分道，一往景德镇，一往鹰潭。我们向到鹰潭的路上走，路更坏，土松，车陷于泥中数次。有一处路陷，车不能过，下车修路半小时，勉强通过。离余江县约三里处，有两缺口，尚未补齐。县长正发动民工数百人，修补这两个缺口。我们看到此种情形，知道今日无法通过，乃步行三里，过江至余江县城，先到第十三工作队部休息。队长张抡元，为工作队改组事，已赴上饶。我们在工作队晚餐后，即赴县长官舍借宿。县长黄奠民告诉我，修公路的工人，完全是征工来的。工人数额决定后，由县派于乡，乡派于保，保派于甲。拟征的数额，总是征不齐的，常常只到 1/4。县府如催派，又陆续来，来而复返。因此征工的效率，是很低的。余江公路的缺口，原定 5 月底完工，后延期到 6 月底、7 月底，现在已是 8 月，尚未完成。工人晚间睡觉，系借用民房，每天伙食，规定米二升、副食费 300 元，由各乡统筹。依规定，乡长、保长应亲自到场监督，但乡长、保长从未来过。县政府的建设科，在筑路期内，全体出发监工。今天在公路上遇到建设科科长，赤着足，拿着指挥棍，在烈日下跑来跑去，总算是与民众同辛苦。征工除筑路外，还有运粮。运粮是给工资的，但只到市价的一半。我说，田赋不是免了一年吗，为什么还要征工运粮？县长说，现在所运的不是田赋，而是政府征购的余粮。据说政府要在江西征购余粮 50 万担，余江县分到 24 000 担。每担的价格，最初定为 1 450 元，王主席到省后，以谷价高涨，将每担谷价提高到 4 750 元，但现在谷价约万元，所以人民还是吃亏的。余粮归谁担负，曾在县中举行一次摊派会议，实即扩大县政会议，包括团、党、参议会、商会等机关的负责人。会议决定各乡镇数额后，各乡镇即开会议，决定各保应派数量，然后由各保分派与各甲，各甲分派与各户。保长在收谷时用大秤，并派运费，但运粮时则派民夫，又可因消耗的损失而酌量多派，所以在征购余粮的过程中，保长是有利可图的。

县长又说了一些县政大概，我特别注意卫生院与救济院的工作。卫生院与其他各处一样，经费不充足，每月办公费只有 800 元、购药费数千元，挂号看病的，每日约 20 人。救济院经常费每月也只数千元，被救济的人有 36 人，每日得米八合。这 36 人，有 28 个住院，都是患麻风病的，其余八个不住院的人，则为瞎子。救济院还津贴 83 名婴孩，每名每月可领 15 元，死去一人，才可补一名新的。如不死，此项津贴，为数虽微，可以领到 16 岁。

本日行 138 公里。

8 月 20 日　星期二

早十一点二十分，公路已修好，我们便由余江起程，自余江到鹰潭。路面土松，极不易行，司机决定回南昌时，仍绕道南城而行。过弋阳杨树桥，下车休息，遇一过路居民，我们问他过去数月所纳的捐税共有几种。他说没有记账，一时算不清。我们请他把税捐或摊派的名称说给我们听。他提出五种：一为猪捐，两个月派一次，每次 400 元。二为壮丁钱，半年纳 7 000 余元，以为乡公所及保办公处的经费。三为田亩钱，每亩纳三斤半谷子，半年纳一次。四为余粮的摊派，每亩纳九斤半。五为保学谷，每户 31 斤。这些钱为什么要交，交出去做何用途，他一概不知。

下午六点抵铅山县的河口镇，为江西四大镇之一，以产土纸著名。我们在公园中休息，遇到一小乞丐，年十岁，广丰人，姓陈，父母俱亡，流落至此。他手中一只碗、一双筷，衣服只有上衣，无裤。我们看他面目清秀、口齿伶俐，便决定带他到上饶，交给工作队安置。将来与我们同行的赵视察返南昌时，便可把他带至南昌，交与育幼院。小孩也愿意跟我们走，我们因为他的上衣龌龊，怕有虱子，便叫他把上衣脱去，赤身跑到我们的汽车里面来。我们的一个念头，大约会改变这个小孩一生的命运罢。

下午八点抵上饶，行 126 公里。晤张抢元队长，他现在是第六工作队队长，在改组之前，他是第十三工作队队长，管辖余干、余江、贵溪、东乡四县。他先告诉我们过去处置建筑费，各县不同。余干县分得 1 500 万元，其中卫生院 1 000 万元，救济院 500 万元。东乡县分得 1 100 万元，其中县立小学 300 万元，救济院 300 万元，厕所两个共 100 万元，小型农田水利 200 万元，下水道 200 万元。余江县分得 1 000 万元，其中救济院 250 万元，公共厕所 150 万元，卫生院 500 万元，县立二小 100 万元。贵溪县分得 1 800 万元，其中贵溪中心小学 600 万元，鹰潭中心小学 400 万元，救济院 300 万元，卫生院 300 万元，公共厕所 200 万元。物资方面，余干与贵溪，所得亦较余江与东乡为多。以贵溪为例，该县曾分得面粉 1 200 小包，旧衣 27 袋，旧鞋 9 袋，牛奶 95 箱，奶粉 21 箱。

8 月 21 日　星期三

本日原拟乘汽车赴江山，后闻上饶至江山间，有一桥梁正在修理，公路不通，乃改乘火车。车行甚慢，自上饶到江山，只有 95 公里，火车于下午两点开行，八点始达。浙江第四工作队队长李振夏及分署农业技正赵武，均在站相迎。江山无良好旅馆，因借志澄中学为下榻之地。江西视察，至此告毕。

有计划按比例地发展国民经济

（该书曾于1954年9月由中国青年出版社出版发行，

署名为"吴景超 著"。）

内容提要

有计划按比例地发展国民经济，是社会主义苏联及各人民民主国家的社会经济制度的特点。这本小册子，根据苏联的经验，结合中国目前的情况和党在过渡时期的总路线、总任务，比较系统地说明了：（1）实行国民经济计划的条件及其所依据的经济法则；（2）有关实现过渡时期总路线、总任务中的国民经济计划化的三个主要比例关系，即社会主义经济成分的比重、工农业比例和轻重工业比例；（3）改变这些比例关系的意义；（4）改变这些比例关系的措施和我们努力的方向。

引言

中国共产党领导的整个中国革命运动，分为两个阶段，即新民主主义革命及社会主义革命。新民主主义革命的目的，是推翻帝国主义、封建主义和官僚资本主义在中国的统治。这个任务，已经胜利地完成了。中华人民共和国的成立，标志着中国革命运动第一阶段的结束及第二阶段的开始。

从中华人民共和国成立到社会主义社会的建成，是一个过渡时期。党在过渡时期的总路线及国家在过渡时期的总任务，就是逐步实现国家的社会主义工业化，逐步完成对农业、手工业和资本主义工商业的社会主义改造。

为实现过渡时期的总路线和总任务而奋斗，是全国人民的光荣任务。我们要完成这一任务，必须在党的领导之下，有计划地进行工作。《中华人民共和国宪法草案》（简称"宪法草案"）第十五条明白地指出："国家用经济计划指导国民经济的发展和改造，使生产力不断提高，以改进人民的物质生活和文化生活，巩固国家的独立和安全。"宪法草案中还明白规定，国民经济计划，由全国人民代表大会决定，由国务院执行。由此可见，党在过渡时期的总路线，将体现在各个时期的国民经济计划之内，我们在各人的工作岗位上，为完成及超额完成计划而奋斗，就是总路线对于我们的要求。

本书的主旨，是要从国民经济计划的观点，来体会总路线的实质。国民经济计划的一个中心问题，就是比例关系问题。在党的总路线里，包含着哪一些重要的比例关系呢？这是我们所要解答的问题。

斯大林在联共（布）第十六次代表大会上说过："我国国民经济的发展是在工业化的标志下进行的。但是，我们需要的并不是随便一种什么工业化。我们需要的工业化是保证社会主义形式的工业对小商品形式的工业尤其是对资本主义形式的工业所占的优势日益增长的工业化。我国工业化的特点在于它是社会主义工业化，是保证工业中的公营部分战胜私营部分，小商品经济部分和资本主义部分的工业化。"我们现在进行的工业化，就是社会主义工业化。在社会主义工业化的过程中，社会主义成分的比重将不断增长，而非社会主义成分的比重则将不断降低。社会主义成分与非社会主义成分的比例关系，是我们所要首先讨论的问题。

其次，斯大林又曾指出："使我国工业化是什么意思呢？这就是把我国由农业国变为工业国。这就是在新的技术基础上建立并发展我国的工业。"（《斯大林全集：第九卷》）这个指示告诉我们，在工业化的过程中，还要注意到第二个重要的比例关系，就是工业与农业的比例关系。

第三，斯大林还着重地指出："工业化首先应当了解为发展我国的重工业，特别是发展我国自己的机器制造业这一整个工业的神经中枢。否则就谈不到保证我国在经济上的独立。"（《关于苏联经济状况和党的政策》）所以我们在工业化的过程中，还要注意到第三种重要的比例关系，就是重工业与轻工业的比例关系。

国民经济计划所研究的比例关系，当然不只以上的三种，但是由于总路线所包含的比例关系，主要是以上三种，所以我们将着重地讨论它们。总路线的工作，除了进行社会主义工业化以外，还要进行社会主义的改造。社会主义改造的要点，在于逐步改变非社会主义的所有制为社会主义的所有制，所以这一工作的成果，主要地将表现在我们上面所说的第一种比例关系之内，即社会主义成分与非社会主义成分的比例关系之内。

在研究这些比例关系之前，我们将讨论一下国民经济计划的条件与法则，而在讨论比例关系之后，我们将概括地叙述一下改变比例关系的措施。但是我们的中心问题，则是说明在过渡时期，用经济计划指导国民经济的发展和改造的时候，何以必须注意研究这三个重要的比例关系问题。

第一章　国民经济计划的条件与法则

一、实行国民经济计划的条件

国民经济计划不是任何社会都可以实行的。资本主义社会就不能有计划地进行经济建设。只有社会主义社会以及走向社会主义道路的人民民主国家（还要包括将来的共产主义社会），才有条件来实行国民经济计划。

什么是实行国民经济计划的条件呢？

首先，我们必须要有人民的政权。过去的政权，都掌握在剥削阶级的手里。剥削阶级掌握着这个政权，便利用它来镇压人民、剥削人民。剥削阶级对于广大人民的福利，是漠不关心的，当然它就不会通过什么国民经济计划，来提高人民的物质生活和文化水平。资本主义的社会里，也有人在高谈计划经济，而且还有人草拟出某种改造国民经济的计划。但是这些计划，或者是骗人的谎言，或者是如列宁所描写过的一位德国学者巴洛德所编制的计划一样："这个计划在资本主义德国不免要悬在空中，始终是一种文人清谈和单独一个人的工作。"（《论统一的经济计划》）

在人民掌握政权的国家里，国家被赋以一种新的职能，即经济组织工作和文化教育工作的职能，而其中最重要的，就是改造旧经济和组织新经济的职能。斯大林教导我们说："对于无产阶级革命，夺取政权却只是革命的**开始**，并且政权是用作改造旧经济和组织新经济的杠杆。"（《列宁主义问题》）改造旧经济和组织新经济，不是可以自发地进行的，必须在统一的计划下来进行，才可以达到预先规定的目的。

我国新民主主义革命完成，便产生了人民民主的国家制度。宪法草案第一条说："中华人民共和国是工人阶级领导的、以工农联盟为基础的人民民主国家。"宪法草案第二条说："中华人民共和国的一切权力属于人民。"我们既然有了人民掌握政权的国家制度，我们的国家也就要执行新的职能，即经济组织工作的职能和文化教育工作的职能。这种职能的具体表现，就是各个时期的国民经济计划。我们是通过国民经济计划，来改造旧经济、组织新经济、提高人民的物质生活和文化水平的。我们有了人民的政权，就产生了国民经济计划，所以人民的政权，是实行国民经济计划的一个先决条件。

其次，国民经济计划，不是赤手空拳可以实现的，必须有一定的物质基础，即一定程度的生产资料公有制。新民主主义革命的完成，也使我国在经济的领域中，出现了生产资料的全民所有制。现在我国在工业和批发商业方面，国营经济都已处于领导的优势地位。1952 年，国营工业在除手工业外的全国工业总产量中占 60% 以上，其中在重工业方面占 80% 左右，在轻工业方面占 50% 左右。在商业经营的批发业务方面，有关国计民生的主要商品，如粮食、棉花、纱、布、钢铁、煤、木材、油脂、盐和重要出口商品等，基本上已由国家掌握。全国银行已由国家统一管理。铁路运输及航空运输完全由国家控制，其他的交通工具，也有很大或相当的一部分，属于社会主义成分。当然，在我国新民主主义社会中，除了国营经济外，还有合作社经济、农民和手工业者的个体经济、国家资本主义经济及私人资本主义经济。国营经济的性质当然是社会主义的，合作社经济是社会主义的或半社会主义的，一部分国家资本主义经济也带有若干社会主义性质。社会主义经济，是整个国民经济的领导因素，而且它的领导作用，会随着社会主义成分在国民经济中的不断扩大而加强。社会主义经济和它的领导作用，就是我们实行国民经济计划的另一个极为重要的条件。苏联在开始实行国民经济计划时，国内也是多种经济成分并存的，即除了社会主义所有制外，还有非社会主义所有制。欧洲人民民主国家目前的状况，也是这样。所以，如果以为必须所有生产资料完全公有以后，才能开始实行国民经济计划，那是不正确的。

最后，除了人民的政权及生产资料在一定程度上的公有制以外，实行国民经济计划，还需要一个主观的条件，即对于社会生产的经济法则的认识。我们的国民经济计划必须是科学的，这就是说，必须反映客观经济法则的要求。假如不认识经济法则，不去以完善的知识来利用经济法则，而只凭着主观的愿望来制订国民经济计划，必要碰壁。但是我们的国家，是在中国共产党的领导下来实行经济建设的，而中国共产党，它是为马克思列宁主义的理论所武装起来的。党在它的实际活动中，绝不以什么偶然动机为准则，而是以社会发展规律，以及由这些规律中所得出的实际结论为准则。有了中国共产党的领导，我们就可以保证我们的计划，一定是建筑在对于经济法则的认识之上的。

二、经济法则与计划经济

我们上面已经提到实行国民经济计划的一个主观条件，就是对于客观经济法则的认识。我们必须使我们所制订的计划，符合经济法则的要求。现在我们就要问：什么是经济法则呢？有哪些重要的经济法则，是我们在编制计划时所要考虑的呢？

马克思主义教导我们说，法则是发展着的世界各种现象相互联系、相互制约的表现。法则表示客观世界各个事物间本质的联系。经济法则，是客观法则的一种。它表示再生产各方面或各过程间的联系。

我们必须认识经济法则的历史性。经济法则与一定的历史条件是分不开的。固然有些法则，在不同的经济形态下都发生作用；但也有些法则，因条件变化而失去效果；还有一些法则，则随着新的条件产生而发挥功能。正确理解那些条件与某一法则的作用相联系的问题，具有巨大的实践意义，因为掌握发展法则主要是自觉地、有计划地、有目的地创造各种条件，使法则发生有利于我们的作用。

重要的经济法则之一，就是生产关系一定要适合生产力的性质。在近代的资本主义社会里，生产力，特别是在工业中的生产力，是具有社会性的。任何一种重要的工业产品，非有许多人的分工合作，是无法生产出来的。但是所有制的形式却是私人的、资本主义的。这就是说，生产出来的产品，不属于全体的劳动者，而为少数的资本家所独占。资本家把这些产品出售的所得，只以一小部分（即工资）来付给工人，而独占了绝大的一部分。譬如美国的一个垄断集团，即大做军火生意的杜邦化学公司，在1935年，雇用了91 000个工人，在这些工人身上，一共剥削了5亿7 800万美元的利润，也就是说，平均在每一个工人的身上，剥削了6 300美元（1954年6月17日《真理报》）。这个数目，大大地超过美国工人的平均工资。别的垄断集团，也有类似的情形。这样，美国劳动者在一年内所创造的财富，由于私人所有制的存在，分配就极端地不公平。这种情况，必然造成一个严重的后果，即生产与消费间的矛盾。生产力是社会性的，可以发挥很大的力量。但生产关系造成狭隘的市场，使产品得不到广大的销路。结果就造成了资本主义国家每隔数年必出现一次的生产过剩、经济危机、生产力破坏等荒谬的现象。

十月革命产生了苏维埃政权。"苏维埃政权依据生产关系一定要适合生产力性质这个经济规律，把生产资料公有化，使它成为全体人民的财产，因而消灭了剥削制度，创造了社会主义的经济形式。"（《苏联社会主义经济问题》）苏联自从依据这个经济法则来进行经济建设之后，生产一贯是高涨的，从来没有发生过任何经济危机。

我们认识了这个法则，就要在经济计划中，反映这个经济法则的要求。党的总路线，保证我们可以依据这个经济法则来发展和改造我国的经济。

其次，我们要考虑社会主义基本经济法则在我国社会中发生的作用。"社会主义基本经济规律的主要特点和要求，可以大致表述如下：用在高度技术基础上使社会主义生产不断增长和不断完善的办法，来保证最大限度地满足整个社会经常增长的物质和文化的需要。……因此，保证最大限度地满足整个社会经常增长的物质和文化的需要，就是社会主义生产的**目的**；在高度技术基础上使社会主义生产不断增长和不断完善，就是达到这一目的的**手段**。"（同上）

我们的社会主义成分，其生产目的，是完全符合于社会主义基本经济法则的要求的。资本主义的社会里，因为存在着生产资料的私有制，生产的目的，不是为提高人民的福利，而只是为着资本家的利润。目前的美帝国主义，就是这种生产方式的代表。在那儿，垄断资本家的利润在不断增长，但广大劳动人民的生活程度，却越来越下降。我们现在以主要力量来发展重工业，用以保证生产技术的不断进步，而在这个基础之上，生产便会不断增长、不断完善。所谓不断增长，就是今年的产量比去年高，而明年的产量比今年更高。所谓不断完善，就是使产品的质量不断提高，劳动生产率不断增长，成本不断降低。在生产不断增长、不断完善的基础之上，人民的物质生活与文化水准，就可以逐步地提高。苏联过去的生产，就是依照社会主义基本经济法则的要求而发展的，我们现在也正随着苏联所走过的道路前进。在资本主义社会里，情况与此相反。资本主义采用新技术与否，以它能否带来最大利润为转移。当新技术预示着最大利润的时候，资本家就采用新技术；当新技术不再预示着最大利润的时候，资本家就反对新技术，主张转而采用手工劳动。因此，在资本主义自由竞争的时代，资本主义国家的技术也曾一度蓬勃发展过，而到了垄断资本阶段，就完全终止发展了。出于这一原因以及其他种种原因，资本主义国家的生产就不可能是不断增长和不断完善的。举例来说，美国1954年3月的生产，就比1953年3月大大降低了。资本主义国家劳动人民的生活，平时因为资本家追求最大利润，把工资在国民收入中的比重尽量压低，所以国内生产即使有所提高，人民的生活也是得不到改善的。而到了经济危机发生的年代，大量工人失业，劳动人民的生活便陷于更为悲惨的境地。这与社会主义及新民主主义国家中劳动人民生活程度的逐渐提高，是根本不同的。

在我国过渡时期，社会主义基本经济法则不但在社会主义经济成分中发生作用，而且对于整个国民经济起主导作用。这是因为我们的社会主义经济成分处于领导地位。

除了社会主义基本经济法则之外，其他社会主义的经济法则，也在我国国民经济中发生相当的作用。其中我们要特别提出研究的，是国民经济有计划按比例地发展的法则。

第一，我们应当了解，国民经济有计划按比例发展的法则，是在生产资料公有制的基础之上产生的。在资本主义社会中，生产资料私有，就不可能产生有计划按比例发展的法则。个别的资本家，好像生产是有计划的，但是由于资本家都是为了利润而生产，哪种生产有利可图，他就进行生产，所以每一资本家所生产的产品数量及品种，不可能是稳定的，常以市场上价格的涨落为转移。这种时常更改的计划，等于没有计划。至于整个的资本主义社会的生产，更是根本没有计划，在竞争和生产无政府状态之下进行。

社会主义国家，生产不是为了利润，而是为了满足人民的需要。这种需要，是相当稳定的，国家可以根据对于这种需要的研究，来编制国民经济计划。同时，社会主义国家，拥有进行生产所必需的生产资料。它可以根据人民的需要，有计划地来利用这些生产资料，使生产符合于人民的要求。所以社会主义国家是有可能来进行计划生产的。在资本主义国家里，生产资料属于个人，不属于国家，所以资本主义国家根本不可能进行计划生产。

社会主义国家，不但有可能进行计划生产，而且也有此种必要。社会主义社会的国民经济各方面、各部门，不是彼此孤立，而是彼此联系的。如生产是与消费联系的，又是与积累联系的。工业与农业是联系的，又是与运输业及商业联系的。在这种有机的联系之下，生产必须有计划按比例进行，否则生产必然要陷于混乱，而使社会遭受损失。譬如我们计划增加棉纺织品的生产，但同时不按比例地增加棉田的面积，结果必然要感到原料不足，棉纺织厂即使设立了，也无法经常开工。为了使再生产的各个过程不断地进行，为了使各部门平衡地发展，有计划按比例地生产，是完全必要的。我国在过渡时期内，社会主义的经济成分，是可以有计划按比例发展的，其他经济成分，因为受了社会主义成分的影响，或多或少也可纳入计划经济的轨道。这一点我们在下面还要详细谈到。

第二，国民经济有计划按比例发展的法则是从属于基本经济法则的。有计划按比例发展的法则本身，不能提供发展国民经济的任务。我们到底应当朝着哪一个方向，或者说，为着实现哪一个目标，使国民经济有计划按比例地发展呢？国民经济有计划按比例发展的法则，是不能对于这个提供任何答案的。只有社会主义的基本经济法则，才能提供这个答案，因为生产的目的，是包含在社会主义基本经济法则之中的。"社会主义的国民经济只有在国民经济有计划发展的经济规律的基础上才能得到发展。"（《苏联社会主义经济问题》）社会主义基本经济法则的具体要求，在不同的社会里，以及在同一社会的不同时期中是不同的。在我国的过渡时期，社会主义基本经济法则的具体要求，就表现在党的总路线与总任务中。国民经济在我国发展的途径，如果是可以实现总路线、总任务的，也就必然符合于社会主义基本经济法则的要求，因而也就必然是正确的。相反，假如在国民经济中的任何措施，是违背总路线与总任务的，也必然不会符合社会主义基本经济法则的要求，因而也就必然是错误的。在我国，要利用国民经济有计划按比例发展的法则，必须以过渡时期的总路线为依据。

第三，国民经济有计划按比例发展的法则，虽然从属于社会主义的基本经济法则，但反过来说，社会主义基本经济法则的实现，也要以国民经济有计划按比例发展法则的被掌握、被应用为条件。假如我们没有研究这个经济法则，没有掌握它，没有学会以完备的知识去应用它，那么国民经济各部门、各方面，就不能得到平衡的发展。有的物资可能生产过多，得不到充分的利用；有的物资又可能生产过少，不能满足社会的需要。这样，生产就不能在最高的速度上增长，人民的生活程度也不能迅速提高。换句话说，基本经济法则的要求，也就不会由可能变为现实。

第四，我们要搞清楚两个不同的概念，就是国民经济有计划按比例地发展与国民经济自发地发展有不同的意义。任何的社会经济形态中，国民经济都会自发地发展，但只有在社会主义国家或人民民主国家中，国民经济才能有计划地、按比例地发展。国民经济发展的某种比例，是国民经济发展的一种必然结果，它可以是盲目地、自发地形成的，也可以是自觉地、有计划地形成的。譬如在任何一个国家里面，只要它有了炼铁工业，又有了采掘铁矿石工业，那么这两个工业之间，便不可避免地会形成一种比例。这种比例，在资本主义社会中是有的，在社会主义社会中也是有的。区别在于，它们形成的过程是不同的。资本主义社会中这种比例关系是自发地、盲目地形成的，因而这种比例关系，不可能是或者不容易是一种平衡的比例关系。在社会主义社会中，这种比例关系，则是通过人们的努力，自觉地、有计划地形成的，因而这种比例关系，必然是或者经常是平衡的比例关系。我们上面已经提到，在资本主义社会里，生产与消费经常是脱节的，也就是说，生产与消费的比例关系是不平衡的。生产过剩，而人民大众的消费则经常感到不足。在 1952 年 7 月底到 1953 年 7 月底，美国批发与零售业的存货以及制造商手头的存货增加了 60 亿美元，从而使总数达到 773 亿美元的庞大数目。这个数目之大，可由下面的事实说明：它超过了 1949 年美国工业的生产总值——据估计是 754 亿美元（1953 年 11 月 11 日《人民日报》）。一方面有这样多的存货，一方面美国人民大众的消费量则在下降。如以 1952 年初美国按人口计算的主要营养品的消费和 1946 年相比较，减少的比例大约如下：牛油 7.6%、肉类 10%、新鲜果物 13.9%、小麦粉 14.7%、咖啡 17.6%（1953 年 5 月 1 日《人民日报》）。这种消费赶不上生产的现象，在社会主义社会中是不会发生的。社会主义社会里，生产与消费之间没有矛盾。生产是为了满足消费，而消费又反过来刺激生产。消费品的生产增加多少，国家就可计划商品流转额增加多少，劳动者的购买力增加多少，因而劳动者的消费也可增加多少。从 1926 年到 1953 年的 27 年中，苏联的商品流通额几乎增加了七倍，而每一个人所获得的商品数量，每年约增加 10.3%（1953 年第 44 期《争取持久和平，争取人民民主！》）。在苏联的商品流转计划中，一方面要估计到消费品增加的数量，另一方面也要估计到人民购买力的提高程度，计划工作者，必须用各种方法，使两方面达到平衡。这种工作，在资本主义社会中，是没有条件来完成的。又如我们上面所提到的炼铁工业与采掘铁矿石工业间的生产比例关系，在资本主义社会中，也是无法平衡的。这些企业的所有者，根据市场的需求关系来进行生产，而且由于彼此处于互相竞争的状况之下，各个企业的生产计划是各个企业的秘密，彼此没有互相交换情报、沟通消息的可能。因此生产出来的总额，有时过多，有时过少。正如列宁所指出的，在资本主义社会中，"彼此互为'市场'的各种生产部门，不是平衡发展，而是互相超越"（《俄国资本主义的发展》）。在社会主义社会中，炼铁工业与采掘铁矿石工业，是通过国民经济计划而互相密切配合的。假如炼一吨铁需要 1.8 吨铁矿石，那么国家如计划生产生铁 100 万吨，同时也必计划生产铁矿石 180 万吨。因此，炼铁工业与采掘铁矿石工业间的生产比例关系，就必然是平衡的。

第五，我们不能把国民经济有计划按比例发展的法则与国民经济计划化混为一谈。国民经济有计划按比例发展的法则，是客观存在的在生产资料公有化的基础上产生的法则。但是客观的经济法则，不会自发地、自流地实现。在社会主义及新民主主义社会里，把客观的可能性变为现实，必须在党的正确领导下，通过人民群众的积极努力，才能成功。国民经济计划化，就是客观法则在人们思想中的反映，并由此而制订出来的各种计划、各种实现计划的措施。它表现着一种主观的努力，表现着主观在认识了客观之后，经过积极的行动，把可能变为现实的过程。所以国民经济计划化，首先就要求人们研究客观的经济法则，正确地反映社会主义基本经济法则以及国民经济有计划按比例发展的法则的要求。在正确地反映的基础之上，才有可能来编制发展国民经济的年度计划及长期计划。计划的编制，不过是计划工作的开端。如果计划不和执行状况的检查结合起来，如果编制计划不继之以发动群众为实现计划而斗争，那么计划就会落空，成为纸上谈兵的东西。所以在编制计划之后，还要拟定具体措施来完成计划。最重要的措施，就是组织群众，激发群众的热情，为完成及超额完成计划而斗争。由于计划不可能完全反映现实，由于现实的发展时常出乎计划者的预料之外，所以不断地检查计划，根据计划实践的结果来对计划做出某种必要的修正，乃是不可免的。这种检查与修正，就是主观接近客观的辩证过程。总之，国民经济计划化，包括一系列的过程，从研究客观的经济法则开始，进而规定任务，编制计划，制定实现计划的措施，组织千百万群众为实现计划而斗争，不断地检查计划执行情况，最后使经济计划能够如期完成或超额完成。

三、直接计划与间接计划

国民经济有计划按比例发展的法则，既然是在生产资料公有化的基础上产生的，所以在过渡时期，这个法则还不能发生全面的作用，因为过渡时期的国民经济，一方面有社会主义的成分，另一方面还有非社会主义的成分。在社会主义的成分中，我们可以进行计划管理，使它的发展依照一定的计划进行。但在非社会主义的成分中，我们就不易进行计划管理了。这不但在我国如此，在苏联实行新经济政策的初期，也有类似的情形。1928 年斯大林曾指出那时苏联的计划工作情况，说："轻视计划工作的作用和意义是错误的。可是夸大计划原则的作用，以为我们已经达到了能够计划一切和调节一切的发展水平，那就更加错误了。不应当忘记，在我国国民经济中，除了那些受我们计划控制的成分以外，还有另一些暂时不受计划控制的成分"（《在粮食战线上》）。这儿所说的暂且不服从于计划工作的成分，就是国民经济中的非社会主义成分。非社会主义成分，虽然暂时还不服从于计划工作，但是因为社会主义成分在国民经济中居于领导的地位，对于非社会主义成分可以发生影响，因而也可以用间接的方法，引导非社会主义成分或多或少地走上计划的轨道。以后由于社会主义成分的逐渐扩大及非社会主义成分的逐渐改造，国民经济有计划按比例发展的法则，也就越来越有广阔的活动场所。最后，当我们实现社会主义的时候，全部的国民经济，也就可以有计划按比例地发展了。

由此可见，在过渡时期，我们对于国民经济的各部分，是有不同的领导方法的。对于国民经济的社会主义部分，我们实行直接计划，而对于非社会主义部分，则只能通过间接计划来加以影响。

所谓直接计划，就是指令性的计划。譬如国家根据当前的需要与可能，指令某钢铁厂在 1954 年生产 50 万吨生铁，这就是直接计划、指令性的计划。某钢铁厂必须遵照国家的指示，完成这一项任务。生产的任务，是任何企业的中心任务。为了完成这一项任务，只是计划生产的数字或指标还是不够的。计划的内容，通常包含一系列的数字或指标。譬如生产 50 万吨生铁，必须配置相当数量的工人、职员、工程技术人员、勤杂人员及行政人员，因此必须有劳动力计划。工人的熟练程度不同，其所利用的设备技术水准也有不同，因此必须根据实际情况，规定劳动生产率计划。职工必须得到报酬，因此又要制订工资计划。生铁的生产，除了配置相当数量与质量的职工外，还要供给一定数量的材料、原料、燃料及电力等，因此又有物资供应计划。为了进行生产，必须交给企业以一定的资金，并且责成企业，使其除利用此项资金完成生产任务以外，还要设法减低成本、增加积累，因此又要规定成本计划、财务收支计划等。最后，为了完成生产任务，有时还必须增加设备，因此又有基本建设计划，包括投资数额及完工期限等。这一切，牵涉到生产的物力、人力、财力各方面，都必须由计划加以规定，都必须由企业按计划加以完成。

假如以为各个企业的计划，是各个企业关起门来自己编制的，那就是错误了。在资本主义的国家中，各个企业的内部也是有计划的，但它们却不能实行计划经济。区别在于，资本主义国家各个企业的计划是独立编制的，彼此互不相谋，而我们国营经济的各个企业的计划，则是在统一领导之下编制的，彼此有内在的联系，每一企业的计划，是总计划的有机组成部分。我们的国家计划委员会，在编制下年度计划前，召集各部及各地区负责同志开会，宣布并讨论下一年度国家对各部门及各地区的具体政策、方针及要求。各部门及各地区根据中央的方针、要求，结合本单位实际情况，向中央提供本单位计划的参考数字。国家计划委员会，根据各部门及各地区的参考数字，进行初步平衡，编制控制数字，向下颁发。对于国营企业，这些控制数字具有法令性，在一般情况下，不能变动。根据这些控制数字，下级编制计划草案，逐级上报。最后，国家计划委员会，根据这些初步草案编成国民经济的统一计划，由政府批准以后，交给有关各部门各企业执行。这样上下反复讨论编制计划的步骤，是必须的。它保证计划各部分间的平衡，保证计划的切实可行。

间接计划的方法与此有显著的不同。间接计划，主要是依靠税收政策、价格政策、运价及信贷政策，依靠预购合同，依靠供应机器、技术援助等，对于非社会主义经济成分，进行必要的调整，使它们依照国家所指示的方向进行生产。譬如四年以来，我们的政府采取了奖励棉花增产的方针，但因棉农分散在各地，属于个体经济的范畴，半社会主义的农业生产合作社，还没有在植棉业中占优势的地位，所以增加棉花的产量，主要是通过合理的棉粮比价政策。1953 年 12 月，政府对于食油增产，做出若干重要的指示，其中之一，即指示国营商业部门及合作社，对于各种食物油，保证合理的收购价格。有的地方油料价格偏低，中央商业部应做适当调整，以提高农民对增产油料作物的积极性（1953 年 12 月 28 日《人民日报》）。在间接计划的各种办法之中，除了价格政策外，我们还应特别注意产品预购合同的制度。产品预购合同，不但在工业中适用，不但对于私人资本主义成分及低级的国家资本主义成分适用，对于广大的小农经济也是适用的。1954 年 3 月，政府曾发出指示，规定国家委托中华全国合作社联合总社通过预购合同制向农民预购粮食、棉花以及花生、茶叶、黄麻、洋麻、青麻、家蚕茧、柞蚕茧、土丝、羊毛等农牧业产品。指示指出，通过预购合同制，不仅可以使国家能及时掌握必要数量的农产品，保证供应国家经济建设和人民生活的需要，而且能促使小农经济稳定生产和提高单位面积产量，并逐步把小农经济纳入国家计划轨道，逐步改造小农经济为集体农业经济的重要方式之一（1954 年 3 月 28 日《人民日报》）。

我们之所以能够利用各种间接计划的措施，来调节非社会主义经济成分的生产，使其纳入国家计划的轨道，是因为我们有了人民民主专政的国家制度以及社会主义经济在整个国民经济中的领导作用。但是直接计划与间接计划，在准确性及其他方面，还是有很大区别的。我们现在还不能对于非社会主义成分在再生产过程中的各方面，提出像对于社会主义成分一样严格的要求。

在社会主义成分与非社会主义成分之间，还存在着一些半社会主义的成分，如目前一般农业生产合作社和一部分手工业合作社。一部分国家资本主义经济在我国也带有若干社会主义性质。这些介于社会主义成分与非社会主义成分之间的经济组织，从计划经济的观点看来，就是从间接计划到直接计划的过渡。它们的再生产过程，已经有部分可以直接计划，但是由于它们的生产资料还不是全民所有制，完全施行直接计划，还有相当的困难。譬如公私合营的国家资本主义，其生产规模及产品种类是可以由国家加以计划的，但其所产生的利润中分配给私人资本家的部分，便非国家可以直接计划的。一般的农业生产合作社，其播种面积及作物种类，国家如要直接计划，是没有什么困难的，但农业生产合作社的收获物如何分配，国家现在还只能以间接计划的方法加以影响。无论如何，非社会主义成分过渡到半社会主义的及带有社会主义性质的成分，是一个进步，因为它们更易于纳入国家计划经济的轨道了。

第二章　社会主义成分比重的不断增长

一、过渡时期这个比重的意义

我们现在处于一个过渡时期，即由新民主主义社会过渡到社会主义社会的时期。新民主主义社会在经济方面的一个重要标志，就是在国民经济的各方面，既有社会主义的成分，也有非社会主义的成分。社会主义社会在经济方面的一个重要标志，就是在国民经济的各方面，社会主义成分已经处于统治地位，而非社会主义成分，已被改造成为社会主义成分了。换句话说，在实现社会主义社会的时候，私人资本主义已不存在。它的被改造的道路，是由国家资本主义转变为社会主义经济。农民和手工业者的个体经济，则通过合作化的道路，转变为合作社经济。国营经济与合作社经济，是社会主义经济的两种基本形式。我们如把现在的各种经济成分，改变为国营经济及合作社经济两种成分，我们就在经济方面实现了社会主义。

这样的一个过渡时期，是任何一个社会，从另一种社会经济形态走上社会主义经济形态所必经过的。以苏联来说，它自从实行新经济政策的时候起，到1936年通过斯大林宪法的时候止，也是处在一个过渡时期。工业中的社会主义成分，在1924年至1925年度，还只占81％。国营商业在1923年至1924年度占全部国内商业流转的45％，合作社商业占19％。至于农业，其集体化的开展，是1929年以后才迅速出现的。在1929年，农户集体化的百分数，只有3.9％。

苏联在1925年，当国民经济的恢复工作已近结束的时候，即提出了社会主义工业化的总路线。如我们前面所说，社会主义工业化的一个特点，就是要使社会主义工业中的公有部分战胜私人经营的部分。这一工作，到斯大林宪法颁布时，便已完成了。1936 年，是"新经济政策终结的时期，资本主义在国民经济所有部门中完全消灭的时期"（《关于苏联宪法草案》）。

苏联所走过的道路，是可以给我们参考的。

党在过渡时期的总路线的实质，就是使生产资料的社会主义所有制成为我国国家和社会的唯一的经济基础。我们既然要使国民经济中的社会主义成分不断增长，最后处于完全胜利的地位，在我们国民经济发展的过程中，就应不断注意社会主义成分在各种成分中的比重。它的比重的不断增长，就是我们愈益接近社会主义的标志。

也许有人问：为什么要增加社会主义成分的比重呢？几种经济成分和平共处是否也可以呢？这是不行的。拿私人资本主义来说，它的生产方式，表现着生产力与生产关系日益增长的矛盾。资本主义的国家，已由它们过去发展的历史证明，生产过程的公共性质与生产资料的私人所有制，必然要造成生产与消费间对抗性的矛盾，必然要造成周期性的经济危机，以及与此危机相联结的生产力破坏、广大劳动人民贫穷困苦的现象。同时，苏联的经验又证明，与生产力性质相适合的新的、先进的生产关系，是生产力得以蓬勃发展的最重要根源之一。由于社会主义的生产关系适合于生产力的性质，所以生产力是加速发展的。苏联经济的发展速度，是任何一个资本主义国家所没有见过的。我们已经看清楚了这种区别，而又具备了一定的条件，当然要采取社会主义的生产方式，同时要改造资本主义的生产方式，使其转变为社会主义的经济。

农民和手工业者的个体经济，不但生产关系需要改造，生产技术也需要改造。合作化一方面改变了农民和手工业者的生产关系，同时也可在合作的基础上，使他们的生产技术得到改造。不进行合作化，在原来规模狭小的基础上，农业与手工业因技术落后、资金缺乏、经营分散，很难扩大再生产。这样，社会主义工业化的需要，固然得不到满足，而农民及手工业者，也不能脱离贫苦穷困的境地。只有走合作化的道路，农民和手工业者才能满足国民经济对于他们日益增长的要求，才能对于社会主义工业化有所贡献，才能提高自己的物质和文化生活水准。

二、社会主义成分本身的扩大

在过渡时期的条件下，国民经济中社会主义成分比重的增加，是完全合乎规律的。

它是一系列客观条件与主观努力相结合的必然结果。

中华人民共和国自成立以来，国民经济中社会主义成分的比重，就是不断增加的。以工业而论，我国国营工业产值在公私工业总产值中所占比重，已由1949年的34％，上升为1952年的50％（1954年4月18日《人民日报》）。1952年公私工业的总产值中，国营占50％，合作社营占3％（1953年9月30日《人民日报》）。在对内贸易方面，特别是零售贸易方面，1950年私人资本还占统治地位，国营贸易的比重暂时还是微不足道的。但在1952年，国内市场商品销售总额中，国营和合作社商业约占50％以上。北京、上海等八大城市的市场商品零售总额中，国营和合作社商业约占32％（1953年9月30日《人民日报》）。这种增长的趋势，必然会继续下去，最后使社会主义成分的经济完全占统治的地位。

社会主义成分增长的速度，超过其他经济成分，是它的比重所以能够逐渐增加的根本原因。

社会主义成分所以能够以超过别种经济成分的速度高涨，是有其客观条件的。首先，我们的人民民主专政国家制度，是以发展社会主义经济成分为其基本任务之一的。宪法草案第六条明白规定"国家保证优先发展国营经济"。这是我们这种社会主义类型的国家，与资本主义国家的根本不同之点，也是我们的国家制度，优于资本主义国家制度的一个表现。资本主义的国家，掌握在垄断资本阶级的手里，只能为垄断资本阶级服务。对于发展国民经济，它是无能为力的，因为一切生产资料，并不掌握在国家的手里。我们的国家，是由人民当家作主、为人民服务的，同时又掌握了主要的与国计民生有关的生产资料，所以便可发挥它的能力，来发展国民经济中的社会主义成分。国家可以利用财政为杠杆，每年对于国民经济建设进行巨大的拨款。这样大的投资，是任何一种非社会主义的经济成分所做不到的。举个例子来说，我们的国家预算，1953年对于国民经济建设的支出，要达103万亿元，而1954年用于经济建设的拨款，又增加到113万亿元。这样大的投资，是我们在全国各地能够进行各种基本建设的财力基础。这些基本建设完成之后，便都成为社会主义的企业，扩大社会主义成分的总产值，使社会主义成分的比重大大增加起来。根据我国过去几年的经验，以及苏联建国的经验，这种投资的数额，是逐年增加的。我们所以能够做到这一点，是因为我们预算收入的主要来源，是国营企业的利润和折旧收入。这些收入，随着生产规模的扩大而增加，而我们的国营企业，正是在不断扩大再生产的基础上发展的。非社会主义的经济成分，譬如说，私人资本主义成分，就不可能有这样大的资金来源。第一，由于它的资金来源只限于资本主义企业的利润，而社会主义经济成分的资金来源，除了本身的利润外，还有其他的辅助来源，由国家统筹分配。第二，资本主义企业的利润，有一部分为资本家所浪费掉，不能全部用于扩大再生产，而社会主义经济成分的利润，则可以全部用于扩大再生产或满足整个国家及社会的其他需要。第三，我国的信用制度及银行，虽然对于可以利用的资本主义的企业，也予以适当的照顾，但其基本任务是为社会主义成分的经济服务的，因此，社会主义成分的经济，在筹划流动资金来发展生产上，也较私人资本主义处在更为有利的情况。

其次，社会主义经济成分增长之所以比较迅速，也是由于成千成万的劳动者，只有在社会主义的生产方式之下，才能创造出高度的劳动生产率。劳动生产率的提高，固然有许多主观及客观的因素，但是劳动者的积极性与创造性，是提高劳动生产率的决定因素之一。在积极性与创造性的推动之下，劳动者便可提出无数的合理化及技术革新建议，打破陈旧的生产定额，创造先进的生产定额，使每一时间单位内的生产总量不断提高。这种积极性与创造性，在剥削制度之下，是无论如何也发挥不出来的，但在社会主义及人民民主的社会经济制度之下，它便成为增加生产的重要源泉。我国在解放以后，许多工厂、矿山中，便涌现出无数的劳动模范，可见我们的政治经济制度是优越的，是任何资本主义的制度所不能比拟的。同样的劳动者，当他在资本主义企业中工作时，眼看到自己的劳动成果，为一些不劳而获的人所剥夺，是绝不可能发挥他的生产潜力的。当私人资本主义改变为国家资本主义时，工人的积极性便有相当程度的提高，但是只有在国营企业中工作，工人才能无保留地贡献出他的最大的力量与智慧。这一差别，就可以使私人资本主义企业，即使具有与国营企业同样的设备，也不能创造出与国营企业同样的劳动生产率。国营企业，既然能创造较高的劳动生产率，自然会产生更快的增长速度。

最后，我们的人民民主专政的国家，是和平民主阵营的重要成员之一，所以和平民主阵营的国家，特别是苏联，对于我国建设社会主义，是给以无私的援助的。苏联政府决定帮助我们新建和改建的 141 项工程，便是这种无私援助的具体表现。假如专靠我们自己的力量，虽然迟早也可建成这 141 项工程，但是所花的时间，必然要长得多，也就不可能在 1959 年，打下工业化的稳固的基础。这 141 项工程，当然是可以大大增加社会主义经济成分的比重的。

由此可见，国民经济中的社会主义成分，由于有人民民主专政国家的大力支持，由于千百万的劳动群众能够创造较高的劳动生产率，由于有和平民主阵营特别是苏联的无私援助，所以它就能够迅速前进而使其他非社会主义成分落后于它。这种发展速度的不同，必然会增加社会主义成分的比重，减低其他成分的比重。过去的经验已经证明此点，将来的发展，还会不断给此点以证明。

三、社会主义改造与社会主义成分的增长

社会主义成分的增长，不尽由于社会主义成分内部所发生的作用。在非社会主义成分中不断进行的社会主义改造，也有助于社会主义成分比重的提高，而最后使其在国民经济中占统治地位。

首先，我们可看一下改造资本主义与提高社会主义成分的关系。我们在过渡时期，对资本主义工商业采取了利用、限制和改造的政策，即利用资本主义工商业有利于国计民生的积极作用，限制资本主义工商业不利于国计民生的消极作用，鼓励和指导它们转变为各种不同形式的国家资本主义经济，逐步以全民所有制代替资本家所有制。

资本主义的社会主义改造，包括的方面是很多的。我们现在只研究它与社会主义成分增长的关系。国家对于资本主义工商业的有利于国计民生的部分，固然要依据需要尽可能地加以利用，但是，从半殖民地半封建社会成长起来的中国资本主义工商业，在生产上、经营上、管理上，一般都带有不同程度的落后性，而且在解放之后，资产阶级唯利是图的劣根性，还曾不断发作，以致国计民生受到破坏，所以国家在利用资本主义工商业的过程中，必须加以改造，被改造的程度越深，国家利用它们的可能性也就越大。我国对私人资本主义的改造，是通过国家资本主义的途径。国家资本主义，根据其与社会主义经济联系程度的深浅，有高、中、低三级之分。在工业方面，高级的有公私合营，中级的有加工、订货、统购、包销，低级的有收购、代销。在商业方面，高级的有公私合营，中级的有代销，低级的有从国家批购和按国家规定价格出售等。私人资本主义转变为国家资本主义，意味着私人资本主义成分的比重下降，而国家资本主义的比重逐渐上升。国家资本主义虽然因为与社会主义经济发生了程度不同的联系，因而带了程度不同的社会主义性质，但还不能算作社会主义的成分。可是它与私人资本主义比较，已经接近于社会主义成分了。从低级的国家资本主义上升到高级的国家资本主义，也就表示着更加接近于社会主义的经济，也就更能为国家所利用，也就更能发挥积极作用。国家资本主义的发展到了一定的程度，国家就可以全民所有制来代替资本家所有制。这一改变，是要由若干不同的条件来促成的。随着社会主义工业化的前进和社会主义经济的优势的加强，随着国家对整个国民经济的控制的加强，随着农业和手工业的合作化的前进以及它们与资本主义间的联系的缩小和消灭，

随着国家资本主义企业中国家资金和国家管理力量的增大，随着人民对于社会主义的认识和要求的发展，国家就可以逐步地变国家资本主义经济为社会主义经济。由此可见，国家资本主义的相当发展，表示着私人资本主义比重的缩小，预示着将来社会主义成分的扩大。

对于资本主义工商业的社会主义改造，既表现在利用方面，也表现在限制方面。对于有害国计民生的资本主义工商业，采取必要的限制，是改造资本主义工商业的另一途径。在过渡时期，对于资本主义工商业的限制是必要的，譬如1953年新粮上市后，天津、北京、上海、青岛等地的粮商，纷纷到河北宣化等地抢购小麦、豆类和油料，曾造成当地市价高于牌价40％左右的情况（1954年3月1日《人民日报》）。粮商这种投机捣乱的行为，如果不加制止，必然会使广大城乡人民因物价波动而遭受很大的损失。我们的政府，及时实行了粮食的计划收购和计划供应的政策，投机奸商抢粮、囤粮、哄抬粮价的行为便被制止了，私人资本主义在商品流转中的阵地便缩小了，而社会主义商业在商品流转中的阵地扩大了。换句话说，由于这一措施，私人资本主义在商业中的比重下降了，而国营商业在这一范围内的比重上升了。私人资本主义有唯利是图的本质，所以每逢某种货物的供应不足时，私人资本主义不是设法增加其供应，而是人为地减少其供应，以高抬价格，获取暴利。但人民民主专政的国家，对于这种反人民利益的行为，是不能坐视不理的，因此社会主义的因素与非社会主义因素在这种情况之下，便必然地要发生尖锐的斗争。利用、限制和改造资本主义工商业，就是在过渡时期内我国工人阶级和资产阶级之间阶级斗争的一种新的形式。我们国家的政策，就是要在这种斗争中，使社会主义战胜私人资本主义，以保障广大人民的利益。由此也可看出，广大人民的利益，与社会主义成分的增长是一致的。社会主义的成分越占优势，人民的利益就越有保障。

其次，我们可以看一下对农业及手工业的社会主义改造，与提高社会主义成分比重的关系。在社会主义的社会里，只有两种基本的所有制，即全民所有制及合作社社员的集体所有制。我们改造农业和手工业，就是要把农民和手工业者以自己劳动为基础的私人所有制改造为合作社社员的集体所有制。

以农业来说，我国农业中的生产互助合作运动已有日益扩大的规模。到1953年12月，全国参加临时的和常年的互助组与农业生产合作社的农户约有4 790万户，占农村总户数的43％；其中农业生产合作社有14 000多个，参加的农户有273 000多户。临时和常年的互助组是建立在个体经济基础上的集体劳动组织，只能说是具有社会主义的萌芽。农业生产合作社，已经实行土地入股、统一经营，并且在分配收获量时，实行了一定的按劳分配制度，所以已经具有更多的社会主义因素，因此可以看作半社会主义的。这种半社会主义的农业组织，目前在农业中还不占重要的地位，但是我们的党已经规定积极发展农业生产合作社的措施，自 1953 年底至 1954 年 4 月，农业生产合作社已由 14 000 多个发展到 95 000 多个，代表着 170 多万户农户（1954 年 5 月 26 日《人民日报》）。在第一个五年计划内，即到 1957 年，全国参加农业生产合作社的农户要争取达到农村总户数 35% 左右，所占耕地面积，约为总耕地面积的 40%（根据廖鲁言同志 1954 年 7 月 11 日在《真理报》上发表的论文）。由此可见，农业的社会主义改造，要经过一个相当长的过程，我们现在的主要任务，还是要把农民组织起来，使其由合作互助进一步走上农业生产合作，至于完全的社会主义集体农庄，虽然已在若干地区试办，但大力地发展这种完全社会主义的农业组织，还有待于若干客观条件的创造。

在一切物质生产部门中，农业的社会主义改造比较费时长久，不但我国如此，苏联过去也如此，东南欧的人民民主国家也如此。但是农业的社会主义改造一定可以成功，这不完全由于说服教育及国家的领导与援助，也还由于这一措施，根本是符合于农民的切身利益的。在生产上，农业生产合作社的产量一般高于互助组，互助组的产量一般高于单干农民，已渐成为广大农民所公认的事实。因此，发展农业生产合作社的号召，必然可以引起广大农民的热烈响应。农业生产合作社数量的增长与个体农民数量的缩减，是有因果联系的。增加了农业生产合作社的比重，就是减少个体农民的比重，就是为将来增加完全社会主义的集体农庄比重开辟了道路。

对手工业的社会主义改造，也要通过合作化的道路。目前，我国从事手工业生产的约达 2 450 万人，靠手工业生产维持生活的约有 1 亿人。全国每年手工业生产总值约为百万亿元。1952 年，全国手工业生产总值相当于全部工业生产总值的约 31%。在我国广大农村中，农民所需要的生产资料和生活资料，有 70%～80% 由手工业供给（1954 年 4 月 14 日《人民日报》）。在过渡时期，甚至工业化基本完成之后，我国手工业还要起相当的作用，因为广大人民对于消费资料需要的满足，有很大的一部分是要靠手工业的。但是手工业建立在简单的生产资料私有制的基础上，技术落后、资金短缺，如不加以改造，必难满足全国人民的要求。

华北区几年来改造手工业的经验，证明在组织形式方面，要看不同的情况，采取多种多样的方法来组织。一般地说，可分三类。第一类是手工业供销生产小组，是指手工业者为了解决生产或供销上的困难而自愿联合起来，一般规模较小，但已有生产合作社的雏形。第二类是手工业供销生产社，是指手工业者在供销的要求下，自愿联合起来统一供销，但在生产上还是分散经营的，它的特点是手工业者建立自己的供销机构来解决原料采购和产品推销的问题。这是小手工业者易于接受的一种走向合作化的形式。第三类是手工业生产合作社，一般是统一经营、集体生产的合作工厂。它是引导手工业者走向社会主义道路的高级形式。第三种组织形式，其性质已经是社会主义的，第一及第二种，则是半社会主义的或含有社会主义的因素。手工业生产合作社，在 1953 年底已有 4 806 个，社员 298 000 人，全年生产总值 52 000 亿元（1954 年 4 月 14 日《人民日报》）。所以无论按人数说还是生产总值说，手工业生产合作社在全国手工业的范围内，比重还是很低的。但是由于它有很多的优点，如它可以在组织起来的基础上，改进工具、提高技术、改善设备、提高劳动生产率，使每一个成员一年的劳动所得，大大超过个体的手工业者，因此它便成为手工业者的旗帜，使广大的手工业者，都愿意朝它所指点的方向前进。因此，我们可以预见，个体手工业者的比重一定会逐渐降低，而参加手工业生产合作社的手工业者的比重，必然会逐渐增加。

　　总的来说，我国的过渡时期，便是社会主义经济成分逐渐增长以致成为我国唯一经济基础的时期。社会主义成分增长的道路，一方面是由于社会主义成分增长的速度超过一切，因而其比重不断增加；另一方面也是由于私人资本主义逐渐被改造为国家资本主义，最后变成全民所有制的社会主义经济，而农民和手工业者的个体经济，也将通过合作化的道路，通过各种的合作形式，最后变成合作社社员集体所有制的社会主义经济。等到我们把目前的五种经济改变为两种社会主义的所有制经济的时候，社会主义就算在我国实现了。所以我们都应注视这个改变，注视社会主义经济何时在我国成为唯一的经济基础。这种变更，虽然要经过相当的时日，但通过全国人民的努力，这个日期无疑是可以缩短的。

第三章　工农业比例

一、工农业比例的意义

毛主席教导我们说："在新民主主义的政治条件获得之后，中国人民及其政府必须采取切实的步骤，在若干年内逐步地建立重工业和轻工业，使中国由农业国变为工业国。"（《毛泽东选集：第三卷》）

毛主席这个指示，是在 1945 年说的。那时新民主主义的政治条件，还未在全国的范围内获得。现在我们已经有了这个条件，所以使中国由农业国变为工业国的任务，也就提到日程上来了。

为了解这一指示的意义，我们必须弄清楚什么是工业国。工业国的标准，就是要看工业的总产值在工农业总产值中所占的比重来定的。1930 年，当斯大林在联共（布）第十六次代表大会上做政治报告时，工业在全部国民经济总生产中占 53％以上，农业约占 47％。斯大林根据这个统计说："工业的比重，已经开始超过农业的比重了，所以现在我们是处于我国由农业国变为工业国的前夕。"到了 1934 年，当斯大林在联共（布）第十七次代表大会上做中央工作的总结报告时，工业产量的比重已升至 70.4％，农业的比重则下降至 29.6％。斯大林于是宣布说："我们国家已坚实可靠地最终变成工业国家了。"

由此可见，为要使一个国家由农业国变为工业国，必须提高工业产量在国民经济工农业总产值中的比重，使其达到 70％左右。我国工业产品在国民经济中的比重，在解放前大约为 10％。解放以后，我国各种主要工业产品，已经大大超过历史上最高的生产水平，从而使工业的比重，在 1953 年，已由过去的 10％达到 31.6％（1954 年 6月 18 日《人民日报》）。我们虽然在工业的恢复与发展上获得重大的成就，但是离工业国的标准还远。因此，我们应当迅速发展工业，大大增加工业的比重，使我们在不远的将来，可以由农业国变为工业国。

为什么在建设社会主义的过程中，必须迅速发展工业，使工业的比重超过农业呢？

简单地说，这个要求，是从社会主义的基本经济法则产生出来的。社会主义的基本经济法则，要求在高度技术的基础上，使生产不断增长。国民经济中的各个部门，有哪一个部门能够使我们的技术不断改进、不断完善起来呢？显而易见，只有工业能够担负起来这个任务。因为，技术的不断改进与不断完善，只有在生产工具的不断改进与不断完善的基础上才能实现。工业是制造生产工具的部门。它不但替自己制造生产所必需的各种机器与设备，同时也以机器与设备，装备其他的国民经济各部门。没有工业的迅速发展，别的生产部门也就不能得到发展。工业是发展国民经济各部门的基本环节，其理由在此。我们在过渡时期的总路线，所以规定为社会主义工业化，其理由也在此。

我们过去的工业，基础是薄弱的。我们的矿业、钢铁业、动力工业、机器制造业、电器工业和基本化学工业等，尤为薄弱。我们应当以主要力量来发展这些工业，因为这是保证我们建成社会主义所绝对必需的。我们把这些工业建立起来，就有条件来进一步改造农业，就可以把拖拉机及其他农业机器供给农民，使农民能够脱离分散的、落后的小农生产，进入大规模的、现代化的、集体的农业生产。我们还可以将化学肥料、杀虫药剂供应农民，使其在每一亩土地上，大大地增加收获量。由此可见，迅速地发展工业，增加工业在国民经济中的比重，不但符合于工人阶级的利益，也符合于农民阶级的利益。农民如要脱离过去那种贫困的生活，创造富裕的生活，非有社会主义工业的大力支援不可。所以迅速地发展工业，对于巩固工农联盟，是有巨大贡献的。

工业的发展，不但使农业可能得到改造，也使运输业及其他生产部门得到改造。我们如想使运输业现代化，使运输工作能够配合工业化的需要，便要以新式的运输工具，如铁路、轮船、汽车、飞机，来代替旧式的帆船、马车等。新式的运输工具，只有创立新的工业部门，即运输机器制造业，才能充分供应。

工业也是国防的基础。斯大林在总结第二次世界大战的经验时说："没有勇敢精神，固然不能获得胜利。但是单靠勇敢精神，也还打败不了军队众多、装备优良、军官训练有素和供应良好的敌人。要能经住这样一种敌人的打击，并且给以回击，最后彻底打败敌人，那么除了我国军队那种无比的勇敢精神以外，还必须有完全现代化的并且是数量充足的装备，以及组织得很好的并且也是数量充足的供应。"（《莫斯科市斯大林选区选举前的选民大会上的演说》）充足的武器，是由大炮制造厂、炮弹制造厂、飞机制造厂、坦克制造厂和机关枪制造厂等制造出来的，而这些工厂的原料与设备，就是要由工业供应的。由此可见，工业不但是发展整个国民经济的基础，也是加强国防力量、准备积极防御的基础。

工业的发展，也是壮大工人阶级自己的队伍所必需的。我们的人民民主专政，是以工人阶级为领导的。中国是一个有 6 亿人口以上的大国。领导这样一个大国，必须有一个相当大的领导阶级。我国职工总数在 1948 年约为 240 万人，而到了 1952 年便增加到 1 500 余万人，其中 1 020 万人参加了职工会（1953 年 12 月 12 日《人民日报》）。工人阶级增长的速度是很快的。以后随着工业化的发展，工人阶级的队伍也就会日渐壮大。国民经济生产总值中工业比重的增长，必然伴随着工人阶级的比重在居民社会成分中的增长。工人阶级比重的增长的一个来源，就是农民的转业。毛主席早就预见到这一点。他在 1945 年就说过："农民——这是中国工人的前身。将来还要有几千万农民进入城市，进入工厂。如果中国需要建设强大的民族工业，建设很多的近代的大城市，就要有一个变农村人口为城市人口的长过程。"（《毛泽东选集：第三卷》）苏联工业化的经验，证明这一过程是必然会发生的。"据 1926 年的人口调查，城市人口是 2 600 万人，1940 年是 6 100 万人，而现在城市人口已将近 8 000 万人。"（《在苏联最高苏维埃第五次常会上的演说》）

工业化的进展，必然提高工业的比重，降低农业的比重，因为工业发展的速度，是超过农业发展速度的。但是我们不可误解，以为农业比重的降低，就意味着农业生产绝对量的降低。不，绝非如此。在我们的过渡时期内，农业相对的比重是降低了，但其生产值的绝对量仍然是，而且必须是增长的。不可把相对量与绝对量混为一谈。农业相对量之所以降低，只是由于它的增长速度不如工业。譬如在过去，假定工农业的生产总值为 200，其中工业生产总值为 80，农业生产总值为 120。工农业的比例关系是：工业比重为 40%，农业比重为 60%。又假定，经过一定的时期，由于工业迅速发展的结果，工业总值由 80 增至 210。农业总值也是增加的，由 120 增至 140。工农业的生产总值便为 350，其中工业的比重便由过去的 40% 增至 60%，而农业的比重则由过去的 60% 降至 40%。我们所要注意的，就是农业的比重虽然降低了，但其绝对量还是提高的，即由 120 增至 140。

指出上面这一点是必要的。因为有些人不了解规定工农业比例的正确意义，以为在由农业国到工业国的过程中，农业比重的任何降低，都是可以欢迎的。实则农业比重的降低，只有在它的绝对量是增长的这一条件下，才是对于社会有利的。所以在规定工农业的发展速度时，应当计划工农业生产的绝对量都要增长，但同时使工业增长的速度高于农业，因而使工业的比重增加，而农业的比重下降。工农业的正确比例关系，应当不是随便地降低农业的比重，而是要在降低农业比重的同时，使农业的绝对增长量，能够保证城市居民对于粮食的需要，轻工业与食品工业对于原料的需要，国外贸易对于出口农产品日益增长的需要。我们经常注意到这个比例关系的第一部分，即工业比重的增长与农业比重的下降，有时却忽略了这个比例关系的第二部分，即农业比重虽然降低，但其绝对增长量要保证上述的需要。

由此我们便可进一步了解，为什么我们在集中主要力量发展重工业的同时，要相应地发展其他部门，其中也包括农业。工业的发展，必然引起都市人口的增加。他们的粮食，必须由农业来供给。工业发展了，劳动生产率及工人的熟练程度提高了，必然会引起平均工资的提高以及工资基金的增加。工资基金的增加，必须有商品流转的增加与之相适应。城市居民所消费的商品，虽然主要是由轻工业及食品工业供给的，但这些工业的原料自农业中来。没有充足的原料，就很难发展轻工业与食品工业，也就很难扩大商品流转。因为，"社会主义社会是工业和农业工作人员的生产消费协作社。如果在这个协作社中，工业与供给原料、食物并且消耗工业品的农业不协调，如果工业与农业因此不能组成一个统一的国民经济的整体，那就根本不会有社会主义。正因为如此，工业和农业的相互关系问题，无产阶级和农民的相互关系问题，是建成社会主义经济的问题中的基本问题。"（《问题和答复》）。

由此可见，规定工农业比例，不是一个简单的技术性的问题，而是建成社会主义经济的根本问题，是巩固工农联盟的一个中心问题。为要提高工业生产的速度，使工业能够更快地改造农业及发展整个国民经济，就必须有工人阶级的领导，同时为要使农业的发展，能保证扩大粮食及原料的供给，加强城乡经济的联系，也必须加强工人阶级对农村的领导，加强工人阶级在工农联盟内的领导作用。只有这样，然后农业不但在技术方面能得到改造，就是在生产关系方面，也可以得到社会主义的改造。也只有这样，农业才可以获得不断扩大再生产的条件，才能在比重虽然降低的情况之下，生产的绝对量不断增加，适合于社会主义工业化的需要。

二、工农业比例与地区分布

假如我们不从工农业总产值中来看工农业的比例，而是从工农业在全国各地区的分布上来考察这个问题，那么工农业比例问题，就具有另外一种新的意义。我国工业在目前的比重虽然还是很低，但在全国各地区，它的比重并不是一致的。在解放以前，内地有一些广大地区，几乎毫无工业可言。根据解放前不甚完备的材料，上海、天津、青岛、广州四个大城市，工厂数就占全国的 70%，工人数占 69%（1949 年 11 月号《新华月报》）。这就充分地表示了半殖民地中国工业的特点。

工业分布的不平衡，在有的地区比重很大，而在有的地区比重很小，这种情况不但过去的中国如此，各个帝国主义国家，由于盲目的发展更是如此。譬如十月革命前的沙俄，就是这种情况最典型的例子。而苏联在十月革命后，对于这一种不合理情况的改正，是可以作为我们的参考的。

在沙俄时代，俄国在三个主要的工业区中，即莫斯科区、彼得格勒区（现列宁格勒）及乌克兰区，几乎集中了全部俄国工业的 3/4。而在乌拉尔、西伯利亚、远东、中亚细亚、外高加索等地的广大空间，几乎没有工业。苏维埃当局认为这种不合理的情况，必须用计划经济的办法加以改正，使工业得到合理的分布。所以在 1927 年，古比雪夫就指出："在制定我们五年计划的时候，在确定各区间相互关系的时候，工业投资和国民经济的投资应当稍微向东移动。……从战略的观点说，乌拉尔处在比较有保护的地位。……在地理上说，乌拉尔是整个东方工业化最适合的地点。所以，改造乌拉尔未经改造的落后经济，是我们五年计划最重要的任务之一。我们必须向东方实行某种移动。"（《论苏联第一个五年计划》）

除了国防的理由外，工业的更均匀的分布，还有其他的理由。莫洛托夫在 1934 年指出："第二个五年计划中基本建设工程计划的特点，就是更合理地重新分布苏联的生产力。党和政府的方针在这里得到了充分的发挥，这个方针就是：在苏联境内更均匀地分布工业，使工业靠近原料产地和动力来源，保证加速各落后民族共和国和民族省经济文化高潮的到来，并循着消灭城乡对立的道路大步前进。"（《第二个五年计划的任务》）

苏联党和政府分布生产力的方针，在 1934 年已有显著的成绩。斯大林在第十七次党代表大会上总结这一方针的成绩并指出将来的趋势，说："先前把我国各省区划分为工业区和农业区的那种旧分法，已失去时效了。现在我国已没有什么专把谷物、肉类以及蔬菜供给工业区的纯粹农业区；同样现在我国也没有什么能专靠外面，专靠他区来供给一切必需食品的纯粹工业区了。发展的趋势是使我国所有各区都成为多少是工业的区域，而且愈往前去，它们也就会愈加成为工业区域。"

由此可见，苏联过去的工业是集中在少数区域中的。十月革命之后，苏联的党和政府，考虑到国防的需要，考虑到发展落后地区及落后民族的需要，考虑到使工业靠近原料产地和动力来源的合理性，便有计划地把生产力更均匀地分布于全国各区，于是苏联各区都成为多少是工业的区域，而且将来还会更成为工业的区域。工业区与农业区的旧分法，在苏联将失去意义。

苏联解决重新分布生产力的步骤，也是我们所要采取的。政务院财政经济委员会副主任李富春在谈到我国第一个五年计划的任务时，其中有一点就是："发挥现有工业基地的作用并积极着手建立新的工业基地。"这一任务的实现，将使我国工业得到合理的分布。现在各地区工业发展不平衡的情况，将得到改正。工农业比例不但在全国的规模内是合适的，就是把各区分别来考察，也将是合适的。

我们在重新分布生产力的工作上，现在不过是一开端，但已呈现很好的成绩了。

以钢铁工业来说，鞍山是我们现有的工业基地。我们在过去几年内，已经把它恢复起来了。接着就是要发展它，以它的产品，来支援全国各地的建设。这与苏联在恢复时期，要发展乌克兰的钢铁根据地是一样的。但是苏联在第一个五年计划时期，不仅振兴了乌克兰的钢铁根据地，而且在乌拉尔又创造了一个新的钢铁根据地。同样，我们在第一个五年计划期内，不仅要发展鞍山，而且还要扩建大冶。大冶钢厂的扩建，是我国第一个五年经济建设计划中，继鞍山钢铁公司之后将要开始建设的第二个钢铁基地——华中钢铁公司全面建设的先声（1954 年 1 月 16 日《人民日报》）。我们现在在包头附近进行的铁矿勘探工作，将为另一个钢铁联合企业提供全面设计资料（1954年 3 月 13 日《光明日报》）。

再以纺织工业来说，我们自从 1950 年扩建纺织工业以来，到 1953 年为止，在短短的四年中，纱锭就增加了 15.5％，布机总数增加了 21％。这些新建的纺织工厂，有许多就是在新区中设立的。这与苏联所采取的步骤也是相似的。苏联在第一个五年计划以前，只是在北部有一个纺织工业根据地，但在第一个五年计划期内，很快地就建设了中亚细亚和西西伯利亚两个新的纺织业根据地。中亚细亚原是产棉的地区，但在沙俄时代，棉花要运往莫斯科纺织成布，再把布匹运回中亚细亚消费。这是极不合理的。我国在解放以前，也有类似的情况。富饶的关中平原，是西北有名的产棉区，但在解放初期，当地出产的棉花有 5/6 以上运往沿海地区的纺织厂中织成布匹，然后再运回来。很多地方农民都是自制自染，穿粗劣的土布。可是现在不同了。如按人口计算，1949 年西北区生产的布匹，平均约 60 个人才能分到一匹布，1953 年按计划产量算，约 15 个人就可分到一匹了（1953 年 12 月 14 日《人民日报》）。我们的新纺织工业还有一个特点，就是在少数民族地区，过去毫无工业的，现在也有纺织工厂了。如甘肃省天祝自治区的天新毛纺织厂早在 1951 年就投入生产，远在祖国西北边陲的新疆七一棉纺织厂，也于 1952 年正式开工（1953 年 12 月 14 日《人民日报》）。

我们的党和政府，对于发展少数民族经济事业的工作，是非常关怀的。少数民族，也只有在我们这一类型的社会里，才能有远大的发展前途。几年以来，内蒙古自治区经济建设的规模不断扩大，就是很好的一个例子。据初步统计，1954 年内蒙古自治区基本建设面积约有 60 万平方公尺，较 1953 年增加了 1/3。特别是工业基本建设的比重已显著增长。全自治区在 1954 年计划新建、扩建的地方国营工厂有 45 座。在祖国新的工业基地包头市，即将新建 10 座工厂，扩建 5 座工厂，为重工业基本建设服务（1954 年 3 月 18 日《人民日报》）。

由此可见，我们由于对工业的分布，采取了正确的方针，就使全国各地区的工农业比例，发生了一种合理的变动。过去没有工业的地区，现在也逐渐建设起工业来了。这就是说，工业在这些地区的比重将日渐增加，而农业的比重在下降。这是合乎社会发展的规律的，对于提高各地人民的物质和文化生活水平，必将产生巨大的效果。

三、工农业比例与国际贸易

工农业产品在生产总值中的比重，不但受生产过程的影响，也受流通过程的影响。以各地区的工农业比例而言，在经过各地区互相交换产品后所形成的工农业比重，与本地区单独由生产而形成的工农业比重是不同的。以全国而言，在经过国际贸易后所形成的工农业比重，与本国单独由生产而形成的工农业比重也是不同的。为避免重复起见，我们在这儿只讨论后一问题，即工农业比例与国际贸易的关系。

我们先用一个简单的例子来说明此点。假定一个国家在某时期内的生产总值为 100，其中工农业产值各半，即工业占 50，农业也占 50。再假定，这个国家在农产品的 50 中输出 10，换回工业品的价值也等于 10。结果，由于国际贸易而最后形成的工农业比例与原来由生产形成的工农业比例就不同了。原来的农业占 50，现在只占 40；原来的工业只占 50，现在则占 60 了。

这种通过国际贸易来改变工农业比例，并非在任何情况下都能顺利进行的。帝国主义者对于我国采取"封锁禁运"的政策，就是妄图阻碍我国工业化的一个表现。但是，如我们大家所知道的，我们实行工业化的有利条件之一，就是我们是属于以苏联为首的和平民主阵营的。在这个阵营内，除了苏联是一个强大的工业国家外，其他如波兰、捷克斯洛伐克、德意志民主共和国等，工业也是很发达的，因而它们就能帮助我国进行工业建设。这就沉重地打击了美帝国主义对我国所采取的敌对措施，使这些措施除了损害美帝国主义自己的及其仆从国家的经济利益之外，对于我国的工业化工作，不发生任何阻碍的作用。

几年以来，我国的对外贸易政策，是在平等和互利的基础上，与各外国的政府和人民，恢复并发展通商贸易关系。由于美帝国主义的阻挠，我国与若干资本主义国家的贸易关系，还没有完全正常化。但另一方面，我国与以苏联为首的和平民主阵营各国建立和发展了密切的经济合作关系。如以 1950 年我国对苏联及人民民主国家的贸易总值为 100，则 1951 年为 255，1952 年为 312，1953 年为 409。在 1950 年，我国对这些国家的贸易只占我国对外贸易总额的 26％，1953 年增至 75％。

通过国际贸易，我国从苏联输入了大量经济建设上所必需的各种冶金、采掘、机器制造、化工、电力等设备以及各种工业器材、汽车、农业机器、建筑机器、钢材、有色金属材料、石油产品、化学产品等重要物资。我国许多工厂、矿山及其他企业的新建或改建，都获得了苏联技术与设备上的巨大的无私帮助。例如我国第一座机械化自动化的无缝钢管厂、第一座机械化自动化的大型轧钢厂和鞍山炼铁厂的第七号自动化炼铁炉、规模宏大的阜新露天煤矿、我国第一个现代化自动化的亚麻工厂——哈尔滨亚麻厂等，都获得了苏联的设备供应并在苏联专家的帮助下建设起来。1953 年我国从波兰、德意志民主共和国、捷克斯洛伐克、罗马尼亚、匈牙利、保加利亚六个人民民主国家也进口了相当数量的工作母机、动力机、钻探机、起重机、建筑机械及车辆等重要物资（1954 年 4 月 30 日《光明日报》）。

由此可见，我们从和平民主阵营的国家中所输入的物资，主要的是工业产品。

我们现在还是一个农业国家，因此在出口贸易中也必然反映这一特质。我们的出口物资，除了若干矿产品及手工业品外，其余的物资，主要是农产品，其中包括大豆、花生、植物油、油籽、肉类、烟草、水果、羊毛、皮革等。

这些农产品的输出，对于我国的工业化是起促进作用的。据估计，出口 1 吨茶叶可换 10 吨厚钢板，出口 1 吨葵花子能换 2 吨肥田粉，1 吨猪肉可换 5 吨厚钢板，10 吨猪肉可换一部拖拉机，19 吨橘柑可换一部载重 12 000 斤的运货汽车，2 000 多斤干蛋（鲜蛋加工制成的干蛋粉）可换 66 000 斤汽油，19 000 多吨花生仁可换一个容量 25 000 千瓦、能供应 80 万到 120 万人口城市用电的火力发电厂，1 万多吨烤烟可换 1 个与鞍钢无缝钢管厂同样规模的全套机器设备（不包括国内基本建设施工、土木工程等部分），1 吨生丝可换铺 1 公里长的钢轨，出口 500 多吨生丝，换回的钢轨就可铺成一条和成渝铁路一样长的铁路（1954 年 2 月 7 日《人民日报》）。

这些数字生动地说明了在世界市场上我国的农产品转化为工业品的过程。因为我国出口的物资主要的是农产品，所以国际贸易的结果，必然使我国的工农业比例，朝向增加工业比重的方向转变。这对于加速我国的工业化是有利的。我们必须加强与苏联及人民民主国家的经济联系，来推动我们的建设，同时我们也要尽我们的力量，来满足这些国家对于我国商品的要求，使我们整个的和平民主阵营，日趋繁荣与强大。我们这样做，对于我国的社会主义建设及世界和平事业的巩固，都是有贡献的。

第四章　轻重工业比例

一、轻重工业比例关系的意义

什么是轻工业及重工业？简单地说，轻工业主要是生产消费资料的工业，而重工业主要为生产生产资料的工业。具体地说，属于重工业部门的有机器制造业、黑色金属冶炼业、有色金属冶炼业、燃料采掘工业、采矿工业、电力生产、化学工业、建筑材料生产、木材与原木加工工业等。属于轻工业部门的有面粉工业、碾米业、制糖业、肉类工业、制烟业、罐头制造业、纺织工业、制鞋业、肥皂制造业、火柴业、玻璃器皿制造业、药剂工业、家具制作业等。

规定轻重工业比例关系的原则是：在轻重工业同时增长的情况下，重工业增长的速度要大于轻工业，因而重工业的比重是增加的，而轻工业的比重则是降低的。这个原则，特别在国家工业化的时期，更有重大的意义。

为什么要规定重工业高于轻工业的发展速度呢？这一原则，是由马克思的再生产理论引申出来的。马克思再生产理论中有一个重要的原理，就是关于扩大再生产下生产资料生产的增长占优先地位的原理。斯大林解释这一理论时说："生产资料生产的增长之所以必须占优先地位，不仅是因为这种生产应当保证自己的企业以及国民经济其他一切部门的企业所需要的装备，而且是因为没有这种生产就根本不可能实现扩大再生产。"（《关于尔·德·雅罗申科同志的错误》）既然生产资料生产的增长较之消费资料生产的增长要占优先地位，而重工业主要是生产生产资料的，轻工业则主要是生产消费资料的，那么重工业的增长要占优先地位。

为什么在工业化的时期，重工业优先增长的原理，有特别重要的意义呢？我们都知道，工业化时期，就是由农业国进入工业国的时期。在这一时期内，一切部门的生产技术都要改造，抛弃陈旧的技术，采用最先进、最有效率的技术。不但我们的工业生产，要在高度技术的基础上进行，就是农业、运输业、建筑业以及国民经济的其他部门，也要在高度技术基础上进行生产。不如此，我们就不能变为工业国，就不能在速度上、规模上以及经济上赶上并超过资本主义国家。只有重工业才是现代技术的基础。所以对于一个技术落后的国家来说，使重工业优先增长，尤为必要。我们要集中主要力量发展重工业，是完全符合于马克思再生产理论的要求的，也是实现国家社会主义工业化所必需的。

苏联在这一方面的经验是很值得我们学习的。

苏联的党在拟定国民经济五年计划的指示时，对于轻重工业的正确比例关系，曾做如下的指示："在重工业和轻工业发展的比重方面，同样必须使二者达到最完满的结合。将重点放在生产资料的生产上是正确的，但同时必须估计到将国家资金过多地积压在必须经过多年才能在市场上销售产品的大建设上的危险性，另一方面，必须注意，轻工业（日用品的生产）中较快的周转，也可以使我们在发展轻工业的条件下，利用其资金来从事重工业的建设。"（《联共（布）关于经济建设问题的决议：第二辑》）

将重点放在生产资料上的方针，在历次五年计划中的数字表现如下（以下数字采自 1952 年《苏联社会主义经济问题》和 1953 年第 5 期《共产党人》）：

时期	重工业增长速度（%）	轻工业增长速度（%）
第一个五年计划	193	84
第二个五年计划	138	100
第三个五年计划	103	69
第四个五年计划	105	23
第五个五年计划	80	65

以上各种数字，除第三个、第五个五年计划为计划数字外，余均为实际数字。第三个五年计划，因希特勒匪徒背信弃义进攻苏联而中断。但我们如把 1940 年计划执行的结果与 1937 年相比，重工业还是增加了 53.1%，轻工业则增加了 34%。

我们从苏联的经验中，可以得出两点结论。第一，自从第一个五年计划以来，苏联重工业的增长速度，都是高于轻工业的增长速度的。这就必然引起轻重工业比例的改变。在 1924 年至 1925 年的时候，苏联一切工业的总生产量中，生产资料的产量占

34％，到第二个五年计划时期结束的时候，即 1937 年，这个比例已经是 57％，而到 1953 年，便是 70％了（《在苏联最高苏维埃第五次常会上的演说》）。

第二，在第一个及第四个五年计划时期，轻重工业增长速度的距离颇大，而在其他时期，速度比较接近。第一个五年计划是实行国家工业化的时期，而第四个五年计划为医治战争所造成的创伤及继续发展的时期。在这些时期内，重工业的迅速发展便有重大的意义。但在工业化的工作已大体完成，或战争的创伤已经恢复之后，就可以使重工业发展的速度不必太高，轻工业的发展速度便有接近重工业的可能了。

我国的社会主义工业化，是在学习苏联的号召下进行的。李富春在论中华人民共和国怎样发展工业建设时，曾指出："我国在基本建设和国民经济的一般发展中，将十分注意到生产资料与消费资料的对比关系，即保证生产资料的增长速度大于消费资料的增长速度，并使前者与扩大再生产的速度相适应，后者与人民购买力提高的速度相适应。"

在这一原则的指导之下，我国轻重工业比例的变动趋势，便是重工业比重不断提高，轻工业的比重则相应地降低。1949 年工业中生产资料的生产与消费资料的生产对比为 32.5％比 67.5％，1952 年则为 43.8％比 56.2％（《三年来新中国经济的成就》）。

重工业中也有许多部门，但其核心为机器制造业。斯大林曾说过："五年计划的基本环节就是重工业及其心脏——机器制造业。"（《列宁主义问题》）机器制造业是国民经济改造事业中的基本杠杆，在全部工业中应占主导的地位。因此，它的发展速度应当比全部工业增长的速度快好几倍。从 1928 年到 1950 年，苏联工业生产总值增加了 8.6 倍，但机器制造业几乎增加了 50 倍。在 1954 年，机器制造业在重工业各部门中，增长还是最速的。如钢的产量，1954 年将比 1950 年增加 51％，煤增加 33％，电力增加 63％，水泥增加 80％以上，而机器和设备则增加 90％（《在最高苏维埃民族院会议上的演说》）。所以机器制造业在苏联各个工业部门中的比重是日渐增加的，在 1913 年只占 11％，而在 1940 年占 36.3％。我国机械工业的比重，也是逐渐上升的。以东北而论，在 1943 年，机械工业仅占东北工业比重的 6.7％，而在 1952 年增到 12.5％（《恢复时期的中国经济》）。

由此可得出结论，在工业总产量中，我们应当增加重工业的比重，尤其是重工业中机械工业的比重。这是生产资料必须优先增长原理所要求的。

但不能由此得出结论，以为重工业的增长速度在任何时期都应当高于轻工业。当一个国家的技术水平还很低的时候，重工业负有特别重大的任务。为要改造国民经济各部门及提高国防的能力，必须以最大的力量来发展重工业。马林科夫在 1953 年总结苏联的经验时说："大家知道，党是以发展重工业——冶金、燃料和动力工业，发展本国的机器制造工业来开始国家工业化的。不这样就谈不上保证我们祖国的独立。党在和托洛茨基分子、右倾投降分子和叛徒做斗争时，坚决地、始终不渝地执行自己的路线，因为这些分子反对建设重工业，要求把重工业的资金移用于轻工业。如果采纳了这些建议，我们的革命就会失败，我们的国家就会灭亡，因为这样我们就要手无寸铁地面对着资本主义的包围。"（《在苏联最高苏维埃第五次常会上的演说》）但在 1953年，苏联的情况已经基本地改变了。重工业已获得胜利，它的比重已增长到 70%。于是苏联就有了一切条件来急剧提高人民消费品的生产量，而党和政府也就提出大大地增加人民消费品生产的任务。根据苏联关于 1953 年国民经济计划执行结果的公报，苏联工业总产量比 1952 年增加了 12%，而日用品工业的生产，1953 年比 1952 年也是增加了 12%。这就是说，苏联在 1953 年，消费资料增加的速度与生产资料增加的速度，可以说是并驾齐驱了。如进一步分析，更可发现 1953 年下半年日用品工业的生产比 1952 年同期增加了 14%。这个速度，便超过了 1953 年工业总产量增长的速度了。这个趋势如继续下去，则在以后若干年内，消费资料增加的速度可能快于生产资料增加的速度，因而就有可能使消费资料的比重上升，而生产资料的比重下降。

我们是否可以由此得出结论，即生产资料优先增长的原理，是在一定的条件下适用的，而在某种条件下，生产资料的增长可以不占优先地位呢？不，不能得出这种结论。生产资料必须优先增长，否则就不可能扩大社会主义再生产的规模，不可能在高度技术基础上使社会主义生产不断增长和不断完善，也不可能不断地提高消费品的生产，提高劳动人民的生活水平。问题在于，苏联的重工业，现在已占工业生产总量的70%，所以即使它的增长速度略慢于轻工业，它还是可以占优先地位的。我们假定，苏联工业的生产总值为 100，其中重工业为 70，轻工业为 30。又假定，重工业每年增长 10%，而轻工业增长 20%。在这种情况之下，重工业的绝对增长量为七，而轻工业为六，重工业还是占优先地位。在新的增长速度之下，轻重工业的比例关系当然是改变了。重工业的比重将由原来的 70% 降为 68.1%，而轻工业的比重由原来的 30% 升至 31.9%。重工业还是占优先地位的。由此可以看出，在讨论优先增长问题时，我们不能只看增长的速度，还要看这种速度所造成的增长绝对量，以及这种速度的变动引起的比例关系的变动。如我们上面的分析所证明的那样，在一个相当长的时期内，苏联可以让轻工业有更快的增长速度，同时还不违背生产资料优先增长的原理。我们由此可以看出，在工业化初期，我们集中主要力量来发展重工业，但发展重工业的结果，必然造成条件，使大大地增加消费资料的生产，不但是可能的，而且是必要的。社会主义前途的光明与美丽，于此又得到了再一次的证明。

二、轻重工业比例及消费与积累比例的关系

进一步研究轻重工业比例的关系，必须把这种比例关系与其他比例关系联系起来考察。我们现在可以研究一下这个比例关系与消费及积累的比例关系之间有何联系。

我们都知道，一个社会在一定时期内所创造的新价值，等于国民收入。国民收入又可分为两个部分，即消费基金及积累基金。它们中间的比例关系是受轻重工业比例关系的影响的。轻工业的产品，主要作为消费基金，而重工业的产品，除了补偿已消耗的生产资料之外，主要作为积累基金。积累基金是扩大再生产的唯一源泉，虽然积累基金中，也包含一部分消费品，作为生产的后备，但主要是由生产资料所构成，特别是重工业产品所构成。所以如以高速度来发展重工业，则重工业所生产的产品，除了补偿在生产过程中的消耗之外，必然会产生多余的机器及设备，为扩大再生产创立条件。这种多余的机器及设备的数量越大，扩大再生产也就会以更快的速度进行。但是如我们上面所说过的，我们不能同时追求重工业与轻工业都以最大的速度发展。因为人力、物力、财力的限制，这一任务是不可能完成的。所以重工业的迅速发展，必然会引起轻工业以较缓的速度发展，也就是说，必然会使消费基金以较缓的速度增加。所以轻重工业比例的变动，必然会引起消费与积累比例的变动。

这儿就出现了一个极为复杂的问题。我们在发展重工业时，就必须在重工业中设法提高劳动生产率以及增加劳动力的消耗。刺激劳动生产率提高的一个方法，就是使工资的增长能够与劳动生产率的提高相适应。所以在发展重工业的过程中，重工业的平均工资是可能增长的。这就必然会增加重工业的工资基金。此外，劳动力的增加，也会使重工业中的工资基金扩大。总之，重工业的工资基金，会随着重工业产品的总值的增长而增长。它是重工业产品价值的组成部分。但是重工业部门的职工，在得到工资之后，并不购买重工业产品。重工业产品，主要是生产资料，在社会主义社会中并非商品，在新民主主义社会中，也基本上不是商品。无缝钢管厂工人所得的工资，并不用来购买无缝钢管。机器制造厂工人所得的工资，也不会用来购买机器。那么重工业部门的职工的工资会被用在什么地方呢？他们的工资，主要是用来购买消费品的。于是就产生一种现象，即重工业中所产生的一部分价值，如工资，是在另一部门中，即在轻工业部门中用来交换消费品的。轻工业部门是否生产了足够的消费品，使重工

业部门中所发出的工资能够换成消费品呢？问题就在这里。

我们现在举一个例子来说明这个问题。为简化起见，我们假定社会中只有两个生产部门，即重工业与轻工业，又假定这两个部门中职工所得的工资，完全用于购买消费品。在这两种假定之下，我们的例子，就要说明重工业在优先增长之下，如何影响工资与消费品间的比例关系。

	报告期	计划期第一种情况	计划期第二种情况
一、重工业生产总值	50	100	125.0
其中：工资	25	50	62.5
二、轻工业生产总值	50	100	75.0
其中：工资	25	50	37.5

表中的报告期，是指过去的时期，计划期是指未来的时期。将计划期的情况，与报告期相比较之后，并根据党的政策来决定发展的方向与规模，是计划工作者所常用的一种方法。这个例子，指出在报告期内，轻工业的生产总值为50，重工业与轻工业的工资之和也为50。社会上的购买力与商品供应额之间，彼此是平衡的。计划期的第一种情况，假定轻重工业的增长速度是相同的，都增加了一倍。轻工业的生产总值为100，轻工业与重工业的工资之和也是100。社会上的购买力与商品供应额之间，彼此依然是平衡的。在计划期的第二种情况之下，轻重工业的产值与第一种情况相同，都是200，但它们的发展速度就不相同了。重工业优先增长，从50增至125；轻工业增长较缓，只从50增至75。这种情况，在工业化时期内是典型的。但由此也就产生出一个矛盾。这一矛盾，表现为工资总额与消费品总额间的不平衡，也就是居民购买力与商品流转额间的不平衡。重工业发展得快，因此而产生的工资额是62.5，连同轻工业中所产生的工资额，即37.5，合计为100，但是轻工业的生产总额，虽然有所增长，却只从50增至75。100大于75，也就是说，居民的购买力大于商品流转额。

这种情况，在苏联工业化时期是曾出现过的。斯大林在第十五次党代表大会上对于此点曾有所论列。他说："我们这里还有某些商品不够的情形。这是我国经济中的一种缺陷。但可惜这种缺陷现时是不可避免的，因为我们发展生产工具和生产资料的生产的速度要比发展轻工业的速度快些，而这一事实也就预决了我国在最近将来几年间不免会有某些商品不够的情形。但是我们不能有别的做法，因为我们是想要尽量推进国家工业化事业的。"

苏联在工业化初期，因为重工业的发展速度大大超过轻工业，所以市场上消费品供求的不平衡，是不可避免的。有人提议，为了避免这种不平衡起见，应减低重工业的发展速度，提高轻工业的发展速度。那是错误的。古比雪夫曾指出这是一种错误的意见。他说："市场上供求情况应该完全均衡的说法，意味着把轻重工业的比例倒置过来，从经济发展的前途看来，这是极大的错误。商品缺乏并不是使我们惊慌失措的奇灾大祸。求过于供能推动工业迅速发展，这说明居民物质福利在提高，因而这是刺激工业化、刺激重工业发展的因素。"（《国家工业化的基本任务》，1954 年第 1 期《经济译丛》）我们在此可以顺便指出，消费与生产的不平衡，在资本主义社会中与社会主义社会中的性质是完全不同的。在资本主义社会中，生产与消费的矛盾，是对抗性的矛盾。资本主义社会所生产的商品，经常因为居民购买力的不足而销售不出去，这就会引起危机，引起生产力的破坏与生产事业的萎靡不振。在社会主义社会中，居民对于消费品的需要，经常超过在每一时期内生产所达到的水平，因而推动生产前进。所以社会主义社会中生产与消费的矛盾，是发展中的矛盾，是推动社会向前发展的力量，是使社会主义生产不断增长、不断完善的因素。

虽然如此，计划工作者却不能在发现这种矛盾之后而袖手旁观，任其盲目发展。国民经济计划的任务，就是要在发现这种不平衡现象之后，在不放弃重工业优先发展的原则之下，采取一些措施，使居民的购买力与商品流转额尽可能平衡起来。

平衡的方法，应从需要与供应两方面下手。在需要方面，我们应先看有无办法，使居民的购买力不要增长太快。工资政策在此要起很大的作用。工资政策的一个重要原则就是"劳动生产率的提高应超过工资的增长"（《联共（布）关于经济建设问题的决议：第一辑》）。这样，一方面可以增加积累，一方面也可减轻工资对于消费品市场的压力。在我们上面所举的例子，计划期的第二种情况，重工业生产总值增加了 150％，工资同时也增加了 150％。假如产值的增加是由劳动力消耗的增加而来，那么工资这种同比例的增加就是不可避免的，否则平均工资将会下降，这是不应该的。但是在社会主义社会以及在新民主主义社会中，技术不断革新，所以生产总值的增加，主要是由劳动生产率的提高而达到的。为简化例子起见，我们在此做一假定，即在上面所说重工业的增产数字里，有 1/5 是由劳动力的增加而得到的，有 4/5 是由劳动生产率的提高而得到的。换句话说，在增加的总值 75 里面，有 15 是由劳动力的增加而得到的，有 60 是由劳动生产率的提高而得到的。在由劳动力的增加而得到的 15 里面，还是以一半来付工资，即 7.5；但由劳动生产率的增加而得到的 60 里面，我们假定以其中的 20％来增加工资，即 12。于是重工业的工资总额，即是原来的 25 加 7.5 再加 12，共 44.5。与轻工业的工资额 37.5 相加（当然轻工业工资的增加也是应根据这一原则的，这里只是就重工业方面来谈），便为 82。这个数字，与消费品的供应数字，便很接近了。在这儿，购买力超过商品流转总额的数目，可另以推销公债或提倡储蓄等办法，或以增加社会文化服务等方法，使其在消费品市场上不发生影响。

另外，在增加供应方面，也还是有法子可想的。比如就我国目前情况来说，国家要以主要的力量来发展重工业，因而不能大力发展轻工业，但私人资本主义的生产潜力，是还没有挖尽的。国家就可以利用私人资本主义这种潜在的力量，使其对于日用品增加供给。当然，在日用品的质量及价格方面，国家及工人阶级，都应加以严格的监督，使私人资本主义不能从中牟取暴利。此外，我国的广大手工业，如组织起来，对于供应日用品方面，特别是在供应农民日用品方面，可以发挥很大的作用。最后，在必要时，国家还可以利用计划供应的办法，使有限的物资，能够最大限度地、最合理地满足居民的需要。

三、轻重工业比例与工农业比例的关系

我们现在再研究轻重工业比例与另一组比例的关系，即与工农业比例的关系。

我们首先应当说明的一点，就是农业的生产品，是属于哪一部门的问题。它是属于生产资料部门呢，还是属于消费资料部门呢？假如说，农产品属于生产资料，那么根据生产资料优先增长的原理，农业的增长速度，应当与重工业一样，而高于轻工业。但是我们上面又讲过，工业生产的速度，应当快于农业。这个矛盾应当如何解决呢？

为要解决这一问题，首先必须搞清楚农产品的性质。农产品是由两种不同资料所组成的。农产品的一部分是消费资料。属于这一类的，有牛奶、菜蔬等。农产品的另一部分是生产资料。属于这一类的，有棉花、羊毛等。但是农产品中的生产资料也不能与工业中所生产的生产工具等量齐观。斯大林教导我们说："农业所生产的并不是'生产资料'，而是生产资料之一的原料。不能玩弄'生产资料'这个术语。马克思主义者说到生产资料的生产时，首先是指生产工具的生产……因为马克思主义认为，和其他一切生产资料来比，生产工具是具有决定作用的。谁都知道，原料本身不能生产生产工具，虽然某几种原料也是生产生产工具所必需的材料，可是，没有生产工具是不能生产任何原料的。"（《答亚历山大·伊里奇·诺特京同志》）斯大林这一指示，使我们知道农业所生产的，只是生产资料之一的原料，农业是不能生产机器等重要的生产资料的。

更进一步地分析，就可看出农业所供给的原料，只是为轻工业用的，而不是为重

工业用的。既然重工业发展的速度要大于轻工业，重工业发展的速度也就要大于农业。

但是农业发展的速度与轻工业发展的速度，应当保持什么关系呢？一般地说，农业是要供给轻工业原料的，所以轻工业发展的速度与农业的发展速度之间必须相适应。但是彼此相适应，并不等于说彼此增长的程度必须相符合。根据苏联过去的经验，轻工业的增长速度，还是高于农业很多的。这是什么理由呢？理由有三：第一，轻工业所用的原料，不完全由农业供给，也有一部分由重工业供给，如人造纤维、人造橡胶等。这些原料增加的速度，是可以比农业原料的增加速度快的。第二，轻工业中因操作方法的改善及废品比重的减低，所以原料的消耗定额在降低，这就使轻工业产品的增加速度快于原料增加的速度。第三，农业中商品的比重，其增加比农产品总值的增加为速。这是农业人口降低，因而内部消耗减少，以及农业中劳动生产率提高所造成的。举例来说，苏联的农业总产量，从 1940 年到 1952 年，按比较价格计算，只增加了 10％，但 1952 年收购的原棉达 377 万吨，为 1940 年的 1.7 倍；收购的甜菜是 2 200 万吨，比 1940 年多 30％；收购的肉类是 300 万吨，为 1940 年的 1.5 倍；收购的奶类是 1 000 万吨，几为 1940 年的 1.6 倍（《在苏联最高苏维埃第五次常会上的演说》）。这些数字充分表示，农产品商品率的增长，比农产品的总值要快好几倍。轻工业的原料，是由农产品的商品部分供应的，既然农产品的商品率比农产品的增长可以快好几倍，轻工业的增长也可以比农产品的增长快好几倍。换句话说，农业增长的速度，不但是比重工业的增长速度慢，也比轻工业的增长速度慢。

既然重工业与轻工业的增长速度都高于农业，所以全部工业的发展速度也就要大于农业的发展速度。

虽然如此，还是不能否认，农产品商品比重增加的基础，是农产品总值的增加。在农产品总值增加的基础上，我们可以希望农产品商品率增加的程度，高于农产品总值增加的程度，但我们不能希望在农产品总值不变的基础上，农产品商品率可以不断地提高。所以如要发展轻工业，就要提高农产品的商品率，进一步就要提高农产品的总产量。

轻工业的发展，必然要增加商品流转，所以 1953 年，当苏联的党与政府决定要提高消费资料的生产后，便有进一步发展苏联农业的措施、进一步发展苏联商业的措施。

苏联在 1953 年提出的任务"是要在两三年内大大地增加供应给人民的食品和制成品——肉类、肉类产品、鱼类、鱼类产品、动物油、糖、糖果点心、织物、服装、鞋类、食器、家具和其他家用什物以及文化上和生活上需要的物品，大大增加供应居民的各种人民消费品"（《在苏联最高苏维埃第五次常会上的演说》）。

苏联建国的经验，就是在各方面适合社会主义基本经济法则的要求的最好例证。苏联由于过去以大力发展重工业，树立了发展国民经济的技术基础，使社会主义的生产，在高度技术基础上，不断增长与不断完善，所以到了现在，经过了四五个五年计划，便有可能以大力来增加消费资料的生产，满足人民日益增长的物质和文化需要。

这种前途，也是我们所要求的，也是一定能达到的。只要我们从苏联的经验中得到教益，在技术基础还很薄弱的时候，集中主要力量来进行社会主义工业化，即采取从重工业的建设开始的，与资本主义国家发展工业的道路完全不同的工业化。我们遵循着这条道路前进，必然可以建成社会主义，必然在将来也会为我国的广大人民带来无限幸福、无限美好的生活。

第五章　改变比例关系的措施

一、改变比例关系的几个重要措施

我们在上面已经讨论过国民经济里面好些重要的比例关系。这些比例关系，在过渡时期内，不是一成不变的，而是常在变动中的。我们又知道，一切的比例关系，都是客观存在着的，它们是在一定的客观条件下产生的。改变了这些客观条件，比例关系也就随之而改变。我们的党与政府，充分地研究了这些客观的联系，认识了这些客观现象的规律性，然后制定措施，使新的比例关系，朝着社会主义基本经济法则所要求的方向改变。"共产党绝不能以消极的态度对待社会的经济发展。党始终揭穿自流论，即消极地顺从现状的理论，认为这是异己的和有害的理论。认识社会发展的客观法则，使先进的革命阶级有可能根据这些法则来改变旧的比例，并确立适合于新的经济条件的新的比例"（《苏联国民经济有计划地按比例地发展法则》）。

我们又曾指出，比例关系与速度问题是密切联系着的。速度的变动，必然影响到比例关系的变动。譬如工业的发展速度，在计划期内比农业的发展速度快些，那么在计划期内所形成的新比例关系，必然使工业的比重提高，而农业的比重降低。可是我们还要追问，哪些因素影响着速度，因而影响着比例关系呢？

我们现在要从三方面来讨论这个问题，即投资、劳动力分配及物资供应。这三个因素当然是密切联系、互相制约的。我们分开来讨论，是为分析的方便。在实际工作中，必须综合加以考察。

首先，让我们来看投资与比例关系变动的联系。

根据苏联的经验，投资是改变比例关系一个重要的因素。在 1924 年至 1925 年度，苏联一切工业的总生产量中，重工业占 34%，但到 1953 年，就增到 70%。在这一个时期内，苏联政府在重工业上的投资，大大超过在轻工业上的投资。譬如从 1929 年到 1952 年，政府在重工业方面的投资达 6 380 亿卢布，而用在轻工业上面的只是 720 亿卢布，在轻工业上的投资只等于在重工业上的投资的 11.3%。另一方面，在此时期内用在轻重工业上的投资合计为 7 100 亿卢布，而用在农业方面的是 940 亿卢布。在工农业投资总数内，工业比重为 88.3%，而农业比重为 11.7%。投资多寡的不同，便影响它们发展速度的快慢，便影响到一方比重提高，而另一方比重降低。

投资影响比例关系变动的过程，是很显然的。投资是扩大再生产的基础。哪一方的投资多，哪一方的生产规模就扩大得快，产品就增加得多。我们掌握了这个规律，所以我们想改变轻重工业的比重，就要从投资下手。改变其他生产的比例关系，也可从投资下手。譬如我们国家在 1953 年对于国民经济建设的支出，占总支出的 44.3%，其中用于工业方面的支出，占总支出的 20.4%，而用于农林水利的支出，则占总支出的 5.04%。工业上的投资，要比农林水利上的投资大三倍。这一原则，在 1954 年的投资分配中还是维持着的。1954 年国家预算拨给工业部门的资金为经济建设费的 47.8%，而拨给农业、林业、水利事业的资金，则占经济建设费用的 10.55%。在工业拨款中，煤炭、电力、石油、钢铁、化学、机械制造等重工业的拨款又占 78.3%，轻工业占 21.7%（1954 年 6 月 18 日《人民日报》）。这一措施，必然会影响到将来的工农业比例及轻重工业比例。

其次，我们来看劳动力分配与比例关系变动的联系。

生产力中一个重要的因素，就是有相当生产经验和劳动技能、发动着生产工具并实现着物质资料生产的人。我们如想提高某一部门的生产量，因而提高它在国民经济中的比重，则在那一部门内，应当分配与生产规模相适应的劳动力。苏联的重工业比重，在 1953 年为 70%，我们在上面已经提过了。与此相适应的是，在全体产业工人中，约有 70% 是在重工业中工作。这种数量上的相符合是偶然的。在各个生产部门中，由于劳动生产率有高低的不同，所以在产量同样增加的程度下，不一定要同程度地增加劳动力。譬如有甲、乙两部门，生产量都要计划提高 50%。同时，甲部门的劳动生产率也计划提高 50%，而乙部门则不计划有所提高。在这种条件下，甲部门的劳动力可以不必增加，而乙部门的劳动力则要增加 50%。目前，在苏联，工业的产值已大大超过农业。也就是说，工业的比重已经高于农业，但在农业中的劳动力还是比工业中多，这主要是由于农业中的劳动生产率不如工业。苏联自从第一个五年计划之后，工业中的生产增加，主要是靠提高劳动生产率来达到的。在第五个五年计划期间，工业的全部增产量大约有 3/4 要靠提高劳动生产率来达到。虽然如此，有一部分的增产量，还是要靠增加劳动消耗量来达到。所以我们在计划新的比例关系的过程中，对于劳动力的分配，应予以密切的注意。在规定某一部门的增产任务时，必须满足这一部门对于增加劳动力的需要。

我们在生产中所需要的，不是抽象的劳动力，而是具有相当生产经验和劳动技能的劳动力。这种劳动力不是通过招募就能解决的。招募所能解决的，只是不需要特别技能的简单劳动力。具有一定质量的劳动力，必须用事先培养的方法来解决。有了高小文化水准的人，如要把他培养成为一个中等技术人才，需时三四年。有了高中文化水准的人，如要把他培养成为一个高等技术人才，需时四五年。所以有特殊技能的劳动力，特别是专家、工程师，不是在年度计划内所能解决的。这一任务的解决，必须在长期计划中实现。所以考虑到未来的生产事业发展的规模，现在就动手相应地培养建设人才，乃是国民经济计划工作中重要的一环。抓住了这一环，我们才可保证新比例关系的建立。

最后，我们来看物资供应与比例关系变动的联系。

我们上面所提到的两个改变比例关系的因素——投资与劳动力分配，乃是财力与人力的因素。最后还有一个重要的因素，就是物力的因素，就是物资的供应问题。我们如想增加某一部门产量的比重，就要增加对于某一部门的物资技术供应。譬如我们要提高机器制造业在工业各部门中的比重，就要对于机器制造业增加设备、原料、燃料、电力等的供应。这些物资的供应量增加了，机器制造业的产量就可增加，因而它在工业各部门中的比重就可提高。

我们上面所提到的各种比例，都是根据总产值算出来的。成为总产值的基础的，是各种产品的实物量。由于各种产品的实物量不同，所以价值量也就不同。两个部门产品的价值量的比例关系，可以归源为各部门产品的实物量的比例关系。假如在生产过程中，不掌握这个实物量彼此之间的正确比例关系，那么生产就会不平衡，计划的产值间的比例关系也就会落空。实物量间的比例关系，要牵涉到生产中的技术定额问题，这是物资供应问题的中心，也是国民经济计划问题的重点。斯大林教导我们说："没有技术定额，就无法进行计划经济。"（《在全苏斯达汉诺夫工作者第一次会议上的讲话》）有了技术定额，我们就可以根据它来供应物资，使供应量的大小，适合于生产量的需要。

技术定额的种类是很多的。马克思指出生产有三个基本要素：劳动、劳动工具及劳动对象。根据这三个要素，技术定额也就要分成三个类别，即劳动消耗定额、生产用的固定资产利用定额和劳动对象（即原材料、燃料等）消耗定额。劳动消耗定额，是分配劳动力的根据。假定每人每年能够产煤 1 000 吨，那么在计划期如要增产煤炭 100 万吨，就应增加采煤工人 1 000 名。固定资产利用定额，可以织布机为例。国营上海第一棉纺织厂北织车间，同样的布机单位产量，最高的台时产量为 4.727 码，最低的为 4.572 码（1954 年 3 月 30 日《人民日报》）。假定我们以 4.700 码为平均先进定额，则一台布机在平均每日夜工作 20 小时、每年工作 350 日的条件下，便可产生棉布近 33 000 码。我们如想在计划期增加棉布的供应 1 000 万码，就应供应这种类型的布机约 300 台。原材料消耗定额的例子，我们以前已举过铁矿石 1.8 吨炼生铁 1 吨的例子。当然，这种比例关系，是要看铁矿石含铁比重的多少而改变的。假如铁矿石中含铁的比重高，那么生产同样数量的生铁，所需的铁矿石就可少一些。在社会主义的社会里，对于物资节约是非常注意的，所以原材料的消耗定额，在一定程度之内，是还可以降低的。如苏联发一度电的标准燃料消耗量，已由 1928 年的 0.82 公斤减到 1937 年的 0.62 公斤。每吨生铁的焦炭消费量已由 1929 年的 1 125 公斤降至 1937 年的 994 公斤。技术定额本身，就包含着一种比例关系。这种比例关系，是随技术的革新、先进工作经验的创造而改变的。实行平均先进定额，就可以为国家节约物资，增加财富，提高人民物质文化生活的水平。

根据技术定额来分配物资，使供应量与生产量相适应，不产生停工待料或积压物资过多的现象，这只是分配物资问题的一方面。分配物资问题的另一方面，就是在国民经济各部门中，对于哪一方面优先分配的问题。这一问题，与改变国民经济中的比例关系问题，是有密切联系的。哪一部门得到物资的优先分配，哪一部门就可以优先增长。但是要解决优先分配的问题，单靠有计划按比例发展的原则是不行的。因为有计划按比例发展的原则，并不能解决发展经济是为着什么任务的问题。这个任务，只有党和政府，在考虑到社会主义基本经济法则的要求之后，在分析了国内及国际的客观政治经济情况之后，才能提供出来。如所周知，在过渡时期内，我们要增加社会主义经济成分的比重，所以我们对于社会主义经济成分的生产单位，就应优先供应物资。我们要增加工业的比重，所以就要优先供应工业以物资。而在工业中，我们又要提高重工业的比重，所以我们又要优先供应重工业以物资。

二、在总路线的光辉照耀下前进

全国人民在过渡时期的光荣任务，就是要为实现党的总路线而斗争。党的总路线体现在各个时期的国民经济计划里面。我们在实现总路线的过程中，国民经济中的各种重要比例关系，必然会起巨大的变动。社会主义成分的比重要不断增加，工业的比重将超过农业，重工业的比重将超过轻工业。这些比例关系的改变，完全符合于总路线的要求，也完全符合于社会主义基本经济法则的要求。这些比例关系的最终改变，必然会使我们的国家强盛而繁荣，使我们全国人民的物质生活与文化水平逐步地得到提高，从而胜利地从新民主主义过渡到社会主义。

为了完成这一任务，就需要全国人民都能积极地劳动。因为幸福的生活是不会从空中掉下来的，只有用辛勤的劳动才能创造美好的前途。因此，我们生活在新社会里的每一个人都应该树立新的社会主义劳动态度，自觉地遵守劳动纪律，爱护国家财产，坚决与一切违背劳动纪律的行为做斗争。只有这样，才能争取早日在我们可爱的祖国里实现社会主义。

我们不但要在我们的岗位上积极工作，而且还要设法使我们的工作产生最大的效果，这就是说，要尽量提高我们的劳动生产率。列宁说过："劳动生产率，归根到底是保证新社会制度胜利的最重要最主要的东西。资本主义造成了在农奴制度下所没有过的劳动生产率。资本主义可以被彻底战胜，而且一定会被彻底战胜，因为社会主义能造成新的高得多的劳动生产率。"（《列宁文选：第二卷》）我国要建成社会主义，就必须在劳动生产率上，赶上并超过资本主义国家。这当然是一项艰巨的工作，但是我们有把握来完成这一任务。因为，我们都是国家的主人，我们是为了国家也是为了自己而劳动，所以能够在劳动中发挥积极性与创造性。国家创造了各种条件，使职工们能够学习技术，提高自己的熟练程度。这一切就决定了我们一定能够提高劳动生产率。

但是，"劳动生产率不仅取决于劳动者的技艺，而且也取决于他的工具的完善程度"（《资本论：第一卷》）。我们过去几年的经验已经证明，当某一种工具得到改良时，工作的效率就可提高几倍以至几十倍。王崇伦就由于不断钻研改良了工具，在一年里超额完成了四年多的任务，并为国家节约了大量的资金。王崇伦及其他劳动模范们的光辉榜样，在我们国家里掀起了技术革新运动。这个运动，对于改进生产、提高劳动生产率，无疑地一定要发挥巨大的作用。现在，党和政府规定国营工业在 1954 年的劳动生产率要提高 13.2%（1954 年 6 月 18 日《人民日报》）。这是一个光荣的必须完成的任务。这就要求我们每一个人都要贡献出自己所有的智慧，积极地投身于这个伟大的技术革新运动之中，向先进的生产者学习，为创造更高的劳动生产率而奋斗。

提高劳动生产率，是我们增加产量的主要方法。但是我们在提高产量的同时，还要顾到降低成本。以提高成本的方法来提高产量，对于国家是不利的，也不是国民经济计划所许可的。因此，我们在生产的过程中，必须注意节约物资的消耗。节约物资消耗与提高劳动生产率，是降低成本的主要途径。我们建设社会主义，所以要特别注意降低成本问题，因为我们建设的资金，主要是靠内部的积累。成本降低，就会使积累增加，就可增加国家预算的收入，为下一年度基本建设投资的扩大，创造必要的前提。成本降低，也是减低物价的基础。苏联就靠成本降低，来进行每年一度的减低物价，以提高人民的物质生活与文化水准。我们在工业化的初期，降低成本，主要是为了增加积累，以扩大再生产。但将来在条件许可时，我们也可以通过降低成本来减低物价。1954 年各部门降低成本的指标是：国营及地方国营工业降低 5.2％，铁道交通运输降低 5.3％，基本建设中的施工安装费用争取降低 8％，国营商业贸易流通费率降低 13.7％。完成了降低成本的计划，就可以为国家积累巨量的资金（1954 年 6 月 18 日《人民日报》）。由上可见，每一个生产部门，都有降低成本的任务。每一个劳动者，每一个工作人员，都要为完成这一任务而努力。

加强劳动纪律；发挥积极性与创造性，学习技术，提高自己的熟练程度，参加技术革新运动，使劳动生产率不断提高；节约物资消耗，以降低成本，为国家积累资金……这一切，就是我们在生产领域中的每一个劳动者为实现总路线与总任务所应当做的工作。

其他如教学人员、医务工作人员、文艺工作人员、行政工作人员等，虽然都是在非生产领域中的工作者，但也不能例外，都同样是为生产服务的，他们的劳动，也同样地在一定的程度上影响着国家社会主义工业化的进展。因此，也都要在总路线、总任务的指导下加强自己的马克思主义教育，钻研业务，积极工作，提高工作效率，为国家的建设事业贡献出自己所有的力量。

总路线的光辉照耀着我们，让我们大家在中国共产党和毛主席的领导下，努力前进吧！

吴景超先生学术年谱

1919 年

—《平等谈》,《新潮》第 1 卷第 5 期。

—《皖歙岔口村风土志略》,《癸亥级刊》6 月。

—《徽州之洋庄绿茶》,《癸亥级刊》6 月。

—《记忆漫谈》,《癸亥级刊》6 月。

—《死夫生妇》,《癸亥级刊》6 月。

—《苦乐不均》,《癸亥级刊》6 月。

—《树阴农语》,《癸亥级刊》6 月。

—《小主人》,《清华周刊》临时增刊 5。

1920 年

—《二学生》,《清华周刊》第 188 期。

—《我对于清华出版物的意见》,《清华周刊》第 193 期。

1921 年

—《清华学校的校风》,《清华周刊》第 225 期。

—《暑假期内我们对于家乡的贡献》,《清华周刊》增刊 7。

1922 年

—《贺孔才见和侧字韵仍依韵作答》,《四存月刊》第 10 期。

—《一星期的招待员生活》，《清华周刊》第 224 期。

—《清华学校学生生活》，《学生杂志》第 9 卷第 7 期。

1923 年

—《人生蠡测》，《清华周刊》第 268 期。

—《择业的预备》，《清华周刊》第 269 期。

—《友谊》，《清华周刊》第 271 期。

1924 年

—《中国式的文人——曹子建》，《清华周刊·书报介绍副刊》第 12 期。

1927 年

—《关于清华大学文科课程的商榷》，《清华周刊》第 28 卷第 4 期。

—《都市之研究》，《留美学生季报》第 11 卷第 3 期。

1928 年

—《中国移民之趋势》，《新月》第 1 卷第 10 期。

—《中美通婚的研究（上）》，《生活（上海 1925A）》第 4 卷第 7 期。

1929 年

—《中美通婚的研究（中）》，《生活（上海 1925A）》第 4 卷第 8 期。

—《社会学观点下之社会问题》，《金陵月刊》第 1 卷第 2 期。

—《美国社会学之派别及其趋势》，《星期评论·上海民国日报附刊》第 3 卷第 11 期。

—《孙末楠传》，《社会学刊》第 1 卷第 1 期。

—《都市社会学》，上海书店出版社。

—《社会组织》，上海世界书局，8 月。

—《几个社会学者所用的方法》，《社会学界》第 3 卷。

—《中美通婚的研究（下）》，《生活（上海 1925A）》第 4 卷第 9 期。

—《中国文明何时可与欧美并驾齐驱（上）》，《生活（上海 1925A）》第 4 卷第 18 期。

— 《中国文明何时可与欧美并驾齐驱（下）》，《生活（上海 1925A）》第 4 卷第
19 期。

1930 年

— 《社会的生物基础》，上海世界书局，4 月。

— 《解释中国男多于女的几种假设》，《社会学刊》第 1 卷第 4 期。

— 《都市中的生与死》，《国立中央大学半月刊》第 1 卷第 14 期。

— 《中国农民的生活程度与农场》，《新月》第 3 卷第 3 期。

— 《婚姻制度中的新建议》，《金陵光》第 17 卷第 1 期。

1931 年

— 《西汉遗留下来的几条仕宦之路（上）》，《生活（上海 1925A）》第 6 卷第 6 期。

— 《西汉遗留下来的几条仕宦之路（中）》，《生活（上海 1925A）》第 6 卷第 7 期。

— 《西汉遗留下来的几条仕宦之路（下）》，《生活（上海 1925A）》第 6 卷第 8 期。

— 《两汉多妻的家庭》，《金陵学报》第 1 卷第 1 期。

— 《两汉的人口移动与文化（上）》，《社会学刊》第 2 卷第 4 期。

— 《最近一年之人口》，《时事年刊》第 1 期。

— 《一个内乱的分析——汉楚之争》，《金陵学报》第 1 卷第 2 期。

1932 年

— 《两汉寡妇再嫁之俗》，《清华周刊》第 37 卷第 9 - 10 期。

— 《中国历史上的肉刑》，《政治学报（北平）》第 2 卷。

— 《萧克利佛对于犯罪学的新贡献》，《图书评论》第 1 卷第 1 期。

— 《两汉的人口移动与文化（下）》，《社会学刊》第 3 卷第 2 期。

— 《霍尔等编的失业的个案研究》，《清华周刊》第 38 卷第 3 期。

— 《加增中国农民收入的途径》，《清华周刊》第 38 卷第 7 - 8 期。

1933 年

— 《中国佃户问题的焦点——佃户能变成自耕农吗?》，《旁观》第 10 期。

— 《都市教育与乡村教育——对于旭生先生教育方案的商榷》，《独立评论》第
40 期。

— 《讨论"中国农民何以这样多"》，《独立评论》第 45 期。

— 《近代都市化的背景》，《清华学报》第 8 卷第 2 期。

— 《近代工人生活的保障（一）》，《独立评论》第 54 期。

— 《近代工人生活的保障（二）》，《独立评论》第 56 期。

— 《近代工人生活的保障（三）》，《独立评论》第 58 期。

— 《中国县志的改造》，《独立评论》第 60 期。

— 《季亭史传》，《社会学刊》第 4 卷第 1 期。

— 《智识分子下乡难》，《独立评论》第 62 期。

— 《农政局——一条智识分子下乡之路》，《独立评论》第 64 期。

— 《论恢复流刑》，《独立评论》第 66 期。

— 《美国移民律的将来及其对中国移民的影响》，《独立评论》第 69 期。

— 《韦白夫妇的社会研究法》，《图书评论》第 2 卷第 2 期。

— 《裁兵问题的研究》，《独立评论》第 72 期。

— 《世界上的四种国家》，《独立评论》第 75 期。

— 《民族学材料的利用及误用》，《独立评论》第 78 期。

— 《恋爱与婚姻》，《生活（上海 1925A）》第 8 卷第 31 期。

1934 年

— 《革命与建国》，《独立评论》第 84 期。

— 《人口的趋势》，《清华周刊》第 40 卷第 11－12 期。

— 《舆论在中国何以不发达》，《独立评论》第 87 期。

— 《变动中的家庭》，《独立评论》第 92 期。

— 《家庭职务与妇女解放》，《独立评论》第 94 期。

— 《一个周刊编辑的回忆》，《清华周刊》第 41 卷第 6 期。

— 《国际生活程度的比较》，《社会学刊》第 4 卷第 2 期。

— 《英国民主政治的前途》，《独立评论》第 105 期。

— 《社会学观点的应用》，《独立评论》第 111 期。

— 《发展都市以救济农村》，《农村经济》第 1 卷第 12 期。

— 《提高生活程度的途径》，《独立评论》第 115 期。

— 《孙末楠的治学方法》，《独立评论》第 120 期。

— 《从佃户到自耕农》，《清华学报》第 9 卷第 4 期。

— 《多福多寿多男子》，《拓荒》第 2 卷第 7 期。

— 《中国的政制问题》，《大公报（天津）》，12 月 30 日。

— 《我们没有歧路》，《独立评论》第 125 期。

1935 年

— 《再论发展都市以救济农村》，《独立评论》第 136 期。

— 《萨尔归还德国》，《独立评论》第 137 期。

— 《Hartmann，Soziologie》，《清华学报》第 10 卷第 1 期。

— 《农民生计与农村运动》，《大公报（天津）》，2 月 10 日。

— 《建设问题与东西文化》，《独立评论》第 139 期。

— 《答陈序经先生的全盘西化论》，《独立评论》第 147 期。

— 《都市研究与市政——四月二十一日在北平市政问题研究会讲》，《独立评论》第 148 期。

— 《怎样划定一个都市的内地》，《独立评论》第 151 期。

— 《新税制与新社会》，《新中华》第 3 卷第 10 期。

— 《土地分配与人口安排》，《独立评论》第 155 期。

— 《自信心的根据》，《独立评论》第 161 期。

— 《西汉的阶级制度》，《清华学报》第 10 卷第 3 期。

— 《论积极适应环境的能力》，《独立评论》第 162 期。

— 《近代都市的研究法》，《食货》第 1 卷第 5 期。

— 《耕者何时有其田？》，《独立评论》第 165 期。

— 《贫穷的征服》，《大公报（天津）》，9 月 8 日。

— 《关于佃户的负担答客问》，《独立评论》第 168 期。

— 《孙本文，社会学原理》，《社会科学（北平）》第 1 卷第 1 期。

— 《再论地主的担负》，《独立评论》第 180 期。

— 《社会调查与市政改革》，《中央日报》，12 月 23 日。

1936 年

— 《Glueck & Glueck，500 Criminal Careers. One Thousand Juvenile Delinquents. Five Hundred Delinquent Women》，《社会科学（北平）》第 1 卷第 2 期。

— 《〈土地法〉与土地政策》，《独立评论》第 191 期。

—《中国历史中的经济要区（书评）》，《独立评论》第 197 期。

—《Martin，FAREWELL TO REVOLUTION》，《社会科学（北平）》第 1 卷第 4 期。

—《地方建设的一线曙光》，《独立评论》第 201 期。

—《人事的讨论（书评）》，《独立评论》第 223 期。

—《整理生产事业的途径》，《行政研究》第 1 卷第 1－3 期。

1937 年

—《中国工业化问题的检讨》，《行政研究》第 2 卷第 1 期。

—《整理生产事业的途径》，《文摘》第 1 卷第 1 期。

—《中国工业化问题的检讨（一）》，《海王》第 9 卷第 17 期。

—《第四种国家的出路》，商务印书馆，2 月。

—《中国工业化问题的检讨（二）》，《海王》第 9 卷第 18 期。

—《中国工业化问题的检讨（未完）》，《独立评论》第 231 期。

—《同业公会与统制经济》，《社会科学（北平）》第 2 卷第 3 期。

—《中国工业化问题的检讨（续）》，《独立评论》第 232 期。

—《中国工业化问题的检讨（续完）》，《独立评论》第 233 期。

1938 年

—《中国工业化的必要》，《政论（汉口）》第 1 卷第 17 期。

—《中国工业化的途径》，艺文研究会，7 月。

—《建国所需要的工业》，《中国社会》第 5 卷第 1 期。

—《〈新经济〉的使命》，《新经济》第 1 卷第 1 期。

—《农业建设与农民组织》，《新经济》第 1 卷第 2 期。

—《德国的经济发展》，《新经济》第 1 卷第 2 期。

—《国外贸易与抗战建国》，《公余》第 6 期。

—《南京区域的战事损失（书评）》，《新经济》第 1 卷第 3 期。

—《中国经济研究（书评）》，《新经济》第 1 卷第 3 期。

1939 年

—《汉冶萍公司的覆辙》，《新经济》第 1 卷第 4 期。

— 《利用外资与自我努力》，《新新新闻每旬增刊》第 20 期。

— 《龙烟铁矿的故事》，《新经济》第 1 卷第 6 期。

— 《安徽售砂公司的始末》，《新经济》第 1 卷第 8 期。

— 《中国农民生活（书评）》，《新经济》第 1 卷第 11 期。

— 《国际投资问题（书评）》，《新经济》第 2 卷第 1 期。

— 《记湖北象鼻山铁矿》，《新经济》第 2 卷第 5 期。

— 《中国工业资本问题（书评）》，《新经济》第 2 卷第 5 期。

— 《日本经济的展望（书评）》，《新经济》第 2 卷第 8 期。

— 《欧战前夕的德国经济（书评）》，《新经济》第 2 卷第 9 期。

— 《我国农业政策的检讨》，《新经济》第 2 卷第 10 期。

1940 年

— 《罗尔的〈经济思想史〉（书评）》，《新经济》第 3 卷第 1 期。

— 《英法德的经济力量比较观》，《新经济》第 3 卷第 1 期。

— 《社会科学的方法与目标（书评）》，《新经济》第 3 卷第 4 期。

— 《原料与食料（书评）》，《新经济》第 3 卷第 8 期。

— 《抗战与人民生活》，《新经济》第 4 卷第 2 期。

— 《抗战以来中国经济问题》，《浙赣月刊》第 1 卷第 7 期。

— 《东南各省的粮食管制》，《新经济》第 4 卷第 3 期。

— 《农产品的国际贸易（书评）》，《新经济》第 4 卷第 3 期。

— 《希特勒的战争（书评）》，《新经济》第 4 卷第 6 期。

— 《严防敌人盗铁》，《星期评论（重庆）》第 2 期。

— 《严防敌人盗棉》，《星期评论（重庆）》第 4 期。

— 《严防敌人盗煤》，《星期评论（重庆）》第 7 期。

— 《湖南计口授盐的试验》，《新经济》第 4 卷第 4 期。

1941 年

— 《论平价》，《新经济》第 4 卷第 8 期。

— 《列宁主义问题（书评）》，《新经济》第 4 卷第 9 期。

— 《东南各省的粮食管制》，《广西银行月报》第 1 卷第 2 期。

— 《有关物价的三本新书（书评）》，《新经济》第 4 卷第 11 期。

— 《六十年来的中国经济》，《新经济》第 5 卷第 3 期。

— 《冯友兰先生的〈新世训〉（书评）》，《新经济》第 5 卷第 3 期。

— 《经济战（书评）》，《新经济》第 5 卷第 5 期。

— 《英国的战时经济（书评）》，《新经济》第 5 卷第 6 期。

— 《战时物价问题的几点观察（一）》，《新经济》第 5 卷第 7 期。

— 《战时物价问题的几点观察（二）》，《新经济》第 5 卷第 8 期。

— 《战时内地工业建设的问题》，《新经济》第 5 卷第 12 期。

— 《欧洲的贸易（书评）》，《新经济》第 5 卷第 12 期。

— 《四川田赋征实的办法及其问题》，《新经济》第 6 卷第 1 期。

— 《苏联的工业东迁与抗战》，《半月文摘（梅县）》第 16 期。

— 《英国如何支付战费（书评）》，《新经济》第 6 卷第 2 期。

— 《陶纳教授论战后的社会（书评）》，《新经济》第 6 卷第 3 期。

— 《石油与战争（书评）》，《新经济》第 6 卷第 4 期。

— 《对敌全面经济封锁》，《前线日报》。

— 《金融组织与经济制度（书评）》，《新经济》第 6 卷第 5 期。

— 《国际货币经济学（书评）》，《新经济》第 6 卷第 6 期。

— 《抗战与经济变迁》，《西南实业通讯》第 4 卷第 5 - 6 期。

1942 年

— 《战后我国国际收支平衡的问题》，《新经济》第 6 卷第 8 期。

— 《禄村农田（书评）》，《新经济》第 6 卷第 9 期。

— 《战后中国与国际经济关系》，《西南实业通讯》第 5 卷第 2 期。

— 《经济平衡与预算平衡（书评）》，《新经济》第 6 卷第 10 期。

— 《资本主义的发展（书评）》，《新经济》第 6 卷第 12 期。

— 《论幕僚制》，《新经济》第 7 卷第 2 期。

— 《商业发展史（书评）》，《新经济》第 7 卷第 3 期。

— 《战后我国国际收支平衡的问题》，《贸易月刊》第 3 卷第 10 期。

— 《新事论（书评）》，《新经济》第 7 卷第 7 期。

— 《中国经济建设之路》，《经济建设季刊》创刊号。

— 《士与古代封建制度之解体（书评）》，《新经济》第 7 卷第 9 期。

— 《英国近百年经济发展史（书评）》，《新经济》第 7 卷第 10 期。

—《论外人在华设厂》，《新经济》第 8 卷第 1 期。

—《经济建设与人才训练》，《新经济》第 8 卷第 2 期。

—《现代中国社会问题（书评）》，《新经济》第 8 卷第 3 期。

—《中国资源与经济建设》，《新经济》第 8 卷第 5 期。

—《伦敦商会论战后经济（书评）》，《新经济》第 8 卷第 6 期。

—《物价问题（书评）》，《读书通讯》第 38 期。

1943 年

—《美副总统华莱士论保护关税》，《大公报（重庆）》，2 月 12 日。

—《经济建设与人才训练》，《贵州企业季刊》第 1 卷第 2 期。

—《战后经济问题座谈会：战后中国应有的工业政策及其他对内经济政策》，《当代评论》第 3 卷第 15 - 16 期。

—《中国应当建设的工业区与工业》，《经济建设季刊》第 1 卷第 4 期。

—《美国战后建设的目标（书评）》，《新经济》第 9 卷第 3 期。

—《经济建设与国内资金》，《今日文选》第 2 期。

—《战后的救济问题（书评）》，《新经济》第 9 卷第 5 期。

—《中国经济建设之路》，商务印书馆，10 月。

—《一年来之经济建设》，《抗战五年专刊》。

1944 年

—《经济建设与社会福利事业》，《社会建设（重庆）》第 1 卷第 1 期。

1945 年

—《美国资金的出路问题》，《大公报（重庆）》，2 月 4 日。

—《美国工业的突飞猛进》，《新经济》第 11 卷第 5 期。

—《美国战时人力动员的方法》，《新经济》第 11 卷第 8 期。

—《中美战时生产之比较》，《西南实业通讯》第 11 卷第 1 - 2 期。

—《美国资金的出路问题》，《中农月刊》第 6 卷第 5 期。

—《中国农民生活程度的前瞻》，《大公报（重庆）》，6 月 17 日。

—《美国战后的充分就业问题》，《民主政治》第 5 期。

—《中国农民生活程度的前瞻》，《农业推广通讯》第 7 卷第 7 期。

—《美国农业的特质》，《西南实业通讯》第 12 卷第 3 - 4 期。

—《美国战时物价稳定的原因》，《经济周报》第 1 卷第 5 期。

—《中国应当建设的工业区与工业》，《时论摘要》第 11 期。

1946 年

—《战时经济鳞爪》，中国文化服务社，1 月。

—《筑柳途中灾情及救济工作》，《行总周报》第 20 期。

—《广西灾情》，《行总周报》第 21 期。

—《广西分署救济工作观感》，《行总周报》第 22 期。

—《看灾归来》，《大公报（上海）》，9 月 20 日。

—《视察报告第九号：关于江西分署工作》，《善后救济总署晋绥察分署周报》第 41 期。

—《灾荒严重的湖南》，《行总周报》第 28 期。

—《地方商会的使命》，《经济周报》第 3 卷第 18 期。

—《广东分署工作》，《行总周报》第 29 期。

—《利用财富之道》，《新闻报》，11 月 10 日。

—《利用财富之道（续）》，《新闻报》，11 月 11 日。

—《江西分署善救工作》，《行总周报》第 31 期。

—《县政的改造》，《新闻报》，11 月 24 日。

—《农业机械化的展望》，《新闻报》，12 月 18 日。

—《论县教育经费》，《新闻报》，12 月 29 日。

1947 年

—《取之于民与用之于民》，《世纪评论》第 1 卷第 1 期。

—《摊派猛于虎》，《世纪评论》第 1 卷第 3 期。

—《卫生事业在困难中》，《世纪评论》第 1 卷第 7 期。

—《浙江分署视察报告》，《行总周报》第 44 期。

—《劫后灾黎》，商务印书馆，2 月。

—《浙江分署视察报告（续）》，《行总周报》第 45 - 46 期。

—《中国农村的两种类型》，《世纪评论》第 1 卷第 12 期。

—《湖北分署视察报告（一）》，《行总周报》第 49 - 50 期。

— 《湖北分署视察报告（续完）》，《行总周报》第 51 期。

— 《英国的乡村问题（书评）》，《世纪评论》第 1 卷第 15 期。

— 《英国的乡村问题（书评）》，《团刊（河北）》第 11 - 12 期。

— 《回忆清华的学生生活》，《清华周刊》复刊第 10 期。

— 《社会部不可取消》，《中国社会学讯》第 2 期。

— 《难童有什么前途？》，《世纪评论》第 1 卷第 20 期。

— 《冀热平津分署北平办事处的工作》，《行总周报》第 57 - 58 期。

— 《河北境内河流的治理计划》，《行总周报》第 57 - 58 期。

— 《经济的改造》，《现代文摘（上海）》第 1 卷第 1 期。

— 《管卫与教养的消长》，《世纪评论》第 1 卷第 22 期。

— 《一个科学的文化理论（书评）》，《世纪评论》第 1 卷第 22 期。

— 《英美的经济制度有何贡献》，《世纪评论》第 2 卷第 1 期。

— 《缩短贫富的距离》，《世纪评论》第 2 卷第 3 期。

— 《中学生课外优良读物介绍》，《重庆清华》第 8 期。

— 《提高农业的效率》，《农村周刊》第 6 期。

— 《储蓄、消费与全民就业》，《世纪评论》第 2 卷第 6 期。

— 《中国手工业的前途》，《经济评论》第 1 卷第 20 期。

— 《美国的生产单位》，《世纪评论》第 2 卷第 8 期。

— 《工业化过程中的资本与人口》，《观察》第 3 卷第 3 期。

— 《生活程度与土地需要》，《世纪评论》第 2 卷第 17 期。

— 《机械化是否会招引失业》，《世纪评论》第 2 卷第 20 期。

— 《社会学的园地》，《益世报（天津）》，8 月 8 日。

— 《英国战时的人与财》，《益世报（天津）》，8 月 29 日。

— 《饥荒问题的根本解决》，《益世报（天津）》，9 月 11 日。

— 《英国的彷徨》，《中央日报》，12 月 27 日。

— 《工业化过程中的资本与人口》，《新工程》第 1 卷第 2 期。

— 《管卫与教养的消长》，《书报精华》第 30 期。

1948 年

— 《英国为什么要加增出口》，《世纪评论》第 3 卷第 1 期。

— 《一个世界注意的问题：苏联贫富间的距离（上）》，《立报》，2 月 6 日。

—《一个世界注意的问题：苏联贫富间的距离（下）》，《立报》，2 月 7 日。

—《美苏经济的资源基础》，《世纪评论》第 3 卷第 6 期。

—《毁业与创业》，《大公报（天津）》，2 月 16 日。

—《美苏人口的职业分配》，《世纪评论》第 3 卷第 9 期。

—《美苏的农业生产》，《世纪评论》第 3 卷第 11 期。

—《奠定基础于陕西之中国经济的演进与展望》，《西北经济》第 1 卷第 1 期。

—《论研究的态度答申辛温先生》，《知识与生活（北平）》第 24 期。

—《美苏的工业生产》，《世纪评论》第 3 卷第 16 期。

—《生产效率与生活程度》，《独立时论集》第 1 期。

—《美国如何应付未来的失业问题》，《独立时论集》第 1 期。

—《飞机铁路，不可反对》，《独立时论集》第 1 期。

—《美苏的贸易组织》，《世纪评论》第 3 卷第 20 期。

—《婚姻向何处去?》，《新路周刊》第 1 卷第 1 期。

—《工业化与人口问题》，《西北经济》第 1 卷第 3 期。

—《评土地改革方案》，《现实文摘》第 2 卷第 10 期。

—《论耕者有其田及有田之后》，《新路周刊》第 1 卷第 2 期。

—《还我言论自由》，《新路周刊》第 1 卷第 4 期。

—《方生未死之间》，《新路周刊》第 1 卷第 6 期。

—《论我国今后的人口政策》，《新路周刊》第 1 卷第 5 期。

—《中国工业化的资本问题》，《新路周刊》第 1 卷第.7 期。

—《忠告美国政府》，《现实文摘》第 3 卷第 4 期。

—《一个解决大学毕业生失业问题的具体建议》，《新路周刊》第 1 卷第 12 期。

—《论耕者有其田及有田之后》，《地政通讯》第 3 卷第 7 期。

—《政治民主与经济民主》，《新路周刊》第 1 卷第 13 期。

—《家庭与个人职业》，《新路周刊》第 1 卷第 13 期。

—《私有财产与公有财产》，《新路周刊》第 1 卷第 15 期。

—《我们的意见：经济行政应即公开》，《新路周刊》第 1 卷第 15 期。

—《中国的人地比例》，《读书通讯》第 164 期。

—《稳定新币值的有效措施》，《新路周刊》第 1 卷第 19 期。

—《稳定新币值的有效措施》，《国防新报》革新 5－6。

— 《论经济自由》，《新路周刊》第 1 卷第 21 期。

— 《制裁独占的立法》，《新路周刊》第 1 卷第 22 期。

— 《稳定新币值的有效措施》，《现实文摘》第 3 卷第 10 期。

— 《二十年来贫穷问题之研究》，《益世报（天津）》。

— 《资本形成的途径》，《新路周刊》第 2 卷第 2 期。

— 《从四种观点论美苏两国的经济平等》，《观察》第 5 卷第 13 期。

— 《苏联的生活程度》，《新路周刊》第 2 卷第 4 期。

— 《社会主义与计划经济是可以分开的》，《新路周刊》第 2 卷第 5 期。

— 《美苏对外的经济关系》，《新路周刊》第 2 卷第 6 期。

1949 年

— 《马克思论危机》，《社会科学（北平）》第 5 卷第 2 期。

— 《工农联盟与经济建设》，《新建设》第 10 期。

1950 年

— 《除夕总结》，《人民日报》，1 月 6 日。

— 《中苏贷款协定加强了我们经济建设的信心》，《新建设》第 1 期。

— 《苏联工业建设研究》，《社会科学》第 6 卷第 1 期。

— 《苏联农业建设研究》，《社会科学》第 6 卷第 2 期。

1951 年

— 《参加土地改革工作的心得》，《人民日报》，4 月 1 日。

1954 年

— 《有计划按比例地发展国民经济》，中国青年出版社，9 月。

— 《批判资本主义国家编制实际工资指数的方法》，《教学与研究》第 6 期。

1955 年

— 《我与胡适——从朋友到敌人》，《光明日报》，2 月 8 日。

— 《批判梁漱溟的乡村建设理论》，《人民日报》，7 月 11 日。

— 《关于搜集资料问题的几点经验与教训》，《教学与研究》第 6 期。

一《我国第一个五年计划中资金的积累、合理使用和节约问题》，《教学与研究》第 8 - 9 期。

一《批判梁漱溟的中国文化论》，《教学与研究》第 10 期。

一《我国第一个五年计划的工业发展速度问题》，《新建设》第 9 期。

一《国民经济计划讲座：第二部分 分论：第十一讲 工资计划》，《计划经济》第 12 期。

1956 年

一《对于实现社会科学规划的几点建议》，《人民日报》，9 月 8 日。

一《"百家争鸣"的目的是为人民服务》，《学习杂志》第 7 期。

一《我国第二个五年计划的发展速度与比例关系》，《教学与研究》第 12 期。

一《我国第二个五年计划的积累与消费》，《新建设》第 11 期。

1957 年

一《苏联的积累占国民收入的多少》，《教学与研究》第 3 期。

一《社会学在新中国还有地位吗?》，《新建设》第 1 期。

一《中国人口问题新论》，《新建设》第 3 期。

一《一些可以研究的社会现象和问题》，《新建设》第 7 期。

吴景超学术思想研究年谱

1931 年

孙本文等著，《社会学大纲》，上海世界书局。

1933 年

吴泽霖，对吴景超著《论恢复流刑》做摘要，《图书评论》第 2 卷第 3 期。

1934 年

"教授印象记"介绍吴景超，《清华暑期周刊》第 9 卷第 8 期。

刘子华，《评吴景超的"发展都市以救济农村"》，《锄声》第 1 卷第 4 - 5 期。

1935 年

陈序经，《关于全盘西化答吴景超先生》，《独立评论》第 142 期。

吴世昌，《田主负担的讨论：奉答吴景超先生》，《独立评论》第 180 期。

1936 年

朱亦松，《对于吴景超评论孙著社会学原理之评论》，《社会研究》第 1 卷第 2 期。

1941 年

《统计专家吴景超》，《东方日报》，10 月 18 日。

1942 年

郑素明，《书报介绍：中国工业化的途径》，《中国工业（桂林）》第 8 期。

1944 年

中国国民党中央执行委员会训练委员会编，《中国工业建设论文选辑》，中国国民党中央执行委员会训练委员会。

1945 年

建予，《战时经济》（书评），《新经济》第 11 卷第 8 期。

1947 年

本刊编者，《欢迎吴景超先生》，《清华周刊》复刊第 5 期。

域槐，《吴景超教授回到北平以后》，《自由文丛》"社会贤达"考。

新书介绍吴景超著《劫后灾黎》，《图书季刊》新第 8 卷第 1－2 期。

编辑后记，评价吴景超在本期发表的《生活程度与土地需要》，《世纪评论》第 2 卷第 17 期。

1948 年

独立时论社编，《独立时论集　第 1 集　民国三十六年五月至十月》，上海：独立出版社。

行政院善后救济总署编纂委员会编，《这样干了两年》，行政院善后救济总署编纂委员会。

编辑后记，评价吴景超在本期发表的《美苏的工业生产》，《世纪评论》第 3 卷第 16 期。

风人，《吴景超跃入龙门》，《导报（无锡）》，6 月 29 日。

化岑，《读吴景超先生〈评土地改革方案〉后》，《农业论坛》第 1 卷第 3 期。

贝叶，《记吴景超》，《罗宾汉》，10 月 29 日。

萧铮，《解释土地改革方案：并答复吴景超先生等》，《土地改革》第 1 卷第 2 期。

萧铮，《解释土地改革方案：并答复吴景超先生等》，《地政通讯》第 3 卷第 4 期。

李化方，《评吴景超论"中国工业化与人口问题"》，《西北经济》第 1 卷第 3 期。

《吴景超先生来函》，《世纪评论》第 3 卷第 9 期。

1957 年

孙昶永,《读吴景超、林和成两教授发言有感》,《统计工作》第 13 期。

刘毅,《论我国社会主义工业化与人口问题——和吴景超先生讨论我国人口问题》,《学术月刊》第 7 期。

1988 年

高昆,《纪念吴景超教授学术思想讨论会在京举行》,《社会学研究》第 5 期。

全慰天,《为求民富国强贡献一生——纪念社会学家吴景超逝世 20 周年》,《群言》第 11 期。

1989 年

郑杭生,周国兵,《吴景超的工业化与节制人口思想》,《中国人民大学学报》第 3 期。

1990 年

周叔俊,《社会学家——吴景超》,《中国人民大学学报》第 6 期。

2000 年

谢泳,《吴景超三十年代的学术工作》,《东方文化》第 6 期。

2003 年

张玉龙,《吴景超的工业化思想探析》,《东方论坛（青岛大学学报）》第 1 期。

2004 年

阎明,《一门学科与一个时代：社会学在中国》,清华大学出版社。

庞绍堂,《吴景超先生的学术思想与学术风格》,《南京大学学报（哲学·人文科学·社会科学版）》第 5 期。

2005 年

谢泳,《清华三才子》,新华出版社。

2008 年

李爽，《陈序经与吴景超在 20 世纪 30 年代教育论争中的共识与分歧》，《历史教学（高校版）》第 7 期。

唐和英，《略论吴景超的农村建设思想》，《铜陵学院学报》第 2 期。

2009 年

谢泳，《清华三才子》，东方出版社。

刘集林，《批判与建设：陈序经与吴景超文化社会思想之比较》，《广东社会科学》第 6 期。

2010 年

陈正茂，《新路周刊合订本》，秀威资讯科技股份有限公司。

曹金祥，《吴景超乡村建设思想解读——以《独立评论》为分析文本》，《中南大学学报（社会科学版）》第 16 卷第 4 期。

2011 年

梁丽，《浅谈吴景超的工业化思想》，《沧桑》第 4 期。

2012 年

钟祥财，《1949 年以前吴景超的经济思想及其方法论特点》，《社会科学》第 1 期。

傅扬，《中国工业化道路的理论探讨——吴景超与费孝通的工业化思想比较》，《前沿》第 21 期。

2013 年

李越主编，《世纪清华：学人、学术与教育》，清华大学出版社。

孙哲主编，《校友文稿资料选编：第 18 辑》，清华大学出版社。

杨棉月，周石峰，《都市社会学先驱吴景超的现代化思想析论》，《贵州师范大学学报（社会科学版）》第 6 期。

吕文浩，《吴景超与费孝通的学术情谊》，《博览群书》第 4 期。

2014 年

赵定东，郑蓉，张飞等编著，《民国时期部分社会学家记事辑》，中国社会科学出版社。

邹千江，《吴景超及其社会思想新探》，《江淮论坛》第 6 期。

张树军，《在中西比较中借鉴：20 世纪 30 年代吴景超农村发展思想》，《广东社会科学》第 1 期。

2015 年

邹千江，《吴景超社会思想研究》，中国传媒大学出版社。

王振忠，《20 世纪初以来的村落调查及其学术价值——以社会学家吴景超的〈皖歙岔口村风土志略〉为例》，《安徽大学学报（哲学社会科学版）》第 39 卷第 3 期。

邢军，《梁漱溟、吴景超社会思想之比较》，《安徽史学》第 5 期。

祝小楠，《论《独立评论》时期吴景超的思想困境》，《长春师范大学学报》第 34 卷第 9 期。

2017 年

高明勇，《吴景超：注重实证，论必有据》，《青年记者》第 1 期。

2018 年

胡晓燕，《吴景超人口都市化思想及其现实启示》，《沈阳大学学报（社会科学版）》第 20 卷第 1 期。

2019 年

傅扬，《吴景超的城市化思想及其当代启示》，《社科纵横》第 34 卷第 3 期。

宣朝庆，陈旭华，《以都市振兴乡村社会——吴景超城市社会学思想再思考》，《人文杂志》第 1 期。

2021 年

王小章，《"乡土中国"的现代出路：费孝通与吴景超的分殊与汇合》，《探索与争鸣》第 9 期。

郭锐乐，《吴景超的都市社会学及其对城市化的启示》，《青岛农业大学学报（社会科学版）》第 33 卷第 3 期。

解娇，《吴景超和陈序经关于东西文化的论争》，《西部学刊》第 16 期。

2022 年

方慧容，《社会、经济与政治之间：早期社会学者的徘徊和探索》，上海人民出版社。

2023 年

吕文浩，严飞，周忱主编，《把中国问题放在心中：吴景超诞辰一百二十周年纪念文集》，学苑出版社。

阎明，《中国社会学史（1895－1949）》，商务印书馆。

郝志景，《"发展都市以救济农村"与"乡土重建"——吴景超与费孝通的争论及其启示》，《社会科学》第 3 期。

谌骁，桂胜，《边缘人关怀：吴景超社会思想中的女性研究》，《社会建设》第 10 卷第 5 期。

陆远，《那封电报与"出山要比在山清"——"吴景超诞辰一百二十周年纪念文集三人谈"之一》，《博览群书》第 6 期。

阎书钦，《吴景超对美苏的观察及其中国工业化设想——"吴景超诞辰一百二十周年纪念文集三人谈"之二》，《博览群书》第 6 期。

吕文浩，《再现那个丰富而复杂的吴景超——"吴景超诞辰一百二十周年纪念文集三人谈"之三》，《博览群书》第 6 期。

图书在版编目（CIP）数据

　　吴景超文集．第四卷/冯仕政，唐丽娜主编．
北京：中国人民大学出版社，2025.5. ——（明德群学）.
ISBN 978-7-300-33794-4

　　Ⅰ．C91-53

　　中国国家版本馆 CIP 数据核字第 2025XE3957 号

明德群学

吴景超文集 （第四卷）

冯仕政　唐丽娜　主编

Wu Jingchao Wenji （Di-si Juan）

出版发行	中国人民大学出版社		
社　　址	北京中关村大街 31 号	邮政编码	100080
电　　话	010 - 62511242（总编室）	010 - 62511770（质管部）	
	010 - 82501766（邮购部）	010 - 62514148（门市部）	
	010 - 62511173（发行公司）	010 - 62515275（盗版举报）	
网　　址	http://www.crup.com.cn		
经　　销	新华书店		
印　　刷	北京尚唐印刷包装有限公司		
开　　本	787 mm×1092 mm　1/16	版　　次	2025 年 5 月第 1 版
印　　张	36.5 插页 3	印　　次	2025 年 5 月第 1 次印刷
字　　数	654 000	定　　价	1480.00 元(共四卷)